# O livro dos Mártires

# O livro dos
# Mártires

### Por

# JOHN FOXE

*O livro dos mártires*
por John Foxe
Copyright © 2021 Publicações Pão Diário
Todos os direitos reservados.

Coordenação editorial: Dayse Fontoura
Tradução: Cláudio F. Chagas
Revisão: Dalila de Assis, Dayse Fontoura, Lozane Winter, Rita Rosário
Projeto gráfico e capa: Audrey Novac Ribeiro
Diagramação: Audrey Novac Ribeiro

Dados Internacionais de Catalogação na Publicação (CIP)

---

Foxe, John, 1516–87.
*O livro dos mártires*
Tradução: Cláudio F. Chagas — Curitiba/PR, Publicações Pão Diário
Título Original: *The book of martyrs*
1. História da Igreja     2. História do cristianismo     3. Mártires cristãos     4. Perseguição

---

Proibida a reprodução total ou parcial sem prévia autorização por escrito da editora. Todos os direitos reservados
e protegidos pela Lei 9.610, de 19/02/1998. Permissão para reprodução: permissao@paodiario.org
Exceto quando indicado o contrário, os trechos bíblicos mencionados são da edição Revista e Atualizada de João
F. de Almeida © 2009 Sociedade Bíblica do Brasil.

**Publicações Pão Diário**
Caixa Postal 9740
82620-981 Curitiba/PR, Brasil
publicacoes@paodiario.org
www.publicacoespaodiario.com.br
Telefone: (41) 3257-4028

Código: LU517
ISBN: 978-65-86078-79-4

1ª edição: 2021 • 3ª impressão: 2025

*Impresso na China*

*Porém em nada considero a vida preciosa
para mim mesmo, contanto que complete
a minha carreira e o ministério que recebi
do Senhor Jesus para testemunhar
o evangelho da graça de Deus.*
—ATOS 20:24

## Sumário

Introdução à edição em português ............................................. 9

Sobre o autor ............................................................................. 11

**Capítulo 1**
História dos mártires cristãos até as primeiras
perseguições gerais sob o governo de Nero ........................... 17

**Capítulo 2**
As dez primeiras perseguições ................................................ 25

**Capítulo 3**
Perseguições sofridas pelos cristãos na Pérsia ....................... 59

**Capítulo 4**
Perseguições papais .................................................................. 73

**Capítulo 5**
Um relato da Inquisição .......................................................... 93

**Capítulo 6**
Um relato das perseguições na Itália sob o papado ............... 123

**Capítulo 7**
Um relato sobre a vida e as perseguições
sofridas por John Wycliffe ..................................................... 175

**Capítulo 8**
Um relato das perseguições na Boêmia sob o papado ........... 181

**Capítulo 9**
Um relato da vida e das perseguições a Martinho Lutero ...... 207

**Capítulo 10**
Perseguições gerais na Alemanha ........................................... 217

Capítulo 11
Um relato das perseguições nos Países Baixos ....................................... 225

Capítulo 12
A vida e a história de William Tyndale, verdadeiro servo
e mártir de Deus ................................................................................. 231

Capítulo 13
Um relato da vida de João Calvino ...................................................... 243

Capítulo 14
Um relato das perseguições na Grã-Bretanha e na Irlanda,
antes do reinado de Mary I ................................................................ 249

Capítulo 15
Um relato das perseguições na Escócia durante o
reinado de Henrique VIII ................................................................... 259

Capítulo 16
Perseguições na Inglaterra durante o reinado
da rainha Mary .................................................................................. 269

Capítulo 17
Ascensão e avanço da religião protestante na Irlanda,
com um relato do massacre bárbaro de 1641 ..................................... 373

Capítulo 18
Ascensão, progresso, perseguições e sofrimentos dos Quakers .............. 393

Capítulo 19
Um relato da vida de John Bunyan e das perseguições a ele .................. 407

Capítulo 20
Um relato da vida de John Wesley ........................................................ 411

Capítulo 21
Perseguições dos protestantes franceses no sul da França,
entre 1814 e 1820 .............................................................................. 415

Capítulo 22
O início das missões estrangeiras americanas ........................................ 435

Epílogo da edição original .................................................................... 462
Créditos das imagens ............................................................................. 463

# Introdução
## à edição em português

Tertuliano de Cartago (cerca de 150–220 d.C.), um dos grandes Pais da Igreja cristã, afirmou certa vez: "O sangue dos mártires é a semente dos cristãos". Quando registrou essas palavras, esse importante teólogo não imaginava quanto martírio ainda aguardava os fiéis a Cristo ao longo dos séculos por vir.

Em determinadas épocas, esse sangue santo proveniente dos "homens dos quais o mundo não era digno", nas palavras do autor de Hebreus (11.38), fluiu como um rio caudaloso no solo dominado pelos poderes das trevas. Várias foram as tentativas infernais, personificadas em agentes humanos, de eliminar a mensagem pura do evangelho ou mesmo de mesclá-la a mandamentos de homens. No entanto, onde quer que essa semente santa fosse derramada, mesmo depois de anos, brotava o fruto da Luz e a salvação alcançava multidões.

Ainda hoje, em pleno século 21, em várias partes do mundo, os filhos de Deus sofrem martírio e perseguição unicamente por professarem sua fé no Cristo que morreu e ressuscitou para nos reconciliar com o Pai. A maioria dos atuais mártires não possui sequer direito de defesa, mas isso não lhes é empecilho para viver e apregoar a fé que aprenderam e transformou sua vida. Muitas organizações mundiais escolhem ignorar o massacre, as prisões e a privação de direitos tão injustas. Ou escolhem definir como questões culturais às quais decidem não tanger. Por isso, um registro histórico como este é tão relevante para os nossos dias. Esta obra é uma tentativa de dar voz a esses heróis da fé e reacender o debate.

Quando decidimos imprimir essa versão, foi com grande temor e tremor. As cenas descritas são cruentas. A maldade e a "criatividade" a que se pode chegar na aplicação das torturas causam intensa e profunda comoção. Mantivemos cada relato como consta no original, sem suavizar a linguagem. Nosso intento não é chocar, mas provocar reverência diante do amor e sacrifício pessoal que todos esses mártires demonstraram por Cristo e levantar o questionamento: até onde eu iria por Jesus?

Nossa edição vem belamente ilustrada por pinturas famosas, gravuras de edições passadas deste e de outros livros que contam essa parte da história cristã e fotografias para tornar sua experiência ainda mais sensorial. Os capítulos 17 a 22 são relatos adicionais que contam sobre a perseguição e martírio cristãos até o século 19.

Como Igreja de Cristo, não podemos deixar estes registros fenecerem com o tempo. O precioso testemunho deixado pelos irmãos e irmãs que você conhecerá ao folhear estas páginas ainda é um agente encorajador aos cristãos contemporâneos em momentos de crise de fé e perseguição.

Olhar para trás e reconhecer o preço que foi pago — primeiramente e acima de tudo, por Jesus e, depois, por todos esses preciosos servos e servas de Deus — para que tivéssemos acesso à mensagem transformadora do evangelho e à Bíblia faz o cristão assumir sua parte da responsabilidade de ser guardião e propagador das boa-novas às gerações futuras até que Ele volte! Maranata!

—DOS EDITORES

*Quando ele abriu o quinto selo, vi, debaixo do altar, as almas daqueles que tinham sido mortos por causa da palavra de Deus e por causa do testemunho que sustentavam. Clamaram em grande voz, dizendo: Até quando, ó Soberano Senhor, santo e verdadeiro, não julgas, nem vingas o nosso sangue dos que habitam sobre a terra? Então, a cada um deles foi dada uma vestidura branca, e lhes disseram que repousassem ainda por pouco tempo, até que também se completasse o número dos seus conservos e seus irmãos que iam ser mortos como igualmente eles foram. —APOCALIPSE 6:9-11*

# Sobre o autor

John Foxe (ou Fox) nasceu em Boston, Lincolnshire, em 1517, e afirma-se que seus pais viviam em circunstâncias respeitáveis. Foxe foi privado do pai ainda jovem e, apesar de pouco tempo depois sua mãe ter se casado novamente, ele ainda permaneceu sob o mesmo teto que o novo casal. Devido a sua precoce demonstração de talentos e inclinação ao aprendizado, seus amigos o persuadiram a ir para Oxford, onde ele poderia cultivá-los e amadurecê-los.

Durante seus estudos em Oxford, ele se destacou pela excelência e perspicácia de seu intelecto, aprimorado pela disputa entre os seus colegas da universidade, unidos ao incansável zelo e dedicação de sua parte. Em pouco tempo, essas qualidades lhe renderam a admiração de todos e, como recompensa por seus esforços e sua conduta agradável, ele foi eleito membro do Magdalen College, algo considerado de muita honra na universidade e raramente concedido, exceto em casos de grande distinção. Parece que a primeira demonstração de sua genialidade foi na poesia e na composição de algumas comédias em latim, que ainda sobrevivem. Porém, logo direcionou seus pensamentos a um assunto mais sério: o estudo das Sagradas Escrituras. De fato, ele se aplicou à teologia com mais fervor do que circunspecção e descobriu sua parcialidade quanto à Reforma, que tinha então começado, antes de ser conhecido pelos apoiadores dela ou por aqueles que os protegiam — uma circunstância que lhe comprovou a fonte de seus primeiros problemas.

Diz-se que ele afirmava frequentemente que a primeira questão que motivou sua pesquisa da doutrina papista foi ter visto diversas coisas, de natureza mais mutuamente repugnante, serem impostas aos homens ao mesmo tempo. Sobre esse fundamento, sua resolução e desejada obediência àquela Igreja sofreram certo abalo e, aos poucos, instalou-se uma aversão a tudo mais.

Seu primeiro cuidado foi examinar a história antiga e moderna da Igreja, averiguar seu início e avanço, considerar as causas de todas as controvérsias surgidas nesse intervalo de tempo e ponderar diligentemente seus efeitos, sua solidez, suas enfermidades etc.

Antes de completar 30 anos, ele havia estudado os patriarcas gregos, latinos e outros autores eruditos, as atas dos Concílios, os decretos dos consistórios e adquirido uma incrível habilidade no idioma hebraico. Nessas ocupações, ele frequentemente passava uma parte considerável da noite, ou até mesmo a noite inteira; e, para relaxar a mente após estudo tão incessante, ele recorria a um bosque próximo à faculdade, lugar muito frequentado pelos estudantes à noite por sua sombria tristeza. Nesses passeios solitários, era comum ouvi-lo emitir fortes soluços e suspiros e, com lágrimas, derramar suas orações a Deus. Na sequência, esses retiros noturnos deram origem à primeira suspeita de seu afastamento da Igreja de Roma. Pressionado a dar uma explicação dessa mudança de conduta, ele se recusou a inventar desculpas, declarou suas opiniões e, por sentença da faculdade, foi condenado, sentenciado como herege e expulso.

Alguns amigos, ao ouvirem o relato sobre a situação, ficaram muito ofendidos ao saberem que Foxe fora abandonado pelos próprios amigos. Assim foi-lhe oferecido refúgio na casa de Sir Thomas Lucy, de Warwickshire, que o enviou para instruir seus filhos. A casa ficava à distância de uma curta caminhada a partir de Stratford-on-Avon. Alguns anos depois, essa propriedade foi palco da folclórica expedição de caça empreendida por Shakespeare quando menino. Foxe morreu quando Shakespeare tinha 3 anos.

Mais tarde, Foxe se casou na casa de Lucy. Porém, o temor aos inquisidores papistas acelerou sua partida de lá, pois eles não se contentaram com perseguir transgressões públicas e começaram a mergulhar nos assuntos privados das famílias. Diante disso, ele começou a considerar o que seria o melhor a se fazer para livrar-se de mais inconveniências e decidiu ir à casa de seu sogro ou de seu padrasto.

O pai de sua esposa era um cidadão de Coventry, cujo coração não lhe era indiferente, sendo mais provável que ele fosse bem recebido por causa de sua filha. Resolveu ir primeiramente até ele e, enquanto isso, por meio de cartas, tentar saber se seu padrasto o receberia ou não. Foi o que fez, recebendo como resposta "que lhe parecia uma situação difícil receber em sua casa alguém que ele sabia ser culpado e condenado por um delito capital, e que não ignorava o risco que enfrentaria por fazê-lo; entretanto, demostrando-se um parente, negligenciaria seu próprio perigo. Se ele mudasse de atitude, poderia ir, sob a condição de permanecer o tempo que ele mesmo desejasse; mas, se não pudesse ser persuadido a isso, precisaria contentar-se com uma estada mais curta e não colocar em perigo a ele e sua mãe".

Nenhuma condição deveria ser recusada. Além disso, ele foi secretamente aconselhado por sua mãe a ir e a não temer a severidade de seu padrasto, "porque talvez houvesse sido necessário escrever como ele escreveu, mas, quando surgisse a ocasião, ele recompensaria suas palavras com seus atos". De fato, Foxe foi mais bem recebido pelos dois do que esperava.

Por esses meios, ele se manteve escondido durante algum tempo e, depois, viajou para Londres, na última parte do reinado de Henrique VIII. Ali, sendo desconhecido, ficou muito angustiado e chegou a correr perigo de morrer de fome se a Providência não houvesse interferido em seu favor da seguinte maneira:

Certo dia, quando Foxe estava sentado na igreja de St. Paul, exausto por um jejum prolongado, um estranho sentou-se ao seu lado e o cumprimentou com cortesia, colocou uma quantia em dinheiro em sua mão e pediu que se animasse; ao mesmo tempo, informou-lhe que, dentro de alguns dias, novas perspectivas se apresentariam para a sua futura subsistência. Ele nunca soube quem era aquele estranho; porém, ao fim de três dias, recebeu um convite da duquesa de Richmond para ser tutor dos filhos do conde de Surry, que, juntamente com seu pai, o duque de Norfolk, estava preso na torre, por ciúme e ingratidão do rei. As crianças confiadas aos seus cuidados foram Thomas, que ascendeu ao ducado; Henry, depois conde de Northampton, e Jane, que se tornou condessa de Westmoreland. No desempenho de suas funções, ele satisfez plenamente as expectativas da duquesa, tia deles.

Esses dias felizes continuaram durante a última parte do reinado de Henrique VIII e os cinco anos do reinado de Eduardo VI, até que Mary chegou à coroa e, logo após sua ascensão, entregou todo o poder às mãos dos papistas.

Nessa época, Foxe, que ainda estava sob a proteção de seu nobre aluno, o duque,

Maria Tudor, rainha da Inglaterra e esposa de Philipp II, por António Mouro (1519–75). Parte do acervo do Museu do Prado, Madri, Espanha.

Fonte: pt.wikipedia.org

começou a provocar inveja e ódio em muitos, particularmente no Dr. Gardiner, então bispo de Winchester, que logo depois se tornou o seu inimigo mais violento.

Ciente disso e vendo as terríveis perseguições que se iniciavam, Foxe começou a pensar em deixar o reino. Mas, tão logo ficou sabendo de sua intenção, o duque se empenhou em persuadi-lo a permanecer. Seus argumentos foram tão poderosos e sinceros que Foxe desistiu de abandonar seu asilo naquele momento.

Naquela época, o bispo de Winchester era muito íntimo do duque (pelo patrocínio de cuja família ele havia ascendido à respeitabilidade de que então gozava) e, frequentemente, o esperava para ministrar o culto nas várias vezes em que ele solicitou que pudesse visitar seu velho tutor. A princípio, o duque negou seu pedido, certa vez alegando sua ausência e, em outra, indisposição. Por fim, ocorreu que Foxe, sem saber que o bispo estava na casa, entrou na sala onde o duque e ele estavam conversando e, vendo o bispo, retirou-se. Gardiner perguntou quem era ele, e o duque respondeu que era "seu médico, um tanto descortês por ser recém-chegado da universidade". O bispo respondeu: "Gosto muito de seu semblante e aspecto e, quando houver ocasião, mandarei chamá-lo". O duque entendeu aquela fala como mensageira de algum perigo que se aproximava e, agora, ele mesmo achava que era hora de Foxe deixar a cidade e até mesmo o país. Consequentemente, providenciou em silêncio tudo que fosse necessário para a sua retirada, enviando um de seus servos a Ipswich para contratar um barco e preparar todos os requisitos para a sua partida. Também arranjou a casa de um de seus servos, um camponês, onde ele poderia se alojar até que o vento se tornasse favorável. Estando tudo pronto, Foxe se despediu de seu nobre patrono e, com sua esposa, que na época estava grávida, partiu secretamente rumo ao navio.

Pouco depois de a embarcação haver deixado o porto, chegou uma tempestade muito violenta que durou todo o dia e a noite e, no dia seguinte, os levou de volta ao porto de onde haviam partido. Durante o tempo em que o navio esteve no mar, um oficial, enviado pelo bispo de Winchester, invadira a casa do camponês com um mandado para prender o sr. Foxe onde quer que ele fosse encontrado e levá-lo de volta à cidade. Ao ouvir essa notícia, ele alugou um cavalo sob o pretexto de deixar a cidade imediatamente; porém, voltou secretamente na mesma noite e entrou em acordo com o capitão do navio para navegarem para qualquer lugar assim que o vento mudasse. Ele só desejava prosseguir e não duvidava de que Deus daria vitória ao seu empreendimento. O marinheiro se deixou convencer e, dentro de dois dias, deixou seus passageiros em segurança em Nieuport.

Após passar alguns dias naquele local, Foxe partiu para Basileia, onde encontrou vários refugiados ingleses que haviam deixado o país para evitar a crueldade dos perseguidores, associou-se a eles e começou a escrever sua *História dos atos e monumentos da Igreja,* publicado pela primeira vez em latim em Basileia, em 1554, e em inglês em 1563.

Enquanto isso, após a morte da rainha Maria, a religião reformada voltou a florescer na Inglaterra e a facção papista a declinar muito, o que induziu a maior parte dos protestantes exilados a retornarem ao seu país de origem.

Dentre outros, com a ascensão de Elizabeth ao trono, Foxe retornou à Inglaterra. Ao chegar, encontrou um amigo fiel e diligente em seu último aluno, o duque de Norfolk, até a morte privá-lo de seu benfeitor. Após o falecimento do duque, Foxe herdou uma pensão que lhe fora legada pelo amigo e ratificada por seu filho, o conde de Suffolk.

Os sucessos desse bom homem também não pararam por aqui. Tendo sido recomendado à rainha pelo secretário de Estado, o grande Cecil, Sua Majestade lhe concedeu ser o prebendeiro de Shipton, na catedral de Salisbury. De certo modo, isso lhe foi imposto, pois com dificuldade foi persuadido a aceitar.

Em seu reassentamento na Inglaterra, dedicou-se a revisar e ampliar seu admirável livro *Martirologia*. Com prodigiosas dificuldades e estudo constante, ele terminou essa obra célebre em onze anos. Para maior exatidão, ele escreveu à mão todas as linhas desse vasto livro e transcreveu sozinho todos os registros e documentos. Porém, em consequência desse trabalho excessivo, não deixando parte alguma de seu tempo sem estudo, nem se permitindo o repouso ou a recreação que a natureza exigia, sua saúde ficou tão debilitada e sua aparência tão desfigurada, que os amigos e conhecidos que só conversavam com ele ocasionalmente mal conseguiam reconhecê-lo.

Contudo, embora ficasse mais exausto a cada dia, ele prosseguia em seus estudos mais rapidamente do que nunca e não se deixava persuadir a diminuir seus esforços costumeiros. Prevendo quão prejudicial à causa dos papistas seria o relato de Foxe acerca dos erros e crueldades deles, estes recorreram a todos os artifícios para diminuir a reputação de sua obra; porém, a malícia deles serviu de sinal, tanto para o próprio Foxe quanto à Igreja do Senhor como um todo, pois acabou tornando seu livro mais intrinsecamente valioso ao induzi-lo a pesar, com a mais escrupulosa atenção, a certeza dos fatos por ele registrados e a validade das fontes legais das quais ele extraíra suas informações.

Porém, embora estivesse incansavelmente empenhado na promoção da causa da verdade, não negligenciou os outros deveres de sua posição; ele era caridoso, humano e atento às necessidades, tanto espirituais quanto temporais, de seus próximos. Com o intuito de ser mais extensamente útil, embora não tivesse desejo algum de cultivar para si a intimidade com os ricos e os grandes, ele não recusou a amizade oferecida por pessoas de um escalão mais elevado e nunca deixou de empregar a sua influência junto a eles em favor dos pobres e necessitados. Em consequência de sua reconhecida probidade e caridade, era frequentemente presenteado, por pessoas ricas, com quantidades de dinheiro que ele aceitava e distribuía entre os angustiados. Ocasionalmente, também comparecia à mesa de seus amigos, não tanto por prazer, mas por civilidade e para convencê-los de que sua ausência não era ocasionada por medo de ser exposto às tentações do apetite. Em suma, seu caráter como homem e como cristão era irrepreensível.

Embora a lembrança recente das perseguições sob a sanguinária rainha Mary houvesse dado amargor à sua escrita, é singular notar que, pessoalmente, ele era o mais conciliador dos homens e, embora repudiasse sinceramente a Igreja Romana em que nasceu, foi um dos primeiros a esforçar-se para buscar a concórdia dos irmãos protestantes. De fato, ele era um verdadeiro apóstolo da tolerância. Quando, em 1563, a praga ou peste eclodiu na Inglaterra e muitos abandonaram seus trabalhos, Foxe permaneceu em seu posto, ajudando os que não tinham amigos e atuando como distribuidor das esmolas dos ricos. Dizia-se que ele jamais recusaria ajuda a quem a pedisse em nome de Cristo. Tolerante e generoso, ele exerceu sua influência junto à rainha Elizabeth para confirmar a intenção dela de não manter a prática cruel de mandar matar quem tivesse convicções religiosas conflitantes. A rainha o respeitava e se referia a ele como "Nosso Pai Foxe".

Foxe se alegrou com os frutos de sua obra quando ainda vivo. Ela passou por quatro grandes edições antes de ele falecer, e os bispos ordenaram que ela fosse colocada em todas as catedrais da Inglaterra, onde frequentemente era acorrentada a um púlpito — como ocorria com a Bíblia naqueles tempos — para que as pessoas tivessem acesso a elas.

Por fim, após servir durante longo tempo à Igreja e ao mundo por meio de seu ministério, por sua escrita e pelo brilho imaculado de uma vida benevolente, útil e santa, entregou mansamente sua alma a Cristo no dia 18 de abril de 1587, aos 70 anos. Ele foi sepultado na capela-mor de St. Giles, em Cripplegate, de cuja paróquia, durante algum tempo, ele havia sido vigário, no início do reinado de Elizabeth.

# Capítulo 1

## História dos mártires cristãos até as primeiras perseguições gerais sob o governo de Nero

No evangelho de Mateus, Cristo, o nosso Salvador, ouvindo a confissão de Simão Pedro, que, antes de todos os outros, reconheceu abertamente que Ele era o Filho de Deus, e percebendo naquilo a mão secreta de Seu Pai, chamou-o (como alusão ao seu nome) uma pedra sobre a qual Ele edificaria a Sua Igreja de maneira tão sólida que as portas do inferno não prevaleceriam contra ela. Nessas palavras, três coisas devem ser observadas: primeiro, Cristo terá uma Igreja neste mundo. Segundo, essa Igreja será fortemente atacada, não somente pelo mundo, mas também pelas forças e poderes extremos de todo o inferno. E terceiro, a despeito do extremo empenho do diabo e de toda a sua malignidade, essa mesma Igreja continuará a existir.

Vemos essas palavras de Cristo confirmarem-se maravilhosamente, de tal modo que todo o curso da Igreja até hoje parece ser nada mais do que uma confirmação dessa referida profecia. Primeiro, Cristo ter estabelecido uma Igreja não necessita de declaração. Segundo, quanto poder de príncipes, reis, monarcas, governadores e governantes deste mundo, com seus súditos, pública e privadamente, com toda sua força e astúcia, inclinaram-se contra essa Igreja! E, terceiro, como a referida Igreja, a despeito de tudo isso, ainda resistiu e se manteve! É maravilhoso observar as tormentas e tempestades pelas quais ela passou, para cuja declaração mais evidente abordei esses fatos, com o intuito primeiro de que as maravilhosas obras de Deus em Sua Igreja possam aparecer para Sua glória; e também de que a continuidade e os procedimentos da Igreja, sendo anunciados de tempos em tempos, possam redundar em mais conhecimento e experiência, para benefício do leitor e edificação da fé cristã.

Como não nos cabe ampliar a história do nosso Salvador, quer antes ou depois da Sua crucificação, só consideraremos necessário lembrar os nossos leitores do desconforto dos judeus por Sua subsequente ressurreição. Embora um apóstolo o houvesse traído, embora outro o houvesse negado sob a solene sanção de um juramento e embora os demais o houvessem abandonado, talvez podendo-se excetuar "o discípulo que era conhecido do sumo sacerdote" (João 18:16), a história de Sua ressurreição deu uma nova direção ao coração de todos eles e, após a ação do Espírito Santo, transmitiu nova confiança à mente deles. Os poderes com que foram revestidos os encorajavam a proclamar o nome de Jesus, para confusão dos governantes judeus e espanto dos prosélitos gentios.

## 1. ESTÊVÃO

Na sequência, Estêvão foi o próximo a sofrer. Sua morte foi ocasionada pela fidelidade com a qual pregava o evangelho aos traidores e assassinos de Cristo. Eles atingiram tal grau de loucura que o expulsaram da cidade e o apedrejaram até a morte. Em geral, supõe-se que seu sofrimento tenha ocorrido na Páscoa que se seguiu à da crucificação do nosso Senhor e à época de Sua ascensão, na primavera seguinte.

Como consequência, uma grande perseguição irrompeu contra todos os que professavam crer em Cristo como o Messias ou como profeta. Lucas relata que imediatamente "levantou-se grande perseguição contra a igreja em Jerusalém; e todos, exceto os apóstolos, foram dispersos pelas regiões da Judeia e Samaria" (Atos 8:1).

Cerca de 2.000 cristãos, com Nicanor, um dos sete diáconos, sofreram martírio durante a "tribulação que sobreveio a Estêvão" (Atos 11:19).

## 2. TIAGO, O GRANDE

Na história dos Atos dos Apóstolos, o próximo mártir que encontramos, conforme Lucas, foi Tiago, filho de Zebedeu, irmão mais velho de João e parente do nosso Senhor, visto que sua mãe, Salomé, era prima em primeiro grau de Maria [mãe de Jesus]. Esse segundo martírio ocorreu apenas 10 anos após a morte de Estêvão, pois, assim que Herodes Agripa foi nomeado governador da Judeia, com o intuito de agradar ao povo, ele levantou uma forte perseguição contra os cristãos e, determinado a dar um golpe eficaz, atacou seus líderes. O relato apresentado por um primevo e eminente escritor, Clemente de Alexandria, não deve ser negligenciado. Ele conta que, quando Tiago foi levado ao lugar do martírio, diante da extraordinária coragem e destemor do apóstolo, seu acusador se arrependeu de sua conduta e caiu aos seus pés para pedir perdão, professando-se cristão e decidindo que Tiago não deveria receber sozinho a coroa do martírio. Por isso, os dois foram decapitados ao mesmo tempo.

*O martírio de São Estevão*, por Annibale Carracci (1560–1609). Parte do acervo do Museu do Louvre, em Paris, França.

Assim, o primeiro mártir apostólico recebeu com alegria e determinação o cálice que ele havia dito ao nosso Salvador que estava pronto para beber. Timão e Pármenas sofreram martírio na mesma época; o primeiro, em Filipos; o outro, na Macedônia. Esses eventos ocorreram no ano 44 d.C.

## 3. FILIPE

Nasceu em Betsaida, na Galileia, e foi o primeiro a ser chamado de "discípulo". Trabalhou diligentemente na Ásia Superior e sofreu martírio em Heliópolis, na Frígia. Ele foi açoitado, lançado na prisão e, depois, crucificado no ano 54 d.C.

## 4. MATEUS

Cobrador de impostos, nasceu em Nazaré. Escreveu seu evangelho em hebraico que, depois, foi traduzido para o grego por Tiago, o menor. O cenário de suas obras foi Pártia e Etiópia. Nesse último país, ele sofreu martírio, sendo morto com uma alabarda[1] na cidade de Nadabah, no ano 60 d.C.

---

[1] Arma antiga composta por uma longa haste, rematada por uma peça pontiaguda, de ferro, que é atravessada por uma lâmina em forma de meia-lua, com um gancho ou esporão no outro lado.

## 5. TIAGO, O MENOR

Alguns supõem que ele teria sido irmão do nosso Senhor por parte de uma ex-esposa de José. Isso é muito duvidoso e apoia demasiadamente a superstição católica de que Maria nunca teve outros filhos além do nosso Salvador. Tiago foi eleito supervisor das igrejas de Jerusalém e foi o autor da epístola atribuída a Tiago no cânone sagrado. Aos 94 anos, ele foi espancado e apedrejado pelos judeus e, por fim, seu crânio esmagado com uma clava de assentador.

## 6. MATIAS

Ele é um dos quais menos se sabe em comparação com a maioria dos outros discípulos. Matias foi eleito para ocupar o lugar vago de Judas. Ele foi apedrejado em Jerusalém e, depois, decapitado.

*A crucificação de Santo André*, por Fran Francken II (1581–1642). Parte do acervo do Museu de Arte de Los Angeles County, EUA.

Fonte: flickr.com

*Crucificação de São Pedro,* por Luca Giordano (1634–1705). Parte do acervo de Accademia, em Veneza, Itália.

## 7. ANDRÉ

Era o irmão de Pedro. Pregou o evangelho a muitas nações da Ásia, mas, ao chegar a Edessa, foi preso e crucificado. As duas extremidades da cruz estavam fixadas transversalmente no chão, decorrendo disso o termo Cruz de Santo André.

## 8. MARCOS

Seus pais eram judeus da tribo de Levi. Supõe-se que ele tenha sido convertido ao cristianismo pela influência de Pedro, a quem serviu como amanuense e sob cuja supervisão escreveu seu evangelho em grego. Ele foi esquartejado pelo povo durante a grande celebração a Serápis, ídolo de Alexandria. As impiedosas mãos dos alexandrinos puseram fim à vida de Marcos.

## 9. PEDRO

Dentre muitos outros santos, o bendito apóstolo Pedro foi condenado à morte e crucificado, como alguns registros, em Roma, embora outros, e não sem motivo, duvidem disso.

Hegésipo afirma que Nero procurava acusações contra Pedro para matá-lo e, ao perceberem isso, as pessoas imploraram veementemente a Pedro que fugisse

*A Conversão de São Paulo a Caminho de Damasco,* por Jose Ferraz de Almeida Júnior (1850–1899). Parte do acervo do Museu Paulista da USP, São Paulo.

da cidade. Devido à longa importunação deles, Pedro se convenceu e preparou-se para se evadir. Porém, chegando ao portão, viu o Senhor Cristo vir ao seu encontro, a quem ele, adorando, disse: "Senhor, para onde vais?", ao que Ele respondeu: "Voltei para ser crucificado". Com isso, Pedro, percebendo que seu sofrimento devia ser entendido, retornou à cidade. Jerônimo diz que Pedro exigiu ser crucificado com a cabeça para baixo e os pés para cima, por ser, segundo ele, indigno de ser crucificado da mesma forma e maneira como o Senhor fora.

## 10. PAULO

Após seu grande trabalho e seus indescritíveis esforços na promoção do evangelho de

Cristo, o apóstolo Paulo, antes chamado Saulo, também sofreu nessa primeira perseguição sob o governo de Nero.

Abdias declara que Nero enviou dois de seus escudeiros, Ferega e Partêmio, para transmitir a Paulo a sua sentença de morte.

Aproximando-se de Paulo, que instruía o povo, desejaram que ele orasse por eles para que cressem [em Jesus]. O apóstolo lhes disse que, pouco depois, haveriam de crer e ser batizados no Seu sepulcro. Feito isso, os soldados vieram e o levaram para fora da cidade até o local da execução, onde ele, após orar, entregou o pescoço à espada.

## 11. JUDAS
Ele era irmão de Tiago, comumente chamado Tadeu. Foi crucificado em Edessa, no ano 72 d.C.

## 12. BARTOLOMEU
Pregou em vários países e traduziu o evangelho de Mateus para o idioma indiano, propagando-o nesse país. Por fim, foi cruelmente espancado e, depois, crucificado pelos intolerantes idólatras.

## 13. TOMÉ
Chamado Dídimo, pregou o evangelho na Pártia e na Índia, onde suscitou a fúria dos sacerdotes pagãos; foi martirizado sendo atravessado por uma lança.

## 14. LUCAS
Autor do evangelho que recebe o seu nome, viajou com Paulo por vários países e, segundo se supõe, foi enforcado em uma oliveira pelos sacerdotes idólatras da Grécia.

## 15. SIMÃO
Apelidado Zelote, pregou o evangelho na Mauritânia, África, e até mesmo na Grã-Bretanha, onde foi crucificado no ano 74 d.C.

## 16. JOÃO
O "discípulo amado" era irmão de Tiago, o grande. As igrejas de Esmirna, Pérgamo, Sardes, Filadélfia, Laodiceia e Tiatira foram fundadas por ele. De Éfeso, ele recebeu ordem de ser enviado a Roma, e afirma-se que ali ele foi lançado em um caldeirão de óleo fervente. Ele escapou por milagre, sem ferimentos. Depois, Domiciano o baniu para a ilha de Patmos, onde ele escreveu o livro de Apocalipse. Nerva, o sucessor de Domiciano, lembrou-se dele. João foi o único apóstolo a escapar de uma morte violenta.

## 17. BARNABÉ
Natural de Chipre, mas de ascendência judaica. Sua morte deve ter ocorrido por volta do ano 73 d.C.

A despeito de todas as perseguições contínuas e punições horríveis, a Igreja crescia diariamente, profundamente enraizada na doutrina dos apóstolos e de homens apostólicos, sendo abundantemente regada com o sangue dos santos.

Fonte: commons.wikimedia.org

*Incêndio em Roma*, por Hubert Robert (1733–1808). Parte do acervo do Museu Hermitage, em São Petersburgo, Rússia.

# Capítulo 2

# As dez primeiras perseguições

## A PRIMEIRA PERSEGUIÇÃO, SOB O GOVERNO DE NERO, 67 D.C.

A primeira perseguição à Igreja ocorreu no ano 67, sob o comando de Nero, o sexto imperador de Roma. Esse monarca reinou durante cinco anos com um desempenho tolerável, no entanto, depois deu lugar à maior extravagância de temperamento e às mais extremas barbáries. Dentre outros caprichos diabólicos[2], ele ordenou que a cidade de Roma fosse incendiada, e essa ordem foi executada por seus oficiais, guardas e servos. Enquanto a cidade imperial ardia em chamas, ele subiu à torre de Mecenas, tocou sua lira, cantou a canção da queima de Troia e declarou abertamente que "desejava a ruína de tudo antes de sua morte". Além do nobre conglomerado chamado Circo, muitos outros palácios e casas foram consumidos pelo fogo e milhares de pessoas pereceram nas chamas, foram asfixiadas pela fumaça ou enterradas sob as ruínas.

Essa terrível conflagração durou nove dias. Ao descobrir que sua conduta fora muito condenada e um forte ódio fora lançado sobre ele, Nero determinou-se a culpar os cristãos, enquanto eximia-se de toda responsabilidade, assim teve mais oportunidades de fartar sua vista com

---

[2] Embora essa interpretação para o incêndio de Roma seja corrente, não há suficiente evidência histórica de que Nero o tenha iniciado ou tocado a lira enquanto ele acontecia. No entanto, ele realmente culpou os cristãos por isso e usou essa tragédia para promover sua agenda política.

novas crueldades. Essa foi a ocasião da primeira perseguição, e as atrocidades infligidas aos cristãos foram tais que chegaram a despertar a comiseração dos próprios romanos.

Nero atingiu o ápice da crueldade e engendrou, para os cristãos, todos os tipos de martírios que a mais infernal imaginação seria capaz de projetar. Em particular, ele ordenou que alguns deles fossem costurados em peles de animais selvagens e, depois, torturados por cães até a morte e que outros fossem trajados com vestes enrijecidas com cera, fixados em estacas em seus jardins e incendiados, a fim de iluminar esses espaços.

Essa perseguição foi generalizada por todo o Império Romano, mas aumentou o espírito do cristianismo, em vez de diminuí-lo. Em meio a ela, os apóstolos Paulo e Pedro foram martirizados.

Junto ao nome deles podem ser acrescentados os de Erasto, mordomo de Corinto; Aristarco, o macedônio; Trófimo, um efésio convertido por Paulo e seu colaborador; José, comumente chamado Barsabás, e Ananias, bispo de Damasco — todos faziam parte dos Setenta.

## A SEGUNDA PERSEGUIÇÃO, SOB O GOVERNO DE DOMICIANO, 81 D.C.

O imperador Domiciano, naturalmente inclinado à crueldade, matou primeiramente seu irmão e, depois, instaurou a segunda perseguição contra os cristãos. Em sua fúria, mandou matar alguns senadores romanos; alguns por maldade, outros para confiscar suas propriedades. Em seguida,

Busto do imperador Domiciano (51–96 d.C.), exposto no Museu do Louvre, em Paris, França.

ordenou que toda a linhagem de Davi fosse morta.

Dentre os numerosos mártires que sofreram durante essa perseguição estavam Simeão, bispo de Jerusalém, que foi crucificado, e o apóstolo João, que foi fervido em óleo e, depois, banido para Patmos. Flávia, filha de um senador romano, foi igualmente banida para Ponto, e a seguinte lei foi promulgada: "Que nenhum cristão levado ao tribunal seja isento de punição se não renunciar à sua religião".

Durante esse reinado, inúmeras histórias foram forjadas a fim de prejudicar os cristãos. O furor dos pagãos era tal que, se a fome, pestilência ou terremoto afligisse qualquer uma das províncias romanas, sua causa era atribuída aos cristãos. Essas perseguições infligidas aos cristãos aumentaram o número de informantes e muitos, para auferirem ganhos, levantaram falso testemunho contra inocentes, ceifando-lhes a vida.

Outra dificuldade era que, quando qualquer cristão era levado perante os magistrados, propunha-se a ele um juramento de teste; se ele se recusasse a fazê-lo, era sentenciado à morte, e, se confessasse ser cristão, a sentença permanecia a mesma.

Seguem-se os nomes dos mais notáveis dentre os numerosos mártires que sofreram durante essa perseguição.

Dionísio, o Areopagita, era ateniense de nascimento e estudara toda a literatura útil e ornamental da Grécia. Depois, viajou para o Egito a fim de estudar astronomia e fez observações muito particulares acerca do grande e sobrenatural eclipse que aconteceu por ocasião da crucificação do nosso Salvador. A santidade de seu discurso e a pureza de suas maneiras o recomendavam tão fortemente aos cristãos em geral, que ele foi nomeado bispo de Atenas.

Nicodemos, um cristão benevolente de alguma distinção, sofreu em Roma durante a fúria da perseguição de Domiciano.

Protásio e Gervásio foram martirizados em Milão.

Timóteo, o célebre discípulo do apóstolo Paulo e bispo de Éfeso, liderou zelosamente a Igreja nesse local até o ano 97 d.C. Nesse período, quando os pagãos estavam prestes a celebrar um banquete chamado Catagogio, Timóteo, encontrando o cortejo, reprovou-os severamente por sua ridícula idolatria. Por essa causa, as pessoas ficaram tão exasperadas que caíram sobre ele com bastões e o espancaram de maneira tão terrível que, dois dias depois, ele morreu em decorrência das lesões.

## A TERCEIRA PERSEGUIÇÃO, SOB O GOVERNO DE TRAJANO, 108 D.C.

Na terceira perseguição, Plínio Segundo[3], um homem erudito e famoso, vendo o lamentável massacre de cristãos e tomado por piedade deles, escreveu a Trajano, certificando-o de que diariamente milhares deles eram mortos, dos quais nenhum havia contrariado as leis romanas para ser digno de tal perseguição. "Todo o relato que eles deram de seu crime ou erro (como quer que seja chamado) equivaleu apenas a isto, a saber: que eles tinham o costume de encontrar-se em determinado dia, antes do amanhecer, repetir juntos uma forma específica de oração a Cristo como Deus e se comprometer a uma obrigação — não, de fato, de cometer maldade; pelo contrário — de nunca cometer furto, roubo ou adultério, nunca falsificar sua palavra, nunca fraudar qualquer homem. Após isso, era seu costume separar-se e reunir-se novamente para participar de uma inofensiva refeição comunitária".

Nessa perseguição, sofreu o bendito mártir Inácio, mantido em famosa reverência entre muitos. Esse Inácio foi nomeado para o bispado de Antioquia em sucessão a Pedro. Alguns dizem que ele, sendo

---

[3] Caio Plínio Segundo, também conhecido como Plínio, o Velho.

enviado da Síria para Roma visto que professava Cristo, foi entregue aos animais selvagens para ser devorado. Dizem também que, ao atravessar a Ásia sob a mais estrita custódia de seus guardiões, ele fortaleceu e confirmou as igrejas em todas as cidades por onde passava, tanto com suas exortações quanto com a pregação da Palavra de Deus. Consequentemente, chegando a Esmirna, escreveu à Igreja de Roma, exortando seus membros a não providenciarem sua libertação do martírio, para que não o privassem daquilo que ele mais ansiava e desejava. "Agora começo a ser discípulo. Não me preocupo com coisa alguma, visível ou invisível, para poder apenas ganhar a Cristo. Que fogo e cruz, companhia de animais selvagens, quebra de ossos e dilaceração de membros, o triturar de todo o corpo e toda a malignidade do diabo caiam sobre mim; que assim seja para que eu possa ganhar a Cristo Jesus!". Mesmo quando foi condenado a ser lançado às feras, tal era seu desejo ardente de sofrer que ele disse ao ouvir os leões rugindo: "Eu sou o trigo de Cristo! Serei triturado pelos dentes de animais selvagens para que possa ser encontrado pão puro".

Trajano foi sucedido por Adriano, que continuou essa terceira perseguição com a mesma severidade que seu antecessor.

Por volta dessa época, foram martirizados Alexandre, bispo de Roma, com seus dois diáconos; também Quirino e Hernes, com suas famílias; Zenão, um nobre romano, e cerca de dez mil outros cristãos.

No monte Ararate, muitos foram crucificados, coroados com espinhos e traspassados por lanças nos flancos, imitando a paixão de Cristo. Eustáquio, um bravo e bem-sucedido comandante romano, recebeu ordens do imperador para participar de um sacrifício idólatra a fim de comemorar algumas de suas próprias vitórias; porém, sua fé (sendo ele cristão em seu coração) era muito maior do que sua vaidade e ele, nobremente, recusou. Enfurecido com a negativa, o ingrato imperador se esqueceu do serviço daquele hábil comandante e ordenou que ele e toda a sua família fossem martirizados.

No martírio de Faustino e Jovita, irmãos e cidadãos de Brescia, seus tormentos foram tantos e sua paciência tão grande, que Calocério, um pagão, ao vê-los, admirou-se e exclamou, em uma espécie de êxtase: "Grande é o Deus dos cristãos!" — por isso, ele foi preso e sofreu igual destino.

Muitos outros rigores e crueldades semelhantes foram exercidos contra os cristãos, até Quadrado, bispo de Atenas, apresentar

*Inácio de Antioquia*, possivelmente obra de Cesare Francazano (1605–51). Acervo da Galeria Borghese, em Roma, Itália.

Fonte: commons.wikimedia.org

ao imperador, que ali estava, uma versada defesa em favor deles, e Aristides, um filósofo da mesma cidade, escrever uma elegante carta. Isso fez Adriano relaxar suas severidades e ceder em favor dos cristãos.

Adriano faleceu em 138 d.C. e foi sucedido por Antonino Pio, um dos monarcas mais amáveis que já reinara, o qual suspendeu as perseguições contra os cristãos.

## A QUARTA PERSEGUIÇÃO, SOB O GOVERNO DE MARCO AURÉLIO ANTONINO, 162 D.C.

Marco Aurélio subiu ao poder no ano 161 de nosso Senhor. Era um homem de natureza mais austera e severa. Embora no estudo da filosofia e no governo civil não tenha sido menos louvável, para com os cristãos foi mordaz e feroz. Ele promoveu a quarta perseguição.

As crueldades usadas nessa perseguição eram tais que muitos dentre os espectadores estremeciam de horror ao vê-las e ficavam atônitos com a intrepidez dos sofredores. Alguns dos mártires eram obrigados a passar, com os pés já feridos, sobre as pontas de espinhos, cravos, conchas afiadas etc.; outros eram açoitados até seus tendões e veias ficarem expostos e, após sofrerem as mais excruciantes torturas imaginadas, eram aniquilados pelas mortes mais terríveis.

O jovem Germânico, um verdadeiro cristão, ao ser lançado aos animais selvagens devido à sua fé, comportou-se com coragem tão surpreendente que vários pagãos se converteram à fé que inspirava tanta firmeza.

Policarpo, o venerável bispo de Esmirna, ao ouvir que estava sendo procurado, escapou, mas foi descoberto por uma criança. Após oferecer um banquete aos guardas que o prenderam, ele desejou ficar uma hora em oração. Isso lhe foi permitido, e ele orou com tanto fervor que seus guardiões se arrependeram de terem sido agentes de sua prisão. Foi, porém, levado à presença do procônsul, condenado e queimado na praça do mercado.

Então, o procônsul o exortou, dizendo: "Blasfema, e eu te libertarei; difama a Cristo".

Policarpo respondeu: "Durante 86 anos eu o servi, e Ele nunca me foi injusto; como então devo blasfemar contra o meu Rei, que me salvou?". Ao acenderem a fogueira à qual ele estava apenas amarrado, mas não pregado como era costumeiro, por haver garantido que permaneceria imóvel, as chamas cercavam seu corpo como um arco, sem tocá-lo. Ao ver isso, o carrasco recebeu ordem de perfurá-lo com uma espada — então, saiu uma quantidade tão grande de sangue que extinguiu o fogo. Porém, por instigação dos inimigos do evangelho, especialmente judeus, ordenou-se que seu corpo fosse consumido na pilha. O pedido de seus amigos, que desejavam dar-lhe um enterro cristão, foi rejeitado. Não obstante, eles recolheram seus ossos e o máximo possível de seus restos mortais, fazendo com que fossem decentemente sepultados.

Metrodoro, um ministro que pregava com ousadia, e Piônio, que fazia excelentes apologias à fé cristã, também foram queimados. Carpo e Papilo, dois cristãos valorosos, e Agatônica, uma mulher piedosa, sofreram martírio em Pergamópolis, na Ásia.

Felicidade, uma ilustre dama romana, de família considerável e dona das mais brilhantes virtudes, era uma cristã devota. Ela teve sete filhos, aos quais educou com a mais exemplar piedade.

Januário, o mais velho, foi açoitado e pressionado até a morte sob pesos; Félix e Filipe, os dois seguintes, tiveram suas cabeças destruídas a pauladas; Silvano, o quarto, foi assassinado sendo lançado de um precipício, e os três filhos mais novos — Alexandre, Vital e Marcial — foram decapitados. A mãe foi decapitada com a mesma espada usada nos três.

Justino, o célebre filósofo, caiu como mártir nessa perseguição. Ele era natural de Neápolis, na Samaria, e nasceu em 103 d.C. Justino era grande amante da verdade e um estudioso universal, investigou a filosofia estoica e peripatética e tentou a pitagórica; porém, repugnado pelo comportamento de seus mestres, ele se aplicou à platônica, na qual sentia grande deleite. Por volta do ano 133, aos 30 anos, converteu-se ao cristianismo e então percebeu, pela primeira vez, a verdadeira natureza da verdade.

Ele escreveu uma elegante epístola aos gentios e empregou os seus talentos para convencer os judeus acerca da verdade das cerimônias cristãs. Passou muito tempo viajando até estabelecer-se em Roma e fixar sua habitação na Colina Viminal. Manteve uma escola pública e ensinou a muitos que, depois, tornaram-se grandes homens. Escreveu um tratado para confundir todos os tipos de heresias.

Quando os pagãos começaram a tratar os cristãos com grande severidade, Justino escreveu sua primeira defesa em prol desses. Essa peça demonstra grande erudição e genialidade e ocasionou a publicação, pelo imperador, de um edito em favor dos cristãos.

Pouco tempo depois, participou de frequentes debates com Crescente, uma pessoa de vida e conversa imorais, mas um célebre filósofo cínico, e os argumentos de Justino pareceram tão poderosos, embora repugnantes ao cínico, que este resolveu, na sequência, destruí-lo.

A segunda defesa de Justino, acerca de certas severidades, deu a Crescente, o cínico, uma oportunidade para despertar no imperador um antagonismo ao seu

*São Justino, o Mártir*, por Teófanes, o cretense (1490–1559). Monastério Stavronikita, em Monte Atos, Grécia.

Fonte: pt.wikipedia.org

escritor. Devido a isso, Justino e seis de seus companheiros foram presos e ordenados a sacrificar aos ídolos pagãos. Como eles se recusaram, foram condenados a ser açoitados e, depois, decapitados. Essa sentença foi executada com toda a severidade imaginável.

Muitos foram decapitados por se recusarem a sacrificar à imagem de Júpiter; em particular, Concordo, um diácono da cidade de Spolito.

Nesse ínterim, algumas agitadas nações do Norte se levantaram em armas contra Roma, e o imperador marchou para enfrentá-las. Porém, ao ser atraído para uma emboscada, amargou a perda de todo o seu exército. Envoltos por montanhas, cercados por inimigos e perecendo de sede, invocaram em vão as divindades pagãs. Então, os homens pertencentes à legião militante, ou trovejante, todos eles cristãos, receberam ordem de clamar ao seu Deus por socorro. Imediatamente, uma libertação milagrosa ocorreu; caiu chuva copiosa que, captada pelos homens que encheram seus diques, proporcionou-lhes alívio repentino e surpreendente. Parece que a tempestade que surgiu milagrosamente diante dos inimigos os intimidou de tal forma que parte deles desertou do exército romano, e os demais foram derrotados, e as províncias revoltosas se recuperaram totalmente.

Essa situação amenizou a perseguição durante algum tempo, pelo menos nas regiões sob supervisão direta do imperador. Porém, descobrimos que, logo depois, ela ganhou grande vulto na França,

particularmente em Lyon, onde as torturas às quais muitos cristãos foram submetidos quase superam a capacidade de descrição.

Os principais desses mártires foram Vécio Ágato, um jovem; Blandina, uma senhora cristã de constituição fraca; Santo, um diácono de Viena — placas de latão incandescentes foram colocadas sobre as partes mais delicadas de seu corpo —; Bíblia, uma mulher frágil, antes apóstata; Átalo, de Pérgamo, e Potino, o venerável bispo de Lyon, que tinha 90 anos. Blandina, no dia em que ela e os outros três campeões foram levados ao anfiteatro, foi suspensa em um pedaço de madeira fixado no chão e exposta como alimento para os animais selvagens. Nesse momento, com suas orações sinceras, ela encorajou outros. Porém, nenhum dos animais selvagens a tocava, de modo que ela foi devolvida à prisão. Quando foi novamente apresentada pela terceira e última vez, estava acompanhada por Pôntico, um jovem de 15 anos, e a constância da fé deles enfureceu tanto a multidão que nem o fato de ela ser mulher, nem a juventude dele foram respeitados, sendo expostos a todo tipo de punições e torturas. Fortalecido por Blandina, o jovem perseverou até a morte, e ela, após suportar todos os tormentos até então mencionados, foi finalmente morta por espada.

Nas ocasiões em que eram martirizados, os cristãos eram adornados e coroados com guirlandas de flores; por isso, no Céu, receberam eternas coroas de glória.

Tem sido dito que a vida dos primeiros cristãos consistia em "perseguição acima

Catacumba de São Sebastião, que fica no subsolo da Via Ápia, em Roma, Itália.

do solo e oração abaixo do solo". A vida deles é expressada pelo Coliseu e pelas catacumbas.

Sob Roma estão as escavações que denominamos catacumbas, que eram, ao mesmo tempo, templos e túmulos. A Igreja Primitiva em Roma poderia muito bem ser chamada Igreja das Catacumbas. Há cerca de sessenta catacumbas perto de Roma, nas quais cerca de mil quilômetros de galerias foram rastreados, e essas não são todas. Essas galerias medem aproximadamente dois metros e meio de altura por um metro a um metro e meio de largura, contendo em cada lado várias fileiras de recessos horizontais longos e baixos, um acima do outro, como os beliches de um navio. Neles eram colocados os cadáveres e a frente era fechada com uma única chapa de mármore ou vários grandes ladrilhos assentados com argamassa. Nessas chapas ou ladrilhos estão gravados ou pintados epitáfios ou símbolos. Pagãos e cristãos sepultavam seus mortos nessas catacumbas.

Quando as sepulturas cristãs são abertas, os próprios esqueletos contam a terrível história deles. Cabeças são encontradas separadas do corpo, costelas e escápulas estão quebradas, ossos estão frequentemente calcinados por fogo. Porém, a despeito da horrível história de perseguição que podemos ler aqui, as inscrições transmitem paz, alegria e triunfo. Eis algumas:

"Aqui jaz Márcia, para repousar em um sonho de paz."

"Lourenço para seu filho mais querido, levado pelos anjos."

"Vitorioso em paz e em Cristo."

"Sendo chamado, ele foi em paz."

Ao ler essas inscrições, lembre-se da história que os esqueletos contam sobre perseguição, tortura e fogo.

Contudo, a plena força desses epitáfios é vista quando os contrastamos com os epitáfios pagãos, como estes:

"Viva para o presente, pois não temos certeza de nada mais."

"Levanto minhas mãos contra os deuses que me levaram embora aos vinte anos, embora eu não tenha feito mal algum."

"Eu não era. Agora, não sou. Nada sei sobre isso e não é da minha conta."

"Viajante, não me amaldiçoe ao passar, porque estou na escuridão e não posso responder."

Os símbolos cristãos mais frequentes nas paredes das catacumbas são: o bom pastor com o cordeiro no ombro, um navio com velas enfunadas, harpas, âncoras, coroas, parreiras e, acima de tudo, peixes.

## A QUINTA PERSEGUIÇÃO, INICIADA POR SEVERO, 192 D.C.

Sendo ele recuperado de uma grave crise de enfermidade por meio de um cristão, Severo se tornou um grande favorecedor dos cristãos em geral; porém, prevalecendo o preconceito e a fúria da multidão ignorante, leis obsoletas foram executadas contra os cristãos. Em 192 d.C., o avanço do cristianismo alarmou os pagãos, que reavivaram a rançosa calúnia de atribuir aos cristãos infortúnios acidentais.

Contudo, embora a maldade persecutória se acendesse, o evangelho brilhava com uma clareza resplandecente e, firme como uma rocha inexpugnável, resistia com sucesso aos ataques de seus violentos inimigos.

Tertuliano, que viveu nessa época, nos informa que, se os cristãos tivessem se retirado coletivamente dos territórios romanos, o império teria sido consideravelmente despovoado.

Vítor, bispo de Roma, sofreu martírio no primeiro ano do terceiro século, em 201 d.C. Leônido, pai do célebre Orígenes, foi decapitado por ser cristão. Muitos dos ouvintes de Orígenes também sofreram martírio; particularmente dois irmãos, chamados Plutarco e Sereno; um outro Sereno, Heron e Heráclides foram decapitados. Rais teve piche fervente derramado sobre sua cabeça e, depois, foi queimada; o mesmo ocorreu a Marcela, sua mãe.

Potainiena, irmã de Rais, foi executada da mesma maneira, mas Basílides, um oficial pertencente ao exército e ordenado a comparecer à sua execução, foi convertido por ela. Sendo Basílides obrigado, como oficial, a prestar um certo juramento, recusou-se, dizendo que, por ser cristão, não podia jurar pelos ídolos romanos. Tomadas de surpresa, as pessoas não conseguiram, a princípio, acreditar no que ouviram; porém, assim que ele confirmou suas palavras, foi arrastado para a presença do juiz, levado para a prisão e, logo depois, decapitado.

Irineu, bispo de Lyon, nasceu na Grécia e recebeu uma educação refinada e cristã. Geralmente, supõe-se que o relato das perseguições em Lyon tenha sido escrito por ele mesmo. Ele sucedeu o mártir Potino como bispo de Lyon e dirigiu sua diocese com grande propriedade; era um zeloso opositor de heresias em geral e, por volta do ano 187 d.C., escreveu um célebre tratado contra a heresia. Vítor, o bispo de Roma, querendo impor a guarda da Páscoa ali, em detrimento de outros lugares, provocou alguns distúrbios entre os cristãos. Em particular, Irineu escreveu-lhe uma epístola sinódica em nome das igrejas gaulesas. Esse zelo em favor do cristianismo o destacou como um elemento de ressentimento para o imperador e, no ano 202 d.C., foi decapitado.

Com as perseguições agora se estendendo à África, muitos foram martirizados naquela parte do globo; mencionaremos as mais singulares. Perpétua, uma senhora casada, com aproximadamente 22 anos. Os que sofreram com ela foram Felicidade, uma senhora casada, grávida na época em que foi presa, Revocatus, catecúmeno de Cartago, e um escravo. Os nomes dos outros prisioneiros, destinados a sofrer nessa ocasião, eram Saturnino, Secúndulo e Satur. No dia marcado para sua execução, eles foram levados ao anfiteatro. Satur, Saturnino e Revocatus foram ordenados a passar por um corredor polonês formado pelos caçadores, que cuidavam dos animais selvagens.

Eles correram entre as duas fileiras dos caçadores e foram severamente açoitados enquanto passavam. Felicidade e Perpétua foram despidas para serem atiradas a um touro louco, que fez seu primeiro ataque contra a jovem Perpétua, aturdindo-a; depois, disparou contra Felicidade e a chifrou terrivelmente. Como não as matou, o carrasco o fez com uma espada. Revocatus e Satur foram destroçados por animais selvagens, Saturnino foi decapitado, e Secúndulo morreu na prisão. Essas execuções ocorreram no oitavo dia de março do ano 205.

Esperato e outros doze foram igualmente decapitados, tal como Andocles, na França. Asclepíades, bispo de Antioquia, sofreu muitas torturas, mas sua vida foi poupada.

Cecília, uma jovem de boa família em Roma, era casada com um cavalheiro chamado Valeriano. Ela converteu o marido e o irmão, que foram decapitados, e o máximo, ou oficial, que os levou à execução, sendo convertido por eles, sofreu o mesmo destino. Em 222 d.C., essa senhora foi colocada nua em um banho escaldante e, permanecendo ali por um tempo considerável, sua cabeça foi decepada com uma espada.

Calisto, bispo de Roma, foi martirizado em 224 d.C., mas a maneira como morreu não está registrada; e Urbano, bispo de Roma, teve o mesmo destino em 232 d.C.

## A SEXTA PERSEGUIÇÃO, SOB O GOVERNO DE MAXIMINO, 235 D.C.

No ano 235 d.C., Maximino era o imperador. Na Capadócia, o presidente Seremiano fez tudo que pôde para exterminar os cristãos daquela província.

As principais pessoas que pereceram sob esse reinado foram Ponciano, bispo de Roma; Antero, um grego, seu sucessor, que ofendeu o governo compilando os atos dos mártires Pamáquio e Quirito, senadores romanos, com todas as suas famílias e muitos outros cristãos; Simplício, senador; Calepódio, um ministro cristão, jogado no rio Tibre; Martina, uma virgem nobre e bonita, e Hipólito, um prelado cristão, amarrado a um cavalo selvagem e arrastado até a morte.

Durante essa perseguição, infligida por Maximino, inúmeros cristãos foram mortos sem julgamento e enterrados indiscriminadamente em montões, às vezes até 50 ou 60 eram lançados juntos em uma mesma cova, sem a menor decência.

O tirano Maximino morreu em 238 d.C. e foi sucedido por Górdio, durante cujo reinado — e o de seu sucessor, Filipe — a Igreja esteve livre de perseguições por mais de dez anos. Entretanto, em 249 d.C., uma violenta perseguição eclodiu em Alexandria, por instigação de um sacerdote pagão, sem o conhecimento do imperador.

## A SÉTIMA PERSEGUIÇÃO, SOB O GOVERNO DE DÉCIO, 249 D.C.

Em parte, essa perseguição foi ocasionada devido ao ódio que Décio sentia por seu antecessor, Filipe, que era considerado cristão, e em parte por seu ciúme em relação ao incrível aumento do cristianismo, pois os templos pagãos começaram a ser abandonados, e as igrejas cristãs a se aglomerar.

Essas razões estimularam Décio a tentar extirpar, a todo custo, o nome de cristão. Nessa época, foi lamentável para o evangelho que muitos erros tivessem se instaurado no interior da Igreja: os cristãos estavam em desacordo; o interesse próprio dividiu aqueles que o amor social deveria ter unido, e a virulência do orgulho ocasionou uma variedade de facções.

Nessa ocasião, os pagãos em geral eram ambiciosos por fazer cumprir os decretos imperiais e consideravam o assassinato de um cristão um mérito para si mesmos. Sendo assim, a quantidade de mártires é incontável, mas abordaremos os principais.

Fabiano, bispo de Roma, foi a primeira pessoa eminente que sentiu o rigor dessa perseguição. Devido à sua integridade, o falecido imperador Filipe entregara seu tesouro aos cuidados desse bom homem. Décio, porém, não encontrando o tanto que sua avareza o fizera imaginar, determinou-se a vingar-se no bom prelado. Consequentemente Fabiano foi aprisionado e, em 20 de janeiro de 250 d.C., decapitado.

Juliano, nativo da Cilícia, como nos relata Crisóstomo, foi preso por ser cristão. Ele foi colocado em uma bolsa de couro, juntamente com várias serpentes e escorpiões, e, nessa situação, lançado ao mar.

Pedro, um jovem amável pelas qualidades superiores de seu corpo e sua mente, foi decapitado por recusar-se a oferecer sacrifícios a Vênus. Ele disse: "Estou surpreso por alguém dever sacrificar a uma mulher infame, cujas devassidões até seus próprios historiadores registram e cuja vida consistia em atos que as suas leis puniriam. Não, eu oferecerei ao verdadeiro Deus o sacrifício aceitável de louvores e orações". Ao ouvir isso, Optimus, o procônsul da Ásia, ordenou que o prisioneiro fosse esticado sobre uma roda pela qual todos os seus ossos fossem quebrados; em seguida, foi enviado para ser decapitado.

Nicômaco, levado perante o procônsul como cristão, recebeu ordem de sacrificar aos ídolos pagãos. Ele respondeu: "Não posso prestar a demônios esse respeito que é devido somente ao Todo-poderoso". Esse discurso enfureceu tanto o procônsul, que Nicômaco foi posto sob tortura. Após suportar os tormentos durante algum tempo, retratou-se; porém, mal havia dado essa prova de sua fragilidade, caiu em enorme agonia, foi ao chão e expirou imediatamente.

Denisa, uma jovem de apenas 16 anos, que contemplou esse terrível julgamento, exclamou repentinamente: "Ó infeliz desgraçado, por que você compraria a tranquilidade de um momento à custa de uma eternidade miserável?". Optimus, ouvindo isso, a chamou, e Denisa, declarando-se cristã, foi decapitada por ordem dele logo depois. André e Paulo, dois companheiros de Nicômaco, o mártir, em 251 d.C., sofreram martírio por apedrejamento e expiraram clamando por seu bendito Redentor.

Alexandre e Epímaco, de Alexandria, foram detidos por serem cristãos e, confessando a acusação, foram espancados com bastões, dilacerados com ganchos e,

finalmente, queimados na fogueira, e um fragmento preservado por Eusébio nos informa que quatro mulheres mártires sofreram no mesmo dia e local, mas não da mesma maneira: foram decapitadas.

Luciano e Marciano, dois pagãos perversos, embora hábeis magos, convertendo-se ao cristianismo, viviam como eremitas e subsistiam apenas com pão e água, para reparar os erros do passado. Depois de algum tempo passado dessa maneira, tornaram-se pregadores zelosos e conduziram muitos à conversão. Porém, devido à perseguição muito forte naquele momento, eles foram presos e levados diante de Sabino, governador da Bitínia. Ao serem questionados sobre a autoridade com a qual se puseram a pregar, Luciano respondeu: "As leis da caridade e da humanidade obrigavam todos os homens a se esforçarem pela conversão de seus próximos e a fazer tudo que estivesse ao seu alcance para resgatá-los das armadilhas da diabo".

Tendo Luciano respondido dessa maneira, Marciano complementou: "A conversão deles foi pela mesma graça concedida ao apóstolo Paulo, que, de zeloso perseguidor da Igreja, tornou-se pregador do evangelho".

O procônsul, percebendo que não conseguiria convencê-los a renunciarem à fé, os condenou a serem queimados vivos, sentença executada em seguida.

Trifo e Respício, dois homens eminentes, foram capturados como cristãos e aprisionados em Nice. Seus pés foram perfurados com cravos. Eles foram arrastados

*Santa Ágata*, por Fancisco Zurbarán (1598–1664). Parte do acervo do Museu Fabre, Montpellier, França.

pelas ruas, açoitados, dilacerados com ganchos de ferro, queimados com tochas acesas e, finalmente, decapitados no dia 1.º de fevereiro de 251 d.C.

Ágata, uma dama siciliana, não era mais notável por seus dotes pessoais e adquiridos do que por sua piedade. Sua beleza era tanta que Quintiano, governador da Sicília, apaixonou-se por ela e fez muitas tentativas de desvirginá-la, porém sem sucesso. Com o intuito de satisfazer suas paixões com a maior comodidade, colocou essa virtuosa senhora nas mãos de Afrodica, uma mulher muito infame e licenciosa. Essa miserável tentou todos os artifícios para convencê-la à desejada prostituição, mas todos os seus esforços foram em vão, porque a castidade de Ágata era inexpugnável, e ela sabia muito bem que só a virtude podia obter a verdadeira felicidade. Afrodica comunicou a ineficácia de seus esforços a Quintiano, que, enfurecido por ver frustrados seus planos, transformou sua luxúria em ressentimento. Quando Ágata confessou ser cristã, ele decidiu satisfazer sua vingança, já que não conseguiria satisfazer sua paixão.

O LIVRO DOS MÁRTIRES

Em cumprimento a ordens dele, ela foi açoitada, queimada com ferros em brasa e dilacerada com ganchos afiados. Tendo suportado esses tormentos com admirável coragem, ela foi deitada nua em brasas misturadas com vidro e, depois, levada de volta à prisão. Ali, ela expirou em 5 de fevereiro do ano 251 d.C.

Cirilo, bispo de Gortina, foi preso por ordem de Lúcio, o governador daquele lugar, que, porém, o exortou a obedecer à ordem imperial, realizar os sacrifícios e salvar sua venerável pessoa da morte, pois tinha 84 anos. O bom prelado respondeu que, por haver ensinado durante longo tempo outras pessoas a salvarem suas almas, agora só pensaria na sua própria salvação. O digno prelado ouviu sua inflamada sentença sem se abalar, caminhou alegremente para o local de execução e sofreu seu martírio com grande força de espírito.

Em nenhum outro lugar, a perseguição se tornou tão violenta como na ilha de Creta. Por conta do governador ser extremamente ativo na execução dos decretos imperiais, nesse local verteu-se muito sangue piedoso.

Bábilas, um cristão de educação liberal, tornou-se bispo de Antioquia no ano 237 d.C., devido à morte de Zebino. Ele agiu com zelo inimitável e liderou a Igreja com admirável prudência durante os tempos mais tempestuosos.

O primeiro infortúnio ocorrido a Antioquia durante o bispado de Bábilas foi o cerco de Sapor, rei da Pérsia. Este, tendo invadido toda a Síria, tomou e saqueou essa cidade dentre outras e tratou os cristãos com maior rigor do que os demais habitantes; porém, logo Sapor foi totalmente derrotado por Górdio.

Após a morte de Górdio, durante o reinado de Décio, esse imperador foi a Antioquia. Desejoso de visitar uma reunião de cristãos, Bábilas se opôs a ele e recusou-se absolutamente a deixá-lo entrar. O imperador dissimulou sua raiva naquele momento; porém, na sequência mandou chamar esse bispo, reprovou-o rispidamente por sua insolência e, então, ordenou-lhe que sacrificasse às divindades pagás como uma expiação por sua ofensa. Como Bábilas recusou-se a isso, foi levado à prisão, fortemente acorrentado, tratado com grande severidade e, depois, decapitado, juntamente com três jovens que haviam sido seus alunos. Isso ocorreu no ano 251 d.C.

Nessa mesma época, Alexandre, bispo de Jerusalém, foi lançado na prisão devido à sua religião e ali morreu devido à severidade de seu confinamento.

Juliano, um idoso, coxo devido à gota, e Crônio, outro cristão, foram amarrados ao dorso de camelos, fortemente açoitados e, depois, lançados ao fogo e consumidos por ele. Também 40 virgens, em Antioquia, após serem aprisionadas e açoitadas, foram queimadas.

No ano 251 de nosso Senhor, tendo erigido um templo pagão em Éfeso, o imperador Décio ordenou que todos os que estavam naquela cidade sacrificassem aos ídolos. Essa ordem foi nobremente recusada por sete de seus próprios soldados, a saber: Maximiano, Marciano, João, Malco, Dionísio, Seraion e Constantino. Desejando convencer esses soldados, por meio de seus apelos e sua clemência, a renunciarem à fé, o imperador deu-lhes um considerável intervalo até que ele retornasse de uma expedição. Durante a ausência do imperador, eles fugiram e se esconderam em uma caverna. Por ocasião do seu retorno, o imperador foi informado disso e mandou lacrar a entrada da caverna, e esses soldados morreram de fome.

Teodora, uma bela jovem de Antioquia, ao recusar-se a sacrificar aos ídolos romanos, foi condenada aos prostíbulos, para que sua virtude pudesse ser sacrificada à brutalidade da luxúria.

Dídimo, um cristão, disfarçou-se com a farda de um soldado romano, foi até o prostíbulo, informou a Teodora quem ele era e a aconselhou a fugir trajando a farda. Feito isso e sendo encontrado um homem no bordel em vez de uma bela dama, Dídimo foi levado à presença do cônsul[4], a quem confessou a verdade. Logo, por ser cristão, a sentença de morte foi imediatamente pronunciada contra ele. Ao saber que seu libertador provavelmente sofreria, Teodora se apresentou ao juiz, jogou-se aos pés dele e implorou que a sentença recaísse sobre ela como culpada. Porém, surdo aos gritos dos inocentes e insensível aos apelos da justiça, o inflexível juiz condenou os dois. Consequentemente, eles foram

executados, sendo primeiramente decapitados e, depois, queimados.

Segundiano, acusado de ser cristão, foi levado à prisão por alguns soldados. No caminho, Veriano e Marcelino perguntaram: "Para onde vocês estão levando esse inocente?". Esse interrogatório ocasionou a detenção dos dois, e os três, após torturados, foram enforcados e decapitados.

Orígenes, o célebre presbítero e catequista de Alexandria, aos 64 anos, foi detido, lançado em uma prisão repugnante, agrilhoado, seus pés foram presos em um tronco de madeira e as pernas estendidas ao máximo durante vários dias sucessivos. Ele foi ameaçado com fogo e atormentado por todos os meios [de tortura] prolongados que as imaginações mais infernais poderiam sugerir. Durante essa cruel protelação, o imperador Décio morreu. Galo, que o sucedeu, estava travando uma guerra com os godos; assim, os cristãos encontraram um período de trégua. Nesse ínterim, Orígenes teve sua pena relaxada e, retirando-se para Tiro, ali permaneceu até sua morte, aos 69 anos.

Após o imperador Galo ter concluído as suas guerras, eclodiu uma praga no império: o imperador ordenou sacrifícios às divindades pagãs, e as perseguições se espalharam desde o interior até as partes extremas do império. Muitos foram martirizados pela impetuosidade da multidão e pelo preconceito dos magistrados; dentre eles estavam Cornélio, o bispo cristão de Roma, e Lúcio, seu sucessor, no ano 253 d.C.

---

[4] Representante do governo romano nas províncias sob sua jurisdição.

A maioria dos erros que se infiltraram na Igreja naquele tempo decorreu de alguns sobreporem a razão humana à revelação; porém, com a falácia de tais argumentos sendo provada pelos religiosos mais capazes, as opiniões que os contrapositores tinham levantado desapareceram como as estrelas diante do Sol.

## A OITAVA PERSEGUIÇÃO, SOB O GOVERNO DE VALERIANO, 257 D.C.

A perseguição infligida por Valeriano, começou no mês de abril de 257 d.C., e teve a duração de três anos e seis meses. Os mártires que caíram nessa perseguição foram inúmeros, e suas torturas e mortes foram igualmente variadas e dolorosas. Os mártires mais eminentes dessa época estão relatados a seguir, independentemente de classe, sexo ou idade.

Rufina e Segunda eram duas belas e talentosas damas, filhas de Astério, um cavalheiro de destaque em Roma.

Rufina, a mais velha, foi prometida em casamento a Armentário, um jovem nobre; Segunda, a mais nova, a Verinus, pessoa de posição e opulência. No momento em que a perseguição começou, esses dois pretendentes eram cristãos; porém, quando se viram em perigo, eles renunciaram a fé cristã para salvar suas fortunas. Eles se esforçaram muito para convencer as damas a fazerem o mesmo, mas, frustrados em seus intentos, esses amantes foram suficientemente sórdidos para denunciá-las. Sendo detidas como cristãs, foram levadas a Júnio Donato, governador de Roma, onde, em 257 d.C., tiveram seu martírio selado com sangue.

Estêvão, bispo de Roma, foi decapitado no mesmo ano e, nessa época, Saturnino, o piedoso bispo ortodoxo de Toulouse, recusando-se a sacrificar a ídolos, foi tratado com as piores bárbaras indignidades imagináveis e preso pelos pés à cauda de um touro. Uma vez dado o sinal, o animal enfurecido foi induzido a descer as escadarias do templo. [Os golpes partiram-lhe o crânio] esparramando assim o cérebro desse honrado mártir.

Sexto sucedeu Estêvão como bispo de Roma. Imagina-se que ele fosse grego por nascimento ou por linhagem. Durante algum tempo, serviu na qualidade de diácono sob a liderança de Estêvão. Sua grande fidelidade, sabedoria singular e coragem incomum o distinguiram em muitas ocasiões, e o bem-sucedido desfecho de uma controvérsia com alguns hereges é geralmente atribuído à sua piedade e prudência. No ano 258 d.C., Marciano, que detinha a administração do governo romano, executou a ordem do imperador Valeriano de matar todo o clero cristão de Roma. Assim, o bispo e seis de seus diáconos foram martirizados nesse ano.

Aproximemo-nos do fogo do martirizado Lourenço, para desse modo aquecer o nosso coração gélido. O impiedoso tirano, considerando-o não somente o ministro dos sacramentos, mas também o distribuidor das riquezas da Igreja, prometeu a si mesmo matar dois coelhos com uma cajadada só detendo uma única alma. Primeiramente, com o ancinho da avareza, raspar para si o tesouro dos pobres cristãos; depois, com o forcado ardente da tirania, abalá-los e perturbá-los para que, exaustos, abandonassem a sua profissão de fé.

Com rosto furioso e semblante cruel, o lobo ganancioso perguntou onde Lourenço havia guardado o dinheiro da Igreja. Suplicando por três dias de prorrogação, Lourenço prometeu declarar onde o tesouro poderia ser encontrado. Enquanto isso, fez um bom número de pobres cristãos se congregarem. Então, ao chegar o dia de sua resposta, o perseguidor lhe cobrou estritamente o cumprimento de sua promessa. E, estendendo os braços sobre os pobres, o valente Lourenço disse: "Eis aqui o precioso tesouro da Igreja. Estes são realmente os tesouros nos quais reina a fé em Cristo, em quem Jesus Cristo tem Sua morada. Quais outras joias preciosas Cristo poderia ter do que aqueles em quem Ele prometeu habitar? Porque assim está escrito: '…tive fome, e me destes de comer; tive sede, e me destes de beber; era forasteiro, e me hospedastes'.[5] E ainda: '…sempre que o fizestes a um destes meus

*Martírio das santas Rufina e Segunda*, por Pier Francesco Mazzucchelli (1573–1626), Giulio Cesare Procaccini (1574–1625) e Giovanni Battista Crespi (1573–1632). Parte da Pinacoteca de Brera, em Milão, Itália.

Fonte: commons.wikimedia.org

[5] Mt 25:35

pequeninos irmãos, a mim o fizestes'.[6] Que maior riqueza o nosso Senhor Cristo possui, senão os pobres em quem Ele ama ser visto?".

Ó, que língua será capaz de expressar a fúria e a loucura do coração de um tirano! Agora, ele pisoteava, olhava, esbravejava, comportava-se como alguém fora de si: seus olhos fulguravam como fogo, sua boca se deformava como um javali, seus dentes se arreganhavam como um cão do inferno. Agora, ele não poderia ser chamado de homem razoável, e sim de leão rugindo.

"Acendam o fogo!", gritou ele, "Não poupem madeira. Esse vilão iludiu o imperador? Levem-no daqui, levem-no daqui, chicoteiem-no com açoites, batam-lhe com varas, esmurrem-no, golpeiem sua cabeça com bastões. Graceja o traidor com o imperador? Belisquem-no com pinças de fogo, cinjam-no com pratos ardentes, tragam as correntes mais fortes, os garfos para fogueira e a cama de ferro e lancem-na ao fogo. Amarrem as mãos e os pés rebeldes e, quando a cama estiver incandescente, assem-no, grelhem-no, sacudam-no, virem-no, ó atormentadores. Com a dor do nosso grande desagrado, cumpra cada homem o seu papel."

Tão logo essas palavras acabaram de ser pronunciadas, tudo foi consumado. Após muitos tratos cruéis, aquele manso cordeiro foi posto, não direi em sua cama de ferro ardente, mas em sua macia cama de plumas. Tão poderosamente Deus agiu em Seu mártir Lourenço, tão milagrosamente Ele fortaleceu o Seu servo no fogo, que este não se tornou um leito de dor consumidora, mas uma plataforma de revigorado repouso.

Na África, a perseguição se alastrou com peculiar violência. Muitos milhares receberam a coroa do martírio; dentre eles, os mais distintos foram:

Cipriano, bispo de Cartago, prelado eminente e um piedoso ornato da Igreja. O brilho de sua genialidade era dosado pela solidez de seu julgamento e, com toda a proeza de um cavalheiro, ele mesclava as virtudes de um cristão. Suas doutrinas eram ortodoxas e puras; sua linguagem, simples e elegante, e suas maneiras, graciosas e decisivas. Em suma, ele era um pregador piedoso e educado. Na juventude, foi educado nos princípios do gentilismo; possuidor de uma fortuna considerável, vivia na própria extravagância do esplendor e em toda a dignidade da pompa.

Por volta do ano 246 d.C., Cecílio, ministro cristão de Cartago, tornou-se o venturoso instrumento da conversão de Cipriano. Devido a isso e ao grande amor que ele sempre manteve pelo promotor de sua conversão, foi denominado Cecílio Cipriano. Antes de seu batismo, ele estudou as Escrituras com atenção e, impressionado com as belezas das verdades nelas contidas, decidiu praticar as virtudes ali recomendadas. Após seu batismo, vendeu sua propriedade, distribuiu o dinheiro entre os pobres, vestiu-se com trajes simples e iniciou uma vida de austeridade.

---

[6] Mt 25:40

Pouco tempo depois, foi nomeado presbítero. Sendo grandemente admirado por suas virtudes e obras, foi quase unanimemente eleito bispo de Cartago por ocasião da morte de Donato, em 248 d.C.

Os cuidados de Cipriano não se estenderam apenas a Cartago, mas também à Numídia e à Mauritânia. Em todas as suas transações, ele tomava o cuidado de aconselhar-se com o seu clero, sabendo que somente a unanimidade poderia servir à Igreja, sendo esta uma de suas máximas: "Que o bispo esteja na igreja e a igreja, no bispo, de modo que a unidade só possa ser preservada por uma estreita ligação entre o pastor e seu rebanho".

No ano 250 d.C., Cipriano foi publicamente proscrito pelo imperador Décio, sob a alcunha de Cecílio Cipriano, bispo dos cristãos, e o brado geral dos pagãos foi: "Cipriano aos leões, Cipriano às feras". O bispo, porém, afastou-se da fúria da multidão, e suas propriedades foram imediatamente confiscadas. Durante seu isolamento, ele escreveu 30 piedosas e elegantes cartas ao seu rebanho, mas lhe causaram grande desconforto várias cismas que se infiltraram na Igreja nessa época. Com a diminuição do rigor da perseguição, ele retornou a Cartago e fez tudo que estava ao seu alcance para eliminar as opiniões equivocadas. Contudo, uma terrível praga eclodiu em Cartago e, como de costume, foi imputada aos cristãos. Consequentemente, os magistrados começaram a persegui-lo como forma retaliação, o que ocasionou uma epístola deles a Cipriano, em resposta à qual o

*Santo Cipriano*, por Mestre de Messkirck (1500–43). Esta pintura compunha a ala lateral da Igreja de São Martin, em Messkirck, Alemanha.

bispo justifica a causa do cristianismo. No ano 257 d.C., Cipriano foi levado perante o procônsul Aspásio Paterno, que o exilou em uma pequena cidade no mar da Líbia. Com a morte desse procônsul, ele retornou a Cartago, mas logo foi detido e levado perante o novo governador, que o condenou a ser decapitado. Essa sentença foi executada no dia 14 de setembro de 258 d.C.

Os discípulos de Cipriano, martirizados nessa perseguição, foram Lúcio, Flaviano, Vitórico, Remo, Montano, Juliano, Primelo e Donaciano.

Em Útica[7] ocorreu uma terrível tragédia: por ordem do procônsul, 300 cristãos foram colocados ao redor de uma fornalha acesa de fabricação de cal. Preparada uma panela com carvão e incenso, eles foram ordenados a sacrificar a Júpiter ou seriam lançados nessa fornalha. Eles unanimemente o rejeitaram, saltaram corajosamente para a abertura e foram imediatamente sufocados.

Frutuoso, bispo de Tarragona, na Espanha, e seus dois diáconos, Augúrio e Eulógio, foram queimados por serem cristãos.

Alexandre, Malco e Prisco, três cristãos da Palestina, e uma mulher do mesmo lugar, voluntariamente se declararam cristãos. Por esse motivo, foram condenados a ser devorados por tigres, sentença prontamente executada.

Máxima, Donatila e Segunda, três virgens de Tuburga, receberam fel e vinagre para beber; depois, foram severamente açoitadas, atormentadas em uma forca, esfregadas com cal, queimadas em uma grelha, importunadas por animais selvagens e, por fim, decapitadas.

Aqui se faz adequado observar o destino singular, mas miserável, do imperador Valeriano, que durante muito tempo perseguira tão terrivelmente os cristãos.

Por um estratagema, esse tirano foi aprisionado por Sapor, imperador da Pérsia. Este o levou para o seu próprio país e o tratou com uma indignidade sem precedentes, fazendo-o ajoelhar-se como o escravo mais desprezível e pisando sobre ele como se fosse uma banqueta ao montar em seu cavalo.

Após mantê-lo durante sete anos nesse estado abjeto de escravidão, ordenou que seus olhos fossem arrancados, embora estivesse já com 83 anos. Ainda não saciado em seu desejo de vingança, Sapor logo ordenou que o corpo de Valeriano fosse esfolado vivo e esfregado com sal, tormentos sob os quais ele expirou. Assim caiu um dos imperadores mais tirânicos de Roma e um dos maiores perseguidores dos cristãos.

No ano 260 d.C., Galiano, filho de Valeriano, sucedeu seu pai. Durante seu reinado, excetuando-se alguns mártires, a Igreja desfrutou de paz durante alguns anos.

## A NONA PERSEGUIÇÃO, SOB O GOVERNO DE AURELIANO, 274 D.C.

Os principais sofredores foram:

Félix, bispo de Roma. Esse prelado foi enviado à diocese romana em 274 d.C. Ele foi o primeiro mártir da petulância de Aureliano, sendo decapitado no dia 22 de dezembro do mesmo ano.

Agapito, um jovem cavalheiro que vendeu sua propriedade e deu o dinheiro aos

---

[7] Cidade fundada pelos fenícios na Tunísia, norte da África, próximo a Cartago. Tornou-se província romana no século 2.

*A rainha Zenóbia diante de Aureliano*, por Giovanni Battista Tiepolo (1696–1770). Parte do acervo do Museu do Prado, Madri, Espanha.

pobres, foi detido como cristão, torturado e decapitado em Preneste, cidade situada a um dia de distância de Roma.

Esses foram os únicos mártires registrados durante esse reinado, logo interrompido pelo assassinato do imperador por seus próprios empregados domésticos, em Bizâncio.

Aureliano foi sucedido por Tácito, que foi seguido por Probo, e este por Caro, que foi morto por uma tempestade, sendo sucedido por seus filhos Cárnio e Numeriano. Durante todos esses reinados, a Igreja teve paz.

Diocleciano subiu ao trono imperial no ano 284 d.C. e a princípio demonstrou grande favor aos cristãos. No entanto, em 286 d.C., associou-se a Maximiano no império e alguns cristãos foram mortos antes de irromper qualquer perseguição geral.

Dentre eles estavam Feliciano e Primo, dois irmãos.

Marcos e Marceliano eram gêmeos, nativos de Roma e de ascendência nobre. Seus pais eram pagãos, mas os tutores a quem a educação dos filhos foi confiada os educaram como cristãos. Sua constância acabou vencendo os que desejavam que eles se tornassem pagãos, e seus pais e toda a família se converteram à fé que antes haviam reprovado. Eles foram martirizados sendo amarrados a estacas e tendo os pés perfurados com cravos. Após permanecerem nessa situação durante um dia e uma noite, seus sofrimentos tiveram fim quando eles foram perfurados com lanças.

Zoe, a esposa do carcereiro que cuidava desses dois mártires, também foi convertida por eles. Ela foi pendurada em uma árvore com uma fogueira de palha sob seus pés. Depois, seu corpo foi retirado e lançado em um rio, com uma grande pedra amarrada, para que afundasse.

No ano 286 da Era Cristã ocorreu um caso extraordinário: uma legião de soldados, composta por 6.666 homens, continha somente cristãos. Essa legião era denominada Legião Tebana, porque os homens haviam sido criados em Tebas. Eles ficaram aquartelados no leste até o imperador Maximiano ordenar que marchassem para a Gália, a fim de ajudá-lo contra os rebeldes da Borgonha. Eles atravessaram os Alpes em direção à Gália, sob o comando de Maurício, Cândido e Exupério, seus dignos comandantes, e finalmente se juntaram ao imperador. Nessa época, Maximiano ordenou um sacrifício no qual todo o exército deveria ajudar. De semelhante modo, ordenou que eles prestassem o juramento de lealdade e, ao mesmo tempo, jurassem ajudar na extirpação do cristianismo na Gália.

Alarmados com essas ordens, cada indivíduo da Legião Tebana se recusou absolutamente a sacrificar ou a prestar os juramentos prescritos. Maximiano ficou tão enfurecido que ordenou que a legião fosse dizimada, isto é, um de cada dez homens fosse separado dos demais e morto a espada. Após a execução dessa ordem sangrenta, os que permaneceram vivos ainda foram inflexíveis, ocorrendo uma segunda dizimação, sendo morta a décima parte dos homens vivos. Essa segunda penalidade não causou

*O martírio de São Maurício*, por El Greco (1541–1614). Acervo do Monastério de San Lorenzo do Escorial, Madri, Espanha.

Fonte: pt.m.wikipedia.org

maior impressão do que a primeira; os soldados perseveraram em sua postura e seus princípios, mas, aconselhados por seus oficiais, levantaram um leal protesto contra o imperador. Seria presumível que isso o tivesse abrandado, mas teve efeito contrário: enfurecido com a perseverança e a unanimidade deles, Maximiano ordenou que toda a legião fosse morta, sentença executada pelas outras tropas, que os retalharam a espada, no dia 22 de setembro de 286 d.C.

Albano, de quem a cidade de Saint Albans, em Hertfordshire, recebeu o nome, foi o primeiro mártir britânico. A Grã-Bretanha recebeu o evangelho de

Cristo através de Lúcio, o primeiro rei cristão, mas não sofreu a ira da perseguição durante muitos anos.

Ele era originalmente pagão, mas foi convertido por um eclesiástico cristão, chamado Anfíbalo, ao qual protegeu devido à sua religião. Tendo sido informados acerca do lugar onde estava escondido, os inimigos de Anfíbalo foram à casa de Albano. Para facilitar a fuga de Anfíbalo, quando os soldados chegaram, Albano se apresentou como a pessoa que eles procuravam. O engano foi descoberto e o governador ordenou que ele fosse açoitado; em seguida, ele foi condenado a ser decapitado, em 22 de junho de 287 d.C.

O venerável Beda[8] nos assegura de que, por conta disso, o carrasco se converteu repentinamente ao cristianismo e pediu permissão para morrer em lugar de Albano ou com ele. Obtendo este último pedido, os dois foram decapitados por um soldado que assumiu voluntariamente a tarefa de carrasco. Isso aconteceu no dia 22 de junho de 287 d.C. em Verulamium, hoje Saint Albans, em Hertfordshire, onde uma magnífica igreja foi erguida em memória dele na época de Constantino, o Grande. O edifício, destruído nas guerras saxônicas, foi reconstruído por Ofa, rei da Mércia, e um mosteiro foi erigido ao lado. Algumas de suas ruínas ainda são visíveis, e a igreja é uma nobre estrutura gótica.

Fé, uma cristã de Aquitaine, na França, foi condenada a ser assada em uma grelha e, depois, decapitada, no ano 287 d.C.

Quintino era cristão e natural de Roma, mas determinado a propagar o evangelho na Gália. Pregava juntamente com um certo Luciano em Amiens; depois disso, Luciano foi a Beaumaris, onde foi martirizado. Quintino permaneceu na Picardia e era muito zeloso em seu ministério. Detido como cristão, ele foi estirado com polias[9] até suas articulações serem deslocadas; seu corpo foi, então, dilacerado com açoites de arame, e óleo e piche ferventes foram derramados sobre sua carne nua; tochas acesas foram aplicadas em suas laterais e axilas e, após ter sido assim torturado, foi levado de volta à prisão. Morreu em decorrência das barbáries que sofreu, em 31 de outubro de 287 d.C. Seu corpo foi submerso no rio Somme.

## A DÉCIMA PERSEGUIÇÃO, SOB O GOVERNO DE DIOCLECIANO, 303 D.C.

Sob o comando desse imperador romano, a comumente denominada *Era dos Mártires* ocorreu, em parte, pelo crescente número e magnificência dos cristãos, e também pelo ódio de Galério, filho adotivo de Diocleciano, que, estimulado por sua mãe, uma pagã intolerante, nunca deixou de instigar o imperador a promover a

---

[8] (672–735) Monge, teólogo e historiador anglo-saxão, conhecido como o "Pai da erudição inglesa".

[9] Pode referir-se ao **Cavalete** ou **Potro**, que já existia em 65 d.C. É um instrumento de tortura no formato de uma mesa com um cilindro em uma ou nas duas extremidades *(ver imagem na p.227)*. Os pulsos da vítima eram presos em uma delas e os calcanhares na outra. Por meio de polias e alavancas, este cilindro podia ser girado sobre seu próprio eixo, esticando as cordas até que as juntas da vítima fossem deslocadas e, finalmente, separadas provocando uma dor excruciante.

perseguição enquanto este não cumprisse esse propósito.

O dia fatal determinado para iniciar a obra sangrenta foi 23 de fevereiro de 303 d.C., quando a Terminália era celebrada e no qual os pagãos cruéis se vangloriavam de esperar pôr fim à cristandade.

No dia marcado, a perseguição começou na cidade de Nicomédia, na manhã em que seu prefeito se dirigiu, com grande número de oficiais e assistentes, à igreja dos cristãos, onde, abrindo as portas à força, apoderaram-se de todos os livros sagrados e os lançaram às chamas.

Tudo isso aconteceu na presença de Diocleciano e Galério, que, não contentes com queimar os livros, mandaram derrubar a igreja. Isso foi seguido por um severo édito, ordenando a destruição de todas as outras igrejas e livros cristãos. Logo depois, seguiu-se uma ordem de considerar criminosos os cristãos de todas as denominações.

A publicação desse édito ocasionou um martírio imediato, pois um corajoso cristão não apenas o rasgou do local em que fora afixado, como também execrou o nome do imperador por sua injustiça. Tal provocação foi suficiente para invocar a vingança pagã sobre sua cabeça. Consequentemente, ele foi detido, severamente torturado e, depois, queimado vivo.

Todos os cristãos foram detidos e encarcerados, e Galério ordenou, às ocultas, que o palácio imperial fosse incendiado, para que os cristãos pudessem ser acusados de incendiários, criando uma desculpa plausível para executar a perseguição com maior

severidade. Um sacrifício em massa foi ordenado, o que ocasionou vários martírios. Nenhuma distinção foi feita entre idade ou sexo. O nome "cristão" era tão desagradável aos pagãos que todos, indiscriminadamente, foram sacrificados devido às suas opiniões. Muitas casas foram incendiadas e famílias cristãs inteiras pereceram nas chamas; outros tiveram pedras presas ao pescoço e, amarrados, foram lançados ao mar. A perseguição se tornou geral em todas as províncias romanas, porém mais particularmente no Leste. E, por haver durado 10 anos, é impossível determinar o número de martirizados ou enumerar os diversos modos de martírio aos quais foram submetidos.

Grelhas, flagelos, espadas, punhais, cruzes, veneno e fome foram utilizados em diversas partes para extinguir os cristãos, e não havia mais torturas a se inventar contra pessoas que não tinham cometido crimes, mas pensavam de maneira diferente dos defensores da superstição.

Uma cidade da Frígia, composta inteiramente por cristãos, foi queimada e todos os habitantes pereceram nas chamas.

Finalmente, cansados de massacres, vários governadores de províncias representaram à corte imperial a impropriedade de tal conduta. Por isso, muitos cristãos foram poupados da execução, mas, embora não tenham sido mortos, seus algozes fizeram o máximo possível para tornar miserável a vida desses professos — muitos deles tiveram as orelhas cortadas, o nariz fendido, o olho direito arrancado, os membros inutilizados por terríveis deslocamentos, e a carne queimada com ferro em brasa em lugares visíveis.

Agora, faz-se necessário particularizar as pessoas mais evidentes que entregaram a vida em martírio nessa sangrenta perseguição.

Sebastião, um mártir célebre, nasceu em Narbonne, na Gália. Foi ensinado nos princípios do cristianismo em Milão e, depois, tornou-se um oficial da guarda do imperador em Roma. Ele permaneceu um verdadeiro cristão em meio à idolatria, não foi seduzido pelos esplendores da corte, sua conduta permaneceu ilibada e não se corrompeu por expectativas de nomeação. Por recusar-se a ser pagão, o imperador ordenou que ele fosse levado para um campo próximo à cidade, denominado Campo de Marte, e flechado até a morte, sentença executada em seguida. Alguns cristãos piedosos, que foram ao lugar da execução para enterrar seu corpo, perceberam nele sinais de vida e o levaram imediatamente a um local seguro, onde prontamente cuidaram da sua recuperação e, consequentemente, o prepararam para um segundo martírio. Assim, quando se viu em condições de sair, colocou-se intencionalmente no caminho do imperador enquanto este ia ao templo e o repreendeu por suas diversas crueldades e irracionais preconceitos contra o cristianismo. Tão logo superou sua surpresa, Diocleciano ordenou que Sebastião fosse detido, levado a um local próximo ao palácio e espancado até a morte; e, para que os cristãos não voltassem a utilizar-se de meios para recuperar ou enterrar seu corpo, ordenou que ele fosse lançado no esgoto público.

*São Sebastião*, por Andrea Mantegna (1431–1506). Parte do acervo do Palácio Santa Sofia, em Veneza, Itália.

Fonte: commons.wikimedia.org

Não obstante, uma senhora cristã chamada Lucina encontrou meios de removê-lo do esgoto e enterrá-lo nas catacumbas, repositórios dos mortos.

Nessa época, após sensatas considerações, os cristãos concluíram ser ilegal portar armas sob o governo de um imperador pagão. Maximiliano, filho de Fábio Vítor, foi o primeiro a ser decapitado sob esse regulamento.

Vito, um siciliano de família considerável, foi criado como cristão. Quando suas virtudes aumentaram com a idade, sua constância o sustentou sob todas as aflições e sua fé foi superior ao maior dos perigos. Ao descobrir que Vito havia sido instruído nos princípios do cristianismo pela ama que o educara, seu pai, Hilas, que era pagão, usou de tudo para conduzi-lo de volta ao paganismo, porém não obteve sucesso. Assim, sacrificou seu filho aos ídolos no dia 14 de junho de 303 d.C.

Vítor era um cristão de uma boa família em Marselha, na França. Ele passava grande parte da noite visitando os aflitos e fortalecendo os fracos — para sua própria segurança, não realizava esse trabalho piedoso durante o dia — e gastou sua fortuna aliviando as angústias de pobres cristãos. Entretanto, acabou sendo preso por decreto do Maximiano, co-imperador com Diocleciano, que ordenou que ele fosse amarrado e arrastado pelas ruas. Durante a execução dessa ordem, ele foi tratado com todo tipo de crueldades e indignidades pela população enfurecida. Permanecendo inflexível, sua coragem foi considerada obstinação. Submetido à ordem de ser estendido sobre o cavalete, ele voltou os olhos para o Céu e orou a Deus para lhe dar paciência e, após isso, sofreu as torturas com a mais admirável coragem. Quando os carrascos se cansaram de afligir-lhe com tormentos,

ele foi levado a uma masmorra. Em seu confinamento, conduziu seus carcereiros, Alexandre, Feliciano e Longino à fé em Cristo. Quando esse caso chegou ao conhecimento do imperador, este ordenou que eles fossem imediatamente mortos; os carcereiros foram, consequentemente, decapitados. Vítor foi novamente colocado no cavalete, espancado sem misericórdia com bastões e, novamente, enviado à prisão.

Ao ser indagado pela terceira vez acerca de sua religião, ele perseverou em seus princípios. Um pequeno altar foi, então, trazido e a ele foi ordenado oferecer imediatamente incenso sobre aquele altar. Indignado com o pedido, Vítor ousadamente deu um passo à frente e, com o pé, derrubou o altar e o ídolo. Isso enfureceu tanto o co-imperador Maximiano, que estava presente, que este ordenou que o pé com o qual ele havia chutado o altar fosse imediatamente cortado. Vítor foi lançado em um moinho e esmagado pelas mós, no ano 303 d.C.

Máximo, governador da Cilícia, estava em Tarso. Três cristãos foram levados perante ele: Taraco, um idoso, Probo e Andrônico. Após repetidas torturas e exortações para que se retratassem, a execução deles foi finalmente ordenada. Levados ao anfiteatro, vários animais selvagens foram soltos sobre eles, mas nenhum dos animais, embora famintos, os tocou. Então, o guarda trouxe um grande urso que, naquele mesmo dia, havia destruído três homens; porém, aquela voraz criatura e uma feroz leoa se recusaram a tocar os prisioneiros.

Vendo que destruí-los por meio de animais selvagens fora ineficaz, Máximo ordenou que eles fossem mortos à espada, no dia 11 de outubro de 303 d.C.

Romano, um nativo da Palestina, era diácono da igreja de Cesareia no início da perseguição feita por Diocleciano. Condenado em Antioquia por sua fé, ele foi açoitado, colocado no cavalete, seu corpo dilacerado com ganchos, sua carne cortada com facas, o rosto escarificado, os dentes arrancados dos alvéolos e os cabelos arrancados pela raiz. Logo depois, foi ordenado o seu estrangulamento, em 17 de novembro de 303 d.C.

Susana, sobrinha de Caio, bispo de Roma, foi pressionada pelo imperador Diocleciano a casar-se com um nobre pagão, parente próximo dele. Recusando a honra pretendida, foi decapitada por ordem desse mesmo imperador.

Doroteu, mordomo cristão da casa de Diocleciano, empenhou-se ao máximo para conduzir outras pessoas à fé em Cristo. Em seus esforços religiosos, juntou-se a Gorgônio, outro cristão palaciano. Eles foram primeiramente torturados, depois estrangulados.

Pedro, um eunuco pertencente ao imperador, era um cristão de recato e humildade singulares. Ele foi deitado em uma grelha e assado em fogo lento até expirar.

Cipriano, conhecido pelo título de mágico para distingui-lo de Cipriano bispo de Cartago, era natural de Antioquia. Ele teve formação liberal em sua juventude e se dedicou particularmente à astrologia. Após isso, viajou para aperfeiçoar-se na Grécia, no Egito, na Índia etc. Ao longo do tempo, conheceu Justina, uma jovem de Antioquia, cujo nascimento, beleza e talentos a tornavam admirada por todos os que conviviam com ela. Ele era um cavalheiro pagão quando pediu a bela Justina em casamento; porém, logo se converteu, queimou seus livros de astrologia e magia, recebeu o batismo e se sentiu revigorado por um poderoso espírito de graça. A conversão de Cipriano transformou o cavalheiro pagão que havia se declarado a Justina e, em pouco tempo, ele abraçou o cristianismo. Durante as perseguições sob Diocleciano, Cipriano e Justina foram detidos como cristãos: ele foi rasgado com pinças e ela, castigada; e, após sofrerem outros tormentos, os dois foram decapitados.

Eulália, uma senhora espanhola de família cristã, foi notável em sua juventude pela doçura de temperamento e solidez de entendimento, raramente encontradas nos caprichos dos anos juvenis. Sendo detida como cristã, o magistrado tentou, da maneira mais branda, levá-la ao paganismo, mas ela ridicularizou as divindades pagãs com tanta aspereza que o juiz, indignado com seu comportamento, ordenou que ela fosse torturada. Seus lados foram rasgados com ganchos e seus seios, queimados da maneira mais chocante, até que ela expirou pela violência das chamas, em dezembro de 303 d.C.

No ano 304 d.C., quando a perseguição chegou à Espanha, Daciano, governador de Tarragona, ordenou que Valério, o bispo, e Vicente, o diácono, fossem detidos, postos a ferros e aprisionados. Devido à firme resolução dos prisioneiros, Valério foi banido e Vicente foi torturado, seus membros deslocados, sua carne dilacerada com ganchos e foi posto em uma grelha, não apenas com um fogo embaixo, mas também com espinhos no topo, que penetravam em sua carne. Esses tormentos não o destruíram, nem mudaram a sua resolução. Ele foi reenviado à prisão e confinado em uma masmorra pequena, repugnante e escura, recoberta com pedras afiadas e cacos de vidro, onde morreu em 22 de janeiro do mesmo ano. Seu corpo foi lançado no rio.

A perseguição sob o comando de Diocleciano começou a se intensificar especialmente no ano 304 d.C., quando muitos cristãos foram submetidos a torturas cruéis e às mortes mais dolorosas e ignominiosas, das quais enumeraremos as mais célebres e particulares.

Saturnino, um sacerdote de Albitina, cidade da África, foi reenviado à prisão após ser torturado e morreu de fome. Seus quatro filhos, após serem atormentados de diversas maneiras, tiveram o mesmo destino do pai.

Dativas, um nobre senador romano, Télica, uma cristã piedosa, e Vitória, uma jovem de considerável família e fortuna, com alguns outros não tão conhecidos, todos auditores de Saturnino, foram torturados de maneira semelhante e pereceram pelos mesmos meios.

Ágape, Quiônia e Irene, três irmãs, foram detidas em Tessalônica quando a perseguição de Diocleciano chegou à Grécia. Elas foram queimadas e receberam a coroa do martírio nas chamas, no dia 25 de março de 304 d.C. Descobrindo ser incapaz de impressionar Irene, o governador ordenou que ela fosse exposta nua nas ruas. Após a execução dessa ordem vergonhosa, uma fogueira foi acesa próxima à muralha da cidade, e, em meio àquelas chamas, o espírito dela se elevou além do alcance da crueldade do homem.

Agato, um homem de mentalidade piedosa, Cassice, Filipa e Eutíquia foram martirizados na mesma época, mas os detalhes não nos foram transmitidos.

Marcelino, bispo de Roma que sucedeu a Caio nessa função, opôs-se fortemente a prestar honras divinas a Diocleciano e, por isso, sofreu martírio com grande variedade de torturas, no ano 324 d.C. Até expirar, ele confortou sua alma com a perspectiva das gloriosas recompensas que receberia pelas torturas sofridas no corpo.

Vitório, Carpóforo, Severo e Severiano eram irmãos, todos eles tinham empregos de grande confiança e honra na cidade de Roma. Havendo exclamado contra a adoração a ídolos, foram detidos e golpeados com açoites em cujas extremidades eram presas bolas de chumbo. Esse castigo foi aplicado com tanto excesso de crueldade que os piedosos irmãos se tornaram mártires devido a tal severidade.

Timóteo, um diácono da Mauritânia, e sua esposa, Maura, haviam se casado a menos de três semanas quando foram separados pela perseguição. Timóteo, detido como cristão, foi levado diante de Arriano, governador de Tebas. Este, sabendo que Timóteo detinha a guarda das Sagradas

Escrituras, ordenou que as entregasse a fim de serem queimadas, ao que ele respondeu: "Se eu tivesse filhos, preferiria entregá-los para serem sacrificados do que abrir mão da Palavra de Deus". Muito irritado com essa resposta, o governador ordenou que seus olhos fossem inutilizados com ferros em brasa e disse: "Os livros serão, no mínimo, inúteis para você, porque não os lerá". Sua paciência com tal procedimento foi tão grande que o governador ficou mais exasperado. Assim, tentando superar a resistência de Timóteo, ordenou que ele fosse pendurado pelos pés, com um peso amarrado no pescoço e uma mordaça na boca. Vendo-o nesse estado, sua esposa, Maura, pediu-lhe ternamente que se retratasse; porém, quando a mordaça foi tirada de sua boca, em vez de concordar com os pedidos da esposa, ele culpou o amor muito equivocado dela e declarou sua decisão de morrer pela fé. Diante disso, Maura resolveu imitar a coragem e fidelidade do marido e acompanhá-lo ou segui-lo para a glória. Após tentar em vão alterar a resolução dela, o governador ordenou que fosse torturada, o que ocorreu com grande severidade. Após isso, Timóteo e Maura foram crucificados um perto do outro, no ano 304 d.C.

Sabino, bispo de Assis, recusando-se a sacrificar a Júpiter e empurrando o ídolo para longe dele, teve sua mão cortada por ordem do governador da Toscana. Enquanto estava na prisão, conduziu o governador e sua família à fé em Cristo, todos os quais sofreram martírio por isso. Pouco depois da execução deles, o próprio

*Martírio de Timóteo e Maura*, por Henryk Siemiradzki (1843–1902). Parte do acervo do Museu Nacional de Varsóvia, Polônia.

Sabino foi açoitado até a morte, em dezembro de 304 d.C.

Cansado da farsa do Estado e dos assuntos públicos, o imperador Diocleciano renunciou ao diadema imperial e foi sucedido por Constâncio e Galério. O primeiro, um príncipe absolutamente brando e humano; o segundo, igualmente notável por sua crueldade e tirania. Eles dividiram o império em dois governos iguais: Galério governava o Leste e Constâncio, o Oeste. As pessoas dos dois governos sentiram os efeitos das inclinações dos dois imperadores, porque os ocidentais eram governados da maneira mais branda, mas os residentes no leste sentiam todos os sofrimentos de opressão e torturas prolongadas.

Dentre os muitos martirizados por ordem de Galério, enumeraremos os que tiveram mais destaque.

Anfiano era um cavalheiro importante em Lucia e estudioso de Eusébio; Julita, uma Licônia de ascendência real, porém mais celebrada por suas virtudes do que por sua nobreza. Enquanto ela estava no cavalete, seu filho foi morto diante de seus olhos. Julita, da Capadócia, era uma dama de distinguida capacidade, grande virtude e coragem incomum. Para completar a execução, Julita teve piche fervente derramado nos pés, os flancos rasgados com ganchos e seu martírio terminou por decapitação, em 16 de abril de 305 d.C.

Hermolau, um cristão venerável e piedoso de idade avançada e íntimo de Pantaleão, sofreu martírio em decorrência de sua fé no mesmo dia e da mesma maneira que Pantaleão. Eustrácio, secretário do governador de Armina, foi jogado em uma fornalha ardente por exortar alguns cristãos que haviam sido detidos a perseverarem na fé.

Nicander e Marciano, dois eminentes oficiais militares romanos, foram presos devido à fé que professavam. Por serem homens de grandes habilidades em sua profissão, os meios mais extremos foram usados para induzi-los a renunciar ao cristianismo. Devido à ineficácia desses esforços, eles foram decapitados.

No reino de Nápoles ocorreram vários martírios — em particular, Januário, bispo de Benevento; Sósio, diácono de Miseno; Próculo, outro diácono; Eutíquio e Acúcio, dois laicos; Festo, um diácono, e Desidério, um leitor. Todos, por serem cristãos, foram condenados pelo governador da Campânia a serem devorados por animais selvagens. Os animais, porém, não os tocaram e, por isso, eles foram decapitados.

Quirino, bispo de Síscia, sendo levado diante de Matênio, o governador, recebeu ordem de sacrificar às divindades pagãs, em conformidade com os éditos de diversos imperadores romanos. O governador, percebendo sua constância, o enviou para a prisão e ordenou que ele fosse posto a ferros, lisonjeando-se de que os sofrimentos de uma prisão, algumas torturas ocasionais e o peso das correntes conseguiriam superar a resolução de Quirino. Porém, este era um homem decidido em seus princípios. Com isso, ele foi enviado a Amâncio, o principal governador da Panônia, agora Hungria, que o acorrentou e o levou pelas

*São Januário emerge incólume da fornalha*, por Jusepe de Ribera (1591–1652). Parte do acervo da Catedral de Nápoles, Itália.

entregar a minha vida por Tua causa, ó meu Deus". Ao pronunciar as últimas palavras, afundou imediatamente e morreu, em 4 de junho de 308 d.C. Seu corpo foi, posteriormente, resgatado e enterrado por alguns cristãos piedosos.

Pânfilo, natural da Fenícia, de uma família bem considerada, era um homem de tão extenso aprendizado que foi chamado de um segundo Orígenes. Ele foi recebido no corpo do clero em Cesareia, onde fundou uma biblioteca pública e investiu o seu tempo praticando todas as virtudes cristãs. Ele copiou a maior parte das obras de Orígenes com sua própria mão e, auxiliado por Eusébio, produziu uma cópia fiel do Antigo Testamento, que sofrera muitíssimo por ignorância ou negligência de transcritores anteriores. No ano 307 d.C., ele foi detido e sofreu tortura e martírio.

Marcelo, bispo de Roma, banido por causa de sua fé, morreu em 16 de janeiro de 310 d.C. como mártir devido aos sofrimentos que lhe foram infligidos no exílio. Pedro, o décimo-sexto bispo de Alexandria, foi martirizado em 25 de novembro do ano 311 d.C., por ordem de Máximo César, que reinava no Leste.

Agnes, uma virgem de apenas 13 anos, foi decapitada por ser cristã; o mesmo aconteceu a Serene, a imperatriz de Diocleciano. Valentino, um sacerdote, sofreu o mesmo destino em Roma, e Erasmo, um bispo, foi martirizado na Campânia.

Pouco depois disso, a perseguição diminuiu nas partes centrais do império, bem como no ocidente, e, finalmente, a Providência começou a manifestar a

principais cidades do Danúbio, expondo-o ao ridículo por onde quer que fosse.

Chegando finalmente a Sabaria e descobrindo que Quirino não renunciaria à sua fé, ordenou que este fosse lançado em um rio, com uma pedra presa ao pescoço. Ao ser executada a sentença, Quirino flutuou durante algum tempo e, exortando o povo nos termos mais piedosos, concluiu suas advertências com a seguinte oração: "Não é novidade para ti, ó todo-poderoso Jesus, parar o curso dos rios ou fazer um homem andar sobre a água, como fizeste a Teu servo Pedro. O povo já viu em mim a prova do Teu poder. Concede-me agora

Sua vingança contra os perseguidores. Maximiano tentou corromper sua filha Fausta a assassinar Constantino, seu marido. Ele descobriu, e Constantino o forçou a escolher sua própria morte. Maximiano preferiu a ignominiosa morte do enforcamento após ser imperador por quase 20 anos.

Constantino era o filho bom e virtuoso de um pai bom e virtuoso, nascido na Bretanha. Sua mãe era Helena, filha do rei Coilus. Ele foi um príncipe muito generoso e gracioso, desejava nutrir e desenvolver o aprendizado e as boas artes, costumava ler, escrever e estudar. Seu sucesso foi maravilhoso e foi próspero em tudo que se dedicou a fazer, o que, na época, foi (e verdadeiramente se supôs ser) considerado decorrente de ele ser um grande favorecedor da fé cristã. Após abraçar essa fé, ele sempre a reverenciou com a maior devoção e religiosidade.

Assim, Constantino, suficientemente equipado com força humana, mas especialmente com a força de Deus, iniciou sua jornada dirigindo-se à Itália, por volta do último ano da perseguição, em 313 d.C. Magêncio, sabedor da vinda de Constantino e confiando mais em sua diabólica arte da magia do que na boa vontade de seus súditos, que ele pouco merecia, não saiu da cidade, nem o encontrou em campo aberto, mas, com guarnições cúmplices, esperou-o num caminho com diversas dificuldades. Constantino teve com eles diversas escaramuças e, pelo poder do Senhor, os derrotou e os pôs em fuga.

Não obstante, aproximando-se agora de Roma, Constantino ainda não sentia grande conforto, mas, sim, grande preocupação e pavor em sua mente pelos encantos mágicos e feitiçarias de Magêncio, com os quais este havia vencido anteriormente Severo, enviado contra ele por Galério. Por isso, tomado de grande dúvida e perplexidade e revolvendo em sua mente muitas coisas acerca de que ajuda ele poderia ter contra a eficácia dos seus encantamentos, dirigindo-se à cidade e olhando para o céu muitas vezes, perto do pôr do sol, Constantino viu um grande brilho na parte sul do céu, aparecendo na semelhança de uma cruz com a inscrição *In hoc vinces*, isto é: "Com isto vencerás".

Eusébio Panfílio testemunha ter ouvido o próprio Constantino relatar frequentemente, e também jurar ser verdadeiro e

*Visão da cruz,* por Raphael (1483–1520). Parte do acervo da Sala de Constantino, Museu do Vaticano.

*John Foxe*

certo, o que ele viu com os seus próprios olhos no céu, e também os soldados que estavam ao seu redor. À vista daquilo, ficou muito atônito e, consultando seus homens sobre o significado, eis que, durante a noite, enquanto dormia, Cristo lhe apareceu com o sinal da mesma cruz que ele vira antes, pedindo-lhe que a reproduzisse e a carregasse em suas guerras diante dele, e assim seriam vitoriosos.

De tal maneira, Constantino estabeleceu a paz da Igreja que, durante mil anos, não encontramos relatos de perseguição contra os cristãos, até chegarmos ao tempo de John Wickliffe.

Essa vitória de Constantino, apelidado o Grande, foi muito feliz e gloriosa! Devido a tanta alegria, os cidadãos que o haviam enviado antes, com grande triunfo o levaram à cidade de Roma, onde ele foi recebido com todas as honras, e comemoraram juntos durante sete dias. E além disso, erigiram no mercado a sua imagem segurando na mão direita o sinal da cruz, com a inscrição "Com este sinal saudável, o verdadeiro sinal de fortaleza, eu resgatei e libertei a nossa cidade do jugo do tirano".

Concluiremos nosso relato da décima e última perseguição geral com a morte de Jorge, santo titular e padroeiro da Inglaterra. Jorge nasceu na Capadócia, filho de pais cristãos; dando provas de sua coragem foi promovido ao exército do imperador Diocleciano. Durante a perseguição, ele abdicou de seu comando e foi ousadamente ao senado onde declarou ser cristão, aproveitando a ocasião também para protestar contra o paganismo e enfatizar o absurdo da adoração a ídolos. Essa insubordinação provocou o Senado de tal forma, que Jorge foi condenado a ser torturado e, por ordem do imperador, foi arrastado pelas ruas e decapitado no dia seguinte.

A lenda do dragão, associada a esse mártir, é comumente ilustrada representando Jorge sentado em um cavalo em posição de ataque e transfixando o monstro com sua lança. Esse dragão de fogo simboliza o diabo que foi vencido pela firmeza da fé de Jorge em Cristo, a qual permaneceu inabalável a despeito da tortura e morte.

Fragmentos de uma estátua gigante de Constantino, o Grande, no Monte Capitolino, Itália.

# Perseguições sofridas pelos cristãos na Pérsia

Tendo o evangelho sido difundido na Pérsia, os sacerdotes pagãos, que adoravam o Sol, ficaram muito alarmados e temeram perder a influência que, até então, exerciam sobre a mente e as propriedades das pessoas. Por isso, acharam conveniente reclamar ao imperador que os cristãos eram inimigos do Estado, além de manterem uma traidora harmonia com os romanos, os grandes inimigos da Pérsia.

O imperador Sapor, naturalmente avesso ao cristianismo, acreditou facilmente no que foi dito contra os cristãos e deu ordens de os perseguirem em todas as partes de seu império. Devido a essa ordem, muitas pessoas renomadas na Igreja e no Estado se tornaram mártires da ignorância e ferocidade dos pagãos.

Ao ser informado das perseguições na Pérsia, Constantino o Grande escreveu uma longa carta ao monarca persa, na qual relatava a vingança que recaíra sobre os perseguidores e o grande sucesso que acompanhara os que se abstiveram de perseguir os cristãos.

Falando de suas vitórias sobre os imperadores rivais de seu próprio tempo, Constantino declarou: "Eu os subjuguei unicamente pela fé em Cristo; por isso, Deus foi o ajudador que me deu vitória na batalha e me fez triunfar sobre os meus inimigos. De semelhante modo, Ele ampliou para mim os limites do Império Romano, que se estende desde o Oceano Ocidental até quase as partes mais remotas do Oriente; para esse domínio, não ofereci sacrifícios às antigas divindades, nem usei encantamento ou adivinhação: apenas ofereci orações ao Deus Todo-poderoso e segui a cruz de Cristo. Eu ficaria feliz se o trono da Pérsia também encontrasse glória acolhendo os cristãos, para que você comigo, e eles com você, desfrutem de toda a felicidade".

Em consequência desse apelo, a perseguição cessou naquela época, mas foi reinstaurada posteriormente, quando outro rei subiu ao trono da Pérsia.

## PERSEGUIÇÕES SOB OS HEREGES ARIANOS

O autor da heresia ariana foi Ário, nativo da Líbia e sacerdote de Alexandria, que começou a publicar os seus erros em 318 d.C. Ele foi condenado por um concílio de bispos da Líbia e do Egito, sendo essa sentença confirmada pelo Concílio de Nice, em 325 d.C. Após a morte de Constantino, o Grande, os arianos encontraram meios de agradar o imperador Constantino, seu filho e sucessor no oriente; com isso, uma perseguição foi levantada contra os bispos ortodoxos e o clero. O célebre Atanásio[10] e outros bispos foram banidos e suas posições foram ocupadas por arianos.

No Egito e na Líbia, 30 bispos foram martirizados e muitos outros cristãos cruelmente atormentados. Em 386 d.C, Jorge, o bispo ariano de Alexandria, iniciou, sob a autoridade do imperador, uma perseguição naquela cidade e em seus arredores,

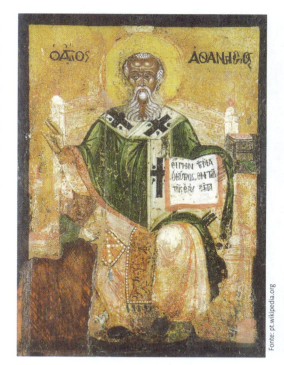

*Atanásio de Alexandria*, parte do acervo do Museu Arqueológico, em Varna, Bulgária.

executando-a com a mais infernal severidade. Em sua maldade diabólica, ele foi auxiliado por Catofônio, governador do Egito; Sebastião, general das forças egípcias; Faustino, o tesoureiro, e Heráclio, um oficial romano.

Nesse ponto, as perseguições se inflamaram de tal forma que os clérigos foram expulsos de Alexandria, suas igrejas foram fechadas e as severidades praticadas pelos hereges arianos foram tão grandes quanto as praticadas pelos idólatras pagãos. Se um homem acusado de ser cristão fugisse, toda a sua família era massacrada e seus bens, confiscados.

---

[10] Atanásio de Alexandria (293–373), teólogo e arcebispo de Alexandria, Egito. Foi forte oponente ao Arianismo, que pregava que Jesus era criado por Deus e não Deus, como o Pai.

## PERSEGUIÇÃO SOB O GOVERNO DE JULIANO, O APÓSTATA

Esse imperador era filho de Júlio Constâncio e sobrinho de Constantino, o Grande. Ele estudou os rudimentos da gramática sob a inspeção de Mardônio, um eunuco pagão de Constantinopla. Algum tempo depois, seu pai o enviou a Nicomédia, para ser instruído na religião cristã pelo bispo de Eusébio, seu parente; porém, seus princípios foram corrompidos pelas doutrinas perniciosas de Ecebólio, o retórico, e Máximo, o mágico.

Constâncio morreu no ano 361 d.C. e foi sucedido por Juliano. Este, logo que alcançou a dignidade imperial, renunciou ao cristianismo e abraçou o paganismo, que durante alguns anos havia caído em grande descrédito. Embora houvesse restaurado a adoração idólatra, não elaborou éditos públicos contra o cristianismo. Ele chamou de volta todos os pagãos banidos, permitiu a todas as seitas o livre exercício da religião, mas privou todos os cristãos de cargos no tribunal, na magistratura e no exército. Era casto, calmo, vigilante, laborioso e piedoso; contudo, proibiu qualquer cristão de manter uma escola ou seminário público de aprendizado e privou todo o clero cristão dos privilégios que lhes haviam sido concedidos por Constantino, o Grande.

O bispo Basílio se tornou famoso pela sua oposição ao arianismo, a qual trouxe sobre ele a vingança do bispo ariano de Constantinopla; ele se opunha igualmente ao paganismo. Os agentes do imperador tentaram em vão dissuadir Basílio com promessas, ameaças e cavaletes, mas ele se manteve firme na fé e permaneceu na prisão para ser submetido a outros sofrimentos, quando o imperador chegou acidentalmente a Ancira. Juliano decidiu interrogar Basílio pessoalmente. Quando esse santo homem foi levado diante do imperador, ele fez tudo que estava ao seu alcance para dissuadi-lo de perseverar na fé. Entretanto, Basílio não apenas continuou tão firme quanto antes, mas, com espírito profético, predisse que o imperador morreria e seria atormentado na outra vida. Enfurecido com o que ouviu, Juliano ordenou que o corpo de Basílio fosse rasgado todos os dias em sete partes diferentes até sua pele e carne estarem totalmente mutiladas. Essa sentença desumana foi executada com rigor, e o mártir expirou devido à sua severidade, em 28 de junho de 362 d.C.

Donato, bispo de Arezzo, e Hilarino, um eremita, sofreram na mesma época; também Górdio, um magistrado romano. Artêmio, comandante supremo das forças romanas no Egito, sendo cristão, foi

*Juliano, o Apóstata*, presidindo uma conferência de sectários, por Edward Armitage (1817–96). Parte do acervo da Galeria de Arte Walker, Liverpool, Inglaterra.

Fonte: commons.wikimedia.org

privado de seu cargo; depois, de suas propriedades, e, finalmente, de sua cabeça.

A perseguição durou terrivelmente no segundo semestre do ano 363 d.C.; porém, como muitas das particularidades não nos foram transmitidas, é necessário observar, em geral, que na Palestina muitos foram queimados vivos; outros, arrastados pelos pés nus pelas ruas até expirarem; alguns foram escaldados até a morte; muitos, apedrejados, e um grande número teve a cabeça despedaçada com bastões. Em Alexandria, inúmeros foram os mártires que sofreram por meio de espada, fogo, crucificação e apedrejamento. Em Aretusa, vários foram eviscerados e milho foi colocado dentro de sua barriga; em seguida, porcos foram levados para alimentar-se neles e, ao devorarem os grãos, devoravam também as entranhas dos mártires. Na Trácia, Emiliano foi queimado em uma estaca, e Domício foi assassinado em uma caverna para onde havia fugido em busca de refúgio.

O imperador Juliano, o apóstata, morreu de um ferimento sofrido em sua expedição persa, no ano 363 d.C.; mesmo enquanto expirava, proferiu as mais horríveis blasfêmias. Ele foi sucedido por Joviano, que restaurou a paz à Igreja.

Após o falecimento de Joviano, Valentiniano sucedeu ao império e associou-se a Valente, que detinha o comando no oriente e era um ariano com inclinação implacável e perseguidora.

## PERSEGUIÇÃO INSTAURADA PELOS GODOS E PELOS VÂNDALOS

Muitos godos citas[11] abraçaram o cristianismo na época de Constantino, o Grande, e a luz do evangelho se difundiu consideravelmente na Cítia, embora os dois reis que governavam aquele país e a maioria do povo continuassem pagãos. Fritigerno, rei dos visigodos (ocidentais), era um aliado dos romanos, mas Atanarique, rei dos ostrogodos (orientais), estava em guerra com eles. Nos domínios do primeiro, os cristãos viveram sem ser molestados; o último, derrotado pelos romanos, executou sua vingança contra seus súditos cristãos, iniciando suas injunções pagãs no ano 370 d.C.

Na religião, os godos eram arianos e se denominavam cristãos; por isso, destruíram todas as estátuas e os templos dos deuses pagãos, mas não fizeram mal às igrejas cristãs ortodoxas.

Alarico tinha todas as qualidades de um grande general. À bravura selvagem do bárbaro gótico, ele acrescentou a coragem e a habilidade do soldado romano. Liderou suas forças através dos Alpes até a Itália e, apesar de rechaçado naquele momento, retornou depois com uma força irresistível.

## O ÚLTIMO "TRIUNFO" ROMANO

Após a feliz vitória sobre os godos, um "triunfo", como foi chamado, foi celebrado em Roma. Durante centenas de

---

[11] Da Cítia, região da Eurásia cuja extensão variou com o tempo, cobrindo desde a fronteira da Mongólia com a China até o rio Danúbio, na Bulgária. Os citas eram nômades equestres e tinham o pastoreio como principal atividade.

*Pollice verso* (Polegar para baixo), de Jean-Léon Gérôme (1824–1904). Parte do acervo do Museu de Arte de Phoenix, Arizona, EUA.

anos, generais de sucesso haviam recebido essa grande honra ao voltarem de uma campanha vitoriosa. Nessas ocasiões, durante vários dias a cidade era entregue à marcha de tropas carregadas de despojos e que arrastavam, atrás de si, prisioneiros de guerra, dentre os quais era frequente haver entre os cativos reis e generais vencidos. Esse seria o último triunfo romano, visto que celebrou a última vitória romana. Embora houvesse sido conquistado pelo general Estilicão, foi o jovem imperador Honório quem recebeu todo crédito, entrando em Roma no carro da vitória e dirigindo-o até o Capitólio em meio aos brados da população. Posteriormente, como era habitual nessas ocasiões, houve combates sangrentos no Coliseu, onde gladiadores, armados com espadas e lanças, lutavam tão furiosamente quanto se estivessem no campo de batalha.

Tendo a primeira parte do entretenimento sangrento terminado, os corpos dos mortos foram removidos por meio de ganchos e a areia avermelhada foi coberta com uma nova camada limpa. Depois disso, os portões da muralha da arena foram abertos e vários homens altos e bem formados, no auge da juventude e força, apareceram. Alguns carregavam espadas; outros, lanças de três pontas e redes. Eles marcharam uma vez ao redor da muralha e, parando diante do imperador, ergueram as armas com os braços estendidos e, em uníssono, entoaram esta saudação: *Ave, Cæsar, morituri te salutant!* – "Salve, César, os que estão prestes a morrer te saúdam!".

Então, os combates recomeçaram. Os gladiadores com redes tentavam enroscar os que usavam espadas e, quando conseguiam, golpeavam impiedosamente seus antagonistas com a lança de três pontas, até morrerem. Quando um gladiador feria seu adversário e o deixava estirado impotentemente aos seus pés, ele olhava para os rostos ansiosos dos espectadores e gritava: *Hoc habet!* — "O que ele recebe?" (tradução livre) —, e aguardava a decisão da plateia: matar ou poupar.

Se os espectadores lhe estendessem as mãos com o polegar para cima, o homem derrotado era retirado para, se possível, recuperar-se de seus ferimentos. Porém, se o sinal fatal de "polegar para baixo" fosse dado, o vencido deveria ser morto; se ele demonstrasse alguma relutância em apresentar o pescoço para o golpe mortal, havia o grito desdenhoso das galerias: *Recipe ferrum!* — "Receba o aço!". Pessoas privilegiadas na plateia até desciam à arena para testemunhar melhor as agonias de morte de uma vítima incomumente corajosa antes de seu cadáver ser arrastado para fora através do portão da morte.

O espetáculo continuava. Muitos eram mortos, e o povo, ensandecidamente empolgado com a bravura desesperada daqueles que continuavam lutando, gritava em aplausos. Porém, de repente, houve uma interrupção. Uma figura grosseiramente trajada apareceu durante certo momento em meio à plateia e então, corajosamente, saltou para a arena. Via-se que ele era um homem de presença rude, mas imponente, de cabeça raspada e rosto bronzeado.

Sem hesitar um instante sequer, ele avançou sobre dois gladiadores envolvidos em uma luta de vida ou morte e, impondo a mão sobre um deles, reprovou-o severamente por derramar sangue inocente. Em seguida, voltando-se para os milhares de rostos enfurecidos ao seu redor, repreendeu-os com voz solene e grave, que ressoava através da vasta construção. Suas palavras foram: "Não retribuam a misericórdia de Deus em afastar a espada de seus inimigos matando uns aos outros!".

Berros e gritos raivosos sufocaram imediatamente a sua voz: "Este não é um lugar para pregar! Em meio aos gladiadores! — Os antigos costumes de Roma precisam ser observados!". Empurrando o estranho para o lado, os gladiadores quiseram atacar-se novamente, mas o homem ficou entre eles, mantendo-os separados e tentando em vão ser ouvido. "Sedição! Sedição! Fora com ele!", foi então a aclamação. Os gladiadores, enfurecidos pela interferência de um estranho em sua vocação escolhida, mataram-no de imediato com suas espadas. Pedras, ou qualquer outro tipo de projétil à mão, também choviam sobre ele vindos do povo furioso, e assim ele pereceu no meio da arena.

Suas vestes revelavam que ele era um dos eremitas que fizeram o voto de viver de forma santa, em oração e abnegação, reverenciados até mesmo pelos romanos desatenciosos e amantes do combate. Os poucos que o conheciam contaram como ele viera das regiões selvagens da Ásia em peregrinação, para visitar as igrejas e celebrar o Natal em Roma; eles sabiam que ele era um homem santo e seu nome era Telêmaco — nada mais. Seu espírito havia sido instigado pela visão de milhares de pessoas se reunindo para ver homens se matando. Em seu zelo simplório, tentou convencê-los da crueldade e perversidade de sua conduta. Ele morreu, mas não em vão. Sua obra foi realizada no momento em que ele foi abatido, pois o choque de tal morte diante dos olhos deles transformou o coração do povo: viram os aspectos hediondos do vício favorito ao qual se rendiam cegamente e, desde o dia em que Telêmaco morreu no Coliseu, nenhuma outra luta de gladiadores foi realizada ali.

## PERSEGUIÇÕES DESDE MEADOS DO SÉCULO 5 ATÉ O FIM DO SÉCULO 7

Protério foi feito sacerdote por Cirilo, bispo de Alexandria, que conhecia bem suas virtudes antes de designá-lo para pregar. Com a morte de Cirilo, a cadeira de Alexandria foi preenchida por Díscoro, um inimigo inveterado da memória e família de seu antecessor. Condenado pelo concílio de Calcedônia por haver adotado os erros de Eutique, ele foi deposto, e Protério foi escolhido para ficar em seu lugar, o que foi aprovado pelo imperador. Isso ocasionou uma insurreição perigosa, porque a cidade de Alexandria se dividiu em duas facções: a que defendia a causa do antigo prelado e a outra, a do novo. Em uma das manifestações, os eutiquianos decidiram vingar-se de Protério, que fugiu para a igreja na busca pelo santuário. Mas, na sexta-feira santa de 457 d.C., um grande

*Quarto Concílio Ecumênico da Calcedônia*, por Varsily Surikov (1848–1916).

número deles invadiu a igreja e assassinou barbaramente o prelado; depois disso, arrastaram o seu corpo pelas ruas, insultaram-no, esquartejaram, queimaram-no e espalharam as cinzas no ar.

Hermenegildo, um príncipe gótico, era o filho mais velho de Leovigildo, um rei dos godos, na Espanha. Esse príncipe, originalmente ariano, converteu-se à fé ortodoxa por intermédio de sua esposa, Ingonda. Quando o rei soube que seu filho havia mudado seus sentimentos religiosos, destituiu-o do comando em Sevilha, onde era governador, e ameaçou matá-lo se não renunciasse a fé recentemente adotada. Para impedir o cumprimento das ameaças de seu pai, o príncipe começou a colocar-se em postura de defesa, e muitos da persuasão ortodoxa na Espanha se declararam em favor dele. O rei, exasperado com esse ato de rebelião, começou a punir todos os cristãos ortodoxos que suas tropas conseguiam deter. Iniciou-se assim uma perseguição muito severa, e ele também marchou contra seu filho à frente de um exército muito poderoso. O príncipe se refugiou em Sevilha, de onde fugiu, sendo finalmente cercado e levado em Asieta. Acorrentado, foi enviado para Sevilha e, na festa da Páscoa, recusou-se a receber a Eucaristia de um bispo ariano. Diante disso, o rei, enfurecido, ordenou que seus guardas esquartejassem o príncipe, o que eles realizaram prontamente, em 13 de abril de 586 d.C.

Martinho, bispo de Roma, nasceu em Todi, na Itália. Naturalmente inclinado à virtude, seus pais lhe conferiram uma educação admirável. Ele se opôs aos hereges chamados monotelistas,[12] que eram apadrinhados pelo imperador Heráclio. Martinho foi condenado em Constantinopla, onde foi exposto ao ridículo nos lugares mais públicos, despojado de todos os símbolos de distinção episcopal e tratado com o maior desprezo e severidade. Após passar alguns meses na prisão, Martinho foi enviado a uma ilha situada a certa distância e, ali, esquartejado em 655 d.C.

João, bispo de Bérgamo, na Lombardia, era um homem instruído e um bom cristão. Ele fez os maiores esforços para limpar a Igreja dos erros do arianismo e, juntando-se a essa santa obra com João, bispo de Milão, teve muito sucesso contra os hereges, pelo que foi assassinado em 11 de julho de 683 d.C.

Quiliano nasceu na Irlanda e recebeu de seus pais uma educação piedosa e cristã. Ele obteve a licença do pontífice romano para pregar aos pagãos na Francônia, na Alemanha. Em Wurtzburg, ele converteu Gosberto, o governador, cujo exemplo foi seguido pela maior parte do povo nos dois anos seguintes. Persuadindo Gosberto de que seu casamento com a viúva de seu irmão era pecaminoso, foi decapitado no ano 689 d.C.

## PERSEGUIÇÕES DESDE OS PRIMÓRDIOS DO SÉCULO 8 ATÉ QUASE O FIM DO SÉCULO 10

Bonifácio, arcebispo de Mentz e patriarca da igreja alemã, era inglês e, na história eclesiástica, é considerado um dos mais brilhantes ornatos dessa nação. Originalmente, seu nome era Winfred, ou Winfrith, e ele nasceu em Kirton, em Devonshire, então parte do reino da Saxônia Ocidental. Logo aos 6 anos, começou a descobrir uma propensão à reflexão e pareceu solícito em obter informações acerca de assuntos religiosos. O abade Wolfrad, ao descobrir que ele possuía um gênio brilhante e uma forte inclinação ao estudo, enviou-o a Nutscelle, um seminário de aprendizado na diocese de Winchester, onde teria maior oportunidade de crescimento do que em Exeter.

Após o devido estudo, ao vê-lo qualificado para o sacerdócio, aos 30 anos o abade o obrigou a receber essa santa ordenação. Desde então, ele começou a pregar e a trabalhar pela salvação de seus semelhantes. Foi autorizado a assistir a um sínodo de bispos no reino dos saxões ocidentais.

---

[12] O monotelismo afirmava que a natureza humana de Cristo fora absorvida pela divina, havendo então no Salvador apenas uma natureza. O Concílio da Calcedônia, 451 d.C., estabeleceu que as naturezas divina e humana subsistiam no Cristo encarnado.

Posteriormente, em 719 d.C., foi para Roma, onde Gregório II, que então se assentava no trono de Pedro, recebeu-o com grande amizade e, encontrando-o pleno de todas as virtudes que compõem o caráter de um missionário apostólico, dispensou-o sem comissionamento, para que pudesse pregar o evangelho aos pagãos onde quer que os encontrasse.

Passando pela Lombardia e pela Baviera, chegou à Turíngia, país que, anteriormente, havia recebido a luz do evangelho; depois, visitou Utrecht e seguiu para a Saxônia, onde converteu alguns milhares ao cristianismo.

Durante o ministério desse manso prelado, Pepino foi declarado rei da França. Era a ambição daquele príncipe ser coroado pelo mais sagrado prelado que ele pudesse encontrar. Bonifácio foi convidado a realizar a cerimônia, o que fez em Soissons, no ano 752. No ano seguinte, sua idade avançada e muitas enfermidades recaíram tão pesadamente que, com o consentimento do novo rei e dos bispos de sua diocese, ele consagrou Lulo, seu compatriota e fiel discípulo, e o colocou na diocese de Mentz.

Assim desincumbido de seu cargo, recomendou, em termos muito fortes, a igreja de Mentz aos cuidados do novo bispo, desejando que ele terminasse a igreja de Fuld e providenciasse seu enterro nela, visto que seu fim estava próximo. Havendo deixado essas ordens, tomou o barco para o Reno e foi à Frísia, onde converteu e batizou vários milhares de nativos bárbaros, demoliu templos e ergueu igrejas nas

*Estátua de São Bonifácio*, em frente à igreja de Mainz, Alemanha.

ruínas daquelas estruturas supersticiosas. No dia designado para a confirmação de um grande número de novos convertidos, ele ordenou que se reunissem em uma nova planície aberta, próxima ao rio Bourde. Ele se dirigiu ao local no dia anterior e, montando uma barraca, decidiu permanecer ali a noite toda, para estar pronto de manhã cedo. Sendo informados disso, alguns pagãos, que eram seus inveterados inimigos, lançaram-se sobre ele e os companheiros de sua missão durante a noite.

Mataram Bonifácio e 52 de seus companheiros e assistentes no dia 5 de junho de 755 d.C. Assim caíram o grande patriarca da Igreja germânica, a honra da Inglaterra e a glória da época em que ele viveu.

Quarenta e duas pessoas de Amório, na Alta Frígia, foram martirizadas no ano 845 d.C. pelos sarracenos, cujas circunstâncias são descritas a seguir.

No reinado de Teófilo, os sarracenos devastaram muitas partes do império oriental, conquistaram várias vantagens consideráveis sobre os cristãos, tomaram a cidade de Amório e inúmeras pessoas sofreram martírio. Flora e Maria, duas senhoras distintas, sofreram martírio ao mesmo tempo.

Perfeito nasceu em Córdoba, na Espanha, e foi criado na fé cristã. Dotado de um gênio ativo, dominou toda a literatura útil e instruída daquela época; ao mesmo tempo, não era mais celebrado por suas habilidades do que admirado por sua piedade. Por fim, foi ordenado sacerdote e desempenhou os deveres de seu cargo com grande assiduidade e pontualidade. Declarando publicamente que Maomé era um impostor, foi condenado a ser decapitado e, consequentemente, executado no ano 850 d.C. Após isso, seu corpo foi enterrado com honras pelos cristãos.

Adalberto, bispo de Praga, nasceu na Boêmia. Após envolver-se em muitos problemas, começou a direcionar seus pensamentos à conversão dos infiéis; para isso, foi para Dantzig, onde converteu e batizou muitas pessoas, o que enfureceu os sacerdotes pagãos, que vieram sobre ele e o executaram com dardos, em 23 de abril de 997 d.C.

## PERSEGUIÇÕES NO SÉCULO 11

Alfege, arcebispo de Canterbury, era descendente de uma família considerável em Gloucestershire e recebeu uma educação adequada ao seu ilustre nascimento. Seus pais eram cristãos dignos, e Alfege pareceu herdar suas virtudes.

Com a morte de Ethelwold, a diocese de Winchester ficou vaga. Dunstan, o arcebispo de Canterbury, como primaz de toda a Inglaterra, consagrou Alfege à vacância do bispado, para satisfação geral de todos os envolvidos na diocese.

Dunstan tinha uma extraordinária veneração por Alfege e, à beira da morte, fez seu ardente pedido a Deus para que este pudesse sucedê-lo na diocese de Canterbury, o que só veio a acontecer quase 18 anos após a morte de Dunstan em 1006.

Após Alfege haver governado a cidade de Canterbury durante aproximadamente quatro anos, com grande reputação para si mesmo e benefício para o povo, os dinamarqueses fizeram uma incursão na Inglaterra e sitiaram Canterbury. Quando o projeto de atacar essa cidade foi descoberto, muitas das principais pessoas fugiram dela e teriam persuadido Alfege a seguir seu exemplo. Ele, porém, como um bom pastor, não quis dar ouvido a tal proposta. Enquanto ele estava atarefado em ajudar e encorajar o povo, Canterbury foi tomada. O inimigo entrou na cidade e destruiu com fogo e espada tudo que estava em seu caminho.

Alfege teve a coragem de se dirigir aos inimigos e oferecer-se à espada deles como mais digno de sua fúria do que o povo: implorou que o povo fosse poupado e que eles lançassem toda a sua fúria sobre ele. Consequentemente, os inimigos o prenderam, amarraram suas mãos, insultaram-no, abusaram dele de maneira rude e bárbara e o obrigaram a permanecer no local até sua igreja ser queimada e os monges, massacrados. Depois, dizimaram todos os habitantes, tanto eclesiásticos quanto laicos, deixando vivo apenas um décimo das pessoas. Eles mataram 7.236 pessoas e deixaram vivos apenas quatro monges e 800 laicos. Após isso, confinaram o arcebispo em uma masmorra, onde o mantiveram prisioneiro durante vários meses.

Durante seu confinamento, propuseram-lhe reaver sua liberdade com a quantia de 3.000 libras e convencer o rei a comprar sua saída do reino com uma quantia adicional de 10.000 libras. Como as circunstâncias de Alfege não lhe permitiriam satisfazer essa exorbitante exigência, eles o amarraram e o submeteram a severos tormentos, obrigando-o a revelar o tesouro da igreja. Para isso, asseguraram-lhe sua vida e liberdade, mas o prelado persistiu piamente em sua recusa de dar aos pagãos qualquer informação. Eles o reenviaram à prisão, confinaram-no durante mais seis dias e, em seguida, conduziram-no para Greenwich como prisioneiro, onde o julgaram. Alfege ainda permaneceu inflexível no tocante ao tesouro da igreja, mas os exortou a abandonar sua idolatria e abraçar o cristianismo. Isso enfureceu tanto os

dinamarqueses, que os soldados o arrastaram para fora da audiência e o espancaram sem piedade. Um dos soldados, que havia sido convertido por ele, sabendo que suas dores persistiriam e sua morte havia sido determinada, e acionado por uma espécie de compaixão bárbara, decapitou-o, encerrando seu martírio no dia 19 de abril de 1012.

Isso aconteceu no mesmo local em que agora está a igreja de Greenwich, que é dedicada a ele. Após sua morte, seu corpo foi jogado no rio Tâmisa, mas, ao ser encontrado no dia seguinte, foi sepultado na catedral de São Paulo pelos bispos de Londres e de Lincoln. Em 1023, seus restos foram removidos dali para Canterbury por Ethelnoth, o arcebispo daquela província.

Gerardo, um veneziano, dedicou-se ao serviço de Deus desde a tenra idade: entrou em uma casa religiosa, onde permaneceu durante algum tempo, e depois decidiu visitar a Terra Santa. Indo para a Hungria, conheceu Estêvão, o rei daquele país, que o tornou bispo de Chonad.

Ouvo e Pedro, sucessores de Estêvão, foram depostos; então, André, filho de Ladislau, primo-irmão de Estêvão, recebeu uma proposta da coroa sob a condição de empregar a sua autoridade para extirpar da Hungria a religião cristã. O ambicioso príncipe aceitou a proposta, mas Gerardo, ao ser informado dessa barganha ímpia, considerou seu dever protestar contra a monstruosidade do crime de André e convencê-lo a retirar sua promessa. Com essa visão, foi ao príncipe juntamente com três prelados igualmente zelosos da religião. O

Altar da Igreja de Santo Alfege, Greenwich, Londres, Inglaterra.

novo rei estava em Alba Regalis, mas, ao atravessarem o Danúbio, os quatro bispos foram parados por um grupo de soldados de sentinela ali. Sofreram pacientemente o ataque de uma saraivada de pedras quando os soldados os espancaram sem piedade e, finalmente, os mataram com lanças. O martírio deles aconteceu no ano 1045.

Estanislau, bispo de Cracóvia, era descendente de uma ilustre família polonesa. A piedade de seus pais era igual a sua opulência, e esta eles utilizaram para todos os propósitos de caridade e benevolência. Durante algum tempo, Estanislau permaneceu indeciso quanto a adotar uma vida monástica ou engajar-se no clero secular. Por fim, foi persuadido a esta última opção por Lambert Zula, bispo de Cracóvia, que o ordenou e fez dele um cânone de sua catedral. Lambert morreu em 25 de novembro de 1071, quando todos os envolvidos na escolha de um sucessor se declararam favoráveis a Estanislau e ele assumiu o prelado.

Boleslau, o segundo rei da Polônia, possuía, por natureza, muitas boas qualidades; porém, cedendo às suas paixões, deparou-se com muitas maldades e acabou recebendo a denominação de Cruel. Estanislau era o único que tinha coragem de confrontar suas falhas, quando, aproveitando uma oportunidade de falar-lhe em particular, mostrava abertamente a perversidade de seus crimes. O rei, muito exasperado com suas repetidas liberdades, finalmente decidiu, a qualquer custo, tirar a vida desse prelado tão extremamente fiel. Certo dia, ouvindo dizer que o bispo estava sozinho na capela de São Miguel, a pouca distância da cidade, enviou alguns soldados para assassiná-lo. Os soldados se incumbiram prontamente da tarefa sangrenta; porém, ao chegarem à presença de Estanislau, o venerável aspecto do prelado lhes inspirou tal temor que não conseguiram fazer o que haviam prometido. Ao voltarem, o rei, descobrindo que eles não tinham obedecido às suas ordens, atacou-os violentamente, então pegou a adaga de um deles e correu furiosamente até a capela onde, encontrando Estanislau no altar, cravou--lhe a arma no coração. O prelado expirou imediatamente, em 8 de maio de 1079.

*John Foxe*

# Capítulo 4

# Perseguições papais

té aqui, nossa história de perseguição se limitou principalmente ao mundo pagão. Chegamos agora a um período em que a perseguição, disfarçada de cristianismo, cometeu mais maldades do que as que haviam desonrado os anais do paganismo. Desconsiderando as máximas e o espírito do evangelho, a Igreja papal, armando-se com o poder da espada, molestou a Igreja do Senhor e a devastou durante vários séculos. Esse período, na história, foi adequadamente denominado a "Idade das Trevas". Os reis da Terra entregaram seu poder à "Besta" e se submeteram a serem pisoteados pelos miseráveis vermes que, frequentemente, ocupavam o trono papal, como foi o caso de Henrique, imperador da Alemanha. A tormenta da perseguição papal se lançou primeiramente sobre os valdenses, na França.

## PERSEGUIÇÃO SOFRIDA PELOS VALDENSES NA FRANÇA

O papismo levou à Igreja diversas inovações e inundou o mundo cristão com trevas e superstições. Poucos perceberam claramente a tendência perniciosa de tais erros e se determinaram a demonstrar a luz do evangelho em sua verdadeira pureza e a dispersar as nuvens que astutos sacerdotes haviam levantado em torno dele, com o intuito de cegar o povo e obscurecer o verdadeiro brilho das boas-novas.

O principal deles foi Berengário, que, por volta do ano 1000, pregou ousadamente as verdades do evangelho segundo a sua pureza original. Muitos, por convicção, concordaram com sua doutrina e foram, por isso, denominados berengarianos. Berengário foi sucedido por Peer Bruis, que pregava em Toulouse sob a proteção do conde Ildefonso. E todos os princípios dos reformadores, juntamente com as razões de sua separação da Igreja de Roma, foram publicados em um livro escrito por Bruis[13] tendo como título *Anticristo*.

No ano de 1140, o número de reformados era muito grande, e a probabilidade de seu aumento alarmava o papa. Então, ele escreveu a vários príncipes pedindo que os expulsassem de seus domínios e empregou muitos homens instruídos para escrever contra as doutrinas deles.

Em 1147, por causa de Henrique de Toulouse, considerado seu mais eminente pregador, eles foram denominados henricianos. Por não admitirem, no tocante à religião, prova alguma além do que se podia deduzir das próprias Escrituras, o partido papista lhes deu o nome de "apostólicos". Por fim, Pedro Waldo, ou Valdo, natural de Lyon, eminente por sua piedade e conhecimento, tornou-se um vigoroso oponente do papismo. Na época, os reformados foram designados por ele "valdenses".

Informado pelo bispo de Lyon acerca dessas ocorrências, o papa Alexandre III excomungou Valdo e seus adeptos e ordenou que o bispo os exterminasse, se possível, da face da Terra; assim começaram as perseguições papais contra os valdenses.

O comportamento de Valdo e dos reformados ocasionou a primeira ascensão da Inquisição, pois o papa Inocêncio III designou certos monges como inquisidores, a fim de interrogar e entregar os reformados ao poder secular. O processo era curto visto que uma acusação era considerada adequada para a culpa e nunca era concedido ao acusado um julgamento imparcial.

Ao descobrir que esses meios cruéis não surtiram o efeito pretendido, o papa enviou vários monges eruditos para pregar entre os valdenses e empenhar-se em dissuadi-los de suas opiniões. Dentre esses monges estava um certo Dominic, que parecia ser extremamente zeloso na causa do papismo. Esse Dominic instituiu uma ordem que, com base em seu nome, foi denominada Ordem dos Frades Dominicanos. Os membros dessa ordem foram, desde então, os principais inquisidores nas várias inquisições promovidas ao redor do mundo. O poder dos inquisidores era ilimitado; eles acusavam quem quisessem, sem considerar idade, sexo ou posição social. Por mais infames que fossem os acusadores, a acusação era considerada válida; até mesmo informações anônimas, enviadas por carta, eram consideradas provas verídicas. Ser rico era um crime comparável à heresia; portanto, muitos endinheirados foram acusados de heresia ou favoráveis aos hereges, para que fossem obrigados a pagar por suas opiniões. Os amigos mais queridos ou parentes mais próximos não podiam, sem

---

[13] Pierre de Bruys (1095–1131), pregador francês considerado por muitos como um dos precursores da Reforma Protestante.

*Auto de fé na Praça Maior em Madri*, Francisco Rizi (1614–85). Parte do acervo do Museu do Prado, Madri, Espanha. Este quadro retrata um julgamento da Inquisição.

correr perigo, servir a qualquer pessoa que estivesse presa devido à religião. Dar aos confinados um pouco de palha ou um copo de água era considerado favorecimento aos hereges e motivo de consequente processo. Nenhum advogado ousava defender seu próprio irmão, e a maldade deles se estendia além do túmulo; por isso, os ossos de muitos mortos foram desenterrados e queimados, como exemplos para os vivos. Se um homem em seu leito de morte fosse acusado de ser um seguidor de Valdo, suas propriedades eram confiscadas e os herdeiros delas, defraudados em sua herança. Alguns eram enviados para a Terra Santa enquanto os dominicanos tomavam posse de suas casas e propriedades, e, quando os proprietários voltavam, costumavam fingir que não os conheciam. Essas perseguições continuaram durante vários séculos, sob diferentes papas e outros grandes dignitários da Igreja Católica.

## PERSEGUIÇÕES SOFRIDA PELOS ALBIGENSES

Os albigenses eram um povo da religião reformada, que habitava o país de Albi[14]. Eles foram condenados por sua religião no Concílio de Latrão por ordem do Papa Alexandre III. Não obstante, cresceram de maneira tão prodigiosa que muitas cidades eram habitadas somente por pessoas de seu credo, e vários nobres eminentes abraçaram suas doutrinas. Dentre estes estavam

---

[14] Localizada ao sul da França, na região da Occitânia, a 500 km de Paris.

Raymond, conde de Toulouse; Raymond, conde de Foix; o conde de Beziers e outros.

Um frade de nome Pedro foi assassinado nos domínios do conde de Toulouse. O papa fez do assassinato uma desculpa para perseguir aquele nobre e seus súditos. Para isso, enviou pessoas a toda a Europa a fim de reunir forças para agir coercitivamente contra os albigenses e prometeu o paraíso a todos os que se juntassem a essa guerra — denominada por ele Guerra Santa — e portassem armas durante 40 dias. As mesmas indulgências foram, de semelhante modo, oferecidas a todos os que se unissem ao propósito de envolver-se em cruzadas na Terra Santa.

O corajoso conde defendeu Toulouse e outros lugares com a mais heroica coragem e triunfou várias vezes contra os delegados do papa e Simão, conde de Monforte, um fanático nobre católico. Incapazes de sujeitar abertamente o conde de Toulouse, o rei da França, a rainha-mãe e três arcebispos formaram outro formidável exército e conseguiram a façanha de persuadir o conde de Toulouse a participar de uma conferência. Nela, o conde foi traiçoeiramente capturado, feito prisioneiro, forçado a aparecer descalço e de cabeça descoberta diante de seus inimigos e obrigado a assinar uma desprezível retratação. Isso foi seguido por uma severa perseguição contra os albigenses e ordens expressas para que os laicos não lessem as sagradas Escrituras. Também em 1620, a perseguição contra os albigenses foi muito severa. Em 1648, uma forte perseguição ocorreu em toda Lituânia e Polônia. A crueldade dos cossacos[15] foi tão excessiva que os próprios tártaros se sentiram acabrunhados das barbáries deles. Dentre outros que sofreram estava o reverendo Adrian Chalinski, assado vivo em fogo lento, cujos sofrimentos e modo de morte podem representar os horrores que os mestres do cristianismo sofreram por parte dos inimigos do Redentor.

A reforma do erro papista foi projetada muito anteriormente na França: no século terceiro, um homem instruído, chamado Almerico, e seis de seus discípulos foram condenados a ser queimados em Paris por afirmarem que Deus estava ausente no pão sacramental, como em qualquer outro pão; que era idolatria construir altares ou santuários para santos e que era ridículo oferecer-lhes incenso.

Porém, o martírio de Almerico e seus pupilos não impediu que muitos reconhecessem a justeza de suas ideias e vissem a pureza da religião reformada. Assim sendo, a fé em Cristo aumentava continuamente e, com o tempo, não apenas se disseminou por muitas partes da França como também difundiu a luz do evangelho em diversos outros países.

No ano 1524, em Melden, uma cidade na França, um tal de John Clark colocou na porta da igreja uma nota na qual chamava o papa de Anticristo. Por essa ofensa, ele foi repetidamente açoitado e depois marcado

---

[15] Provenientes da Europa Oriental, os cossacos eram inicialmente tribos nômades (daí o nome cossaco, do turco *kazak*, "homem livre"). Estão entre os povos que formaram a Rússia. A partir do século 16, passaram a funcionar como uma democracia militarista, que prestava serviço aos czares ou a quem lhes pagasse.

*John Foxe*

na testa com ferro em brasa. Seguindo para Mentz, na Lorena, ele demoliu algumas imagens, pelo que teve a mão direita e o nariz cortados, e os braços e o peito rasgados com pinças. Ele suportou essas crueldades com surpreendente coragem e teve a cabeça suficientemente fria para cantar o Salmo 115, que proíbe expressamente a idolatria; depois, foi lançado na fogueira e queimado até virar cinzas.

Muitas pessoas de convicção reformada foram, nessa época, espancadas, torturadas, açoitadas e queimadas até a morte, em várias partes da França — porém, mais particularmente em Paris, Malda e Limousin.

Um nativo de Malda foi queimado em fogo lento por dizer que a missa era uma evidente negação da morte e paixão de Cristo. Em Limousin, João de Cadurco, um clérigo da religião reformada, foi detido e condenado a ser queimado.

Por falar em favor dos reformados, Francis Bribard, secretário do cardeal de Pellay, teve a língua cortada e foi queimado em 1545. James Cobard, um professor da cidade de São Miguel, foi queimado em 1545 por declarar que "a missa era inútil e absurda". Aproximadamente na mesma época, catorze homens foram queimados em Malda e suas esposas foram obrigadas a assistir à execução.

Em 1546, Peter Chapot levou à França várias Bíblias na língua francesa e as vendeu publicamente ali; por isso, foi levado a julgamento, condenado e executado alguns dias depois. Logo em seguida, um aleijado de Meaux, um professor de Fera chamado Stephen Poliot e um homem chamado John English foram queimados em decorrência de sua fé.

Em 1548, Monsieur Blondel, um joalheiro rico, foi preso em Lyon e enviado a Paris. Ali, foi queimado em virtude de sua fé por ordem do tribunal, em 1549. Herbert, um jovem de 19 anos, foi entregue às chamas em Dijon; isso ocorreu também com Florent Venote no mesmo ano.

No ano 1554, dois homens da religião reformada, com o filho e a filha de um deles, foram apreendidos e presos no castelo de Niverne. Sob interrogatório, confessaram sua fé e foram condenados à execução. Sujos por graxa, enxofre e pólvora, eles bradaram: "Ponham sal, ponham sal nesta carne pecaminosa e podre". Suas línguas foram então cortadas e, depois, eles foram lançados às chamas, que logo os consumiram devido às substâncias inflamáveis com a qual eles foram besuntados.

## O MASSACRE DA NOITE DE SÃO BARTOLOMEU EM PARIS, E OUTROS

Esse ato diabólico de sanguinária brutalidade começou no dia 22 de agosto de 1572. A intenção era destruir de uma só vez a raiz da árvore protestante, que anteriormente só sofrera parcialmente em seus galhos. O rei da França havia proposto argutamente um casamento entre sua irmã e o príncipe de Navarra, Henrique de Bourbón, capitão e príncipe dos protestantes. Esse casamento imprudente foi celebrado publicamente em Paris em 18 de agosto, pelo cardeal de Bourbon, em um palco elevado que fora erguido com essa finalidade. Eles

*O massacre no dia de São Bartolomeu*, por France Dubois (1790–1871). Parte do acervo do Museu Cantonal de Belas Artes, em Lausanne, Suíça.

jantaram em grande pompa com o bispo e cearam com o rei em Paris. Quatro dias depois, ao voltar do Concílio, o Almirante Coligny foi baleado nos dois braços; então, disse a Maure, o ministro de sua falecida mãe: "Ó, meu irmão, agora percebo que sou realmente amado pelo meu Deus, pois, por causa de Sua santidade, estou ferido". Embora o vidame[16] o tivesse aconselhado a fugir, ele permaneceu em Paris; pouco depois, foi morto por Besme, que depois declarou nunca haver visto um homem enfrentar a morte com mais valentia do que o almirante.

Os soldados foram instruídos a, dado certo sinal, irromper instantaneamente à matança em todas as partes da cidade. Mataram o almirante lançando-o à rua através de uma janela; na rua, sua cabeça foi cortada e enviada ao papa. Os selvagens papistas, ainda enfurecidos contra ele, cortaram seus braços e órgãos genitais e,

---

[16] Título feudal francês possuído por um encarregado de organizar o exército e recolher os impostos do senhor feudal a quem era submisso.

*John Foxe*

após arrastá-lo pelas ruas durante três dias, o penduraram pelos calcanhares fora da cidade. Depois dele, mataram muitas pessoas excelentes e honradas que eram protestantes — como o conde Rochefoucault, Telínio, genro do almirante, Antônio, Clarimonto, marquês de Ravely, Lewes Bussius, Bandineu, Pluvialius, Burneio e outros — e, lançando-se sobre o povo, continuaram o massacre durante muitos dias. Nos três primeiros, eles mataram 10 mil pessoas de todas as classes e condições. Os corpos eram lançados nos rios e o sangue corria pelas ruas em abundância; o rio parecia uma correnteza de sangue. Sua raiva infernal era tão feroz que eles mataram até mesmo os papistas dos quais suspeitavam não serem muito firmes à sua diabólica religião. De Paris, a destruição se espalhou por todos os cantos do reino.

Mil homens, mulheres e crianças foram mortos em Orleans, e 6.000 em Rouen. Em Meldith, 200 foram presos, e posteriormente levados um a um para serem cruelmente assassinados. Em Lyon, 800 foram massacrados. Ali, crianças abraçadas aos pais e pais que as abraçavam afetuosamente foram alimento agradável às espadas e mentes sanguinárias daqueles que se autodenominavam Igreja Católica. Nessa cidade, 300 pessoas foram assassinadas na casa do bispo, e os monges ímpios não permitiam que fossem enterradas.

Ao chegar a notícia do massacre de Paris, os portões de Augustobona foram fechados para que nenhum protestante pudesse escapar; todos os indivíduos da Igreja Reformada foram diligentemente procurados, encarcerados e, depois, assassinados barbaramente. A mesma crueldade foi praticada em Avaricum, Troys, Toulouse, Rouen e muitos outros lugares, correndo de cidade em cidade, vila e vilarejo em todo o reino.

Como corroboração dessa horrível carnificina, a interessante narrativa a seguir, escrita por um católico romano sensato e instruído, aparece neste local com peculiar propriedade:

"As núpcias", diz ele, "do jovem rei de Navarra com a irmã do rei francês foram solenizadas com pompa, e todos os afetos, todas as garantias de amizade, todos os juramentos sagrados entre homens foram profusamente proferidos pela rainha-mãe, Catharine, e pelo rei. Enquanto isso, o resto da corte só pensava em festividades, diversões e bailes de máscaras.

"Por fim, à meia-noite da véspera do dia de São Bartolomeu, o sinal foi dado. Imediatamente, todas as casas dos protestantes foram arrombadas ao mesmo tempo. Alarmado com o tumulto, o almirante Coligny saltou da cama quando um grupo de assassinos entrou correndo em seu quarto. Eles eram chefiados por um tal de Besme, que fora criado como doméstico na família dos Guises. Esse desgraçado enfiou a espada no peito do almirante e também cortou seu rosto. Besme era alemão, e, posteriormente tomado pelos protestantes, os Rochellers quiseram levá-lo para enforcá-lo e esquartejá-lo; porém, ele foi morto por um tal de Bretanville. Henrique, o jovem duque de Guise, que depois formou a liga católica e foi assassinado em Blois, parado na porta até a horrível matança ser concluída, perguntou em voz alta: 'Besme, está feito?'. Imediatamente depois, os rufiões atiraram o corpo para fora da janela, e Coligny expirou aos pés de Guise.

"O conde de Teligny também foi sacrificado. Ele se casara, cerca de 10 meses antes, com a filha de Coligny. Seu semblante era tão envolvente que, ao avançarem para matá-lo, os rufiões foram tomados de compaixão; outros, porém, mais bárbaros, avançaram e o assassinaram.

"Enquanto isso, todos os amigos de Coligny foram assassinados em todas as partes de Paris; homens, mulheres e crianças foram massacrados promiscuamente e todas as ruas estavam cheias de corpos moribundos. Alguns sacerdotes, segurando um crucifixo em uma mão e um punhal na outra, correram em direção aos chefes dos assassinos e os exortaram fortemente a não pouparem parentes e nem amigos.

"Tavannes, marechal da França, um soldado ignorante e supersticioso, que uniu a fúria da religião ao furor da festa, cavalgou pelas ruas de Paris, gritando aos seus homens: 'Deixem sangrar! Deixem sangrar! Sangrar é tão saudável em agosto quanto é em maio'. Nas memórias da vida desse

entusiasta, escritas por seu filho, lemos que o pai em seu leito de morte, fez uma confissão geral de seus atos, ao que o padre, surpreso, disse: 'O quê? Nenhuma menção do massacre de São Bartolomeu?' — e Tavannes respondeu: 'Considero-o um ato meritório, que lavará todos os meus pecados'. Sentimentos tão horríveis assim podem inspirar um falso espírito de religião!

"O palácio do rei foi uma das principais cenas da carnificina. O rei de Navarra estava hospedado no Louvre, e todos os seus empregados eram protestantes. Muitos deles foram mortos na cama com suas esposas; outros, fugindo nus, foram perseguidos pelos soldados nas várias salas do palácio e até mesmo na antecâmara do rei. A jovem esposa de Henrique de Navarra, acordada pelo terrível tumulto, temendo por seu consorte e por sua própria vida, tomada pelo horror e extremamente cansada, saltou da cama para lançar-se aos pés do rei, seu irmão. Porém, mal havia aberto a porta do quarto quando alguns de seus empregados protestantes entraram correndo em busca de refúgio.

"Os soldados vieram imediatamente após eles, perseguiram-nos à vista da princesa e mataram um que se arrastou para debaixo da cama. Dois outros, feridos com alabardas, caíram aos pés da rainha, de modo que ela ficou coberta de sangue.

"O conde de Rochefoucault, um nobre jovem, muito estimado pelo rei

*John Foxe*

por seu ar agradável, sua polidez e uma peculiar felicidade ao conversar, havia ficado até às 11 horas da noite em agradável convivência com o monarca e dado, com o máximo de hilaridade, asas à sua imaginação. O monarca sentiu certo remorso e, tocado por uma espécie de compaixão, pediu-lhe duas ou três vezes que não voltasse para casa, mas dormisse no Louvre. O conde disse que ele precisava voltar à sua esposa; o rei não o pressionou mais, porém disse: 'Deixem-no ir! Vejo que Deus decretou a sua morte'. E, duas horas depois, ele foi assassinado.

"Pouquíssimos protestantes escaparam da fúria de seus entusiasmados perseguidores. Dentre eles estava o jovem La Force (depois conhecido como o famoso marechal de La Force), uma criança com cerca de 10 anos cujo parto foi extremamente notável. Seu pai, seu irmão mais velho e ele mesmo foram capturados pelos soldados do duque de Anjou. Esses assassinos se lançaram aos três e os golpearam aleatoriamente; eles caíram um sobre o outro. O mais novo não recebeu um golpe sequer, mas, parecendo estar morto, fugiu no dia seguinte; sua vida, maravilhosamente preservada, durou assim 45 anos.

"Muitas das desventuradas vítimas fugiram para o lado da água e algumas cruzaram o Sena em direção aos subúrbios de Saint Germain. O rei as viu pela janela, que dava para o rio, e disparou contra elas com uma carabina,

carregada para essa finalidade por um de seus pajens. Enquanto isso, a rainha-mãe, imperturbável e serena em meio ao massacre, olhando de um terraço, incentivava os assassinos e ria dos gemidos agonizantes dos abatidos.

Essa rainha bárbara era incendiada por uma ambição inquieta e, para saciá-la, alterava permanentemente seu partidarismo.

"Alguns dias depois, o tribunal francês tentou dissimular, por meio de leis, aquela horrível ocorrência. Eles fingiram justificar o massacre por uma calúnia e acusaram o almirante de uma conspiração, na qual ninguém acreditou. O parlamento foi recomendado a proceder contra a memória de Coligny; seu corpo morto foi suspenso com correntes na forca de Montfaucon. O próprio rei foi assistir a esse chocante espetáculo. Um de seus cortesãos o aconselhou a retirar-se e reclamou do fedor do cadáver, mas ele respondeu: 'Um inimigo morto cheira bem'. Os massacres do dia de São Bartolomeu foram pintados no salão real do Vaticano, em Roma, com a inscrição *Pontifex, Coligny necem probat*, isto é: 'O papa aprova a morte de Coligny'.

"O jovem rei de Navarra foi poupado por meio de política, mas não por piedade da rainha-mãe. Ela o manteve prisioneiro até a morte do rei, para que ele pudesse ser uma garantia e promessa de submissão dos protestantes que poderiam fugir.

"Essa horrível carnificina não se limitou apenas à cidade de Paris. Ordens semelhantes foram expedidas do tribunal aos governadores de todas as províncias da França; assim sendo, no espaço de uma semana, aproximadamente 100 mil protestantes foram feitos em pedaços em diferentes partes do reino! Somente dois ou três governadores se recusaram a obedecer às ordens do rei. Um deles, Montmorrin, governador de Auvergne, escreveu ao rei a seguinte carta, que merece ser transmitida por toda a posteridade.

'SENHOR, recebi uma ordem, selada por Vossa Majestade, de matar todos os protestantes de minha província. Tenho demasiado respeito por Vossa Majestade para crer que a carta seja falsa; porém, se (Deus não permita) a ordem for genuína, tenho demasiado respeito por Vossa Majestade para obedecê-la.'"

Em Roma, a horrível alegria foi tão grande que eles marcaram um dia de grande festa e um jubileu, com grande indulgência a todos os que participassem e demostrassem toda expressão de alegria que pudessem imaginar! E o primeiro homem a transmitir a notícia recebeu 1.000 coroas do cardeal de Lorena por sua mensagem ímpia. O rei ordenou também que todas as demonstrações de alegria fossem mantidas o dia todo, concluindo que toda a raça dos huguenotes[17] estava extinta.

Muitos que pagaram grandes somas de dinheiro por seu próprio resgate foram mortos imediatamente depois, e várias cidades que estavam sob a promessa de proteção e segurança do rei foram destruídas assim que se renderam, com base naquelas promessas, aos generais ou capitães do rei.

Em Bordeaux, por instigação de um monge vilão que, em seus sermões, costumava exortar os papistas a matarem, 264 pessoas foram cruelmente assassinadas; algumas delas eram senadores. Outro da mesma fraternidade piedosa produziu um massacre semelhante em Agêndico, no rio Meno. Ali, por sugestão satânica dos "santos" inquisidores, o populacho atacou os protestantes, matou-os, saqueou suas casas e derrubou sua igreja.

O duque de Guise, entrando em Blois, fez com que seus soldados se lançassem sobre o espólio e matassem ou afogassem todos os protestantes que conseguissem encontrar. Nisso, não pouparam idade nem sexo, profanando as mulheres e, depois, assassinando-as. Dali, ele foi para Mere e cometeu os mesmos ultrajes durante muitos dias seguidos. Nesse lugar, eles encontraram um pastor chamado Cassebônio e o lançaram no rio.

Em Anjou, mataram Albiacus, um ministro. Ali muitas mulheres foram violadas e assassinadas, dentre elas duas

---

[17] Nome atribuído, pelos inimigos, a todo seguidor da religião protestante na França nos séculos 16 e 17. A origem do termo provavelmente se deve a Besançon Hugues, líder protestante suíço.

irmãs que foram abusadas diante do pai, amarrado a uma parede pelos assassinos para vê-las; em seguida, as duas e o pai foram mortos.

Após pagar uma grande quantia por sua vida, o presidente de Turim foi cruelmente espancado com clavas, despido de suas roupas e pendurado pelos pés, com a cabeça e o peito no rio. Antes de morrer, abriram-lhe a barriga, arrancaram suas entranhas e as jogaram no rio; depois, levaram seu coração por toda a cidade na ponta de uma lança.

Em Barre, muita crueldade foi usada, mesmo para com crianças pequenas, que eles estripavam com tanta raiva que roíam com os dentes. Os que haviam fugido para o castelo, quando cederam, quase foram enforcados. Assim fizeram na cidade de Matiscon, considerando diversão cortar seus braços e pernas e, depois, matá-los; e, para entretenimento de seus visitantes, frequentemente lançavam os protestantes de uma ponte alta no rio, dizendo: "Vocês já viram homens pularem tão bem?".

Em Penna, 300 foram desumanamente abatidos após lhes haver sido prometida segurança, e 45 em Albia, no dia do Senhor. Apesar de a cidade de Nonne haver cedido sob promessa de salvaguarda, os espetáculos mais horríveis foram ali exibidos.

Homens e mulheres de todas as condições foram assassinados indiscriminadamente; as ruas ecoavam gritos de dor e nelas corria sangue, e as casas ardiam em chamas atiradas pelos depravados soldados. Uma mulher, arrastada para fora de seu esconderijo com o marido, foi primeiramente abusada pelos brutais soldados; depois, fizeram-na segurar a espada enquanto traspassavam as entranhas de seu marido.

Em Samarobridge, eles assassinaram mais de cem protestantes após prometer-lhes paz; em Antsidor, cem foram mortos, sendo parte deles lançada em um lago e a outra parte, em um rio. Cem encarcerados em Orleans foram aniquilados pela multidão furiosa.

Os protestantes de Rochelle, que haviam escapado milagrosamente da fúria do inferno e fugido para lá, vendo quão mal estavam os que se submeteram àqueles "santos" demônios, levantaram-se em defesa de sua vida, e algumas outras cidades, encorajadas por isso, fizeram o mesmo. Contra Rochelle o rei enviou quase todo o poderio da França, que a sitiou durante sete meses. Embora por seus ataques tenham executado pouquíssimos habitantes, pela fome destruíram 18 mil dos 22 mil. Um número excessivamente alto de mortos, para os vivos enterrarem, tornaram-se alimento para vermes e pássaros carnívoros. Muitas pessoas levaram seus caixões ao pátio da igreja, deitaram-se neles e deram o último suspiro. Sua dieta havia sido, durante muito tempo, aquilo diante do que estremecem as mentes dos que têm abundância; até mesmo carne humana, vísceras, esterco e as coisas mais repugnantes se tornaram, no fim, o único alimento desses defensores da verdade e liberdade, das quais o mundo não era digno.

Em todos os ataques, os sitiadores receberam uma recepção tão intrépida que 132 capitães, com um número proporcional de homens, foram mortos no campo.

Por fim, o cerco foi interrompido a pedido do duque de Anjou, irmão do rei, que foi proclamado rei da Polônia. O rei, cansado, aquiesceu facilmente e, por isso, foram-lhe concedidas condições honrosas.

Trata-se de uma notável interferência da Providência visto que não mais do que dois ministros do evangelho foram envolvidos em todo esse terrível massacre.

Os trágicos sofrimentos dos protestantes são demasiadamente numerosos para detalhar. Porém, o tratamento de Philip de Deux dará uma ideia do restante. Após os canalhas matarem esse mártir em sua cama, foram até a esposa, que estava sendo atendida pela parteira, prestes a dar à luz. A parteira lhes pediu que suspendessem o assassinato, pelo menos até o nascimento da criança, que era a vigésima. Não obstante, eles enterraram na pobre mulher toda a lâmina de uma adaga. Ansiosa pelo parto premente, ela correu para um celeiro de milho; porém, eles a perseguiram até ali, esfaquearam-na na barriga e, depois, a lançaram na rua. Com a queda, a criança saiu da mãe moribunda e, sendo apanhada por um dos rufiões católicos, foi esfaqueada e jogada no rio.

## DA REVOGAÇÃO DO ÉDITO DE NANTES À REVOLUÇÃO FRANCESA, EM 1789

As perseguições ocasionadas pela revogação do édito de Nantes ocorreram sob o governo de Luís XIV. Esse édito foi instituído por Henrique o Grande, da França, em 1598, e garantia aos protestantes, em todos os aspectos civis ou religiosos,

Fonte: commons.wikimedia.org

Primeira página do Édito de Nantes, de 1598.
Parte dos Arquivos Nacionais da França.

o mesmo direito dos demais súditos do reino. Todos esses privilégios foram confirmados aos protestantes por meio de outro estatuto, denominado édito de Nîmes por Luís XIV, que os seguiu à risca até o fim de seu reinado.

No período de Luís XIV, o reino quase foi arruinado por guerras civis. Naquele momento crítico, os protestantes, sem prestar atenção à advertência do nosso Senhor — "todos os que lançam mão da espada à espada perecerão" (Mt 26:52) —, desempenharam um papel tão ativo em favor do rei, que ele foi obrigado a reconhecer-se em dívida com os braços deles em seu estabelecimento no trono. Em vez de acalentar e recompensar aquele partido que havia lutado por ele, raciocinou que o mesmo poder que o protegera poderia derrubá-lo e, ouvindo as maquinações do papa, começou a emitir proscrições e restrições, indicativas de sua decisão final. Rochelle foi imediatamente atrelado a um incrível número de denúncias. Montauban e Millau foram ensacados por soldados. Comissários papistas foram nomeados para presidir os assuntos dos protestantes, não havendo apelo de sua ordenança exceto o conselho do rei. Isso atingiu os protestantes na raiz de seus exercícios civis e religiosos, impedindo-os de processar um católico em qualquer tribunal. Isso foi seguido por outra injunção para que se investigasse, em todas as paróquias, o que os protestantes haviam dito ou feito nos últimos 20 anos. Isso encheu as prisões com vítimas inocentes e condenou outras às galés ou ao exílio.

Os protestantes foram expulsos de todos os cargos, ofícios, privilégios e empregos, ficando assim privados dos meios de obter seu sustento, e a brutalidade foi tão excessiva que não foi permitido nem às parteiras trabalharem, obrigando as mulheres a se submeterem, naquela crise da natureza, aos seus inimigos, os brutais católicos. Seus filhos lhes eram tirados para serem educados pelos católicos e, aos 7 anos, obrigados a abraçar o papismo. Os reformados foram proibidos de aliviar seus próprios enfermos ou pobres, de todo culto privado, e o culto divino deveria ser realizado na presença de um sacerdote papista. Para impedir as infelizes vítimas de deixarem o reino, todas as passagens das fronteiras eram rigorosamente vigiadas; contudo, pela boa mão de Deus, aproximadamente 150 mil pessoas escaparam de sua vigilância e emigraram para diferentes países, para relatar essa funesta narrativa.

Tudo que foi relatado até aqui foram apenas infrações ao seu privilégio estabelecido, o édito de Nantes. Por fim, a diabólica revogação desse decreto foi aprovada em 18 de outubro de 1685 e registrada no dia 22, contrariando toda forma de lei. Instantaneamente, os dragões[18] foram aquartelados sobre os protestantes em todo o reino e espalharam por toda a França a mesma notícia de que o rei não mais permitiria huguenotes em seu reino e, portanto, eles precisariam decidir-se a mudar de religião. Com isso, os intendentes de todas as paróquias (que eram governadores e espiões papistas estabelecidos sobre os protestantes) reuniram os habitantes reformados e lhes disseram que eles deveriam, sem demora, tornar-se católicos, espontaneamente ou à força. Os protestantes responderam que "estavam prontos para sacrificar sua vida e suas propriedades ao rei, mas sua consciência, pertencente a Deus, não poderiam abandonar".

Instantaneamente, as tropas tomaram os portões e as avenidas das cidades e, colocando guardas em todas as passagens, entraram de espada na mão, gritando: "Sejam católicos ou morram!". Em suma,

---

[18] Uma Infantaria montada até o século 18, quando passaram a formar uma Cavalaria propriamente.

O LIVRO DOS MÁRTIRES

eles praticaram toda perversidade e todo horror que conseguiram imaginar para forçá-los a mudar de religião.

Eles penduravam homens e mulheres pelos cabelos ou pelos pés e os defumavam com feno até quase morrerem; se ainda se recusassem a assinar uma retratação, eram novamente pendurados. As barbaridades eram repetidas até conseguirem, pelo cansaço dos tormentos sem morte, obrigar muitos a render-se a eles.

De alguns, arrancavam com pinça todos os fios de cabelo e da barba. Outros, atiravam em grandes fogueiras e tiravam, repetindo o processo até extraírem deles uma promessa de renegar.

Alguns eram despidos e, após receberem os mais infames insultos, eram espetados com alfinetes da cabeça aos pés e cortados com canivetes, e, às vezes, eram arrastados pelo nariz com pinças em brasa até prometerem converter-se. Às vezes, amarravam pais e maridos enquanto violentavam suas esposas e filhas diante de seus olhos. Multidões foram aprisionadas nas masmorras mais fétidas, onde eram praticados em segredo todos os tipos de tormentos. Suas esposas e filhos eram trancados em mosteiros.

Os que se esforçavam por escapar fugindo eram perseguidos nos bosques, caçados nos campos e fuzilados como animais selvagens. Nenhuma condição ou qualidade os protegia da ferocidade daqueles dragões do inferno; até mesmo os membros do parlamento e oficiais militares, embora em serviço, receberam ordem de deixar seus postos e ir diretamente para casa para sofrer semelhante tormenta. Os que reclamavam ao rei eram enviados para a Bastilha, onde tinham o mesmo destino. Os bispos e os intendentes marchavam à frente dos dragões com uma tropa de missionários, monges e outros eclesiásticos, para animar os soldados a uma execução muito agradável à sua Santa Igreja e muito gloriosa ao seu deus demoníaco e seu rei tirano.

Ao elaborar o édito para revogar o de Nantes, o concílio ficou dividido: alguns queriam que todos os ministros fossem detidos e forçados ao papismo, e igualmente os leigos; outros eram favoráveis a bani-los, porque sua presença fortaleceria os protestantes na perseverança e, se fossem forçados à conversão, seriam sempre inimigos secretos e poderosos no seio da Igreja, por seu grande conhecimento e experiência em assuntos controversos. Esta última posição prevaleceu; eles foram condenados ao banimento, com prazo de apenas 15 dias para deixarem o reino.

No mesmo dia em que foi publicado o édito de revogação dos privilégios dos protestantes, suas igrejas foram demolidas e seus ministros, banidos, com prazo de 24 horas para deixar Paris. Os papistas não lhes permitiram desfazer-se de suas propriedades e colocaram todo tipo de obstáculo no caminho para atrasar sua fuga até a expiração do tempo limite, o que os sujeitaria à condenação vitalícia às galés. A guarda foi duplicada nos portos marítimos e as prisões ficaram abarrotadas com as vítimas, que sofreram tormentos e privações dos quais a natureza humana é obrigada a estremecer.

Os sofrimentos dos ministros e de outros que foram enviados às galés pareciam exceder a tudo. Acorrentados ao remo, eles ficavam expostos ao ar livre noite e dia, em todas as estações do ano e em todos os climas; e quando, por fraqueza do corpo, desmaiavam sob o remo, em vez de um tônico para reanimá-los ou alimento para revigorá-los, recebiam apenas golpes com um flagelo, um caniço ou uma ponta de corda. Por falta de roupas suficientes e limpeza necessária, eles eram atormentados por vermes da maneira mais penosa e cruelmente oprimidos pelo frio, que afastava à noite os carrascos que os espancavam e atormentavam durante o dia. Quer estivessem saudáveis ou enfermos, em vez de uma cama, eles tinham para dormir apenas uma prancha dura, de 45 centímetros de largura, sem qualquer cobertura além de seu miserável traje, que era uma camisa da lona mais grossa, um pequeno gibão de sarja vermelha, com uma fenda de cada lado até a cava, e mangas abertas que não chegavam ao cotovelo; e, a cada três anos, recebiam uma túnica grosseira e um pequeno gorro para cobrir a cabeça, que era sempre mantida calva como marca de sua infâmia. A quantidade de provisão era tão pouca quanto os sentimentos daqueles que os condenaram a tais sofrimentos, e seu tratamento quando enfermos era chocante demais para relatar; condenados a morrer nas tábuas de um porão escuro, coberto por vermes e sem a mínima comodidade para as necessidades fisiológicas. Nem figurava dentre os menores horrores sofridos o fato de, como ministros de Cristo e homens honestos, serem acorrentados lado a lado a criminosos e os mais execráveis vilões, cujas línguas blasfemas nunca se calavam.

Se eles se recusassem a ouvir a missa, eram sentenciados a bastonadas, cuja punição terrível descrevemos. Inicialmente, as correntes eram retiradas e as vítimas entregues às mãos dos turcos que comandavam os remos; estes as despiam e as estendiam sobre um grande canhão de maneira que não conseguiriam desviar-se; nesse momento, um terrível silêncio reinava em toda a galé. O turco designado para carrasco, que considerava o sacrifício aceitável ao seu profeta Maomé, batia com a maior crueldade na desgraçada vítima com uma clava áspera, ou a ponta de uma corda com nós, até a pele ser esfolada dos ossos e o condenado estar a ponto de expirar; depois, aplicavam uma atormentadora mistura de vinagre e sal e o enviavam ao hospital mais intolerável, onde expiravam milhares de outros que haviam sofrido crueldades.

## O MARTÍRIO DE JOHN CALAS

Deixamos de citar muitos outros martírios individuais para inserir o de John Calas, ocorrido em 1761, que é uma prova indubitável do fanatismo do papismo e mostra que nem a experiência nem o aprimoramento conseguem erradicar os preconceitos inveterados dos católicos romanos ou torná-los menos cruéis ou inexoráveis para com os protestantes.

John Calas era um comerciante da cidade de Toulouse, onde se estabelecera, vivia em boa reputação e se casara com uma inglesa de origem francesa. Calas e sua esposa eram protestantes e tinham cinco filhos, educados por eles na mesma religião. Porém, Lewis, um dos filhos, tornou-se católico romano, tendo sido convertido por uma criada que serviu à família durante aproximadamente 30 anos. O pai, contudo, não expressou aborrecimento ou má vontade na ocasião, mas manteve a empregada na família e estabeleceu uma anuidade para o filho. Em outubro de 1761, a família era formada por John Calas e sua esposa, uma serva, Mark Antony Calas, o filho mais velho, e Peter Calas, o segundo filho. Mark Antony foi instruído no Direito, mas não pôde ser admitido na prática, por ser protestante; por isso, ficou melancólico, leu todos os livros que conseguiu encontrar acerca de suicídio e parecia determinado a se autodestruir. A isso, podemos acrescentar que ele levava uma vida dissoluta, era muito viciado em jogos e fazia tudo que poderia constituir o caráter de um libertino. Por esse motivo, seu pai o repreendia frequentemente e, às

*A família de John Calas se despede quando ele é tirado da prisão para ser executado,* por D. Chodowiecki (1726–1801). Parte do acervo da Biblioteca Wellcome, Londres, Inglaterra.

vezes, com severidade, o que aumentava consideravelmente a tristeza que parecia oprimi-lo.

Em 13 de outubro de 1761, o sr. Gober La Vaisse, um jovem cavalheiro de aproximadamente 19 anos, filho de La Vaisse, um célebre advogado de Toulouse, foi recebido por volta das 17 horas da tarde por John Calas e o filho mais velho, Mark Antony, que era seu amigo. Calas o convidou para jantar, e a família e seu convidado se sentaram em um recinto no andar superior; todos eles — Calas e sua esposa, os filhos Antony e Peter Calas, e La Vaisse, o convidado. Não havia ninguém mais na casa, exceto a criada anteriormente mencionada.

Eram aproximadamente 19 horas. A ceia não demorou muito, mas, antes de terminar, Antony saiu da mesa e, como costumava fazer, foi até a cozinha, que ficava no mesmo andar. A empregada perguntou se ele estava com frio. Ele respondeu: "Pelo contrário, estou queimando", e a deixou. Nesse meio tempo, seu amigo e sua família deixaram o recinto em que jantaram e foram para um dos cômodos. Calas e La Vaisse se sentaram juntos em um sofá; o filho mais novo, Peter, em uma poltrona, e a mãe em outra cadeira, e, sem perguntar por Antony, continuaram conversando até entre 21 e 22 horas, quando La Vaisse se despediu, e Peter, que adormecera, foi acordado para ajudá-lo com uma lâmpada.

No andar térreo da casa de Calas havia uma loja e um armazém, separado da loja por um par de portas dobráveis. Quando Peter Calas e La Vaisse desceram as escadas

e chegaram à loja, ficaram extremamente chocados ao ver Antony enforcado por sua camisa, presa a uma barra que ele havia estendido sobre o topo das duas portas dobráveis, para isso deixando-as semiabertas. Ao descobrirem aquela horrível cena, eles gritaram, o que fez Calas descer e a mãe ser tomada de tanto terror que ficou tremendo no corredor acima. Quando a empregada teve conhecimento do que havia acontecido, continuou embaixo, porque temia contar à sua senhora ou porque se ocupava em ajudar ao seu senhor, que estava abraçado ao corpo de seu filho e banhando-o com suas lágrimas. A mãe, que ficara sozinha, desceu e se juntou à cena já descrita, com as legítimas e naturais emoções. Enquanto isso, Peter fora enviado a La Moire, um cirurgião da vizinhança.

La Moire não estava em casa, mas seu aprendiz, o sr. Grosle, foi imediatamente com Peter. Ao examinar, descobriu que o corpo estava morto. A essa altura, uma multidão papista havia se formado em torno da casa e, de alguma maneira, ouvindo dizer que Antony Calas morrera subitamente e que o cirurgião que examinou o corpo declarou que ele tinha sido estrangulado, entendeu que ele fora assassinado e, como a família era protestante, supôs que o jovem estava prestes a mudar de religião e foi morto por esse motivo.

O pobre pai, tomado de tristeza pela perda de seu filho, foi aconselhado por seus amigos a chamar a polícia para evitar ser despedaçado pela multidão católica, que supunha que ele havia assassinado o filho.

Isso feito, David, o principal magistrado, ou capitólio, tomou sob custódia Calas, o filho Peter, a mãe, La Vaisse e a empregada e os protegeu sob guarda. Ele chamou o sr. De la Tour, médico, e os senhores La Marque e Perronet, cirurgiões, que examinaram o corpo em busca de marcas de violência, mas nada encontraram exceto a marca da ligadura no pescoço; também viram que os cabelos do falecido estavam penteados da maneira habitual, perfeitamente lisos e sem o menor desalinho; suas roupas estavam também dobradas regularmente e colocadas sobre o balcão, e sua camisa não estava rasgada, nem desabotoada.

Não obstante esses sinais de inocência, o capitólio achou adequado concordar com a opinião da turba e maquinou em sua mente que o velho Calas havia mandado buscar La Vaisse dizendo que tinha um filho para ser enforcado; que La Vaisse fora desempenhar o papel de carrasco e fora ajudado pelo pai e pelo irmão.

Como nenhuma prova do suposto fato pôde ser obtida, o capitólio recorreu a uma monitória, ou informação geral, na qual o crime era considerado um fato e as pessoas eram obrigadas a testemunhar contra os acusados como se eles fossem culpados. Com isso, disseram que La Vaisse foi autorizado pelos protestantes a ser o executor de qualquer filho que devesse ser enforcado por mudar de religião; disseram também que, quando os protestantes enforcavam seus filhos, eles os obrigavam a ajoelhar-se, e uma das interrogações foi se alguém vira Antony Calas ajoelhado diante de seu pai

quando este o estrangulou, o que declara, de semelhante modo, que Antony morreu católico romano e que provas de seu catolicismo eram requeridas.

Porém, antes da publicação dessa monitória, a turba entendeu que, no dia seguinte, Antony Calas entraria na fraternidade dos Penitentes Brancos. Por isso, o capitólio fez com que seu corpo fosse enterrado no meio da igreja de Santo Estêvão. Alguns dias após o enterro do falecido, os Penitentes Brancos celebraram um culto solene a ele em sua capela; panos brancos foram pendurados na igreja e no meio dela foi erguida uma tumba, em cujo topo foi colocado um esqueleto humano segurando em uma das mãos um papel, no qual estava escrito "Abjuração de heresia", e na outra uma palma, o emblema do martírio. No dia seguinte, os franciscanos realizaram um culto do mesmo tipo a ele.

O capitólio deu continuidade à perseguição com implacável severidade e, sem que a mínima prova fosse apresentada, julgou adequado condenar os infelizes pai, mãe, irmão, amigo e serva à tortura, colocando-os a ferros no dia 18 de novembro.

Desses procedimentos terríveis, os sofredores apelaram ao parlamento, que imediatamente tomou conhecimento do caso e anulou a sentença do capitólio como irregular, mas manteve a acusação. Com o carrasco depondo que era impossível Antony enforcar-se daquela maneira, a maioria do parlamento foi da opinião que os prisioneiros eram culpados e, portanto, ordenou que fossem julgados pelo tribunal criminal de Toulouse. Alguém votou pela inocência, mas, após longos debates, a maioria decidiu em favor de tortura e roda, e provavelmente condenou o pai por meio de experimentos, sendo ele culpado ou não, esperando que, na agonia, ele confessasse o crime e acusasse os outros presos, cujo destino, portanto, eles suspenderam.

O pobre Calas, porém, um velho de 68 anos, foi condenado sozinho àquele terrível castigo. Ele sofreu a tortura com grande firmeza e foi levado à execução em um estado de espírito que despertou a admiração de todos os que o viam, particularmente de dois dominicanos (padre Bourges e padre Coldagues) que o assistiram em seus últimos momentos. Estes declararam que o consideravam não apenas inocente do crime de que era acusado, mas também um exemplo de verdadeira paciência, fortaleza e caridade cristãs. Ao ver o carrasco preparado para dar-lhe o golpe fatal, ele fez uma nova declaração ao padre Bourges, mas, enquanto as palavras ainda estavam em sua boca, o capitólio, autor daquela catástrofe, que subiu ao cadafalso meramente para satisfazer seu desejo de testemunhar aquela punição e morte, correu até ele e berrou: "Desgraçado, vermes reduzirão seu corpo a cinzas! Fale a verdade". O sr. Calas não respondeu, mas virou a cabeça um pouco para o lado, e, naquele momento, o carrasco cumpriu a sua função.

O clamor popular contra aquela família foi tão violento em Languedoc, que todos esperavam ver os filhos de Calas partindo-se na roda e a mãe ser queimada viva. O jovem Donat Calas foi aconselhado a fugir para a Suíça; ele o fez e encontrou um cavalheiro que, a princípio, só pôde lamentar e aliviá-lo, sem ousar julgar o rigor exercido contra seu pai, sua mãe e seus irmãos. Pouco depois, um dos irmãos, que só fora banido, também se lançou nos braços da mesma pessoa, que, durante mais de um mês, tomou todas as precauções possíveis para assegurar-se da inocência da família. Uma vez convencido, ele se considerou obrigado pela consciência a acionar seus amigos, a utilizar seu dinheiro, sua caneta e seu crédito para reparar o erro fatal dos sete juízes de Toulouse e fazer com que o processo fosse revisado pelo conselho do rei. Essa revisão durou três anos e é bem sabida quanta honra os senhores de Grosne e Bacquancourt adquiriram ao investigar essa causa memorável. Cinquenta magistrados do Tribunal de Recursos declararam, por unanimidade, toda a família de Calas inocente, recomendando-os à benevolente justiça de sua majestade. O duque de Choiseul, que nunca deixava escapar uma oportunidade de sinalizar a grandeza de seu caráter, não apenas ajudou aquela infeliz família com dinheiro, como também obteve para ela uma gratificação de 36.000 libras concedida pelo rei.

Em 9 de março de 1765 foi assinado o embargo que justificou a família de Calas e mudou seu destino. O inocente e virtuoso pai daquela família havia sido executado em 9 de março de 1762. Multidões de todas as partes de Paris correram para vê-los sair da prisão e bateram palmas de alegria, enquanto lágrimas lhes escorriam dos olhos.

Esse terrível exemplo de fanatismo usou a caneta de Voltaire para depreciar os horrores da superstição; embora ele mesmo fosse infiel, seu ensaio sobre tolerância honra sua escrita e foi um meio bendito de diminuir o rigor da perseguição na maioria dos estados europeus. A pureza do evangelho afastará igualmente a superstição e a crueldade, pois a brandura dos princípios de Cristo nos ensina somente o consolo neste mundo e a segurança da salvação no vindouro.

Perseguir por ter uma opinião diferente é tão absurdo quanto perseguir por ter um semblante diferente. Se honramos a Deus, mantemos sagradas as puras doutrinas de Cristo, confiamos plenamente nas promessas contidas nas Sagradas Escrituras e obedecemos às leis políticas do estado em que residimos. Temos direito indiscutível à proteção em vez de perseguição e a servir ao Céu como nossa consciência, orientada pelas regras do evangelho, possa direcionar.

*Retrato de Voltaire,* por Nicolas de Largillière (1724–25). Parte do acervo do Museu Nacional do Palácio de Versalhes, França.

# Capítulo 5

# Um relato da Inquisição

Quando a religião reformada começou a difundir a luz do evangelho por toda a Europa, o papa Inocêncio III foi tomado por um grande temor quanto ao futuro da Igreja Romana. Consequentemente, instituiu vários inquisidores, ou pessoas que deveriam investigar, apreender e punir hereges, como os reformados eram denominados pelos papistas.

À frente desses inquisidores estava um certo Dominic, que havia sido canonizado pelo papa para tornar a sua autoridade mais respeitável. Ele e os outros inquisidores se espalharam por vários países católicos romanos e trataram os protestantes com a mais extrema severidade. Com o passar do tempo, não achando serem esses inquisidores itinerantes de tanta valia quanto imaginara, o papa decidiu estabelecer tribunais fixos e regulares de inquisição. Após essa ordem de criação dos tribunais regulares, a primeira agência da Inquisição foi estabelecida na cidade de Toulouse, e Dominic, por ter sido o primeiro inquisidor itinerante, tornou-se o primeiro inquisidor regular.

Tribunais de Inquisição foram, então, erguidos em vários países, mas a Inquisição espanhola se tornou a mais poderosa e temida de todas. Até mesmo os próprios reis da Espanha, embora arbitrários em todos os outros aspectos, foram ensinados a temer o poder dos senhores da Inquisição, e as horríveis crueldades que eles exerceram compeliram multidões, cuja opinião diferia daquela dos católicos

*Auto da fé presidido por São Dominic, por Pedro Berruguete (1450–1504). Parte do acervo do Museu do Prado, Madri, Espanha.*

romanos, a esconder cuidadosamente seus sentimentos.

Os mais zelosos de todos os monges papistas, e os que mais implicitamente obedeciam à Igreja de Roma, eram os dominicanos e os franciscanos. Por isso, o papa considerou adequado investi-los do direito exclusivo de presidir os diferentes tribunais da Inquisição e lhes deu os mais ilimitados poderes. Assim, como juízes delegados por ele e imediatamente representantes de sua pessoa, eles foram autorizados a excomungar ou sentenciar à morte quem julgassem enquadrado diante da mais leve informação de heresia. Eles tinham permissão para publicar cruzadas contra todos os que considerassem hereges e para fazer alianças com príncipes soberanos, a fim de unir as forças destes às cruzadas deles.

Em 1244, seu poder foi aumentado ainda mais pelo imperador Frederico II, que se declarou protetor e amigo de todos os inquisidores e publicou dois cruéis éditos: (1) que todos os hereges que continuassem obstinados deveriam ser queimados e (2) que todos os hereges que se arrependessem fossem condenados à prisão perpétua.

Esse zelo do imperador para com os inquisidores da persuasão católica romana surgiu de um relato, que havia sido propagado por toda a Europa, de que ele pretendia renunciar ao cristianismo e converter-se em maometano. Devido a isso, o imperador tentou, no auge do fanatismo, contradizer o relato e demonstrar seu apego ao papismo por meio de crueldade.

Os oficiais da Inquisição são três inquisidores, ou juízes, um procurador fiscal, dois secretários, um magistrado, um mensageiro, um recebedor, um carcereiro, um agente de bens confiscados, vários assessores, conselheiros, carrascos, médicos, cirurgiões, porteiros, familiares e visitantes que deveriam jurar sigilo.

A principal acusação contra os sujeitos a esse tribunal é a de heresia, que compreende tudo o que é falado ou escrito contra qualquer um dos artigos do credo ou das tradições da Igreja Romana. De semelhante modo, a Inquisição toma ciência de quem é acusado de ser mágico, de quem lê a Bíblia na língua comum, o Talmude dos judeus ou o Alcorão dos maometanos.

Em todas as ocasiões, os inquisidores desenvolveram seus processos com a máxima severidade e puniram com a mais incomparável crueldade quem os ofende. Um protestante raramente recebia misericórdia, e um judeu que se tornasse cristão estaria longe de estar seguro.

Na Inquisição, a defesa tinha pouca utilidade para o prisioneiro, porque uma simples suspeita era considerada razão suficiente para condenação, e quanto maior fosse sua riqueza, maior seria o perigo. A principal parte das crueldades dos inquisidores se devia à sua rapacidade: eles destruíam a vida de alguém para se apossar de sua propriedade e, sob o pretexto de zelo, saqueavam todo indivíduo que julgavam ofensivo.

Na Inquisição, nunca foi permitido ao prisioneiro ver o rosto de seu acusador ou das testemunhas de acusação; todos os métodos de ameaça e tortura eram usados para obrigá-lo a se autoacusar e, desse modo, corroborar suas provas. Se a jurisdição da Inquisição não fosse totalmente admitida, a vingança seria denunciada contra quem a questionasse; porque, se qualquer um de seus oficiais sofresse oposição, era quase certo que aqueles que se lhes opunham sofreriam por sua audácia. A máxima da Inquisição era impor, por terror e temor, a obediência aos objetos de seu poder. Nascimento nobre, classe social elevada, grande dignidade ou empregos renomados não eram proteção contra as suas atrocidades, e os oficiais de menor poder da Inquisição podiam fazer tremer as mais destacadas personalidades.

Quando condenada, a pessoa acusada era severamente açoitada, violentamente torturada, enviada às galés ou sentenciada à morte. Nos dois casos, as propriedades eram confiscadas. Após o julgamento, realizavam uma procissão até o local da execução, cuja cerimônia era denominada ato de fé.

## O RELATO DE UM ATO DE FÉ REALIZADO EM MADRI EM 1682.

Os oficiais da Inquisição, precedidos por trombetas, tambores e seu estandarte, marcharam no dia 30 de maio, em cavalgada, até o palácio da grande praça, onde declararam por proclamação que, no dia 30 de junho, a sentença dos prisioneiros seria executada.

Desses prisioneiros, 20 homens e mulheres, mais um maometano renegado, deveriam ser queimados; 50 judeus e judias, nunca antes presos, arrependidos de seus crimes, foram sentenciados a um longo período de confinamento e a usar um gorro amarelo[19]. Todo o tribunal da Espanha esteve presente naquela ocasião. A cadeira do grande inquisidor foi colocada em uma espécie de tribuna muito acima do trono do rei.

Dentre os que sofreriam havia uma jovem judia de beleza requintada de apenas 17 anos. Estando no mesmo lado do

---

[19] Esse gorro era chamado de coroça. As de cor amarela eram destinadas aos reconciliados com a Igreja católica por terem reconhecido sua heresia e se arrependido, sendo livres da fogueira.

O LIVRO DOS MÁRTIRES

cadafalso onde a rainha estava sentada, a jovem, na tentativa de obter perdão, dirigiu-se a ela com o seguinte discurso patético: "Grande rainha, a sua real presença não me ajudará em minha miserável condição? Considere a minha juventude e, ó! Considere que estou prestes a morrer por professar uma religião inculcada desde minha primeira infância!". Sua majestade pareceu ter muita compaixão de sua angústia, mas desviou o olhar, pois não se atreveria a dizer uma palavra em benefício de uma pessoa que havia sido declarada herege.

A missa teve início. No meio da cerimônia, o sacerdote saiu do altar, colocou-se perto do cadafalso e se sentou em uma cadeira preparada para aquela finalidade. Então, o principal inquisidor desceu do anfiteatro, vestido com seu manto e com uma mitra na cabeça. Após curvar-se ao altar, seguiu em direção ao balcão do rei e subiu até ele, acompanhado por alguns de seus oficiais, carregando uma cruz e os evangelhos, com um livro contendo o juramento pelo qual os reis da Espanha se obrigavam a proteger a fé católica, extirpar os hereges e apoiar com todo o seu poder e força os processos e decretos da Inquisição; um juramento semelhante foi ministrado aos conselheiros e a toda a assembleia. A missa começou por volta do meio-dia e só terminou às 9 horas da noite, sendo prolongada por uma proclamação da sentença dos vários criminosos, recitada separadamente em voz alta, uma após a outra.

Após isso, foram queimados 21 homens e mulheres, cuja intrepidez em sofrer aquela morte horrível foi verdadeiramente surpreendente. A proximidade do rei aos criminosos fazia com que seus gemidos moribundos lhe fossem muito audíveis. Entretanto, ele não poderia estar ausente daquela cena terrível, por ser considerada religiosa, e seu juramento de coroação o obrigava a sancionar, por sua presença, todos os atos do tribunal.

O que já dissemos pode ser aplicado às inquisições em geral, bem como à da Espanha em particular. A Inquisição em Portugal estava em um plano exatamente semelhante ao da Espanha, havendo sido instituída praticamente na mesma época e sujeita aos mesmos regulamentos. Os inquisidores permitiam que a tortura fosse usada somente três vezes, mas, durante esses períodos, era tão severamente infligida que o prisioneiro morria sob ela ou permanecia aleijado pelo resto da vida, sofrendo as mais fortes dores a cada mudança de clima. Faremos uma ampla descrição dos fortes tormentos ocasionados pela tortura, a partir do relato de um homem que a sofreu nos três respectivos tempos, mas, felizmente, sobreviveu às crueldades pelas quais passou.

Na primeira vez em que o torturaram, seis carrascos entraram, deixaram-no só com a roupa íntima e o deitaram de costas em uma espécie de suporte, a alguns metros do chão. O procedimento começou colocando um colar de ferro em torno do pescoço dele e um anel em cada pé, que o prendiam ao suporte. Estando os membros assim estendidos, enrolaram duas cordas em torno de cada coxa; então a um determinado sinal, essas cordas, que passavam por baixo do cadafalso através de orifícios feitos para essa finalidade, eram todas esticadas ao mesmo tempo por quatro dos homens.

É fácil conceber que as dores que se sucediam imediatamente eram intoleráveis. As cordas, de fina espessura, penetravam na carne do prisioneiro até os ossos, fazendo o sangue jorrar em oito lugares diferentes ao mesmo tempo. Se o prisioneiro persistia em não confessar o que os inquisidores exigiam, as cordas eram apertadas dessa maneira quatro vezes sucessivas.

A maneira de infligir a segunda tortura foi a seguinte: eles forçaram os braços do homem para trás, de modo que as palmas das mãos ficassem viradas para fora; então, por meio de uma corda que prendia os pulsos, uma engrenagem foi girada, de forma que aproximaram os braços alguns graus, de maneira que os dorsos das mãos se tocaram e ficaram exatamente paralelos entre si.

Em consequência dessa violenta contorção, os dois ombros foram deslocados e uma quantidade considerável de sangue saiu de sua boca. Essa tortura foi repetida três vezes, e, depois disso, ele foi novamente levado para a masmorra, e o cirurgião colocou os ossos deslocados no lugar.

Dois meses após isso, o prisioneiro, já um pouco recuperado, foi novamente enviado à sala de tortura e ali, pela última vez, obrigado a sofrer outro tipo de punição, infligida duas vezes sem intervalo. Os carrascos amarraram uma grossa corrente de ferro em torno de seu corpo, cruzando no peito e terminando nos pulsos. Então, colocaram-no de costas contra uma tábua grossa em cujas extremidades havia uma polia através da qual passava uma corda que prendia a ponta da corrente que estava nos seus pulsos. Então, o carrasco, esticando a ponta da corda por meio de uma roldana colocada a certa distância atrás dele, pressionava ou machucava a barriga à medida que as extremidades das correntes eram apertadas. Eles o torturaram dessa maneira a ponto de seus pulsos e seus ombros serem totalmente deslocados. Foram, contudo, logo restabelecidos pelos cirurgiões; porém, os bárbaros, ainda não satisfeitos com essa espécie de crueldade, submeteram-no à mesma tortura pela segunda vez, que ele sofreu (embora, se possível, com dores mais agudas) com igual constância e resolução. Depois disso, ele foi novamente devolvido à masmorra, atendido pelo cirurgião para colocar curativos nas suas contusões e ajustar a parte deslocada. Ali, ele continuou até o ato de fé, ou libertação da prisão, quando foi liberto aleijado e doente pelo resto da vida.

## UM RELATO DO CRUEL TRATAMENTO E DA QUEIMA DE NICHOLAS BURTON, UM COMERCIANTE INGLÊS, NA ESPANHA

O sr. Nicholas Burton era um cidadão de Londres havia algum tempo e comerciante, morador da paróquia de Little Saint Bartholomew. Em 5 de novembro, por volta do ano 1560 de nosso Senhor, conduzindo, pacífica e silenciosamente, seu comércio de mercadorias e estando na cidade de Cádiz, na região da Andaluzia, Espanha, entrou em seu alojamento um Judas — ou, como eles os chamam, um familiar dos patriarcas da Inquisição —, que, perguntando por Nicholas Burton, fingiu ter uma carta para entregar-lhe em mãos; por isso, falou com ele imediatamente. E, não havendo carta para ser entregue, o tal promotor, ou familiar, movido pelo diabo, seu mestre, de quem era o mensageiro, inventou outra mentira e disse que embarcaria para Londres nos navios que o referido Nicholas Burton havia fretado se lhe permitisse — o que era, em parte, para saber onde ele carregava seus bens a fim de que pudessem se apropriar deles e, principalmente, para ganhar tempo até que o sargento da Inquisição chegasse para deter o referido Nicholas Burton, o que fizeram imediatamente.

Então, percebendo que eles não eram capazes de oprimi-lo ou acusá-lo de haver escrito, falado ou feito naquele país qualquer coisa contrária às leis eclesiásticas ou temporais do mesmo reino, Burton lhes perguntou corajosamente que acusação eles tinham contra ele para prendê-lo e lhes pediu que declarassem a causa, e ele lhes responderia. Não obstante, os inquisidores nada responderam, mas, com palavras ameaçadoras, ordenaram-lhe que se mantivesse em paz e não lhes dirigisse palavra alguma.

Assim, levaram-no para a imunda prisão comum da cidade de Cádiz, onde ele permaneceu a ferros entre ladrões durante 14 dias. Durante todo o tempo, ele instruiu os pobres prisioneiros na Palavra de Deus, em conformidade com o bom talento que Deus lhe dera a esse respeito, e também na língua espanhola para dizer o mesmo, de modo que, naquele curto tempo, ele levou vários daqueles espanhóis supersticiosos e ignorantes a abraçarem a Palavra de Deus e a rejeitarem suas tradições papistas.

Quando isso chegou ao conhecimento dos oficiais da Inquisição, eles o levaram a ferros dali para uma cidade chamada Sevilha, para uma prisão mais cruel e mais rigorosa chamada Triana, onde os ditos patriarcas da Inquisição o processaram secretamente, segundo sua costumeira cruel tirania, para que nunca mais ele fosse capaz de escrever ou falar com qualquer pessoa de sua nação, de modo que até hoje não se sabe quem foi o seu acusador.

Posteriormente, no dia 20 de dezembro, eles levaram o referido Nicholas Burton, com um grande número de outros prisioneiros que professavam a verdadeira religião até o centro de Sevilha, em um lugar onde os inquisidores mencionados sentaram-se para o julgamento, que denominavam de auto. Vestiram-no com uma capa de lona na qual em diversas partes estava pintada a figura de um enorme demônio, atormentando uma alma entre labaredas, e em sua cabeça um chapéu igualmente pintado.

Sua língua foi arrancada da boca com uma vara fendida, para que ele não pronunciasse sua consciência e fé às pessoas. Assim ele foi colocado com outro inglês de Southampton e vários outros homens condenados por religião, também franceses e espanhóis, em um cadafalso em frente à dita Inquisição, onde as sentenças e julgamentos foram lidos e pronunciados contra eles.

Imediatamente após as sentenças serem proferidas, eles foram levados dali para o local da execução fora da cidade, onde foram queimados da maneira mais cruel. Por sua fé inabalável, Deus é louvado.

A propósito, nas chamas da fogueira, Nicholas Burton tinha um semblante tão alegre, abraçando a morte com toda paciência e alegria, que os atormentadores e inimigos que estavam ali disseram que o diabo tirou sua alma antes de ele chegar ao fogo e, portanto, perdera sua sensibilidade.

Aconteceu que, após a prisão de Nicholas Burton, todos os bens e mercadorias que ele havia levado consigo para a Espanha, por meio do transporte comum na época, foram (como era de praxe) imediatamente apreendidos e confiscados, e também se apropriaram de muitas coisas que pertenciam a outro comerciante inglês, pelo fato de Burton ser credenciado como seu administrador. Por isso, tão logo as notícias chegaram ao comerciante, bem como da prisão de seu administrador e do arresto de seus bens, ele enviou seu advogado para a Espanha, com sua autorização para reivindicar seus bens e exigi-los de volta. O nome dele era John Fronton, cidadão de Bristol.

Após seu advogado desembarcar em Sevilha e mostrar à casa sagrada todas as suas cartas e escritos solicitando que os bens lhe fossem entregues, responderam-lhe que ele deveria mover um processo nos termos da lei e contratar um advogado (tudo, sem dúvida, para atrasá-lo) e, por cortesia, designaram-lhe um para enquadrar sua súplica por ele, e outras cartas de petição semelhantes, nos moldes em que deveriam ser apresentadas à santa corte, exigindo oito reais[20] para cada carta, embora nada disso tenha surtido efeito. E, durante três ou quatro meses, aquele sujeito ia sempre duas vezes por dia, toda manhã e tarde, ao palácio dos inquisidores, implorando-lhes de joelhos por seu despacho, mas principalmente ao bispo de Tarragona, chefe da Inquisição em Sevilha, para que ele, por sua absoluta autoridade, ordenasse que a restituição lhe fosse feita; porém, a pilhagem era tão boa e vantajosa que seria muito difícil vê-la novamente.

Por fim, após quatro meses inteiros dedicados a ações e pedidos, e também sem resultado, recebeu deles a resposta de que precisaria exibir melhores provas e trazer da Inglaterra, para comprovação daquele assunto, certificados mais contundentes do que os que já haviam sido apresentados ao tribunal. Diante disso, Fronton foi imediatamente para Londres e, a toda velocidade, voltou a Sevilha com cartas mais amplas e maiores de testemunho, e também certificados segundo os pedidos deles, e os exibiu no tribunal.

Não obstante, os inquisidores ainda procrastinavam, desculpando-se por falta de tempo livre e por estarem ocupados com assuntos mais importantes; e, com

---

[20] O real era a moeda espanhola vigente no século 17.

essas respostas, adiaram o caso durante quatro meses.

Finalmente, quando Fronton havia gastado quase todo o seu dinheiro e, portanto, pedia mais diligentemente pelo despacho, eles encaminharam a totalidade do assunto ao bispo, que, ao avaliá-lo, respondeu que "por si mesmo, ele sabia o que tinha que fazer, mas era apenas um único homem e a determinação se aplicava aos outros comissários tanto quanto a ele"; e, assim, postergando e empurrando de um para outro, Fronton não conseguia obter a finalização do processo. Contudo, por causa de sua persistente súplica, resolveram despachá-lo da seguinte maneira: um dos inquisidores, chamado Gasco, homem muito experiente nessas práticas, desejava que Fronton recorresse a ele após o jantar.

O sujeito se alegrou por ouvir essa notícia, e supôs que seus bens lhe seriam restituídos, e que fora chamado com o propósito de conversar com o outro que estava na prisão para tratar com ele sobre suas contas a fim de não haver mal-entendido. Ouvindo os inquisidores pronunciarem que seria necessário que ele falasse com o prisioneiro e estando, com isso, razoavelmente convencido de que, finalmente, eles tiveram boa-fé, dirigiu-se ao encontro à noite.

Imediatamente após sua chegada, o carcereiro foi instruído a trancafiá-lo em uma prisão que lhe indicaram. Fronton, inicialmente esperando haver sido chamado para algum outro assunto e vendo-se, contrariamente à sua expectativa, lançado em uma masmorra escura, finalmente percebeu que os acontecimentos eram muito diferentes do que ele havia suposto.

Porém, dois ou três dias depois, ele foi levado ao tribunal, onde começou a exigir seus bens. Por ser um artifício que servia bem aos seus interesses sem maiores circunstâncias, pediram-lhe que dissesse a Ave Maria: *Ave Maria, gratia plena, Dominus tecum, benedicta tu in mulieribus, et benedictus fructus ventris tui Jesus Amen.*

O mesmo foi escrito palavra por palavra enquanto ele falava, e sem mais falar em reivindicar seus bens, porque era desnecessário, eles mandaram prendê-lo novamente e moveram uma ação contra ele como herege, por não haver dito Ave Maria à moda romana, terminando-a de modo muito suspeito, porque deveria ter acrescentado *Sancta Maria mater Dei, ora pro nobis peccatoribus*; abreviando isso, ficou suficientemente evidente (disseram eles) que ele não permitia a mediação de santos.

Assim, eles lançaram mão de uma disputa para detê-lo na prisão durante um período mais longo e, depois, levaram-no a sua plataforma disfarçadamente, segundo os seus costumes, sentenciaram-no a perder todos os bens pelos quais querelava, apesar de não serem dele, e, além disso, passar um ano na prisão.

Mark Brughes, um inglês, capitão do navio inglês Minion, foi queimado em uma cidade de Portugal. William Hoker, um jovem de aproximadamente 16 anos, sendo inglês, foi apedrejado até a morte por certos jovens na cidade de Sevilha, pela mesma causa justa.

*John Foxe*

*Batalha de Almansa*, por Ricardo Balaca (1844–80). Parte do acervo do Congresso dos Deputados, Madri, Espanha.

## ALGUMAS MALDADES PECULIARES DA INQUISIÇÃO SÃO EXPOSTAS POR UMA OCORRÊNCIA MUITO SINGULAR

Quando a coroa da Espanha foi contestada, no início do século 16, por dois príncipes que igualmente aspiravam à soberania, a França defendeu a causa de um concorrente e a Inglaterra, a do outro.

O duque de Berwick, filho natural de James II, que abdicou do trono da Inglaterra, comandou as forças espanholas e francesas e derrotou os ingleses na célebre batalha de Almansa. O exército foi, então, dividido em duas partes: uma constituída por espanhóis e franceses, liderada pelo duque de Berwick, que avançou em direção à Catalunha; e a outra composta somente por tropas francesas, comandada pelo duque de Orleans, que procedeu à conquista de Aragon.

Quando as tropas se aproximaram da cidade de Aragon, os magistrados foram oferecer as chaves ao duque de Orleans; ele, porém, disse-lhes orgulhosamente que eles eram rebeldes e que não aceitaria as chaves, pois tinha ordens de entrar na cidade através de uma brecha.

Consequentemente, fez uma brecha nas muralhas com seu canhão e, então, adentrou na cidade através dela, juntamente com todo o seu exército. Após cumprir ali todos os regulamentos necessários, partiu para dominar outros lugares, deixando uma forte guarnição para, ao mesmo tempo, intimidar e defender, sob o comando de seu tenente-general, o sr. de Legal. Esse cavalheiro, apesar de haver sido criado como católico romano, não tinha superstição alguma. Ele unia grandes talentos a grande coragem, era um oficial hábil e um cavalheiro talentoso.

Antes de partir, o duque havia ordenado a cobrança de pesados tributos à cidade da seguinte maneira:

1. Os magistrados e principais habitantes pagariam mil coroas[21] por mês, para alimentação do duque.
2. Cada casa pagaria uma pistola[22], o que equivaleria a 18 mil pistolas por mês.
3. Todo convento e mosteiro pagaria um donativo proporcional às suas riquezas e aluguéis.

As duas últimas contribuições deveriam ser destinadas à manutenção do exército.

O dinheiro pago pelos magistrados, principais habitantes e todas as casas era arrecadado assim que cobrado; porém, quando os cobradores chegavam para coletar os valores dos superiores de conventos e mosteiros, descobriam que os eclesiásticos não estavam tão dispostos, como outras pessoas, a separar-se do seu dinheiro.

Dos donativos a serem levantados pelo clero:
- O Colégio dos Jesuítas pagaria 2.000 pistolas;
- os carmelitas, 1.000;
- os agostinianos, 1.000 e
- os dominicanos, 1.000.

O sr. de Legal enviou aos jesuítas uma ordem peremptória para pagarem imediatamente. O superior dos jesuítas deu como resposta que o clero pagar pelo exército era contra todas as imunidades eclesiásticas e que ele não conhecia argumento algum que autorizasse tal procedimento. O sr. de Legal enviou quatro companhias de dragões para se alojarem na faculdade, com a seguinte mensagem sarcástica: "Para convencê-lo da necessidade de pagar, enviei quatro argumentos substanciais à sua faculdade, extraídos do sistema da lógica militar; portanto, espero que vocês não precisem de advertências adicionais para orientar a sua conduta".

Esses procedimentos deixaram os jesuítas muito perplexos, os quais enviaram um estafeta ao tribunal para o confessor do rei, que era da ordem deles. Entretanto, os dragões foram muito mais rápidos em saquear e fazer estragos do que o mensageiro em sua jornada, de modo que os jesuítas, vendo tudo se encaminhando para destruição e ruína, consideraram adequado resolver o assunto de maneira amigável e pagaram a dívida antes do mensageiro retornar. Os agostinianos e os carmelitas,

---

[21] Moeda de ouro usada na França a partir do século 13. Seu nome original francês *écu* vem do latim *scutum*, que quer dizer escudo. A cunha da moeda incluía um escudo com um brasão e seu centro.

[22] Do latim, *plastrum*, achatado encurtado. Nome de uma moeda de prata europeia medieval.

advertidos pelo que havia acontecido aos jesuítas, prudentemente pagaram, fugindo do estudo de argumentos militares e de receberem lições de lógica pelos dragões.

Os dominicanos, porém, todos familiares ou agentes dependentes da Inquisição, imaginaram que essa exata circunstância seria sua proteção, mas se enganaram, porque o sr. de Legal não temia e nem respeitava a Inquisição. O principal dos dominicanos enviou ao comandante militar uma mensagem de que sua ordem era pobre e não tinha dinheiro para pagar o donativo porque, em suas palavras: "Toda a riqueza dos dominicanos consiste somente nas imagens de prata dos apóstolos e santos, em tamanho natural, colocadas na nossa igreja, e seria sacrilégio removê-las".

Essa insinuação teve por intenção aterrorizar o comandante francês, o qual os inquisidores imaginavam que não ousaria ser tão profano a ponto de desejar a posse dos preciosos ídolos. Ele, porém, notificou de que as imagens de prata seriam admiráveis substitutas do dinheiro e teriam mais caráter em sua posse do que na dos próprios dominicanos, "Porque", disse ele, "enquanto vocês as possuem da maneira atual, elas ficam em nichos, inúteis e imóveis, sem produzir o mínimo benefício para a humanidade em geral ou para vocês mesmos; mas, quando estiverem em minha posse, serão úteis. Eu as colocarei em movimento, visto que pretendo transformá-las em moedas, para que possam viajar como os apóstolos, serem benéficas em diversos lugares e circular para serviço universal da humanidade".

Os inquisidores ficaram perplexos com esse tratamento que nunca esperaram receber, nem mesmo de cabeças coroadas; por isso, decidiram entregar suas preciosas imagens em uma procissão solene, para que pudessem incitar o povo a uma insurreição. Os frades dominicanos foram, consequentemente, ordenados a marchar até a casa do sr. de Legal, com os apóstolos e santos de prata, de maneira triste, com velas acesas e clamando amargamente ao longo de todo o percurso: "Heresia, heresia".

Ouvindo sobre esse comportamento, o sr. de Legal ordenou que quatro companhias de granadeiros se enfileirassem na rua que levava à sua casa. Cada granadeiro recebeu ordem de ter seu mosquete carregado em uma mão e uma vela acesa na outra, para repelirem força contra força ou fazer honras à ridícula solenidade.

Os frades fizeram todo o possível para provocar tumulto, mas as pessoas comuns tiveram demasiado medo das tropas armadas para obedecer-lhes. As imagens de prata foram, portanto, necessariamente entregues ao sr. de Legal, que as enviou à casa da moeda e ordenou que fossem cunhadas imediatamente.

Fracassado o projeto de levantar uma insurreição, os inquisidores decidiram excomungar o sr. de Legal, a menos que ele libertasse seus preciosos santos de prata da prisão na casa da moeda antes que fossem derretidos ou, de algum modo, mutilados. O comandante francês se recusou absolutamente a entregar as imagens, dizendo que, certamente, elas deveriam viajar e fazer o bem. Diante disso, os inquisidores elaboraram o formulário de excomunhão e ordenaram ao seu secretário que o lesse para o sr. de Legal.

O secretário executou pontualmente sua missão e leu a excomunhão deliberada e distintamente. O comandante francês ouviu com muita paciência e, educadamente, disse ao secretário que responderia no dia seguinte.

Quando o secretário da Inquisição se foi, o sr. de Legal ordenou ao seu próprio secretário que preparasse um formulário de excomunhão exatamente igual ao enviado pela Inquisição, porém colocando os nomes dos inquisidores em lugar do seu.

Na manhã seguinte, ele pediu quatro regimentos armados e ordenou que acompanhassem seu secretário e agissem conforme as instruções dele. O secretário foi à sede da Inquisição e insistiu em entrar; após muita discussão, isso lhe foi concedido. Tão logo entrou, leu, em voz audível, a excomunhão enviada pelo sr. de Legal contra os inquisidores. Todos eles estavam presentes e a ouviram com espanto, porque nunca haviam encontrando alguém que se comportasse com tanta ousadia. Eles clamaram em alta voz contra o sr. de Legal como herege e disseram: "Esse foi um insulto da maior ousadia contra a fé católica". Porém, para surpreendê-los ainda mais, o secretário francês disse que eles deveriam retirar-se de seus atuais alojamentos, pois o comandante francês queria aquartelar as tropas na Inquisição, que era o lugar mais confortável de toda a cidade.

Os inquisidores exclamaram em alta voz no momento em que o secretário os colocou sob forte guarda e os enviou a um local designado pelo sr. de Legal para recebê-los. Vendo o andamento das coisas, os inquisidores imploraram pela permissão de levar suas posses particulares, o que foi concedido. Assim partiram imediatamente para Madri, onde fizeram as queixas mais amargas ao rei. O monarca, porém, lhes disse que não poderia fazer-lhes nenhuma reparação, pois tais prejuízos foram herdados de seu avô, o rei das tropas da França, por cujo único auxílio ele podia estar firmemente estabelecido em seu reino. "Se fossem minhas próprias tropas", disse ele, "eu as haveria punido; porém, sendo como é, não posso pretender exercer qualquer autoridade sobre eles".

Nesse meio tempo, o secretário do sr. de Legal abriu todas as portas da Inquisição e libertou os prisioneiros, que totalizavam 400; dentre eles havia 60 belas moças, que pareciam formar o harém dos três principais inquisidores. Essa descoberta, que escancarou a vileza dos inquisidores, assustou muito o arcebispo, que desejou que o sr. de Legal enviasse as mulheres ao seu palácio, para que ele cuidasse delas. Ao mesmo tempo, publicou uma censura eclesiástica contra todos os que ridicularizassem ou culpassem o santo escritório da Inquisição.

O comandante francês enviou uma mensagem ao arcebispo dizendo que os prisioneiros haviam fugido ou sido tão bem escondidos por seus amigos, ou até por seus próprios oficiais, que lhe era impossível enviá-los de volta; e, portanto, havendo cometido tais atos atrozes, a Inquisição deveria agora tolerar a sua exposição.

Alguns poderão sugerir que é estranho cabeças coroadas e nobres eminentes não terem tentado aniquilar o poder da Inquisição e reduzir a autoridade daqueles tiranos eclesiásticos, de cujas presas impiedosas nem suas famílias, nem eles mesmos, estavam seguros.

Porém, por mais surpreendente que seja, nesse caso a superstição sempre superou o bom-senso e o hábito agiu contra a razão. Certo príncipe pretendeu, de fato, abolir a Inquisição, mas perdeu a vida antes de tornar-se rei e, consequentemente, antes de ter o poder para fazê-lo, pois a mera insinuação do seu desígnio provocou a sua destruição.

Esse foi o agradável príncipe Dom Carlos, filho de Filipe II, rei da Espanha e neto do célebre imperador Carlos V. Dom Carlos possuía todas as boas qualidades de seu avô e nenhuma das más de seu pai. Ele era um príncipe de grande vivacidade, cultura admirável e o caráter mais agradável. Ele teve bom-senso suficiente para analisar os erros do papismo e detestava o simples nome da Inquisição. Investiu publicamente contra a instituição, ridicularizou a falsa piedade dos inquisidores, fez tudo que pôde para expor seus atos atrozes e até declarou que, se chegasse à coroa, aboliria a Inquisição e exterminaria seus agentes. Essas coisas foram suficientes para levantar a ira dos inquisidores contra o príncipe; consequentemente, eles se inclinaram à vingança e se determinaram a destruí-lo.

Assim, os inquisidores empregaram todos os seus agentes e emissários para

*Retrato do príncipe Dom Carlos de Áustria, por Alonzo Sánchez Coello (–1588). Parte do acervo do Museu de História da Arte, Viena, Áustria.*

espalhar no exterior as insinuações mais astutas contra o príncipe; por fim, suscitaram tal espírito de descontentamento entre o povo, que o rei se viu obrigado a remover Dom Carlos do tribunal. Não contentes com isso, perseguiram até mesmo seus amigos e forçaram o rei a banir igualmente

Dom João, duque da Áustria, seu próprio irmão e, consequentemente, tio do príncipe, juntamente com o príncipe de Parma, sobrinho do rei e primo do príncipe, por saberem que tanto o duque da Áustria quanto o príncipe de Parma tinham um apego totalmente sincero e inviolável a Dom Carlos.

Poucos anos depois, havendo o príncipe demonstrado grande indulgência e favor aos protestantes na Holanda, a Inquisição se voltou fortemente contra ele, declarando que, devido às pessoas em questão serem hereges, o próprio príncipe necessariamente o seria, uma vez que as aprovava. Em suma, eles conquistaram tão grande ascendência sobre a mente do rei, que era absolutamente escravo da superstição, que — é chocante relatar — ele sacrificou os sentimentos naturais à força do fanatismo e, por medo de provocar a ira da Inquisição, abandonou seu único filho, sentenciando-o à morte.

O príncipe teve, de fato, o que se chamava indulgência: foi autorizado a escolher o modo de sua morte. De maneira semelhante aos romanos, o infeliz jovem herói escolheu sangria e banho quente; quando as veias de seus braços e pernas foram abertas, ele expirou gradualmente, caindo como mártir da malignidade dos inquisidores e do estúpido fanatismo de seu pai.

## A PERSEGUIÇÃO AO DR. EGÍDIO

O Dr. Egídio foi educado na universidade de Alcalá, onde obteve vários diplomas, e se dedicou particularmente ao estudo das Sagradas Escrituras e do curso de teologia. Quando o professor de teologia morreu, ele foi eleito como seu substituto e agradou tanto a todos que sua reputação de aprendizado e piedade circulou por toda a Europa.

Egídio, porém, tinha inimigos, que apresentaram queixa contra ele aos inquisidores, os quais lhe enviaram uma intimação e, quando ele compareceu, o lançaram em uma masmorra. Como a maior parte dos que pertenciam à igreja catedral de Sevilha e muitas pessoas pertencentes ao bispado de Dorto aprovavam fortemente as doutrinas de Egídio, que pensavam ser perfeitamente consoantes com a verdadeira religião, peticionaram ao imperador em seu favor. Embora houvesse sido educado como católico romano, o monarca tinha bom-senso demais para ser fanático e, portanto, emitiu uma ordem imediata para a soltura de Egídio. Este visitou, pouco depois, a igreja de Valladolid e fez todo o possível para promover a causa da religião. Ao voltar para casa, logo adoeceu e morreu em idade muito avançada.

Os inquisidores, desapontados por não conseguirem expressar seu rancor contra ele enquanto vivia, determinaram-se (devido a todos os pensamentos do imperador estarem absorvidos em uma expedição militar) a vingar-se dele mesmo morto. Portanto, pouco depois de seu enterro, eles ordenaram que seus restos mortais fossem exumados. Instaurado um processo legal, estes foram condenados a ser queimados, ato executado como ordenado.

## A PERSEGUIÇÃO AO DR. CONSTANTINO

O Dr. Constantino, amigo íntimo do mencionado Dr. Egídio, era um homem de habilidades naturais incomuns e profunda erudição. Além de várias línguas modernas, ele conhecia as línguas latina, grega e hebraica; conhecia também perfeitamente não apenas as ciências chamadas abstrusas[23], mas também as artes enquadradas na denominação de literatura elegante.

Sua eloquência o tornava agradável e a firmeza de suas doutrinas, um pregador proveitoso; ele foi tão popular que sempre pregou para auditórios lotados. Teve muitas oportunidades para galgar altos cargos na Igreja, mas nunca tirava vantagem delas porque, sendo-lhe oferecido um benefício eclesiástico de maior valor, ele o recusava, dizendo: "Estou satisfeito com o que tenho". Frequentemente pregava com tanta força contra a simonia,[24] que muitos de seus superiores, não tão sensíveis no tocante ao assunto, ficaram melindrados com suas doutrinas acerca desse tema.

Havendo sido totalmente confirmado no protestantismo pelo Dr. Egídio, ele pregava com ousadia somente doutrinas compatíveis com a pureza do evangelho e não contaminadas pelos erros que, várias vezes, haviam se infiltrado na Igreja Romana. Por essas razões, tinha muitos inimigos, entre os católicos romanos, alguns dos quais estavam totalmente determinados a destruí-lo.

Um digno cavalheiro, chamado Scobaria, edificou uma escola para aulas sobre teologia e nomeou o Dr. Constantino para ser encarregado do curso. Ele assumiu a tarefa imediatamente, deu aulas, por partes, sobre Provérbios, Eclesiastes e Cântico dos Cânticos e estava começando a expor o livro de Jó ao ser capturado pelos inquisidores.

Levado a interrogatório, ele respondeu com tal precaução que eles não conseguiram encontrar qualquer acusação explícita contra ele, mas permaneceram em dúvida acerca de como proceder; foi então que ocorreram as determinantes circunstâncias expostas a seguir.

O Dr. Constantino havia deixado aos cuidados de uma mulher, Isabella Martin, vários livros muito valiosos para ele, mas que ele sabia que, aos olhos da Inquisição, eram censuráveis. Essa mulher, informada como sendo protestante, foi detida e, após um pequeno processo, ordenaram que seus bens fossem confiscados. Antes, porém, de os oficiais chegarem à casa dela, seu filho havia retirado vários baús cheios dos artigos mais valiosos, dentre os quais se encontravam os livros do Dr. Constantino.

Um servo traiçoeiro informou isso aos inquisidores, e um oficial foi enviado ao filho para exigir os baús. O filho, supondo que o oficial só houvesse ido buscar os livros de Constantino, disse: "Eu sei o que você procura e os buscarei para você imediatamente". Então, trouxe os livros e

---

[23] Ou ocultas, obscuras.

[24] Compra ou venda ilícita de coisas espirituais (como indulgências e sacramentos) ou temporais ligadas às espirituais (como os benefícios eclesiásticos).

O LIVRO DOS MÁRTIRES

documentos do Dr. Constantino, deixando o oficial muito surpreso ao encontrar o que não procurava. Porém, disse ao jovem que estava contente por aqueles livros e papéis haverem aparecido, mas precisava cumprir o propósito de sua missão, que era levar à presença dos inquisidores o rapaz e os bens que ele roubara, o que, portanto, fez, porque o jovem sabia que seria inútil protestar ou resistir e, por isso, submeteu-se silenciosamente ao seu destino.

Os inquisidores, de posse dos livros e escritos de Constantino, agora encontraram material suficiente para criar acusações contra ele. Ao ser levado a novo interrogatório, eles apresentaram um de seus trabalhos e perguntaram se ele conhecia a caligrafia. Percebendo que era dele, entendeu tudo, confessou o escrito e justificou a doutrina nele contida, dizendo: "Nisso, e em todos os meus outros escritos, nunca me afastei da verdade do evangelho e sempre mantive em vista os puros preceitos de Cristo, conforme Ele os entregou à humanidade".

Após permanecer na prisão durante mais de dois anos, o Dr. Constantino foi acometido por uma disenteria que pôs fim ao seu sofrimento neste mundo. O processo, porém, prosseguiu contra o seu corpo, que foi queimado publicamente no auto de fé que se seguiu.

## A VIDA DE WILLIAM GARDINER

William Gardiner nasceu em Bristol, recebeu uma educação razoável e, na idade adequada, foi colocado sob os cuidados de um comerciante chamado Paget.

Aos 26 anos, foi enviado a Lisboa por seu mestre, para atuar como representante comercial. Ali, dedicou-se ao estudo da língua portuguesa, realizou seus negócios com assiduidade e eficiência e comportou-se com a mais envolvente afabilidade para com todas as pessoas por quem tivesse o mínimo de consideração. Ele conversava reservadamente com alguns que ele sabia serem protestantes zelosos e, ao mesmo tempo, evitava cautelosamente causar a mínima ofensa a qualquer católico romano; até então, ele não havia entrado em uma igreja papista.

O filho do rei de Portugal e a Infanta da Espanha contraíram matrimônio. No dia do casamento, o noivo, a noiva e toda a corte foram à igreja catedral, frequentada por multidões de pessoas de todas as classes, dentre elas William Gardiner, que ficou em pé durante toda a cerimônia e ficou muito chocado com todas as superstições que viu.

A adoração errônea que ele vira não saía de sua mente. E ficou infeliz por ver um país inteiro mergulhado em tal idolatria quando a verdade do evangelho podia ser tão facilmente obtida. Diante disso, dedicou-se ao irrefletido, embora louvável, desígnio de encabeçar uma reforma em Portugal ou perecer na tentativa e determinou-se a sacrificar sua prudência por seu zelo, embora tenha se tornado um mártir na ocasião.

Para esse fim, ele resolveu todos os seus assuntos mundanos, pagou suas dívidas, encerrou seus registros e consignou suas mercadorias. No domingo seguinte, foi novamente à igreja catedral com um Novo Testamento na mão e se colocou perto do altar.

O rei e a corte logo apareceram, e um cardeal iniciou a missa. Na parte da cerimônia em que o povo adora a hóstia, Gardiner não aguentou mais e, saltando em direção ao cardeal, arrancou dele a hóstia e a pisoteou. Esse ato surpreendeu toda a congregação; certa pessoa, puxando um punhal, feriu Gardiner no ombro e, repetindo o golpe, o teria matado se o rei não lhe houvesse apelado a desistir.

Gardiner foi levado diante do rei; o monarca lhe perguntou de que nacionalidade ele era, ao que ele respondeu: "Sou inglês de nascimento, protestante de religião e comerciante por ocupação. O que fiz foi não por desprezo à vossa real pessoa, Deus me livre disso, mas por honesta indignação de ver as ridículas, supersticiosas e desagradáveis idolatrias praticadas aqui".

O rei, pensando que Gardiner havia sido estimulado por outra pessoa a agir daquela maneira, perguntou quem o instigava, ao que este respondeu: "Somente minha própria consciência. Eu não arriscaria o que fiz por qualquer homem vivo; devo isso e todos os outros serviços a Deus".

Gardiner foi enviado à prisão, e uma ordem geral foi emitida para prender todos os ingleses presentes em Lisboa. Essa ordem foi quase totalmente executada (alguns escaparam), e muitas pessoas inocentes foram torturadas para confessar se sabiam algo acerca do assunto. Uma pessoa, em particular, que residia na mesma casa de Gardiner foi tratada com uma

barbárie ímpar para confessar algo que poderia lançar uma luz sobre o caso.

O próprio Gardiner foi, depois, atormentado da maneira mais excruciante, mas, em meio a todos os seus tormentos, gloriou-se na ação. Condenado à morte, uma grande fogueira foi acesa perto de uma armação de madeira; Gardiner foi içado para a armação por meio de polias e, depois, baixado perto do fogo, mas não tão perto a ponto de tocá-lo. Eles o queimaram, ou melhor, assaram lentamente. Contudo, ele suportou seus sofrimentos pacientemente e, com alegria, entregou sua alma ao Senhor.

Deve-se observar que algumas das fagulhas lançadas da fogueira (que consumiu Gardiner) em direção ao porto queimaram um dos navios de guerra do rei e causaram outros danos consideráveis. Logo após a morte de Gardiner, todos os ingleses que haviam sido detidos naquela ocasião foram dispensados, exceto a pessoa que residia na mesma casa com ele, que permaneceu detida por dois anos até conseguir sua liberdade.

## UM RELATO DA VIDA E DOS SOFRIMENTOS DO SR. WILLIAM LITHGOW, UM ESCOCÊS

Esse cavalheiro era descendente de uma boa família e, dotado de uma propensão natural para viagens. Quando muito jovem, percorreu as ilhas do norte e do oeste; depois, visitou a França, a Alemanha, a Suíça e a Espanha. Ele partiu para suas viagens no mês de março de 1609 e, primeiramente, foi a Paris, onde ficou durante algum tempo. Depois, prosseguiu suas viagens pela Alemanha e outras partes e, finalmente, chegou a Málaga, na Espanha, a sede de todos os seus infortúnios.

Durante sua residência ali, ele comprou com o capitão de um navio francês sua passagem para Alexandria, mas foi impedido pelas circunstâncias descritas a seguir. Na noite de 17 de outubro de 1620, a frota inglesa, naquela época em uma incursão contra os corsários argelinos, ancorou diante de Málaga, o que colocou as pessoas da cidade na maior consternação por imaginarem serem turcos. Pela manhã, porém, o erro foi descoberto e o governador de Málaga, percebendo a cruz da Inglaterra em suas insígnias, embarcou no navio de Sir Robert Mansel, que comandava a expedição, e retornou depois de algum tempo, pondo fim ao medo da população local.

No dia seguinte, muitas pessoas a bordo da frota desembarcaram. Dentre eles, várias bem conhecidas pelo sr. Lithgow, que, após cumprimentos recíprocos, passaram alguns dias juntos em festividades e nas diversões da cidade. Então, convidaram o sr. Lithgow para ir a bordo e prestar suas homenagens ao almirante. Ele aceitou o convite, foi gentilmente recebido pelo oficial e permaneceu até o dia seguinte, quando a frota partiu. O almirante teria, de bom grado, levado o sr. Lithgow consigo para Argel; este, porém, havendo contratado sua passagem para Alexandria, e sua bagagem etc. estando na cidade, não pôde aceitar a oferta.

Assim que chegou à terra firme, o sr. Lithgow seguiu em direção ao seu alojamento por um caminho particular (porque embarcaria na mesma noite para Alexandria) quando, ao passar por uma rua estreita e desabitada, foi repentinamente cercado por nove sargentos, ou oficiais, que jogaram uma capa preta sobre ele e o levaram à força à casa do governador. Após algum tempo, o governador apareceu quando Lithgow implorou sinceramente que pudesse ser informado da causa de um tratamento tão violento. O governador respondeu apenas balançando a cabeça e ordenou que o prisioneiro fosse vigiado atentamente até que ele (o governador) voltasse de suas devoções, instruindo, ao mesmo tempo, que o capitão da cidade, o prefeito-mor e o tabelião da cidade fossem convocados a comparecer em seu interrogatório e que tudo aquilo fosse feito com o máximo sigilo, para impedir que a informação chegasse aos ouvidos dos comerciantes ingleses que lá residiam.

Essas ordens foram cumpridas rigorosamente e, ao retornar, o governador e os oficiais se sentaram, e o sr. Lithgow foi levado diante deles para interrogatório. O governador começou fazendo várias perguntas, a saber, de que país ele era, para onde seguia e quanto tempo fazia que estava na Espanha. Após responder a essas e outras perguntas, o prisioneiro foi conduzido a um cubículo onde, após pouco tempo, foi visitado pelo capitão da cidade, que perguntou se ele já havia estado em Sevilha ou se tinha vindo de lá recentemente; e, dando tapinhas em suas bochechas com ar de amizade, conjurou-o a dizer a verdade: "Porque", disse ele, "seu próprio semblante mostra que há alguma coisa oculta em sua mente, que a prudência deve orientá-lo a divulgar". Vendo-se, porém, incapaz de extrair qualquer coisa do prisioneiro, deixou-o e relatou o mesmo ao governador e aos outros oficiais. Com isso, o sr. Lithgow foi novamente levado à presença deles, uma acusação geral foi feita contra ele e foi obrigado a jurar que daria respostas verdadeiras às perguntas que lhe fossem feitas.

O governador passou a investigar a índole do comandante inglês e a opinião do prisioneiro acerca dos motivos que o impediram de aceitar um convite do governador para desembarcar. De semelhante modo, exigiu os nomes dos capitães ingleses da esquadra e que conhecimento ele tinha do embarque, ou da preparação para ela, antes de sua partida da Inglaterra. As respostas dadas às várias perguntas feitas foram registradas por escrito pelo tabelião, mas o grupo pareceu surpreso quando ele negou qualquer conhecimento acerca do equipamento da frota — particularmente o governador, que disse que ele havia mentido, que ele era um traidor e espião, vindo diretamente da Inglaterra para favorecer e ajudar os projetos arquitetados contra a Espanha e que estava em Sevilha havia nove meses com o objetivo de obter informações acerca da época em que a marinha espanhola deveria chegar das Índias. Eles esbravejaram contra a familiaridade dele com os oficiais da frota e com muitos outros cavalheiros ingleses, entre os quais, disseram eles, haviam ocorrido cortesias incomuns, mas todos esses comportamentos haviam sido cuidadosamente percebidos.

Além disso, para resumir tudo e colocar a verdade acima de qualquer dúvida, eles disseram que Lithgow viera de um conselho de guerra, realizado naquela manhã a bordo do navio do almirante, com o intuito de pôr em ação as ordens a ele atribuídas. Eles o repreenderam por haver ajudado no incêndio da ilha de St. Thomas, nas Índias Ocidentais. "Portanto", disseram eles, "não se deve acreditar no que esses luteranos e filhos do diabo dizem ou juram".

Em vão, o sr. Lithgow se esforçou por evitar todas as acusações feitas contra ele e obter o crédito de seus juízes preconceituosos. Pediu permissão para mandar buscar a

*A tortura de William Lithgow nas masmorras da Inquisição em Málaga em 1620, xilogravura por W. Raddon e depois Craig.*

bolsa que continha os seus papéis e poderia servir para demonstrar a sua inocência. Eles atenderam a esse pedido, pensando que descobririam algumas coisas que não sabiam. A bolsa foi trazida e, ao ser aberta, foi encontrada, entre outras coisas, uma licença assinada pelo rei James I estabelecendo a intenção do portador de viajar para o Egito, a qual foi tratada pelos arrogantes espanhóis com grande desprezo. Os outros documentos consistiam em passaportes e testemunhos de pessoas importantes. Todas essas credenciais, porém, pareciam mais confirmar do que reduzir as suspeitas daqueles juízes preconceituosos que, após apreenderem todos os documentos do prisioneiro, ordenaram que ele se retirasse novamente.

Enquanto isso, foi realizada uma consulta para estabelecer o local onde o prisioneiro deveria ser confinado. O prefeito, ou juiz principal, foi favorável a colocá-lo na prisão da cidade; isso, porém, foi objetado, principalmente pelo corregedor, que disse em espanhol: "Para evitar que o conhecimento do seu confinamento chegue aos seus compatriotas, eu me ocuparei pessoalmente do assunto e serei responsável pelas consequências". Ficou, assim, acordado que ele deveria ser confinado na casa do governador, sob o maior sigilo.

Resolvido esse assunto, um dos sargentos foi até o sr. Lithgow e pediu seu dinheiro, com liberdade para revistá-lo. Por ser inútil resistir, o prisioneiro obedeceu silenciosamente. Então, o sargento (após esvaziar 11 ducados[25] de seus bolsos) o deixou somente de camisa e, vasculhando as calças, encontrou, presas à cintura, duas bolsas de lona contendo 137 peças de ouro. O sargento levou imediatamente o dinheiro ao corregedor, que, após contar tudo, ordenou que ele vestisse o prisioneiro e o trancafiasse até após a ceia.

Por volta da meia-noite, o sargento e dois escravos turcos libertaram o sr. Lithgow de seu confinamento, mas para levá-lo a um ainda mais horrível. Eles o conduziram por várias passagens até uma câmara em uma parte remota do palácio, voltada para o jardim, onde o puseram a ferros e afastaram suas pernas com uma barra de ferro de mais de um metro de comprimento, tão pesada que ele não conseguia ficar de pé, nem sentar, sendo obrigado a ficar continuamente deitado de costas. Eles o deixaram nessa condição durante algum tempo, até que retornaram com uma quantidade de alimentos, consistindo em meio quilo de carne de carneiro cozida e um pão, juntamente com uma pequena quantidade de vinho. Aquela foi não apenas a primeira, e sim a melhor e a última refeição do gênero durante seu confinamento naquele lugar. Após entregar aquelas provisões, o sargento trancou a porta e deixou o sr. Lithgow a sós.

No dia seguinte, ele foi visitado pelo governador, que lhe prometeu a liberdade, com muitas outras vantagens, se confessasse ser um espião; porém, ao responder que era totalmente inocente, o governador

---

[25] Moeda de ouro ou prata que era corrente em vários países europeus e usada para transações internacionais.

saiu irado, dizendo: "Ele não me verá mais enquanto não for obrigado a confessar por meio de tormentos adicionais". Assim, ordenou ao carcereiro, a cujos cuidados ele havia sido entregue, que não permitisse ninguém ter acesso ou comunicação com ele, que seu sustento não excedesse a 85 gramas de pão mofado e meio litro de água a cada dois dias e que ele não tivesse cama, travesseiro ou cobertor. "Bloqueie", disse o governador, "a janela desse cômodo com cal e pedra, feche os buracos da porta com barreiras duplas; que ele nada tenha de semelhante a conforto". Essas e várias ordens de severidade equivalente foram dadas para impossibilitar que a sua condição fosse conhecida pelos ingleses.

Naquele estado desgraçado e melancólico, o pobre Lithgow continuou sem ver pessoa alguma durante vários dias, tempo em que o governador recebeu de Madri uma resposta a uma carta que ele havia escrito, referente ao prisioneiro. Em conformidade com as instruções que lhe foram dadas, começou a pôr em prática as crueldades inventadas, que foram aceleradas visto que as festas do Natal se aproximavam. Já era o quadragésimo sétimo dia desde a prisão de Lithgow.

Por volta das duas horas da manhã, sem dormir há duas noites, ele ouviu o ruído de uma carruagem na rua e, algum tempo depois, a abertura das portas da prisão; fome, dor e reflexões melancólicas o haviam impedido de ter qualquer repouso.

Pouco depois de as portas da prisão serem abertas, os nove sargentos que o haviam prendido inicialmente entraram no local onde ele estava e, sem dizer qualquer palavra, conduziram-no a ferros pela casa até a rua, onde uma carruagem aguardava. Eles o deitaram no fundo dela, de costas, incapaz de sentar-se. Dois dos sargentos seguiram com ele e os demais caminharam ao lado da carruagem, todos no mais profundo silêncio. Eles o levaram a uma prensa de uvas a cerca de cinco quilômetros da cidade, para onde um pelourinho já havia sido transportado secretamente, e ali eles o trancafiaram naquela noite.

Ao amanhecer do dia seguinte, chegaram o governador e o prefeito, para cuja presença o sr. Lithgow foi imediatamente levado para outro interrogatório. O prisioneiro desejou ter um intérprete, o que era permitido a estrangeiros pelas leis daquele país, mas isso lhe foi negado; também não lhe permitiram que apelasse a Madri, o tribunal superior do judiciário. Após longo interrogatório, que durou da manhã até a noite, transpareceu em todas as suas respostas uma conformidade tão exata com o que ele havia dito antes, que eles declararam que ele as havia aprendido de cor, por não haver a menor divergência. Eles, porém, o pressionaram novamente a revelar tudo, isto é, autoacusar-se de crimes jamais cometidos, com o governador acrescentando: "Você ainda está sob o meu poder; eu posso libertá-lo se você obedecer — caso contrário, deverei entregá-lo ao prefeito". Devido ao sr. Lithgow ainda persistir em sua inocência, o governador ordenou que o tabelião elaborasse um mandado para entregá-lo ao prefeito, para ser torturado.

Em consequência disso, ele foi conduzido pelos sargentos até o final de uma galeria de pedra, onde o pelourinho havia sido colocado. O carrasco arrancou imediatamente os seus grilhões, o que lhe causou grandes dores. Os ferrolhos estavam tão ajustados que a marreta arrancou quase um centímetro e meio de seu calcanhar ao forçar a saída do ferrolho; a angústia daquilo, juntamente com seu estado de fraqueza (ele estava sem sustento algum havia três dias), levaram-no a gemer amargamente. Sobre isso, o impiedoso prefeito disse: "Vilão, traidor, isso é apenas um presságio do que você suportará".

Quando os ferros foram removidos, ele caiu de joelhos, proferindo uma breve oração: que Deus se agradasse em permitir que ele fosse firme e sofresse corajosamente a dura provação que teria de enfrentar. O prefeito e o tabelião se instalaram em cadeiras. O sr. Lithgow foi despido e preso no pelourinho. Aqueles cavalheiros estavam ali para testemunhar e anotar as confissões e as torturas sofridas pelo delinquente.

É impossível descrever todas as diversas torturas que lhe foram infligidas. Basta dizer que ficou no pelourinho durante mais de cinco horas, durante as quais sofreu mais de 60 diferentes tipos de torturas da natureza mais infernal. Se eles tivessem continuado durante mais alguns minutos, inevitavelmente ele teria perecido.

Estando os cruéis perseguidores satisfeitos naquele momento, o prisioneiro foi retirado do pelourinho, os grilhões foram novamente colocados, e ele foi conduzido à sua antiga masmorra, não havendo recebido outro alimento além de um pouco de vinho quente, que não lhe foi dado por qualquer princípio de caridade ou compaixão, e sim para impedir sua morte e conservá-lo para futuras punições.

Como confirmação disso, foram dadas ordens para que uma carruagem passasse pela prisão todas as madrugadas, para que o barulho produzido por ela pudesse causar novo terror e alarme ao infeliz prisioneiro e privá-lo de toda possibilidade de obter o mínimo repouso.

Ele continuou nessa situação horrível, quase morrendo de fome pela falta das necessidades comuns para preservar a sua miserável existência, até o dia de Natal, quando recebeu algum alívio de Mariane, serviçal da esposa do governador. Obtendo permissão para visitá-lo, essa mulher levou consigo alguns mantimentos, que consistiam em mel, açúcar, uvas passas e outros itens, e ficou tão abalada ao ver a situação dele, que chorou amargamente e, ao partir, expressou a maior consternação por não poder prestar-lhe mais assistência.

O pobre sr. Lithgow foi mantido naquela prisão repugnante até quase ser devorado por vermes. Eles rastejavam por sua barba, lábios, sobrancelhas etc., de modo que ele mal conseguia abrir os olhos, e sua mortificação foi ampliada por não poder usar as mãos ou as pernas para se defender, por estar tão miseravelmente mutilado pelas torturas. O governador foi tão cruel que até ordenou que os vermes fossem varridos para cima dele duas vezes a cada oito dias. Ele, porém, foi um pouco mitigado dessa parte de sua punição devido à humanidade de um escravo turco que o assistiu, o qual, quando conseguia fazê-lo com segurança, eliminava os vermes e lhe levava todo alimento que conseguia.

Desse escravo, o sr. Lithgow acabou recebendo informações que lhe deram poucas esperanças de ser liberto algum dia; pelo contrário, ele deveria terminar sua vida sob novas torturas. O teor dessa informação era que um padre do seminário inglês e um tanoeiro escocês haviam trabalhado durante algum tempo para o governador, traduzindo do idioma inglês para o espanhol todos os seus livros e observações, e que, na casa do governador, era comum dizer que o sr. Lithgow era um arqui-herege. Essa informação o alarmou bastante e ele começou, com razão, a temer que eles logo o exterminariam, principalmente por não conseguirem, por tortura ou qualquer outro meio, fazê-lo contradizer o que havia dito o tempo todo nos diferentes interrogatórios.

Dois dias depois de ter recebido essas informações, o governador, um inquisidor e um sacerdote canônico, acompanhados por dois jesuítas, entraram em sua masmorra e, sentados, após várias perguntas inúteis, o inquisidor perguntou ao sr. Lithgow se ele era católico romano e reconhecia a supremacia do papa. Ele respondeu que nem uma coisa, nem outra, acrescentando que estava surpreso por aquilo lhe ser perguntado, uma vez que os artigos de paz entre a Inglaterra e a Espanha estipulavam expressamente que nenhum dos súditos ingleses seria sujeitado à Inquisição ou, de qualquer maneira, molestado por ela devido à divergência religiosa etc. Na amargura de sua alma, ele fez uso de algumas expressões calorosas, inadequadas às suas circunstâncias: "Vocês quase me mataram", disse, "por falsa traição e, agora, pretendem tornar-me um mártir por minha religião". Também censurou o governador pela má retribuição ao rei da Inglaterra (de quem ele era súdito) pela principesca humanidade com que os espanhóis foram tratados em 1588, quando sua armada naufragou na costa escocesa e milhares de espanhóis encontraram alívio, que, de outro modo, teriam morrido miseravelmente.

O governador admitiu ser verdade o que o sr. Lithgow disse, mas respondeu com um ar altivo que o rei, que então governava somente a Escócia, fora movido mais por medo do que por amor e, portanto, não merecia qualquer agradecimento. Um dos jesuítas disse que não havia fé a ser mantida com hereges. O inquisidor, levantando-se, dirigiu-se ao sr. Lithgow com as seguintes palavras: "Você foi considerado espião, acusado de traição e torturado, como reconhecemos, inocentemente (é o que parece pelo relato recentemente recebido de Madri acerca das intenções dos ingleses); contudo, foi o poder divino que trouxe esses julgamentos sobre você, por ridicularizar presunçosamente o bendito milagre de Loreto e, em seus escritos, expressar-se irreverentemente a sua santidade, o grande agente e vigário de Cristo na Terra. Portanto, você caiu justamente em nossas mãos por sua especial designação: seus livros e documentos são milagrosamente traduzidos por auxílio da

Providência, influenciando seus próprios compatriotas".

Terminada essa falácia, eles deram ao prisioneiro oito dias para considerar e decidir se ele se converteria à religião deles; o inquisidor lhe disse que, durante esse período, ele, juntamente com outras ordens religiosas, compareceria para ajudá--lo da maneira que ele desejasse. Um dos jesuítas disse (primeiramente fazendo o sinal da cruz sobre o peito): "Meu filho, veja, você merece ser queimado vivo; mas, pela graça de nossa senhora de Loreto, contra quem você blasfemou, nós salvaremos a sua alma e o seu corpo".

Pela manhã, o inquisidor retornou com outros três eclesiásticos. O primeiro perguntou ao prisioneiro que dificuldades havia em sua consciência que retardavam a sua conversão, ao que ele respondeu que "não havia dúvida alguma em sua mente, estando confiante nas promessas de Cristo e crendo com segurança em Sua vontade revelada, significada nos evangelhos, conforme professado na Igreja Católica reformada, sendo confirmado pela graça e tendo, por isso, infalível garantia da fé cristã". A essas palavras, o inquisidor respondeu: "Você não é cristão, e sim um tremendo herege, não convertido e membro da perdição". O prisioneiro lhe disse, então, que não era consistente com a natureza e a essência da religião e da caridade convencer por humilhantes discursos, torturas e tormentos, e sim por argumentos advindos das Escrituras, e que, com ele, todos os outros métodos seriam totalmente ineficazes.

O inquisidor ficou tão enfurecido com as respostas do prisioneiro, que o golpeou no rosto, usou muitos discursos abusivos e tentou esfaqueá-lo, o que certamente teria feito se não fosse impedido pelos jesuítas. A partir daquele momento, nunca mais visitou o prisioneiro.

No dia seguinte, os dois jesuítas voltaram e, com ar muito severo e arrogante, o superior lhe perguntou qual decisão havia tomado, ao que o sr. Lithgow respondeu que já estava decidido, a menos que o superior conseguisse apresentar motivos substanciais para fazê-lo mudar de opinião. Após uma pedante exibição de seus sete sacramentos, a intercessão dos santos, a transubstanciação etc., o superior se vangloriou grandemente de sua Igreja, sua antiguidade, universalidade e uniformidade; todas as quais o sr. Lithgow negou, dizendo: "Porque a minha profissão de fé existe desde os primeiros dias dos apóstolos, e Cristo sempre teve Sua própria Igreja (ainda que obscura) no maior momento das suas trevas".

Vendo que seus argumentos não haviam surtido o efeito desejado, que tormentos não conseguiam abalar a constância do sr. Lithgow, nem mesmo o medo da sentença cruel que ele tinha motivos para esperar ser pronunciada e executada sobre ele, os jesuítas o deixaram após fortes ameaças. Oito dias depois, o último da Inquisição que realizariam, quando a sentença seria pronunciada, eles voltaram novamente; porém, bastante alterados tanto em palavras quanto em comportamento, após repetir boa parte do mesmo tipo de argumentos

*John Foxe*

anteriores, com aparentes lágrimas nos olhos fingiram sentir pena, de coração, por ele ser obrigado a sofrer uma morte terrível, mas, acima de tudo, pela perda de sua alma mais preciosa; e, caindo de joelhos, clamaram: "Converta-se, converta-se, ó querido irmão, por nossa bendita senhora, converta-se!" —, ao que o prisioneiro respondeu: "Não temo a morte, nem o fogo, estando preparado para os dois".

O primeiro efeito sentido pelo sr. Lithgow da determinação daquele tribunal sangrento foi a sentença para ser, naquela noite, torturado de 11 diferentes maneiras e, se não morresse na aplicação delas (o que seria razoavelmente esperado dada a condição mutilada e desarticulada em que ele se encontrava), depois dos santos dias da Páscoa ser levado a Granada e queimado até virar cinzas. A primeira parte desta sentença foi executada com grande barbárie naquela noite; e aprouve a Deus dar-lhe força no corpo e na mente para permanecer firme na verdade e sobreviver aos terríveis castigos infligidos a ele. Após aqueles bárbaros se saciarem naquele momento, aplicando ao infeliz prisioneiro as mais diferentes crueldades, colocaram-lhe novamente os grilhões e o levaram para a sua antiga masmorra.

Na manhã seguinte, ele recebeu um pouco de conforto do escravo turco mencionado anteriormente, que lhe trouxe secretamente, na manga da camisa, algumas passas e figos, que ele lambeu da melhor maneira que suas forças permitiram. Foi a ele que o sr. Lithgow atribuiu sua sobrevivência durante tanto tempo em uma

situação tão miserável, pois esse escravo encontrou meios de lhe entregar algumas daquelas frutas duas vezes por semana. É muito extraordinário, e digno de nota, que esse pobre escravo, criado desde a infância segundo as máximas de seu profeta e seus pais, com o maior desprezo pelos cristãos, ter sido tão afetado pela miserável situação do sr. Lithgow a ponto de ficar doente e continuar assim durante mais de 40 dias. Nesse período, o sr. Lithgow foi assistido por uma escrava negra, que encontrou meios de fornecer-lhe alimentos em maior quantidade do que o turco, ambientada à casa e à família. Todos os dias, ela lhe levava alguns mantimentos e um pouco de vinho em uma garrafa.

Já havia se passado tanto tempo e a horrível situação era tão verdadeiramente repugnante que o sr. Lithgow ansiava pelo dia que, chegando sua vida ao fim, também acabariam os seus tormentos. Porém, pela interposição da Providência, suas expectativas melancólicas foram felizmente abortadas e sua libertação, obtida nas circunstâncias descritas a seguir.

Ocorreu que um fino cavalheiro espanhol foi de Granada para Málaga. O governador o convidou a encontrar-se com ele e lhe contou o que havia acontecido ao sr. Lithgow desde a sua detenção como espião descrevendo os vários sofrimentos por ele suportados. De semelhante modo, disse que, após saber-se que o prisioneiro era inocente, ficou muito preocupado. Por ser assim, ele o haveria libertado de boa vontade, restituído seu dinheiro e seus documentos e feito alguma expiação pelos ferimentos recebidos. Porém, após verificarem seus escritos, vários foram considerados muito blasfemos, refletindo muito acerca da religião deles, de modo que, recusando-se a abjurar aquelas opiniões heréticas, Lithgow havia sido entregue à Inquisição, por quem foi finalmente condenado.

Enquanto o governador contava essa trágica história, um jovem flamengo (servo do cavalheiro espanhol) que servia à mesa foi tomado de assombro e compaixão devido aos sofrimentos infligidos ao estrangeiro. Ao voltar para o alojamento de seu senhor, começou a revolver em sua mente o que ouvira, o que lhe deixou tão impressionado que não conseguia descansar em sua cama. Em seus breves cochilos, sua imaginação mostrava-lhe a pessoa descrita, no pelourinho e queimando na fogueira. Ele passou a noite nessa ansiedade; quando a manhã chegou, sem revelar suas intenções a pessoa alguma, entrou na cidade e perguntou por um comerciante inglês. Indicaram-lhe a casa de um certo sr. Wild, a quem ele relatou tudo que ouvira na noite anterior, na conversa entre seu senhor e o governador, mas não sabia dizer o nome do prisioneiro. O sr. Wild, porém, conjeturou ser o sr. Lithgow, lembrando-se da circunstância de ser um viajante e de tê-lo conhecido de passagem.

Quando o servo flamengo partiu, o sr. Wild enviou imediatamente aos outros comerciantes ingleses com quem se relacionava todos os detalhes referentes ao seu infeliz compatriota. Após uma breve consulta, foi acordado que uma informação acerca de todo o caso deveria ser enviada, por via expressa, a Sir Walter Aston, embaixador inglês junto ao rei da Espanha, que estava em Madri. Isso foi feito e o embaixador, havendo apresentado um memorial ao rei e ao conselho da Espanha, obteve uma ordem de soltura do sr. Lithgow e sua entrega ao comerciante inglês. Essa ordem foi dirigida ao governador de Málaga e recebida com grande aversão e surpresa por toda a assembleia da sangrenta Inquisição.

O sr. Lithgow foi libertado de seu confinamento na véspera do domingo de Páscoa, quando foi carregado de sua masmorra nas costas do escravo que o atendeu, para a casa do senhor Bosbich, onde todos os confortos adequados foram fornecidos a ele. Felizmente aconteceu que naquele momento havia uma esquadra de navios ingleses vindo naquela direção, comandado por Sir Richard Hawkins, que, informado dos sofrimentos passados e da situação atual do sr. Lithgow, chegou no dia seguinte na praia, e, com proteção adequada, o comandante o recebeu do comerciante. Assim, o sr. Lithgow foi imediatamente transportado em cobertores e levado a bordo do *Vanguard*. Três dias depois, ele foi removido para outro navio, por orientação do general Sir Robert Mansel, que ordenou que ele tivesse os devidos cuidados. O responsável o presenteou com roupas e todas as provisões necessárias, além das quais lhe deram 200 reais em prata; e Sir Richard Hawkins enviou-lhe duas pistolas duplas. Antes de partir da costa espanhola, Sir Richard Hawkins exigiu a entrega de seus documentos, dinheiro, livros etc., mas não conseguiu obter uma resposta satisfatória nesse sentido.

Não podemos deixar de fazer aqui uma pausa para refletir sobre quão manifestamente a Providência interferiu em favor desse pobre homem quando ele estava à beira da destruição, visto que, devido a sua sentença, da qual não havia apelo, ele seria levado a Granada e queimado até virar cinzas poucos dias depois, e sobre a forma como um pobre servo comum, que sequer o conhecia, nem tinha interesse em sua preservação, se arriscaria ao desagrado de seu senhor, e a própria vida, para revelar algo de natureza tão importante e perigosa a um cavalheiro desconhecido, de cujo sigilo dependia a existência desse servo. Frequentemente, a Providência interfere por tais meios secundários em favor dos virtuosos e oprimidos. Esse é um exemplo dos mais distintos a respeito disso.

Após 12 dias de percurso, o navio levantou âncora e partiu, aproximadamente dois meses depois, chegou a salvo a Deptford. Na manhã seguinte, o sr. Lithgow foi carregado em um colchão de penas até Theobalds, em Hertfordshire, onde estavam o rei e a família real. Coincidentemente, sua majestade estava caçando naquele dia, mas, ao retornar à noite, o sr. Lithgow lhe foi apresentado e relatou os detalhes de seus sofrimentos e de sua feliz libertação. O rei ficou tão abalado com a narrativa, que expressou a mais profunda preocupação e deu ordens para que o sr. Lithgow fosse enviado a Bath e suas necessidades, adequadamente supridas por sua real generosidade. Por esse meio,

sob a mão de Deus, após algum tempo o sr. Lithgow foi restaurado da situação mais desgraçada para, em parte, grande saúde e força. Porém, o braço esquerdo perdeu a mobilidade, e vários ossos menores foram tão esmagados e quebrados, que ficaram inutilizados para sempre.

Apesar de todos os esforços empenhados para que lhe houvesse restituição, o sr. Lithgow nunca conseguiu obter qualquer parte de seu dinheiro ou de seus bens, embora sua majestade e os ministros de Estado tivessem se envolvido em benefício dele.

De fato, Gondamore, o embaixador espanhol, prometeu que todos os seus bens seriam restituídos, com a adição de 1.000 libras inglesas, como expiação parcial pelas torturas sofridas, devendo a última ser paga pelo governador de Málaga. Essas obrigações, porém, não passaram de promessas e, embora o rei fosse uma espécie de garantia para o bom cumprimento delas, o astuto espanhol encontrou meios de iludi-lo. Ele tinha, de fato, uma influência demasiadamente grande no conselho inglês durante o período daquele pacífico reinado durante o qual a Inglaterra estava oprimida a uma servil submissão à maioria dos estados e reis da Europa.

## A HISTÓRIA DE GALILEU

Os mais eminentes cientistas e filósofos da época não escaparam aos olhares atentos daquele cruel despotismo. Galileu, o principal astrônomo e matemático de seu tempo, foi o primeiro a usar o telescópio com sucesso na resolução dos movimentos

*Galileu diante do Santo Ofício*, por Joseph-Nicolas Robert-Fleury (1797–1890). Parte do acervo do Museu do Louvre, Paris, França.

dos corpos celestes. Ele descobriu que o Sol é o centro de movimento em torno do qual orbitam a Terra e diversos planetas. Por fazer essa grande descoberta, Galileu foi levado perante a Inquisição e, durante algum tempo, correu grande risco de ser morto.

Após uma longa e amarga revisão dos escritos de Galileu, na qual muitas de suas descobertas mais importantes foram condenadas como erros, a acusação dos inquisidores declarou: "Você, Galileu, por conta das coisas que escreveu e confessou, sujeitou-se a uma forte suspeita de heresia neste Santo Ofício, acreditando e garantindo ser verdadeira uma doutrina falsa e contrária à divina e Sagradas Escrituras — a saber, que o Sol é o centro da órbita da Terra e não se move do leste para o oeste; e que a Terra se move e não é o centro do mundo".

Para salvar sua vida, Galileu admitiu que estava errado ao pensar que a Terra girava ao redor do Sol e jurou: "Daqui em diante, nunca mais direi ou afirmarei, quer por palavra ou por escrito, qualquer coisa que dê ocasião a semelhante suposição". Porém, diz-se que, imediatamente após fazer esse juramento forçado, ele sussurrou a um amigo que estava perto: "A Terra se move, e tudo o mais".

## RESUMO DA INQUISIÇÃO

Das multidões que pereceram pela Inquisição no mundo todo, nenhum registro autêntico, até o momento, pode ser descoberto. Porém, onde quer que o papismo tivesse poder, havia o tribunal. Ele tinha sido implantado até mesmo no Oriente, e a Inquisição Portuguesa de Goa causou, em poucos anos, agonia a muitos. A América do Sul foi dividida em províncias da Inquisição e, com uma horripilante imitação dos crimes do Estado-mãe, as chegadas de vice-reis e as outras celebrações populares eram consideradas imperfeitas sem um ato de fé. Os Países Baixos foram um cenário de morticínio desde o momento do decreto que implantou a Inquisição ali. Na Espanha, o cálculo é mais viável. Cada um dos 17 tribunais existentes durante um longo período queimou anualmente, em média, 10 miseráveis sofredores!

Devemos nos lembrar de que esse número ocorreu em um país onde a perseguição havia abolido, durante séculos, todas as diferenças religiosas e a dificuldade não era encontrar o pelourinho, e sim a oferenda. Contudo, até mesmo na Espanha, assim destituída de toda heresia, a Inquisição ainda conseguiu engordar suas listas de assassinatos para 32 mil! O número de pessoas queimadas à guisa de exemplo, ou condenadas a penitências, punições geralmente equivalentes a exílio, confisco e manchas de sangue para todo tipo de ruína além da mera perda de uma vida sem valor, totalizou 309 mil. Porém, as multidões que pereceram em masmorras de tortura, por confinamento e por coração partido, os milhões de vidas dependentes que ficaram totalmente desamparadas ou foram levadas prematuramente à sepultura pela morte das vítimas não foram registradas estão gravadas somente diante daquele que jurou: "Se alguém leva para cativeiro, para cativeiro vai. Se alguém matar à espada, necessário é que seja morto à espada" (Apocalipse 13:10).

Assim foi a Inquisição, declarada pelo Espírito de Deus como sendo, ao mesmo tempo, o rebento e a imagem do papado. Para sentir a força da ascendência, precisamos observar o tempo. No século 13, o papado estava no auge do domínio sobre os mortais; era independente de todos os reinos; governava com um grau de influência nunca antes ou depois detido por um cetro humano; foi reconhecido como soberano sobre corpo e alma; para todas as intenções terrenas, seu poder era incomensurável para o bem ou para o mal. O papado poderia ter difundido conhecimento, paz, liberdade e cristianismo até os confins da Europa ou do mundo. Porém, sua natureza era hostil; seu mais completo triunfo só revelava seu mais pleno mal, e, para vergonha da razão humana e terror e sofrimento da virtude humana, no momento de sua consumada pompa, Roma fervilhava com o monstruoso e horrível nascimento da INQUISIÇÃO!

## Capítulo 6

# Um relato das perseguições na Itália sob o papado

Iniciaremos agora um relato das perseguições na Itália, um país que foi, e ainda é:

1. O centro do papismo;
2. a sede do pontífice e
3. a origem dos diversos erros que se difundiram por outros países, iludiram a mente de milhares e espalharam as nuvens de superstição e fanatismo sobre o entendimento humano.

No decorrer da nossa narrativa, incluiremos as perseguições mais notáveis ocorridas e as crueldades praticadas:

1. Pelo poder imediato do papa;
2. por meio do poder da Inquisição e
3. pelo fanatismo dos príncipes italianos.

As primeiras perseguições sob o papado começaram na Itália no século 12, na época em que o papa era Adriano IV, um inglês, sendo ocasionadas pelas seguintes circunstâncias:

Um homem instruído e excelente orador de Brescia, chamado Arnold, foi a Roma e pregou com ousadia contra as corrupções e inovações que haviam se infiltrado na Igreja. Seus discursos eram tão claros e consistentes e exalavam um espírito de piedade tão puro, que os senadores e muitas pessoas aprovavam fortemente e admiravam suas doutrinas.

Adriano ficou tão irritado que ordenou a Arnold que deixasse a cidade imediatamente, como herege. Arnold, porém, não obedeceu, porque os senadores e algumas

*Casamento do Imperador Frederico Barbarossa a Beatriz da Borgonha em 1156, por Giovanni Battista Tiepolo (1696–1770). Parte do acervo da Residência de Wutzburgo, Alemanha.*

das célebres personalidades o apoiaram e resistiram à autoridade do papa.

Então, Adriano colocou a cidade de Roma sob interdição, o que causou a interposição de todo o corpo do clero, e, por fim, persuadiu os senadores e o povo a desistir de seus argumentos e a fazer com que Arnold fosse banido. Feito esse acordo, Arnold recebeu a sentença de exílio e se retirou para a Alemanha, onde continuou a pregar contra o papa e a expor os graves erros da Igreja Romana.

Por esse motivo, Adriano teve sede do sangue de Arnold e fez várias tentativas para tê-lo em suas mãos. Arnold, porém, evitou durante muito tempo todas as armadilhas elaboradas para ele. Por fim, Frederico Barbarossa, chegando à posição de imperador, solicitou que o próprio papa o coroasse. Adriano concordou e, ao mesmo tempo, pediu um favor ao imperador: colocar Arnold em suas mãos. O imperador entregou prontamente o desventurado pregador, que logo se tornou mártir pela vingança de Adriano, sendo enforcado e seu corpo queimado até virar cinzas, em Apúlia. Vários de seus antigos amigos e companheiros tiveram o mesmo destino.

Encenas, um espanhol, foi enviado a Roma para ser educado na fé católica romana; porém, tendo conversado com alguns dos reformados e lido vários tratados que eles colocaram em suas mãos, tornou-se protestante. Quando, por fim, isso se tornou conhecido, alguém do seu convívio fez uma denúncia contra ele. Assim, ele foi queimado por ordem do papa e de um conclave de cardeais. Praticamente na mesma época, o irmão de Encenas tinha sido detido por possuir um Novo Testamento na língua espanhola. Porém, antes da data marcada para sua execução, encontrou um meio de fugir da prisão e retirou-se para a Alemanha.

Fanino, um laico instruído, leu livros controversos e adotou a religião reformada. Após uma queixa contra ele ser levada ao papa, ele foi detido e lançado na prisão. Sua esposa, seus filhos, parentes e amigos o visitaram em seu confinamento e o convenceram a renunciar à sua fé a fim de obter sua libertação. Porém, tão logo se viu livre do confinamento, sua mente se sentiu fortemente acorrentada: o peso de uma consciência culpada. Seus horrores lhe foram insuportáveis até voltar atrás em sua apostasia e se declarar totalmente convencido dos erros da Igreja Romana. Para compensar sua fraqueza, ele então se esforçou ao máximo, abertamente e com empenho, para converter outras pessoas ao protestantismo, obtendo bastante sucesso nesse empreendimento. Esse procedimento ocasionou sua segunda prisão, mas lhe ofereceram a vida se ele se retratasse novamente. Ele rejeitou essa proposta com desdém, dizendo que desprezava a vida em tais termos. Ao ser perguntado por que persistiria obstinadamente em suas opiniões, deixando angustiados sua esposa e seus filhos, ele respondeu: "Não os deixarei desamparados; recomendei-os aos cuidados de um excelente administrador". Um pouco surpresa, a pessoa perguntou: "Que administrador?" — ao que Fanino respondeu: "Jesus Cristo é o administrador que mencionei e penso que não poderia entregá-los aos cuidados de alguém melhor". No dia da execução, ele parecia extraordinariamente alegre, e um observador disse: "É estranho você parecer tão alegre em tal circunstância quando o próprio Jesus Cristo, pouco antes de Sua morte, estava tão agoniado que suou sangue e água" — ao que Fanino replicou: "Cristo sofreu todos os tipos de dores e conflitos, com o inferno e a morte, por nós; e assim, por Seus sofrimentos, libertou do medo dessas coisas todos aqueles que realmente creem nele". Então, foi estrangulado e seu corpo foi queimado até virar cinzas, na sequência elas foram espalhadas pelo vento.

Domínico, um soldado instruído, após ler vários escritos controversos se tornou um protestante zeloso e, retirando-se para Piacenza, pregou o evangelho com a máxima pureza para uma congregação muito considerável. Certo dia, ao final de seu sermão, ele disse: "Se a congregação comparecer amanhã, descreverei o anticristo e o pintarei com suas cores apropriadas".

Um grande número de pessoas compareceu no dia seguinte, mas, quando Domínico estava começando seu sermão, um magistrado civil foi até o púlpito e o levou sob custódia. Ele se submeteu prontamente, mas, ao acompanhar o magistrado, disse: "Fico pensando por que o diabo me deixou em paz por tanto tempo". Durante o interrogatório, perguntaram-lhe: "Você renunciará às suas doutrinas?", ao que ele respondeu: "Minhas doutrinas? Eu não mantenho qualquer doutrina que seja minha. O que eu prego são as doutrinas de Cristo. Por elas darei o meu sangue e até me considero feliz por sofrer pela causa do meu Redentor". Todos os métodos foram adotados para fazê-lo repudiar sua fé e abraçar os erros da Igreja Romana; porém, quando as persuasões e ameaças se mostraram ineficazes, ele foi condenado à morte e enforcado no mercado.

Galeácio, um cavalheiro protestante que residia perto do castelo de Santo Ângelo, foi detido por causa de sua fé. Após grandes esforços de seus amigos, ele se retratou e adotou várias das doutrinas supersticiosas propagadas pela Igreja Romana. Porém, ao tomar consciência de seu erro, renunciou publicamente à sua retratação. Sendo detido por isso, foi condenado a ser queimado e, em conformidade com a ordem, foi acorrentado a uma estaca, onde foi deixado durante várias horas até o fogo ser posto na lenha, para que sua esposa, seus parentes e amigos que o

cercavam pudessem induzi-lo a desistir de suas convicções. Galeácio, porém, manteve firmemente sua decisão e pediu ao carrasco que pusesse fogo na madeira que o queimaria. Por fim, isso foi feito e, pouco depois, Galeácio foi consumido pelas chamas, que subiram com incrível rapidez e, em poucos minutos, o privaram dos sentidos.

Logo após a morte desse cavalheiro, um grande número de protestantes foi morto em diversas partes da Itália, devido à sua fé, dando em seus martírios uma prova segura de sua sinceridade.

## UM RELATO DAS PERSEGUIÇÕES NA CALÁBRIA

No século 14, muitos dos valdenses de Pragela e Dauphiny emigraram para a Calábria e, por permissão dos nobres daquele país, assentaram-se em algumas terras não cultivadas; em pouco tempo, por sua grande diligência no cultivo, fizeram aparecer todas as belezas da verdura e fertilidade em vários pontos outrora desertos e áridos.

Os senhores da Calábria ficaram muito satisfeitos com seus novos súditos e inquilinos, que eram honestos, calmos e trabalhadores. Porém, os sacerdotes do país fizeram várias queixas contra eles; por não poderem acusá-los de maus procedimentos, fundamentaram suas acusações naquilo que eles não haviam feito e os acusaram:

- De não serem católicos romanos;
- de não fazerem nenhum de seus filhos sacerdote;
- de não fazerem nenhuma de suas filhas freira;

- de não irem à missa;
- de não darem velas aos seus sacerdotes como oferenda;
- de não fazerem peregrinações e
- de não se curvarem a imagens.

Os senhores da Calábria, porém, acalmaram os sacerdotes, dizendo-lhes que aquelas pessoas eram extremamente inofensivas; que elas não ofenderam os católicos romanos e pagavam alegremente os dízimos aos sacerdotes, cujas receitas haviam aumentado consideravelmente com a entrada delas no país, e, consequentemente, deviam ser as últimas pessoas de quem se deveria reclamar.

Depois disso, as coisas continuaram toleravelmente bem ao longo de alguns anos, durante os quais os valdenses se organizaram em duas cidades corporativas, anexando várias aldeias à sua jurisdição. Por fim, mandaram buscar dois clérigos em Genebra, para cada um pregar em uma das cidades, porque decidiram professar publicamente a sua fé. Isso foi informado ao papa Pio IV, que decidiu exterminá-los da Calábria.

Para isso, enviou o cardeal Alexandrino, homem de temperamento muito violento e um fanático furioso, juntamente com dois monges à Calábria, onde deveriam atuar como inquisidores. Essas pessoas autorizadas chegaram a São Xisto, uma das cidades construídas pelos valdenses; tendo reunido as pessoas da cidade, disseram-lhes que não sofreriam se aceitassem pregadores designados pelo papa, mas, se os rejeitassem, seriam privadas de suas propriedades e de sua vida. E, para que as intenções delas pudessem ser conhecidas, a missa seria rezada publicamente naquela tarde, sendo todas as pessoas ordenadas a comparecer.

Em vez de assistir à missa, o povo de São Xisto fugiu para a floresta com suas famílias, decepcionando o cardeal e seus coadjutores. O cardeal seguiu para La Garde, a outra cidade pertencente aos valdenses, onde, para não se repetirem os acontecimentos de São Xisto, ordenou que os portões fossem trancados e todas as avenidas, vigiadas. As mesmas propostas foram, então, feitas aos habitantes de La Garde, como já haviam sido aos de São Xisto, mas com um artifício adicional: o cardeal lhes assegurou de que os habitantes de São Xisto aceitaram imediatamente suas propostas e concordado que o papa lhes designasse pregadores. Esse engano foi bem-sucedido porque, pensando ser verdade o que o cardeal lhes dissera, o povo de La Garde disse que seguiria exatamente o exemplo de seus irmãos de São Xisto.

Conseguindo seu objetivo de iludir o povo de uma cidade, o cardeal mandou buscar tropas de soldados para matar as pessoas da outra. Consequentemente, enviou os soldados à floresta para caçar os habitantes de São Xisto como animais selvagens, dando-lhes ordens estritas de não pouparem idade nem sexo, matando todos que se aproximassem. As tropas entraram na floresta e muitas pessoas foram vítimas de sua ferocidade antes de os valdenses serem devidamente informados de seu intento. Por fim, porém, decidiram render suas vidas pelo maior preço possível; assim ocorreram vários conflitos, nos quais os valdenses semiarmados realizaram prodígios de bravura e muitos, dos dois lados, foram mortos. A maior parte das tropas foi morta nos diferentes embates e o restante foi obrigado a recuar, o que enfureceu o cardeal a ponto de escrever ao vice-rei de Nápoles em busca de reforços.

O vice-rei ordenou imediatamente a proclamação, em todos os territórios napolitanos, de que todos os fora-da-lei, desertores e outros proscritos deveriam ser perdoados de seus respectivos crimes, com a condição de fazerem uma campanha contra os habitantes de São Xisto e continuarem armados até todas as pessoas de lá serem exterminadas.

Diante dessa proclamação, muitas pessoas de sinas desesperadas se apresentaram e, sendo agrupadas em pequenas companhias, foram enviadas para vasculhar a floresta e matar todos da religião reformada que conseguissem encontrar. O próprio vice-rei também se juntou ao cardeal à frente de um corpo de forças regulares e, em conjunto, fizeram todo o possível para acossar as pobres pessoas que estavam na floresta. Pegaram alguns e os penduraram nas árvores, cortaram galhos e os queimaram; ou os dilaceraram e deixaram seus corpos para serem devorados por animais selvagens ou aves de rapina. Em muitos, atiraram a distância, mas a maior parte caçou por esporte. Alguns se esconderam em cavernas, mas a fome os eliminou em sua fuga; assim, todas aquelas pobres pessoas pereceram, por vários meios, para saciar a fanática maldade de seus impiedosos perseguidores.

Os habitantes de São Xisto não foram exterminados de imediato, enquanto os de La Garde recebiam a atenção do cardeal e do vice-rei. A estes foi-lhes oferecido que, se eles abraçassem a crença católica romana, eles e suas famílias não seriam feridos, suas casas e propriedades seriam restauradas e ninguém teria permissão de incomodá-los. Porém, se, pelo contrário, eles rejeitassem essa misericórdia (como foi chamada), aplicariam as medidas mais extremas e as mortes mais cruéis seriam as consequências certas da recusa deles.

Não obstante as promessas de um lado e as ameaças do outro, aquelas pessoas dignas foram unânimes em recusar renunciar à sua religião ou em abraçar os erros do papismo. Isso exasperou tanto o cardeal e o vice-rei, que estes ordenaram que 30 delas fossem colocadas imediatamente no pelourinho, para provocar terror nas demais.

As pessoas colocadas no pelourinho foram tratadas com tanta severidade que várias morreram sob as torturas. Um tal de Charlin, em particular, foi tão cruelmente abusado que sua barriga estourou, as entranhas lhe saíram e ele expirou em extrema agonia. Essas barbáries, porém, não serviram aos propósitos a que se destinavam, pois as pessoas que permaneceram vivas após o pelourinho, e as que não foram colocadas nele, permaneceram igualmente constantes em sua fé e declararam ousadamente que nenhuma tortura do corpo ou terror da mente jamais os induziria a renunciar ao seu Deus ou a adorar imagens.

Então, por ordem do cardeal, várias foram totalmente despidas e chicoteadas

Massacre de idosos, mulheres e crianças.

até a morte com varas de ferro. Algumas foram cortadas em pedaços com grandes facas, outras foram jogadas do topo de uma grande torre, e muitas foram cobertas com breu e queimadas vivas.

Um dos monges que atendiam ao cardeal, tendo naturalmente uma disposição selvagem e cruel, solicitou a permissão de derramar um pouco do sangue daquelas pobres pessoas com suas próprias mãos. Quando seu pedido foi atendido, o bárbaro pegou uma faca grande e afiada e cortou a garganta de 80 homens, mulheres e crianças, com tão pouco remorso quanto um açougueiro teria por matar tal número de cordeiros.

Foi, então, ordenado que todos aqueles corpos fossem esquartejados e seus pedaços, colocados em estacas e, depois, fixados em diferentes partes do país em um raio de aproximadamente 48 quilômetros.

Os quatro principais homens de La Garde foram enforcados, e o clérigo foi jogado do topo da torre de sua igreja. Ele ficou terrivelmente mutilado, mas não morreu com a queda; o vice-rei, que passava, disse: "O cão ainda está vivo? Peguem-no e entreguem-no aos porcos". Por mais brutal que possa parecer, essa sentença foi executada.

Sessenta mulheres foram torturadas com tanta violência que as cordas atravessaram seus braços e pernas até próximo do osso; elas foram reenviadas à prisão e, quando suas feridas apodreceram, morreram da maneira mais sofrida. Muitos outros foram mortos por diversos meios cruéis. Se algum católico romano mais compassivo que os demais intercedesse por qualquer um dos reformados, era imediatamente preso e tinha o mesmo destino de um defensor dos hereges.

Sendo o vice-rei obrigado a marchar de volta a Nápoles devido a alguns assuntos que exigiam sua presença no momento, e o cardeal, convocado a ir a Roma, o marquês de Butane recebeu ordem de dar o golpe final no que haviam começado. Ele finalmente o fez, agindo com um rigor tão bárbaro que não restou viva uma única pessoa da religião reformada em toda a Calábria.

Assim, inúmeras pessoas inocentes e inofensivas foram privadas de seus bens, despojadas de suas propriedades, expulsas de suas casas e, finalmente, assassinadas por diversos meios, somente porque não sacrificariam sua consciência às superstições alheias, não adotariam doutrinas idólatras que detestavam e não aceitariam mestres em quem não poderiam acreditar.

Há três tipos de tirania: a que escraviza a pessoa, a que toma a propriedade e a que prescreve e decreta à mente. Os dois primeiros tipos, podem ser denominados de tirania civil e foram praticados em todos os tempos por soberanos arbitrários, que se deleitaram em atormentar as pessoas e roubar as propriedades de seus infelizes súditos. Porém, o terceiro tipo, prescrever e decretar à mente, pode ser denominado tirania eclesiástica. Esse é o pior tipo de tirania, porque inclui os outros dois tipos: os clérigos romanos não apenas torturam o corpo e tomam os bens daqueles a quem perseguem, mas tiram a vida, atormentam a mente e, se possível, tiranizam a alma das infelizes vítimas.

## RELATO DAS PERSEGUIÇÕES NOS VALES DO PIEMONTE

Para evitar as perseguições a que eram continuamente submetidos na França, muitos dos valdenses foram e se estabeleceram nos vales do Piemonte, onde prosperaram extremamente e se desenvolveram muito durante um tempo considerável.

Embora seu comportamento fosse inofensivo, suas conversas fossem inocentes e eles pagassem o dízimo aos clérigos romanos, estes não se contentaram e desejaram perturbá-los um pouco. Por isso, queixaram-se ao arcebispo de Turim afirmando que os valdenses dos vales do Piemonte eram hereges, pelas seguintes razões:

1. Não criam nas doutrinas da Igreja Romana.
2. Não faziam ofertas, nem orações pelos mortos.
3. Não frequentavam a missa.
4. Não se confessavam para receber absolvição.
5. Não criam no purgatório, nem pagavam para tirar de lá as almas de seus amigos.

Com base nessas acusações, o arcebispo ordenou o início de uma perseguição e muitos foram mártires da ira supersticiosa de padres e monges.

Em Turim, um dos reformados teve suas entranhas arrancadas e colocadas em uma bacia diante de seus olhos, onde permaneceram à sua vista até ele expirar. Em Revel, Catelin Girard, colocado na estaca, desejou que o carrasco lhe desse uma pedra, o que foi recusado, pensando que o condenado pretendia jogá-la em alguém. Girard, porém, assegurou-lhe não ser essa a sua intenção; o carrasco acedeu, e Girard, olhando seriamente para a pedra, disse: "Quando um homem tiver o poder de comer e digerir essa sólida pedra, a religião pela qual eu estou prestes a sofrer terá fim; antes disso, não". Então, jogou a pedra ao chão e se submeteu alegremente às chamas. Muitos outros reformados foram oprimidos ou mortos por diversos meios até a paciência dos valdenses se esgotar. Então, eles recorreram às armas em sua própria defesa e constituíram formações militares regulares.

Exasperado com isso, o bispo de Turim arranjou vários soldados e os enviou contra

Piemonte, norte da Itália, Europa.

eles; porém, na maioria das escaramuças e confrontos, os valdenses obtiveram sucesso, em parte devido ao fato de estarem mais familiarizados às passagens dos vales do Piemonte do que seus adversários e, em parte, devido ao desespero com que lutavam. Pois bem sabiam que, se fossem capturados, não os considerariam prisioneiros de guerra, e sim seriam torturados até a morte como hereges.

Por fim, Filipe VII, duque de Savoy e senhor supremo do Piemonte, decidiu interpor sua autoridade e parar aquelas guerras sangrentas que tanto perturbavam seus domínios. Ele não estava disposto a desagradar o papa, nem a afrontar o arcebispo de Turim. Contudo, enviou mensagens aos dois, indicando que não poderia mais ver mansamente seus domínios invadidos por tropas orientadas por sacerdotes em vez de oficiais e comandadas por prelados em vez de generais; nem permitiria que seu país fosse despovoado sem ele sequer ter sido consultado na ocasião.

Diante da intrepidez do duque, os sacerdotes fizeram todo o possível para semear preconceito contra os valdenses em sua mente, mas o duque lhes disse que, embora não estivesse familiarizado com os princípios religiosos daquelas pessoas, sempre as vira calmas, fiéis e obedientes; portanto, determinou que não deveriam mais ser perseguidas.

O LIVRO DOS MÁRTIRES

Então, os sacerdotes recorreram às mais palpáveis e absurdas falsidades. Asseguraram ao duque que ele estava enganado quanto aos valdenses, que eram um grupo de pessoas perversas e altamente viciadas em intemperança, impureza, blasfêmia, adultério, incesto e muitos outros crimes abomináveis e que tinham até natureza de monstros, porque seus filhos nasciam com garganta negra, quatro fileiras de dentes e corpo peludo.

O duque não era tão desprovido de bom-senso a ponto de dar crédito ao que os sacerdotes disseram, embora afirmassem da maneira mais solene a veracidade de suas colocações. Ele, porém, enviou aos vales piemonteses 12 cavalheiros muito instruídos e sensatos, para examinarem o verdadeiro caráter dos habitantes.

Após viajarem por todas as suas cidades e vilarejos e conversarem com valdenses de todas as classes sociais, esses cavalheiros retornaram ao duque e lhe apresentaram o relato mais favorável acerca daquelas pessoas, afirmando, diante dos sacerdotes que as difamavam, que elas eram inofensivas, inocentes, leais, amigáveis, trabalhadoras e piedosas, que detestavam os crimes pelos quais foram acusadas e que se, por depravação, um indivíduo cometesse algum daqueles crimes, seria, pelas leis deles, punido da maneira mais exemplar. "No tocante às crianças", disseram os cavalheiros, "os sacerdotes haviam contado as mais grosseiras e ridículas falsidades, porque não nascem com garganta negra, dentes na boca ou pelos no corpo, sendo as melhores crianças que podem ser vistas. E, para convencer vossa alteza do que dissemos", continuou um dos cavalheiros, "trouxemos 12 dos principais habitantes do sexo masculino, que vieram pedir perdão, em nome dos demais, por haverem pegado em armas sem a vossa permissão, ainda que em sua própria defesa e para preservar a vida de seus impiedosos inimigos. Trouxemos também várias mulheres, com filhos de diversas idades, para que vossa alteza possa ter a oportunidade de examiná-las pessoalmente o quanto for do vosso agrado".

Após ouvir as explicações dos 12 delegados, conversar com as mulheres e examinar as crianças, o duque os dispensou gentilmente. Então, ordenou aos sacerdotes, que haviam tentado enganá-lo, que deixassem a corte imediatamente e deu ordens estritas para que a perseguição cessasse em todos os seus domínios.

Os valdenses desfrutaram de paz durante muitos anos, até Filipe, o sétimo duque de Savoy, morrer e ser sucedido por um papista fanático. Aproximadamente na mesma época, alguns dos principais valdenses propuseram que seus clérigos pregassem em público, para que todos pudessem conhecer a pureza de suas doutrinas, porque, até então, só haviam pregado reservadamente e para as congregações que eles sabiam consistir unicamente de pessoas da religião reformada.

Ao saber disso, o novo duque ficou muito exasperado e enviou quantidade considerável de tropas para os vales, jurando que, se as pessoas não mudassem de religião, mandaria esfolá-las vivas. O comandante das tropas logo descobriu a impraticabilidade de vencê-las com o número de homens que tinha consigo. Assim, enviou ao duque que a ideia de subjugar os valdenses com uma força tão pequena era ridícula; que aquelas pessoas estavam mais familiarizadas com o país do que qualquer outra sob o seu comando, que elas haviam defendido todas as passagens, estavam bem armadas e decididas a defender-se; e, no tocante a esfolá-las vivas, disse que a pele de cada uma daquelas pessoas lhe custaria a vida de uma dúzia de seus súditos.

Aterrorizado com aquelas informações, o duque retirou as tropas, decidindo agir não por força, mas por estratagema. Assim, ordenou o pagamento de recompensas pela captura de qualquer valdense que pudesse ser encontrado fora de seus locais de segurança. E estes, quando capturados, eram esfolados vivos ou queimados.

Até então, os valdenses tinham apenas o Novo Testamento e alguns livros do Antigo traduzidos para a sua língua; porém, decidiram passar a ter todos os escritos sagrados em seu próprio idioma. Para isso, contrataram o dono de uma gráfica suíça para lhes fornecer uma edição completa do Antigo e do Novo Testamentos na língua valdense, o que ele fez pela recompensa de 1.500 coroas de ouro pagas por aqueles devotos.

Ascendendo ao pontificado, o papa Paulo III, papista fanático, solicitou imediatamente ao parlamento de Turim que perseguisse os valdenses como os mais perniciosos de todos os hereges.

O parlamento concordou prontamente. Vários valdenses foram subitamente

*Papa Paulo III*, por Ticiano (1490–1576). Parte do acervo do Museu de Capodimonte, Nápoles, Itália.

detidos e queimados por sua ordem. Dentre eles estava Bartholomew Hector, um livreiro e papeleiro de Turim, criado como católico romano, mas, após ler alguns tratados escritos por clérigos reformados, ficou totalmente convencido dos erros da Igreja Romana; ainda assim, durante algum tempo, sua mente ficou vacilante e ele mal sabia qual crença professar. Por fim, porém, abraçou totalmente a religião reformada e foi preso, como já mencionamos, e queimado por ordem do parlamento de Turim. Uma assembleia foi, então, realizada na qual foi acordado enviar representantes aos vales do Piemonte com as seguintes proposições:

1. Se os valdenses se achegassem ao seio da Igreja Romana e adotassem a religião católica, desfrutariam de

suas casas, propriedades e terras e viveriam com suas famílias, sem qualquer infortúnio.

2. Para provar sua obediência, eles deveriam enviar 12 de seus líderes, com todos os seus ministros e professores, a Turim, para serem tratados com austeridade.

3. O papa, o rei da França e o duque de Savoy aprovaram e autorizaram a ação do parlamento de Turim nessa ocasião.

4. Se os valdenses dos vales do Piemonte se recusassem a aceitar essas proposições, seriam perseguidos, e sua morte, certa.

Para cada uma dessas proposições, os valdenses deram nobremente uma resposta, conforme segue, respectivamente:

1. Nenhuma consideração os faria renunciar à sua religião.

2. Eles nunca consentiriam em entregar seus melhores e mais respeitáveis amigos à custódia e ao critério dos seus piores e mais inveterados inimigos.

3. Eles davam mais valor à aprovação do Rei dos reis, que reina no Céu, do que a qualquer autoridade temporal.

4. Suas almas eram mais preciosas que seus corpos.

Essas respostas contundentes e intrépidas exasperaram enormemente o parlamento de Turim. Eles continuaram, com mais avidez do que nunca, a sequestrar os valdenses que agiam sem a devida precaução e certamente sofriam as mortes mais cruéis. Infelizmente, dentre eles, apossaram-se de Jeffery Varnagle, ministro de Angrogne, a quem entregaram às chamas como herege.

Então, solicitaram ao rei da França uma considerável quantidade de tropas, com a finalidade de exterminar totalmente os reformados dos vales do Piemonte. Porém, quando as tropas estavam prestes a marchar, os príncipes protestantes da Alemanha se interpuseram e ameaçaram enviar tropas para ajudar os valdenses, se estes fossem atacados. O rei da França, não querendo entrar em guerra, conteve as tropas e avisou ao parlamento de Turim que, no momento, não dispunha de forças militares para atuar no Piemonte. Os membros do parlamento ficaram muito irritados por seus intentos serem frustrados, assim a perseguição cessou gradualmente, visto que podiam matar os reformados somente quando os pegavam por acaso e os valdenses se tornavam mais cautelosos a cada dia; então a crueldade direcionada a eles foi obrigada a diminuir, por falta de pessoas sobre quem exercê-la.

Após desfrutarem de alguns anos de tranquilidade, os valdenses foram novamente perturbados pelos seguintes meios: o representante papal foi a Turim falar com o duque de Savoy a negócios e disse-lhe que estava surpreso por ele ainda não ter erradicado totalmente os valdenses dos vales do Piemonte, nem tê-los obrigado a abraçar a Igreja Romana. Não podia deixar de ver tal conduta com desconfiança e que, realmente, o considerava um apoiador daqueles hereges, por isso, consequentemente, relataria o caso a sua santidade, o papa.

Atormentado por essa argumentação e não querendo ser mal entendido pelo papa, o duque decidiu agir com a maior severidade, com o intuito de demonstrar seu zelo e, por meio de crueldade posterior, fazer as pazes pela negligência passada. Assim, emitiu ordens expressas para que todos os valdenses comparecessem à missa regularmente, sob pena de morte. Como eles se recusaram absolutamente a fazê-lo, o duque entrou nos vales piemonteses com um formidável número de tropas e iniciou a mais furiosa perseguição, na qual muitíssimos foram enforcados, afogados, dilacerados, abertos, amarrados a árvores e perfurados com forcados, lançados de precipícios, queimados, esfaqueados, torturados até a morte, crucificados de cabeça para baixo, afligidos por cães etc.

Os que fugiram tiveram seus bens saqueados e suas casas totalmente queimadas. As tropas eram particularmente cruéis quando capturavam um ministro ou um professor, a quem submetiam a torturas muito requintadas, quase impossíveis de conceber. Se alguém que eles detivessem parecesse vacilar em sua fé, não era morto, e sim enviado às galés, para ser convertido por força dos sofrimentos.

Naquela ocasião, os perseguidores mais cruéis que serviam ao duque eram três: 1. Thomas Incomel, um apóstata — criado na religião reformada, renunciou à sua fé, abraçou os erros do papismo e tornou-se monge; era um grande libertino, dado a crimes não naturais e sordidamente ansioso pela pilhagem dos valdenses.

2. Corbis, um homem de natureza muito feroz e cruel, cuja ocupação era interrogar os prisioneiros. 3. O procurador, que era muito ávido pela execução dos valdenses, pois toda execução significava dinheiro em seu bolso.

Essas três pessoas eram impiedosas no mais alto grau e, onde quer que fossem, certamente correria sangue de inocentes. Contando-se somente as crueldades exercidas pelo duque, por essas três pessoas e pelo exército em suas diferentes campanhas, muitas barbaridades locais foram cometidas. Em Pignerol, uma cidade nos vales, havia um mosteiro cujos monges, descobrindo que podiam prejudicar os reformados impunemente, começaram a saquear as casas e derrubar as igrejas dos valdenses. Não encontrando oposição, eles detiveram as pessoas daqueles desventurados povoados, assassinando os homens, confinando as mulheres e colocando os filhos em creches católicas romanas.

De semelhante modo, os habitantes católicos romanos do vale de São Martinho fizeram todo o possível para atormentar os vizinhos valdenses: destruíram suas igrejas, queimaram suas casas, apoderaram-se de suas propriedades, roubaram seu gado, tomaram suas terras para uso próprio, entregaram seus ministros às chamas e levaram os valdenses para a floresta, onde nada tinham para subsistência além de frutos silvestres, raízes, cascas de árvores etc.

Alguns rufiões católicos romanos, havendo detido um pastor quando ele estava indo pregar, decidiram levá-lo a um local conveniente e queimá-lo. Quando seus paroquianos tomaram conhecimento disso, os homens se armaram, perseguiram os rufiões e pareciam determinados a resgatar seu pastor. Os rufiões, ao perceber isso, esfaquearam o pobre cavalheiro e, deixando-o encharcado de sangue, fugiram precipitadamente. Os paroquianos, atônitos, fizeram todo o possível para salvá-lo, mas foi em vão, porque a arma havia atingido partes vitais, e o ministro expirou enquanto o carregavam para casa.

Os monges de Pignerol, fortemente inclinados a capturar o pastor de uma cidade dos vales chamada Saint Germain, contrataram um bando de rufiões com o objetivo de detê-lo. Aqueles sujeitos eram liderados por uma pessoa traiçoeira, que anteriormente fora servo do clérigo. Ele conhecia perfeitamente um caminho secreto para a casa, pelo qual poderia conduzi-los sem alarmar a vizinhança. O guia bateu à porta e, ao perguntarem quem era, respondeu seu próprio nome. Não esperando ser ferido por uma pessoa a quem fizera muitos favores, o clérigo abriu imediatamente a porta. Ao perceber os rufiões, recuou e fugiu para uma porta dos fundos; porém, eles entraram correndo, seguiram-no e o agarraram. Após assassinarem toda a sua família, eles o fizeram seguir em direção a Pignerol, fustigando-o ao longo de todo o caminho com piques, lanças, espadas etc. Ele foi mantido na prisão durante um tempo considerável e, depois, preso à estaca para ser queimado. Duas mulheres valdenses que haviam renunciado à sua religião para salvar a vida receberam ordens de levar a lenha para a fogueira, a

Mártir sendo preparado para ser queimado vivo na fogueira.

Fonte: exclassics.com

fim de queimá-lo, e, quando a colocaram ali, foram obrigadas a dizer: "Tome isso, herege perverso, como recompensa pelas doutrinas perniciosas que você nos ensinou". As duas repetiram essas palavras para ele, ao que ele respondeu calmamente: "Eu as ensinei bem, mas, desde então, vocês aprenderam mal". A lenha foi então acesa, e ele foi rapidamente consumido invocando o nome do Senhor enquanto sua voz permitiu.

Devido às tropas de rufiões, pertencentes aos monges, terem feito grandes estragos na cidade de Saint Germain, assassinando e saqueando muitos dos habitantes, os reformados de Lucerna e Angrogne enviaram alguns grupos de homens armados para ajudarem seus irmãos de Saint Germain. Essas corporações de homens armados atacavam os rufiões frequentemente e, na maioria das vezes, derrotavam-nos totalmente. Isso aterrorizou os monges a ponto de deixarem o mosteiro de Pignerol durante algum tempo, até conseguirem reunir um conjunto de tropas regulares para protegê-los.

O duque, não se considerando tão bem-sucedido quanto, a princípio, imaginara ser, aumentou muito suas forças, ordenou que os bandos de rufiões, pertencentes aos monges, juntassem-se a ele e ordenou uma soltura geral da prisão, desde que as pessoas libertadas portassem armas e se transformassem em pequenas companhias para ajudar no extermínio dos valdenses.

Informados desses acontecimentos, os valdenses garantiram o máximo possível de seus bens e abandonaram os vales, retirando-se para as rochas e cavernas entre os Alpes. Entenda-se que os vales do Piemonte estão situados no sopé daquelas prodigiosas montanhas denominadas Alpes.

Então, o exército começou a saquear e queimar todas as cidades e aldeias aonde chegasse, mas as tropas não conseguiram forçar as passagens para os Alpes, defendidas corajosamente pelos valdenses, que sempre repeliram seus inimigos. Porém, se alguém caísse nas mãos das tropas, com certeza seria tratado com a mais bárbara severidade.

Um soldado que pegou um dos valdenses arrancou a orelha direita deste com uma mordida e declarou: "Levarei comigo para o meu país essa parte desse herege perverso e a preservarei como uma raridade". Então, esfaqueou o homem e o jogou em uma vala.

Um grupo das tropas encontrou um homem venerável, com mais de 100 anos de idade, juntamente com sua neta, uma donzela com aproximadamente 18 anos, em uma caverna. Eles trucidaram o pobre idoso da maneira mais desumana e depois tentaram violentar a garota, que correu e fugiu deles. Durante a perseguição, ela se jogou de um precipício e pereceu.

Para conseguirem repelir a força pela força com mais eficácia, os valdenses se associaram às potências protestantes da Alemanha e com os reformados de Dauphiny e Pragela. Estes deveriam fornecer companhias de tropas. Assim reforçados, os valdenses decidiram abandonar as montanhas dos Alpes (onde logo teriam perecido, porque o inverno estava chegando) e forçar o exército do duque a sair de seus vales nativos.

Agora, o duque de Savoy estava cansado da guerra. Ela lhe custara grande fadiga e ansiedade, um grande número de homens e uma soma muito considerável de dinheiro. Ela fora muito mais tediosa e sangrenta do que ele esperava, além de mais cara do que, a princípio, ele poderia ter imaginado, pois pensou que a pilhagem compensaria as despesas da expedição. Entretanto, estava enganado, visto que o representante papal, os bispos, os monges e outros eclesiásticos, que compuseram o exército e incentivaram a guerra, inventaram várias desculpas para ficar com a maior parte da riqueza tomada. Por essas razões e a morte de sua duquesa, da qual ele acabara de ser informado, e temendo que os valdenses, pelos tratados que haviam firmado, se tornassem mais poderosos do que nunca, ele decidiu voltar a Turim com seu exército e fazer as pazes com os valdenses.

Ele cumpriu sua decisão, embora muito contrariamente à vontade dos eclesiásticos, que foram os que mais ganharam e se agradaram com a vingança. Antes de as cláusulas da paz serem ratificadas, o próprio duque morreu, pouco depois de retornar a Turim. Contudo, em seu leito de morte, ordenou estritamente ao filho que cumprisse a sua decisão e fosse o mais favorável possível aos valdenses.

Seu filho Carlos Emanuel o sucedeu no governo de Savoy e confirmou totalmente a paz com os valdenses nos termos das últimas injunções de seu pai, embora os eclesiásticos houvessem feito todo o possível para convencê-lo do contrário.

## UM RELATO DAS PERSEGUIÇÕES EM VENEZA

Enquanto o Estado de Veneza esteve livre de inquisidores, um grande número de protestantes fixou sua residência lá, e muitas conversões aconteceram devido à pureza das doutrinas que eles professavam e pela inofensividade de suas palavras.

Em 1542, informado do grande avanço do protestantismo, o papa enviou a Veneza inquisidores para conduzir uma investigação acerca do assunto e deter os que considerassem ofensivos. Começou, então, uma severa perseguição, e muitas pessoas dignas foram martirizadas por servir a Deus com pureza e escarnecer das armadilhas da idolatria.

Os protestantes foram privados da vida de diversas maneiras. No entanto, um método específico, engendrado na ocasião, será descrito a seguir: assim que a sentença era proferida, o prisioneiro era acorrentado a uma enorme pedra. Na sequência, era deitado sobre uma prancha com o rosto voltado para cima e levado por dois barcos a remo até certa distância no mar. Então, os barcos se afastavam e o condenado afundava devido ao peso da pedra.

Se alguém negava a jurisdição dos inquisidores em Veneza, era enviado a Roma, onde, sendo propositalmente colocado em uma prisão úmida e nunca convocado para uma audiência, sua carne apodrecia e ele morria em meio ao sofrimento.

Um cidadão de Veneza, Anthony Ricetti, foi preso como protestante e condenado ao afogamento da maneira descrita anteriormente. Alguns dias antes do momento marcado para a sua execução, seu filho foi vê-lo e lhe implorou que se retratasse, para que sua vida fosse salva e ele mesmo não ficasse órfão de pai. A isso, o pai respondeu: "Um bom cristão é obrigado a abandonar não apenas bens e filhos, mas a própria vida, para a glória de seu Redentor. Portanto, estou decidido a sacrificar tudo que há neste mundo transitório pela causa da salvação em um mundo que permanecerá por toda eternidade".

Os senhores de Veneza também lhe enviaram a notícia de que, se ele abraçasse a religião católica romana, não apenas poupariam sua vida, como também resgatariam um patrimônio considerável que ele hipotecara e o devolveriam a ele gratuitamente. No entanto, ele terminantemente se recusou a concordar com isso, respondendo aos nobres que ele valorizava sua alma acima de qualquer outra consideração. Ricetti, ao ser informado de que um companheiro de prisão chamado Francis Sega havia se retratado, respondeu: "Se ele abandonou a Deus, tenho pena dele, mas continuarei firme em meu dever". Após todos os esforços para convencê-lo a renunciar à sua fé terem se mostrado ineficazes, ele foi executado em conformidade com sua sentença, morrendo alegremente e recomendando sua alma fervorosamente ao Todo-poderoso.

O que Ricetti ouvira acerca da apostasia de Francis Sega era absolutamente falso. Ele nunca se propusera a retratar-se, persistindo firmemente em sua fé. Por isso, ele foi executado alguns dias depois de Ricetti e da mesma maneira.

Francis Spinola, um cavalheiro protestante de grande cultura, preso por ordem dos inquisidores, foi levado perante o tribunal deles. Um tratado sobre a Ceia do Senhor foi então colocado em suas mãos e lhe perguntaram se conhecia o autor, ao que ele respondeu: "Confesso ser o autor e, ao mesmo tempo, afirmo solenemente não haver nele uma única linha não legitimada pelas Sagradas Escrituras e não consonante com elas". Com essa confissão, ele foi aprisionado em uma masmorra durante vários dias.

Levado a um segundo interrogatório, ele acusou o delegado do papa e os inquisidores de serem bárbaros impiedosos e, em seguida, apresentou as superstições e idolatrias praticadas pela Igreja Romana sob uma luz tão brilhante que, incapazes de refutar seus argumentos, eles o enviaram de volta à masmorra, para fazê-lo se arrepender do que havia dito.

Em seu terceiro interrogatório, eles lhe perguntaram se ele se retrataria de seu erro, ao que ele respondeu que as doutrinas que ele sustentava não eram errôneas, sendo puramente as mesmas que Cristo e Seus apóstolos ensinaram e nos sido transmitidas nos escritos sagrados. Os inquisidores o sentenciaram a ser afogado, o que foi executado da maneira já descrita. Ele enfrentou a morte com a máxima serenidade, parecendo desejar a extinção e declarando que o prolongamento de sua vida apenas retardara a verdadeira felicidade que só se poderia esperar no mundo porvir.

## UM RELATO SOBRE VÁRIOS NOTÁVEIS INDIVÍDUOS MARTIRIZADOS EM DIFERENTES PARTES DA ITÁLIA POR CAUSA DA RELIGIÃO DELES

Giovanni Mollio nasceu em Roma, de pais respeitáveis. Aos 12 anos, colocaram-no no mosteiro dos Frades Cinzentos, onde ele fez um progresso tão rápido nas artes, nas ciências e nos idiomas que, aos 18 anos, foi autorizado a ser ordenado sacerdote.

Foi, então, enviado a Ferrara, onde, após continuar seus estudos durante mais seis anos, tornou-se o responsável pela teologia na universidade daquela cidade. Ele agora usava, com infelicidade, seus grandes talentos para disfarçar as verdades do evangelho e encobrir o erro da Igreja Romana. Depois de alguns anos de residência em Ferrara, mudou-se para a universidade de Bolonha, onde se tornou professor. Após ler alguns tratados escritos por ministros da religião reformada, tornou-se totalmente consciente dos erros do papismo e logo se tornou um protestante zeloso em seu coração.

Assim, determinou-se a expor, em conformidade com a pureza do evangelho, a epístola do apóstolo Paulo aos Romanos, em um programa regular de sermões. A quantidade de pessoas que assistiam continuamente à sua pregação era surpreendente, mas, quando os sacerdotes descobriram o teor de suas doutrinas, despacharam um relatório explicando o caso a Roma. Então, o papa enviou a Bolonha um monge, chamado Cornélio, para expor a mesma epístola, em conformidade com os dogmas da Igreja Romana. As pessoas, porém, encontraram tanta disparidade entre os dois pregadores que o público de Mollio aumentou, e Cornélio foi forçado a pregar para bancos vazios.

Cornélio escreveu um relato de seu insucesso ao papa, que enviou imediatamente uma ordem de prisão contra Mollio, o qual foi consequentemente detido e mantido em confinamento. O bispo de Bolonha enviou-lhe a notícia de que ele deveria retratar-se ou ser queimado, mas ele apelou a Roma e foi transferido para lá.

Em Roma, ele implorou por um julgamento público, mas o papa o negou em absoluto e ordenou que ele fizesse, por

escrito, um relato de suas opiniões, ao que ele atendeu, contendo os seguintes tópicos: pecado original; livre-arbítrio; a infalibilidade da Igreja Romana; a infalibilidade do papa; justificação pela fé; purgatório; transubstanciação; missa; confissão auricular; orações pelos mortos; a hóstia; orações a santos; participação em peregrinações; extrema unção; realização de cultos em língua desconhecida etc.

Tudo isso ele corroborou com a autoridade das Escrituras. Nessa ocasião, por razões políticas, o papa o poupou temporariamente; porém, logo depois mandou detê-lo e matá-lo. Ele foi enforcado e, em seguida, seu corpo queimado até virar cinzas, em 1553.

No ano seguinte, Francis Gamba, um lombardo de credo protestante, foi detido e condenado à morte pelo senado de Milão. No local da execução, um monge lhe apresentou uma cruz, e ele disse: "Minha mente está tão cheia dos verdadeiros méritos e da bondade de Cristo, que não quero que um pedaço de madeira sem sentido me lembre dele". Por essa expressão, sua língua foi perfurada e, depois, ele foi queimado.

Em 1555, Algério, estudante da Universidade de Pádua e homem de grande conhecimento, adotou a religião reformada e fez todo o possível para converter outras pessoas. Por esses atos, foi acusado de heresia ao papa e, sendo detido, foi levado à prisão de Veneza.

Ao ser informado do grande conhecimento e das surpreendentes habilidades naturais de Algério, o papa pensou ser de extrema serventia à Igreja Romana se pudesse induzi-lo a abandonar a causa protestante. Assim, ordenou que o enviassem a Roma e tentou convencê-lo por meio das mais profanas promessas. Porém, diante da ineficácia de seus esforços, ordenou que ele fosse queimado, sentença obedientemente cumprida.

Em 1559, João Aloísio, enviado de Genebra para pregar na Calábria, foi ali detido como protestante, levado a Roma e queimado por ordem do papa; e, pela mesma razão, James Bovelius foi queimado em Messina.

Em 1560, o Papa Pio IV ordenou que todos os protestantes fossem severamente perseguidos nos estados italianos. Um grande número de pessoas de todas as idades, independentemente de sexo e condição, sofreu martírio. Em uma carta dirigida a um nobre senhor, um católico romano erudito e compassivo mencionou as crueldades praticadas nessa ocasião:

"Não posso, meu senhor, deixar de revelar meus sentimentos quanto à perseguição que ocorre agora; penso ser cruel e desnecessária. Tremo diante da forma que matam, por se assemelhar mais ao abate de bezerros e ovelhas do que à execução de seres humanos. Relatarei a Vossa Senhoria uma cena terrível, da qual fui testemunha ocular. Setenta protestantes foram presos juntos em uma masmorra imunda. O carrasco entrou no meio deles, escolheu um qualquer e o vendou, levou-o a um local aberto diante da prisão e cortou-lhe a garganta com a maior calma. Então, ensanguentado como estava, voltou calmamente à prisão e, com a faca na mão, escolheu

outro e o assassinou da mesma maneira; e isso, meu senhor, ele repetiu até matar todos eles. Deixo à discrição de Vossa Senhoria julgar minha comoção quanto àquela ocasião. Agora, minhas lágrimas lavam o papel em que lhe escrevo este relato. Outra coisa que preciso mencionar: a paciência com que eles enfrentaram a morte — pareciam tomados de toda resignação e piedade, orando fervorosamente a Deus e aceitando alegremente seu destino. Não consigo refletir, sem tremer, sobre a maneira como o carrasco segurava a faca ensanguentada entre os dentes; que figura terrível ele parecia, todo coberto de sangue e com que despreocupação ele cumpria a sua bárbara função."

Certo dia, um jovem inglês, que estava em Roma, passava por uma igreja quando a procissão da hóstia estava saindo. Um bispo carregava a hóstia e, ao percebê-lo, o jovem a arrebatou do bispo, jogou-a no chão e a pisoteou, gritando: "Vós, idólatras desgraçados, que negligenciais o verdadeiro Deus para adorardes um bocado de pão". Esse ato provocou tanto as pessoas, que elas o teriam despedaçado no local, mas os sacerdotes as convenceram a deixá-lo ser submetido à sentença do papa.

Quando o caso foi apresentado ao papa, este ficou tão fortemente exasperado que ordenou que o prisioneiro fosse queimado imediatamente. Porém, um cardeal o dissuadiu dessa precipitada sentença, dizendo que era melhor puni-lo lentamente e torturá-lo, para que eles pudessem descobrir se ele havia sido instigado por alguém em particular a cometer um ato tão atroz.

Isso foi aprovado e o jovem foi torturado com a mais exemplar severidade. Não obstante, eles conseguiram obter dele somente estas palavras: "Foi da vontade de Deus eu fazer o que fiz".

Então, o papa sentenciou:

1. Que ele fosse levado pelo carrasco, de tórax nu, pelas ruas de Roma;
2. que ele usasse na cabeça a imagem do diabo;
3. que seu calção fosse pintado com a representação de chamas;
4. que sua mão direita fosse decepada e
5. que, após ser levado assim em procissão, fosse queimado.

Quando ele ouviu essa sentença ser pronunciada, implorou a Deus que lhe desse força e bravura para enfrentá-la. Ao passar pelas ruas, foi muito escarnecido pelo povo, a quem ele disse algumas coisas severas acerca da superstição romana. Porém, um cardeal que participava da procissão, ouvindo-o, ordenou que o prisioneiro fosse amordaçado.

Ao chegar à porta da igreja, onde ele pisoteara a hóstia, o carrasco lhe decepou a mão direita e a colocou em um poste. Então, dois atormentadores, com tochas flamejantes, chamuscaram e queimaram sua carne ao longo do resto do caminho. No local da execução, ele beijou as correntes que o prendiam à estaca. Um monge lhe apresentou a figura de um santo, que ele afastou com um golpe; o jovem foi então acorrentado à estaca, a lenha foi acesa e, em pouco tempo, ele foi queimado até virar cinzas.

Pouco tempo depois da última execução mencionada, um venerável idoso, que há muito era prisioneiro da Inquisição, foi condenado a ser queimado e, assim, foi levado para execução. Ao ser preso à estaca, um sacerdote segurou um crucifixo à sua frente ao que ele disse: "Se você não tirar esse ídolo da minha vista, me obrigará a cuspir nele". O sacerdote o repreendeu por isso com grande severidade, mas ele pediu que o sacerdote se lembrasse do primeiro e segundo mandamentos e se abstivesse de idolatria, como o próprio Deus havia ordenado. Então, foi amordaçado para não falar mais e, sendo acesa a lenha, sofreu martírio nas chamas.

## UM RELATO DAS PERSEGUIÇÕES NO MARQUESADO DE SALUCES

Em 1561, o Marquesado de Saluces, no lado sul dos vales do Piemonte, era habitado principalmente por protestantes, quando seu proprietário, o marquês, iniciou uma perseguição contra eles por instigação do papa. Ele começou banindo os pastores e, se algum deles se recusasse a deixar seu rebanho, certamente seria preso e torturado severamente; entretanto, não chegou ao ponto de mandar matar alguém.

Pouco depois, o marquesado se tornou propriedade do duque de Savoy, que enviou cartas circulares a todas as cidades e vilas, dizendo esperar que o povo se sujeitasse a ir à missa. Ao receberem essa carta, os habitantes de Saluces responderam com uma epístola geral.

Após ler a carta, o duque não interrompeu os protestantes durante algum tempo; finalmente, porém, ordenou-lhes que se

Martír o em Saluces, figura ilustrativa de *O livro dos mártires*, edição de 1851.

sujeitassem a ir à missa ou deixassem seus domínios no prazo de 15 dias. Após esse decreto inesperado, os protestantes enviaram um representante ao duque para obter a revogação ou, pelo menos, a moderação dessa resolução. Porém, seus protestos foram em vão e eles foram esclarecidos de que o decreto era absoluto.

Alguns foram suficientemente fracos e foram à missa para evitar o banimento e preservar suas propriedades, outros se mudaram com todos os seus bens para diferentes países, e muitos negligenciaram tanto o prazo, que foram obrigados a abandonar tudo que possuíam e deixar o marquesado às pressas. Aqueles que, infelizmente, ficaram para trás foram detidos, saqueados e mortos.

## UM RELATO SOBRE AS PERSEGUIÇÕES NOS VALES DO PIEMONTE NO SÉCULO 17

O papa Clemente VIII enviou missionários aos vales do Piemonte, para persuadir os protestantes a renunciarem à sua religião. Esses missionários erigiram mosteiros em várias partes dos vales e se tornaram extremamente incômodos aos reformados, visto que os mosteiros apareceram não apenas como fortalezas para inibi-los, mas também como santuários para onde todos os que causassem algum dano aos reformados pudessem fugir.

Os protestantes peticionaram ao duque de Savoy contra aqueles missionários, cuja insolência e maus costumes se tornaram intoleráveis. Porém, em vez de obterem qualquer reparação, o interesse dos missionários prevaleceu a ponto de o duque publicar um decreto, no qual declarava que uma única testemunha seria suficiente em um tribunal contra um protestante e que qualquer testemunha que condenasse um protestante por qualquer tipo de crime teria direito a cem coroas.

É fácil imaginar que, após a publicação de um decreto dessa natureza, muitos protestantes caíram como mártires por conta de perjúrio e avareza, uma vez que vários papistas vilões jurariam qualquer coisa contra os protestantes visando a recompensa e depois, correriam para os seus próprios sacerdotes a fim de obter absolvição de seus falsos juramentos. Se algum católico romano com mais consciência do que os demais culpasse esses sujeitos por seus crimes atrozes, corria o risco de ser delatado e punido como benfeitor dos hereges.

Os missionários fizeram todo o possível para pôr as mãos nos livros dos protestantes, a fim de queimá-los. Assim, com os protestantes se esforçando ao máximo para esconder seus livros, os missionários escreveram ao duque de Savoy, que, pelo hediondo crime de não entregarem suas Bíblias, livros de oração e tratados religiosos, enviou várias tropas para se aquartelarem ali. Esses militares da elite fizeram grandes estragos nas casas dos protestantes e destruíram tal quantidade de provisões que muitas famílias ficaram arruinadas.

Para incentivar, tanto quanto possível, a apostasia dos protestantes, o duque de Savoy publicou um édito em que dizia: "Para encorajar os hereges a se tornarem católicos, é nossa vontade e prazer, e por meio desta ordenamos expressamente que todos os que abraçarem a santa fé católica romana gozarão de isenção de todo e qualquer imposto durante cinco anos a partir do dia de sua conversão". O duque de Savoy estabeleceu também um tribunal, denominado "conselho para extirpação dos hereges". Esse tribunal deveria iniciar investigações acerca dos antigos privilégios das igrejas protestantes e dos decretos que, de tempos em tempos, haviam sido feitos em favor dos reformados. Porém, a investigação dessas coisas foi realizada com a mais manifesta parcialidade. Privilégios antigos eram desvirtuados e sofismas eram usados para perverter o significado de tudo que tendesse a favorecer os protestantes.

Como se essas severidades não fossem suficientes, o duque publicou, pouco depois, outro édito, no qual ordenava estritamente que nenhum protestante atuasse como professor ou tutor, em público ou em particular, ou se atrevesse a ensinar arte, ciência ou idioma, direta ou indiretamente, a pessoas de qualquer crença.

Esse édito foi imediatamente seguido por outro, que decretava que nenhum protestante deveria ocupar posição de benefício, confiança ou honra. E, para encerrar, o certo sinal de uma perseguição vindoura foi revelado em um decreto final, pelo qual foi positivamente ordenado que todos os protestantes participassem diligentemente da missa.

A publicação de um édito contendo tal prescrição pode ser comparada ao desenrolar de uma bandeira sangrenta, porque assassinato e rapina certamente viriam.

Um dos primeiros a atrair a atenção dos papistas foi o sr. Sebastian Basan, um protestante zeloso que foi detido pelos missionários, confinado, atormentado durante 15 meses e, depois, queimado.

Antes da perseguição, os missionários empregavam raptores para sequestrar os filhos dos protestantes, a fim de que pudessem ser secretamente criados como católicos romanos; agora, porém, levavam as crianças à força e, se encontrassem resistência, matavam os pais.

Para dar maior vigor à perseguição, o duque de Savoy convocou uma assembleia geral da nobreza católica romana e da classe abastada quando um édito solene foi publicado contra os reformados. Este continha muitos tópicos e incluía várias razões para extirpar os protestantes, dentre as quais as seguintes:

1. Pela preservação da autoridade papal.
2. Para que a vida da igreja possa estar sob um único modo de governo.
3. Para criar união entre todas as partes.
4. Em honra de todos os santos e das cerimônias da Igreja Romana.

Esse severo édito foi seguido por uma ordem extremamente cruel, publicada em 25 de janeiro de 1655 sob a sanção do duque, por Andrew Gastaldo, doutor em leis civis. Essa ordem estabelecia "que todo chefe de família e seus familiares da religião reformada, independentemente de classe, grau ou condição, ninguém, excetuado habitante e dono de propriedades em Lucerna, San Giovanni, Bibiana, Campiglione, San Secondo, Lucernetta, La Torre, Fenile e Bricherassio, deveria,

no prazo de três dias após a publicação, retirar-se e partir, e ser retirado dos locais mencionados, e mudar-se para os lugares e limites permitidos por sua alteza durante o tempo que a ela aprouvesse, particularmente Bobbio, Angrogne, Vilario, Rorata e o condado de Bonetti.

E tudo isso deverá ser feito sob pena de morte e confisco de casas e bens, a menos que, dentro do tempo estipulado, se tornassem católicos romanos".

Uma retirada a essa velocidade, no meio do inverno, pode ser concebida como uma tarefa não agradável, especialmente em um país quase cercado por montanhas. A ordem repentina afetou a todos, e aquilo que dificilmente seriam notado em outra época aparecia, agora, sob a luz mais visível. Mulheres com filhos, ou mulheres recém-acamadas, não eram merecedoras de piedade nessa ordem de remoção repentina, porque todas estavam incluídas em tal decreto. Infelizmente, aconteceu de o inverno ser notavelmente severo e rigoroso nessa ocasião.

Os papistas, porém, expulsaram as pessoas de suas habitações no momento determinado, sem sequer lhes permitirem ter roupas suficientes para cobrir-se, e muitas pereceram nas montanhas devido à severidade do clima ou por falta de comida. Algumas, porém, que ficaram para trás após a publicação do decreto, receberam o tratamento mais severo, sendo assassinadas pelos habitantes papistas ou mortas a tiros pelas tropas aquarteladas nos vales. Uma descrição específica dessas crueldades é feita em uma carta escrita por um protestante que estava no local e, felizmente, fugiu da carnificina. "O exército", diz ele, "uma vez posicionado, tornou-se muito numeroso pelo acréscimo de muitos habitantes papistas da região, que, descobrindo que éramos as presas focadas pelos saqueadores, caíram sobre nós com fúria impetuosa. Além das tropas do duque de Savoy e dos habitantes papistas, havia vários regimentos de ajudantes franceses, algumas companhias pertencentes às brigadas irlandesas e vários grupos formados por fora-da-lei, contrabandistas e prisioneiros, aos quais havia sido prometido perdão e liberdade neste mundo, e absolvição no próximo, por ajudarem a exterminar os protestantes do Piemonte.

"Essa multidão armada, incentivada pelos bispos e monges católicos romanos, caiu sobre os protestantes da maneira mais furiosa. Agora, nada mais se via além da face do horror e do desespero, sangue manchando o chão das casas, cadáveres espalhados pelas ruas, gemidos e gritos vindos de todas as partes. Alguns se armaram e se envolveram em escaramuças com as tropas, e muitos, com suas famílias, fugiram para as montanhas. Em certa aldeia, eles atormentaram cruelmente 150 mulheres e crianças após os homens haverem fugido, decapitando as mulheres e esmagando a cabeça das crianças. Nas cidades de Vilario e Bobbio, a maioria dos que se recusaram a ir à missa, acima de 15 anos, foi crucificada de cabeça para baixo, e a maioria das pessoas abaixo dessa idade foi estrangulada."

Sarah Ratignole des Vignes, uma mulher de 60 anos, foi detida por alguns soldados, que lhe ordenaram fazer uma oração a alguns santos, o que ela recusou. Eles lhe enfiaram uma foice na barriga, rasgaram-na e, depois, decapitaram-na.

Martha Constantine, uma bela jovem, foi tratada com grande indecência e crueldade por vários soldados, que primeiramente a estupraram e, depois, mataram-na lhe cortando os seios. Eles os fritaram e puseram diante de alguns de seus camaradas, que os comeram sem saber o que eram. Quando terminaram de comer, os outros lhes disseram o que havia sido sua refeição; em consequência disso, iniciou-se uma briga, espadas foram desembainhadas e ocorreu uma batalha. Vários foram mortos na luta, a maior parte dos quais estivera envolvida no horrível massacre da mulher e enganara tão desumanamente seus companheiros.

Alguns dos soldados detiveram um homem de Thrassiniere e, com as pontas das espadas, atravessaram suas orelhas e seus pés. Então, arrancaram-lhe as unhas dos dedos das mãos e dos pés com pinças em brasa, amarraram-no ao rabo de um burro e o arrastaram pelas ruas. Finalmente, amarraram uma corda em torno de sua cabeça e a torceram com um pedaço de pau, de maneira tão violenta que a arrancaram do corpo.

Peter Symonds, um protestante de aproximadamente 80 anos, foi amarrado pelo pescoço e calcanhares e, depois, jogado de um precipício. Na queda, o galho de uma árvore enroscou as cordas que o prendiam e o suspenderam no ar, de modo que ele definhou ao longo de

*John Foxe*

vários dias e, por fim, miseravelmente morreu de fome.

Esay Garcino, recusando-se a renunciar à sua religião, foi cortado em pequenos pedaços, e os soldados, ridicularizando, disseram que o haviam picado. Uma mulher chamada Armand foi esquartejada e, depois, as partes foram penduradas em uma cerca viva; duas idosas foram rasgadas e deixadas nos campos sobre a neve, onde pereceram, e uma mulher muito idosa, que era deformada, teve o nariz e as mãos decepados e foi abandonada dessa maneira para sangrar até a morte.

Um grande número de homens, mulheres e crianças foi arremessado das rochas e despedaçado. Magdalen Bertino, uma mulher protestante de La Torre, foi completamente despida e sua cabeça foi amarrada entre as pernas. Ela foi arremessada de um dos precipícios, e Mary Raymondet, da mesma cidade, teve a carne cortada dos ossos até morrer.

Magdalen Pilot, de Vilario, foi cortada em pedaços na caverna de Castolus; Ann Charboniere teve uma ponta de uma estaca enfiada verticalmente no corpo; o outro lado foi fixado no chão e ela foi deixada assim para perecer. Jacob Perrin, o ancião, da igreja de Vilario, e David, seu irmão, foram esfolados vivos.

Giovanni Andrea Michialm, habitante de La Torre, foi preso com quatro de seus filhos; três deles foram cortados em pedaços diante dele, com os soldados perguntando, ao matar cada filho, se ele renunciaria à sua religião. Ele se recusava constantemente. Um dos soldados pegou

o último, o mais novo, pelas pernas e fez a mesma pergunta ao pai, que respondeu como antes; então, o bruto desumano esmagou a cabeça desse filho. O pai, porém, no mesmo instante correu deles e fugiu. Os soldados dispararam contra ele, mas erraram e, por sua rapidez, ele escapou e se escondeu nos Alpes.

## OUTRAS PERSEGUIÇÕES NOS VALES DO PIEMONTE, NO SÉCULO 17

Por se recusar a tornar-se papista, Giovanni Pelanchion foi amarrado por uma perna ao rabo de uma mula e arrastado pelas ruas de Lucerna, em meio às aclamações de uma multidão desumana, que não parava de apedrejá-lo e gritar: "Ele está possuído pelo diabo, para que nem o apedrejamento nem o arrastamento pelas ruas o matem, pois o diabo o mantém vivo". Então, levaram-no até o rio, decapitaram-no e deixaram a cabeça e o corpo desenterrados, na margem do rio.

Magdalen, filha de Peter Fontaine, uma linda criança de 10 anos, foi violentada e assassinada pelos soldados. Outra menina da mesma idade foi assada viva em Villa Nova, e uma pobre mulher, ouvindo dizer que os soldados estavam vindo em direção à sua casa, pegou o berço em que seu filho bebê estava dormindo e fugiu em direção à floresta. Os soldados, porém, a viram e a perseguiram; quando ela aliviou o peso largando o berço e a criança, os soldados mataram o bebê. Continuando a perseguição, encontraram a mãe em uma caverna, onde primeiramente a estupraram e, depois, cortaram-na em pedaços.

Jacob Michelino, presbítero da igreja de Bobbio, e vários outros protestantes foram pendurados com ganchos presos à barriga e deixados para expirar nas torturas mais excruciantes.

Giovanni Rostagnal, um venerável protestante com mais de 80 anos, teve o nariz e as orelhas decepados e cortadas fatias das partes carnudas do corpo. Ele sangrou até a morte.

Sete pessoas — Daniel Seleagio e sua esposa, João Durant, Ludovico Durant, Bartolomeu Durant, Daniel Revel e Paul Reynaud — tiveram suas bocas enchidas com pólvora, que foi acesa, explodindo suas cabeças.

Por recusar-se a mudar de religião, Jacob Birone, um professor de Rorata, foi totalmente despido e, após ser exposto com muita indecência, teve as unhas dos dedos dos pés e das mãos arrancadas com pinças em brasa, e suas mãos foram furadas com a ponta de uma adaga. Depois, uma corda foi amarrada em sua cintura e ele foi conduzido pelas ruas com um soldado a cada lado. A cada esquina, o soldado da direita lhe fazia um corte na carne e o soldado da esquerda o atingia com um golpe, ambos dizendo ao mesmo tempo: "Você irá à missa? Você irá à missa?". Ele continuava respondendo negativamente a essas perguntas e, sendo finalmente levado até a ponte, foi decapitado nas balaustradas. Sua cabeça e seu corpo foram jogados no rio.

Paul Garnier, um protestante muito piedoso, teve seus olhos arrancados, foi esfolado vivo e seu corpo foi dividido em quatro partes, que foram colocadas em quatro das principais casas de Lucerna. Ele suportou todos os seus sofrimentos com a mais exemplar paciência, louvou a Deus enquanto conseguia falar e demonstrou claramente que uma boa consciência pode inspirar confiança e resignação.

Daniel Cardon, de Rocappiata, sendo detido por alguns soldados, foi decapitado por eles, que fritaram seu cérebro e o comeram. Duas pobres cegas, de San Giovanni, foram queimadas vivas, e uma viúva de La Torre e sua filha foram levadas ao rio e mortas por apedrejamento.

Ao tentar fugir de alguns soldados, Paul Giles levou um tiro no pescoço; depois, fenderam seu nariz, cortaram seu queixo, esfaquearam-no e deram sua carcaça aos cães.

Alguns dos soldados irlandeses aprisionaram 11 homens de Garcigliana, acenderam uma fornalha em brasa e os forçaram a empurrar um ao outro para dentro até o último homem, a quem eles mesmos empurraram.

Michael Gonet, um homem de 90 anos, foi queimado até a morte; Baptista Oudri, outro idoso, foi esfaqueado, e Bartholomew Frasche teve buracos feitos em seus calcanhares, através dos quais foram colocadas cordas; depois, foi arrastado por eles até a prisão, onde seus ferimentos necrosaram, levando-o à morte.

Magdalene de la Piere foi perseguida por alguns soldados e, capturada, foi jogada de um precipício, e seu corpo ficou em pedaços. Margaret Revella e Mary Pravillerin, duas mulheres muito idosas,

148

*John Foxe*

foram queimadas vivas, e Michael Bellino, juntamente com Ann Bochardno, foram decapitados.

O filho e a filha de um conselheiro de Giovanni foram rolados juntos do topo de uma colina íngreme e pereceram em um poço profundo no sopé da mesma. A família de um comerciante, a saber: ele mesmo, sua esposa e um bebê nos braços dela, foram lançados de uma rocha e se despedaçaram. Joseph Chairet e Paul Carniero foram esfolados vivos.

Ao ser perguntado se renunciaria à sua religião e se tornaria católico romano, Cipriano Bustia respondeu: "Prefiro renunciar à vida ou tornar-me um cão". Ao que um sacerdote declarou: "Por essa expressão, você renunciará à vida e será dado aos cães". Consequentemente, eles o arrastaram para a prisão, onde ele passou um tempo considerável sem comida, até ficar faminto. Depois disso, jogaram seu cadáver na rua diante da prisão e ele foi devorado por cães da maneira mais chocante.

Margaret Saretta foi morta por apedrejamento e, depois, lançada no rio. A cabeça de Antonio Bartina foi esfacelada, e Joseph Pont foi cortado ao meio.

Daniel Maria e toda a sua família, doentes de febre, tiveram sua casa invadida por vários rufiões papistas, que disseram ser médicos habilidosos que lhes dariam alívio, o que de fato fizeram golpeando a cabeça da família inteira.

Três filhos pequenos de um protestante chamado Peter Fine foram cobertos com neve e morreram asfixiados. Judith, uma viúva idosa, foi decapitada; uma bela jovem

foi despida e teve uma estaca enfiada em seu corpo, pelo que expirou.

Lucy, a esposa de Peter Besson, em estado avançado de gravidez, morava em uma das aldeias dos vales piemonteses e decidiu, se possível, fugir de cenas tão terríveis que a cercavam por todos os lados; assim, pegou os dois filhos pequenos, um em cada mão, e partiu em direção aos Alpes. Porém, no terceiro dia de jornada, ela entrou em trabalho de parto entre as montanhas e teve um bebê, que morreu em decorrência da extrema inclemência do clima, assim como as outras duas crianças. Essa mulher encontrou todos os três filhos mortos, e ela mesma foi encontrada expirando pela pessoa a quem relatou esses detalhes.

Francis Gros, filho de um clérigo, teve sua carne lentamente cortada do corpo em pedaços pequenos e colocada em um prato diante dele. Dois de seus filhos foram picados diante de seus olhos, e sua esposa foi amarrada a um poste para assistir a todas essas crueldades praticadas contra o marido e os filhos. Por fim, cansados de praticar suas atrocidades, os atormentadores decapitaram o marido e a esposa, depois lançaram aos cães a carne de toda a família.

O sr. Thomas Margher fugiu para uma caverna, os soldados fecharam a entrada e ele morreu de fome. Judith Revelin e sete filhos foram barbaramente assassinados em suas camas, e uma viúva de quase 80 anos foi cortada em pedaços por soldados.

Jacob Roseno recebeu ordem para orar aos santos, mas se recusou em absoluto. Assim alguns dos soldados o espancaram violentamente para fazê-lo obedecer.

Então, como ele ainda se recusava, vários dos soldados dispararam contra ele, encravando muitas balas em seu corpo. Quando ele estava quase expirando, eles gritaram: "Você invocará os santos? Você orará aos santos?". Ao que ele respondeu: "Não! Não! Não!". Então, um dos soldados, com uma espada larga, dividiu sua cabeça em pedaços, pondo fim aos seus sofrimentos neste mundo, pelo que, sem dúvida, ele será gloriosamente recompensado no vindouro.

Um soldado tentou violentar uma jovem chamada Susanna Gacquin, que resistiu fortemente e, na luta, empurrou-o de um precipício; ele foi dilacerado na queda. Seus camaradas, em vez de admirar a virtude da jovem e aplaudi-la por defender tão nobremente sua castidade, caíram sobre ela com suas espadas e a cortaram em pedaços.

Giovanni Pulhus, um pobre camponês de La Torre, detido pelos soldados como protestante, foi condenado pelo marquês de Pianesta a ser executado em um local próximo ao convento. Ao chegar à forca, vários monges compareceram e fizeram todo o possível para convencê-lo a renegar à sua religião. Porém, ele lhes disse que nunca abraçaria a idolatria e que estava feliz por ser considerado digno de sofrer pelo nome de Cristo. Então, eles o fizeram pensar no que sua esposa e seus filhos, que dependiam de seu trabalho, sofreriam após sua morte, ao que ele respondeu: "Eu gostaria que, assim como eu, minha esposa e meus filhos considerassem suas almas mais do que seus corpos e o mundo vindouro

acima deste; e, quanto à angústia em que poderei deixá-los, Deus é misericordioso e proverá para eles enquanto forem dignos da Sua proteção". Diante da inflexibilidade daquele pobre homem, os monges esbravejaram: "Calem-no! Calem-no!", o que o carrasco fez quase imediatamente. O seu corpo, posteriormente cortado em pedaços, foi lançado no rio.

Paul Clement, ancião da igreja de Rossana, foi detido pelos monges de um mosteiro vizinho e levado para o mercado daquela cidade, onde alguns protestantes haviam acabado de ser executados pelos soldados. Mostraram-lhe os cadáveres, para que a visão o intimidasse. Observando os corpos, em condições chocantes, ele calmamente disse: "Vocês podem matar o corpo, mas não podem causar danos à alma de um verdadeiro crente. Entretanto, quanto aos terríveis espetáculos que me mostraram aqui, podem estar certos de que a vingança de Deus alcançará os assassinos daquelas pobres pessoas e os castigará pelo sangue inocente que derramaram". Os monges ficaram tão exasperados com essa resposta, que ordenaram que ele fosse enforcado imediatamente. Enquanto ele estava pendurado, os soldados se divertiam, a certa distância, atirando no corpo como se fosse um alvo.

Daniel Rambaut, de Vilario, pai de uma família numerosa, foi detido e, com vários outros, levado à prisão de Paesana. Ali, foi visitado por vários sacerdotes, que, com contínuas importunações, fizeram todo o possível para convencê-lo a renunciar à religião protestante e tornar-se papista. Ele se recusou peremptoriamente e, diante da determinação dele, os sacerdotes fingiram ter dó de sua numerosa família e lhe disseram que ele ainda poderia preservar sua vida se concordasse em crer no seguinte:

1. A real presença da hóstia;
2. transubstanciação;
3. purgatório;
4. a infalibilidade do papa;
5. as missas rezadas pelos mortos libertarão almas do purgatório e
6. orar aos santos obterá a remissão de pecados.

O sr. Rambaut respondeu aos padres que nem sua religião, nem seu entendimento, nem sua consciência permitiriam que ele endossasse qualquer um dos itens, pelas seguintes razões:

1. Crer na presença real na hóstia é uma chocante união de blasfêmia e idolatria;
2. crer que as palavras de consagração realizam o que os papistas denominam transubstanciação, convertendo a hóstia e o vinho no corpo e no sangue reais e idênticos de Cristo, que foi crucificado e depois subiu ao Céu, é um absurdo demasiadamente grosseiro para ser crido até por uma criança que não atingiu a mínima razão, e que nada, além da mais cega superstição, poderia fazer com que os católicos romanos confiassem em algo tão absolutamente ridículo;

3. a doutrina do purgatório era mais inconsistente e absurda que um conto de fadas;
4. o papa ser infalível era impossível, pois reivindicava arrogantemente algo que pertence somente a Deus, que é perfeito;
5. rezar missas pelos mortos era ridículo, e seu único propósito era manter a crença na fábula do purgatório, uma vez que o destino de todos é definitivamente decidido quando a alma sai do corpo e
6. orar aos santos pela remissão de pecados é deturpar a adoração, uma vez que os próprios santos têm em Cristo um intercessor. Portanto, como somente Deus pode perdoar os nossos erros, devemos buscar unicamente nele o perdão.

Os sacerdotes ficaram tão ofendidos com as respostas do sr. Rambaut aos itens que eles desejavam que ele endossasse, que decidiram abalar sua resolução pelo método mais cruel imaginável: ordenaram que uma articulação de seu dedo fosse decepada todos os dias, até não lhe restarem dedos. Procederam da mesma maneira com os dedos dos pés, depois, todos os dias, decepavam alternadamente uma mão e um pé. Porém, vendo que ele suportava seus sofrimentos com a mais admirável paciência, crescia tanto em firmeza quanto em resignação e mantinha sua fé com firme resolução e inabalável constância, eles o apunhalaram no coração e, depois, entregaram seu corpo para ser devorado pelos cães.

Pedro Gabriola, um cavalheiro protestante de considerável eminência, foi detido por uma tropa de soldados e se recusou a renunciar à sua religião. Eles ataram inúmeros saquinhos com pólvora em seu corpo e, em seguida, ateando fogo neles, explodiram-no.

Antonio, filho de Samuel Catieris, um pobre rapaz surdo e extremamente inofensivo, foi cortado em pedaços por um grupo das tropas. Logo depois, os mesmos rufiões entraram na casa de Peter Moniriat e cortaram as pernas de toda a família, deixando-os sangrar até a morte, por não serem capazes de ajudar a si mesmos ou um ao outro.

Daniel Benech foi detido, teve o nariz fendido e as orelhas cortadas fora; depois, foi dividido em quartos, sendo cada quarto pendurado em uma árvore. Maria Monino teve a mandíbula fraturada e foi deixada em angústia até morrer de inanição.

Maria Pelanchion, uma viúva bonita da cidade de Vilario, foi detida por um grupo das brigadas irlandesas, que a espancaram cruelmente e a violentaram, arrastaram-na para uma ponte alta que atravessava o rio e a despiram da maneira mais indecente, penduraram-na pelas pernas na ponte, com a cabeça voltada para a água. Depois, os soldados, entrando em barcos, atiraram nela até sua morte.

Maria Nigrino e sua filha, que era mentalmente incapaz, foram cortadas em pedaços na floresta e seus corpos foram deixados para serem devorados por animais selvagens. Susanna Bales, uma viúva de Vilario, foi emparedada até morrer de fome. Susanna Calvio fugiu de alguns soldados e se escondeu em um celeiro, eles atearam fogo na palha e a queimaram.

Paul Armand foi cortado em pedaços; uma criança chamada Daniel Bertino foi queimada; Daniel Michialino teve a língua arrancada e foi deixado para perecer nesse estado, e Andreo Bertino, um homem muito idoso, que era coxo, foi mutilado da maneira mais chocante e, finalmente, teve a barriga rasgada e as entranhas, carregadas na ponta de uma alabarda.

Constância Bellione, uma senhora protestante, foi detida por causa de sua fé. Um sacerdote lhe perguntou se ela renunciaria ao diabo e iria à missa, ao que ela respondeu: "Fui criada em uma religião pela qual sempre fui ensinada a renunciar ao diabo, mas, se eu cumprir o seu desejo e for à missa, certamente o encontrarei lá em diversos formatos". O sacerdote ficou muito irritado com a resposta e lhe disse para retratar-se, caso contrário sofreria cruelmente. A senhora, porém, respondeu corajosamente que não dava valor a qualquer sofrimento que ele lhe pudesse infligir e, apesar de todos os tormentos que ele pudesse inventar, ela manteria a consciência pura e a fé, inviolada. Então, o sacerdote ordenou que fatias da carne dela fossem cortadas de várias partes do corpo, crueldade que ela suportou com a mais singular paciência, dizendo apenas ao sacerdote: "Que tormentos horríveis e duradouros você sofrerá no inferno pelas insignificantes e temporárias dores que eu agora suporto!". Exasperado com essa expressão e disposto a cessar sua fala,

*John Foxe*

Valdenses afogados em Veneza, figura ilustrativa de *O livro dos Mártires*, edição de 1907.

o sacerdote ordenou que uma fileira de mosqueteiros se pusesse em formação e disparasse contra ela. Com isso, ela foi logo executada e selou seu martírio com seu sangue.

Uma jovem chamada Judith Mandon, por recusar-se a mudar de religião e abraçar o papismo, foi presa a uma estaca e bastões foram jogados contra ela a distância, exatamente como naquele costume bárbaro anteriormente praticado na terça-feira de carnaval: esquivar-se das pedras, como era denominado. Por esse procedimento desumano, os membros da pobre criatura foram espancados e mutilados de uma maneira terrível, e sua cabeça foi finalmente destruída por um dos bastões.

David Paglia e Paolo Genre, tentando fugir para os Alpes, cada qual com seu filho, foram perseguidos e alcançados pelos soldados em uma grande planície. Ali, eles os caçavam por diversão, aguilhoando-os com suas espadas e os fazendo correr até caírem de fadiga. Quando se deram conta de que os fugitivos estavam bastante exaustos e que não conseguiriam mais proporcionar aquele esporte bárbaro correndo, os soldados os cortaram em pedaços e deixaram seus corpos mutilados no local.

Miguel Greve, um jovem de Bobbio, foi detido na cidade de La Torre, levado à ponte e jogado no rio. Sendo ótimo nadador, nadou rio abaixo, pensando escapar, mas os soldados e a turba seguiram pelas duas margens do rio e o apedrejaram continuamente até ele ser atingido em uma das têmporas e perder os sentidos, consequentemente ele afundou e se afogou.

David Armand recebeu ordem de deitar a cabeça em um bloco e um soldado, com um grande martelo, despedaçou sua cabeça. David Baridona, detido em Vilario, foi levado a La Torre, onde, recusando-se a renunciar à sua religião, foi atormentado por meio de fósforos de enxofre amarrados entre os dedos das mãos e dos pés e, depois, acendidos. Em seguida, teve sua carne arrancada com pinças em brasa até ele expirar. Giovanni Barolina e sua esposa foram jogados em uma poça de água estagnada e obrigados, por meio de forcados e pedras, a ficar com a cabeça submersa até sufocarem.

Vários soldados foram à casa de Giuseppe Garniero e, antes de entrarem, dispararam contra a janela para avisar que se aproximavam. Uma bala de mosquete entrou em um dos seios da Sra. Garniero enquanto ela amamentava o bebê no outro. Ao descobrir suas intenções, ela implorou que poupassem a vida da criança. Eles prometeram fazê-lo e o enviaram imediatamente a uma enfermeira católica romana. Então, pegaram o marido e o enforcaram em sua própria porta. Após darem um tiro na cabeça da esposa, deixaram seu corpo esvaindo-se em sangue e o marido pendurado na forca.

Isaías Mondon, um idoso protestante piedoso, fugiu dos perseguidores impiedosos para uma fenda em uma rocha, onde sofreu as mais terríveis dificuldades, porque, no meio do inverno, foi forçado a deitar-se sobre um monte sem qualquer cobertura; seu alimento eram as raízes que ele conseguia encontrar perto de sua miserável habitação, e a única maneira de conseguir bebida era pôr neve na boca até derreter. Porém, alguns dos cruéis soldados o encontraram ali e, após espancá-lo sem piedade, levaram-no a Lucerna, aguilhoando-o com as pontas de suas espadas. Extremamente enfraquecido por seu modo de vida e exausto pelos golpes que havia recebido, ele caiu na estrada. Eles o espancaram novamente para fazê-lo prosseguir. Ele implorou de joelhos que o livrassem de seu sofrimento, matando-o. Finalmente, eles concordaram em fazê-lo e um deles, aproximando-se, atirou na cabeça dele com uma pistola, dizendo: "Pronto, herege, receba o que pediu".

Maria Revol, uma digna protestante, foi baleada pelas costas enquanto caminhava pela rua. Devido ao ferimento, ela caiu, mas, recuperando forças suficientes, ajoelhou-se e, erguendo as mãos para o Céu, orou com o máximo de fervor ao Todo-poderoso. Então, vários soldados, que estavam por perto, dispararam uma saraivada de tiros, muitos dos quais foram fatais, dando um fim instantâneo aos sofrimentos dela.

Vários homens, mulheres e crianças se esconderam em uma grande caverna, onde permaneceram em segurança durante algumas semanas. Habitualmente, dois homens saíam quando necessário e, furtivamente, buscavam provisões. Entretanto, certo dia, eles foram vistos. Com isso, a caverna foi descoberta e, pouco depois, uma tropa de católicos romanos apareceu diante dela.

Os papistas que se reuniram naquela ocasião eram vizinhos e conhecidos íntimos dos protestantes que estavam na caverna, e alguns eram até mesmo seus parentes. Os protestantes saíram e imploraram-lhes, pelos laços de hospitalidade, pelos laços de sangue e como velhos conhecidos e vizinhos, que não os matassem. Porém, a superstição supera todo sentimento de natureza e humanidade, de modo que os papistas, cegados pelo fanatismo, disseram que não podiam demonstrar misericórdia pelos hereges e, portanto, ordenaram que se preparassem para morrer.

Ao ouvir isso, e conhecendo a fatal obstinação dos católicos romanos, todos os protestantes caíram prostrados, ergueram as mãos e o coração ao Céu, oraram com grande sinceridade e fervor e, em seguida, curvando-se, deitaram o rosto junto ao chão e esperaram pacientemente por seu destino, que logo foi decidido, pois os papistas caíram sobre eles com fúria incessante e, após cortá-los em pedaços, deixaram os corpos e membros mutilados na caverna.

Giovanni Salvagiot, passando por uma igreja católica romana sem tirar o chapéu, foi seguido por alguns membros da congregação, que se lançaram sobre ele e o mataram. Jacob Barrel e sua esposa foram feitos prisioneiros pelo conde de San Secondo, um dos oficiais do duque de Savoy. Ele os entregou aos soldados, que extirparam os seios da mulher e o nariz do homem e depois atiraram na cabeça deles.

Antonio Guigo, protestante vacilante, foi a Periero com a intenção de renunciar à sua religião e abraçar o papismo. Ele comunicou essa intenção a alguns sacerdotes, que o elogiaram muito, sendo marcado um dia para a sua retratação pública. Nesse ínterim, Antonio se conscientizou totalmente de sua perfídia, e sua consciência o atormentou tanto, noite e dia, que ele decidiu não se retratar, e sim fugir. Ele o fez, mas, logo deram por sua falta e o perseguiram, e ele foi detido. No caminho, os soldados fizeram todo o possível para fazê-lo voltar ao seu plano de retratação; porém, vendo que seus esforços eram ineficazes, espancaram-no violentamente na estrada. Ao se aproximar de um precipício, ele aproveitou a oportunidade para pular e ficou dilacerado.

Em Bobbio, um cavalheiro protestante de considerável fortuna, sendo provocado todas as noites pela insolência de um sacerdote, retrucou com grande severidade. Dentre outras coisas, disse que o papa era o anticristo, a missa era idolatria, o purgatório era uma farsa e a absolvição era uma trapaça. Para se vingar, o sacerdote contratou cinco terríveis rufiões que, na mesma noite, invadiram a casa do cavalheiro e o atacaram de maneira violenta. O cavalheiro ficou terrivelmente assustado, caiu de joelhos e implorou por misericórdia, mas os cruéis rufiões o eliminaram sem a mínima hesitação.

## UMA NARRATIVA DA GUERRA PIEMONTESA

Os já mencionados massacres e assassinatos cometidos nos vales do Piemonte quase deixaram despovoados a maioria das cidades e dos vilarejos. Somente um lugar não fora atacado, devido à dificuldade de chegar até ele: a pequena comunidade de Roras, situada sobre uma rocha.

À medida que a obra de sangue se afrouxava em outros lugares, o conde de Christople, um dos oficiais do duque de Savoy, decidiu que, se possível, se tornaria senhor de Roras e, com esse objetivo, destacou 300 homens para surpreendê-la em segredo.

Os habitantes de Roras, porém, foram informados da aproximação dessas tropas. Então, o capitão Josué Gianavel, um corajoso oficial protestante, colocou-se à frente de um pequeno corpo de cidadãos e montou uma emboscada para atacar o inimigo em um pequeno desfiladeiro.

Quando as tropas apareceram e já haviam entrado no desfiladeiro, que era o único lugar pelo qual a cidade poderia ser abordada, os protestantes mantiveram um fogo estratégico e bem direcionado contra eles, ainda se mantendo escondidos do inimigo atrás dos arbustos. Um grande número dos soldados foi morto; os demais, sob fogo contínuo e não vendo alguém em quem atirar, consideraram adequado recuar.

Os membros daquela pequena comunidade enviaram um memorial ao marquês de Pianessa, um dos oficiais generais do duque, declarando que "lamentavam necessitar pegar em armas em qualquer ocasião. Porém, a abordagem secreta de um corpo de tropas, sem qualquer motivo estabelecido ou prévio aviso do objetivo de sua vinda, os alarmara muito; e que, por

ser costume deles nunca permitir que militar algum entrasse em sua pequena comunidade, eles repeliram força por força e o fariam novamente. Entretanto, em todos os outros aspectos, professavam ser súditos respeitosos, obedientes e leais ao seu soberano, o duque de Savoy".

Para ter a melhor oportunidade de enganar e surpreender os protestantes de Roras, o marquês de Pianessa lhes enviou uma resposta dizendo-lhes que "estava perfeitamente satisfeito com o comportamento deles, porque tinham agido corretamente e até prestado um serviço ao seu país. Pois os homens que haviam tentado passar pelo desfiladeiro não eram suas tropas, nem enviados por ele, e sim um bando de ladrões desesperados que durante algum tempo havia infestado aquela região e sido um terror para o país vizinho". Para disfarçar melhor a sua traição, publicou então um decreto ambíguo, aparentemente favorável aos habitantes.

Contudo, no mesmo dia após essa proclamação plausível e conduta ilusória, o marquês enviou 500 homens para se apossarem de Roras, enquanto o povo, pensava ele, tinha se acalmado e sentia-se em perfeita segurança por seu comportamento ilusório.

O capitão Gianavel, porém, não se deixaria enganar tão facilmente. Por isso, preparou uma emboscada para aquele corpo de tropas, como havia feito para o primeiro, e os obrigou a retroceder com perdas muito mais consideráveis.

Embora frustrado nessas duas tentativas, o marquês de Pianessa se determinou a fazer uma terceira incursão, que deveria ser ainda mais formidável, mas, primeiramente, publicou de maneira imprudente outra declaração que negava qualquer conhecimento da segunda tentativa.

Pouco depois, foram enviados 700 homens escolhidos à expedição, que, a despeito do fogo dos protestantes, forçaram o desfiladeiro, entraram em Roras e começaram a assassinar todas as pessoas que encontravam, sem distinção de idade ou sexo. Encabeçando uma pequena tropa, apesar de ter perdido no desfiladeiro, o capitão protestante Gianavel decidiu conter a passagem deles por um desfiladeiro fortificado que levava à parte mais rica e melhor da cidade. Ele obteve sucesso mantendo fogo contínuo e por todos os seus homens serem exímios atiradores. O comandante católico romano ficou muito surpreso com essa oposição, pois imaginava ter superado todas as dificuldades. Empenhou-se, porém, para forçar a passagem, mas, incapaz de colocar na frente mais de 12 homens por vez e com os protestantes protegidos por um peitoril, ficou perplexo com a quantidade de homens que se opunha a ele.

Enfurecido com a perda de tantos soldados e temendo uma desgraça se persistisse em tentar o que parecia tão impraticável, ele considerou mais sábio recuar. Não desejando, porém, retirar seus homens pelo desfiladeiro pelo qual entraram, devido à dificuldade e ao perigo da empreitada, ele decidiu recuar em direção a Vilario, por outro desfiladeiro chamado Piampra, o qual, apesar do difícil acesso,

era fácil de descer. Porém, decepcionou-se, pois o capitão Gianavel havia colocado seu pequeno bando ali, irritando muito as tropas enquanto passavam e até mesmo os importunando na retaguarda até elas entrarem em campo aberto.

O marquês de Pianessa, vendo que todas as suas tentativas foram frustradas e que todo artifício que ele usara havia sido apenas um sinal de alarme para os habitantes de Roras, decidiu agir abertamente e, assim, proclamou que amplas recompensas seriam dadas a quem quisesse pegar em armas contra os obstinados hereges de Roras, como ele os chamava, e que qualquer oficial que os exterminasse seria principescamente recompensado.

Isso levou o capitão Mario, católico romano fanático e violento rufião, a engajar-se na empreitada. Assim, ele obteve licença para criar um regimento a partir de seis cidades: Lucerna, Borges, Famolas, Bobbio, Begnal e Cavos.

Havendo completado seu regimento, que consistia em mil homens, ele estabeleceu seu plano de não passar pelos desfiladeiros, e sim tentar alcançar o cume de um rochedo, de onde imaginava poder injetar suas tropas na cidade sem muita dificuldade ou oposição.

Os protestantes fizeram com que as tropas católicas romanas chegassem quase ao cume do rochedo, sem oferecer oposição ou sequer aparecer à vista. Porém, quando elas haviam quase chegado ao topo, atacaram-nas furiosamente, uma parte mantendo um fogo bem direcionado e constante, e a outra rolando pedras enormes.

Isso interrompeu o avanço dos soldados papistas: muitos foram mortos pelos mosqueteiros e muitos outros pelas pedras, que os derrubaram pelos precipícios. Vários foram sacrificados por sua pressa, pois, ao tentarem um recuo precipitado, caíram e foram despedaçados. O próprio capitão Mario escapou por pouco, tendo caído de um lugar escarpado para um rio que banhava o sopé da rocha. Ele foi encontrado inconsciente, mas depois se recuperou, embora tenha sofrido pelas contusões durante longo tempo. Por fim, sua saúde declinou em Lucerna, onde morreu.

Outro corpo de tropas foi chamado do campo de Vilario, para fazer uma tentativa contra Roras; mas este também foi derrotado por meio das lutas dos protestantes em emboscadas e obrigado a recuar novamente para o campo de Vilario.

Após cada uma dessas vitórias, o capitão Gianavel dirigia a seus homens um discurso adequado, fazendo-os ajoelhar-se e dar graças ao Todo-poderoso por Sua proteção providencial, e, habitualmente, concluía com o Salmo 11, no qual o autor deposita sua confiança em Deus.

O marquês de Pianessa ficou muito enfurecido por ser tão derrotado pelos poucos habitantes de Roras. Então, decidiu tentar expulsá-los de uma maneira que dificilmente poderia fracassar.

Com essa visão, ordenou que todas as milícias católicas romanas do Piemonte fossem convocadas e instruídas. Quando essas ordens foram cumpridas, ele juntou às milícias 8 mil soldados regulares e, dividindo o todo em três regimentos distintos,

planejou a realização de três ataques formidáveis infligidos ao mesmo tempo, a menos que o povo de Roras, a quem ele enviou um relato de seus grandes preparativos, aceitassem as seguintes condições:

1. Pedir perdão por pegar em armas; 2. pagar as despesas de todas as expedições enviadas contra eles; 3. reconhecer a infalibilidade do papa; 4. ir à missa; 5. orar aos santos; 6. usar barba; 7. entregar seus pastores; 8. entregar seus professores; 9. confessar-se; 10. pagar valores para a liberação de almas do purgatório; 11. como regra, entregar o capitão Gianavel e 12. como norma, entregar os presbíteros da igreja.

Ao tomar conhecimento dessas condições, os habitantes de Roras ficaram honestamente indignados e responderam ao marquês que não as cumpririam antes de sofrer as três coisas mais desagradáveis à humanidade:

1. Suas propriedades serem apreendidas; 2. suas casas serem queimadas e 3. eles mesmos serem assassinados.

Exasperado com essa mensagem, o marquês lhes enviou essa epístola lacônica:

*Aos hereges obstinados que habitam em Roras,*
*Vocês terão seu pedido atendido, porque as tropas enviadas contra vocês têm ordens rigorosas de saquear, queimar e matar.* —PIANESSA

Os três exércitos foram, então, acionados, e os ataques foram ordenados da seguinte maneira: o primeiro, pelas rochas de Vilario; o segundo, pelo passe de Bagnol e o terceiro, pelo desfiladeiro de Lucerna.

As tropas forçaram seu caminho pela superioridade numérica e, havendo conquistado os rochedos e desfiladeiros, começaram a fazer as mais horríveis depredações e as maiores crueldades. Os homens, eles enforcaram, queimaram, torturaram até a morte ou cortaram em pedaços; as mulheres, rasgaram, crucificaram, afogaram ou jogaram dos precipícios, e as crianças, lançavam sobre lanças, picavam, cortavam a garganta ou esfacelavam a cabeça. Cento e vinte e seis pessoas sofreram dessa maneira no primeiro dia da conquista da cidade.

Em conformidade com as ordens do marquês de Pianessa, eles também saquearam as propriedades e queimaram as casas do povo. Vários protestantes, porém, fugiram conduzidos pelo capitão Gianavel, cuja esposa e filhos foram, infelizmente, feitos prisioneiros e enviados a Turim sob forte vigilância.

O marquês de Pianessa escreveu uma carta ao capitão Gianavel e libertou um prisioneiro protestante para que a levasse. Nela, ele dizia que, se o capitão abraçasse a religião católica romana, seria indenizado por todas as suas perdas desde o início da guerra: sua esposa e seus filhos seriam imediatamente libertos e ele mesmo seria promovido com honra no exército do duque de Savoy. Porém, recusando-se a concordar com as propostas feitas, sua esposa e seus filhos seriam mortos e haveria uma recompensa tão grande para que o entregasse vivo ou morto, que até alguns de seus amigos mais próximos ficariam tentados a traí-lo pela grandeza da quantia.

A essa epístola, o bravo Gianavel enviou a seguinte resposta:

*Meu senhor marquês,*
*Não há tormento tão grande ou morte tão cruel que me faça preferir abjurar a minha religião. Assim, as promessas perdem seus efeitos e as ameaças apenas me fortalecem na minha fé.*

*No tocante a minha esposa e meus filhos, meu senhor, nada me pode ser mais aflitivo do que pensar em seu confinamento, ou ser mais terrível à minha imaginação do que sofrerem uma morte violenta e cruel. Sinto profundamente todos os ternos sentimentos de marido e pai. Meu coração está repleto de todos os sentimentos da humanidade. Eu sofreria qualquer tormento para resgatá-los do perigo; morreria para preservá-los.*

*Porém, havendo dito isso, senhor, garanto-lhe que a compra da vida deles não pode ser o preço da minha salvação. O senhor os tem em seu poder, é verdade, mas meu consolo é que o seu poder é apenas uma autoridade temporária sobre os corpos deles: pode destruir a parte mortal, mas suas almas imortais estão fora do seu alcance e viverão, de agora em diante, para testemunhar contra o senhor por suas crueldades. Portanto, eu os recomendo, e a mim mesmo, a Deus e oro para que o seu coração seja transformado.*
—JOSUÉ GIANAVEL

*Massacre dos valdenses em Merindol*, por Gustave Doré (1832–86).

Após escrever essa carta, esse bravo oficial protestante se retirou para os Alpes com seus seguidores e, juntando-se a ele um grande número de outros protestantes fugitivos, incomodou o inimigo com contínuas escaramuças.

Certo dia, deparando-se com um regimento de tropas papistas perto de Bibiana, embora numericamente inferiorizado, atacou-as com grande fúria e as derrotou sem perder um único homem, embora no combate ele mesmo houvesse sido atingido na perna por um tiro disparado por um soldado escondido atrás de uma árvore. Gianavel, porém, percebendo de onde o tiro viera, apontou a arma para o local e eliminou a pessoa que o tinha ferido.

Ouvindo dizer que certo capitão Jahier havia reunido um considerável grupo de protestantes, o capitão Gianavel lhe escreveu uma carta, propondo unirem suas forças. O capitão Jahier concordou imediatamente com a proposta e marchou diretamente para encontrar Gianavel.

Feita essa aliança, foi proposto atacar Garcigliana, uma cidade habitada por católicos romanos. O ataque foi feito com grande disposição, mas, havendo chegado recentemente à cidade um reforço de cavalaria e infantaria, fato que os protestantes desconheciam, eles foram repelidos. Ainda assim, fizeram uma retirada magistral e perderam somente um homem na ação.

A tentativa seguinte das forças protestantes foi contra San Secondo. Eles a atacaram com grande vigor, mas encontraram forte resistência das tropas católicas romanas, que fortificaram as ruas e se plantaram nas casas, de onde disparavam balas de mosquete em grande quantidade. Os protestantes, porém, avançaram cobertos com um grande número de tábuas, que alguns seguravam sobre a cabeça para se proteger dos tiros do inimigo vindos das casas, enquanto outros mantinham um fogo bem direcionado, de modo que as casas e os entrincheiramentos foram logo invadidos e a cidade tomada.

Na cidade, eles encontraram uma quantidade prodigiosa de pilhagem, que havia sido tomada dos protestantes em diversos momentos e em diferentes lugares e armazenada em armazéns, igrejas, moradias etc. Eles removeram tudo para um local seguro, para ser distribuído, com a máxima justiça possível, aos sofredores.

Esse ataque bem-sucedido foi feito com tanta habilidade e determinação, que custou muito pouco à parte vencedora. Os protestantes tiveram apenas 17 baixas e 26 feridos, enquanto os papistas sofreram uma perda de nada menos que 450 mortos e 511 feridos.

Cinco oficiais protestantes — Gianavel, Jahier, Laurentio, Genolet e Benet — armaram um plano para surpreender Biqueras. Para isso, marcharam em cinco grupos que, de comum acordo, fariam o ataque ao mesmo tempo. Os capitães Jahier e Laurentio passaram por dois desfiladeiros na floresta e chegaram ao local em segurança, ocultos, mas os três outros grupos fizeram suas abordagens mediante um campo aberto e, consequentemente, ficaram mais expostos a ataques.

Ao receber o alarme, os católicos romanos enviaram um grande número de tropas de Cavors, Bibiana, Feline, Campiglione e alguns outros lugares vizinhos para libertar Biqueras. Quando essas se uniram, decidiram atacar os três grupos protestantes que estavam marchando em campo aberto. Percebendo a intenção do inimigo e não estando muito distantes um do outro, os oficiais protestantes uniram forças muito rapidamente e se formaram em ordem de batalha.

Enquanto isso, os capitães Jahier e Laurentio haviam atacado a cidade de Biqueras e queimado todas as casas da periferia, para fazer suas abordagens com maior facilidade. Porém, sem o apoio esperado dos outros três capitães protestantes, enviaram um mensageiro, montando um cavalo veloz, em direção ao campo aberto para perguntar o porquê.

O mensageiro retornou logo e informou que os três capitães protestantes não conseguiriam apoiar suas ações por terem sido atacados por uma força muito superior na planície e mal conseguiam sustentar-se nesse conflito desigual.

Ao receberem essa informação, os capitães Jahier e Laurentio decidiram interromper o ataque a Biqueras e ir, com a máxima rapidez possível, apoiar seus amigos na planície. Essa iniciativa provou ser a ação mais essencial, pois, assim que chegaram ao local, onde os dois exércitos estavam se enfrentando, as tropas papistas começavam a prevalecer e estavam a ponto de flanquear a ala esquerda, comandada pelo capitão Gianavel. A chegada daquelas tropas provocou um desequilíbrio em favor dos protestantes, e as forças papistas, embora lutassem com a mais obstinada intrepidez, foram totalmente derrotadas. Muitos foram mortos e feridos, de ambos os lados, e as bagagens, suprimentos militares etc. tomados pelos protestantes foram muito consideráveis.

Sendo informado de que 300 homens do inimigo transportariam em comboio uma grande quantidade de suprimentos, provisões etc. de La Torre até o castelo de Mirabac, o capitão Gianavel decidiu atacá-los no caminho. Assim, iniciou o ataque em Malbec, embora com uma força muito inadequada. A disputa foi longa e sangrenta, mas os protestantes acabaram sendo obrigados a ceder diante da superioridade numérica do inimigo e a recuar, o que fizeram com grande ordem e poucas baixas.

O capitão Gianavel avançou para um ponto de vantagem, situado perto da cidade de Vilario, e em seguida enviou as seguintes informações e comandos aos habitantes:

1. Ele atacaria a cidade dentro de 24 horas;
2. no tocante aos católicos romanos que portassem armas, pertencentes ou não ao exército, ele agiria segundo a lei da retaliação e os mataria pelas numerosas depredações e os muitos assassinatos cruéis que haviam cometido;
3. todas as mulheres e crianças, de qualquer religião, estariam seguras;

4. ele ordenava que todos os protestantes saíssem da cidade e se juntassem a ele;

5. todos os apóstatas que, por fraqueza, haviam abjurado sua religião, seriam considerados inimigos, a menos que renunciassem à sua abjuração e

6. todos os que retornassem ao seu dever para com Deus e para com eles mesmos seriam recebidos como amigos.

Os protestantes em geral deixaram a cidade imediatamente e se juntaram ao capitão Gianavel com grande satisfação, e os poucos que, por fraqueza ou medo, haviam renegado sua fé, retrataram sua abjuração e foram recebidos no seio da Igreja. Devido o marquês de Pianessa ter removido o exército e acampado em uma parte bastante diferente do país, os católicos romanos de Vilario pensaram ser insensato tentar defender o local com a pequena força da qual dispunham. Por isso, fugiram com a maior precipitação, deixando a cidade e a maior parte de suas propriedades a critério dos protestantes.

Após convocar um conselho de guerra, os comandantes protestantes resolveram fazer uma investida contra a cidade de La Torre. Ao serem informados desse plano, os papistas destacaram algumas tropas para defender um desfiladeiro através do qual os protestantes precisariam fazer sua abordagem. Porém, foram derrotados, obrigados a abandonar o desfiladeiro e forçados a recuar para La Torre.

Os protestantes prosseguiram em sua marcha e, ao se aproximarem, as tropas de La Torre fizeram um ataque furioso, mas foram repelidas com grandes baixas e obrigadas a procurar abrigo na cidade. Agora, o governador só pensava em defender o local, que os protestantes começaram a atacar em formação. Porém, após muitas tentativas corajosas e ataques violentos, os comandantes protestantes, por várias razões, decidiram abandonar tal empreendimento, particularmente porque consideraram o local demasiadamente fortalecido diante do débil número com que contavam e também pelo fato de o canhão que portavam não ser adequado à tarefa de derrubar as muralhas de La Torre.

Tomada essa resolução, os comandantes protestantes iniciaram uma retirada magistral e a conduziram com tanta ordem que o inimigo não quis persegui-los, nem molestou sua retaguarda, o que poderiam ter feito quando passassem pelos desfiladeiros.

No dia seguinte, eles se reuniram, contaram o exército e contabilizaram um total de 495 homens. Então, fizeram um conselho de guerra e planejaram uma investida mais fácil: um ataque à comunidade de Crusol, lugar habitado por vários católicos romanos dos mais fanáticos, que haviam exercido, durante as perseguições, as mais inéditas crueldades contra os protestantes.

Ouvindo falar do plano, o povo de Crusol fugiu para uma fortaleza vizinha, situada em uma rocha onde os protestantes não poderiam alcançá-los, pois bastariam alguns homens para torná-la inacessível a um numeroso exército. Assim, cuidaram de proteger sua gente, mas não se apressaram em assegurar suas propriedades, cuja maior parte havia, de fato, sido saqueada dos protestantes e agora, felizmente, estavam novamente em posse dos devidos proprietários. Elas consistiam em muitos artigos ricos e valiosos, e algo que, na época, era muito mais valioso: uma grande quantidade de suprimentos militares.

Um dia depois de os protestantes desaparecerem com sua pilhagem, chegaram 800 soldados para ajudar o povo de Crusol, enviados de Lucerna, Biqueras, Cavors etc. Porém, vendo que haviam chegado tarde demais e que uma perseguição seria inútil, os soldados começaram a saquear as aldeias vizinhas para não voltarem de mãos vazias, embora o que tomaram fosse de seus amigos. Após coletar um saque satisfatório, eles começaram a dividi-lo, mas, discordando quanto às diferentes partes, saíram das palavras para os socos, fizeram muita bagunça e, depois, saquearam uns aos outros.

No mesmo dia em que os protestantes foram tão bem-sucedidos em Crusol, alguns papistas marcharam com o propósito de saquear e queimar a pequena vila protestante de Rocappiatta, mas, pelo caminho, encontraram as forças protestantes pertencentes aos capitães Jahier e Laurentio, dispostos na colina de Angrogne. Então, teve início um engajamento trivial: no primeiro ataque, os católicos romanos recuaram em grande confusão e foram perseguidos, havendo muita matança. Após o término da perseguição, algumas tropas papistas isoladas encontraram um pobre camponês protestante, amarraram uma corda em sua cabeça e a apertaram até o crânio ser totalmente esmagado.

Os capitães Gianavel e Jahier arquitetaram um plano para atacar Lucerna, mas, como o capitão Jahier não reuniu suas forças no momento indicado, o capitão Gianavel decidiu tentar o empreendimento por si mesmo.

Assim sendo, em uma marcha forçada, seguiu em direção àquele lugar durante toda a noite e chegou próximo ao local ao amanhecer. Sua primeira precaução foi cortar os canos que levavam água para a cidade e, depois, destruir a ponte, única via de entrada das provisões vindas do campo.

Então, atacou o local e se apoderou rapidamente de dois dos postos avançados. Porém, ao descobrir que não conseguiria o domínio do lugar, recuou prudentemente com pouquíssimas perdas, culpando, porém, o capitão Jahier pelo fracasso de tal empreitada.

Informados de que o capitão Gianavel estava em Angrogne somente com sua própria companhia, os papistas decidiram, se possível, surpreendê-lo. Com esse intuito, um grande número de tropas foi destacado de La Torre e de outros lugares. Uma parte subiu ao topo de uma montanha, em cujo sopé ele estava posicionado, e a outra pretendia apossar-se do portão de São Bartolomeu.

Os papistas pensaram que, seguramente, capturariam o capitão Gianavel e todos os seus homens, por serem apenas 300, e sua própria força ser de 2.500 soldados. Seu intento, porém, foi providencialmente frustrado, porque um dos soldados papistas tocou uma trombeta imprudentemente antes de ser dado o sinal de ataque. Com

*John Foxe*

o alarme, o capitão Gianavel colocou sua pequena companhia tão vantajosamente no portão de São Bartolomeu e no desfiladeiro pelo qual o inimigo seria obrigado a descer das montanhas, que as tropas católicas romanas fracassaram nos dois ataques e foram repelidas com baixas muito consideráveis.

Pouco depois, o capitão Jahier chegou a Angrogne e uniu suas forças às do capitão Gianavel, dando explicações suficientes para o perdão de sua falha mencionada anteriormente. Então, o capitão Jahier fez várias incursões secretas com grande sucesso, sempre escolhendo os soldados mais ativos pertencentes a Gianavel e a ele mesmo. Certa feita, colocou-se à frente de 44 homens para uma expedição. Ao entrar em uma planície próxima a Ossac, foi repentinamente cercado por um grande corpo de cavalaria. Embora oprimidos pelas probabilidades, o capitão Jahier e seus homens lutaram desesperadamente e mataram o comandante-superior, três capitães e 57 soldados do inimigo. Entretanto, com a morte do próprio capitão Jahier e de 35 de seus homens, os demais se renderam. Um dos soldados cortou a cabeça do capitão Jahier e, levando-a para Turim, apresentou-a ao duque de Savoy, que o recompensou com 600 ducados.

A morte desse cavalheiro foi uma significativa perda para os protestantes, pois ele era um verdadeiro amigo e companheiro da Igreja reformada. Era destemido, e nenhuma dificuldade o impedia de encarregar-se de uma empreitada, nem os perigos o aterrorizavam em sua execução.

Era piedoso sem hipocrisia e humano sem fraqueza; ousado em campo, manso na vida domiciliar, com gênio perspicaz, espírito ativo e resoluto em todos os seus empreendimentos.

Para aumentar a aflição dos protestantes, o capitão Gianavel foi, pouco depois, ferido de tal maneira que foi obrigado a ficar acamado. Eles, porém, reuniram nova coragem a despeito dos infortúnios e, determinados a não se abater, atacaram um regimento de tropas papistas com grande intrepidez. Os protestantes estavam em grande desvantagem numérica, mas lutaram com mais resolução do que os papistas e, finalmente, derrotaram-nos com um considerável massacre. Durante a ação, um sargento chamado Michael Bertino foi morto. Então, seu filho, que estava logo atrás dele, apressou-se para assumir seu lugar e disse: "Perdi meu pai, mas coragem, companheiros soldados, Deus é Pai de todos nós".

De semelhante modo, várias escaramuças ocorreram entre as tropas de La Torre e Tagliaretto e as forças protestantes, em geral terminando em favor das últimas. Andrion, um cavalheiro protestante, reuniu um regimento de cavalaria e assumiu o comando. O sr. João Leger convenceu um grande número de protestantes a formarem companhias voluntárias, e Michelin, um excelente oficial, instituiu vários grupos de tropas modestas. Todos estes, reunidos ao que restara das tropas veteranas de protestantes (porque muitos haviam sido perdidos nas diversas batalhas, escaramuças, cercos etc.), formaram um exército respeitável, que os oficiais consideraram adequado acampar perto de San Giovanni.

Os comandantes católicos romanos, alarmados com a aparência formidável e o aumento da força das tropas protestantes, decidiram, se possível, desalojá-los de seu acampamento. Com esse objetivo, reuniram uma grande força, consistindo na parte principal das guarnições das cidades católicas romanas, o alistamento das brigadas irlandesas, um grande número de regulares enviados pelo marquês de Pianessa, as tropas auxiliares e as companhias independentes.

Havendo se agrupado, eles acamparam perto dos protestantes e passaram vários dias convocando conselhos de guerra e discutindo sobre o modo mais adequado de proceder. Alguns foram favoráveis a saquear o país, para forçar os protestantes a saírem de seu acampamento. Outros, a esperar pacientemente até serem atacados, e uma terceira parte, por atacar o acampamento protestante e tentar dominar tudo que havia nele.

Este último plano prevaleceu, sendo a manhã seguinte a escolhida para executarem a decisão que fora tomada. As tropas católicas romanas foram separadas em quatro divisões, três das quais deveriam atacar em lugares diferentes. A quarta deveria permanecer como força reserva a fim de agir conforme a ocasião exigisse. Antes do ataque, um dos oficiais católicos romanos discursou aos seus homens: "Companheiros soldados, agora vocês entrarão em uma grande ação, que lhes trará fama e riqueza. Os motivos de vocês agirem com a alma

são, igualmente, da maior importância, a saber: a honra de demonstrar sua lealdade ao seu soberano, o prazer de derramar sangue herege e a perspectiva de saquear o acampamento protestante. Então, meus bravos companheiros, lancem-se sobre eles, não deem trégua, matem a todos que encontrarem e peguem tudo o que estiver ao alcance de vocês".

Após esse desumano discurso, o engajamento começou, e o acampamento protestante foi atacado em três lugares com fúria inconcebível. A luta foi mantida com grande obstinação e perseverança pelos dois lados, continuando sem intervalo durante quatro horas, pois as várias companhias de ambos os lados se revezavam para descanso e, dessa maneira, asseguraram o fogo contínuo durante toda a ação.

Durante o enfrentamento dos exércitos principais, um destacamento da guarnição de reserva foi enviado para atacar o posto de Castelas; se os papistas tivessem conseguido, isso lhes daria o comando dos vales de Perosa, São Martinho e Lucerna. Porém, foram repelidos e, com grandes baixas, obrigados a retornar ao posto de reserva, de onde haviam sido destacados.

Pouco depois do retorno desse destacamento, as tropas católicas romanas, fortemente pressionadas na batalha principal, pediram que a companhia de reserva viesse em seu apoio. Esta marchou imediatamente em seu auxílio e, durante um tempo maior, trouxe certo equilíbrio ao combate, porém, por fim, o valor dos protestantes prevaleceu e os papistas foram totalmente derrotados, com mais de 300 homens mortos e muitos outros feridos.

Quando o prefeito de Lucerna, papista de fato, mas não fanático, viu o grande número de homens feridos levados àquela cidade, exclamou: "Ah! Eu pensava que os lobos costumavam devorar os hereges, mas agora vejo os hereges comerem os lobos". Essa expressão foi reportada ao sr. Marolles, comandante-superior católico romano em Lucerna, que enviou uma carta muito séria e ameaçadora ao prefeito. Este ficou tão apavorado que o medo o deixou com febre e ele morreu após alguns dias.

Essa grande batalha foi travada pouco antes do início da colheita, quando os papistas, exasperados com sua desgraça e decididos a qualquer tipo de vingança, espalharam-se à noite, em grupos, pelos melhores campos de milho dos protestantes e lhes atearam fogo em diversos lugares. Alguns desses grupos vagantes, porém, sofreram por sua conduta, porque os protestantes, alarmados à noite pelas chamas no milharal, perseguiram os fugitivos no início da manhã e, alcançando muitos deles, mataram-nos. De semelhante modo, em retaliação, o capitão protestante Bellin saiu com um pequeno regimento de tropas e incendiou os subúrbios de La Torre, retirando-se em seguida com pouquíssimas baixas.

Poucos dias depois, com uma companhia de tropas muito mais forte, o capitão Bellin atacou a própria cidade de La Torre. Abriu uma brecha na muralha do convento para seus homens entrarem, conduziu a guarnição para a cidadela e queimou tanto a cidade quanto o convento. Depois disso, fizeram uma retirada regular, por não poderem destruir a cidadela por falta de canhão.

## UM RELATO DAS PERSEGUIÇÕES INFLIGIDAS A MIGUEL DE MOLINOS, UM NATIVO DA ESPANHA

Quando jovem, Miguel de Molinos, um espanhol de uma família rica e honrada, foi ordenado sacerdote, mas não quis aceitar a nomeação na Igreja. Ele possuía grandes habilidades naturais, que dedicava ao serviço de seus semelhantes, sem almejar remuneração para si mesmo. Sua vida era piedosa e constante, e ele não exercia as austeridades comuns entre as ordens religiosas da Igreja Romana.

Tendo a mentalidade contemplativa, ele seguiu a trilha dos teólogos místicos, e tendo adquirido grande reputação na Espanha e desejoso de propagar seu modo sublime de devoção, deixou seu próprio país, estabelecendo-se em Roma. Ali, logo se uniu a alguns dos mais ilustres dentre os literatos, os quais aprovavam tanto suas máximas religiosas, que concordaram em ajudá-lo a propagá-las. Assim, em pouco tempo, ele obteve um grande número de seguidores, que, devido ao modo sublime de sua religião, foram distinguidos pelo nome de quietistas.

Em 1675, Molinos publicou um livro intitulado *Il Guida Spirituale* (Guia Espiritual), ao qual foram anexadas cartas de recomendação de diversas grandes personalidades. Uma delas foi escrita pelo

*Miguel de Molinos,* 1687, por Johann Hainzelman. Parte do acervo da Biblioteca Nacional da Espanha.

em Nápoles, alguns sacerdotes seculares se declararam francamente favoráveis e o consultavam, como uma espécie de oráculo, em muitas ocasiões. Porém, quem se apegou a ele com a maior sinceridade foram alguns dos patriarcas do Oratório; em particular, três dos mais eminentes: Caloredi, Ciceri e Petrucci. Muitos dos cardeais também cortejavam ser seus conhecidos e se sentiam felizes por serem contados entre os seus amigos. O mais distinguido deles foi o cardeal d'Estrees, homem de grande cultura, o qual aprovou tanto as máximas de Molinos, que estabeleceu uma estreita ligação com ele. Eles conversavam pessoalmente todos os dias e, não obstante a desconfiança que um espanhol tem naturalmente de um francês, Molinos, que era sincero em seus princípios, abriu-se sem reservas para o cardeal, sendo por esse meio estabelecida uma correspondência entre Molinos e algumas pessoas distintas da França.

Enquanto Molinos trabalhava para propagar seu modo religioso, o padre Petrucci escreveu vários tratados referentes à vida contemplativa. Porém, misturou nelas muitas regras para as devoções da Igreja Romana, mitigando a censura que poderia ter, de outra maneira, sofrido. Eles foram escritos principalmente para uso das freiras e, portanto, o sentido era expresso no estilo mais simples e familiar.

Agora, Molinos adquirira tal reputação, que os jesuítas e dominicanos começaram a ficar muito alarmados e determinados a interromper o avanço de tal método. Para isso, era necessário condenar o autor e,

arcebispo de Reggio, outra pelo general dos franciscanos, e uma terceira pelo padre Martin de Esparsa, um jesuíta, professor de teologia em Salamanca e em Roma.

Tão logo foi publicado, o livro foi amplamente lido e muito estimado, tanto na Itália quanto na Espanha, e isso elevou tanto a reputação do autor, que as personalidades mais respeitáveis almejavam conhecê-lo. Cartas lhe foram escritas por inúmeras pessoas e, desse modo, estabeleceu-se uma correspondência entre ele e os que aprovavam seu método em diferentes partes da Europa. Tanto em Roma quanto como a heresia é uma imputação que causa o impacto mais forte em Roma, Molinos e seus seguidores foram considerados hereges. Livros também foram escritos por alguns dos jesuítas contra Molinos e seu sistema. Contudo, todos receberam respostas consideráveis de Molinos.

Essas disputas ocasionaram tanta perturbação em Roma, que o caso todo despertou a atenção da Inquisição. Molinos e seu livro, e o padre Petrucci, com seus tratados e cartas, foram submetidos a exame severo. Os jesuítas foram considerados os acusadores. De fato, um dos membros da organização aprovara o livro de Molinos, mas os demais cuidaram de que ele não fosse visto novamente em Roma. Durante o interrogatório, Molinos e Petrucci se saíram tão bem que seus livros foram novamente aprovados, e as respostas escritas pelos jesuítas, censuradas como escandalosas.

A conduta de Petrucci nessa ocasião foi tão aprovada, que não apenas aumentou a confiabilidade da causa, mas também sua própria remuneração, visto que, pouco depois, ele foi nomeado bispo de Jesis, o que foi uma nova declaração feita pelo papa em favor deles. Seus livros agora eram mais estimados do que nunca, o método deles era mais seguido e tal novidade, com a nova aprovação concedida após uma acusação tão vigorosa pelos jesuítas, contribuiu para aumentar a credibilidade e aumentar o número de apoiadores.

O comportamento do padre Petrucci em sua nova dignidade contribuiu grandemente para elevar a sua reputação, de modo que seus inimigos não estavam dispostos a perturbá-lo mais, e, de fato, houve menos ocasião de censura aos seus escritos do que aos de Molinos. Algumas passagens na literatura de Molinos não foram expressas com tanta cautela, deixando espaço para exceções. Por outro lado, Petrucci se explicava tão amplamente que removia com facilidade as objeções feitas a algumas partes de seus escritos.

A grande reputação adquirida por Molinos e Petrucci ocasionou o crescimento diário dos quietistas. Todos os que eram considerados sinceramente devotos, ou pelo menos influenciados por esse conceito, eram contados como tais. Embora se observasse que essas pessoas se tornaram mais rigorosas em sua vida e devoção mental, parecia haver menos zelo em toda a sua conduta quanto a questões relacionadas às cerimônias da Igreja. Elas não eram tão assíduas na missa, nem tão fervorosas em vindicar que missas fossem rezadas por seus amigos, nem eram vistas tão frequentemente em confissões ou procissões.

Embora a nova aprovação concedida pela Inquisição ao livro de Molinos tivesse restringido os procedimentos de seus inimigos, eles ainda eram inveterados contra ele no íntimo e estavam determinados a, se possível, arruiná-lo. Insinuaram que ele era mal-intencionado e, no espírito, inimigo da religião cristã, pois, sob o pretexto de elevar os homens a um sublime esforço de devoção, ele pretendia apagar da mente das pessoas a percepção dos mistérios do cristianismo. E, por ser espanhol, declararam que ele era descendente de uma raça judaica ou maometana e poderia ter, em seu sangue ou em sua educação primária, algumas sementes dessas religiões que, desde então, ele cultivava com arte e zelo. Esta última calúnia conquistou pouca credibilidade em Roma, embora tenha sido dito que fora ordenado a averiguação dos registros do local onde Molinos foi batizado.

Vendo-se atacado com grande vigor e a mais implacável maldade, Molinos tomou todas as precauções necessárias para impedir que essas acusações recebessem crédito. Ele escreveu um tratado, intitulado *Comunhão frequente e diária*, que foi igualmente aprovado por alguns dos membros mais eruditos do clero romano. Ele foi impresso com seu *Guia Espiritual* no ano de 1675. Já no prefácio, ele declarou não o ter escrito com objetivo algum de se envolver em assuntos controversos, e sim que lhe havia sido sinceramente solicitado por muitas pessoas piedosas.

Fracassando em suas tentativas de esmagar o poder de Molinos em Roma, os jesuítas representaram o caso junto à corte da França. Pouco tempo depois, foram tão bem-sucedidos que uma ordem foi enviada ao cardeal d'Estrees ordenando que ele processasse Molinos com todo o rigor possível. Embora tão fortemente apegado a Molinos, o cardeal decidiu sacrificar tudo que é sagrado na amizade à vontade de seu superior. Descobrindo, porém, não haver motivo suficiente para acusá-lo, decidiu-se suprir essa lacuna por conta própria. Assim, dirigiu-se aos inquisidores e os informou de vários detalhes, referentes não

apenas a Molinos, mas também a Petrucci, os quais, juntamente com vários de seus amigos, foram submetidos à Inquisição.

Quando foram levados à presença dos inquisidores (no início de 1684), Petrucci respondeu às perguntas que lhe foram feitas com tanto juízo e temperança, que logo foi dispensado. Embora o interrogatório de Molinos tenha sido muito mais longo, era de se esperar que ele também fosse dispensado, mas isso não ocorreu. Apesar de os inquisidores não terem qualquer acusação justa contra ele, esforçaram-se ao máximo para considerá-lo culpado de heresia. Primeiro, objetaram a ele manter correspondência com diferentes partes da Europa, mas disso ele foi absolvido, pois o assunto dessa correspondência não pôde ser criminalizado. Então, voltaram a atenção para alguns documentos suspeitos encontrados em seu quarto, mas Molinos explicou tão claramente o significado deles, que nada neles pôde ser usado para prejudicá-lo. Por fim, após mostrar a ordem enviada pelo rei da França para processar Molinos, o cardeal d'Estrees disse ter provas contra ele mais do que o necessário para convencê-los de que ele era culpado de heresia. Para isso, distorceu o significado de algumas passagens dos livros e documentos de Molinos e relatou muitas circunstâncias falsas e agravantes referentes ao prisioneiro. Ele admitiu ter convivido com ele sob aparência de amizade, mas que isso fora apenas para descobrir seus princípios e intenções, os quais ele considerava de má natureza e, provavelmente, teriam consequências perigosas. Contudo, para

*John Foxe*

fazer uma descoberta completa, consentira em várias coisas que, em seu íntimo, detestava. Assim, por esses meios, ele desvendou os segredos de Molinos, mas decidiu não dar atenção até aparecer a oportunidade adequada para aniquilá-lo e os seus seguidores.

Em consequência das provas de d'Estree, Molinos ficou rigorosamente em confinamento pela Inquisição, onde ficou durante algum tempo, período em que tudo se acalmou, e seus seguidores prosseguiram seu método sem interrupção. Porém, de repente, os jesuítas decidiram extirpá-los e a tempestade eclodiu com a mais arraigada veemência.

O conde Vespiniani e sua esposa, Dom Paulo Paulo Rocchi, confessor do príncipe de Borgo, e parte de sua família, juntamente com vários outros (ao todo, 70 pessoas) foram levados à Inquisição; muitos deles eram altamente estimados por sua erudição e piedade. A acusação feita contra o clérigo foi não dizer o breviário, e os demais foram acusados de participar da eucaristia sem antes fazer a confissão. Em resumo, foi dito que eles negligenciavam toda a aparência exterior da religião e se entregavam inteiramente à solitude e à oração interior.

A condessa Vespiniani se comportou de maneira muito particular quando interrogada pelos inquisidores. Ela disse nunca haver revelado seu método de devoção a mortal algum exceto seu confessor, sendo impossível que eles conhecessem aquele segredo sem que ele o houvesse revelado. Portanto, deveria deixar de praticar a confissão se os sacerdotes faziam uso dela para revelar os pensamentos mais secretos que lhes eram confiados e que, no futuro, só se confessaria a Deus.

Com esse discurso intrépido e a grande agitação causada pelo posicionamento da condessa, os inquisidores consideraram mais prudente dispensar tanto ela quanto seu marido, para que o povo não ficasse inflamado e o que ela dissera diminuísse a credibilidade da confissão. Assim, os dois foram dispensados, mas obrigados a comparecer sempre que fossem convocados.

Além dos já mencionados, tal era o costume dos jesuítas contra os quietistas, que, no espaço de um mês, mais de 200 pessoas foram levadas à Inquisição. E esse método de devoção que antes fora considerado, na Itália, o mais elevado a que os mortais podiam aspirar era considerado herético, e seus principais promotores foram confinados em uma tenebrosa masmorra.

Para, se possível, extirpar o quietismo, os inquisidores enviaram uma carta circular ao ministro-chefe, cardeal Cibo, para distribuí-la por toda a Itália. Ela era endereçada a todos os prelados e lhes informava que, considerando-se que muitas escolas e fraternidades haviam sido estabelecidas em várias partes da Itália, nas quais algumas pessoas, sob o pretexto de levar as outras aos caminhos do Espírito e à oração da quietude, instilaram nelas muitas heresias abomináveis. Sendo assim, a ordem estrita era de dissolver todas aquelas sociedades e obrigar cada guia espiritual a seguir os caminhos conhecidos e, em particular, cuidar para que nenhum deles liderasse

Mosteiro e Castelo de Bormida, Piemonte, Norte da Itália.

conventos. De semelhante modo, foram dadas ordens para proceder no caminho da justiça contra todos os que fossem considerados culpados desses erros abomináveis.

Depois disso, em uma investigação rigorosa em todos os conventos de Roma, descobriu-se que a maioria de seus diretores e confessores estava envolvida com esse novo método. Verificou-se que os carmelitas, as freiras da Conceição e as de vários outros conventos haviam se entregado totalmente à oração e à contemplação, e que, em vez do terço e das outras devoções a santos ou imagens, ficavam sozinhas e, frequentemente, em oração interior. Quando lhes perguntaram por que haviam deixado de lado o uso do terço e de suas formas antigas, a resposta foi que seus diretores as haviam aconselhado a fazê-lo. Informada disso, a Inquisição enviou ordens para que todos os livros escritos na mesma corrente de pensamento de Molinos e Petrucci fossem tirados delas e que elas fossem obrigadas a voltar à sua forma original de devoção.

A carta circular enviada ao cardeal Cibo surtiu pouco efeito, pois a maioria dos bispos italianos era inclinada ao método de Molinos. Pretendia-se que essa e todas as outras ordens dos inquisidores fossem mantidas em segredo. Contudo, a despeito de todos os cuidados, cópias dela foram impressas e distribuídas na maioria das principais cidades da Itália. Isso causou grande inquietação aos inquisidores, que usavam todos os meios possíveis para ocultar do conhecimento do mundo os seus procedimentos. Eles culparam o cardeal e o acusaram de ser o causador desse

distúrbio. Ele, porém, replicou e seu secretário atribuiu a responsabilidade aos dois.

Durante esses acontecimentos, Molinos sofreu grandes indignidades dos oficiais da Inquisição. Nesse tempo, o único conforto que recebia era a visita esporádica do padre Petrucci. Embora houvesse usufruído da mais alta reputação em Roma durante alguns anos, Molinos agora era tão desprezado quanto admirado, sendo geralmente considerado um dos piores hereges. A maior parte dos seus seguidores, que tinham sido levados à Inquisição, abjuraram seu modo e foram dispensados. Entretanto, um destino mais severo aguardava Molinos, seu líder.

Após passar um tempo considerável na prisão, ele foi levado novamente perante os inquisidores para responder a uma série de artigos exibidos contra ele a partir de seus escritos. Assim que apareceu no tribunal, seu corpo foi acorrentado e uma vela foi colocada em sua mão. Então, dois frades leram em voz alta os artigos da acusação. Molinos respondeu a cada um com grande firmeza e resolução, e, apesar de seus argumentos derrotarem totalmente a força de todos contrários, ele foi considerado culpado de heresia e condenado à prisão perpétua.

Ao sair do tribunal, foi atendido por um sacerdote que lhe havia prestado o maior respeito. Quando chegou à prisão, adentrou com grande serenidade à cela designada ao seu confinamento e, ao despedir-se do sacerdote, dirigiu-se a ele desta forma: "Adeus, padre, nos encontraremos novamente no Dia do Juízo e, então, aparecerá de que lado está a verdade, quer seja do meu ou do seu".

Durante seu confinamento, ele foi torturado várias vezes da maneira mais cruel, até que, finalmente, a severidade das punições derrotou as suas forças e encerrou a sua existência. A morte de Molinos causou tanto impacto em seus seguidores, que a maior parte deles logo abjurou seu método e, pela assiduidade dos jesuítas, o quietismo foi totalmente extirpado em todo o país.

# Capítulo 7

## Um relato sobre a vida e as perseguições sofridas por John Wycliffe

Não será inconveniente dedicar algumas páginas desta obra a um breve detalhe da vida de alguns dos primeiros homens que deram um passo à frente — independentemente do poder intolerante que se opunha a toda Reforma — para, com seu sangue, estancar o tempo da corrupção papal e selar as puras doutrinas do evangelho. Quanto a isso, a Grã-Bretanha tem a honra de se colocar à frente e ser a primeira a manter a liberdade na controvérsia religiosa que assombrou a Europa, demonstrando que a liberdade política e a liberdade religiosa contribuíram igualmente para o crescimento dessa beneficiada ilha. Dentre essas notáveis primeiras pessoas estava John Wycliffe.

Esse célebre reformador, denominado "Estrela da Manhã da Reforma", nasceu por volta do ano 1324, durante o reinado de Eduardo II. Não há um relato confiável quanto a sua genealogia. Seus pais o designaram para a Igreja e o enviaram ao Queen's College, em Oxford, fundado naquela época por Robert Eaglesfield, confessor da rainha Filipa. Porém, não vendo vantagem alguma das que esperava em estudar nessa casa recém-estabelecida, mudou-se para o Merton College, considerado uma das comunidades mais instruídas da Europa.

O primeiro fato que o trouxe ao conhecimento público foi sua defesa da universidade contra os frades mendicantes que naquela época, desde seu assentamento

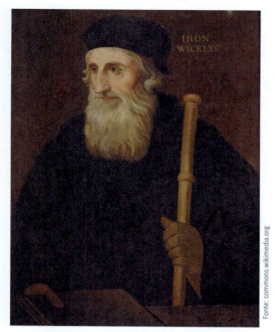

*John Wycliffe*, por Thomas Kirkby (1775–1847). Parte do acervo do Balliol College, Universidade de Oxford, Inglaterra.

em Oxford em 1230, eram vizinhos que perturbavam a universidade. Contendas eram continuamente fomentadas. Os frades apelavam ao papa, e os estudiosos, ao poder civil. Algumas vezes, prevalecia uma das partes, ora uma ora a outra. Os frades se agarraram ferrenhamente na ideia de que Cristo era um mendigo comum, que Seus discípulos também eram pedintes e que mendigar fora instituído pelo evangelho. Eles insistiam nessa doutrina no púlpito e onde quer que tivessem acesso.

Wycliffe, há tempos, desprezava aqueles frades religiosos pela vida preguiçosa que levavam e agora tinha uma oportunidade razoável para expô-los. Ele publicou um tratado contra a mendicância dos capazes, na qual atacou os frades e provou que eles eram não somente uma censura à religião, mas também à sociedade humana. A universidade começou a considerá-lo um dos seus primeiros defensores e, pouco tempo depois, ele foi promovido à direção do Balliol College.

Por essa ocasião, o arcebispo Islip fundou o Canterbury Hall, em Oxford, onde estabeleceu um diretor e 11 estudiosos. Wycliffe foi eleito diretor pelo arcebispo, mas, após a morte deste, foi substituído pelo sucessor, Stephen Langham, bispo de Ely. Por haver certo grau de escancarada injustiça no caso, Wycliffe apelou ao papa, que lhe foi contrário pela seguinte razão: Eduardo III, então rei da Inglaterra, tinha retirado o tributo que, desde o tempo do rei João, era pago ao papa. O papa ameaçou, e Eduardo reuniu um parlamento. O parlamento decidiu que o rei João havia feito algo ilegal e contrário aos direitos da nação e aconselhou o rei a não se submeter a tal exigência, quaisquer que fossem as consequências.

O clero começou a escrever em favor do papa. Um monge erudito publicou um tratado intenso e plausível, que encontrou muitos apoiadores. Irritado por ver uma causa tão prejudicial ser tão bem defendida, Wycliffe se opôs ao monge de maneira tão magistral que não poderia mais ficar sem uma resposta. Sua petição em Roma foi imediatamente indeferida, e ninguém duvidava de que sua oposição ao papa em um período tão crítico fosse a verdadeira causa dessa rejeição à solicitação feita.

Posteriormente, Wycliffe foi eleito para a cátedra de professor de teologia. Então, totalmente convencido dos erros da

Igreja Romana e da vileza de seus agentes monásticos, determinou-se a expô-los. Em palestras públicas, ele atacava seus vícios e se opunha aos seus desatinos. Revelou uma variedade de abusos encobertos pelas trevas da superstição. Primeiramente, ele começou a afrouxar os preconceitos contra a língua vernacular e prosseguiu lentamente: com as investigações metafísicas da época, ele mesclou opiniões sobre divindade aparentemente novas. As usurpações da corte de Roma eram seu tema favorito. Sobre isso ele discorria com toda a perspicácia de argumentação, unida ao raciocínio lógico. Isso logo resultou em protesto dos clérigos, que, com o arcebispo de Canterbury, o destituíram de seu cargo.

Nessa época, a administração dessas e outras questões estava nas mãos do duque de Lancaster, conhecido pelo nome de João de Gante. Esse príncipe tinha noções muito livres acerca de religião e tinha inimizade com o clero. Quando as exigências da corte de Roma se tornaram muito onerosas, ele decidiu enviar o bispo de Bangor e Wycliffe para protestar contra esses abusos, tendo sido acordado que o papa não mais disporia de qualquer benefício pertencente à Igreja da Inglaterra. Nessa missão diplomática, a mente observadora de Wycliffe penetrou na constituição e política de Roma, e ele voltou mais fortemente determinado do que nunca a expor a avareza e ambição daquele lugar.

Tendo recuperado sua posição anterior, em suas palestras ele investia contra o papa: sua usurpação, sua infalibilidade, sua soberba, sua avareza e sua tirania. Ele foi o primeiro a chamar o papa de Anticristo. Depois do papa, ele se voltava à pompa, ao luxo e aos aparatos dos bispos, e os contrastava com a simplicidade dos bispos primitivos. Suas superstições e seus enganos eram tópicos em que ele insistia com energia mental e precisão lógica.

Por conta do patrocínio do duque de Lancaster, Wycliffe recebeu um bom benefício, mas, logo que se estabeleceu em sua paróquia, seus inimigos e os bispos começaram a persegui-lo com ânimo renovado. O duque de Lancaster era seu amigo durante essa perseguição e, por sua presença e a de lorde Percy, conde marechal da Inglaterra, ele inspirou tanto temor no julgamento que este terminou em desordem.

Após a morte de Eduardo III, seu neto de 11 anos, Ricardo II, o sucedeu. O duque de Lancaster não conseguiu ser o único regente, como esperava, e seu poder começou a declinar. Aproveitando-se da situação, os inimigos de Wycliffe renovaram seus artigos de acusação contra ele. Em consequência disso, o papa enviou cinco bulas[26] ao rei e a certos bispos, mas os regentes e o povo manifestaram um sentimento de desprezo pelo procedimento altivo do pontífice. Naquele tempo, os regentes queriam dinheiro para opor-se à invasão esperada dos franceses e se

---

[26] Bula é um documento pontifício relacionado à fé ou de interesse geral, concessão de graças ou privilégios, assuntos judiciais ou administrativos.

propuseram a aplicar a esse fim uma grande quantia daquilo que era coletado para o uso do papa. A questão foi submetida à decisão de Wycliffe. Os bispos, porém, apoiados pela autoridade papal, insistiram em levar Wycliffe a julgamento e ele estava, de fato, sendo interrogado em Lambeth quando, devido ao comportamento revoltoso da população, no lado de fora do recinto, e intimidados pelo comando de Sir Lewis Clifford, um cavalheiro da corte, concluíram que não deveriam emitir nenhuma sentença definitiva. Assim, eles encerraram todo o caso proibindo Wycliffe de pregar doutrinas desagradáveis ao papa. Isso, porém, foi ridicularizado por esse reformador, que, descalço e com um longo vestido de tecido de lã, pregou com mais veemência do que antes.

Em 1378 surgiu uma disputa entre dois papas, Urbano VI e Clemente VII, sendo este legalmente o papa e verdadeiro representante de Deus. Esse foi um período favorável à manifestação dos talentos de Wycliffe: ele logo produziu um folheto contra o papismo, que foi lido com entusiasmo por todo tipo de pessoa.

Por volta do fim desse mesmo ano, Wycliffe foi acometido de uma grave enfermidade, que se temia ser fatal. Os frades mendicantes, acompanhados por quatro dos mais eminentes cidadãos de Oxford, entraram em seu quarto e imploraram que, pelo bem de sua alma, ele se retratasse das coisas injustas que havia afirmado acerca da sua ordem. Surpreso com a mensagem solene, Wycliffe se levantou em sua cama e, com semblante severo, respondeu: "Eu não morrerei, e sim viverei para declarar as más ações dos frades".

Após recuperar-se, Wycliffe iniciou uma obra da maior importância: a tradução da Bíblia para o inglês. Antes desse trabalho vir a público, ele publicou um folheto no qual defendia essa necessidade. O zelo dos bispos em suprimir as Escrituras promoveu fortemente a sua venda, e quem não conseguiu comprar cópias adquiriu transcrições de determinados evangelhos ou epístolas. Posteriormente, quando o lollardismo[27] cresceu e as chamas se acenderam, era uma prática comum prender ao pescoço do herege condenado os fragmentos das Escrituras encontrados em sua posse, que geralmente sofriam o mesmo destino.

Imediatamente após essa realização, Wycliffe se aventurou a dar um passo além e sacudiu a doutrina da transubstanciação. Essa estranha opinião foi inventada por Paschade Radbert e afirmada com surpreendente ousadia. Em sua palestra na Universidade de Oxford, em 1381, Wycliffe atacou essa doutrina e publicou um tratado acerca do assunto. O Dr. Barton, na época vice-chanceler de Oxford, convocando os diretores da universidade, condenou as doutrinas de Wycliffe como heréticas e ameaçou seu autor com excomunhão. Nesse tempo, Wycliffe não podia contar com o apoio

---

[27] Movimento religioso inspirado nas ideias de John Wycliffe de reforma na Igreja e maior proeminência às Escrituras.

*Wycliffe dando aos padres mendicantes sua tradução da Bíblia*, por William Frederick Yeames (1835–1918).

do duque de Lancaster e, intimado a comparecer perante seu antigo adversário, William Courteney, agora arcebispo de Canterbury, protegeu-se sob o argumento de que, como membro da universidade, era isento da jurisdição episcopal. Essa alegação foi admitida, porque a universidade era determinada a apoiar seus membros.

O tribunal se reuniu no horário marcado, determinado a, no mínimo, julgar suas opiniões, condenando algumas como errôneas, outras como heréticas. A publicação acerca desse assunto foi respondida imediatamente por Wycliffe, que se tornara vítima da obstinada maldade do arcebispo. A pedido deste, o rei concedeu licença para aprisionarem o professor de heresia, mas a Câmara dos Comuns[28] fez o rei revogar esse ato, por ser ilegal. O primaz, porém, obteve do rei cartas orientando o reitor da Universidade de Oxford a procurar todas as heresias e livros publicados por Wycliffe, em consequência dessa ordem, a universidade se tornou um cenário de tumulto. Supõe-se que Wycliffe se retirou da tempestade para uma parte obscura do reino.

---

[28] A Câmara do Parlamento inglês é composta pela Câmara dos Comuns, representantes do povo e eleitos por este; e a Câmara dos Lordes, composta por membros indicados pela realeza, pelo Primeiro-Ministro ou pela própria Câmara dos Lordes.

As sementes, porém, foram lançadas e as opiniões de Wycliffe foram tão predominantes que se dizia que, se você conhecesse duas pessoas na estrada, poderia ter certeza de que uma era lollard. Nesse período, as disputas entre os dois papas continuavam. Urbano publicou uma bula, na qual convocava diligentemente todos os que tivessem alguma consideração pela religião a esforçar-se pela causa e pegar em armas contra Clemente e seus seguidores, em defesa da Santa Sé.

Uma guerra na qual o nome da religião era tão vilmente prostituído despertou a disposição de Wycliffe, mesmo em seu tempo de impopularidade. Ele tomou novamente sua pena e escreveu contra essa guerra com a maior rigidez. Censurou o papa de maneira muito livre e lhe perguntou corajosamente: "Como ele ousou fazer da marca de Cristo na cruz (que é a marca da paz, da misericórdia e da caridade) uma bandeira para levar os homens a assassinar cristãos por amor a dois falsos sacerdotes e a oprimir a cristandade ainda mais do que Cristo e Seus apóstolos foram oprimidos pelos judeus? Quando o orgulhoso sacerdote de Roma concederá indulgências à humanidade para viver em paz e caridade, como agora faz para lutarem e matarem uns aos outros?".

Esse texto severo atraiu sobre ele o ressentimento de Urbano e, provavelmente, o teria envolvido em problemas maiores do que os anteriores, mas, providencialmente, ficou livre de suas mãos. Wycliffe foi acometido por paralisia e, embora tenha vivido durante algum tempo, foi em tal estado que seus inimigos o consideraram não merecedor de ressentimento.

Retornando após pouco tempo, de seu banimento ou de algum outro lugar onde foi mantido em segredo, Wycliffe foi reconduzido à sua paróquia de Lutterworth, onde era pastor, e ali partiu silenciosamente desta vida mortal, dormiu em paz no Senhor no dia de São Silvestre, no final do ano de 1384. Ele aparentava ter muito mais idade antes de partir "e a mesma coisa que o agradava quando jovem o agradou na velhice".

Wycliffe teve algum motivo para agradecer aos seus inimigos por, pelo menos, pouparem-no até ele morrer e também por lhe darem tão longo descanso após a sua morte: quarenta e um anos repousando em seu sepulcro antes de o desenterrarem e o transformarem em cinzas, que eles jogaram no rio. Assim, ele foi separado em três elementos: terra, fogo e água, pensando eles que assim extinguiriam e aboliriam totalmente, para sempre, o nome e a doutrina de Wycliffe. Não muito diferente do exemplo dos antigos fariseus e cavaleiros do sepulcro, que, após levarem o Senhor até a sepultura, pensaram garantir que Ele nunca mais se levantasse. Porém, esses e todos os outros devem saber que, por não haver conselho contra o Senhor, não há como esconder a verdade, que brotará e surgirá do pó e das cinzas, como bem pareceu ocorrer com Wycliffe. Pois, embora tenham desenterrado seu corpo, queimado seus ossos e submergido suas cinzas, a Palavra de Deus e a verdade de sua doutrina, bem como com seu fruto e sucesso, eles não conseguiram queimar.

# Capítulo 8

# Um relato das perseguições na Boêmia sob o papado

Tendo usurpado o poder sobre várias igrejas, os pontífices romanos foram particularmente severos com os boêmios[29], o que os levou a enviar dois ministros e quatro irmãos laicos a Roma no ano 977, para obter reparação do papa. Após algum atraso, seu pedido foi atendido e suas injustiças, reparadas. Os boêmios foram autorizados a fazer duas coisas em particular: realizar o culto divino em sua própria língua e conceder o cálice aos laicos no Sacramento.

Entretanto, as disputas logo eclodiram novamente, com os papas seguintes exercendo todo o seu poder para se imporem às mentes dos boêmios, e estes, com grande empenho, visando preservar sua liberdade nas práticas religiosas.

Em 1375, alguns amigos zelosos pelo evangelho solicitaram a Carlos, rei da Boêmia, que convocasse um Concílio ecumênico para investigar os abusos que haviam se infiltrado na Igreja e fazer uma reforma total e meticulosa. Sem saber como proceder, o rei pediu ao papa instruções sobre como agir, porém, o pontífice ficou tão irritado com esse caso que sua única resposta foi: "Castigue severamente aqueles hereges imprudentes e profanos". Consequentemente, o monarca

---

[29] O território da Boêmia variou conforme os séculos, atualmente está praticamente todo dentro da República Checa. Durante algum tempo, foi parte do Sagrado Império Romano, depois do Império Austríaco e por último do Império Austro-Húngaro.

baniu todos os envolvidos em tal pedido e, para favorecer o papa, impôs um grande número de restrições adicionais às liberdades religiosas do povo.

As vítimas de perseguição, porém, não foram tão numerosas na Boêmia até queimarem João Huss e Jerônimo de Praga. Esses dois eminentes reformadores foram condenados e executados por instigação do papa e de seus emissários, como o leitor perceberá, a seguir, pelos breves relatos sobre a vida deles.

### PERSEGUIÇÃO A JOÃO HUSS

João Huss nasceu em Hussenitz, uma vila na Boêmia, por volta de 1380. Seus pais lhe deram a melhor formação educacional que as circunstâncias lhes permitiram. João Huss, tendo adquirido um razoável conhecimento dos clássicos em uma escola particular, foi enviado para a universidade de Praga, onde logo demonstrou suas fortes atribuições intelectuais, sendo notável por sua diligência e aplicação aos estudos.

Em 1398, Huss iniciou o bacharelado em teologia e, na sequência, foi escolhido como pastor da Igreja de Belém, em Praga, e decano e reitor da universidade. Nesses cargos, ele cumpriu seus deveres com grande fidelidade; por fim, tornou-se tão conspícuo por sua pregação em conformidade com as doutrinas de Wycliffe, que dificilmente escaparia, por muito tempo, da atenção do papa e de seus adeptos, a quem ele censurava veementemente.

O reformista inglês Wycliffe acendera de tal forma a luz da Reforma, que começou a iluminar os cantos mais sombrios sob

*João Huss* (1370–1415), autor desconhecido.

o papismo e a ignorância. Suas doutrinas se difundiram pela Boêmia e foram bem recebidas por um grande número de pessoas, ainda mais particularmente por João Huss e seu zeloso amigo e mártir Jerônimo de Praga.

Vendo que os reformistas aumentavam dia após dia, o arcebispo de Praga emitiu um decreto para impedir uma disseminação maior dos escritos de Wycliffe, mas isso teve um efeito muito diferente do esperado, pois encorajou os simpatizantes dessas doutrinas a um zelo maior e a união de quase toda a universidade para propagá-las.

Fortemente ligado às doutrinas de Wycliffe, Huss se opôs ao decreto do arcebispo. Este, porém, finalmente obteve

*John Foxe*

uma bula do papa autorizando-o a impedir a publicação das doutrinas de Wycliffe em sua província. Em virtude dessa bula, o arcebispo condenou os escritos de Wycliffe, processou quatro doutores que não entregaram as cópias desse reformador e os proibiu, a despeito de seus privilégios, de pregar a qualquer congregação.

Juntamente com alguns outros membros da universidade, João Huss protestou contra tais procedimentos e interpôs um recurso à sentença do arcebispo.

O caso foi levado ao conhecimento do papa, que autorizou o cardeal Colonna a intimar João Huss para comparecer pessoalmente ao tribunal de Roma, a fim de

*João Huss pregando.*

Fonte: exclassics.com

responder às acusações feitas contra ele: pregar erros e heresias. Huss queria ser dispensado dessa intimação, e, por ser tão benquisto em Boêmia, o rei Wenceslau, a rainha, a nobreza e a universidade desejaram que o papa o desobrigasse desse comparecimento — e também que o pontífice não colocasse o reino da Boêmia sob acusação de heresia, mas permitisse que o evangelho fosse pregado com liberdade em seus locais de culto.

Três procuradores compareceram no lugar de João Huss diante do cardeal Colonna. Eles tentaram desculpar sua ausência e disseram que estavam prontos para responder em seu nome. O cardeal, porém, declarou Huss contumaz e, consequentemente, o excomungou. Os procuradores apelaram ao papa e nomearam quatro cardeais para examinar o processo: esses comissários confirmaram a sentença anterior e estenderam a excomunhão não apenas a Huss, mas também a todos os seus amigos e seguidores.

Huss apelou dessa sentença injusta a um futuro Concílio, mas sem sucesso. Não obstante, diante de um decreto tão severo e uma consequente expulsão de sua igreja em Praga, Huss se retirou para Hussenitz, sua cidade natal, onde continuou a promulgar sua nova doutrina, no púlpito e por escrito.

Nessa ocasião, ele escreveu um grande número de cartas e compilou um tratado no qual sustentava que ler os livros dos protestantes não poderia ser, de modo algum, proibido. Ele escreveu em defesa do livro de Wycliffe acerca da Trindade e,

ousadamente, declarou-se contrário aos vícios do papa, dos cardeais e do clero daqueles tempos corruptos. Escreveu também muitos outros livros, todos com uma força de argumentação que facilitou muito a disseminação de suas doutrinas.

No mês de novembro de 1414, um Concílio geral foi realizado em Constança, na Alemanha, com o falso intuito de, como único objetivo, resolver uma disputa pendente entre três pessoas que defendiam o papado; porém, o verdadeiro motivo era exterminar o avanço da Reforma.

João Huss foi convocado a comparecer a esse Concílio e, para incentivá-lo, o imperador lhe concedeu um salvo-conduto; a civilidade e até mesmo a reverência com as quais Huss se deparou em sua viagem eram inimagináveis. As ruas — e, às vezes, as próprias estradas —, ficavam cheias de pessoas reunidas por respeito, e não por curiosidade.

Ele foi conduzido à cidade sob forte aclamação, podendo-se dizer que atravessou a Alemanha em uma espécie de triunfo. Ele não pôde deixar de expressar sua surpresa pelo tratamento que recebera: "Eu pensava que era um pária. Agora, vejo que meus piores amigos estão na Boêmia".

Assim que chegou a Constança, Huss se hospedou imediatamente em uma parte remota da cidade. Pouco tempo depois de sua chegada, certo homem chamado Stephen Paletz, contratado pelo clero em Praga, chegou para administrar a acusação pretendida contra Huss. Mais tarde, Miguel de Cassis juntou-se a Paletz, vindo da corte de Roma. Esses dois se declararam

*Mestre João Huss perante o Concílio de Constança*, por Václav Brozik (1851–1901). Parte do acervo da antiga Câmara Municipal de Praga, Brozik Hall, Praga, República Tcheca.

seus acusadores e elaboraram um conjunto de artigos contra Huss, que apresentaram ao papa e aos prelados do Concílio.

Quando souberam de sua presença na cidade, ele foi imediatamente detido e levado como prisioneiro a um cômodo do palácio. Essa violação do direito e da justiça comuns foi percebida particularmente por um dos amigos de Huss, que argumentou haver o salvo-conduto imperial. O papa, porém, respondeu que nunca havia concedido salvo-conduto algum, nem estava subordinado ao emitido pelo imperador.

Enquanto Huss estava confinado, os membros do Concílio fizeram o papel de inquisidores. Eles condenaram as doutrinas de Wycliffe e até mesmo ordenaram que seus restos mortais fossem desenterrados e queimados até virarem cinzas, o que foi rigorosamente cumprido. Enquanto isso, a nobreza da Boêmia e da Polônia intercederam fortemente em favor de Huss e prevaleceram a ponto de impedir que ele fosse condenado sem ser ouvido, o que já havia sido resolvido pelos comissários designados para julgá-lo.

Quando ele foi levado perante o Concílio, os artigos exibidos contra ele foram lidos — eram mais de 40, extraídos principalmente de seus escritos.

O LIVRO DOS MÁRTIRES

A resposta de João Huss foi: "Eu apelei ao papa. Devido à sua morte e à minha questão permanecer indeterminada, apelei igualmente ao seu sucessor, João XXIII; não conseguindo, durante dois anos, ser admitido à sua presença para que meus advogados pudessem defender a minha causa, apelei então ao sumo juiz, Cristo".

Quando João Huss pronunciou essas palavras, perguntaram-lhe se ele havia, ou não, sido absolvido pelo papa. Ele respondeu: "Não!". Então, novamente, perguntaram se lhe era lícito apelar a Cristo ou não, ao que João Huss respondeu: "Em verdade, afirmo aqui, diante de todos vós, que não há apelo mais justo ou eficaz do que aquele feito a Cristo, na medida em que a lei determina que apelar não é outra coisa senão, em decorrência de aflição ou injúria cometida por um juiz inferior, implorar e pedir ajuda a um juiz superior. Quem é, então, um juiz superior a Cristo? Quem, digo eu, pode conhecer ou julgar o assunto com mais justiça ou equidade, uma vez que Ele não se engana, nem pode ser enganado? Ou quem pode ajudar melhor os sofredores e oprimidos do que Ele?". Enquanto falava e pronunciava essas palavras com um semblante devoto e sóbrio, João Huss foi escarnecido e ridicularizado por todos os membros do Concílio.

Essas excelentes frases foram consideradas expressões de traição como muitas outras e tenderam a inflamar seus adversários. Consequentemente, os bispos designados pelo Concílio o despojaram de suas

*A execução por fogo de John Huss na estaca, durante o Concílio de Constança, por Carl Gustaff Hellqvist (1851–90). Parte da Biblioteca de Conhecimentos Gerais e Práticos, Berlim, Alemanha.*

vestes sacerdotais, rebaixaram-no e puseram em sua cabeça uma mitra de papel na qual havia demônios pintados, com a inscrição: "Um líder de hereges". Ao ver isso, Huss disse: "Por minha causa, meu Senhor Jesus Cristo usou uma coroa de espinhos. Por que eu não deveria, então, por Sua causa, usar novamente esta coroa leve e, mesmo assim, tão ignominiosa? Eu o farei de bom grado". Quando ela foi posta em sua cabeça, o bispo declarou: "Agora, entregamos a sua alma ao diabo". Erguendo os olhos para o Céu, João Huss respondeu: "Mas eu, ó Senhor Jesus Cristo, entrego em Tuas mãos o meu espírito, que redimiste".

Quando a corrente foi colocada em torno dele na estaca, ele declarou, com semblante jubiloso: "Por minha causa, meu Senhor Jesus Cristo foi preso por uma cadeia pior do que esta. Então, por que eu deveria ter vergonha desta enferrujada?".

Quando a lenha foi empilhada até o seu pescoço, o duque da Baviera se intrometeu, desejando que ele abjurasse. Mas Huss respondeu: "Não, eu nunca preguei doutrinas de tendência maligna, e o que ensinei com meus lábios agora selo com meu sangue". Então, disse ao carrasco: "Agora, você queimará um ganso (Huss significa ganso na língua da Boêmia), mas, daqui a um século, haverá um cisne que não poderá assar, nem cozinhar". Se ele foi profético, deve ter se referido a Martinho Lutero, que resplandeceu aproximadamente cem anos depois e tinha um cisne em seu brasão.

Quando a fogueira foi acesa, esse mártir cantou um hino com uma voz tão alta e jubilosa que foi ouvido acima de todo o crepitar das labaredas e do barulho da multidão. Por fim, sua voz foi interrompida pela severidade das chamas, que logo encerraram sua existência.

Então, com a máxima diligência, recolheram suas cinzas e as lançaram no rio Reno, para que não fosse deixado na Terra o mínimo remanescente desse homem, cuja memória, apesar de tudo, não pôde ser abolida da mente dos santos, nem por fogo, nem por água, nem por qualquer tipo de tormento.

## PERSEGUIÇÃO A JERÔNIMO DE PRAGA

Esse reformador, que acompanhava João Huss e, pode-se dizer, foi mártir com ele, nasceu em Praga e foi educado nessa universidade, onde se destacou particularmente por sua grande capacidade e seu aprendizado. Ele também visitou vários outros seminários eruditos da Europa, particularmente as universidades de Paris, Heidelberg, Colônia e Oxford. Nesta última, familiarizou-se com os trabalhos de Wycliffe e, sendo uma pessoa incomumente aplicada, traduziu muitos deles para a sua língua nativa, esforçando-se ao máximo para dominar a língua inglesa.

Em seu retorno a Praga, professou ser declaradamente apoiador de Wycliffe e, descobrindo que suas doutrinas tinham feito um considerável progresso na Boêmia e que Huss era o principal promotor delas, tornou-se assistente dele na grande obra da reforma.

Jerônimo chegou a Constança no dia 4 de abril de 1415, aproximadamente três meses antes da morte de Huss. Ele entrou na cidade secretamente e, consultando alguns dos líderes de seu partido que encontrou lá, foi facilmente convencido de que não poderia ser útil aos seus amigos.

Ao descobrir que sua chegada a Constança era de conhecimento público e que o Concílio pretendia detê-lo, considerou mais prudente retirar-se. Assim, no dia seguinte, foi para Iberling, uma cidade imperial a cerca de 1,5 km de Constança. Desse lugar, escreveu ao imperador e propôs sua prontidão para comparecer perante o Concílio se ele lhe desse um salvo-conduto, que foi, porém, recusado. Então, requereu ao Concílio, obtendo uma resposta não menos desfavorável que a do imperador.

Depois disso, retornou para a Boêmia. Ele teve a precaução de levar consigo um certificado, assinado por vários membros da nobreza boêmia, que estavam presentes em Constança, testemunhando que ele havia usado todos os meios sensatos ao seu alcance para obter uma audiência.

Jerônimo, porém, não escapou. Ele foi detido em Hirsaw por um oficial pertencente ao duque de Sultsbach, que, embora não autorizado a agir, não hesitou a fim de obter agradecimentos do Concílio por um serviço tão aceitável.

Com Jerônimo em seu poder, o duque de Sultsbach escreveu ao Concílio para pedir instruções acerca de como proceder. Após expressar seus agradecimentos ao duque, o Concílio desejou que ele enviasse o prisioneiro imediatamente a Constança. O oficial palatino o encontrou no caminho e o conduziu à cidade pessoalmente, a cavalo, com uma numerosa comitiva que conduziu Jerônimo em grilhões com uma longa corrente. Imediatamente após sua chegada, ele foi aprisionado em uma masmorra repugnante.

Jerônimo foi tratado quase da mesma maneira que Huss havia sido, mas ficou muito mais tempo confinado e era transferido de uma prisão a outra. Por fim, sendo levado perante o Concílio, ele desejou defender sua própria causa e justificar-se. Sendo-lhe isso recusado, ele irrompeu na seguinte declaração:

"Que barbárie é essa! Durante 340 dias fiquei confinado em diversas prisões. Não

*Jerônimo de Praga* (1365–1416), por Johann Balzer.

Jerônimo sendo arrastado para a prisão, figura ilustrativa do livro *History of the Great Reformation in Europe in the times of Luther and Calvin* (1870), por Merle d'Aubigné e Jean Henri.

há sofrimento, nem privação, que eu não haja experimentado. Aos meus inimigos, vocês permitiram toda a gama de acusações, mas a mim negam a mínima oportunidade de defesa. Não me concedem nem uma hora para preparar-me para o meu julgamento. Vocês engoliram as mais sombrias calúnias contra mim. Vocês me retratam como herege, sem conhecer a minha doutrina, como inimigo da fé, antes de saberem que fé eu professo, como perseguidor de sacerdotes, antes de terem a oportunidade de entender o que penso a esse respeito. Vocês são um Concílio Geral: em vocês está centrado tudo que este mundo pode comunicar de gravidade, sabedoria e santidade, mas continuam sendo homens, e homens são seduzíveis pelas aparências. Quanto mais elevada é a sua reputação de sabedoria, maior deve ser o seu cuidado para não se desviarem para a loucura. A causa que ora defendo não é minha: é a causa dos homens, é a causa dos cristãos, é uma causa que afetará os direitos da posteridade — porém, o experimento será realizado na minha pessoa".

Esse discurso não surtiu o menor efeito. Jerônimo foi obrigado a ouvir a acusação lida, sumarizada nos seguintes tópicos: 1) Ele era um escarnecedor da dignidade papal; 2) opositor do papa); 3) inimigo dos cardeais; 4) perseguidor dos prelados e 5) adversário da religião cristã.

O julgamento de Jerônimo ocorreu no terceiro dia após ele ser acusado e testemunhas serem interrogadas em apoio à acusação. O prisioneiro estava preparado para sua defesa, o que parece quase inconcebível se considerarmos que ele havia passado 340 dias trancado em prisões repugnantes, privado da luz do dia e quase morrendo de fome por falta de alimento. Porém, seu espírito se elevou acima dessas desvantagens, sob as quais um homem menos entusiasmado teria sucumbido, e não lhe faltaram citações dos patriarcas e autores antigos, como se houvesse recebido a melhor biblioteca.

Os mais fanáticos da assembleia não queriam que ele fosse ouvido, conhecendo o efeito da eloquência sobre a mente dos mais limitados. Por fim, porém, a maioria considerou que ele deveria ter liberdade para realizar sua defesa, o que ele começou com um esforço tão exaltado de comovente elocução, que o coração do zelo pertinaz parecia derreter e a mente supersticiosa deixar entrar um raio de convicção. Ele fez uma admirável distinção entre as provas baseadas em fatos e provas apoiadas por malícia e calúnia. Apresentou à assembleia todo o curso de sua vida e conduta. Observou ser conhecido que os homens maiores e mais santos diferiam em pontos de especulação, com o objetivo de distinguir a verdade, e não de mantê-la oculta. Expressou um nobre desprezo por todos os seus inimigos, que o teriam induzido a retratar a causa da virtude e da verdade. Elogiou Huss fortemente e declarou que estava pronto para segui-lo na gloriosa tarefa do martírio. Então, abordou as doutrinas mais defensáveis de Wycliffe e concluiu observando que estava longe de sua intenção promover qualquer coisa contra o estado da Igreja do Senhor e que era somente contra o abuso do clero que ele reclamava. Também que não poderia deixar de dizer que era certamente ímpio que o patrimônio da Igreja, originalmente destinado ao propósito de caridade e benevolência universal, fosse prostituído para a concupiscência dos olhos, em festas, vestimentas enfatuadas e outras difamações contra o nome e a profissão do cristianismo.

Terminado o julgamento, Jerônimo recebeu a mesma sentença que havia sido proferida contra o seu compatriota martirizado. Na sequência disso, ele foi, no estilo habitual de dissimulação papista, entregue ao poder civil, porém, por ser leigo, não teve que sofrer a cerimônia de degradação. Eles haviam preparado um chapéu de papel pintado com demônios vermelhos, e, quando este foi colocado em sua cabeça, Jerônimo disse: "Quando sofreu a morte por mim, um mais miserável pecador, o nosso Senhor Jesus Cristo usou uma coroa de espinhos em Sua cabeça. Por amor a Ele, usarei esse chapéu".

Foi lhe concedido um prazo de dois dias para se retratar. Nesse período, o cardeal de Florença se esforçou ao máximo para resgatá-lo, mas sem sucesso. Jerônimo estava decidido a selar a doutrina com seu sangue e sofreu a morte com a mais distinta magnanimidade.

Ao dirigir-se para o lugar de sua execução, ele cantou vários hinos e, ao chegar ao local, o mesmo onde Huss havia sido queimado, ajoelhou-se e orou com fervor. Aceitou a estaca com grande contentamento e, quando passaram por trás dele para atear fogo na madeira, Jerônimo disse: "Venham e acendam o fogo diante dos meus olhos, pois, se eu tivesse medo dele, não teria chegado até aqui". Após o fogo ser aceso, ele cantou um hino, mas logo foi interrompido pelas chamas. As últimas palavras que se ouviu dele foram: "Esta alma em chamas eu ofereço a ti, Cristo".

O elegante Pogge, um cavalheiro erudito de Florença, secretário de dois papas e católico fervoroso, porém liberal, prestou, em uma carta a Leonard Arotin, amplo testemunho das extraordinárias atribuições e virtudes de Jerônimo, a quem ele enfaticamente denominou "um homem prodigioso".

## A PERSEGUIÇÃO A ZIZCA

O nome verdadeiro desse zeloso servo de Cristo era João de Trocznow; Zizca é uma palavra boêmia que significa caolho, visto que ele havia perdido um olho. Ele era natural da Boêmia, de boa família e deixou a corte de Wenceslau para prestar serviço ao rei da Polônia contra os cavaleiros teutônicos. Tendo recebido uma medalha de honra e uma bolsa de ducados por sua coragem. Ao fim da guerra, retornou à corte de Wenceslau, a quem confessou com ousadia seu profundo interesse pela sangrenta afronta aos súditos de sua majestade em Constança no caso de Huss. Wenceslau lamentou não ter poder para vingá-lo e, a partir desse momento, consta que Zizca formou a ideia de afirmar as liberdades religiosas de seu país. Em 1418, o Concílio foi dissolvido, tendo feito mais mal do que bem. No verão desse ano, foi

*João von Trocznow, Zizca.
Autor desconhecido.*

realizada uma reunião geral dos amigos da reforma religiosa, no castelo de Wisgrade, a qual, conduzida por Zizca, fez reparação ao imperador com mãos armadas e se ofereceu para defendê-lo contra os seus inimigos. O rei lhes ordenou que usassem as armas adequadamente, e esse golpe político garantiu a Zizca a confiança de seu grupo.

Wenceslau foi sucedido por seu irmão Sigismundo, que se tornou odioso aos reformadores e afastou todos os que eram ofensivos ao seu governo. Diante disso, Zizca e seus amigos correram imediatamente às armas, declararam guerra ao imperador e ao papa e sitiaram Pilsen com 40 mil homens. Logo dominaram a fortaleza e, pouco tempo depois, toda a parte sudoeste da Boêmia se submeteu, aumentando muito o exército dos reformadores. Esse exército tomou a passagem da Moldávia após um forte conflito de cinco dias e noites, o que fez o imperador ficar alarmado e retirar suas tropas dos confins da Turquia para marcharem à Boêmia. Em Berna, na Morávia, ele parou e enviou missivas para negociar a paz e, como preliminar, Zizca entregou Pilsen e todas as fortalezas que ele havia tomado. Sigismundo procedeu de uma maneira que manifestou claramente que ele agia segundo a doutrina romana de que nenhuma fé seria mantida com hereges e, tratando alguns dos autores dos últimos distúrbios com severidade, soou o alarme da revolta em todo o território da Boêmia. Zizca tomou o castelo de Praga por poder econômico e, em 19 de agosto de 1420, derrotou o pequeno exército reunido às pressas pelo imperador para opor-se a ele. Em seguida, atacou Ausea, tomou-a e destruiu a cidade com uma barbárie que desonrava a causa pela qual ele lutava.

Com o inverno se aproximando, Zizca fortaleceu seu acampamento em uma forte colina a cerca de 64 km quilômetros de Praga, à qual chamou monte Tabor. Dali, surpreendeu uma tropa de cavalaria à meia-noite e aprisionou mil homens. Pouco tempo depois, o imperador obteve a posse da fortaleza de Praga, pelos mesmos meios utilizados anteriormente por Zizca — este a bloqueou, e a escassez começou a ameaçar o imperador, que viu ser necessário fazer uma retirada.

Determinado a fazer um esforço desesperado, Sigismundo atacou o acampamento fortificado de Zizca, no monte Tabor, cometendo grande matança. Muitas outras fortalezas também caíram, e Zizca se retirou para uma colina escarpada a qual ele fortificou extensamente e dali irritou tanto o imperador em suas abordagens contra a cidade de Praga, que o governante descobriu que deveria abandonar o cerco ou derrotar seu inimigo. O marquês de Misnia foi designado para realizar tal ato com um grande regimento de tropas, mas o evento foi fatal para os imperialistas. Eles foram derrotados, e o imperador, havendo perdido quase um terço de seu exército, retirou-se do cerco a Praga, assediado pelo inimigo na retaguarda.

Na primavera de 1421, Zizca iniciou a campanha como anteriormente: destruindo todos os mosteiros que encontrava pelo caminho. Ele sitiou o castelo de Wisgrade; o imperador, vindo para libertá-lo, caiu em uma armadilha, foi derrotado com um terrível massacre, e essa importante fortaleza foi tomada. O general Zizca tinha agora tempo livre para dedicar-se à obra da Reforma, mas estava muito enojado com a total ignorância e superstição dos clérigos da Boêmia, que se tornaram desprezíveis aos olhos de todo o exército. Quando via qualquer sinal de inquietação no acampamento, ele soava o alarme para desviar esse indício e atrair seus homens para a ação. Em uma dessas expedições, ele acampou diante da cidade de Rubi e, enquanto apontava o local para um ataque, uma flecha lançada da muralha o

atingiu no olho. Ela foi extraída em Praga, mas, por ser farpada, arrancou seu olho ao sair. Uma febre o acometeu, e sua vida foi preservada com dificuldade. Agora, ele estava totalmente cego de um de seus olhos, mas ainda desejoso de integrar o exército. Tendo o imperador convocado os estados do império para ajudá-lo, resolveu, com a ajuda deles, atacar Zizca no inverno, quando muitas de suas tropas partiam até o retorno da primavera.

Os príncipes confederados empreenderam o cerco a Soisin, mas, à simples aproximação do general da Boêmia, eles se retiraram. Não obstante, Sigismundo avançou com seu formidável exército, composto por 15 mil cavalarianos húngaros e 25 mil soldados de infantaria, bem equipados para uma campanha de inverno. Esse exército espalhou terror em todo o leste da Boêmia. Por onde quer que Sigismundo marchasse, os magistrados depositavam suas chaves a seus pés e eram tratados com severidade ou com favor, segundo os méritos deles em sua causa. Zizca, porém, aproximou-se com marchas rápidas, e o imperador decidiu tentar, mais uma vez, sua sorte contra aquele líder invencível. Em 13 de janeiro de 1422, os dois exércitos se encontraram em uma grande planície próxima a Kremnitz. Zizca apareceu no centro de sua linha de frente, guardado, ou melhor, conduzido por um cavaleiro de cada lado, armado com uma alabarda. Suas tropas cantaram um hino e, com determinada frieza, desembainharam as espadas e esperaram por um sinal. Quando seus oficiais o informaram de que todas as fileiras

O LIVRO DOS MÁRTIRES

193

estavam bem fechadas, ele acenou com o sabre em torno da cabeça, que era o sinal para a batalha.

Essa batalha é descrita como uma visão terrível. A extensão da planície era uma cena contínua de desordem. O exército imperial fugiu em direção aos confins da Morávia, com os taboritas ferindo incessantemente sua retaguarda. O rio Igla, então congelado, impediu a sua fuga. Com o inimigo forçando furiosamente, muitos da infantaria e, de certo modo, todo o regimento da cavalaria, tentaram atravessar o rio. O gelo cedeu e no mínimo dois mil deles foram tragados pela água. Zizca voltou a Tabor, repleto de todos os despojos e troféus que a mais completa vitória poderia conquistar.

Zizca voltou a prestar atenção à Reforma. Ele proibiu todas as orações por mortos, imagens, vestimentas sacerdotais, jejuns e dias de santos. Os sacerdotes deveriam ser escolhidos segundo seus méritos e ninguém deveria ser perseguido por suas opiniões religiosas. Em tudo, Zizca consultou os liberais e nada fez sem haver concordância geral. Em Praga, surgiu uma discórdia alarmante entre os magistrados calixtanos, ou receptores dos dois tipos de sacramentos, e os taboritas, dos quais nove chefes foram secretamente denunciados e condenados à morte. A população, enfurecida, sacrificou os magistrados, e o caso terminou sem consequências específicas. Os calixtanos se entregaram à desobediência, e Zizca foi solicitado a assumir a coroa da Boêmia. Ele se recusou nobremente e se preparou para a próxima campanha, na

qual Sigismundo resolveu fazer seu último esforço. Enquanto o marquês de Misnia adentrava na Alta Saxônia, o imperador se propôs a entrar na Morávia, junto à Hungria. Antes de o marquês haver tomado o campo, Zizca se assentou diante da cidade fortificada de Aussig, situada no Elba. O marquês correu em auxílio dessa cidade com um exército superior e, após um confronto obstinado, foi totalmente derrotado e Aussig rendeu-se. Então, Zizca foi ajudar Procópio, um jovem general que ele havia designado para manter Sigismundo sob controle e a quem obrigou a abandonar o cerco de Pernitz, diante do qual Procópio havia permanecido por oito semanas.

Disposto a aliviar o cansaço de suas tropas, Zizca entrou em Praga, esperando que sua presença acabasse com qualquer inquietação que pudesse restar após a recente perturbação, mas foi subitamente atacado pelo povo. Ele e sua tropa derrotaram os cidadãos, retiraram-se para seu exército, a quem ele comunicou a conduta traiçoeira dos calixtanos. Foram necessários todos os esforços para apaziguar a vingativa animosidade deles e, à noite, em um encontro reservado entre Roquesan — um eclesiástico de grande eminência em Praga — e Zizca, este foi reconciliado, e as hostilidades pretendidas foram eliminadas.

Igualmente cansado da guerra, Sigismundo enviou mensagem a Zizca, pedindo-lhe para embainhar a espada e dizer suas condições. Marcado um local para o encontro, Zizca partiu com seus comandantes para encontrar o imperador.

*John Foxe*

Obrigado a atravessar uma parte do país onde a praga se alastrava, ele foi contaminado no castelo de Briscaw e partiu desta vida no dia 6 de outubro de 1424. Como Moisés, ele morreu diante da conclusão de seus esforços e foi enterrado na grande igreja de Czaslow, na Boêmia. Lá foi erigido um monumento em sua memória, com a inscrição: "Aqui jaz João Zizca, que, havendo defendido seu país contra as usurpações da tirania papal, repousa neste santo lugar, a despeito do papa".

Após a morte de Zizca, Procópio foi derrotado e caiu juntamente com as liberdades de seu país. Após a morte de Huss e Jerônimo, o papa, em comum acordo com o Concílio de Constança, ordenou que, em todos os lugares, os clérigos romanos excomungassem todos os que adotassem as opiniões desses dois homens ou lamentassem o destino deles.

Essas ordens ocasionaram grandes contendas entre os papistas e os reformados da Boêmia, causando uma violenta perseguição contra os boêmios. Em Praga, a perseguição foi extremamente severa. Por fim, os reformados foram levados ao desespero, armaram-se, atacaram o senado e atiraram pelas janelas do prédio 12 senadores, incluindo o presidente do senado. Os corpos deles caíram sobre lanças erguidas por outros reformados posicionados na rua para recebê-los.

Ao ser informado desses procedimentos, o papa foi a Florença e excomungou publicamente os reformados da Boêmia, incitando o imperador da Alemanha e todos os reis, príncipes, duques etc. a pegarem em armas para extirpar toda a raça. Para isso, prometeu, a título de incentivo, remissão total de todos os pecados, mesmo à pessoa mais perversa, se matasse no mínimo um protestante da Boêmia.

Isso ocasionou uma guerra sangrenta, pois vários príncipes papistas se engajaram na extirpação, ou pelo menos expulsão, das pessoas proscritas. Os habitantes da Boêmia se armaram e se prepararam para repelir força pela força da maneira mais vigorosa e eficaz que podiam. O exército papista prevaleceu contra as forças protestantes na batalha de Cuttenburgh, assim os prisioneiros reformados foram levados para três minas profundas próximas àquela cidade e centenas deles foram cruelmente jogados em cada uma delas, onde pereceram miseravelmente.

Um comerciante de Praga, indo para Breslau, na Silésia, hospedou-se na mesma estalagem onde estavam vários sacerdotes. Conversando sobre controvérsia religiosa, ele fez muitos elogios ao martirizado João Huss e suas doutrinas. Os sacerdotes, ressentidos, delataram-no na manhã seguinte, e ele foi levado à prisão como herege. Muitos esforços foram feitos para convencê-lo a abraçar a fé católica romana, mas ele permaneceu firme nas doutrinas puras da Igreja reformada. Pouco depois de sua prisão, um aluno da universidade foi preso na mesma cadeia. Quando lhe foi permitido conversar com o comerciante, eles se consolaram mutuamente. No dia marcado para a execução, quando o carcereiro começou a prender aos pés deles as cordas pelas quais seriam

Fonte: Shutterstock

República Tcheca, panorama de Praga com a histórica Ponte Carlos e rio Vltava.

arrastados pelas ruas, o estudante pareceu bastante aterrorizado e se propôs a renegar sua fé e tornar-se católico romano se fosse liberto. Sua oferta foi aceita, sua abjuração foi tomada por um sacerdote, e ele foi posto em liberdade. Quando um sacerdote propôs ao comerciante seguir o exemplo do estudante, ele disse nobremente: "Não perca tempo na esperança de eu renegar. Suas expectativas serão vãs. Sinceramente, sinto pena daquele pobre desgraçado, que sacrificou miseravelmente sua alma por mais alguns anos incertos de uma vida problemática. Longe de mim ter a mínima ideia de seguir seu exemplo. Glorio-me no simples pensamento de morrer pela causa de Cristo". Ao ouvir essas palavras, o sacerdote ordenou que o carrasco prosseguisse, então esse comerciante foi arrastado pela cidade e levado ao local da execução, sendo ali queimado.

Pichel, um fanático magistrado papista, prendeu 24 protestantes, dentre os quais o marido de sua filha. Por todos reconhecerem pertencer à religião reformada, ele os condenou indiscriminadamente a serem afogados no rio Abis. No dia marcado para a execução, inúmeras pessoas compareceram ao local, dentre elas a filha de Pichel. Essa digna esposa se lançou aos pés do pai, molhou-os com lágrimas e, da maneira mais comovente, implorou que ele tivesse misericórdia de sua tristeza e perdoasse seu marido. O obstinado magistrado respondeu rispidamente: "Não interceda por ele, criança, ele é um herege, um vil herege". Ela respondeu nobremente: "Quaisquer que sejam as falhas dele, ou o

quanto as opiniões dele possam diferir das suas, ele ainda é meu marido, um nome que, em um momento como este, deve receber toda a minha consideração". Pichel sentiu uma cólera violenta e disse: "Você está louca! Não pode, após a morte dele, ter um marido muito mais digno?". Ao que ela contestou: "Não, senhor, meus afetos se fixam nele e nem a morte dissolverá meu voto matrimonial". Pichel, porém, permaneceu inflexível e ordenou que os prisioneiros fossem amarrados com as mãos e os pés nas costas e, dessa maneira, lançados no rio. Tão logo isso feito, a jovem, vendo nisso uma oportunidade, pulou para o meio do turbilhão e, abraçando o corpo de seu marido, os dois afundaram em uma cova aquática. Um exemplo incomum de amor conjugal em uma esposa e de apego inviolável e afeto pessoal por seu marido.

O imperador Ferdinando, cujo ódio aos protestantes da Boêmia era ilimitado, julgando não os ter oprimido suficientemente, instituiu um supremo tribunal de contrarreformadores segundo o plano da Inquisição, com a diferença de que estes deveriam mudar-se de um lugar para outro e sempre ser acompanhados por um regimento de tropas. Esses contrarreformadores consistiam principalmente de jesuítas e, por sua decisão, não havia apelo. Assim, pode-se facilmente conjecturar que se tratava de um tribunal realmente terrível.

Acompanhada por uma companhia de tropas, essa sangrenta corte, percorreu a Boêmia, na qual raramente examinavam ou viam um prisioneiro, ordenando que os soldados assassinassem os protestantes a bel-prazer e, posteriormente, apresentassem um relatório a respeito do assunto.

A primeira vítima da crueldade desses soldados foi um ministro idoso, que mataram quando ele estava doente e acamado. No dia seguinte, roubaram e mataram outro e, logo depois, atiraram em um terceiro enquanto este pregava em seu púlpito.

Um nobre e clérigo, que residia em uma vila protestante, ouvindo falar da aproximação do supremo tribunal de contrarreformadores e das tropas, fugiu do local e se escondeu. Os soldados, porém, ao chegarem, detiveram um professor, perguntaram-lhe onde estavam escondidos o senhor daquele lugar e o pastor e onde guardavam os seus tesouros. O professor replicou dizendo que não poderia responder a nenhuma das perguntas. Então, eles o despiram, amarraram-no com cordas e o espancaram com bastões, sem piedade. Apesar dessa crueldade, não conseguiram extrair dele confissão alguma, então, eles o queimaram em várias partes do corpo. Assim, para obter uma trégua de seus tormentos, o homem prometeu mostrar-lhes onde os tesouros estavam escondidos. Os soldados ouviram isso com satisfação, e o professor os conduziu a uma vala cheia de pedras, dizendo: "Abaixo dessas pedras estão os tesouros que vocês procuram". Ansiosos por dinheiro, puseram-se ao trabalho e logo removeram as pedras; porém, não encontrando o que procuravam, espancaram o professor até a morte, enterraram-no na vala e o cobriram com as mesmas pedras que ele os induzira a remover.

Alguns dos soldados violentaram as filhas de um digno protestante diante dele e, depois, torturaram-no até a morte; amarraram um ministro e sua esposa de costas um para o outro e os queimaram; penduraram outro ministro em uma viga e, fazendo uma fogueira embaixo dele, o assaram até a morte; cortaram um cavalheiro em pedaços pequenos e encheram a boca de um jovem com pólvora, atearam fogo e explodiram sua cabeça.

Como sua fúria primordial era dirigida contra o clero, eles pegaram um piedoso ministro protestante e o atormentaram diariamente durante um mês inteiro, da maneira descrita a seguir, com crueldade regular, sistemática e progressiva. Os soldados o colocaram entre eles e fizeram dele objeto de seu escárnio e zombaria durante todo um dia de entretenimento, esperando com isso esgotar sua paciência, mas foi em vão, pois ele suportou tudo com verdadeira perseverança cristã. Eles cuspiram em seu rosto, puxaram seu nariz e beliscaram a maior parte de seu corpo. Ele foi caçado como um animal selvagem até estar prestes a expirar de fadiga. Fizeram-no correr entre duas fileiras formadas por soldados, cada um golpeando-o com uma vara. Ele foi esmurrado. Foi espancado com cordas. Eles o açoitaram com arames. Ele foi espancado com bastões. Os soldados o amarraram pelos calcanhares e o puseram de cabeça para baixo, até sangrar pelo nariz, pela boca etc. Penduraram-no pelo braço direito até deslocá-lo e, depois, colocaram-no novamente no lugar. O mesmo foi

Mártir sendo açoitado pelas ruas.

repetido com o braço esquerdo. Papéis em chamas embebidos em óleo foram colocados entre os dedos das mãos e dos pés. Sua carne foi dilacerada com pinças em brasa. Ele foi colocado no pelourinho. Arrancaram-lhe as unhas de ambas as mãos. Golpearam seus pés com clavas. Uma fenda foi feita na orelha direita. O mesmo foi repetido na orelha esquerda. O nariz dele foi fendido. Eles o chicotearam pela cidade em cima de um burro. Fizeram várias incisões em sua carne. Arrancaram-lhe as unhas do pé direito e do pé esquerdo. Ele foi amarrado pelos lombos e suspenso durante um tempo considerável. Os dentes de sua maxila foram arrancados. O mesmo foi feito na mandíbula. Chumbo fervente foi derramado sobre os dedos das mãos e dos pés.

Uma corda com nós foi torcida em sua testa de maneira a fazer seus olhos saltarem fora das órbitas.

Durante todas essas horríveis crueldades, tomava-se um cuidado especial para que suas feridas não necrosassem e não provocassem a sua morte antes do último dia, quando o esmagamento de sua cabeça pôs fim a sua vida.

Inumeráveis foram os outros assassinatos e pilhagens cometidos por aqueles brutamontes insensíveis, e as crueldades que eles infligiram aos pobres protestantes da Boêmia foram chocantes para a humanidade. Como o inverno estava quase terminando, o supremo tribunal de contrarreformadores, com seu bando infernal de rufiões militares, considerou adequado retornar a Praga. Porém, encontrando durante a jornada um pastor protestante, não resistiram à tentação de banquetear seus olhos bárbaros com um novo tipo de crueldade, que ocorrera à imaginação diabólica de um dos soldados. Tratava-se de despir o ministro e, alternadamente, cobri-lo com gelo e brasas. Esse novo modo de atormentar uma criatura foi imediatamente posto em prática, e a infeliz vítima expirou sob tais tormentos, que pareceram deleitar seus desumanos perseguidores.

Pouco tempo depois, o imperador emitiu uma ordem secreta para deterem todos os nobres e cavalheiros que estiveram destacadamente envolvidos em apoiar a causa protestante e indicou Frederico, oficial palatino do Reno, para ser rei da Boêmia. Esses homens, cerca de 50, foram detidos em uma noite e horário determinados e levados dos lugares onde foram capturados para o castelo de Praga. As propriedades dos que estavam ausentes do reino foram confiscadas, e, por serem considerados fora-da-lei, seus nomes foram afixados em uma forca, como marcas de ignomínia pública.

O supremo tribunal de julgamento dos reformadores passou, então, a julgar os 50 homens que haviam sido detidos, e dois protestantes apóstatas foram designados para interrogá-los. Esses examinadores fizeram um grande número de perguntas desnecessárias e impertinentes exasperando tanto um dos nobres, já naturalmente de temperamento esquentado, que ele exclamou enquanto descobria o peito: "Cortem aqui, procurem meu coração. Vocês nada encontrarão além de amor à religião e à liberdade! Esses foram os motivos pelos quais eu puxei a minha espada e, por eles, estou disposto a sofrer a morte".

Como nenhum dos prisioneiros quis mudar de religião ou reconhecer que estava enganado, todos foram declarados culpados, mas a sentença foi encaminhada ao imperador. Quando o monarca leu seus nomes e um relato das respectivas acusações contra eles, julgou todos, contudo de maneira diferente. Suas sentenças foram de quatro tipos, a saber: morte, banimento, prisão perpétua e prisão pelo tempo que lhe aprouvesse.

Os 20 condenados à execução foram informados de que poderiam mandar buscar jesuítas, monges ou frades para se prepararem para a terrível punição a qual seriam submetidos. Porém, nenhum protestante teria permissão para se aproximar deles. Eles rejeitaram essa proposta e se esforçaram ao máximo para confortar e animar um ao outro na ocasião solene.

Na manhã do dia indicado para a execução, um canhão foi disparado como sinal para levarem os prisioneiros do castelo para a praça do mercado principal, onde foram montadas forcas, e uma guarnição de soldados fora designada para acompanhar a trágica cena. Os prisioneiros deixaram o castelo com tanta alegria quanto se estivessem indo a um entretenimento agradável em vez de uma morte violenta.

Além de soldados, jesuítas, sacerdotes, carrascos, auxiliares etc., um prodigioso número de pessoas compareceu para ver a saída daqueles devotados mártires, que foram executados na seguinte ordem:

Lorde Schilik de aproximadamente 50 anos, detentor de grandes habilidades naturais e adquiridas. Quando lhe disseram que ele seria esquartejado e suas partes, espalhadas em diferentes lugares, ele sorriu com grande serenidade e disse: "A perda de um sepulcro é apenas uma consideração insignificante". Um cavalheiro que estava perto bradou: "Coragem, meu senhor!". Ele respondeu: "Eu tenho o favor de Deus, que é suficiente para inspirar coragem a qualquer pessoa. O medo da morte não me incomoda, já o enfrentei em campos de batalha para me opor ao Anticristo e, agora, ouso enfrentá-lo em um cadafalso pela causa de Cristo". Após fazer uma breve oração, ele disse ao carrasco que estava pronto. Este lhe cortou a mão direita e a cabeça, depois o esquartejou. Sua mão e sua cabeça foram colocadas sobre a alta torre de Praga, e seus pedaços foram distribuídos por diferentes lugares da cidade.

Lorde Visconde Wenceslau, que atingira a idade de 70 anos, era igualmente respeitável por erudição, piedade e hospitalidade. Seu temperamento era tão extraordinariamente paciente que, quando sua casa foi arrombada, seus bens tomados e suas propriedades confiscadas, ele apenas disse, com grande tranquilidade: "O Senhor o deu e o Senhor o tomou". Ao ser questionado sobre como pudera envolver-se em uma causa tão perigosa quanto tentar apoiar o oficial palatino Frederico contra o poder do imperador, ele respondeu: "Eu agi estritamente em conformidade com os ditames de minha consciência e, até hoje, o considero meu rei. Agora, estou pleno de anos e desejo entregar a vida para não ser testemunha dos males adicionais que afligirão meu país. Há muito, vocês têm sede do meu sangue; tomem-no, porque Deus será o meu vingador". Então, aproximando-se do bloco, acariciou sua longa barba grisalha dizendo: "Veneráveis cãs, a maior honra agora lhes pertence: uma coroa de martírio é a sua porção". Em seguida, deitando a cabeça, ela foi cortada de seu corpo com um só golpe e colocada em um poste em uma parte visível da cidade.

Lorde Harant era um homem de bom-senso, grande piedade e muita experiência adquirida em viagens por ter visitado os principais lugares da Europa, da Ásia e da África. Portanto, não tinha preconceitos

quanto a nacionalidade e havia acumulado muito conhecimento.

As acusações contra esse nobre foram de ser protestante e haver prestado juramento de fidelidade a Frederico, oficial palatino do Reno, como rei da Boêmia. Ao chegar ao cadafalso, declarou: "Viajei por muitos países e atravessei diversas nações bárbaras, mas nunca encontrei tanta crueldade quanto em meu país. Escapei de inúmeros perigos, tanto por mar quanto por terra, e superei dificuldades inconcebíveis para sofrer inocentemente em minha terra natal. Meu sangue é igualmente requerido por aqueles por quem eu e meus antepassados arriscamos nossas propriedades. Contudo, o Deus Todo-poderoso, perdoa-lhes, pois não sabem o que fazem!". Então, dirigiu-se ao bloco, ajoelhou-se e exclamou com grande energia: "Nas Tuas mãos, ó Senhor, entrego o meu espírito. Em ti sempre confiei! Recebe-me, portanto, meu bendito Redentor". Então, foi lhe dado um golpe fatal, pondo fim nas dores temporárias dele nesta vida.

Lorde Frederico de Bile sofreu como protestante e promotor da guerra recente. Ele enfrentou seu destino com serenidade e apenas disse que desejava bem aos amigos que deixava para trás, perdoava os inimigos que causaram sua morte, negava a autoridade do imperador naquele país, reconhecia Frederico como o único verdadeiro rei da Boêmia e esperava pela salvação nas virtudes de seu bendito Redentor.

Lorde Henrique Otto parecia bastante confuso ao chegar ao cadafalso e disse com alguma aspereza, como se estivesse se dirigindo ao imperador: "Tirano Ferdinando, seu trono está firmado em sangue, mas, se você matar meu corpo e dispersar meus membros, eles ainda se levantarão em julgamento contra você". Então, ficou em silêncio e, andando de um lado para outro durante algum tempo, pareceu recuperar sua razão. Já mais calmo, disse a um cavalheiro que estava próximo: "Alguns minutos atrás, fiquei muito descomposto, mas agora sinto meu ânimo reviver. Deus seja louvado por me proporcionar tal conforto! A morte não se apresenta mais como o rei dos terrores, mas parece me convidar a participar de algumas alegrias desconhecidas". Ajoelhado diante do bloco, ele declarou: "Deus Todo-poderoso, a ti entrego a minha alma! Receba-a pelo amor de Cristo e admita-a à glória da Tua presença". O carrasco causou a esse nobre um considerável sofrimento, dando vários golpes antes de lhe cortar a cabeça do corpo.

O conde de Rugênia se distinguia por suas capacidades superiores e piedade genuína. No cadafalso, ele disse: "Nós, que sacamos nossas espadas, lutamos somente para preservar as liberdades do povo e para manter a nossa consciência sagrada: ao sermos vencidos, fico mais satisfeito com a sentença de morte do que se o imperador tivesse me poupado a vida, pois penso que Deus se agrada de ter Sua verdade defendida, não por nossas espadas, mas por nosso sangue". Então, dirigiu-se corajosamente ao bloco, afirmando: "Agora estarei rapidamente com Cristo".

Em seguida, recebeu com grande coragem a coroa do martírio.

Sir Gaspar Kaplitz tinha 86 anos. Ao chegar ao local da execução, dirigiu-se ao principal oficial nesses termos: "Eis aqui um pobre homem idoso que com frequência pedia a Deus que o tirasse deste mundo perverso, mas até o momento esse desejo não lhe fora concedido, visto que Deus me reservou esses anos até aqui para ser um espetáculo ao mundo e um sacrifício para Ele mesmo. Portanto, será feita a vontade de Deus". Um dos oficiais lhe disse que, por consideração à sua idade avançada, se ele pedisse perdão, o receberia imediatamente. Ele bradou: "Pedir perdão? Eu pedirei perdão a Deus, a quem frequentemente ofendi, e não ao imperador, a quem nunca ofendi. Se eu pedir perdão, poder-se-á suspeitar, justamente, que cometi algum crime pelo qual mereci essa condenação. Não, não, como morro inocente e com a consciência limpa, não me separaria dessa nobre companhia de mártires". Dizendo isso, dispôs alegremente o pescoço ao bloco.

Procópio Dorzecki disse no cadafalso: "Nós somos, agora, julgados pelo imperador, porém, com o tempo, ele será julgado, e nós apareceremos como testemunhas contra ele". Depois, tirando do pescoço uma medalha de ouro cunhada quando o oficial Frederico foi coroado rei da Boêmia, entregou-a a um dos sacerdotes enquanto dizia as seguintes palavras: "Como moribundo, peço que, se algum dia o rei Frederico for restaurado ao trono da Boêmia, você lhe entregue esta medalha.

Diga a ele que, pela causa dele, eu a portei até a morte e, agora, entrego voluntariamente minha vida por Deus e por meu rei". Então, deitou alegremente a cabeça e se submeteu ao golpe fatal.

Dionísio Sérvio foi criado como católico romano, mas havia abraçado a religião reformada havia alguns anos. Quando estava no cadafalso, os jesuítas se empenharam ao máximo para fazê-lo renegar sua fé e retornar à antiga, mas ele não deu a mínima atenção às exortações deles. Ajoelhando-se, disse: "Eles podem destruir meu corpo, mas não podem ferir minha alma, que entrego ao meu Redentor". Então, aos 56 anos, submeteu-se pacientemente ao martírio.

Valentino Cockan era uma pessoa de considerável fortuna e eminência, perfeitamente piedoso e honesto, mas com poucas habilidades. Contudo, sua imaginação parecia brilhar e suas faculdades melhoraram com a aproximação da morte, como se o perigo iminente refinasse seu entendimento. Imediatamente antes de ser decapitado, ele se expressou com tal eloquência, vigor e precisão, que surpreendeu enormemente os que conheciam anteriormente sua debilitada capacidade.

Tobias Steffick foi notável por sua afabilidade e serenidade de temperamento. Ele estava perfeitamente resignado ao seu destino e, alguns minutos antes de sua morte, falou desta maneira singular: "Durante todo o curso de minha vida, recebi muitos favores de Deus; não deverei, portanto, beber com alegria a taça amarga quando Ele considerar adequado apresentá-la? Ou

melhor, não devo eu me alegrar por ser de Sua vontade eu abandonar uma vida corrompida pela vida imortal?".

O Dr. Jessenius, um brilhante estudioso de física, foi acusado de ter proferido palavras desrespeitosas acerca do imperador, de traição ao jurar lealdade ao oficial Frederico e de heresia por ser protestante. Pela primeira acusação, teve a língua cortada; pela segunda, foi decapitado; e, pela terceira e última, foi esquartejado e suas respectivas partes expostas em postes.

Assim que pisou no cadafalso, Christopher Chober declarou: "Venho em nome de Deus para morrer por Sua glória. Combati o bom combate e completei a carreira, então, carrasco, cumpra a sua função". O carrasco obedeceu e ele recebeu imediatamente a coroa do martírio.

Ninguém jamais viveu sendo mais respeitado ou teve a morte mais lamentada do que John Shultis. As únicas palavras que ele disse antes de receber o golpe fatal foram: "Aos olhos dos tolos, os justos parecem morrer, mas apenas descansam. Senhor Jesus! Tu prometeste que aqueles que vão a ti não serão lançados fora. Eis me aqui! Olha para mim, tem misericórdia de mim, perdoa os meus pecados e recebe a minha alma".

Maximiliano Hostialick era famoso por sua erudição, piedade e humanidade. Ao subir ao cadafalso, ele parecia extremamente aterrorizado com a aproximação da morte. O sacerdote percebeu sua agitação, e Hostialick falou: "Ah, senhor, agora os pecados de minha juventude se amontoam em minha mente, mas eu espero que Deus me ilumine para que eu não durma o sono da morte e que meus inimigos não digam que prevaleceram". Pouco depois, continuou: "Espero que meu arrependimento seja sincero e seja aceito. Se assim for, o sangue de Cristo me lavará dos meus crimes". Então, disse que repetiria o cântico de Simeão e, ao término, o carrasco poderia cumprir o seu dever. "Agora, Senhor, podes despedir em paz o Teu servo, segundo a Tua palavra; porque os meus olhos já viram a Tua salvação."[30] Com essas palavras, sua cabeça foi cortada com um só golpe.

Quando João Kutnaur chegou ao local da execução, um jesuíta lhe disse: "Abrace a fé católica romana, a única que pode salvar e equipar você contra os terrores da morte". A isso, ele respondeu: "Eu abomino sua fé supersticiosa; ela leva à perdição. E, contra os terrores da morte, eu não desejo outra arma senão uma boa consciência". O jesuíta foi embora, dizendo sarcasticamente: "Os protestantes são rochas impenetráveis". Kutnaur retrucou: "Você está enganado: Cristo é que é a Rocha, e nós estamos firmemente alicerçados nele".

Essa pessoa, que não nasceu livre, mas adquiriu fortuna por meio de um trabalho mecânico, foi condenada ao enforcamento. Pouco antes de ser morto, disse: "Eu morro, não por haver cometido algum crime, mas por seguir os ditames de minha própria consciência e defender meu país e minha religião".

Simeão Sussickey era sogro de Kutnaur e, como ele, foi condenado a ser executado em uma forca. Ele foi alegremente para a morte e parecia impaciente para ser executado, dizendo: "Cada momento atrasa a minha entrada no reino de Cristo".

Nataniel Wodnianskey foi enforcado por haver apoiado a causa protestante e a eleição de Frederico à coroa da Boêmia. Na forca, os jesuítas fizeram todo o possível para induzi-lo a renunciar à sua fé. Vendo que seus esforços eram ineficazes, um deles disse: "Se você não abjurar a sua heresia, pelo menos se arrependerá de sua rebelião?". Ao que Wodnianskey respondeu: "Vocês tiram nossa vida sob uma pretensa acusação de rebelião e, não contentes com isso, procuram destruir nossa alma. Encham-se de sangue e fiquem satisfeitos, mas não mexam com nossa consciência".

O próprio filho de Wodnianskey se aproximou da forca e lhe disse: "Senhor, se a vida lhe fosse oferecida sob a condição de apostasia, peço que se lembre de Cristo e rejeite propostas tão perniciosas". A isso, o pai lhe respondeu: "É muito aceitável, meu filho, ser exortado à constância por você, mas não suspeite de mim; em vez disso, esforce-se por confirmar na fé seus irmãos, suas irmãs e seus filhos e a ensinar-lhes a imitar essa constância da qual lhes deixarei como exemplo". Tão logo concluiu essas palavras, foi morto, recebendo a coroa do martírio com grande firmeza de espírito.

---

[30] Lucas 2:29-30

Durante todo o seu confinamento, Wenceslau Gisbitzkey manteve grandes esperanças de lhe pouparem a vida, o que fez seus amigos temerem pela segurança de sua alma. Ele, porém, continuou resoluto em sua fé, orou fervorosamente na forca e foi ao encontro de seu destino com singular resignação.

Martin Foster era um ancião aleijado. As acusações contra ele foram de ser caridoso com os hereges e emprestar dinheiro ao oficial Frederico. Sua grande riqueza, porém, parecia ter sido seu principal crime, e a possibilidade de saquearem seus tesouros foi o que ocasionou sua inclusão nesta ilustre lista de mártires.

*Martinho Lutero*, por Lucas Cranach, o Velho (1472–1553). Parte do acervo de Hessisches Landesmuseum Darmstadt, Alemanha.

# Capítulo 9

## Um relato da vida e das perseguições a Martinho Lutero

Esse ilustre religioso alemão e reformador da Igreja era filho de João Lutero e Margarete Ziegler. Nasceu em Isleben, uma cidade da Saxônia, no condado de Mansfield, em 10 de novembro de 1483. A origem e a condição de seu pai eram, a princípio, precárias, pois ele trabalhava como mineiro. Entretanto, é provável que, por sua aplicação e diligência, tenha melhorado a condição de sua família, visto que posteriormente se tornou um magistrado de posição e dignidade. Lutero foi iniciado cedo nas letras e, aos 13 anos, enviado para a escola em Magdeburg, e de lá para Eisenach, na Turíngia, onde permaneceu quatro anos, manifestando os primeiros sinais de sua futura proeminência.

Em 1501, foi enviado à Universidade de Erfurt, onde fez os cursos habituais de Lógica e Filosofia. Aos 20 anos, obteve o diploma de mestrado e, depois, lecionou sobre Física Aristotélica, ética e outras partes da Filosofia. Posteriormente, instigado por seus pais, voltou-se para o Direito Civil, com o objetivo de atuar no tribunal, mas foi desviado desse propósito por conta de um acidente. Certo dia, andando pelos campos, ele foi atingido por um raio e caiu no chão, enquanto o colega que estava ao seu lado morreu. Isso afetou Lutero tão nitidamente que, sem comunicar sua intenção a seus amigos, afastou-se do mundo e se retirou para a ordem dos eremitas de Santo Agostinho.

Ali, dedicou-se a ler as obras de Agostinho e dos eruditos; porém, explorando a biblioteca, encontrou acidentalmente uma cópia da Bíblia em latim, a qual nunca havia visto. Isso despertou muito sua curiosidade. Ele a leu com muita avidez e ficou surpreso ao descobrir quão pequena parte das Escrituras era repassada ao povo.

Lutero fez sua profissão de fé no mosteiro de Erfurt, e, após um ano como noviço, foi ordenado sacerdote e celebrou sua primeira missa em 1507. No ano seguinte, foi transferido do convento de Erfurt para a Universidade de Wittenberg. Essa universidade havia acabado de ser fundada, então pensou-se que nada teria mais probabilidade de lhe trazer reputação e crédito imediatos do que a autoridade e presença de um homem tão celebrado por suas reconhecidas atuações e aprendizado quanto Lutero.

Na Universidade de Erfurt havia, no convento dos agostinianos, um certo idoso com quem Lutero, então pertencente à mesma ordem como frade agostiniano, conversava sobre diversos assuntos, especialmente a remissão de pecados, a qual o referido idoso descortinou para Lutero, declarando que o mandamento expresso de Deus é que todo homem creia particularmente que seus pecados são perdoados em Cristo. Disse ainda que essa interpretação era confirmada por São Bernardo: "Esse é o testemunho que o Espírito Santo dá em teu coração, dizendo 'perdoados são os teus pecados'. Porque a opinião do apóstolo é que o homem é justificado pela graça mediante a fé".

Com essas palavras, Lutero foi não apenas fortalecido, mas também instruído acerca do pleno significado das palavras de Paulo, que repete muitas vezes que somos justificados pela fé. E, havendo lido as exposições de muitas pessoas sobre esse tema, veio a perceber, também pelo discurso do idoso e pela tranquilidade em seu espírito, a vaidade daquelas interpretações dos eruditos, que havia lido anteriormente. Assim, pouco a pouco, lendo e comparando as palavras e os exemplos dos profetas e dos apóstolos, com contínua invocação de Deus e o aguçamento da fé pela força da oração, ele percebeu essa doutrina de maneira mais evidente. Assim, prosseguiu em seu estudo em Erfurt, durante quatro anos no mosteiro dos agostinianos.

Em 1512, sete conventos de sua ordem contenderam com o vigário geral, e Lutero foi escolhido para ir a Roma para sustentar a causa deles. Em Roma, encontrou-se com o papa e a cúria[31] e teve a oportunidade de observar os hábitos dos clérigos, cuja maneira apressada, superficial e ímpia de celebrar a missa foi por ele minunciosamente percebida. Tão logo resolveu a discussão que era o propósito de sua jornada, retornou a Wittenberg e foi nomeado doutor em Teologia, por causa de Frederico, oficial da Saxônia, que frequentemente o ouvira pregar, conhecia perfeitamente seu mérito e o reverenciava muito.

---

[31] A corte papal.

Lutero continuou na Universidade de Wittenberg, onde, como professor de Teologia, dedicou-se ao mister de seu chamado. Então, com grande dedicação, começou a dar aulas sobre os livros sagrados: ele explicou a epístola aos Romanos e os Salmos. Lutero os esclareceu e os ilustrou de uma maneira tão inteiramente nova e diferente dos comentaristas anteriores que "parecia, após uma longa e escura noite, um novo dia a surgir no julgamento de todos os homens piedosos e prudentes".

Lutero restringiu diligentemente a mente dos homens ao Filho de Deus. Assim como João Batista revelou o Cordeiro de Deus, que tira o pecado do mundo, Lutero também, brilhando na Igreja como a luz do dia após uma longa e escura noite, expôs claramente que os pecados são redimidos gratuitamente pelo amor do Filho de Deus e que devemos aceitar fielmente essa abundante dádiva.

Sua vida correspondia à sua proclamação. Era claramente notório que suas palavras não eram da boca para fora, e sim procedentes do próprio coração. A admiração por sua vida santa muito atraiu o coração de seus ouvintes.

Para melhor qualificar-se à tarefa que havia empreendido, ele se aplicara atentamente às línguas grega e hebraica. E estava envolvido com essa questão quando, em 1517, as indulgências gerais foram publicadas.

Leão X, que sucedeu a Júlio II em março de 1513, formulou um projeto de construção da magnífica basílica de São

*Papa Leão X e seus dois primos, cardeais Giulio de' Medici e Luigi de' Rossi,* por Raphael (1483–1520). Parte do acervo do Museu Uffizi, Florença, Itália.

Pedro em Roma, iniciada por Júlio, mas esse empreendimento ainda exigia grandes somas de dinheiro para ser concluído. Por isso, em 1517, Leão X publicou indulgências gerais em toda a Europa, em favor daqueles que contribuíssem com qualquer quantia para a construção da basílica de São Pedro. Assim designou, nos diferentes países, pessoas para proclamar essas indulgências e receber dinheiro para eles. Esses estranhos procedimentos causaram grande ofensa em Wittenberg e inflamaram particularmente o piedoso zelo de Lutero. Ele, naturalmente enérgico e ativo e, no referido caso, incapaz de conter-se, estava determinado a declarar-se contrário a eles com toda a coragem.

Assim, na véspera do dia de todos os santos de 1517, ele afixou publicamente, na igreja próxima ao castelo daquela cidade, uma tese sobre as indulgências, no início da qual desafiou qualquer um a opor-se a ela, por escrito ou em debate. Assim que as proposições de Lutero acerca das indulgências foram publicadas, Tetzel, o frade dominicano comissionado para vendê-las, sustentou e publicou em Frankfurt uma tese contendo um conjunto de proposições diretamente contrárias às de Lutero. Ele fez mais: agitou os clérigos de sua ordem contra Lutero, anatematizou-o do púlpito como o mais condenável herege e queimou sua tese publicamente em Frankfurt. Em troca, a tese de Tetzel também foi queimada pelos luteranos de Wittenberg; o próprio Lutero, porém, negou ter participado desse episódio.

Em 1518, embora dissuadido por seus amigos a demonstrar obediência à autoridade, Lutero foi ao mosteiro de Santo Agostinho, em Heidelberg, durante a realização do capítulo[32] e ali sustentou, em 26 de abril, um debate referente à "justificação pela fé" — o qual Bucer,[33] que o presenciou, tomou nota por escrito e, depois, entregou a Beato Renano, com as mais altas recomendações.

Enquanto isso, o ardor de seus adversários se tornava cada dia mais ativo contra Lutero, e assim finalmente ele foi acusado de herege por Leão X. Com isso, ao

*Lutero afixando suas 95 teses em 1517*, por Ferdinand Pauwels (1830–1904).

Fonte: commons.wikimedia.org

---

[32] Reunião entre os monges ou cónegos junto aos seus superiores. Essas assembleias aconteciam na sala Capitular ou do Capítulo, onde eram discutidas diversas questões relacionadas às regras e doutrinas da ordem, administração do mosteiro etc.

[33] Martin Bucer (1491–1551), ex-padre dominicano, reformador, diplomata, pregador e professor. Bucer ajudou a estabelecer a paz entre os diversos grupos reformadores em todo o Santo Império Romano. Em 1549, dirigiu-se à Inglaterra, onde ajudou a compor o *Livro das Orações* da igreja anglicana.

retornar de Heidelberg, escreveu a esse papa uma carta nos termos mais submissos e, ao mesmo tempo, enviou-lhe também uma explicação de suas proposições acerca de indulgências. Essa carta, datada do domingo da Trindade de 1518, foi acompanhada por uma declaração solene, na qual Lutero afirmava que não pretendia propagar ou defender coisas contrárias às Escrituras Sagradas ou à doutrina dos patriarcas, recebidas e observadas pela Igreja Romana, ou aos cânones e decretos dos papas. Não obstante, pensava ter a liberdade de aprovar ou reprovar as opiniões de São Tomás, Boaventura e outros eruditos e canonistas, que não se baseavam em texto algum.

O imperador Maximiliano foi igualmente solícito para com o papa no sentido de fazer cessar na Saxônia a propagação das opiniões de Lutero, problemáticas tanto para a Igreja quanto para o império. Assim, em uma carta de 5 de agosto de 1518, Maximiliano solicitou e implorou a Leão que proibisse, por sua autoridade, aquelas disputas inúteis, precipitadas e perigosas, assegurando-lhe também que executaria estritamente no império o que quer que sua santidade ordenasse.

Enquanto isso, assim que entendeu o que estava acontecendo a seu respeito em Roma, Lutero usou todos os meios imagináveis para evitar que fosse deslocado para lá e para obter uma audiência sobre sua causa na Alemanha. O oficial local também era contrário a Lutero ir a Roma e desejou que o cardeal Cajetan lhe concedesse uma audiência como delegado do papa na Alemanha. Com isso, o papa consentiu que a causa fosse julgada perante o cardeal Cajetan, a quem ele concedera o poder de decisão.

Lutero, portanto, partiu imediatamente para Augsburg, levando consigo cartas do oficial. Ele chegou ali em outubro de 1518 e, garantida a sua segurança, foi levado à presença do cardeal. Porém, logo se convenceu de que deveria temer mais o poder do cardeal do que qualquer tipo de debate. Então, apreensivo quanto a ser detido se não se submetesse, Lutero saiu de Augsburg no dia 20, porém, não antes de publicar um apelo formal ao papa. Sob a proteção do oficial, continuou a ensinar as mesmas doutrinas em Wittenberg e enviou a todos os inquisidores um desafio para debaterem com ele.

Miltício, o mordomo do papa, tinha ordens de exigir que o oficial obrigasse Lutero a retratar-se, ou negar sua proteção a ele, mas agora as coisas não deveriam ser tratadas de maneira tão opressiva, devido à credibilidade de Lutero estar firmemente estabelecida. Além disso, o imperador Maximiliano tinha morrido no dia 12 do mesmo mês, o que alterou bastante a situação e deu ao oficial maior capacidade de determinar o destino de Lutero. Miltício pensou, portanto, ser melhor tentar o que poderia ser feito por meios justos e gentis e, com esse objetivo, foi dialogar com Lutero.

Durante todos esses tratados, a doutrina de Lutero se alastrou e prevaleceu grandemente; ele mesmo recebeu grande incentivo em seu país e no exterior. Por

O LIVRO DOS MÁRTIRES

volta daquela época, os protestantes da Boêmia enviaram a ele um livro do célebre João Huss, que havia sido um mártir do movimento reformista, e também cartas nas quais o exortavam à constância e perseverança, reconhecendo que as doutrinas que ele ensinava eram a teologia pura, sã e ortodoxa. Muitos homens de destaque e eruditos tinham se unido a ele.

Em 1519, Lutero teve um famoso debate em Leipzig com João Eck, mas esse debate acabou terminando como todos os outros: com as partes divergindo copiosamente e os envolvidos tornando-se mais inimigos ainda um do outro. Por volta do final desse ano, Lutero publicou um livro no qual defendia que a Santa Ceia fosse celebrada com vinho além do pão[34], o que foi condenado pelo bispo de Misnia em 24 de janeiro de 1520.

Enquanto Lutero se esforçava para desculpar-se junto ao novo imperador e aos bispos da Alemanha, Eck fora a Roma para solicitar sua condenação; agora era fácil conjecturar que isso não seria difícil de acontecer. De fato, os importunos constantes devido às divergências entre Lutero e Leão X fizeram com que esse papa publicasse formalmente a condenação de Lutero mediante uma bula, datada de 15 de junho de 1520. Ela foi levada à Alemanha e publicada por Eck, que a solicitara em Roma e recebeu do papa seu cumprimento, juntamente com Jerônimo Alexandre, uma pessoa eminente por sua erudição e eloquência.

Enquanto isso, após acertar a situação nos Países Baixos, Carlos V, da Espanha, entrou na Alemanha e foi coroado imperador em Aix-la-Chapelle, no dia 21 de outubro.

Após ser acusado pela primeira vez em Roma pela censura do papa na Quinta-feira Santa, logo após a Páscoa, Martinho Lutero antecipou sua viagem para Worms, onde, comparecendo perante o imperador e todos os estados da Alemanha, firmemente apegado à verdade, defendeu-se e respondeu aos seus adversários.

Ali, Lutero foi hospedado, bem recebido e visitado por muitos condes, barões, cavaleiros da ordem, cavalheiros, padres e pessoas comuns, que frequentavam seu alojamento até a noite.

Ele foi para Worms contrariando a expectativa de muitos, tanto de adversários quanto a de outros. Seus amigos deliberaram juntos e muitos o convenceram a não se aventurar em um perigo tão real, considerando como esses primórdios não respondiam à fé da promessa feita. Após ouvir todos os argumentos e conselhos deles, Lutero respondeu desta maneira: "No tocante a mim, uma vez que fui chamado, estou decidido e, certamente, determinado a entrar em Worms em nome de nosso Senhor Jesus Cristo, embora saiba haver tantos demônios para resistir a mim quanto há telhas para cobrir as casas daquela cidade".

No dia seguinte, o arauto o conduziu de seu alojamento até o tribunal do

---

[34] No livro *Do cativeiro babilônico da igreja* (Ed. Martin Claret, 2005), Martinho Lutero defende que o pão e o vinho sejam igualmente oferecidos aos leigos, segundo as Escrituras, prática não adotada na Igreja Católica, em que somente o sacerdote oficiante da Eucaristia bebe o vinho da comunhão.

*Lutero na Dieta de Worms,* por Anton von Werner (1843–1915). Parte do acervo da Galeria Staats, Stuttgart, Alemanha.

imperador, onde ele permaneceu até as 6 horas da tarde, pois os príncipes estavam ocupados com graves deliberações. Enquanto isso, Lutero estava cercado por grande número de pessoas e quase sufocado pela imprensa ali presente. Após esse tempo, quando os príncipes estavam prontos para recebê-lo e Lutero entrou, Eck, o oficial, dirigiu-se a ele da seguinte maneira: "Responde agora à pergunta do imperador. Sustentarás todos os teus livros que reconheceste ou revogarás alguma parte deles e submeter-te-ás?".

Martinho Lutero respondeu com recato e humildade, contudo não sem alguma altivez e constância cristã. "Considerando que Vossa Majestade Soberana e os meritíssimos juízes exigem uma resposta clara, digo e professo da maneira mais resoluta possível, sem duvidar ou sofismar, que, se eu não for convencido pelos testemunhos das Escrituras (pois não acredito nem no papa, nem em seus Concílios gerais, que erram muitas vezes e já foram contraditórios), minha consciência é tão ligada e cativa a estas Escrituras e à Palavra de Deus, que eu não revogarei nem poderei revogar coisa alguma, considerando não ser piedoso ou lícito fazer algo contrário à consciência. Mantenho o que disse e encerro: nada mais tenho a dizer. Deus tenha misericórdia de mim!".

Os príncipes confabularam acerca dessa resposta de Lutero e, ao terminarem de interrogá-lo diligentemente, o porta-voz começou a rechaçá-lo desta forma: "A majestade do imperador exige de ti uma resposta simples, negativa ou afirmativa, se desejas defender todas as tuas obras como cristãs ou não".

Então, voltando-se ao imperador e aos nobres, Lutero rogou que não o forçassem ou compelissem a ceder contra sua própria consciência, confirmada pelas Sagradas Escrituras, sem argumentos manifestos alegados em contrário por seus adversários. "Estou vinculado às Escrituras."

Antes da dissolução da Dieta[35] de Worms, Carlos V ordenou que fosse redigido um édito, datado de 8 de maio, decretando que Martinho Lutero fosse, em conformidade com a sentença do papa, visto como membro separado da Igreja, cismático e herege obstinado e notório. Enquanto a bula de Leão X executada por Carlos V trovejava por todo o império, Lutero ficou recluso em segurança no castelo de Wittenberg; porém, cansando-se de seu isolamento, apareceu novamente em público em Wittenberg no dia 6 de março de 1522, após uma ausência de aproximadamente 10 meses.

Nesse tempo, Lutero declarou guerra contra o papa e os bispos e, para instigar o povo a desprezar a autoridade deles o máximo possível, escreveu dois livros: um contra a bula papal e outro contra a ordem falsamente denominada "A Ordem dos Bispos". Publicou também uma tradução do Novo Testamento para o alemão, depois corrigida por ele e por Melâncton[36].

Naquele momento, a situação era muito confusa na Alemanha e não menos na Itália, devido a um desentendimento entre o papa e o imperador, durante o qual Roma foi tomada duas vezes e o papa, aprisionado.

Enquanto os príncipes se dedicavam a mútuas discussões, Lutero persistiu em realizar o trabalho da Reforma, bem como em opor-se aos papistas e combater os anabatistas e outras seitas fanáticas que, havendo aproveitado sua disputa com a Igreja Romana, haviam surgido e se estabelecido em vários lugares.

Em 1527, Lutero foi subitamente acometido por uma trombose no coração possivelmente fatal. Como os problemas da Alemanha não mostravam qualquer sinal de chegar ao fim, o imperador foi forçado a convocar uma Dieta em Spires, em 1529, para pedir a ajuda dos príncipes do império contra os turcos. Quatorze cidades — Estrasburgo, Nuremberg, Ulm, Constança, Retlingen, Windsheim, Memmingen, Lindow, Kempten, Hailbron, Isny, Weissemburg, Nortlingen e São Galo — uniram-se para protestar contra o decreto referente a tal dieta, redigido e publicado em abril de 1529. Esse foi o famoso protesto que conferiu o nome "protestantes" aos reformadores da Alemanha.

Depois disso, os príncipes protestantes se empenharam em formar uma forte liga e ordenaram que o oficial da Saxônia e seus aliados aprovassem o que a Dieta havia feito; porém, os representantes recorreram e, posteriormente, os protestantes se desculparam por sua "Confissão" — a famosa confissão

---

[35] A palavra dieta vem do latim *díaita* (modo de viver) e nesse contexto significa assembleia política ou administrativa.

[36] Filipe Melâncton (1497–1560), reformador e amigo pessoal de Lutero, com profundo conhecimento do grego. Foi reitor da Universidade de Wittemberg e profícuo escritor.

*Congregação geral do Concílio de Trento*, por Elia Naurizio (1589–1657).

elaborada pelo moderado Melâncton, como também o pedido de desculpas. Eles foram assinados por vários príncipes, e agora Lutero nada mais tinha a fazer senão sentar-se e contemplar a poderosa obra que ele havia terminado: o fato de um único monge ser capaz de impactar tanto a Igreja Romana a ponto de ser necessário outro igual para derrubá-lo completamente pode ser considerado uma obra poderosa.

Em 1533, Lutero escreveu uma epístola consoladora aos cidadãos de Oschatz, que haviam sofrido algumas dificuldades por aderir à confissão de fé de Augsburgo. Em 1534, a Bíblia traduzida por ele para o alemão foi impressa pela primeira vez, como mostra a antiga patente datada em Bibliópolis pela própria mão do oficial. Ela foi publicada no ano seguinte. Nesse mesmo ano, Lutero publicou também o livro *Contra as missas e a consagração de sacerdotes*.

Em fevereiro de 1537, foi realizada em Smalkald uma assembleia acerca de questões religiosas, à qual Lutero e Melâncton foram chamados. Nessa reunião, Lutero foi acometido de uma enfermidade tão grave que não havia esperança de se recuperar. Enquanto era tratado, ele fez seu testamento, no qual legou aos seus amigos e irmãos seu desprezo pelo papismo. Ele se dedicou a isso até sua morte, que ocorreu em 1546.

Naquele ano, acompanhado por Melâncton, ele visitou seu próprio país, que não via há muitos anos, e regressou em segurança. Porém, logo depois, foi chamado para lá novamente pelos condes de Manfelt, para resolver algumas diferenças que surgiram acerca de suas fronteiras. Lutero foi recebido por cem ou mais cavaleiros e conduzido de maneira muito honrosa; estava, porém, tão enfermo que temiam que ele morresse. Ele disse que eram frequentes aquelas crises da doença lhe acontecerem quando tinha grandes assuntos a tratar. Daquela, porém, não se recuperou, morrendo em 18 de fevereiro, aos 63 anos. Pouco antes de expirar, ele admoestou os que estavam a seu redor para orarem a Deus pela propagação do Evangelho, "Pois o Concílio de Trento — que havia se reunido uma ou duas vezes — e o papa planejariam coisas estranhas contra esse movimento". Sentindo aproximar-se a sua hora fatal, antes das nove horas da manhã ele se entregou a Deus com esta devota oração: "Meu Pai celestial, Deus eterno e misericordioso! Tu manifestaste em mim o Teu querido Filho, nosso Senhor Jesus Cristo. Eu ensinei sobre Ele, eu o conheci; eu o amo como minha vida, minha saúde e minha redenção. A Ele os ímpios perseguiram, difamaram e afligiram com ferimentos. Conduz minha alma a ti".

Depois disso, disse três vezes: "Nas Tuas mãos entrego o meu espírito.[37] Tu me redimiste, SENHOR, Deus da verdade![38] 'Deus amou o mundo de tal maneira que deu o seu Filho unigênito, para que todo o que nele crê não pereça, mas tenha a vida eterna'".[39] Após repetir frequentemente suas orações, ele foi chamado a Deus. Assim, em oração, sua alma inocente foi separada pacificamente do corpo terreno.

---

[37] Lc 23:46
[38] Sl 31:5
[39] Jo 3:16

# Capítulo 10

# Perseguições gerais na Alemanha

As perseguições gerais na Alemanha foram ocasionadas principalmente pelas doutrinas e pelo ministério de Martinho Lutero. De fato, o papa ficou tão aterrorizado com o sucesso desse corajoso reformador que decidiu envolver o imperador Carlos V, de todas as maneiras, no esquema para tentar extirpar os protestantes.

Para isso...

1. Ofertou ao imperador 200 mil coroas em dinheiro vivo;

2. prometeu manter 12 mil soldados de infantaria e cinco mil de cavalaria, durante seis meses ou ao longo de uma campanha;

3. permitiu que o imperador recebesse metade da receita do clero advinda do império durante a guerra e

4. permitiu que o imperador penhorasse as terras de abadias por 500 mil coroas, para ajudar a promover as hostilidades contra os protestantes.

Assim, motivado e apoiado, o imperador empreendeu a extirpação dos protestantes, contra os quais, de fato, ele estava particularmente enfurecido. Para esse fim, um exército formidável foi criado na Alemanha, na Espanha e na Itália.

Nesse ínterim, os príncipes protestantes formaram uma poderosa confederação para repelir o iminente golpe. Um grande exército foi criado, cujo comando foi entregue ao oficial da Saxônia e ao príncipe de Hesse. As forças imperiais foram comandadas pessoalmente pelo imperador

*Imperador Carlos V com um bastão,* por Juan Pandoja de la Cruz (1553–1608). Parte do acervo do Museu do Prado, Madri, Espanha.

da Alemanha, e os olhos de toda a Europa se voltaram para o evento dessa guerra.

Por fim, os exércitos se encontraram e teve início um engajamento desesperado, no qual os protestantes foram derrotados, e o oficial da Saxônia e o príncipe de Hesse, aprisionados. Esse golpe fatal foi sucedido por uma horrível perseguição, cujas crueldades foram de tal ordem que o exílio poderia ser considerado um destino moderado, e esconder-se em uma área sombria da floresta, felicidade. Em tempos como esses, uma caverna é um palácio; uma rocha, um colchão de plumas e raízes selvagens, iguarias.

Os que foram capturados sofreram as torturas mais cruéis que a imaginação infernal poderia inventar. E, por sua constância, evidenciaram que um verdadeiro cristão é capaz de superar todas as dificuldades e, a despeito de todo perigo, conquistar uma coroa de martírio.

Henrique Voes e João Esch, presos como protestantes, foram levados a interrogatório. Voes, respondendo por si e pelo outro, deu as seguintes respostas a algumas perguntas feitas por um sacerdote, que os interrogou por ordem da magistratura:

Sacerdote: —Vocês dois não eram, alguns anos atrás, frades agostinianos?

Voes: —Sim!

Sacerdote: —Por que vocês deixaram o seio da Igreja Romana?

Voes: —Por causa de suas abominações.

Sacerdote: —No que vocês creem?

Voes: —No Antigo e no Novo Testamentos.

Sacerdote: —Vocês creem nos escritos dos patriarcas e nos decretos dos Concílios?

Voes: —Sim, se eles forem coerentes com as Escrituras.

Sacerdote: —Martinho Lutero não seduziu vocês dois?

Voes: —Ele nos seduziu da mesma maneira que Cristo seduziu os apóstolos, isto é, ele nos fez perceber a fragilidade do nosso corpo e o valor da nossa alma.

Esse interrogatório foi suficiente. Os dois foram condenados às chamas e logo depois sofreram munidos daquela destemida força interior que sobrevém aos cristãos quando recebem uma coroa de martírio.

Henrique Sutphen, um pregador eloquente e piedoso, foi tirado da cama no meio da noite e obrigado a andar descalço durante bastante tempo, de modo que seus pés ficaram terrivelmente feridos. Ele desejou um cavalo, mas seus condutores disseram, em tom de escárnio: "Um cavalo para um herege! De maneira alguma, os hereges podem andar descalços". Ao chegar ao seu local de destino, ele foi condenado a ser queimado, mas, durante a execução, muitas indignidades lhe foram infligidas, pois os presentes, ainda insatisfeitos com o que ele sofria nas chamas, cortaram-no e o talharam da maneira mais cruel.

Muitos foram assassinados em Halle. Mittelberg foi invadida, todos os protestantes foram mortos à espada e um grande número foi queimado em Viena.

Um servidor foi enviado para matar um ministro; ao chegar à casa do clérigo, fingiu que sua intenção era apenas fazer-lhe uma visita. Sem suspeitar da crueldade pretendida, o ministro recebeu seu suposto convidado de maneira muito cordial. Assim que o jantar terminou, o servidor disse a alguns de seus auxiliares: "Peguem esse clérigo e enforquem-no". Os próprios assistentes ficaram tão chocados após a civilidade que haviam visto que hesitaram em executar as ordens de seu senhor. Então, o ministro disse: "Pense no aguilhão que permanecerá em sua consciência por violar assim as leis da hospitalidade". O servidor, porém, insistiu em ser obedecido e os auxiliares, com relutância, exerceram o execrável ofício de carrascos.

*Peter Spengler executado por afogamento.*

Peter Spengler, um religioso piedoso da cidade de Schalet, foi jogado no rio e morreu afogado. Antes de ser levado às margens do rio que se tornaria sua sepultura, eles o levaram à praça do mercado, onde seus crimes poderiam ser apontados: não frequentar a missa, não se confessar e não acreditar na transubstanciação. Terminada essa cerimônia, Spengler fez um excelente discurso para o povo e concluiu com um delicado hino, muito edificante.

Um cavalheiro protestante, condenado à decapitação por não renunciar à sua religião, foi alegremente ao local da execução. Um frade foi até ele e disse estas palavras em voz baixa: "Como você tem uma grande relutância em abjurar sua fé publicamente, sussurre sua confissão em meu ouvido e eu o absolverei de seus pecados". A isso, o cavalheiro respondeu em voz alta: "Não me perturbe, frade. Eu confessei meus pecados a Deus e obtive absolvição pelos méritos de Jesus Cristo". Então, voltando-se ao carrasco, disse: "Não me deixe ser incomodado por esses homens; cumpra o seu dever". Então, sua cabeça foi separada do corpo com um único golpe.

Wolfgang Scuch e João Huglin, dois dignos ministros, foram queimados, como também Leonardo Keyser, um estudante da Universidade de Württenberg. E George Carpenter, um bávaro, foi enforcado por recusar-se a renegar o protestantismo.

As perseguições na Alemanha diminuíram durante muitos anos, mas voltaram em 1630, devido à guerra entre o imperador e o rei da Suécia, visto que este era um príncipe protestante e, consequentemente, os protestantes da Alemanha defendiam sua causa, o que exasperou fortemente o imperador contra eles.

Os imperialistas sitiaram a cidade de Pasewalk (defendida pelos suecos), invadiram-na e cometeram as crueldades mais horríveis na ocasião. Eles derrubaram as igrejas, queimaram as casas, pilharam as propriedades, massacraram os pastores, mataram a guarnição a fio de espada, enforcaram os habitantes da cidade, violentaram as mulheres, sufocaram as crianças e muitas outras coisas mais.

Uma tragédia tremendamente sangrenta ocorreu em Magdeburg, em 1631. Os generais Tilly e Pappenheim invadiram essa cidade protestante; mais de 20 mil pessoas, sem distinção de classe social, sexo ou idade, foram mortas durante a carnificina, e seis mil se afogaram ao tentar escapar atravessando o rio Elba. Após esse primeiro momento de fúria ter sido amenizado, os habitantes restantes foram despidos, severamente açoitados, tiveram as orelhas cortadas e, sendo atados juntos como bois, foram largados sem rumo.

A cidade de Hoxter foi tomada pelo exército papista, e todos os habitantes e a guarnição foram mortos à espada; até as casas foram incendiadas, e os corpos, consumidos pelas chamas. Ao prevalecerem em Greifenberg, as forças imperiais trancaram os senadores na câmara do Senado e, incendiando palha ao redor dela, sufocaram-nos.

Frankenthal se rendeu a artigos de capitulação, mas os habitantes foram tão cruelmente tratados quanto em outros lugares. Em Heidelberg, muitos foram trancafiados na prisão e morreram de fome. As crueldades cometidas pelas tropas imperiais comandadas pelo conde Tilly, na Saxônia, são aqui enumeradas.

Quase estrangular e recobrar as pessoas repetidamente. Rolar rodas afiadas sobre os dedos das mãos e dos pés. Apertar os polegares em uma morsa. Forçar as coisas mais sujas garganta abaixo, com o que muitos se sufocaram. Atar cordas em volta da cabeça apertando com tanta força até o sangue jorrar pelos olhos, nariz, orelhas e boca. Prender fósforos acesos nos dedos das mãos e dos pés, orelhas, braços, pernas e até mesmo na língua. Colocar pólvora na boca e atear fogo nela, fazendo a cabeça em pedaços. Amarrar sacos de pólvora a todas as partes do corpo e atear fogo neles, explodindo a pessoa. Atravessar partes carnudas com cordas. Fazer incisões na pele com estiletes e facas. Atravessar arame no nariz, nas orelhas, nos lábios etc. Pendurar os protestantes pelas pernas, com a cabeça sobre uma fogueira, para ficarem desidratados pela fumaça, ou por um braço até este se deslocar. Pendurar em ganchos pelas costelas. Forçar as pessoas a beberem até estourarem. Assar muitos em fornos quentíssimos. Fixar pesos aos pés e esticar o corpo com polias. Enforcar, asfixiar, grelhar, esfaquear, fritar, torturar, violentar, dilacerar, quebrar os ossos, raspar a carne, desmembrar com cavalos selvagens, afogar, estrangular, queimar, assar, crucificar, emparedar, envenenar, cortar língua, nariz, orelhas etc., serrar os membros, cortar em pedaços e arrastar pelas ruas amarrado pelos calcanhares.

As enormes crueldades serão uma mancha perpétua na memória do conde Tilly, que não apenas cometeu, mas também ordenou às tropas que as colocassem em prática. Onde quer que ele fosse, as barbaridades mais horríveis e as depredações

Morsa usada como instrumento de tortura no século 17.

Fonte: commons.wikimedia.org

mais cruéis se seguiam. Fome e conflagração marcavam seu avanço, pois ele destruía todas as provisões que não podia levar consigo e queimava todas as cidades antes de deixá-las. Desse modo, o resultado de suas conquistas foi assassinato, pobreza e desolação.

Despiram um piedoso ancião religioso, amarraram-no de costas sobre uma mesa e prenderam um gato grande e feroz sobre sua barriga. Então, fustigaram e atormentaram o gato de tal maneira, que a criatura em fúria rasgou a barriga do idoso e roeu suas entranhas.

Outro ministro e sua família foram detidos por esses monstros desumanos. Eles violentaram sua esposa e sua filha diante dele, cravaram seu filho pequeno na ponta de uma lança e depois, cercando-o com todos os livros de sua biblioteca, atearam fogo neles, e ele foi consumido em meio às chamas.

Em Hesse-Kassel, alguns dos soldados entraram em um hospital no qual havia principalmente mulheres dementes, despiram todas as pobres desventuradas e, para divertir-se, fizeram-nas correr pelas ruas; depois, mataram todas elas.

Na Pomerânia, algumas das tropas imperiais que entraram em uma pequena cidade capturaram todas as moças e meninas com mais de 10 anos e, em seguida, colocando seus pais em círculo, ordenaram que cantassem salmos enquanto estupravam suas filhas, jurando que, caso contrário, depois as cortariam em pedaços. Então, pegaram todas as mulheres casadas que tinham filhos pequenos e as ameaçaram de que,

se não consentissem na satisfação de suas luxúrias, queimariam seus filhos diante delas em uma grande fogueira que eles haviam acendido com esse propósito.

Um bando de soldados do conde Tilly encontrou comerciantes de Basileia que voltavam do grande mercado de Estrasburgo e tentou cercá-los; quase todos escaparam, deixando para trás as suas propriedades. Contudo, dez foram capturados e imploraram muito por sua vida, mas os soldados os mataram, dizendo: "Vocês precisam morrer porque são hereges e não têm dinheiro".

Os mesmos soldados encontraram duas condessas que, juntamente com algumas jovens, filhas de uma delas, estavam tomando ar fresco em uma carruagem semiaberta. Os soldados pouparam suas vidas, mas as trataram com a maior indecência e, despindo-as totalmente, ordenaram ao cocheiro que prosseguisse.

Por meio e mediação da Grã-Bretanha, a paz foi finalmente restaurada na Alemanha, e os protestantes permaneceram sem ser molestados durante vários anos, até que alguns novos distúrbios eclodiram no palatinado, provocados por certos fatos.

Durante muitos anos, a grande Igreja do Espírito Santo, em Heidelberg, foi compartilhada igualmente pelos protestantes e católicos romanos da seguinte maneira: os protestantes realizavam o culto divino na nave, ou corpo, da igreja, e os católicos romanos celebravam a missa na parte reservada aos cânticos e ao clero. Embora esse fosse o costume desde tempos imemoriais, o oficial do palatinado determinou-se

*John Foxe*

a acabar com isso, declarando que, por ser Heidelberg o local de sua residência e a Igreja do Espírito Santo ser a catedral de sua principal cidade, o culto divino deveria ser realizado somente em conformidade com os ritos da Igreja a qual ele pertencia. Então, proibiu os protestantes de entrar na igreja e concedeu aos papistas a posse total dela.

O povo ofendido solicitou aos poderes protestantes a reparação dessa ordem, o que exasperou tanto o oficial, que ele suprimiu o catecismo de Heidelberg. Os poderes protestantes, porém, concordaram por unanimidade em exigir satisfação, visto que, por essa conduta, o oficial violara um artigo do tratado de Vestfália. Os tribunais da Grã-Bretanha, Prússia, Holanda etc. enviaram deputados ao oficial, para chamar a atenção para a injustiça de seus procedimentos e ameaçar que, se ele não mudasse seu comportamento para com os protestantes do palatinado, eles tratariam seus súditos católicos romanos com a maior severidade. Muitas contendas violentas ocorreram entre as forças protestantes e as do oficial e foram altamente ampliadas pelo seguinte incidente: a carruagem do ministro holandês estava diante da porta do residente enviado pelo príncipe de Hesse; nesse ínterim, uma hóstia estava sendo levada para uma pessoa doente. O cocheiro não prestou atenção a esse fato, e as pessoas que portavam a hóstia, observando isso, puxaram-no de seu assento e o obrigaram a ajoelhar-se. Essa violência contra o empregado de um ministro público foi muito ressentida por todos os delegados protestantes. E, para aumentar ainda mais essas diferenças, os protestantes apresentaram aos delegados três artigos adicionais de denúncia:

1. Execuções militares foram ordenadas contra todos os sapateiros protestantes que se recusassem a contribuir com as missas de São Crispim.

2. Os protestantes eram proibidos de trabalhar nos dias santos, mesmo na época da colheita, sob pesadas penalidades, o que ocasionava grandes inconvenientes e prejudicava consideravelmente os negócios públicos.

3. Vários ministros protestantes haviam sido desapropriados de suas igrejas, sob o pretexto de terem sido originalmente fundadas e construídas por católicos romanos.

Por fim, os delegados protestantes levaram isso tão a sério que comunicaram ao oficial que o poder das armas o obrigaria a fazer a justiça que ele negava às reclamações deles. Essa ameaça fez o oficial cair em si, pois ele bem sabia da impossibilidade de empreender uma guerra contra os poderosos Estados que o ameaçavam. Por isso, concordou com que a nave da Igreja do Espírito Santo fosse devolvida aos protestantes. Ele restaurou o catecismo de Heidelberg, devolveu aos ministros protestantes a posse das igrejas das quais haviam sido despojados, permitiu que os protestantes trabalhassem nos dias santos dos papistas e ordenou que ninguém fosse molestado por não se ajoelhar quando a hóstia passasse perto deles.

Isso ele fez por medo. Entretanto, para demonstrar aos súditos protestantes o seu ressentimento, em outras circunstâncias em que os Estados protestantes não tinham o direito de interferir, abandonou totalmente Heidelberg, removendo todos os tribunais de justiça para Mannheim, inteiramente habitada por católicos romanos. De semelhante modo, construiu ali um novo palácio, tornando-o sua residência. Sendo ele seguido pelos católicos romanos de Heidelberg, Mannheim se tornou um lugar próspero.

Enquanto isso, os protestantes de Heidelberg afundaram na pobreza e muitos deles ficaram tão angustiados que deixaram o país de origem e pediram asilo em Estados protestantes. Um grande número deles chegou à Inglaterra na época da rainha Ana; eles foram recepcionados ali cordialmente e receberam uma assistência muito humana por meio de doações públicas e privadas.

Em 1732, contrariamente ao tratado de Vestfália, mais de 30 mil protestantes foram expulsos do arcebispado de Salzburgo. Eles foram embora no auge do inverno, com roupas inapropriadas para cobri-los e sem provisões, pois foram proibidos de levar qualquer coisa consigo. A causa dessas pessoas pobres não foi publicamente apoiada por Estados que lhes poderiam reivindicar reparação. Assim, eles imigraram para diversos países protestantes e se estabeleceram em lugares onde poderiam desfrutar do livre exercício de sua religião, sem ferir sua consciência, e viver livres das restrições da superstição papista e das correntes da tirania papal.

*Vista parcial da cidade de Mannheim,* por Reverendo John Gardnor. Parte do acervo do Museu Reiss-Engelhorn, em Mannheim, Alemanha.

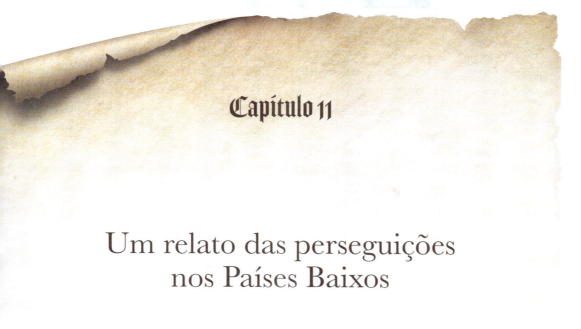

# Capítulo 11

# Um relato das perseguições nos Países Baixos

Devido ao sucesso na difusão da luz do evangelho pelos Países Baixos, o papa instigou o imperador a iniciar uma perseguição contra os protestantes; muitos milhares se tornaram mártires da maldade supersticiosa e do fanatismo bárbaro, dentre os quais os mais notáveis serão mencionados a seguir.

Wendelinuta, uma piedosa viúva protestante, foi detida por causa de sua religião quando vários monges tentaram, sem sucesso, convencê-la a retratar-se. Como não conseguiram prevalecer, uma senhora católica romana ofereceu-se a ser admitida na masmorra em que ela estava confinada e prometeu esforçar-se arduamente para induzir a prisioneira a renegar a religião reformada. Ao ser admitida na masmorra, ela fez o máximo para realizar a tarefa a que se havia proposto; porém, vendo que seus esforços haviam sido ineficazes, disse: "Querida Wendelinuta, se você não abraçar a nossa fé, pelo menos mantenha secretas em seu íntimo as coisas que você professa e esforce-se para prolongar a sua vida". A isso, a viúva respondeu: "Senhora, você não sabe o que diz, porque com o coração cremos para justiça, mas com a língua é feita a confissão para a salvação". Por recusar-se definitivamente a abjurar, seus bens foram confiscados, e ela foi condenada a ser queimada. No local da execução, um monge segurou uma cruz diante dela e lhe disse para beijá-la e adorar a Deus. Ela respondeu: "Eu não adoro deuses de madeira, e sim o Deus eterno que está no Céu". Ela foi então executada, mas, por intercessão da senhora católica romana mencionada anteriormente, foi-lhe concedido o favor de ser estrangulada antes de ser ateado fogo aos gravetos.

Dois clérigos protestantes foram queimados em Colen; Nicolas, um comerciante de Antuérpia, foi amarrado em um saco, jogado no rio e afogado, e Pistorius, um estudante culto, foi levado ao mercado de uma vila holandesa com um manto colorido de bobo da corte e entregue às chamas.

Dezesseis protestantes receberam sentença de morte por decapitação, e um ministro protestante foi ordenado a comparecer à execução. Esse cavalheiro desempenhou as funções de seu cargo com grande propriedade, exortou-os ao arrependimento e os consolou nas misericórdias de seu Redentor. Assim que os 16 foram decapitados, o magistrado gritou para o carrasco: "Ainda falta um golpe; você precisa decapitar o pastor. Ele não poderá morrer em um momento melhor do que com tão excelentes preceitos em sua boca e tão louváveis exemplos diante dele". Ele foi decapitado, embora muitos dos próprios católicos romanos reprovassem essa crueldade traiçoeira e desnecessária.

George Scherter, pastor em Salzburgo, foi detido e aprisionado por instruir seu rebanho no conhecimento do evangelho. Durante seu confinamento, ele escreveu uma confissão de sua fé; logo depois foi condenado a ser primeiramente decapitado e, em seguida, queimado até virar cinzas. A caminho do local da execução, ele disse aos espectadores: "Para que vocês possam saber que eu morro como verdadeiro cristão, lhes darei um sinal". Isso se deu, de fato, da maneira mais singular, porque, após ser cortada a cabeça, o corpo ficou pouco tempo de bruços; então, virou-se repentinamente de barriga para cima, o pé direito cruzou o esquerdo e o braço direito cruzou o esquerdo, assim permanecendo até ser entregue às chamas. Em Louviana, Percinal, um homem instruído, foi assassinado na prisão; e Justus Insparg foi decapitado por ter em seu poder os sermões de Lutero.

Giles Tilleman, um cuteleiro de Bruxelas, era um homem muito humano e piedoso. Dentre outros, ele foi detido como protestante e os monges esforçaram-se muito para convencê-lo a abjurar. Certa vez, ele teve uma oportunidade razoavelmente acidental de fugir da prisão

Um cristão sendo decapitado.

e, perguntado por que não se valera disso, respondeu: "Eu não causaria tanto dano aos guardiões, pois quanto sofreriam ao responder por minha ausência se eu houvesse ido embora". Ao ser sentenciado a ser queimado, agradeceu fervorosamente a Deus por lhe conceder uma oportunidade, pelo martírio, de glorificar o Seu nome. Percebendo, no local da execução, uma grande quantidade de gravetos, ele desejou que a maior parte deles fosse dada aos pobres, dizendo: "Uma pequena quantidade será suficiente para me consumir". O carrasco se ofereceu para estrangulá-lo antes de o fogo ser aceso, mas ele não consentiu, dizendo que desafiava as chamas; e, de fato, expirou em meio a elas com tanta compostura que mal parecia sensível aos seus efeitos.

Em 1543 e 1544, a perseguição continuou em toda a Flandres da maneira mais violenta e cruel. Alguns foram condenados à prisão perpétua, outros ao banimento perpétuo; a maioria, porém, foi morta por enforcamento, afogamento, emparedamento, fogueira, pelourinho ou foram enterrados vivos.

João de Boscane, um protestante zeloso, foi preso em Antuérpia por causa de sua fé. Em seu julgamento, ele declarou resolutamente ser da religião reformada, o que ocasionou sua condenação imediata. O magistrado, porém, teve medo de condená-lo à morte pública, por ser ele popular por sua grande generosidade e quase universalmente amado por sua vida inofensiva e piedade exemplar. Sendo determinada uma execução privada, foi dada a

Cavalete: um dos vários tipos de tortura e execução.

ordem de afogá-lo na prisão. O carrasco, portanto, colocou-o em uma banheira grande; Boscane, porém, lutava e punha a cabeça para fora da água, e o carrasco o esfaqueou com uma adaga em vários lugares, até ele expirar.

Na mesma época, outro protestante, João de Buisons, foi detido secretamente e executado ocultamente na Antuérpia. Como o número de protestantes naquela cidade era grande e o prisioneiro era muito respeitado, os magistrados temeram uma insurreição e, por esse motivo, ordenaram que ele fosse decapitado na prisão.

Em 1568 d.C., três pessoas — Scoblant, Hues e Coomans — foram detidas em Antuérpia. Durante o confinamento, eles se comportaram com grande fortaleza e alegria, confessando que a mão de Deus manifestou-se naquilo que lhes acontecera e curvando-se diante do trono de Sua providência. Em uma epístola a alguns protestantes dignos, eles se expressaram com as seguintes palavras: "Visto ser a vontade do Todo-poderoso sofrermos por Seu nome e sermos perseguidos por causa do Seu evangelho, nós pacientemente nos submetemos e nos alegramos na ocasião; embora a carne possa se rebelar contra o espírito e dar ouvido ao conselho da velha serpente, as verdades do evangelho impedirão que tais conselhos sejam seguidos, e Cristo ferirá a cabeça da serpente. Não nos falta consolo no confinamento, porque temos fé; não tememos aflição, porque temos esperança; e perdoamos os nossos inimigos, porque temos amor. Não fiquem apreensivos por nós; pois nos alegramos no confinamento por meio das promessas de Deus, gloriamo-nos em nossos grilhões e exultamos por sermos considerados dignos de sofrer pela causa de Cristo. Não desejamos ser libertados, e sim sermos abençoados com fortaleza; não pedimos por liberdade, e sim pelo poder da perseverança; e não desejamos mudança alguma em nossa condição além da que coloque uma coroa de martírio sobre nossa cabeça".

Scoblant foi levado a julgamento; persistindo em sua profissão de fé, foi sentenciado à morte. Ao voltar à prisão, pediu seriamente ao carcereiro que não permitisse que algum frade se aproximasse dele e disse: "Eles não podem me fazer bem algum, mas podem me perturbar muito. Espero que a minha salvação já esteja selada no Céu e que o sangue de Cristo, no qual eu confio firmemente, tenha me lavado das minhas iniquidades. Não desperdiçarei este manto de barro para ser vestido com roupas de glória eterna e por cujo brilho celestial serei liberto de todos os erros. Espero poder ser o último mártir da tirania papal e que o sangue já derramado seja suficiente para saciar a sede da crueldade papista, para que a Igreja de Cristo tenha descanso agora, como seus servos no futuro". No dia da execução, ele se despediu de maneira comovente de seus companheiros de prisão. Na fogueira, fez fervorosamente a oração do Senhor e cantou o salmo 40; depois, entregando sua alma a Deus, foi queimado vivo.

Pouco depois, Hues morreu na prisão e, nessa ocasião, Coomans escreveu a seus amigos: "Agora estou privado de meus amigos e companheiros; Scoblant foi martirizado e Hues está morto, por provação do Senhor; contudo, não estou só: tenho comigo o Deus de Abraão, de Isaque e de Jacó; Ele é o meu consolo e será a minha recompensa. Orem a Deus para que Ele me fortaleça até o fim, porque a toda hora espero ser liberto desta morada de barro".

Em seu julgamento, ele confessou espontaneamente ser da religião reformada, respondeu com fortaleza viril a todas as acusações feitas contra ele e comprovou, a partir do evangelho, a parte bíblica de suas respostas. O juiz lhe disse que as únicas alternativas seriam a abjuração ou a morte e concluiu dizendo: "Você está disposto a morrer pela fé que professa?". E Coomans lhe respondeu: "Não estou disposto apenas a morrer, mas a sofrer por ela os tormentos mais excruciantes, após os quais minha alma receberá sua confirmação do próprio Deus, em meio a eterna glória". Condenado, ele foi alegremente para o local da execução e morreu com a mais viril coragem e resignação cristã.

Guilherme de Nassau foi sacrificado por traição, sendo assassinado aos 51 anos por Beltazar Gerard, natural de Ranche Compte, na província da Borgonha. Esse assassino, na esperança de uma recompensa aqui e no futuro por matar um inimigo do rei da Espanha e da religião católica, comprometeu-se a destruir o príncipe de Orange. Havendo adquirido armas de fogo, ele o observou ao passar pelo grande salão de seu palácio para jantar e pediu um salvo-conduto. Afirmando não gostar de suas feições, a princesa de Orange observou que o assassino falava com uma voz oca e confusa e perguntou quem ele era. O príncipe respondeu que era alguém que pedia um salvo-conduto, que deveria receber.

Nada mais ocorreu antes do jantar, mas, quando o príncipe e a princesa voltaram pelo mesmo salão após a refeição, o assassino, ocultado o máximo possível por um dos pilares, disparou contra o príncipe. As balas entraram pelo lado esquerdo e saíram pelo direito, ferindo em seu trajeto o estômago e as partes vitais. Ao receber os ferimentos, o príncipe disse apenas: "Senhor, tem misericórdia de minha alma e dessas pobres pessoas" e expirou imediatamente.

As lamentações em todas as Províncias Unidas foram generalizadas devido à morte do príncipe de Orange, e o assassino, que foi imediatamente detido, foi sentenciado a ser morto da maneira mais exemplar. Ainda assim, tal era seu entusiasmo, ou loucura que, ao ter sua carne rasgada por pinças em brasa, disse friamente: "Se eu estivesse em liberdade, cometeria tal ato novamente".

O funeral do príncipe de Orange foi o maior já visto nos Países Baixos, e talvez a tristeza por sua morte tenha sido a mais sincera, porque ficou na memória o caráter que ele honestamente mereceu: o de pai do seu povo.

Para concluir, multidões foram assassinadas em diferentes partes de Flandres; na cidade de Valence, em particular, 57 dos principais habitantes foram massacrados em um único dia por se recusarem a abraçar a superstição romana; e enorme número de pessoas definharam confinadas, até perecerem pela inclemência de suas masmorras.

*Guilherme de Orange*, por António Mouro (1519–75). Parte do acervo do Museu Hessen Kassel, em Kassel, Alemanha.

Fonte: Shutterstock

Masmorra medieval usada como prisão dentro do Castelo de Xativa, Valência, Espanha.

# Capítulo 12

# A vida e a história de William Tyndale, verdadeiro servo e mártir de Deus

Agora precisamos introduzir a história do bom mártir de Deus, William Tyndale. Ele era um instrumento especial designado pelo Senhor e como um enxadão de Deus para revirar as raízes internas e os fundamentos do orgulhoso episcopado do papa. Por esse motivo, o grande príncipe das trevas e seus diabinhos infligiram a ele uma maldade especial. Não deixaram escapar oportunidade alguma de aprisioná-lo astuciosamente, traí-lo com falsidade e, malignamente, tirar sua vida, como se pode ver pelo desenrolar de sua história contada a seguir.

William Tyndale, o fiel ministro de Cristo, nasceu perto das fronteiras do País de Gales e foi criado desde criança na Universidade de Oxford, onde, por longa permanência, cresceu tanto no conhecimento de línguas e outras artes liberais[40] quanto, especialmente, no conhecimento das Escrituras, nas quais sua mente era singularmente aficionada. Enquanto ele residia no Magdalen Hall, ensinava para certos alunos e acadêmicos, particularmente do Magdalen College, porções de textos acerca de teologia, instruindo-os no conhecimento e na verdade das Escrituras.

---

[40] Modelo de educação criado na Antiguidade Clássica e que voltou a ser praticado sob o imperador Carlos Magno (742–814 d.C.). Constitui-se no estudo de sete artes divididas em *Trivium* (lógica, gramática e retórica) e *Quadrivium* (aritmética, astronomia, música e geometria). Buscava, por meio da multidisciplinaridade, dar ao estudante uma formação integral.

Suas maneiras e falas refletiam suas leituras, de modo que todos os que o conheciam o consideravam um homem do mais virtuoso caráter e de vida imaculada.

Assim, na Universidade de Oxford, dividindo o seu tempo, aumentando cada vez mais seu aprendizado e avançando na gradação do conhecimento acadêmico, ele se transferiu para a Universidade de Cambridge, onde também fixou residência por certo tempo. Depois de mais amadurecido no conhecimento da Palavra de Deus, deixou aquela universidade, recorreu a um certo Mestre Welch, um cavaleiro de Gloucestershire e, nesse local, foi tutor de seus filhos, sendo bem visto por seu senhor. Como esse cavalheiro recebia comumente em sua mesa um bom número de pessoas, muitas vezes recorriam a ele diversos abades, decanos, arquidiáconos, com diversos outros doutores e homens com cargos eclesiásticos. Ali, sentados à mesma mesa com o mestre Tyndale, muitas vezes conversavam sobre homens cultos, como Lutero e Erasmo, e também sobre diversas outras controvérsias e perguntas acerca das Escrituras.

Por ser erudito e bem instruído nos assuntos de Deus, mestre Tyndale não se recusava a mostrar-lhes, de maneira simples e clara, a sua opinião. E quando, em algum momento, eles divergiam dele, Tyndale lhes mostrava no Livro e expunha claramente as passagens irrefutáveis das Escrituras, para desaprovar seus erros e confirmar o que ele dizia. E assim continuaram durante certo período, argumentando e discutindo diversas vezes, até eles finalmente se cansarem e guardarem em seu coração um ressentimento secreto contra Tyndale.

À medida que isso aumentava, os sacerdotes do país formavam grupos e começaram a invejar e atacar Tyndale, protestando contra ele em tabernas e outros lugares, afirmando que suas palavras eram heresia e o acusando secretamente ao chanceler e a outros oficiais do bispo.

Pouco tempo depois disso, houve uma sessão do chanceler nomeado pelo bispo, convocando-se a presença dos sacerdotes, dentre eles o mestre Tyndale. Não se pode afirmar que este tivesse alguma suspeita quanto às ameaças deles ou que lhe tenha sido informado que eles o acusariam. É certo, porém (como ele mesmo declarou), que Tyndale duvidava das acusações particulares desses homens, de modo que, a caminho de lá, clamou de coração a Deus para que lhe desse força para permanecer na verdade de Sua Palavra.

Chegado o momento de apresentar-se ao chanceler, este o ameaçou severamente, insultando-o e comparando-o a um cachorro, e o acusou de muitas coisas as quais nenhum acusador poderia engendrar, não obstante a presença dos sacerdotes do país. No entanto, escapando de suas mãos, o mestre Tyndale partiu para casa e voltou ao seu senhor.

Não muito longe, morava um certo doutor, que havia sido chanceler de um bispo, e era velho conhecido do mestre Tyndale e muito o favorecera. Mestre Tyndale se abriu com ele acerca de diversas questões das Escrituras, porque com

*William Tyndale*. Ilustração da edição de 1837 do Novo Testamento de nosso Senhor e Salvador Jesus Cristo.

ele tinha a coragem de o fazer. O doutor lhe disse: "Você não sabe que o papa é realmente o Anticristo de quem a Escritura fala? Porém, tome cuidado com o que você diz, porque, se perceberem que você tem essa opinião, isso custará a sua vida."

Não muito tempo depois, mestre Tyndale estava na companhia de certo clérigo, reconhecido como homem culto e, conversando e debatendo com ele, chegou a determinada questão, o que fez com que esse tal grande doutor irrompesse com estas palavras blasfemas: "Seria melhor ficarmos sem as leis de Deus do que sem as do papa". Ouvindo isso, cheio de zelo reverente e não suportando aquele dito blasfemo, mestre Tyndale respondeu: "Eu desafio o papa e todas as suas leis" e acrescentou: "Se Deus me poupar a vida, em poucos anos eu farei com que qualquer garoto que conduz um arado conheça mais as Escrituras do que você".

O rancor dos sacerdotes contra Tyndale aumentava cada vez mais, e eles nunca deixaram de vociferar contra ele e de julgá-lo e o acusaram de muitas coisas, dizendo que ele era herege. Assim molestado e atormentado, Tyndale foi obrigado a deixar aquele país e procurar outro lugar. Chegando ao mestre Welch, desejou que este, de boa vontade, se afastasse dele, dizendo: "Senhor, percebo que o senhor não deve sofrer minha presença por muito tempo aqui nesta região, nem você será capaz, por mais que queira, de me manter fora das mãos desses que exercem poder espiritual. Que desagrado poderá vir a você por me manter seguro, Deus o sabe. E eu lamentaria profundamente sobre isso". De modo que, em resumo, com a boa vontade de seu senhor, mestre Tyndale partiu e, pouco depois, chegou a Londres e ali pregou durante um tempo, como havia feito no interior.

Lembrando-se de Cuthbert Tonstal, então bispo de Londres, e especialmente do grande elogio de Erasmo, que, em suas anotações, tanto exaltou o referido Tonstal por sua erudição, Tyndale pressupôs que seria um homem feliz se conseguisse estar ao seu serviço. Aproximou-se de Sir Henry Guilford, o mordomo do rei, e trouxe consigo um discurso de Isócrates que ele havia traduzido do grego para o inglês, expressando que gostaria que Guilford o recomendasse ao referido bispo de Londres, o que foi feito. Além disso, Tyndale desejou escrever uma carta ao bispo e que Guilford fosse com ele para entregá-la. Assim o fizeram, e Tyndale entregou sua carta a um servo do bispo chamado William Hebilthwait, seu velho conhecido. Entretanto, Deus, que dispõe secretamente o curso das coisas, viu que aquilo não seria o melhor para o propósito de Tyndale, nem para benefício de Sua Igreja. Por isso, fez com que ele encontrasse pouco favor aos olhos do bispo, cuja resposta foi que a sua casa estava cheia, que tinha mais do que podia assumir, e o aconselhou a procurar na periferia de Londres, onde, segundo ele, não lhe faltaria serviço.

Tendo sido recusado pelo bispo, ele foi a Humphrey Mummuth, vereador de Londres, e implorou que este o ajudasse. O vereador o levou imediatamente à sua casa, onde diz-se que Tyndale viveu (como Mummuth dizia) como um bom sacerdote, estudando noite e dia. Ele só se propunha a comer carne ensopada e a beber uma cerveja pequena. Tyndale nunca foi visto com vestimentas pomposas em casa durante todo o tempo em que esteve nesse local.

E assim o mestre Tyndale permaneceu em Londres por aproximadamente um ano, observando o que ocorria no mundo, especialmente em relação à conduta dos pregadores, como se vangloriavam e impunham sua autoridade. Também observou a pompa dos prelados, além de outras coisas que ele detestava com afinco. Desse modo, Tyndale compreendeu não apenas que a casa do bispo não era o espaço para ele traduzir o Novo Testamento, mas também que não havia onde fazer tal tradução em toda a Inglaterra.

Portanto, tendo Humphrey Mummuth e certos outros bons homens, pela providência divina, lhe prestado alguma ajuda, Tyndale despediu-se do reino e partiu para a Alemanha. Lá, esse bom homem, inflamado por carinho e zelo por seu país, não se recusou à labuta ou diligência para, por todos os meios possíveis, converter seus irmãos e compatriotas da Inglaterra ao mesmo gosto e entendimento da santa Palavra e da verdade de Deus, com os quais o Senhor o havia dotado. Com isso em mente e após consultar John Frith, Tyndale concluiu que nada melhor do que as Escrituras serem transformadas em uma linguagem mais habitual para que os pobres pudessem ler e conhecer claramente a Palavra de Deus. Ele percebeu que não seria possível alicerçar os leigos em qualquer verdade, a menos que as Escrituras fossem clara e expressamente colocadas diante de seus olhos em sua língua materna, a fim de que eles conseguissem entender o significado do texto. Caso contrário, os inimigos da verdade extinguiriam qualquer verdade que fosse ensinada aos leigos, por meio de sofismas ou de tradições por eles inventadas, sem qualquer fundamento bíblico; ou ainda pelo uso de jogo de palavras, explicando a verdade de maneira que fosse impossível entender o texto e encontrar o seu correto significado.

Mestre Tyndale considerou que o fato de as Escrituras de Deus estarem escondidas dos olhos das pessoas era a única ou principal causa de todos os danos na Igreja. Havia muito tempo que os abomináveis feitos e idolatrias mantidos pelo clero farisaico não podiam ser percebidos. Portanto, todo o trabalho deles era empenhar-se em manter as Escrituras ocultas, para que ou não fossem lidas de maneira alguma ou, se fossem, eles obscureceriam a sua percepção correta com a névoa de seus sofismas. Assim, enredavam quem repreendesse ou desprezasse as abominações deles, deturpando as Escrituras para seus próprios propósitos, contrariamente ao significado do texto. Desse modo, iludiam tanto os indoutos leigos que, apesar de estes sentirem em seu coração e terem a certeza de que tudo que eles diziam era falso, ainda assim não conseguiriam decifrar os seus sutis enigmas.

Por essas e outras considerações, esse bom homem foi despertado por Deus para traduzir as Escrituras à sua língua materna, em prol das pessoas simples de seu país. Iniciou pelo o Novo Testamento, que foi impresso por volta de 1525 d.C. O bispo de Londres, Cuthbert Tonstal, e Sir Thomas More sentiram-se muito ofendidos e maquinaram sobre como destruir aquela que chamaram de tradução falsa e errônea.

Certa vez, o comerciante Agostinho Packington estava em Antuérpia, onde estava o bispo. Esse homem era favorável

Bíblia de Tyndale de 1525.

a Tyndale, mas demonstrou o oposto ao bispo. Ávido por concretizar o seu propósito, o bispo disse que de bom grado compraria o Novo Testamento. Ouvindo-o dizer isso, Packington disse: "Meu senhor! A esse respeito, posso fazer mais do que a maioria dos comerciantes que estiveram aqui, se for de seu agrado, porque conheço os holandeses e estrangeiros que os trouxeram de Tyndale, e eles estão aqui para vendê-los. Para isso, se for do agrado de Vossa Reverendíssima, precisarei desembolsar dinheiro para pagá-los, caso contrário não poderei obtê-los; assim, assegurarei que Vossa Reverendíssima tenha todos os livros que foram impressos e não vendidos". O bispo, pensando ter Deus "na palma da sua mão", disse: "Faça sua investigação, gentil Mestre Packington! Obtenha-os para mim e pagarei quanto for preciso, porque pretendo queimar e destruir todos eles na Cruz de Paulo". Agostinho Packington foi a William Tyndale e declarou a conversa toda; assim, mediante acordo firmado entre eles, o bispo de Londres recebeu os livros, Packington recebeu os agradecimentos, e Tyndale recebeu o dinheiro.

Depois disso, Tyndale corrigiu os mesmos Novos Testamentos e os imprimiu novamente, de modo que o triplo da edição anterior chegasse à Inglaterra. Quando o bispo percebeu isso, chamou Packington e disse: "Como podem existir tantos Novos Testamentos no exterior?

Você me prometeu que compraria todos eles". Então, Packington respondeu: "Certamente, comprei tudo que havia para ser comprado, mas percebo que, desde então, eles imprimiram mais. Vejo que essa situação nunca melhorará enquanto eles tiverem tipos e matrizes; por isso, o melhor seria Vossa Reverendíssima comprar também as matrizes, e assim ficaria segura". Em resposta, o bispo sorriu e encerrou o assunto.

Pouco tempo depois, aconteceu de George Constantine ser preso por Sir Thomas More, então chanceler da Inglaterra, sob suspeita de heresias. Mestre More perguntou-lhe: "Constantine, quero que seja claro comigo quanto ao que perguntarei e prometo que lhe serei favorável em todas as outras coisas das quais você é acusado. Além-mar há Tyndale, Joye e muitos de vocês. Sei que eles não conseguem viver sem suporte. Há algumas pessoas que os socorrem com dinheiro; e você, sendo um deles, teve a sua parte e, portanto, sabe de onde ela veio. Eu lhe peço que me diga: quem são os que os financiam assim?". Constantine respondeu: "Meu senhor, direi sinceramente: foi o bispo de Londres quem nos ajudou, porque nos concedeu uma grande quantia de dinheiro para queimar os Novos Testamentos; e isso foi, e ainda é, o nosso único socorro e conforto". More disse: "Ora, na verdade, eu penso o mesmo; porque foi isso o que contei ao bispo antes mesmo de ele tocar no assunto".

Depois disso, mestre Tyndale assumiu o encargo de traduzir o Antigo Testamento, terminando os cinco livros de Moisés, com diversos prólogos da maior erudição e devoção, muito dignos de serem lidos e relidos por todos os bons cristãos. Uma vez que esses livros foram enviados para a Inglaterra, é inarrável a porta de luz aberta por eles aos olhos de toda a nação inglesa, que antes permaneciam fechados em trevas.

Em sua primeira saída do reino, Tyndale viajou para a Alemanha, onde teve uma conferência com Lutero e outros eruditos. Após permanecer ali durante certo tempo, ele foi para os Países Baixos e passou a maior parte do tempo na cidade de Antuérpia.

Os livros piedosos de Tyndale, e especialmente o Novo Testamento traduzido por ele, após começarem a chegar às mãos dos homens e a se espalharem pelo exterior, geraram enorme e singular proveito para os devotos. Porém, os ímpios (invejosos e desdenhosos de que o povo se tornasse mais sábio do que eles, e temendo que, pelos brilhantes raios da verdade, suas obras das trevas fossem reconhecidas) começaram a se agitar com grande alarde.

Após terminar de traduzir Deuteronômio, Tyndale navegou para Hamburgo, pensando em imprimi-lo lá. Na costa da Holanda, ele sofreu naufrágio, perdendo todos os seus livros, escritos e cópias, seu dinheiro e seu tempo, e foi obrigado a começar tudo de novo. Ele foi para Hamburgo em outro navio, onde, por sua convocação, o mestre Coverdale o esperava e o ajudou na tradução de todos os cinco livros de Moisés, desde a Páscoa até dezembro de 1529, na casa de uma viúva reverente, a sra. Margaret Van Emmerson. Na época, havia na cidade uma epidemia de doença do suor. Então, depois de resolvido seu negócio em Hamburgo, ele voltou para Antuérpia.

Quando foi da vontade de Deus que o Novo Testamento na língua comum fosse para o exterior, Tyndale, seu tradutor, acrescentou ao final uma certa epístola, na qual desejou que os instruídos se corrigissem se estivessem no caminho errado. Portanto, havendo alguma falha merecedora de correção, faria parte da cortesia e gentileza de homens de conhecimento e bom-senso demonstrar seu aprendizado e corrigir o que havia para ser corrigido. O clero, porém, não desejando que aquele livro prosperasse, apregoou haver nele mil heresias e que não deveria ser corrigido, e sim totalmente eliminado. Alguns disseram não ser possível traduzir as Escrituras para o inglês; outros, que não era lícito que os leigos pudessem lê-las em sua língua materna; outros, que aquilo faria todos se tornarem hereges. E, com a intenção de induzir os governantes temporais ao seu propósito, disseram que a tradução faria o povo rebelar-se contra o rei.

Tudo isso o próprio Tyndale declara em seu prólogo, antes do livro de Gênesis, mostrando adicionalmente os grandes esforços que foram empreendidos em examinar aquela tradução e compará-la com a própria imaginação deles, para que, segundo ele supunha, eles pudessem ter traduzido grande parte da Bíblia de forma menos trabalhosa. Mostrou, além disso, que esquadrinharam e examinaram todos os títulos e pontos de tal modo e de maneira tão estrita, que não havia ali um "i" sem pingo que eles não notassem e elencassem para o povo ignorante como sendo heresia.

As perversas estratégias dos clérigos ingleses (que deveriam ter sido os condutores da luz) para afastar o povo do conhecimento das Escrituras eram tamanhas, que nem eles mesmos desejavam traduzi-la, nem aceitavam que ela fosse traduzida por outros. A intenção (como disse Tyndale) era de que o mundo permanecesse imóvel em trevas, de forma que eles pudessem se estabelecer na consciência das pessoas por meio de vãs superstições e falsas doutrinas, para satisfazer sua ambição e insaciável cobiça e exaltar sua própria honra acima de reis e imperadores.

Os bispos e prelados não descansaram enquanto não levaram o rei a consentir com eles, motivo pelo qual foi planejada às pressas, e apresentada sob autoridade pública, uma proclamação de que a tradução do Novo Testamento de Tyndale estava proibida — isso ocorreu por volta de 1537 d.C. Não contentes com isso, eles prosseguiram a ponto de o enredarem em suas redes para tirar-lhe a vida. Como eles o fizeram, contar-se-á a seguir.

Nos registros de Londres manifesta-se claramente como os bispos e Sir Thomas More, sabendo do que havia ocorrido em Antuérpia, pesquisavam e examinavam com afinco tudo que dizia respeito a Tyndale. Sabiam onde e com quem ele se hospedava, onde ficava a casa, qual era sua

*Sir Thomas More*, por Hans Holbein (1497/98–1543). Parte do acervo de Frick Collection, em Nova Iorque, EUA.

Fonte: commons.wikimedia.org

Mestre Tyndale foi convidado diversas vezes para jantar e apoiar os comerciantes, e foi assim que Henry Philips o conheceu. De modo que, após pouco tempo, mestre Tyndale adquiriu grande confiança nele e o levou ao seu alojamento, à casa de Thomas Pointz, convidando-o uma ou duas vezes para também jantar e cear com ele. Além disso, fez tal amizade com Philips, que, por sua intervenção, ele ficou na mesma casa do referido Pointz. Tyndale também lhe mostrou seus livros e outros segredos de seu estudo, de tão pouco que desconfiava daquele traidor.

Pointz, porém, não confiando muito no sujeito, perguntou a mestre Tyndale como ele havia conhecido o tal Philips. Mestre Tyndale respondeu que ele era um homem honesto, muito instruído e muito flexível. Ao perceber que Tyndale demonstrava tanto favor a Philips, Pointz nada mais disse, imaginando que Tyndale o conhecera por intermédio de algum amigo em comum. Certa vez, depois de estar na cidade três ou quatro dias, o referido Philips desejou que Pointz andasse com ele até fora da cidade para lhe mostrar suas mercadorias e, enquanto caminhavam juntos após saírem da cidade, falou sobre diversas coisas, sendo algumas os assuntos do rei. Até então, Pointz ainda não suspeitava de coisa alguma. Depois daquele momento, porém, Pointz percebeu que Philips queria saber se ele poderia ajudá-lo em seu propósito, pelo que receberia dinheiro. Pointz sempre notara que Philips tinha dinheiro e fazia questão de exibi-lo. De fato, em vezes anteriores, Philips

estatura, que roupa ele vestia, que recursos ele tinha... Havendo aprendido diligentemente tudo isso, começaram a agir.

Na cidade de Antuérpia, William Tyndale hospedara-se durante um ano inteiro na casa de Thomas Pointz, um inglês que era o responsável por uma casa de comerciantes ingleses. Da Inglaterra veio Henry Philips, cujo pai era cliente de Poole, um sujeito simpático, como se fosse um cavalheiro que tinha um servo consigo; porém, o motivo ou a finalidade de haver sido enviado para lá ninguém sabia dizer.

desejou que Pointz o ajudasse a obter diversas mercadorias, exigindo que fossem da melhor qualidade, dizendo: "porque eu tenho dinheiro suficiente".

Philips foi de Antuérpia ao tribunal de Bruxelas, a 39 km de distância, de onde levou consigo de volta para Antuérpia o procurador-geral, que é o advogado do imperador, e outros oficiais.

Dentro de três ou quatro dias, Pointz partiu para a cidade de Barois, a 29 km da Antuérpia, onde tinha negócios a tratar durante um mês ou seis semanas. Durante a sua ausência, Henry Philips foi novamente a Antuérpia, à casa de Pointz. Entrou e perguntou à esposa de Pointz se mestre Tyndale estava lá. Então, saiu novamente e colocou, na rua e junto à porta, os oficiais que trouxera de Bruxelas. Por volta do meio-dia, voltou e foi ao encontro de mestre Tyndale, pedindo que ele lhe emprestasse 40 xelins, pois afirmava ter perdido sua bolsa pela manhã, quando chegara na passagem entre a Antuérpia e Mechlin. Então, mestre Tyndale lhe deu o valor pedido, quantia que ele entregava facilmente quando a tinha, porque era um homem simplório e pouco hábil nas astutas sutilezas deste mundo. Então, Philips disse: "Mestre Tyndale, você será meu convidado aqui hoje". Mestre Tyndale respondeu: "Não, hoje eu vou sair para jantar, você irá comigo e será meu convidado; será bem-vindo".

Chegada a hora do jantar, Mestre Tyndale saiu com Philips. Na saída da casa de Pointz, havia uma entrada longa e estreita, que não permitia a passagem de duas pessoas lado a lado. Mestre Tyndale quis que Philips fosse adiante dele, mas Philips não aceitou de modo algum, passando mestre Tyndale à sua frente, porque pretendia demonstrar grande benevolência. Então, Mestre Tyndale, um homem de baixa estatura, foi à frente, e Philips, alto e gracioso, que havia colocado em dois assentos nos dois lados da porta os oficiais que podiam ver quem vinha pela entrada, seguiu atrás. Philips apontou com o dedo para a cabeça de mestre Tyndale, para que os oficiais pudessem ver que era ele a quem eles deveriam capturar. Após colocarem Tyndale na prisão, os oficiais disseram para Pointz que tiveram pena ao ver a simplicidade do mestre Tyndale. Eles o levaram ao advogado do imperador, onde ele jantou. Então, o procurador-geral foi à casa de Pointz e tomou tudo que pertencia a mestre Tyndale, tanto seus livros quanto outras coisas. De lá, Tyndale foi levado ao castelo de Vilvorde, a 29 km da Antuérpia.

Mestre Tyndale permaneceu na prisão e recusou o advogado e o procurador que lhe

*Preparação para a queima do corpo de William Tyndale.* Ilustração de *O livro dos mártires*, de 1563.

Fonte: commons.wikimedia.org

John Foxe

foram oferecidos, dizendo que responderia por si mesmo. Ele pregava muito àqueles que mantinham guarda sobre ele. Estes tinham tanta familiaridade com ele no castelo, que testemunharam que, se ele não era um bom cristão, não sabiam quem poderiam considerar ser.

Finalmente, após muita argumentação inútil, embora não merecesse a morte, ele foi condenado em virtude do decreto do imperador, feito na assembleia de Augsburgo. Levado ao local da execução, foi amarrado à estaca, estrangulado pelo carrasco e, depois, consumido pelo fogo na cidade de Vilvorde, em 1536 d.C., enquanto gritava da fogueira, com fervoroso zelo e alta voz: "Senhor, abre os olhos do rei da Inglaterra".

Tal era o poder de sua doutrina e a sinceridade de sua vida que, segundo se diz, durante seu tempo de prisão (que durou um ano e meio), ele converteu seu carcereiro, a filha do carcereiro e outros de sua família.

No tocante à sua tradução do Novo Testamento, devido aos seus inimigos a criticarem tanto fingindo estar repleta de heresias, ele escreveu a John Frith: "Apelo a Deus para registrar, no dia em que compareceremos diante do nosso Senhor Jesus, que eu nunca alterei uma sílaba sequer da Palavra de Deus contra a minha consciência, nem o faria hoje, ainda que me fosse dado tudo que há na Terra: honra, deleite ou riqueza".

Fonte: Shutterstock

João Calvino, *O Muro da Reforma* (1909), monumento à Reforma Protestante da Igreja. Genebra, Suíça.

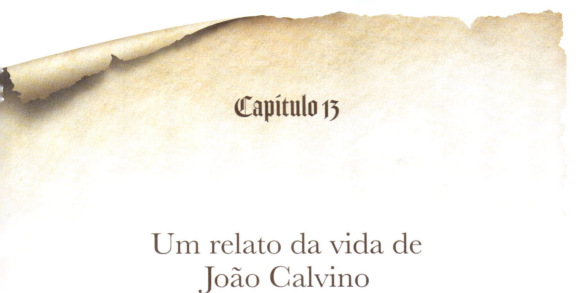

# Capítulo 13

# Um relato da vida de João Calvino

Este reformador nasceu em Noyon, na Picardia, em 10 de julho de 1509. Foi instruído em gramática, com o professor Maturinus Corderius em Paris, e estudou filosofia no Collège Montaigne sob a supervisão de um professor de espanhol.

Seu pai, que descobriu muitas marcas de sua piedade precoce, particularmente em suas repreensões aos vícios de seus companheiros, o designou inicialmente para a Igreja e o apresentou, em 21 de maio de 1521, à capela de Notre Dame de la Gesine, na Igreja de Noyon. Em 1527, ele foi apresentado à reitoria de Marseville, a qual trocou em 1529 pela de Pont l'Évêque, perto de Noyon. Depois, seu pai mudou de ideia e o fez estudar Direito, ao que Calvino, depois de ler as Escrituras e haver criado antipatia pelas superstições do papismo, prontamente consentiu, renunciando à capela de Gesine e à reitoria de Pont l'Évêque, em 1534. Ele fez grande progresso nessa ciência e também no seu conhecimento de teologia por seus estudos pessoais. Em Bourges, inscreveu-se para estudar o idioma grego, sob orientação do professor Wolmar.

A morte de seu pai o fez voltar a Noyon, onde permaneceu por pouco tempo. Depois foi para Paris, onde um discurso de Nicholas Cop, reitor da Universidade de Paris, à qual Calvino fornecia materiais, desagradou bastante a Sorbonne e ao parlamento, dando origem a uma perseguição contra os protestantes. Calvino,

243

*Retrato do jovem João Calvino,* pintor desconhecido. Parte do acervo da Biblioteca Pública de Genebra, Genebra, Suíça.

que por pouco escapou de ser detido no Colégio de Forteret, foi forçado a retirar-se para Saintonge após ter a honra de ser apresentado à rainha de Navarra, que havia levantado aquele primeiro ataque contra os protestantes.

Calvino retornou a Paris em 1534. Nesse ano, os reformados enfrentaram um tratamento severo, o que o fez decidir deixar a França após publicar um tratado contra aqueles que acreditavam que as almas que partiram estivessem em uma espécie de sono. Ele se retirou para Basileia, onde estudou hebraico; nessa época, publicou suas *Institutas da Religião Cristã*, uma obra propícia para disseminar sua fama, embora ele mesmo desejasse viver na obscuridade.

Ela é dedicada a Francis I, o rei da França. Depois disso, Calvino escreveu uma apologia pelos protestantes queimados na França por sua religião. Após a publicação dessa obra, Calvino foi à Itália para visitar a duquesa de Ferrara, uma dama de elevada piedade, pela qual foi muito gentilmente recebido.

Da Itália, voltou à França e, havendo resolvido seus assuntos particulares, propôs-se a ir a Estrasburgo ou Basileia, em companhia de seu único irmão sobrevivente, Antônio Calvino; porém, devido às estradas não serem seguras por causa da guerra, exceto através dos territórios do duque de Savoy, ele escolheu esse caminho. Bayle diz: "Essa foi uma orientação específica da Providência; era seu destino estabelecer-se em Genebra e, quando estava totalmente decidido a seguir adiante, viu-se detido por uma ordem vinda do Céu, se assim posso dizer".

Em Genebra, Calvino foi, portanto, obrigado a conformar-se a ser escolhido pelo consistório e pelos magistrados, com o consentimento do povo, como um de seus ministros e professor de teologia. Ele quis assumir somente este último cargo e não o outro, mas, no fim, viu-se obrigado a assumir ambos, em agosto de 1536. No ano seguinte, ele fez com que todo o povo declarasse, sob juramento, sua concordância com a profissão de fé, que continha uma renúncia ao papismo. Em seguida, declarou que não poderia submeter-se a um regulamento recentemente elaborado pelo pequeno distrito de Berna.

Por essa razão, os síndicos de Genebra convocaram uma assembleia do povo e foi ordenado que Calvino, Farel e outro ministro deixassem a cidade em poucos dias, por se recusarem a administrar o sacramento.

Calvino se retirou para Estrasburgo e estabeleceu naquela cidade uma igreja francesa, da qual foi o primeiro ministro. Foi também designado para ser professor de teologia naquele local. Enquanto isso, o povo de Genebra lhe suplicou com tanta sinceridade que retornasse a eles, que ele finalmente consentiu, chegando no dia 13 de setembro de 1541, para grande satisfação do povo e dos magistrados. A primeira coisa que ele fez após sua chegada foi estabelecer uma forma de disciplina da igreja e uma jurisdição consistorial, investida do poder de infligir censuras e punições canônicas, inclusive a excomunhão.

Há tempos, o deleite tanto de infiéis quanto de alguns cristãos professos consiste em referir-se à atuação dele na morte de Miguel Serveto, quando desejam suscitar a aversão contra as opiniões de Calvino. Em todas as ocasiões, os que foram incapazes de derrubar as opiniões de Calvino usaram desse artifício como um argumento conclusivo contra todo o sistema. Para certa classe de argumentadores, "Calvino queimou Serveto! Calvino queimou Serveto!" é uma boa prova de que a doutrina da Trindade não é verdadeira, que a soberania divina é antibíblica e o cristianismo é uma trapaça.

Não desejamos paliar qualquer ato de Calvino manifestamente errado. Pensamos que nenhum de seus procedimentos referentes ao infeliz caso de Serveto pode ser defendido. Ainda assim, devemos nos lembrar de que os verdadeiros princípios da tolerância religiosa eram muito pouco compreendidos no tempo de Calvino. Todos os outros reformadores então vivos aprovaram a conduta de Calvino. Até o brando e amável Melâncton se expressou em relação a esse caso da seguinte maneira, em uma carta endereçada a Bullinger, ele diz: "Li sua declaração referente à blasfêmia de Serveto e louvo sua piedade e seu julgamento. Estou convencido de que o Concílio de Genebra agiu corretamente ao mandar executar aquele homem obstinado que nunca haveria cessado suas blasfêmias.

4ª Edição das *Institutas da Religião Cristã*, de 1559, ainda em latim.

Fonte: pt.m.wikipedia.org

Estou admirado por alguém poder desaprovar esse procedimento". Farel diz expressamente que "Serveto mereceu uma pena capital". Bucer não hesitou em declarar que "Serveto merecia algo pior do que a morte".

A verdade é que, embora houvesse ajudado na detenção e prisão de Serveto, Calvino não desejava que ele fosse queimado. Ele disse: "Desejo que a severidade do castigo seja abrandada" e "Nós nos esforçamos para comutar o tipo de morte, mas foi em vão". Farel diz a Calvino: "Desejando atenuar a severidade da punição, você dispensa ao seu maior inimigo a postura de um amigo". Turritino diz: "Os historiadores não afirmam em lugar algum que Calvino foi o instigador dos magistrados para que Serveto fosse queimado, e isso também não aparece em qualquer deliberação. De fato, ele e o colégio de pastores certamente dissuadiram daquele tipo de punição".

Frequentemente se afirmou que Calvino possuía tanta influência junto aos magistrados de Genebra, que poderia haver obtido a libertação de Serveto se não estivesse desejoso de sua destruição. Isso, porém, não é verdade. Está tão longe dela que, certa vez, o próprio Calvino foi banido de Genebra por aqueles mesmos magistrados e, frequentemente, em vão se opôs às medidas arbitrárias deles. O interesse de Calvino na morte de Serveto era tão ínfimo a ponto de ele alertá-lo sobre esse perigo e fazê-lo permanecer várias semanas em Genebra antes de ser preso. A linguagem de Serveto, porém, então considerada blasfema, foi a causa de sua prisão. Lá, Calvino o visitou e usou todos os argumentos para convencê-lo a retratar-se de suas horríveis blasfêmias, sem referenciar suas próprias opiniões. Foi essa a extensão da atuação de Calvino nesse caso infeliz.

Não se pode, porém, negar que, nesse caso, Calvino agiu contrariamente ao espírito benigno do evangelho. É melhor derramar uma lágrima sobre a inconstância da natureza humana e lamentar as debilidades que não podem ser justificadas. Ele declarou haver agido conscientemente e justificou publicamente o ato.

O conceito de que os princípios religiosos errôneos são puníveis pelo magistrado civil causou danos, seja em Genebra, na Transilvânia ou na Grã-Bretanha, e a ele deve ser imputado, não ao trinitarianismo ou ao unitarismo.

Após a morte de Lutero, Calvino exerceu grande influência sobre os homens daquele período notável. Ele foi influente na França, Itália, Alemanha, Holanda, Inglaterra e Escócia. Foram organizadas 2.150 congregações reformadas, as quais recebiam os pregadores indicados por Calvino.

Triunfante sobre todos os seus inimigos, Calvino sentiu sua morte se aproximando. Entretanto, continuou a esforçar-se de todas as maneiras com viçoso vigor. Quando estava prestes a morrer, elaborou seu testamento dizendo: "Testifico que vivo e pretendo morrer nesta fé que Deus me deu por intermédio de Seu evangelho, e que para a salvação não dependo de outra coisa senão da livre escolha que Ele fez por

*John Foxe*

*João Calvino em seu leito de morte na presença de Igreja.* Parte do acervo da Biblioteca Wellcome, Londres, Inglaterra.

mim. Com todo o meu coração, eu abraço a Sua misericórdia, por meio da qual todos os meus pecados são cobertos, pelo amor de Cristo, Sua morte e Seus sofrimentos. Segundo a medida de graça que me foi concedida, eu ensinei essa Palavra pura e simples por meio de sermões, obras e exposições das Escrituras. Em todas as minhas batalhas contra os inimigos da verdade, não usei sofismas, e sim combati o bom combate com honestidade e sem floreios".

Em 27 de maio de 1564, aos 55 anos, ocorreu sua libertação e bendita jornada para o Céu.

O fato de um homem que havia adquirido tão grande reputação e autoridade receber um salário de apenas cem coroas, recusar-se a aceitar mais e, após viver 55 anos com a máxima frugalidade, deixar aos seus herdeiros 300 coroas, incluindo o valor de sua biblioteca, que foi vendida por um valor muito alto, é algo tão heroico que, para não se admirar alguém assim, uma pessoa precisa haver perdido toda a sensibilidade.

Quando Calvino se despediu de Estrasburgo para retornar a Genebra, eles quiseram continuar a dar-lhe os privilégios de um homem livre da cidade e as receitas de uma prebenda que lhe tinha sido atribuída. A primeira oferta ele aceitou, mas recusou absolutamente a outra. Calvino levou um dos irmãos consigo para Genebra, mas nunca se esforçou para fazer com que ele fosse preferido para um cargo honorável, como qualquer outro possuidor de seu crédito haveria feito. Ele realmente cuidou da honra da família de seu irmão, libertando-o de uma adúltera e obtendo licença para ele se casar novamente, mas até mesmo seus inimigos relatam que ele o fez aprender o ofício de encadernador, o qual exerceu durante todo o resto de sua vida.

## CALVINO COMO AMIGO DA LIBERDADE CIVIL

Em seu último discurso em Plymouth, no aniversário do desembarque dos Peregrinos, o Reverendo Dr. Wisner[41] fez a seguinte afirmação: "Por mais que o nome de Calvino tenha sido ridicularizado e desdenhado por muitos filhos da liberdade, não há proposição histórica mais suscetível de completa demonstração do que a seguinte: que a nenhum homem, a não ser a João Calvino, o mundo deve a liberdade que agora desfruta".

---

[41] Extrado do discurso *Influence of religion on liberty* (A influência da religião sobre a liberdade), entregue em 22 de dezembro de 1830, pelo Dr. Benjamin B. Wisner (1794–1835), pastor da *Old South Church*, situada em Boston.

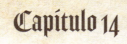

# Capítulo 14

# Um relato das perseguições na Grã-Bretanha e na Irlanda, antes do reinado de Mary I

Gildas, o mais antigo escritor proeminente britânico, que viveu na época em que os saxões deixaram a ilha da Grã-Bretanha, retratou um exemplo extremamente chocante da barbárie daquele povo.

Os saxões eram pagãos tal qual os escoceses e os pictos e, ao chegarem, destruíram as igrejas e assassinaram os clérigos por onde passaram. Mas não puderam destruir o cristianismo, porque os que não se submeteriam ao jugo saxão foram residir do outro lado do rio Severn. Os nomes dos cristãos que sofreram, especialmente os do clero, também não nos foram relatados.

O exemplo mais terrível da barbárie sob o governo saxão foi o massacre dos monges de Bangor, no ano 586 d.C. Esses monges eram, em todos os aspectos, diferentes daqueles que hoje têm o mesmo nome.

No século 8, os dinamarqueses, uma horda itinerante de bárbaros, desembarcaram em diferentes partes da Grã-Bretanha, tanto na Inglaterra quanto na Escócia. Inicialmente, foram repelidos, porém, em 857 d.C., um grupo deles desembarcou em algum lugar próximo a Southampton e não apenas saquearam, mas também incendiaram as igrejas e assassinaram os clérigos.

Em 868 d.C., esses bárbaros entraram no centro da Inglaterra e se alojaram em Nottingham. Os ingleses, liderados por seu rei Ethelred, expulsaram-no de seus postos e os obrigaram a retirar-se para Northumberland.

*Etelredo, o Despreparado.* Originalmente escaneado do livro *The National Portrait Gallery History of the Kings and Queens of England*, de David Williamson. Parte do acervo da Biblioteca Britânica, Londres, Inglaterra.

Em 870, outra tropa desses bárbaros desembarcou em Norfolk e travou uma batalha com os ingleses em Hertford. A vitória foi declarada em favor dos pagãos, que levaram prisioneiro Edmund, rei da Ânglia Oriental. Depois de tratá-lo com mil indignidades, transpassaram seu corpo com flechas e em seguida o decapitaram.

Em Fifeshire, na Escócia, eles queimaram muitas igrejas e, dentre elas, a pertencente aos Culdees, em Saint Andrews. A piedade desses homens os transformou em objetos de aversão para os dinamarqueses, que, por onde quer que fossem, selecionavam os sacerdotes cristãos para a destruição, dos quais não menos de 200 foram massacrados na Escócia.

A mesma situação ocorria na parte da Irlanda agora denominada Leinster, onde os dinamarqueses assassinaram e queimaram vivos os sacerdotes em suas próprias igrejas. Eles levavam consigo a destruição para onde quer que fossem, não poupando idade nem sexo, mas os clérigos lhes eram os mais desagradáveis, por ridicularizarem a idolatria dos dinamarqueses e persuadirem o seu povo a não se envolver com eles.

No reinado de Eduardo III, a Igreja da Inglaterra foi extremamente corrompida por erros e superstição, e a luz do evangelho de Cristo foi fortemente eclipsada e obscurecida por invenções humanas, cerimônias pesadas e idolatria repugnante.

Os seguidores de Wycliffe, então chamados Lollards, tornaram-se extremamente numerosos. Isso irritou bastante o clero, que, por mais poder ou influência que pudesse ter para molestá-los de maneira oculta, não tinha autoridade legal para matá-los. Entretanto, o clero aproveitou a oportunidade favorável e conseguiu que o rei apresentasse ao parlamento um projeto de lei pela qual todos os Lollards que permanecessem resolutos deveriam ser entregues ao poder secular e queimados como hereges. Essa lei foi a primeira da Grã-Bretanha que permitia queimar pessoas por suas convicções religiosas e foi aprovada no ano de 1401, passando a vigorar logo depois.

A primeira pessoa que sofreu em consequência dessa lei cruel foi William Santree, ou Sawtree, um padre, que foi queimado até a morte em Smithfield. Pouco depois disso, Sir John Oldcastle, Lorde Cobham, por seu apego às doutrinas de Wycliffe, foi acusado de heresia e condenado a ser enforcado e queimado. Foi executado em Lincoln's Inn Fields em 1419 d.C., Em sua defesa por escrito, Lorde Cobham afirmou:

"Quanto às imagens, entendo que elas não são parte do que cremos, e sim que foram ordenadas, por tolerância da Igreja, desde que a crença em Cristo foi dada e feitas para representar e trazer à mente a paixão do nosso Senhor Jesus Cristo, o martírio e o bom viver de outros santos. E quem quer que dê às inanimadas imagens a adoração que é devida a Deus, deposite nelas tanta esperança ou confiança de ajuda quanto deveria depositar em Deus, ou tem mais afeto pelas primeiras do que deveria ter por Ele, comete o pecado maior da adoração de ídolos.

"Suponho também plenamente que todo homem nesta Terra é um peregrino em direção à bem-aventurança ou à dor. Que aquele que não conhece, e não quer conhecer nem guardar os santos mandamentos de Deus no viver aqui (não obstante faça peregrinações por todo o mundo e deste modo morra), será condenado. Quem conhece os santos mandamentos de Deus e os guarda até o fim será salvo, ainda que em toda a sua vida nunca faça peregrinação a Canterbury, Roma ou qualquer outro lugar, como os homens agora costumam fazer."

No dia marcado, Lorde Cobham foi retirado da torre com os braços amarrados atrás do corpo e um semblante muito alegre. Ele foi colocado sobre um cavalete como se fosse um dos mais hediondos traidores da coroa e assim levado ao campo de Saint Giles. Ao chegar ao local da execução e ser retirado do cavalete, caiu de joelhos devotamente, desejando que o Deus Todo-poderoso perdoasse seus inimigos. Lorde Cobham levantou-se e olhou a multidão, exortando-a, da maneira mais piedosa, a seguirem as leis de Deus contidas nas Escrituras e a terem cuidado com os

*A queima de Sir John Cobham, Lord Oldcastle, um Lollard e seguidor de John Wycliffe*, em Londres em 1418. Parte do acervo de Wellcome Library.

Fonte: commons.wikimedia.org

mestres que fossem contrários a Cristo em suas palavras e modo de viver. Em seguida, foi pendurado pelo meio do corpo com correntes de ferro e, dessa maneira, consumido vivo no fogo, louvando o nome de Deus até sua vida se esvair. O povo ali presente demonstrou grande dor. Isso ocorreu em 1418 d.C.

Seria demasiadamente longo escrever como os sacerdotes se portaram, blasfemaram e amaldiçoaram, exigindo que o povo não orasse por ele. Queriam que o povo o julgasse condenado ao inferno, pelo fato de haver morrido por não obedecer ao seu papa.

Assim repousa esse valente cavaleiro cristão, Sir John Oldcastle, sob o altar de Deus, que é Jesus Cristo, dentre outros piedosos que, no reino da paciência, sofreram grande tribulação pela morte de seu corpo, por fiel palavra e testemunho de Deus.

Em agosto de 1473, um indivíduo chamado Thomas Granter acusado de professar as doutrinas de Wycliffe foi detido em Londres. Ele foi condenado como herege obstinado. Levado à casa do xerife na manhã do dia designado para sua execução, esse homem piedoso desejou um pouco de refrigério e, após comer um pouco, disse às pessoas presentes: "Faço agora uma refeição muito boa porque tenho um conflito singular com o qual me envolver antes de cear". Havendo comido, agradeceu a Deus pelas bondades de Sua graciosa providência,

solicitando ser levado imediatamente ao local da execução, para dar testemunho da verdade daqueles princípios que professara. Consequentemente, foi acorrentado a uma estaca na Colina da Torre, onde foi queimado vivo, professando a verdade até o último suspiro.

No ano 1499, um certo homem piedoso chamado Badram foi levado perante o bispo de Norwich após ser acusado por alguns dos sacerdotes de sustentar as doutrinas de Wycliffe. Ele confessou crer em tudo pelo que era acusado. Por isso, foi condenado como herege obstinado, sendo expedido um mandado para sua execução. Badram foi levado à estaca em Norwich, onde sofreu com grande firmeza.

Em 1506, William Tilfrey, um homem piedoso, foi queimado vivo em Amersham, em um local chamado Stoneyprat. Ao mesmo tempo, sua filha casada, Joan Clarke, foi obrigada a acender os gravetos que queimariam o seu pai. Nesse mesmo ano, também um certo Padre Roberts foi condenado por ser um Lollard[42] diante do bispo de Lincoln e foi queimado vivo em Buckingham.

Em Norwich, no ano 1507, um sujeito chamado Thomas Norris foi queimado vivo por testemunhar a verdade do evangelho. Esse homem era uma pessoa pobre, inocente e inofensiva, mas certo dia, conversando com ele, o sacerdote de sua paróquia conjeturou que ele era um Lollard. Por causa dessa suposição, esse sacerdote

---

[42] Como ficaram denominados os seguidores de João Wycliffe. O termo é variante do holandês antigo *lollaert*, que quer dizer "murmuradores", forma como se chamavam as pessoas que combinavam crenças da ortodoxia católica com aquilo que, pelos católicos, era considerado heresia.

*John Foxe*

deu a informação ao bispo, e Thomas Norris foi preso.

Em 1508, Lawrence Guale, que havia sido mantido na prisão durante dois anos, foi queimado vivo em Salisbury por negar a real presença de Cristo no Sacramento. Parecia que esse homem mantinha uma loja em Salisbury e recebia alguns seguidores de Wycliffe em sua casa. Esse foi o motivo de Lawrence Guale ter sido denunciado ao bispo, mas ele confirmou seu primeiro testemunho e foi condenado a sofrer como herege.

Uma mulher piedosa foi queimada em Chippen Sudburne por ordem do chanceler, Dr. Whittenham. Enquanto as pessoas voltavam para casa após assistirem à execução, um touro se soltou de um matadouro e, separando o chanceler do resto do grupo, chifrou seu corpo e carregou as entranhas nos chifres. Isso foi visto por todas as pessoas, sendo notável que o animal não alvejou qualquer outra pessoa.

Em 18 de outubro de 1511, William Succling e John Bannister, que anteriormente haviam abjurado, retornaram novamente à sua profissão de fé e foram queimados vivos em Smithfield.

No ano 1517, um homem chamado John Brown (que havia abjurado antes, durante o reinado de Henrique VII, e carregado seu feixe de gravetos próximo à catedral de São Paulo[43]) foi condenado pelo Dr. Wonhaman, arcebispo de Canterbury, e queimado vivo em Ashford. Antes de Brown ser acorrentado à estaca, o arcebispo

Wonhaman e Yester, bispo de Rochester, fizeram com que seus pés fossem queimados na fogueira até os ossos ficarem descarnados. Isso foi feito para fazê-lo abjurar novamente, mas ele persistiu apegando-se à verdade até o fim. Por volta dessa época, Richard Hunn, um alfaiate comerciante da cidade de Londres, foi detido por ter se recusado a pagar ao sacerdote as taxas pelo funeral de uma criança. Ele foi enviado à Torre dos Lollards, no palácio de Lambeth, e ali foi assassinado em segredo por alguns dos servos do arcebispo.

Em 24 de setembro de 1518, John Stilincen, que renegara sua fé anteriormente, foi detido, levado à presença de Richard Fitz-James, bispo de Londres, e em 25 de outubro foi condenado como herege. Ele foi acorrentado à estaca em Smithfield, em meio a uma vasta multidão de espectadores, e selou o seu testemunho da verdade com o próprio sangue. Ele declarou ser um Lollard e que sempre acreditara nas opiniões de Wycliffe. Embora houvesse sido suficientemente fraco para abjurar suas opiniões, estava agora disposto a convencer o mundo de sua prontidão para morrer pela verdade.

No ano 1519, Thomas Mann foi queimado em Londres. Robert Celin, um homem simples e honesto, por falar contra o culto a imagens e as peregrinações, teve o mesmo destino. Por volta desse tempo, James Brewster, um nativo de Colchester, foi executado em Smithfield, Londres. Suas convicções eram as mesmas

---

[43] Durante a Inquisição, os condenados à fogueira eram obrigados a carregar os feixes de gravetos que seriam usados para atear o fogo que os mataria.

O LIVRO DOS MÁRTIRES

que as dos demais dos Lollards ou daqueles que seguiam as doutrinas de Wycliffe. Apesar da inocência de sua vida e da regularidade de seus hábitos, ele foi obrigado a submeter-se à vingança do papa. Durante esse mesmo ano, certo sapateiro chamado Christopher foi queimado vivo em Newbury, em Berkshire, por negar os artigos papistas que já mencionamos. Esse homem havia adquirido alguns livros em inglês que foram suficientes para torná-lo ofensivo ao clero romano.

Robert Silks, que havia sido condenado no tribunal do bispo como herege, fugiu da prisão, mas, dois anos depois, foi recapturado e levado de volta a Coventry, onde foi queimado vivo. Os xerifes sempre apreendiam os bens dos mártires para uso próprio, de modo que suas esposas e filhos eram abandonados para morrer de fome.

Em 1532, Thomas Harding e sua esposa foram acusados de heresia. Eles foram levados à presença do bispo de Lincoln e condenados por negarem a presença real de Cristo no Sacramento. Ele foi acorrentado a uma estaca erguida para execução de morte por fogueira, em Chesham in the Pell, perto de Botely. Quando atearam fogo aos gravetos, um dos espectadores destruiu sua cabeça com um porrete. Os sacerdotes disseram ao povo que quem trouxesse gravetos para queimar hereges receberia o favor para cometer pecados durante 40 dias.

No final do ano de 1532, Warham, arcebispo de Canterbury, deteve um tal de Hitten, sacerdote em Maidstone. Após ter sido torturado na prisão durante muito tempo e interrogado várias vezes pelo arcebispo e por Fisher, bispo de Rochester, Hitten foi condenado como herege e queimado vivo diante da porta da igreja de sua própria paróquia.

Thomas Bilney, professor de Direito Civil em Cambridge, foi levado perante o bispo de Londres e vários outros bispos, na Casa Capitular de Westminster. Sendo ele várias vezes ameaçado com a estaca e chamas, foi suficientemente fraco para abjurar; depois, porém, arrependeu-se profundamente. Por isso, Thomas Bilney foi levado perante o bispo uma segunda vez e condenado à morte. Antes de ir para a estaca, ele confessou sua aderência às opiniões defendidas por Lutero e, ao fazê-lo, sorriu e disse: "Eu vivi muitas tempestades

*William Warham,* por Hans Holbein (1497/98–1543). Parte do acervo do Museu do Louvre, Paris, França.

neste mundo, mas agora minha embarcação estará, em breve, na praia no Céu". Thomas Bilney permaneceu imóvel nas chamas, clamando "Jesus, eu creio"; essas foram as últimas palavras que se ouviu dele.

Algumas semanas após Bilney haver sofrido, Richard Byfield foi lançado à prisão e sofreu algumas chicotadas por sua adesão às doutrinas de Lutero. Byfield havia sido monge durante algum tempo em Barnes, em Surrey, mas converteu-se quando leu a versão de Tyndale do Novo Testamento. Esse homem padeceu sofrimentos tão grandes pela verdade que seria necessário todo um livro para relatá-los. Às vezes, ele era trancado em uma masmorra onde era quase sufocado pelo cheiro repugnante e horrível de sujeira e água estagnada. Outras vezes, era amarrado pelos braços até quase todas as articulações serem deslocadas. Ele foi chicoteado no poste várias vezes, até quase nenhuma carne restar em suas costas; tudo isso foi feito para fazê-lo renegar à fé. Ele foi levado para a Torre dos Lollards, no palácio de Lambeth, onde foi acorrentado à parede pelo pescoço e, uma vez por dia, espancado da maneira mais atroz pelos servos do arcebispo. Por fim, foi condenado, degradado e queimado em Smithfield.

A próxima pessoa a sofrer foi John Tewkesbury. Ele era um simples homem comum, que não fora culpado de nenhuma outra ofensa contra o que era chamado santa Mãe Igreja além de ler a tradução de Tyndale do Novo Testamento. A princípio, ele foi tão fraco a ponto de abjurar; depois, porém, arrependeu-se e reconheceu a verdade. Por isso, foi levado à presença do bispo de Londres, que o condenou como herege obstinado. Ele sofreu demasiadamente durante o tempo em que ficou preso, de modo que, quando o levaram para ser executado, já estava quase morto. Ele foi levado à estaca em Smithfield, onde foi queimado declarando sua total aversão ao papismo e professando a firme crença de que sua causa era justa aos olhos de Deus.

O próximo a sofrer durante aquele reinado foi James Baynham, um cidadão respeitável em Londres, que se casara no templo com a viúva de um cavalheiro. Ao ser acorrentado à estaca, ele abraçou os gravetos e disse: "Oh, papistas, eis que procurais

*Interior da Torre dos Lollards.* Ilustração do livro *The illustrated Christian martyrology*, de C. Sparry. Parte do acervo da Biblioteca do Seminário Teológico Princeton, Nova Jérsei, EUA.

por milagres; aqui e agora podereis ver um, porque nesta fogueira não sinto mais dor do que se estivesse na cama; ela é para mim tão doce quanto um leito de rosas". E assim entregou sua alma às mãos de seu Redentor. Pouco depois da morte desse mártir, Traxnal, um inofensivo camponês, foi queimado vivo em Bradford, em Wiltshire, por não querer reconhecer a presença real de Cristo no Sacramento, nem defender a supremacia papal sobre a consciência dos homens.

Em 1533, John Frith, um mártir conhecido, morreu pela verdade. Levado à estaca em Smithfield, ele abraçou os gravetos e exortou Andrew Hewit, um jovem que sofria com ele, a confiar sua alma ao Deus, que a havia redimido. Os dois sofreram muito tormento, porque o vento soprava as chamas para longe deles, de modo que passaram mais de duas horas em agonia antes de expirar.

Em 1538, um louco chamado Collins sofreu a morte com seu cachorro em Smithfield. As circunstâncias foram as seguintes: Collins estava na igreja quando o sacerdote ergueu a hóstia e Collins, zombando do sacrifício da missa, levantou seu cachorro acima da cabeça. Por esse crime, Collins, que deveria ter sido enviado a um hospício ou chicoteado na traseira de uma carroça, foi levado ao bispo de Londres. Embora ele fosse realmente louco, era tão grande a força do poder papista, tão grande a corrupção na Igreja e no Estado, que o pobre louco e seu cachorro foram levados à estaca em Smithfield, onde foram queimados até

virarem cinzas, em meio a uma grande multidão de espectadores.

Algumas outras pessoas sofreram no mesmo ano, às quais nos ateremos na ordem apresentada seguir. Um certo Cowbridge sofreu em Oxford e, embora tivesse a reputação de ser demente, demonstrou grandes sinais de piedade ao ser preso à estaca e após as chamas serem acesas em torno dele. Por volta da mesma época, um homem chamado Purderve foi morto por dizer reservadamente a um sacerdote, após beber o vinho: "Ele abençoou as pessoas famintas com o cálice vazio". Também, William Letton, um monge de idade avançada, foi condenado no condado de Suffolk e queimado em Norwich por falar contra um ídolo carregado em procissão e afirmar que o Sacramento deve ser administrado com os dois elementos.

Algum tempo antes de queimarem esses homens, Nicholas Peke foi executado em Norwich. Quando o fogo foi aceso, ele ficou tão chamuscado que ficou preto como breu. Diante dele estavam Dr. Reading, Dr. Hearne e Dr. Spragwell; o primeiro, com um longo bastão branco na mão, o golpeou no ombro direito e disse: "Peke, abjure e creia no Sacramento". A isso, Peke respondeu: "Eu desprezo você e também o Sacramento" e, com grande violência, cuspiu sangue ocasionado pela angústia de seus sofrimentos. O Dr. Reading concedeu uma indulgência de 40 dias ao sofredor, para que ele pudesse renegar suas crenças. Peke, porém, persistiu em sua aquiescência à verdade sem dar atenção à maldade de seus inimigos e foi queimado vivo,

*Thomas Cromwell,* por Han Holbein, o Jovem (1497/98–1543). Parte do acerto de The Frick Collection, Nova Iorque, EUA.

regozijando-se por Cristo o haver considerado digno de sofrer pela causa de Seu nome.

Em 28 de julho de 1540 ou 1541 (a cronologia difere), Thomas Cromwell, conde de Essex, foi levado a um cadafalso em Tower Hill, onde foi executado com alguns exemplos marcantes de crueldade. Ele fez um breve discurso ao povo e então, humildemente, rendeu-se ao machado. Acreditamos que esse nobre tenha sido classificado entre os mártires com grande propriedade, porque, embora as acusações preferidas contra ele não tivessem relação alguma com religião, se não fosse por seu fervor em desmoralizar o papismo, ele poderia ter mantido até o fim o favor do rei. A isso se pode acrescentar que os papistas planejaram a sua destruição, porque ele fez mais para promover a Reforma do que qualquer homem daquela época, com exceção do bom Dr. Cranmer.

Pouco tempo depois da execução de Cromwell, o Dr. Cuthbert Barnes, Thomas Garnet e William Jerome foram levados à corte eclesiástica do bispo de Londres e acusados de heresia. Perante o bispo de Londres, o Dr. Barnes foi questionado se os santos oravam por nós. A isso ele respondeu: "Eu deixaria isso para Deus, mas orarei por você". No dia 13 de julho de 1541, esses homens foram levados da Torre para Smithfield, onde foram acorrentados a uma estaca e ali sofreram a morte com tal firmeza que nada menos do que uma resoluta fé em Jesus Cristo seria capaz de inspirar.

Um tal de Thomas Sommers, um comerciante honesto, foi jogado na prisão junto com três outros por ler alguns dos livros de Lutero. Eles foram condenados a levar aqueles livros para uma fogueira em Cheapside. Deveriam jogá-los nas chamas, mas Sommers jogou o seu para o lado, pelo que foi enviado de volta à Torre, onde foi apedrejado até a morte.

Perseguições terríveis foram realizadas em Lincoln naquela época sob o comando do Dr. Longland, o bispo daquela diocese. Thomas Bainard, por ter feito a Oração do Pai Nosso em inglês, e James Moreton, por ler as Epístolas de São Tiago em inglês, foram condenados e queimados vivos em Buckingham.

Anthony Parsons, um sacerdote, foi enviado a Windsor com outros dois, para ser interrogado quanto à heresia. Vários artigos lhes foram entregues para assinar, mas eles se recusaram. Isso foi realizado pelo bispo de Salisbury, o perseguidor mais violento de todos naquela época, excetuando-se Bonner. Quando eles foram levados à fogueira, Parsons pediu um pouco de bebida, que lhe foi trazida. Ele bebeu em homenagem aos outros sofredores, dizendo: "Alegrem-se, meus irmãos, e elevem seu coração a Deus, porque eu estou certo de que, após este azedo desjejum teremos um bom jantar no reino de Cristo, nosso Senhor e Redentor". Após essas palavras, Eastwood, um dos sofredores, ergueu os olhos e as mãos ao céu desejando que o Senhor nas alturas recebesse o seu espírito. Parsons puxou a palha para perto de si e disse aos espectadores: "Esta é a armadura de Deus, e agora sou um soldado cristão preparado para a batalha. Não busco misericórdia, senão pelos méritos de Cristo; Ele é o meu único Salvador e nele confio para a salvação". Logo depois foram acesas as fogueiras que queimaram seus corpos, mas não puderam ferir suas almas preciosas e imortais. Sua constância triunfou sobre a crueldade e seus sofrimentos serão lembrados eternamente.

O povo de Cristo foi traído de todas as maneiras, e suas vidas compradas e vendidas. O rei no parlamento fez o decreto mais blasfemo e cruel se tornar uma lei eterna. Quem quer que lesse as Escrituras na língua materna (denominada de "aprendizado de Wycliffe") teria as suas terras, gado, corpo, vida e bens legados aos herdeiros confiscados e seria condenado como herege a Deus, inimigo da coroa e reconhecido traidor da terra.

# Capítulo 15

# Um relato das perseguições na Escócia durante o reinado de Henrique VIII

Da mesma maneira que não havia lugar algum na Alemanha, na Itália ou na França onde não existissem algumas ramificações da raiz frutífera de Lutero, a ilha da Grã-Bretanha também tinha os seus frutos e ramificações. Dentre eles estava Patrick Hamilton, um escocês de origem nobre e parente do rei, homem de excelente perspicácia aos 23 anos, denominado abade de Ferne. Saindo de seu país com três companheiros para buscar o aprendizado piedoso, ele foi para a Universidade de Marburg, na Alemanha, então recém-criada por Filipe, príncipe de Hesse. Durante sua permanência ali, ele se tornou amigo íntimo das luzes eminentes do evangelho, Martinho Lutero e Filipe Melâncton, por cujos escritos e

doutrinas ele se apegou fortemente à religião protestante.

Ao saber dos procedimentos de Hamilton, o arcebispo de Saint Andrews (que era um papista rígido) o fez ser detido e levado à sua presença. Após um breve interrogatório acerca de seus princípios religiosos, mandou aprisioná-lo no castelo, ordenando que fosse confinado na parte mais repugnante da prisão. Na manhã seguinte, o sr. Hamilton foi levado diante do bispo e de vários outros para interrogatório. As principais acusações contra ele foram a sua pública reprovação quanto às peregrinações, ao purgatório, às orações aos santos, às orações pelos mortos etc.

O sr. Hamilton reconheceu aquelas acusações como verdadeiras e, em consequência,

*Patrick Hamilton,* por John Scougal (cerca de 1730).

foi imediatamente condenado a ser queimado. Para que essa condenação demonstrasse maior autoridade, eles exigiram que todos os presentes de alguma importância a subscrevessem e, para que esse número se tornasse o mais considerável possível, admitiram até mesmo a assinatura dos meninos que eram filhos de nobres.

Aquele prelado fanático e perseguidor estava tão ansioso pela destruição do sr. Hamilton, que ordenou que sua sentença fosse executada na tarde do mesmo dia em que foi pronunciada. Hamilton foi levado ao local indicado para a horrível tragédia, que contou com a presença de enorme número de espectadores. A maior parte da multidão não queria acreditar que a intenção era propriamente executá-lo, mas que aquilo havia sido feito apenas para amedrontá-lo e, assim, levá-lo a abraçar os princípios da religião católica romana.

Ao chegar à estaca, ele se ajoelhou e orou com grande fervor durante algum tempo. Depois, foi preso a ela, e os gravetos foram colocados à sua volta. Uma quantidade de pólvora foi colocada sob seus braços e acesa primeiro, queimando sua mão esquerda e um lado do rosto, mas não causou danos, nem se atingiu os gravetos. Por essa razão, mais pólvora e substâncias combustíveis foram trazidas. Ao serem incendiadas, os gravetos também se acenderam, e ele clamou com voz audível: "Senhor Jesus, recebe o meu espírito! Até quando as trevas dominarão este reino? E até quando suportarás a tirania destes homens?".

A fogueira, ardendo lentamente, causou-lhe grande tormento, mas Hamilton o suportou com magnanimidade cristã. O que lhe causou mais dor foi o clamor de alguns homens perversos provocados pelos frades, que frequentemente gritavam: "Converta-se, herege! Invoque a Nossa Senhora! Diga: 'Salve Rainha' etc". Ele lhes respondeu: "Afastai-vos de mim e não me perturbeis, mensageiros de Satanás". Um certo frade chamado Campbell, que era o líder, ainda continuava a interrompê-lo com linguagem ofensiva; ouviu do sr. Hamilton: "Homem mau, Deus o perdoe". Depois disso, impedido de falar mais pela violência da fumaça e rapidez das chamas, ele entregou a sua alma nas mãos dAquele que a concedera. Esse crente fiel em Cristo sofreu martírio no ano de 1528.

Henry Forest, um jovem e inofensivo beneditino, acusado de falar respeitosamente acerca de Patrick Hamilton, acima citado, foi lançado na prisão e, confessando-se a um frade, reconheceu que considerava Hamilton um bom homem e que as acusações pelas quais ele fora sentenciado à morte poderiam ser defendidas. O frade revelou essas considerações, e elas foram aceitas como prova, levando o pobre beneditino a ser sentenciado à fogueira.

Enquanto se realizava uma consulta quanto ao modo de sua execução, John Lindsay, um dos cavalheiros do arcebispo, aconselhou que Frei Forest fosse queimado em algum porão, "porque a fumaça de Patrick Hamilton infectou todos aqueles em quem soprou". Esse conselho foi seguido, e a pobre vítima morreu sufocada, em vez de queimada.

David Stratton e Norman Gourlay foram as próximas vítimas por terem professado a verdade do evangelho. Quando chegaram ao local em que morreriam, os dois se ajoelharam e oraram durante algum tempo com grande fervor. Então, levantaram-se, e Stratton, dirigindo-se aos espectadores, exortou-os a deixarem de lado suas noções supersticiosas e idólatras e a empregarem o seu tempo na busca da verdadeira luz do evangelho. Se pudesse, ele teria dito mais, mas foi impedido pelos oficiais presentes. Quando a sentença deles foi executada, eles entregaram alegremente a alma ao Deus que a concedera, esperando, pelos méritos do grande Redentor, uma gloriosa ressurreição para a vida imortal. Eles sofreram no ano 1534.

O martírio deles foi logo seguido pelo do sr. Thomas Forret, que, durante um tempo considerável, havia sido reitor da Igreja Romana; Killor e Beverage, dois ferreiros; Duncan Simson, um sacerdote, e Robert Forrester, um cavalheiro. Todos eles foram queimados juntos, na colina do castelo de Edimburgo, no último dia de fevereiro de 1538. Logo no ano seguinte, outras duas pessoas foram presas sob a suspeita de heresia: Jerome Russell e Alexander Kennedy, este um jovem de aproximadamente 18 anos.

Após algum tempo confinados na prisão, esses dois foram levados ao arcebispo para interrogatório. Russell, homem muito sensato, argumentou com erudição contra seus acusadores, enquanto eles, em troca, fizeram uso de linguagem muito ofensiva. Terminado o interrogatório, e os dois sendo considerados hereges, o arcebispo pronunciou a terrível sentença de morte, e eles foram imediatamente entregues ao poder secular para execução. No dia seguinte, foram levados ao local designado para sofrerem. No caminho, Russell, vendo seu companheiro de sofrimento com semblante hesitante, dirigiu-se a ele desta forma: "Irmão, não tema; maior é Aquele que está em nós do que aquele que está no mundo. A dor que sofreremos é breve e será leve, mas nossa alegria e consolação nunca terão fim. Esforcemo-nos, portanto, por entrar na alegria de nosso Mestre e Salvador pelo mesmo caminho reto que, antes de nós, Ele trilhou. A morte não pode nos ferir, porque já está destruída por Ele, por cuja causa agora sofreremos".

Ao chegarem ao local da execução, os dois se ajoelharam e oraram durante algum tempo. Depois disso, foram presos à estaca, os gravetos foram acesos e eles entregaram alegremente sua alma nas mãos do Deus que as concedeu, na total esperança de uma recompensa eterna nas moradas celestiais.

## UM RELATO SOBRE A VIDA, OS SOFRIMENTOS E A MORTE DO SR. GEORGE WISHART, QUE FOI ESTRANGULADO E DEPOIS QUEIMADO, NA ESCÓCIA, POR PROFESSAR A VERDADE DO EVANGELHO

Por volta do ano 1543 de nosso Senhor, havia na Universidade de Cambridge um certo Mestre George Wishart, comumente chamado Mestre George do Benet's College — um homem alto, calvo e que usava um boné francês redondo da melhor qualidade. Sua aparência física demonstrava melancolia — cabelos pretos, barba comprida, personalidade agradável, discurso polido de escocês; cortês, humilde, amável, contente em ensinar, desejoso de aprender e bem viajado. Vestia uma batina de lã que descia até os sapatos, um gibão de fustão preto de estilo modesto, uma calça estreita preta, camisa de lona e punhos com babados.

Ele era um homem modesto, de bom temperamento, temente a Deus, que odiava a cobiça e cuja caridade não conhecia fim, nem a noite, nem o meio-dia ou o dia. Jejuava uma refeição a cada três e jejuava também um dia a cada quatro, excetuando-se algo para confortar o corpo. Deitava-se sobre um monte de palha e lençóis grossos de lona nova, as quais doava ao trocá-las. Ao lado de sua cama, era comum haver um balde de água, com o qual costumava banhar-se após as pessoas de sua casa irem dormir, com a vela apagada e tudo em silêncio. Ele me amava ternamente, e eu a ele. Ensinava com grande recato e gravidade, de modo que algumas pessoas o consideravam severo e desejavam matá-lo, mas o Senhor era a sua defesa. E, após a devida correção pela maldade dessas pessoas, corrigia-as por meio de uma boa exortação e seguia o seu caminho. Ó, tomara o Senhor o houvesse deixado comigo, seu pobre menino, para que ele pudesse haver terminado o que havia começado! Lembrando que ele fora à Escócia com diversos nobres para um tratado com o rei Henrique.

Em 1543, o arcebispo de Saint Andrews visitou diversas partes de sua diocese. Nesse local, várias pessoas tinham sido denunciadas por heresia em Perth. Dentre essas pessoas, William Anderson, Robert Lamb, James Finlayson, James Hunter, James Raveleson e Helen Stark foram condenados à morte. As quatro primeiras acusações feitas contra eles foram: ter enforcado a imagem de São Francisco, pregar chifres de carneiro em sua cabeça e prender o rabo de uma vaca em seu traseiro. Todavia, a principal das condenações foi a de banquetear-se com um ganso em dia de jejum. James Reveleson foi acusado de haver ornamentado a sua casa com o diadema de três coroas de Pedro, esculpido em madeira, que o arcebispo imaginou haver sido feito como zombaria de seu chapéu de cardeal. Helen Stark foi acusada de não ter o hábito de orar à Virgem Maria, mais especialmente durante seu período de gestação.

Todos eles foram considerados culpados dessas acusações e receberam imediatamente a sentença de morte: os quatro homens, por comerem o ganso, deveriam ser enforcados; James Raveleson deveria ser queimado, e a mulher e seu bebê lactente deveriam ser colocados em um saco e afogados. Os quatro homens, a mulher e seu filho sofreram ao mesmo tempo, mas James Raveleson só foi executado alguns dias depois. Os mártires foram carregados por um grande bando de homens armados (por temerem rebelião na cidade se não houvesse guerreiros) até o local da execução, que era comum a todos os ladrões. O fato tomou essa proporção para fazer a causa deles parecer mais odiosa ao povo. Mas todos consolavam-se mutuamente assegurando-se a si mesmos de que ceariam juntos no reino do Céu naquela noite. Eles se entregaram a Deus e morreram resolutos no Senhor.

A mulher desejava sinceramente sofrer sua morte ao lado do marido, mas isso não ocorreu. Contudo, enquanto seguia ao local da sua própria execução, ela o consolou, exortando-o à perseverança e à paciência pela causa de Cristo. Separando-se dele com um beijo, ela lhe disse: "Marido, regozije-se, porque nós vivemos juntos muitos dias alegres, mas neste dia em que devemos morrer, precisa ser o mais alegre para nós dois, porque devemos nos alegrar eternamente. Por essa razão eu não lhe direi 'boa noite' porque pronta e alegremente nos encontraremos no reino do Céu". Depois disso, a mulher foi levada a um lugar para ser afogada e, apesar de ter um filho mamando em seu

*Cardeal David Beaton,* arcebispo de Saint Andrews, Escócia (1494–1546), autorretrato.

peito, isso em nada comoveu os corações impiedosos dos inimigos. Então, após ela ter entregado os seus filhos aos seus vizinhos da cidade pelo amor de Deus, e o bebê haver sido dado à ama, ela selou a verdade com sua morte.

George Wishart deixou Cambridge em 1544 desejando propagar o verdadeiro evangelho em seu próprio país. Ao chegar à Escócia, ele pregou primeiramente em Montrose e, depois, em Dundee. Neste último lugar, fez uma exposição pública da epístola de Paulo aos Romanos, discorrendo sobre ela com tal graça e liberdade a ponto de alarmar os papistas. Em consequência disso (por instigação do cardeal Beaton, arcebispo de Saint Andrews), Robert Miln, um homem importante de Dundee, foi à igreja onde Wishart pregava e, no meio de seu discurso, disse-lhe publicamente que parasse de perturbar a cidade, porque estava determinado a não suportar aquilo.

Essa reprimenda repentina surpreendeu Wishart sobremaneira, que, após uma breve pausa, olhou tristemente para o orador e a plateia, dizendo: "Deus é minha testemunha de que eu nunca quis lhes causar problema, e sim conforto. Sim, o seu problema é mais doloroso para mim do que para vocês mesmos. Porém, tenho certeza de que recusar a Palavra de Deus e expulsar o Seu mensageiro não os preservará da angústia, mas os levará a ela, porque Deus lhes enviará ministros que não temerão a fogueira, nem banimento. Eu lhes ofereci a Palavra da salvação. Arriscando a minha vida, permaneci entre vocês. Agora, vocês mesmos me recusam, e preciso permitir que a minha inocência seja declarada pelo meu Deus. Se vocês continuarem venturosos, não sou guiado pelo Espírito da verdade; porém, se problemas inesperados lhes sobrevierem, reconheçam a causa e voltem-se para Deus, que é gracioso e misericordioso. Entretanto, se vocês não se emendarem ao primeiro aviso, Ele os visitará com fogo e espada". Ao final desse discurso, ele deixou o púlpito e se retirou dali. Depois disso, Wishart foi para o oeste da Escócia, onde pregou a Palavra de Deus, que foi recebida com alegria por muitos.

Pouco tempo depois desse acontecimento, o sr. Wishart recebeu informações de que uma praga havia eclodido em Dundee. Ela começara quatro dias depois de ele ter sido proibido de pregar nesse mesmo local e se disseminou tanto que foi quase inacreditável o número de mortos no período de 24 horas. Estando isso relacionado a ele, a despeito da insistência de seus amigos em detê-lo, ele decidiu voltar para Dundee, dizendo: "Eles estão passando por dificuldades e precisam de consolo. Talvez agora a mão de Deus os faça engrandecer e reverenciar a Sua Palavra, com a qual eles anteriormente foram levianos".

Em Dundee, ele foi recebido com alegria pelos piedosos. O sr. Wishart escolheu o portão leste para o local de sua pregação, de modo que os sãos ficassem do lado de dentro do portão e os doentes, fora. Ele extraiu o seu texto dessas palavras: "Enviou-lhes a sua palavra, e os sarou".[44] Nesse sermão, ele tratou principalmente da vantagem e do conforto da Palavra de Deus, dos julgamentos que se seguiram ao desprezo ou rejeição dela, da gratuidade da graça de Deus para todo o Seu povo e da felicidade dos Seus eleitos, a quem Ele toma para si deste mundo sofredor. O coração de seus ouvintes foi deveras desperto pela força divina desse discurso, a não considerarem a morte, mas julgarem como sendo mais felizes aqueles que fossem chamados, sem saberem se teriam esse conforto entre eles novamente. Depois disso, a praga diminuiu, embora, em meio a ela, o sr. Wishart visitasse constantemente os que se encontravam moribundos e os consolasse com suas exortações.

Ao despedir-se do povo de Dundee, disse que Deus já havia quase acabado com

---

[44] Sl 107:20.

*John Foxe*

aquela praga e que ele estava sendo chamado a ir para outro lugar. O sr. Wishart partiu para Montrose, onde às vezes pregava, mas passava a maior parte do seu tempo em meditação e oração. Dizem que, antes de ele deixar Dundee, enquanto estava envolvido no trabalho de amor pelos corpos e pelas almas daquelas pobres pessoas afetadas, o cardeal Beaton contratou um sacerdote papista desvairado, chamado John Weighton, para matá-lo. A tentativa de executá-lo foi a seguinte: certo dia, após Wishart terminar o seu sermão e o povo partir, um sacerdote o aguardava no pé da escada, com uma adaga desembainhada na mão sob a batina. Porém, o sr. Wishart, com um olhar aguçado e penetrante, descendo do púlpito e vendo esse padre, disse-lhe: "Meu amigo, qual a sua intenção?" e, imediatamente colocando a mão na adaga, tomou-a para si. Aterrorizado, o sacerdote caiu de joelhos, confessou sua intenção e implorou por perdão. Isso provocou um tumulto e, chegando aos ouvidos dos enfermos, eles gritaram: "Entregue-nos o traidor, nós o levaremos à força" e irromperam em direção ao portão. Wishart, porém, abraçando o sacerdote, disse: "O que quer que o ferir ferirá a mim também, porque ele não me fez mal algum, e sim muito bem, ensinando-me a ter mais atenção quanto ao futuro". Com essa conduta, apaziguou as pessoas e salvou a vida do sacerdote perverso.

Pouco depois de seu retorno a Montrose, o cardeal conspirou novamente para sua morte, providenciando para que uma carta lhe fosse enviada como se fosse de seu amigo familiar, o latifundiário de Kennier, na qual desejava que fosse ao seu encontro o mais rapidamente possível, por haver sido acometido de uma enfermidade repentina. O cardeal providenciou para que 60 homens armados aguardassem a passagem do sr. Wishart a dois quilômetros e meio de Montrose, para matá-lo quando estivesse por ali.

A carta chegou à mão de Wishart por intermédio de um menino, que também lhe trouxe um cavalo para a viagem. Acompanhado por alguns homens honestos, que eram seus amigos, Wishart partiu; porém, ocorrendo-lhe algo na mente ao longo do caminho, voltou. Admirados, eles lhe perguntaram a causa e ele disse: "Eu não irei, pois Deus me proíbe. Tenho certeza de que há traição. Vão alguns de vocês àquele lugar e me relatem o que encontrarem". Seguindo sua recomendação, eles descobriram a verdade e, voltando às pressas, contaram ao sr. Wishart. Diante daquilo, ele disse: "Sei que terminarei minha vida pelas mãos daquele homem sanguinário, mas não dessa maneira".

Pouco tempo depois, ele partiu de Montrose e dirigiu-se a Edimburgo, para propagar o evangelho naquela cidade. No caminho, hospedou-se na casa de um irmão fiel, chamado James Watson, de Inner-Goury. No meio da noite, ele se levantou e foi para o quintal; dois homens ouviram e o seguiram escondidos. Enquanto estava no quintal, ele se ajoelhou e orou durante algum tempo com o maior fervor; depois se levantou e voltou para a cama. Aqueles que o observaram, fingindo nada saber, foram até ele e perguntaram onde estivera, mas ele não respondeu. No dia seguinte, eles o importunaram para contar, dizendo: "Seja sincero conosco, porque ouvimos sua aflição e vimos seus gestos". Então, com semblante abatido, ele disse: "Eu preferiria que vocês tivessem permanecido em suas camas". Como ainda insistiam para saber dele alguma coisa, ele lhes disse: "Eu lhes direi: estou certo de que minha guerra está chegando ao fim e, portanto, orem a Deus comigo para que eu não retroceda quando a batalha ficar mais acalorada".

Pouco depois, tendo sido informado ao cardeal Beaton, arcebispo de Saint Andrews, que o sr. Wishart estava na casa do sr. Cockburn, de Ormistohn, em East Lothian, esse cardeal solicitou ao governante que o detivesse; após muita persuasão e muito a contragosto, ele concordou. Em consequência disso, o cardeal passou imediatamente ao julgamento de Wishart, contra quem não menos de 18 acusações foram apresentadas. O sr. Wishart respondeu às respectivas acusações com muita compostura e de maneira tão erudita e clara que surpreendeu muito a maioria dos presentes. Após o término do interrogatório, o arcebispo tentou persistir para que o sr. Wishart abjurasse, mas este estava firmemente arraigado em seus princípios religiosos e muito iluminado pela verdade do evangelho para minimamente hesitar.

Na manhã de sua execução, foram até ele dois frades do cardeal; um colocou nele um manto de linho preto e o outro trouxe vários sacos de pólvora, que amarraram em diferentes partes de seu corpo. Assim que chegou à estaca, o carrasco lhe pôs uma corda em volta do pescoço e uma corrente no meio do corpo; ele caiu de joelhos e exclamou: "Ó tu, Salvador do mundo, tem misericórdia de mim! Pai do Céu, entrego meu espírito em Tuas santas mãos". Depois disso, orou por seus acusadores, dizendo: "Peço a ti, Pai Celestial, que perdoes aos que, por ignorância ou caráter maligno, forjaram mentiras a meu respeito. Eu os perdoo de todo o coração. Peço a Cristo que perdoe os que me condenaram por ignorância". Então, prenderam-no à estaca e, sendo acesos os gravetos, incendiaram imediatamente a pólvora amarrada a ele, que explodiu em labaredas e fumaça.

O governador do castelo, que estava tão perto a ponto de haver sido chamuscado pelas labaredas, exortou o mártir, em poucas palavras, a ter bom ânimo e a pedir perdão a Deus por suas ofensas. A isso, ele respondeu: "Esta chama provoca incômodo ao meu corpo, é verdade, mas de modo algum fragilizou o meu espírito. Porém, aquele que agora, com tanto orgulho, olha para mim de um lugar elevado (apontando para o cardeal) será, em breve, derrubado de maneira ignominiosa, porque agora orgulhosamente se põe à vontade". Essa previsão se cumpriu pouco tempo depois.

O carrasco, que era seu atormentador, se pôs de cócoras e disse: "Senhor, peço-te que me perdoes, pois não sou culpado de tua morte". Ele respondeu: "Venha até aqui". Quando ele o fez, o sr. Wishart beijou seu rosto e disse: "Eis aqui um sinal de que eu o perdoo. Meu querido, cumpra a sua função". Então, foi colocado no

*George Wishart a caminho da execução, administrando o sacramento pela primeira vez na Escócia depois da Reforma Protestante,* por James Drummond (1816–77). Parte do acervo da Galeria de Arte e Museu de Dundee, Escócia.

cadafalso, enforcado e queimado até virar pó. Quando o povo viu tão grande tormento, não conseguiu se abster de lamentar piedosamente e queixar-se do massacre daquele cordeiro inocente.

Não muito tempo depois do martírio desse bendito homem de Deus, Mestre George Wishart, morto por David Beaton, o ensanguentado arcebispo e cardeal da Escócia, no primeiro dia de março de 1546 d.C, ocorreu que, por justa vingança do poderoso julgamento de Deus, o dito David Beaton foi morto dentro de seu próprio castelo de Saint Andrews, pelas mãos de um certo Leslie e outros cavalheiros que, movidos pelo Senhor, invadiram de repente seu quarto e o assassinaram em sua cama no último dia de maio daquele ano enquanto ele clamava: "Ai de mim! Ai de mim! Não me matem! Eu sou um sacerdote!". E assim, como um açougueiro ele viveu, como um açougueiro ele morreu e ficou mais de sete meses sem sepultamento, sendo finalmente enterrado como carniça em um monturo de esterco.

O último a sofrer martírio na Escócia pela causa de Cristo foi um certo Walter Mill, queimado em Edimburgo em 1558. Em sua juventude, havia viajado pela Alemanha e, ao voltar, foi empossado como sacerdote da Igreja de Lunan em Angus; porém, denunciado como herege na época do cardeal Beaton, foi forçado a abandonar seu cargo e esconder-se. No entanto, logo foi detido e enviado para a prisão. Ao ser interrogado por Sir Andrew Oliphant se abjuraria de suas convicções, ele respondeu negativamente dizendo que "preferiria perder mais de dez mil vidas a renunciar a uma partícula dos princípios celestiais que havia recebido dos sofrimentos de seu bendito Redentor". Como consequência, a sentença de condenação foi imediatamente proferida, e ele foi levado à prisão, devendo ser executado no dia seguinte.

Esse fiel a Cristo tinha 82 anos e estava extremamente enfermo; por isso, supunha-se que ele mal podia ser ouvido. Entretanto, ao ser levado para o local da execução, expressou suas convicções religiosas com tanta coragem — e, ao mesmo tempo, tranquilidade — que surpreendeu até os seus inimigos. Assim que foi preso à estaca e os gravetos foram acesos, ele se dirigiu aos espectadores da seguinte maneira: "A causa pela qual hoje sofro não é por crime algum (embora eu me reconheça como um miserável pecador), e sim apenas por defender a verdade que está em Jesus Cristo; e eu louvo a Deus, que me chamou, por Sua misericórdia, para selar a verdade com a minha vida, a qual recebi do Senhor e voluntária e alegremente ofereço para a Sua glória. Portanto, se vocês quiserem escapar da morte eterna, não sejam mais seduzidos pelas mentiras do trono do Anticristo. Em vez disso, confiem exclusivamente em Jesus Cristo e em Sua misericórdia, para que sejam libertos da condenação". Em seguida, acrescentou que confiava que ele seria o último a sofrer a morte na Escócia por motivo religioso. Foi assim que esse cristão piedoso entregou alegremente sua vida em defesa da verdade do evangelho de Cristo, sem duvidar de que seria feito participante de Seu reino celestial.

# Capítulo 16

# Perseguições na Inglaterra durante o reinado da rainha Mary

A morte prematura do jovem e célebre monarca Eduardo VI ocasionou as ocorrências mais extraordinárias e espantosas que já existiram desde os tempos da encarnação do nosso abençoado Senhor e Salvador. Esse evento melancólico se tornou rapidamente alvo de lamento geral. A sucessão ao trono britânico logo se tornou uma disputa, e as cenas que se seguiram foram uma demonstração do grave tormento em que o reino estava envolvido. Quanto mais a morte de Eduardo VI era sentida pela nação, mais a lembrança de seu reinado se estabelecia como a base de uma grata lembrança. A terrível perspectiva, que logo foi apresentada aos amigos da administração de Eduardo sob a direção de seus conselheiros e servos, era

*Eduardo VI, da Inglaterra,* por William Scrots (ativo entre 1537–54). Parte do acervo do castelo de Leeds, Kent, Inglaterra.

uma contemplação que a mente pensante seria obrigada a considerar com a mais alarmante apreensão. As rápidas abordagens, feitas em prol de uma total reversão dos procedimentos do reinado do jovem rei, denotaram os avanços representados por elas para toda uma solução na gestão dos assuntos públicos, tanto na Igreja quanto no Estado.

Alarmados com a condição em que o reino poderia ficar devido à morte do rei, fez-se um esforço para evitar as consequências, claramente muito previsíveis, que produziram os efeitos mais graves e fatais. Em sua longa e vagarosa aflição, o rei foi induzido a fazer um testamento pelo qual legava a coroa inglesa a Lady Jane, filha do duque de Suffolk, casada com Lorde Guilford, filho do duque de Northumberland, e neta da segunda irmã do rei Henrique, casada com Charles, duque de Suffolk. Por esse testamento, a sucessão de Mary e Elizabeth, suas duas irmãs, foi inteiramente colocada de lado devido à apreensão diante do retorno do sistema de papismo e do conselho do rei. O líder da nobreza, o prefeito da cidade de Londres e quase todos os juízes e os principais advogados do reino subscreveram seus nomes nesse regulamento, em sanção à medida. Lorde Hale, Chefe da Justiça, apesar de verdadeiro protestante e juiz justo, foi o único a recusar-se a ser favorável a Lady Jane, por já haver expressado sua opinião de que Mary tinha o direito de assumir as rédeas do governo. Outros se opuseram ao fato de Mary ser colocada no trono, temendo que ela pudesse se casar com um estrangeiro e, dessa forma, colocasse a coroa em considerável perigo. Sua parcialidade em favor do papismo também deixou poucas dúvidas na mente de todos de que ela seria induzida a retomar os interesses adormecidos do papa e poderia mudar a religião seguida nos dias de seu pai, o rei Henrique, e nos de seu irmão Eduardo. Isso porque, durante todo o reinado deles, Mary manifestara o temperamento mais teimoso e inflexível, como ficou óbvio em sua carta aos lordes do conselho por meio da qual reivindicou seu direito à coroa quando o seu irmão morreu.

Quando isso aconteceu, os nobres, que tinham se associado para impedir que Mary fosse a sucessora e que haviam sido fundamentais para promover e, talvez, aconselhar as medidas de Eduardo, proclamaram rapidamente, em Londres, Lady Jane Gray como rainha da Inglaterra e diversas outras cidades populosas do reino. Embora jovem, Jane possuía talentos de natureza bastante superior. Seu aprendizado, com um tutor de grande excelência, trouxera-lhe vantagens enormes.

Seu reinado durou apenas cinco dias, porque Mary, tendo sido bem-sucedida em obter a coroa mediante falsas promessas, iniciou rapidamente a execução de sua intenção declarada: extirpar e queimar todos os protestantes. Ela foi coroada em Westminster da maneira habitual, e sua elevação foi o sinal para iniciar a sangrenta perseguição que se seguiu.

Uma vez obtida a espada da autoridade, ela não poupava esforços em seu exercício. Os apoiadores de Lady Jane Gray estavam

*Entrada da Rainha Mary I com a princesa Elizabeth em Londres, 1553,* por Byam Shaw (1872–1919). Parte do acervo do palácio de Westminster, Londres, Inglaterra.

destinados a sentir a força dessa espada. O duque de Northumberland foi o primeiro a experimentar o seu selvagem ressentimento. Dentro de um mês após seu confinamento na Torre, ele foi condenado e levado ao cadafalso para sofrer como traidor. Por seus diversos crimes, resultantes de uma ambição sórdida e desregrada, ele morreu sem receber misericórdia ou lamentos.

As mudanças, que se seguiram com rapidez, declararam inequivocamente que a rainha estava descontente com o estado atual da religião. O Dr. Poynet foi deslocado a fim de dar espaço para Gardiner ser o bispo de Winchester, a quem ela deu também o importante cargo de lorde-chanceler. O Dr. Ridley foi demitido da diocese de Londres, e Bonne ocupou o posto. J. Story foi expulso do bispado de Chichester para que o Dr. Day assumisse o posto. J. Hooper foi enviado à Prisão Fleet, e o Dr. Heath foi colocado na diocese de Worcester. Miles Coverdale também foi excluído de Exeter, sendo o Dr. Vesie colocado naquela diocese. O Dr. Tonstall também foi promovido à diocese de Durham. Efetuadas e reconhecidas essas alterações, o grande peso e o desconforto no coração de todos os homens bons aumentaram cada vez mais; no coração dos ímpios, porém, instaurou-se grande alegria. Os que conseguiam dissimular não se preocupavam muito com o andamento dessas questões; aqueles, porém, cuja consciência estava ligada à verdade percebiam que já estavam acesas as brasas que, depois, seriam a destruição de muitos verdadeiros cristãos.

## AS PALAVRAS E O COMPORTAMENTO DE LADY JANE NO CADAFALSO

A vítima seguinte foi a amável Lady Jane Gray, que, por haver aceitado a coroa atendendo às diligentes solicitações dos apoiadores, sofreu o implacável ressentimento da sanguinária Mary. Ao subir no cadafalso, falou aos espectadores da seguinte maneira: "Povo bom, eu vim aqui para morrer; pela lei estou condenada à morte. O que ocorreu contra a alteza da rainha e meu consentimento a respeito disso foram ilícitos; porém, não o busquei nem o desejei. Portanto, neste dia, eu lavo as minhas mãos em inocência diante de Deus e de vocês, bom povo cristão". Feito isso, ela apertou o livro que tinha em suas mãos e disse: "Peço a todos vocês, bom povo cristão, que deem testemunho de mim, de que eu morro como uma boa mulher cristã e busco ser salva por nenhum outro meio além da misericórdia de Deus no sangue de Seu único Filho Jesus Cristo. Eu confesso que, quando conheci a Palavra de Deus, eu a negligenciei, amei a mim mesma e ao mundo e, portanto, essa praga e punição me aconteceu feliz e dignamente em decorrência de meus pecados. No entanto, agradeço a Deus, que, por Sua bondade, concedeu-me um tempo e uma pausa para me arrepender. E agora, bom povo, enquanto estou viva, rogo para que vocês me ajudem com suas orações". Em seguida, ajoelhando-se, virou-se para Feckenham, dizendo: "Devo recitar este salmo?". E ele respondeu: "Sim". Então, ela proferiu o Salmo *Miserere mei, Deus*", que corresponde ao Salmo 51, em inglês, até o fim, com toda a devoção; depois, levantou-se e deu à sua criada, sra. Ellen, suas luvas e seu lenço, e ao sr. Bruges, seu livro. Então, desamarrou o vestido, e o carrasco a tocou para ajudá-la a tirá-lo; ela, porém, desejando que ele a deixasse em paz, virou-se para as suas duas damas de companhia, que a ajudaram a tirar suas peças de roupa, dando-lhe um lenço de cor clara para colocar sobre os olhos.

Então, o carrasco se ajoelhou e lhe pediu perdão, e Lady Jane o perdoou de boa vontade. O executor da sentença quis que ela ficasse em pé na palha; fazendo-o, ela viu o bloco e disse: "Oro para que você me despache rapidamente". Em seguida, ela se ajoelhou, dizendo: "Você o tirará antes

*Execução de Lady Jane Gray na Torre de Londres, em 1554,* por Paul Delaroche (1797–1856). Parte do acervo da Galeria Nacional, Londres, Inglaterra.

que eu me abaixe?", e o carrasco respondeu: "Não, senhora". Então, ela vendou os olhos com um lenço e, sentindo o bloco de pedra, disse: "O que devo fazer? Onde está? Onde está?", e uma das pessoas presentes a guiou até ele. Lady Jane pôs a cabeça sobre o bloco, estendeu o corpo para a frente e disse: "Senhor, em Tuas mãos entrego o meu espírito"; e assim terminou a sua vida, aproximadamente aos 17 anos, no dia 12 de fevereiro do ano 1554 de nosso Senhor.

Assim morreu Lady Jane; no mesmo dia, Lorde Guilford, seu marido, um dos filhos do duque de Northumberland, foi semelhantemente decapitado. Eram dois inocentes em comparação aos que exerciam autoridade sobre eles. Os dois eram muito jovens e aceitaram ignorantemente o que alguns haviam maquinado e, por proclamação aberta, consentido em retirar de outrem e dar a eles. Torna-se digno ressaltar que a comovente condenação dessa

O LIVRO DOS MÁRTIRES 273

piedosa dama, levou Morgan, o juiz que a sentenciou, a enlouquecer logo após condená-la. Em seu delírio, ele gritava continuamente para que a Lady Jane fosse retirada de diante dele, e então ele tirou sua própria vida.

No dia 21 do mesmo mês, Henry, duque de Suffolk, foi decapitado em Tower Hill, quatro dias após sua condenação. Aproximadamente nessa época, muitos cavalheiros e membros da guarda foram condenados; alguns foram executados em Londres e outros, no interior. Dentre eles estava Lord Thomas Gray, irmão do referido duque, detido pouco tempo depois em North Wales e executado pelo mesmo motivo. Sir Nicholas Throgmorton também foi detido e escapou por pouco.

## JOHN ROGERS, VIGÁRIO DO SANTO SEPULCRO E LENTE DA CATEDRAL DE SÃO PAULO, EM LONDRES

John Rogers estudou em Cambridge e depois, durante muitos anos, foi capelão dos aventureiros mercantes em Antuérpia, em Brabante. Ali, encontrou-se com o célebre mártir William Tyndale e Miles Coverdale, exilados voluntariamente de seu país por sua aversão à superstição e idolatria papista. Eles foram os instrumentos de sua conversão, e Rogers se uniu a eles para traduzir a Bíblia para o inglês intitulada "A Tradução de Thomas Matthew". Pelas Escrituras, ele sabia que votos ilegítimos podem ser legalmente rompidos; por isso, casou-se e foi para Wittenberg, na Saxônia, para aprimorar

seu aprendizado. Estando lá, aprendeu a língua holandesa e foi encarregado de cuidar de uma congregação, dever que cumpriu fielmente durante muitos anos. Com o consentimento do rei Eduardo, ele deixou a Saxônia para promover a obra da reforma na Inglaterra. Após algum tempo, Nicholas Ridley, então bispo de Londres, deu-lhe uma prebenda na Catedral de São Paulo, e o reitor e a assembleia de religiosos o nomearam como docente da matéria de teologia. Ele permaneceu ali até a rainha Mary subir ao trono, quando o evangelho e a verdadeira religião foram banidos, e, com sua superstição e idolatria, o Anticristo de Roma foi introduzido.

O fato de o sr. Rogers haver pregado próximo à cruz no interior da Catedral de São Paulo, após a rainha Mary chegar à Torre, já foi exposto. Em seu sermão, ele confirmou a verdadeira doutrina ensinada no tempo do rei Eduardo e exortou o povo a tomar cuidado com a pestilência do papismo, a idolatria e a superstição. Ele foi chamado a prestar contas de suas palavras, mas se defendeu tão habilmente que, naquele momento, foi dispensado. Porém, a proclamação da rainha de proibir a verdadeira pregação deu aos seus inimigos um novo pretexto contra ele. Por isso, Rogers foi novamente convocado perante o conselho e ordenado a manter-se em casa. Ele o fez, embora pudesse ter fugido e percebesse o estado da verdadeira religião como desesperador. Ele sabia que não poderia querer viver na Alemanha, nem esquecer esposa e dez filhos e buscar meios de ajudá-los. Tudo isso, porém, era insuficiente para induzi-lo a partir e, quando foi convocado a responder a causa de Cristo, ele a defendeu com firmeza e arriscou sua vida para isso.

Após uma longa prisão em sua própria casa, o incansável Bonner, bispo de Londres, fez com que o sr. Rogers fosse preso em Newgate, onde ficaria alojado entre ladrões e assassinos. Depois de haver ficado longa e rigorosamente preso e alojado em Newgate entre ladrões, o sr. Rogers foi muitas vezes interrogado e tratado muito insensivelmente. Finalmente, foi condenado injustamente e da maneira mais cruel por Stephen Gardiner, bispo de Winchester, no dia 4 de fevereiro do ano 1555 de nosso Senhor. Em uma manhã de segunda-feira, ele foi repentinamente avisado pela esposa do guardião de Newgate para preparar-se para a fogueira. Em sono profundo, não conseguiam despertá-lo. Por fim, sendo levantado, acordado e ordenado a apressar-se, disse: "Se é assim, não preciso fechar meus botões". E assim foi levado para baixo, primeiramente ao bispo Bonner para ser degradado. Feito isso, ele rogou a Bonner apenas um pedido, e este lhe perguntou qual seria. O sr. Rogers solicitou poder falar algumas palavras à esposa antes de ser queimado, mas isso não lhe foi concedido.

Ao chegar a hora de ser levado de Newgate para Smithfield, o local de sua execução, o sr. Woodroofe, um dos xerifes, aproximou-se do sr. Rogers e perguntou se ele abjuraria sua doutrina abominável e a maligna opinião sobre o Sacramento do altar.

—Aquilo que preguei selarei com meu sangue, respondeu Rogers.

—Você é um herege, disse o sr. Woodroofe.

—Isso será sabido no Dia do Julgamento.

—Bem, eu nunca orarei por você.

—Mas eu orarei por você, disse o sr. Rogers

Assim, foi levado pelos xerifes a Smithfield no mesmo dia, 4 de fevereiro, recitando o salmo *Miserere* ao longo do caminho, com todo o povo se regozijando maravilhosamente por sua firmeza, com grandes louvores e agradecimentos a Deus por ela. E ali, na presença do sr. Rochester, administrador da casa da rainha, Sir Richard Southwell, os dois xerifes e grande número de pessoas, ele foi queimado até virar cinzas, lavando as mãos nas chamas enquanto queimava. Pouco antes de ser queimado, seu perdão foi trazido para o caso de ele abjurar, mas ele o recusou totalmente. Ele foi o primeiro mártir de toda a bendita companhia a sofrer no fogo no tempo da rainha Mary. Sua esposa e seus filhos, um total de onze, dez que já andavam e um lactante, encontraram-no pelo caminho enquanto ele seguia em direção a Smithfield. Essa triste visão de sua própria carne e sangue não o abalou; com firmeza e alegria, ele encarou a morte com maravilhosa paciência na defesa e luta pelo evangelho de Cristo.

## O REVERENDO LAWRENCE SAUNDERS

Após passar algum tempo na escola de Eaton, o sr. Saunders foi escolhido para ir para o King's College, em Cambridge, onde permaneceu durante três anos adquirindo muito conhecimento e aprendizado. Pouco depois, deixou a universidade e voltou para a casa de seus pais, mas logo retomou seus estudos em Cambridge, onde começou a acrescentar o estudo das línguas grega e hebraica ao conhecimento do latim, entregando-se ao estudo das Escrituras Sagradas para melhor se qualificar para o ofício de pregador.

No início do reinado do rei Eduardo, quando a verdadeira religião de Deus foi introduzida, após a obtenção da licença, ele começou a pregar, e os que detinham autoridade o apreciavam tanto que o designaram para docente da matéria de teologia no College de Forthringham. Dissolvido o College de Fothringham, ele foi colocado como lente na basílica de Litchfield. Após certo tempo, ele partiu de Litchfield para o benefício eclesiástico em Leicestershire, na chamada Church-Langton. Ali, ele residia, ensinava diligentemente e mantinha uma instituição beneficente. Depois, foi coerentemente chamado para assumir um ministério na cidade de Londres: All-hallows in Bread-street. Depois disso, ele pregou em Northhampton, não se envolvendo em nada com o Estado, mas expressando ousadamente sua consciência contra as doutrinas papistas que provavelmente surgiriam novamente na Inglaterra, como uma justa praga pelo pouco amor que a nação inglesa tinha, na época, pela bendita Palavra de Deus, que lhe havia sido tão abundantemente oferecida.

Os acompanhantes da rainha que estavam presentes e o ouviram ficaram muito descontentes com ele por seu sermão e por essa razão o levaram como prisioneiro. Porém eles o dispensaram em parte por amor a seus irmãos e amigos que eram importantes defensores da rainha entre eles, e, em parte, por sua pregação não haver infringido a lei.

Alguns de seus amigos, percebendo uma ameaça tão assustadora, aconselharam-no a sair do reino, o que ele se recusou a fazer. Porém, vendo-se impedido, por meio de violência, de fazer o bem naquele lugar, Saunders voltou a Londres para visitar o seu rebanho.

Na tarde de domingo, no dia 15 de outubro de 1554, enquanto lia em sua igreja para exortar seu povo, o bispo de Londres o interrompeu enviando um oficial até ele. A beneficência do bispo se contentou em deixar passar sua traição e sedição até outro momento, mas pretendia provar que eram hereges ele e todos aqueles que, conforme disse, ensinavam e acreditavam que a administração dos Sacramentos e todas as ordens da Igreja são as mais puras e as que mais se aproximam da ordem da Igreja Primitiva.

Depois de muita conversa acerca desse assunto, o bispo desejou que ele escrevesse sobre o que acreditava no que se referia à transubstanciação. Lawrence Saunders o fez, dizendo: "Meu lorde, você quer o meu sangue e o terá. Eu oro a Deus para que você seja batizado nele de tal maneira que passe a odiar para sempre ser um parasita e torne-se um homem melhor". Ao ser acusado rigorosamente de teimosia, as respostas severas do sr. Saunders ao bispo (que anteriormente, para conseguir o favor

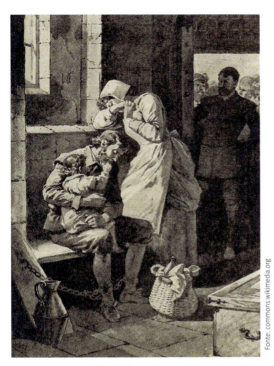

*A esposa e o filho de Saunders o visitam na prisão. Ilustração de O livro dos mártires, edição de 1907.*

de Henrique VIII, tinha escrito e mandado imprimir um livro de verdadeira obediência, no qual havia declarado abertamente a rainha Mary como bastarda) o irritaram tanto que exclamou: "Levem esse louco delirante para a prisão".

Após esse mártir bom e fiel ser mantido na prisão durante 15 meses, os bispos finalmente o chamaram, como também os seus companheiros de prisão, para serem interrogados abertamente perante o conselho da rainha. Terminado o interrogatório, os oficiais o levaram para fora do local e ali permaneceram até os demais prisioneiros serem interrogados de maneira semelhante, para poder levar todos juntos à prisão.

Após sua excomunhão e entrega ao poder secular, ele foi levado pelo xerife de Londres ao Compter, uma prisão em sua própria paróquia de Bread-street. Ele se regozijou muito, por encontrar ali um companheiro de prisão, o sr. Cardmaker, com quem teve muitas conversas cristãs e agradáveis, e porque, ao sair da prisão, ele poderia ter a oportunidade de pregar aos seus paroquianos como antes em seu púlpito. No dia 4 de fevereiro, Bonner, o bispo de Londres, foi à prisão para degradá-lo. Na manhã seguinte, o xerife de Londres o entregou a alguns da guarda da rainha, designados para levá-lo à cidade de Coventry, onde seria queimado.

Quando chegaram a Coventry, um pobre sapateiro que costumava servi-lo com seu ofício, foi até ele e disse: "Ó meu bom mestre, Deus o fortaleça e console". O sr. Saunders respondeu: "Bom sapateiro, desejo que você ore por mim, porque sou o homem mais inapto jamais designado para este alto cargo, mas meu Deus gracioso e querido Pai é capaz de me fortalecer o suficiente". No dia seguinte, 8 de fevereiro de 1555, ele foi levado ao local da execução, no parque, fora da cidade. O sr. Saunders vestia uma batina velha e uma camisa, com os pés descalços, e frequentemente caía no chão e orava. Ao chegar perto do local, o oficial designado para ver o cumprimento da execução disse ao sr. Saunders que ele era um dos que manchavam o reino da rainha, mas, caso abjurasse, seria perdoado. O santo mártir respondeu: "Não eu, mas pessoas como você feriram o reino. Eu sustento o bendito evangelho de Cristo; nele creio, ensinei-o e nunca o abjurarei!". Então, o sr. Saunders se moveu lentamente em direção ao fogo, prostrou-se na terra e orou; em seguida, levantou-se, abraçou a estaca e disse repetidamente: "Bem-vinda, cruz de Cristo! Bem-vinda, vida eterna!". Os gravetos foram então acesos, e ele foi dominado pelas terríveis labaredas e dormiu docemente no Senhor Jesus.

## HISTÓRIA, PRISÃO E INTERROGATÓRIO DO SR. JOHN HOOPER, BISPO DE WORCESTER E GLOUCESTER

John Hooper estudou e se formou na Universidade de Oxford. Ele foi tomado por tão fervente desejo de amar e conhecer as Escrituras, que foi obrigado a mudar-se dali e tornou-se mordomo na casa de Sir Thomas Arundel até que este foi informado de suas opiniões e sua religião, que de modo algum lhe agradavam, embora lhe agradassem extremamente sua pessoa e condição, a ponto de desejar ser seu amigo. Por esse motivo, o sr. Hooper saiu prudentemente da casa de Sir Thomas e chegou a Paris, mas pouco tempo depois retornou à Inglaterra e foi para a casa do sr. Sentlow, até ser novamente incomodado e procurado. Saindo dali, atravessou a França em direção às partes mais altas da Alemanha, onde começou a conhecer homens instruídos e foi por eles liberal e carinhosamente recebido em Basileia e, especialmente, em Zurique, pelo sr. Bullinger, que era seu amigo singular. Na Suíça, o sr. Hooper casou-se com uma borgonhesa e se dedicou com muito afinco à língua hebraica.

Por fim, quando Deus achou por bem encerrar o tempo sangrento dos Seis Artigos[45] e nos dar o rei Eduardo como governante do reino, com alguma paz e descanso para a Igreja, dentre muitos outros exilados ingleses que então voltaram para casa, também o sr. Hooper, movido por sua consciência, pensou em não se ausentar. Percebendo a oportunidade, ofereceu-se para ajudar a fazer avançar a obra do Senhor até o máximo que era capaz. Após despedir-se do sr. Bullinger e de seus amigos em Zurique, Hooper voltou à Inglaterra no reinado de Eduardo VI e, indo para Londres, costumava pregar continuamente, na maioria das vezes, duas vezes por dia, ou pelo menos uma.

Em seus sermões, conforme sua maneira habitual, ele repreendia o pecado e investia fortemente contra a iniquidade do mundo e os abusos corruptos da Igreja. Todos os dias, grandes grupos de pessoas vinham ouvir sua voz, como o som e a canção mais melodiosos da harpa de Orfeu, tanto que, frequentemente, quando ele estava pregando, a igreja ficava tão cheia que ninguém conseguia entrar pelas portas. Ele era sincero em sua doutrina, eloquente ao falar, perfeito nas Escrituras, incansável nos esforços e exemplar em sua vida.

Havendo pregado diante da majestade do rei, logo foi nomeado bispo de Gloucester. Permaneceu nesse cargo por

---

[45] O Ato dos Seis Artigos (também conhecido como o Ato de Abolir a Diversidade de Opiniões) foi assinado por Henrique VIII, pai de Eduardo VI, em 1539, após o cisma com a Igreja Católica Romana. Neste Ato, todos os dogmas católicos eram mantidos, com exceção da autoridade papal.

dois anos e se portou tão bem que nem mesmo seus inimigos conseguiram encontrar nele alguma falha. Depois disso, foi nomeado bispo de Worcester. O Dr. Hooper cumpriu o papel do mais cuidadoso e vigilante pastor durante mais de dois anos, enquanto o estado da religião do tempo do rei Eduardo foi sadio e florescente.

Após haver sido intimado a comparecer perante Bonner e o Dr. Heath, ele foi levado ao Conselho, acusado falsamente de dever dinheiro à rainha e, no ano seguinte, 1554, escreveu um relato de seu tratamento severo durante quase 18 meses de confinamento na prisão Fleet. Depois do seu terceiro interrogatório, em 28 de janeiro de 1555, em St. Mary Overy's, ele e o reverendo sr. Rogers, foram conduzidos ao Compter em Southwark, para ali permanecerem até as nove horas do dia seguinte, na esperança de que eles se retratariam. O Dr. Hooper indagou: "Venha, irmão Rogers, nós dois devemos dar máxima importância a isso e começar a fritar naqueles gravetos?", e Rogers respondeu: "Sim, doutor, pela graça de Deus". O Dr. Hooper disse: "Não duvido, mas Deus nos dará forças", e as pessoas aplaudiram tanto a firmeza deles, que deram muito trabalho para morrer. No dia 29 de janeiro, o bispo Hooper foi degradado e condenado, e o reverendo sr. Rogers foi tratado de maneira semelhante. Ao escurecer, o Dr. Hooper foi conduzido pela cidade até Newgate. A despeito desse sigilo, muitas pessoas saíram às suas portas com luzes e o

saudaram, louvando a Deus por sua firmeza.

Durante os poucos dias em que esteve em Newgate, ele foi frequentemente visitado por Bonner e outros, mas sem sucesso. Assim como Cristo foi tentado, eles o tentaram; depois, relataram maliciosamente que ele havia abjurado. Sendo o local de seu martírio fixado em Gloucester, ele se alegrou muito, erguendo os olhos e as mãos para o céu e louvando a Deus por haver considerado bom enviá-lo ao povo de quem ele era pastor, para ali confirmar com sua morte a verdade que antes lhes ensinara. No dia 7 de fevereiro, ele chegou a Gloucester por volta das cinco horas e se alojou na casa de um tal de Ingram. Depois de seu primeiro sono, ele permaneceu em oração até o amanhecer e durante o dia todo, excetuando-se algum tempo para as refeições e conversas quando o guarda gentilmente permitia que alguém falasse com ele.

Sir Anthony Kingston, que havia sido um bom amigo do Dr. Hooper, foi designado por cartas da rainha para participar de sua execução. Assim que ele viu o bispo, começou a chorar. Com suplicantes propostas, ele o exortou a viver. O bispo disse: "É verdade que a morte é amarga e a vida é doce; porém, infelizmente, considere que a morte futura é mais amarga e a vida futura é mais doce".

No mesmo dia, um garoto cego conseguiu licença para ser levado à presença do Dr. Hooper. Não muito tempo antes, o mesmo garoto havia sido preso em Gloucester por confessar a verdade. O bispo disse: "Ah, pobre garoto, embora Deus tenha tirado a sua visão exterior, por razão que Ele bem sabe, dotou a sua alma com os olhos do conhecimento e da fé. Deus lhe conceda continuamente graça para orar a Ele para que você não perca essa visão, porque então você seria realmente cego no corpo e na alma".

Quando o prefeito o visitou antes da sua execução, ele expressou sua perfeita obediência e só pediu que uma fogueira rápida encerrasse os seus tormentos. Após levantar-se pela manhã, ele desejou que ninguém fosse obrigado a entrar na câmara, para que ele pudesse ficar sozinho até a hora da execução.

Por volta das oito horas do dia 9 de fevereiro de 1555, ele foi conduzido ao lugar da execução, e muitos milhares de pessoas se reuniram por ser dia de mercado. Ao longo de todo o caminho, sendo rigorosamente proibido de falar e vendo o povo, que chorava amargamente por ele, o Dr. Hooper às vezes levantava os olhos para o céu e olhava com muita alegria para as pessoas que conhecia; durante o tempo em que permaneceu entre eles, nunca o viram olhar com um semblante tão alegre e corado quanto naquele momento. Ao chegar ao local designado para sua morte, ele olhou com um sorriso para a estaca e os preparativos feitos para ele, perto de uma grande árvore de olmo defronte ao colégio de sacerdotes, onde costumava pregar.

Após entrar em oração, uma caixa foi trazida e colocada diante dele sobre um banquinho, contendo o perdão da rainha se ele abjurasse. À vista daquilo, ele gritou:

"Se vocês amam a minha alma, afastem isso!". A caixa foi levada embora, e lorde Chandois disse: "Vendo que não há remédio, despache-o rapidamente". Então, foi ordenado que o fogo fosse aceso. Porém, como não havia mais gravetos verdes do que dois cavalos podiam carregar, o fogo não se acendeu rapidamente e demorou um bom tempo até atingir os juncos sobre os gravetos. Por fim, o fogo se acendeu à sua volta, mas o vento com força total na manhã fria e sombria, soprou a chama para longe dele, de modo que ele foi apenas levemente tocado pelo fogo.

Algum tempo depois, alguns gravetos secos foram trazidos e um novo fogo foi aceso com eles (porque não havia mais juncos), que queimaram nas partes de baixo. Mas, por causa do vento, tiveram pouca força na parte superior, apenas lhe queimando o cabelo e chamuscando um pouco a pele. Às primeiras labaredas, ele orou, dizendo suavemente e não muito alto, mas como alguém sem dor: "Ó Jesus, filho de Davi, tem piedade de mim e recebe a minha alma!". Após apagar-se o segundo fogo, ele limpou os dois olhos com as mãos e, vendo o povo, disse com voz alta e neutra: "Pelo amor de Deus, bom povo, eu quero mais fogo!". Enquanto isso, suas partes inferiores queimavam, mas os gravetos eram tão poucos que a chama apenas chamuscava sua parte superior do corpo.

O terceiro incêndio foi aceso algum tempo depois e foi mais extremo do que os outros dois. Nesse fogo, ele orou em voz alta: "Senhor Jesus, tem misericórdia de mim! Senhor Jesus, recebe o meu espírito!". E essas foram as últimas palavras que se ouviram dele. Porém, com a boca preta e a língua tão inchada que não conseguia falar, seus lábios continuaram a se mexer até se encolherem nas gengivas. Ele bateu no peito com as mãos até um de seus braços cair, e então bateu ainda com o outro, enquanto a gordura, a água e o sangue gotejavam das extremidades de seus dedos, até que, ao renovarem o fogo, sua força se foi e sua mão ficou agarrada ao bater no ferro sobre seu peito. Então, imediatamente curvando-se para a frente, ele entregou seu espírito.

Assim ficou ele 45 minutos, ou mais, no fogo. Como um cordeiro, permaneceu pacientemente na impetuosidade das chamas, não se movendo para frente, para trás ou para qualquer lado; ele morreu tão silenciosamente quanto uma criança em sua cama. E agora ele reina, não duvido, como um bendito mártir nas alegrias do Céu, preparadas para os fiéis em Cristo antes da fundação do mundo, e por cuja firmeza todos os cristãos são compelidos a louvar a Deus.

## A VIDA E CONDUTA DO DR. ROWLAND TAYLOR, DE HADLEY

O Dr. Rowland Taylor, vigário de Hadley, em Suffolk, era um homem de cultura destacada e recebera o grau de doutor em Direito Civil e Canônico. Seu apego aos princípios puros e não corrompidos do cristianismo o recomendou ao favor e à amizade do Dr. Cranmer, arcebispo de Canterbury, com quem ele viveu durante um tempo considerável até que, por seu interesse, conseguiu viver em Hadley.

Não apenas sua palavra era uma pregação para eles, mas toda a sua vida e conversação eram exemplos de vida cristã não fingida e verdadeira santidade. Ele era desprovido de todo orgulho, humilde e manso como qualquer criança; de modo que ninguém era tão pobre que não pudesse ousadamente recorrer a ele como ao pai, nem sua humildade era infantil ou temerosa. Mas, se a ocasião, tempo e lugar o exigissem, ele repreendia fortemente os pecadores e os malfeitores, de modo que ninguém era tão rico que ele não lhe apontasse claramente a culpa, com repreensões muito sinceras e graves, o que o tornava um bom pároco e pastor. Ele era um homem muito brando, sem qualquer rancor, aversão ou má vontade, pronto para fazer o bem a todos os homens, perdoava prontamente seus inimigos e nunca procurou fazer mal a pessoa alguma.

Para os pobres que eram cegos, coxos, doentes, acamados ou que tinham muitos filhos, ele era um verdadeiro pai, um benfeitor cuidadoso e provedor diligente, a ponto de fazer com que os paroquianos fizessem uma provisão geral para eles, e ele mesmo (além da ajuda contínua que sempre encontravam em sua casa) fazia anualmente uma doação decente à caixa de esmolas comum. Sua esposa também era uma matrona honesta, discreta e sóbria, e seus filhos eram bem nutridos, criados no temor de Deus e no bom aprendizado. Ele era um bom sal da terra, corroendo saborosamente as maneiras corruptas dos homens maus; uma luz na casa de Deus, posta sobre um castiçal para que todos os homens bons imitassem e seguissem.

Assim continuou esse bom pastor entre seu rebanho, governando-o e conduzindo-o pelo deserto deste mundo perverso, todos os dias do rei mais inocente e santo de bendita memória, Eduardo VI. Porém, com sua morte e a subida da rainha Mary ao trono, ele não escapou da nuvem que explodiu sobre tantos à sua volta; porque dois de seus paroquianos, Foster, advogado, e Clark, comerciante, por zelo cego, decidiram que a missa deveria ser celebrada, em todas as suas formas supersticiosas, na igreja da paróquia de Hadley, na segunda-feira anterior à Páscoa. Entrando na igreja, o Dr. Taylor proibiu aquilo estritamente, mas Clark forçou o doutor a sair da igreja, celebrou a missa e, imediatamente, informou o lorde-chanceler, bispo de Winchester, acerca do seu comportamento. O bispo convocou o Dr. Taylor a comparecer a sua presença e responder às queixas alegadas contra ele.

Ao receber a convocação, o doutor se preparou alegremente para obedecê-la e rejeitou o conselho de seus amigos para fugir para além-mar. Ao ver o Dr. Taylor, Gardiner, como de costume, insultou-o, e o Dr. Taylor ouviu seu abuso pacientemente. Quando o bispo disse: "Como você ousa me encarar? Não sabe quem eu sou?", o Dr. Taylor respondeu: "Você é o Dr. Stephen Gardiner, bispo de Winchester e lorde-chanceler, mas não passa de um mortal. Porém, se devo eu ter medo de sua aparência nobre, por que você não teme a Deus, o Senhor de todos nós?

*Stephen Gardiner, bispo de Winchester.* Parte do acervo do Trinity Hall, Cambridge, Inglaterra.

Com que semblante você comparecerá perante o tribunal de Cristo e responderá ao seu juramento feito primeiramente ao rei Henrique VIII e depois ao filho dele, o rei Eduardo VI?".

Seguiu-se uma longa conversa, na qual o Dr. Taylor foi tão piedosamente calmo e austero com seu antagonista, que este exclamou: "Você é um herege blasfemo! Você realmente blasfema o bendito Sacramento (a esta altura, tirou o chapéu) e fala contra a santa Missa, que é feita em sacrifício pelos vivos e pelos mortos". Depois disso, o bispo enviou o Dr. Taylor para ao Tribunal da Corte do rei. Quando o Dr. Taylor lá chegou, encontrou o sr. Bradford, virtuoso e circunspecto pregador da Palavra de Deus, que igualmente agradeceu a Deus por lhe haver proporcionado um companheiro de prisão tão agradável, e, juntos, eles louvaram a Deus e continuaram em oração, leitura e mútua exortação. Após passar algum tempo na prisão, o Dr. Taylor foi intimado a comparecer nas arcadas de Bow-church. Sendo condenado, o Dr. Taylor foi preso no Clink, e os carcereiros foram encarregados de tratá-lo rudemente. À noite, ele foi removido para o Poultry Compter.

No dia 4 de fevereiro, quando o Dr. Taylor estava no Compter havia aproximadamente uma semana, Bonner chegou para degradá-lo, trazendo consigo os ornamentos pertencentes à pantomima da missa. O doutor, porém, recusou essas armadilhas até elas lhe serem forçadas. Na noite seguinte à degradação, sua esposa veio com seu servo John Hull e seu filho Thomas, que, pela bondade dos carcereiros, receberam permissão para cear com ele. Após a ceia, andando de um lado para o outro, ele agradeceu a Deus por Sua graça, que lhe dera forças para cumprir a Sua santa Palavra. Com lágrimas, eles oraram juntos e se beijaram. A seu filho Thomas, ele deu um livro em latim contendo as notáveis frases dos antigos mártires e, no fim do livro, escreveu seu testamento:

Digo à minha esposa e aos meus filhos: "O Senhor os deu a mim e o Senhor me tomou de vocês, e vocês de mim; bendito seja o nome do Senhor! Eu creio que são bendito os que morrem no Senhor. Deus cuida dos pardais e dos cabelos de nossas cabeças. Aos meus olhos, Ele sempre foi mais fiel

e favorável do que qualquer pai ou marido. Portanto, confiem nele por meio dos méritos do nosso querido Salvador Cristo; creiam, amem, temam e obedeçam a Ele; orem a Ele, porque Deus prometeu ajudar. Não me considerem como morto, porque certamente viverei e nunca morrerei. Eu vou antes, e vocês seguirão depois para o nosso anelado lar".

No dia seguinte, o xerife de Londres e seus oficiais chegaram ao Compter às duas horas da manhã, levaram o Dr. Taylor para fora e, sem luz alguma, conduziram-no ao Woolsack, uma estalagem nos arredores de Aldgate. Suspeitando que o marido seria levado naquela noite, a esposa do Dr. Taylor manteve vigília a noite toda no alpendre da igreja de São Botolfo, ao lado de Aldgate, com suas duas filhas — Elizabeth, de 13 anos (a qual, órfã de pai e mãe, o Dr. Taylor criou por caridade desde os 3 anos), e Mary, filha do próprio Dr. Taylor.

Quando o xerife e seus acompanhantes chegaram à igreja de São Botolfo, Elizabeth chorou, dizendo: "Ó meu querido pai! Mãe, mãe, meu pai está sendo levado embora". Então, sua esposa gritou: "Rowland, Rowland, onde você está?" — porque era uma manhã muito escura e um não conseguia ver o outro. O Dr. Taylor respondeu: "Querida esposa, estou aqui", e parou. Os homens do xerife o haveriam levado em frente, mas o xerife disse: "Peço-lhes que parem um pouco, senhores, e deixem-no falar com a esposa"; então, eles

*Rowland Taylor se despede de sua esposa e filhos.*
Ilustração do livro *Christian Heroes and martyrs*, parte do acervo da Biblioteca do Congresso Americano.

se detiveram. Ela veio até ele, o Dr. Taylor pegou sua filha Mary nos braços, e ele, sua esposa e Elizabeth se ajoelharam e fizeram a Oração do Pai Nosso; à vista disso, o xerife e vários outros da companhia choraram brevemente. Após haverem orado, ele se levantou, beijou sua esposa e, balançando a mão da mulher, disse: "Adeus, minha querida esposa; esteja bem consolada, porque minha consciência está tranquila. Deus providenciará um pai para meus filhos".

Ao longo de todo o caminho, o Dr. Taylor foi alegre e jubiloso, como alguém que se sentia indo ao mais agradável banquete ou casamento. Ele falou muitas coisas dignas de nota ao xerife e aos guardas que o conduziam, frequentemente levando-os ao choro por meio de seu mui fervoroso pedido de que se arrependessem e corrigissem sua vida má e perversa. Com frequência, também os fazia admirar-se e alegrar-se por vê-lo tão constante e firme, sem qualquer medo, com o coração alegre e feliz por morrer.

Quando chegou a Aldham Common, o lugar onde sofreria, ao ver uma grande multidão, o Dr. Taylor perguntou: "Que lugar é este e o que significa tantas pessoas estarem reunidas aqui?". Responderam-lhe: "É Aldham Common, o lugar onde você terá de sofrer, e as pessoas vieram por consideração a você". Então, ele disse: "Graças a Deus, estou mesmo em casa", desceu do cavalo e, com as duas mãos, arrancou o capuz da cabeça. Seus cabelos haviam sido cortados e tosquiados como os de um louco, custo infligido pelo bom bispo Bonner. Porém, quando o povo viu o seu rosto venerável e idoso, com uma longa barba branca, eles irromperam em lágrimas e, chorando, disseram: "Deus te salve, bom Dr. Taylor! Jesus Cristo te fortaleça e te ajude! O Espírito Santo te console!" e outros bons desejos semelhantes.

Após orar, ele foi até à estaca, beijou-a e posicionou-se sobre o barril que eles haviam colocado para ele ficar em pé. Ficou com as costas retas contra a estaca, as mãos postas e os olhos voltados para o Céu, orando continuamente. Em seguida, eles o acorrentaram e, havendo colocado os gravetos, um certo Warwick lhe atirou cruelmente um graveto, que o atingiu na cabeça e lhe cortou o rosto, fazendo escorrer sangue. Então, o Dr. Taylor disse: "Amigo, eu já sofri o suficiente; para que era necessário isso?".

Sir John Shelton, ao seu lado enquanto o Dr. Taylor falava e recitava o salmo *Miserere* em inglês, bateu em seus lábios e disse: "Seu patife, fale latim; eu o obrigarei". Por fim, acenderam o fogo; o Dr. Taylor, mantendo as duas mãos para cima e clamando a Deus, disse: "Misericordioso Pai celestial! Pelo amor de Jesus Cristo, meu Salvador, receba minha alma em Tuas mãos!". Assim ficou ele, parado, sem chorar nem se mexer, com as mãos postas, até que Soyce o golpeou na cabeça com uma alabarda até o cérebro sair e o cadáver cair no fogo. Assim esse homem de Deus entregou sua alma bendita nas mãos de seu Pai misericordioso e ao seu queridíssimo Salvador Jesus Cristo, a quem ele amou totalmente, pregou fiel e sinceramente, seguiu obedientemente na vida e glorificou constantemente na morte.

## O MARTÍRIO DE WILLIAM HUNTER

Sendo descendente de pais religiosos que o instruíram cuidadosamente nos princípios da religião verdadeira, William Hunter foi ensinado nas doutrinas da Reforma desde a mais tenra juventude.

Aos 19 anos, recusando-se a receber a comunhão na missa, Hunter foi ameaçado de ser levado ao bispo, a quem esse jovem e valente mártir foi conduzido por um policial. Bonner fez com que William fosse levado a um aposento, onde começou a argumentar com ele, prometendo-lhe segurança e perdão se abjurasse. Não, ele haveria se contentado se tivesse ido apenas para receber a comunhão e se confessar, mas William não faria isso por coisa alguma. Diante disso, o bispo ordenou a seus homens que colocassem William na estaca à porta de sua casa, onde ele ficou sentado dois dias e duas noites, somente com uma casca de pão integral e uma caneca de água, que ele não tocou. Ao fim dos dois dias, o bispo foi até ele e, encontrando-o firme na fé, enviou-o para a prisão dos condenados e ordenou que o carcereiro colocasse nele o máximo de ferros que ele pudesse suportar. William continuou na prisão durante nove meses, período em que esteve cinco vezes perante o bispo, além do tempo em que foi condenado no consistório da igreja de São Paulo, em 9 de fevereiro, e, nessa ocasião, seu irmão Robert Hunter esteve presente.

Memorial a William Hunter em Brentwood. Este memorial encontra-se próximo ao local onde ele, aos 19 anos, entregou sua vida por Jesus.

Então, chamando William, o bispo lhe perguntou se ele abjuraria e, vendo-o irredutível, sentenciou-o a ir daquele lugar para Newgate durante algum tempo, e de lá para Brentwood, para ser queimado.

Aproximadamente um mês depois, William foi enviado para Brentwood, onde seria executado. Ao chegar à estaca, ajoelhou-se e leu o Salmo 51 até chegar às palavras "Sacrifícios agradáveis a Deus são o espírito quebrantado; coração compungido e contrito, não o desprezarás, ó Deus" [46]. Ele permaneceu firme em recusar o perdão da rainha caso apostatasse; finalmente, chegou Richard Ponde, um oficial de justiça, e o acorrentou.

William lançou seu saltério à mão de seu irmão, que disse: "William, pense na santa Paixão de Cristo e não tenha medo da morte". William respondeu: "Eu não tenho medo". Então, levantou as mãos para o céu e disse: "Senhor, Senhor, Senhor, recebe meu espírito", e, baixando novamente a cabeça na fumaça sufocante, entregou sua vida pela verdade, selando-a com seu sangue para o louvor de Deus.

## DR. ROBERT FARRAR

Desde a ascensão de Mary, assim como no reinado anterior, esse digno e culto prelado, o bispo de São Davi, no País de Gales, foi notavelmente zeloso em promover as doutrinas reformadas e desmascarar os erros da idolatria papista; por isso, foi convocado, ao lado de outros, a comparecer perante o perseguidor bispo de Winchester e outros comissários designados para a abominável obra de devastação e massacre.

Seus principais acusadores e perseguidores, sob o libelo de prevenção no reinado de Eduardo VI, foram George Constantine Walter, seu servo; Thomas Young, cantor da catedral e depois bispo de Bangor, e outros. O Dr. Farrar respondeu habilmente às cópias das informações colocadas contra ele, consistindo em 56 artigos. Todo o processo desse julgamento foi longo e tedioso. Era um atraso após outro, e, além disso, o Dr. Farrar estivera detido injustamente sob fiança durante longo tempo, no reinado de Eduardo, por haver sido promovido pelo duque de Somerset e, por isso, após a queda deste, encontrou menos amigos para apoiá-lo contra aqueles que queriam seu bispado. Com a ascensão da rainha Mary, ele foi acusado e interrogado, não por prevenção, e sim por sua fé e doutrina. Por isso, ele foi chamado perante o bispo de Winchester com o bispo Hooper, o sr. Rogers, o sr. Bradford, o sr. Saunders e outros, no dia 4 de fevereiro de 1555. Nesse mesmo dia, o Dr. Farrar também seria condenado com eles, mas sua condenação foi adiada, e ele foi novamente enviado à prisão, onde continuou até o dia 14 de fevereiro. Depois disso, o Dr. Farrar foi enviado ao país de Gales para ser sentenciado. Ele foi levado seis vezes à presença de Henry Morgan, bispo de São Davi, que perguntou se ele abjuraria, mas zelosamente discordou e apelou ao cardeal Pole. Todavia,

[46] v.17

o bispo, prosseguindo em sua fúria, declarou-o herege excomungado e o entregou ao poder secular.

Condenado e degradado, não demorou muito para o Dr. Farrar ser levado ao local de execução na cidade de Carmathen, onde, no mercado local, na ala sul, ele sofreu com total firmeza os tormentos do fogo no dia 30 de março de 1555, véspera do domingo de Páscoa. Sobre a sua fidelidade, diz-se que certo Richard Jones, filho de um cavaleiro, chegando ao Dr. Farrar pouco antes de seu martírio, pareceu lamentar a dolorosa morte que ele teve de sofrer. A ele, o bispo respondeu que, se o Dr. Farrar fosse visto agitar-se uma vez sob as dores de ser queimado, poderia não dar crédito à sua doutrina. E como foi dito, manteve sua promessa, observando pacientemente sem emoção, até certo Richard Gravell derrubá-lo com um bordão.

## O MARTÍRIO DE RAWLINS WHITE

Por vocação e ocupação, Rawlins White era pescador, vivendo e mantendo-se nesse ramo durante pelo menos 20 anos na cidade de Cardiff, onde gozava de muito boa reputação entre seus vizinhos. Embora o bom homem fosse totalmente inculto e também muito simples, Deus se agradou em tirá-lo do erro e da idolatria e levá-lo ao conhecimento da verdade, por meio da bendita Reforma durante o reinado de Eduardo. Ele conseguiu que seu filho aprendesse a ler em inglês e, quando o menino já sabia ler muito bem, todas as noites após o jantar, no verão e no inverno, seu pai o fazia ler uma parte das Escrituras

Sagradas e, de vez em quando, uma parte de algum outro bom livro.

Quando Rawlins completou 5 anos professando sua fé em Cristo, o rei Eduardo morreu, sendo sucedido pela rainha Mary, e, com ela, todos os tipos de superstição se infiltraram. Rawlins foi detido pelos oficiais da cidade como suspeito de heresia, levado ao bispo Llandaff, em Chepstow e finalmente removido para o castelo de Cardiff, onde permaneceu durante um ano inteiro. Ao ser levado à presença do bispo em sua capela, este o aconselhou com ameaças e promessas. Porém, como Rawlins, de maneira alguma, abjurou suas convicções, o bispo disse claramente que precisaria processá-lo por lei e condená-lo como herege. Antes de chegarem a esse extremo, o bispo propôs que fosse feita uma oração por sua conversão. White disse: "Assim é um bispo piedoso! Se o seu pedido for piedoso e correto, e você orar como deve, sem dúvida Deus o ouvirá; ore, portanto, ao seu Deus e eu orarei ao meu Deus". Após o bispo e seus companheiros fazerem as orações, ele perguntou a Rawlins se agora abjuraria. Este respondeu: "Você vê que a sua oração não foi concedida, porque eu permaneço o mesmo e Deus me fortalecerá em apoio a essa verdade". Depois disso, o bispo tentou rezar uma missa para tentar mudar o resultado, mas Rawlins chamou todas as pessoas para testemunharem que ele não se curvara ao anfitrião. Terminada a missa, Rawlins foi chamado novamente, e o bispo tentou muitas persuasões, mas o homem bendito continuou tão firme em sua confissão anterior, que o discurso do bispo não

Fonte: commons.wikimedia.org

*Castelo de Cardiff*, País de Gales.

surtiu efeito algum. Então, o bispo mandou que fosse lida a sentença definitiva e, ao fim dela, Rawlins foi novamente levado a Cardiff, para uma prisão repugnante na cidade, chamada Cockmarel, onde passava seu tempo orando e cantando salmos. Em três semanas, chegou da cidade a ordem para sua execução.

Quando ele chegou ao local, onde sua pobre esposa e filhos estavam chorando, a súbita visão deles partiu tanto seu coração, que as lágrimas escorreram por seu rosto. Chegando ao altar de seu sacrifício, indo em direção à estaca, ele caiu de joelhos, beijou o chão e, levantando-se novamente, com um pouco de terra grudada no rosto, disse as seguintes palavras: "Da terra para a terra e do pó para o pó; você é minha mãe e a você eu voltarei". Quando tudo estava pronto, bem defronte à estaca, diante de Rawlins White, havia sido erguido um palanque, no qual um sacerdote subiu e se dirigiu ao povo. Porém, enquanto ele falava das doutrinas romanas dos sacramentos, Rawlins gritou: "Ah, seu hipócrita perverso! Presumes que provarás a tua falsa doutrina pelas Escrituras? Vê o texto em que Cristo disse: 'Fazei isto em memória de mim?'".[47]

---

[47] Lc 22:19

Então, alguns presentes clamaram "Ponham fogo! Ponham fogo!". Ao atearem o fogo, a palha e os juncos lançaram labaredas grandes e repentinas. Nelas, aquele bom homem mergulhou suas mãos durante tanto tempo que os tendões encolheram e a gordura pingou, exceto no momento em que ele limpou o rosto com uma delas. Durante todo aquele tempo, que foi um pouco longo, ele clamou em alta voz: "Ó Senhor, recebe o meu espírito!", até não mais conseguir abrir a boca. Finalmente, o fogo foi tão intenso contra suas pernas, que elas foram consumidas quase antes de o resto de seu corpo ser danificado, e isso fez com que todo o corpo caísse das correntes para o fogo antes do que deveria. Assim, esse homem bom e já idoso morreu por seu testemunho da verdade de Deus e agora é recompensado, sem dúvida, com a coroa da vida eterna.

## O REVERENDO GEORGE MARSH

George Marsh, nascido na paróquia de Deane, no condado de Lancaster, recebeu de seus pais uma boa educação e profissão. Por volta dos 25 anos, casou-se e viveu, abençoado com vários filhos, em sua fazenda até a morte de sua esposa. Então, foi estudar em Cambridge e tornou-se o vigário do reverendo Lawrence Saunders, em cujo dever expunha, constante e zelosamente, a verdade da Palavra de Deus e as falsas doutrinas do moderno Anticristo.

Sendo confinado pelo Dr. Coles, bispo de Chester, nas dependências de sua própria casa, ele foi privado de qualquer relacionamento com seus amigos durante quatro meses. Seus amigos e sua mãe desejavam intensamente que ele tivesse fugido da "ira vindoura", mas o sr. Marsh considerou que tal procedimento não seria compatível com a profissão de fé que ele exercera abertamente durante nove anos. Ele, porém, isolou-se, mas tinha muita luta e, em oração secreta, implorou que Deus o orientasse por meio do aconselhamento de seus melhores amigos, para Sua própria glória e para o que fosse melhor. Por fim, determinado por uma carta recebida a corajosamente confessar a fé em Cristo, despediu-se da sogra e de outros amigos, deixando seus filhos aos cuidados deles, e partiu para Smethehills, de onde foi conduzido com outros a Lathum, para ser interrogado perante o conde de Derby, Sir William Nores, o sr. Sherburn, pároco de Garpnal, e outros. Ele respondeu com boa consciência às diversas perguntas que lhe foram feitas, mas, quando interrogado pelo sr. Sherburn sobre sua crença quanto ao Sacramento do altar, o sr. Marsh respondeu como um verdadeiro protestante: que a essência do pão e do vinho não mudava; por isso, após receber ameaças terríveis de alguns e palavras brandas de outros, devido às opiniões deles, foi enviado para a prisão, onde passou duas noites sem dormir.

No Domingo de Ramos, submetido ao segundo interrogatório, o sr. Marsh lamentou muito que seu medo o houvesse induzido a prevaricar e buscar sua segurança, desde que não negasse abertamente a Cristo; e novamente clamou com mais veemência a Deus por força, para que não fosse vencido pelas sutilezas daqueles que se esforçavam por rejeitar a pureza de sua fé. Ele foi submetido a três interrogatórios perante o Dr. Coles, que, vendo-o firme na fé protestante, começou a ler a sua sentença, sendo, porém, interrompido pelo chanceler, que pediu ao bispo para parar antes que ficasse muito tarde. Então, o sacerdote orou pelo sr. Marsh, mas este, ao ser novamente solicitado a abjurar, disse que não negava seu Salvador Cristo para não perder a Sua misericórdia eterna e, assim, obter a morte eterna. Então, o bispo prosseguiu com a sentença. Ele foi levado a uma masmorra escura e ficou privado da consolação de qualquer pessoa (porque todos tinham medo de aliviá-lo ou comunicar-se com ele) até chegar o dia marcado para o seu sofrimento. Os xerifes da cidade, Amry e Couper, com seus oficiais, foram até o portão norte e levaram para fora o sr. George Marsh, que andou o caminho todo com o Livro na mão, olhando-o, e por isso as pessoas disseram: "Esse homem não vai para a morte como ladrão, nem como alguém que merece morrer".

Quando o sr. Marsh chegou ao local de execução fora da cidade, perto de Spittal (Boughton), o sr. Cawdry, vice-mordomo de Chester, mostrou-lhe um documento sob um grande selo, dizendo que era um perdão para ele caso abjurasse. Ele respondeu que o aceitaria com alegria se isso não tendesse a arrancá-lo de Deus. Depois disso, começou a falar às pessoas, expondo a causa de sua morte, e tentou exortá-las a se apegarem a Cristo, mas um dos xerifes o impediu. Ajoelhando-se, fez então suas orações, tirou as roupas até ficar de camisa

Acima, à esquerda, George Marsh é queimado na fogueira. À direita, John Cardmaker e John Warne na fogueira na praça do Mercado. Em baixo, uma mulher exposta numa jaula na Ponte de Londres. Parte do acervo da Wellcome Library, Londres.

Fonte: commons.wikimedia.org

e foi acorrentado ao poste, com vários gravetos sob si e algo no formato de um barrilete, contendo piche e alcatrão, sobre sua cabeça. O fogo foi feito sem habilidade e o vento o turbilhonava, fazendo-o sofrer terrivelmente; não obstante, ele suportou aquilo com fortaleza cristã. Após ser atormentado durante muito tempo no fogo sem se mexer, com a carne tão assada e inchada que os que estavam diante dele não conseguiam ver a corrente com a qual ele estava preso e, portanto, supuseram que ele estava morto, ele estendeu os braços de repente e disse: "Pai celestial, tem misericórdia de mim!", e assim entregou seu espírito às mãos do Senhor. Diante disso, muitas pessoas disseram que ele era um mártir e morreu com gloriosa paciência. Isso fez com que, pouco depois, o bispo pregasse um sermão na igreja catedral e, nele, afirmasse que o dito "Marsh era um herege, foi queimado como tal e é uma brasa no inferno". Marsh sofreu no dia 24 de abril de 1555.

## WILLIAM FLOWER

Diferentemente de Branch, William Flower nasceu em Snow-hill, no condado de Cambridge, onde frequentou a escola durante alguns anos e, depois, a abadia de Ely. Após lá haver permanecido algum tempo, tornou-se monge professo, foi feito sacerdote na mesma casa e lá celebrou e cantou missas. Depois disso, por motivo de uma visitação e certas injunções pela autoridade de Henrique VIII, ele assumiu o hábito de sacerdote secular, retornou a Snow-hill, onde havia nascido, e ensinou às crianças durante aproximadamente meio ano.

Depois, foi para Ludgate, em Suffolk, e serviu como sacerdote secular[48] durante aproximadamente três meses; de lá, foi para Stoniland; por fim, a Tewksbury, onde se casou, permanecendo sempre fiel e sincero junto à sua esposa. Após o casamento, ele residiu em Tewksbury durante aproximadamente dois anos e, depois, foi para Brosley, onde praticou medicina

e cirurgia; porém, partindo dali, foi para Londres e, finalmente, estabeleceu-se em Lambeth, onde ele e sua esposa moraram. Entretanto, geralmente estava no exterior, exceto uma ou duas vezes por mês, para visitar e ver a esposa. Estando em casa na manhã do Domingo de Páscoa, ele atravessou o rio, indo de Lambeth até a Igreja de Santa Margarida, em Westminster; ao ver o sacerdote John Celtham administrando e dando ao povo o Sacramento do altar, ficou muito ofendido com o sacerdote. Com seu formão, ele o golpeou e o feriu na cabeça, no braço e na mão. Naquele momento, o sacerdote segurava um cálice com a hóstia consagrada, que acabou salpicada de sangue. Por esse zelo imprudente, o sr. Flower foi posto a ferros e colocado na portaria de segurança de Westminster; depois, foi convocado a comparecer perante o bispo Bonner e seu juiz, e, quando este o fez jurar sobre uma Bíblia, o bispo lhe ministrou os artigos e interrogatórios.

Após o interrogatório, o bispo começou a exortá-lo a voltar à unidade de sua mãe, a Igreja Católica, fazendo muitas promessas razoáveis. Tendo o sr. Flower rejeitado firmemente, o bispo ordenou que ele comparecesse ao mesmo local à tarde e, nesse ínterim, considerasse bem sua resposta anterior. Ele não se desculpou por haver agredido o sacerdote, nem se desviou de sua fé; por isso, o bispo designou que no dia seguinte, 20 de abril, ele fosse sentenciado se não abjurasse. Na manhã

---

[48] Clero secular ou diocesano, são assim chamados por serem os sacerdotes que vivem em meio ao povo comum, ministrando-lhes a missa e os sacramentos. Não pertencem a qualquer ordem em particular (por exemplo, franciscanos, jesuítas, beneditinos etc.).

O LIVRO DOS MÁRTIRES

seguinte, o bispo procedeu à sentença, condenando-o e excomungando-o como herege e, após pronunciar sua degradação, entregou-o ao poder secular. No dia 24 de abril, véspera de São Marcos, ele foi levado ao local do martírio, no cemitério de Santa Margarida, em Westminster, onde o fato foi cometido. Chegando à estaca, orou ao Deus Todo-poderoso, confessou sua fé e perdoou o mundo todo.

Feito isso, sua mão direita foi levantada contra a estaca e decepada, e sua mão esquerda foi presa atrás dele. Atearam fogo nele, e, ardendo em chamas, ele gritou três vezes em alta voz: "Ó Filho de Deus, recebe minha alma!". Então, não conseguiu mais falar; não obstante isso, levantou o coto com o outro braço enquanto conseguiu. Assim ele foi cruelmente torturado pelo rigor do fogo, porque os poucos gravetos trazidos foram insuficientes para queimá-lo e eles foram obrigados a jogá-lo na fogueira, onde, deitado no chão, sua parte inferior foi consumida pelo fogo enquanto sua parte superior ficou pouco afetada e sua língua se moveu na boca durante um tempo considerável.

## O REVERENDO JOHN CARDMAKER E JOHN WARNE

No dia 30 de maio de 1555, o reverendo John Cardmaker, também chamado Taylor, prebendário da Igreja de Wells, e John Warne, estofador da Igreja de São João, em Walbrook, sofreram juntos em Smithfield. O sr. Cardmaker, que era um frade atento antes da dissolução das abadias, foi depois um ministro casado e, no tempo do rei Eduardo, designado para lente na Catedral de São Paulo, em Londres. No início do reinado da rainha Mary, foi detido com o Dr. Barlow, bispo de Bath, levado para Londres e colocado na prisão Fleet, com as leis do rei Eduardo ainda em vigor. No reinado de Mary, quando levados ao bispo de Winchester, este lhes ofereceu a misericórdia da rainha se abjurassem.

Proferidas as acusações contra o sr. John Warne, Bonner o interrogou e o exortou diligentemente a renegar as suas crenças, ao que ele respondeu: "Estou convencido de que minha crença é correta e não vejo motivo para abjurá-la, porque toda imundície e idolatria jazem na Igreja de Roma". Então, vendo que todas as suas promessas razoáveis e ameaças terríveis não conseguiram prevalecer, o bispo pronunciou a sentença definitiva de condenação e ordenou que, no dia 30 de maio de 1555, fossem executados John Cardmaker e John Warne, que foram levados a Smithfield pelos xerifes. Chegando à estaca, os xerifes chamaram o sr. Cardmaker de lado e conversaram reservadamente com ele, enquanto Warne orava, era acorrentado à estaca e eram colocados madeira e juncos à sua volta.

As pessoas estavam muito aflitas, pensando que o sr. Cardmaker abjuraria ao ver o sr. Warne queimar na fogueira. Por fim, o sr. Cardmaker se afastou dos xerifes, aproximou-se da estaca, ajoelhou-se e fez uma longa oração em silêncio. Então, levantou-se, tirou as roupas até ficar de camisa, foi até à estaca com ousada coragem, beijou-a e, segurando a mão do sr. Warne,

*Aparência da antiga Catedral de São Paulo, em Londres, antes do incêndio de 1561, por Anton van den Wyngaerde (1525–71). Ilustração do livro Early Christian Architecture.*

consolou-o com entusiasmo e foi amarrado à estaca, regozijando-se. Vendo isso acontecer tão repentinamente, ao contrário de suas expectativas, as pessoas gritaram: "Deus seja louvado! Deus o fortaleça, Cardmaker! O Senhor Jesus receba o seu espírito!". E isso continuou enquanto o carrasco os incendiava. Os dois passaram pelo fogo para o bendito descanso e paz entre os santos e mártires de Deus, para desfrutar da coroa de triunfo e vitória preparada para os soldados e guerreiros eleitos de Cristo Jesus em Seu reino bendito. A Ele sejam glória e majestade para sempre. Amém.

## JOHN SIMPSON E JOHN ARDELEY

John Simpson e John Ardeley foram condenados no mesmo dia que Carmaker e John Warne: 25 de maio. Pouco depois, foram enviados de Londres para Essex, onde foram queimados no mesmo dia — John Simpson, em Rochford, e John Ardeley, em Railey, glorificando a Deus em Seu amado Filho e regozijando-se por terem sido considerados dignos de sofrer.

## THOMAS HAUKES, THOMAS WATTS E ANNE ASKEW

Thomas Haukes e seis outros foram condenados no dia 9 de fevereiro de 1555. O sr. Haukes era erudito, bem-apessoado, tinha boa estatura, cristão sincero, e suas maneiras eram as de cavalheiro. Pouco antes da morte, vários amigos do sr. Haukes, aterrorizados com a severidade da punição que ele sofreria, desejaram reservadamente que, em meio às chamas, ele lhes desse algum sinal se as dores da queima fossem tão grandes que um homem não conseguiria suportá-las com serenidade. E assim ele prometeu fazê-lo. Foi combinado que, se a fúria da dor pudesse ser aguentada, ele levantaria as mãos acima da cabeça em direção ao céu antes de entregar a alma. Não muito tempo depois, o sr. Haukes foi levado por Lord Rich ao local designado para a morte e, chegando à estaca, preparou-se com mansidão e paciência para a fogueira, com uma forte corrente passada sobre o meio do corpo e cercado pela multidão por todos os lados. Depois de haver dito muitas coisas à turba e derramado sua alma diante de Deus, o fogo foi aceso.

Após muito tempo na fogueira, não pôde mais falar devido à violência das chamas. Sua pele se encolheu e seus dedos foram consumidos pelo fogo, de modo que pensavam que ele estava morto. Súbita e contrariamente a todas as expectativas, aquele bom homem, atento à sua promessa, ergueu as mãos em chamas acima da cabeça, em direção ao Deus vivo, e, aparentemente com grande alegria, bateu palmas três vezes. Um grande grito seguiu-se a essa circunstância maravilhosa e, em seguida, afundando no fogo, esse bendito mártir de Cristo entregou seu espírito. Era o dia 10 de junho de 1555.

Thomas Watts, de Billerica, em Essex, da diocese de Londres, era um comerciante de tecidos. Ele havia esperado diariamente ser detido pelos adversários de Deus, o que aconteceu no dia 5 de abril de 1555, quando foi levado perante o Lorde Rich e outros comissários em Chelmsford e acusado de não ir à igreja.

Ele foi entregue ao bispo sanguinário, que lhe concedeu várias audiências e, como de costume, muitos argumentos, com muitas súplicas, de que ele se tornasse discípulo do Anticristo. Como a pregação não surtiu efeito, ele recorreu à sua última vingança: a condenação. Estando na estaca e após tê-la beijado, ele se dirigiu a Lorde Rich, exigindo que se arrependesse, porque o Senhor vingaria a sua morte. Foi assim que esse bom mártir ofereceu seu corpo ao fogo, em defesa do verdadeiro evangelho do Salvador.

Thomas Osmond, William Bamford e Nicholas Chamberlain, todos da cidade de Coxhall, foram enviados para interrogatório, e, após várias audiências, Bonner os declarou hereges obstinados e os entregou aos xerifes. Eles permaneceram sob a custódia destes até serem entregues ao xerife do condado de Essex e por ele executados: Chamberlain em Colchester, no dia 14 de junho; Thomas Osmond em Maningtree e William Bamford, também conhecido como Butler, em Harwich, no dia 15 de junho de 1555. Todos morreram repletos da gloriosa esperança da imortalidade.

Depois, Wriotheseley, lorde-chanceler, ofereceu a Anne Askew o perdão do rei se ela abjurasse, e ela respondeu que não estava lá para negar seu Senhor e Mestre. Assim, a boa Anne Askew, cercada por labaredas como bendito sacrifício a Deus, dormiu no Senhor, em 1546, deixando como legado um exemplo singular de firmeza cristã a ser seguido por todos os homens.

*John Foxe*

## REVERENDO JOHN BRADFORD E JOHN LEAF, UM APRENDIZ

O reverendo John Bradford nasceu em Manchester, em Lancashire; ele foi um bom estudioso de latim e, depois, tornou-se servo de Sir John Harrington, um cavaleiro.

Durante vários anos, Bradford foi honesto e próspero, mas o Senhor o elegeu para uma função melhor. Por isso, ele saiu da casa de seu senhor, deixando o templo, em Londres, e foi para a Universidade de Cambridge, para aprender, pela lei de Deus, como promover a edificação do templo do Senhor. Poucos anos depois, a universidade lhe concedeu o grau de mestre em Letras e ele se tornou membro de Pembroke Hall.

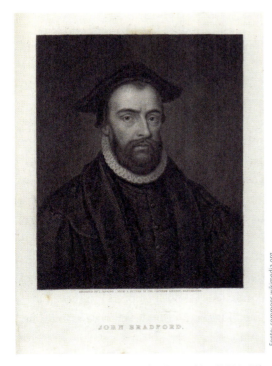

*John Bradford*, por Joseph John Jenkins (1811–85). Parte do acervo da Biblioteca Nacional de Gales, Aberystwyth.

Martin Bucer foi o primeiro a instá-lo a pregar e, quando ele duvidava modestamente de sua capacidade, Bucer costumava responder: "Se você não tiver pão de trigo fino, dê aos pobres pão de cevada ou qualquer outra coisa que o Senhor lhe tenha entregado". O Dr. Ridley, digno bispo de Londres e glorioso mártir de Cristo, foi o primeiro a chamá-lo para ser diácono e lhe deu uma prebenda na catedral de São Paulo, em Londres.

O sr. Bradford trabalhou diligentemente nesse ofício de pregação durante três anos. Ele reprovava rispidamente o pecado, pregava docemente o Cristo crucificado, refutava habilmente heresias e erros e persuadia resolutamente à vida piedosa. Após a morte do bendito rei Eduardo VI, o sr. Bradford ainda permaneceu diligentemente na pregação, até ser reprimido pela rainha Mary.

Seguiu-se, então, um ato da mais obscura ingratidão, de fazer corar um pagão. Disseram que um tumulto foi causado pela pregação do sr. Bourne (então bispo de Bath) na Cruz de São Paulo. A indignação das pessoas pôs sua vida em perigo iminente; de fato, uma adaga foi lançada contra ele. Nessa situação, ele pediu ao sr. Bradford, que estava atrás dele, para falar em seu lugar e amenizar o tumulto. As pessoas foram receptivas ao sr. Bradford, e, depois daquilo, ele se manteve próximo ao sr. Bradford, para que sua presença pudesse impedir o populacho de renovar seus ataques. Na tarde do mesmo domingo, Bradford pregou na Bow Church, em Cheapside, e repreendeu severamente o povo por sua contravenção sediciosa. Não obstante essa conduta, três dias depois, ele foi convocado à Torre de Londres, onde estava a rainha, para comparecer perante o Conselho. Ali, foi acusado daquele ato considerado sedicioso de salvar o sr. Bourne; eles também se opuseram a ele por suas pregações. Assim, foi preso, primeiramente na Torre, depois em outras prisões e, após sua condenação, no Poultry Compter, onde pregava duas vezes por dia continuamente, a menos que estivesse enfermo. O guardião do Tribunal do rei confiava tanto nele, que permitiu que, certa noite, visitasse uma pessoa pobre e enferma perto do estaleiro,

Poultry Compter, uma pequena prisão que existiu em Londres desde os tempos medievais até 1815, por Walter Thornbury (1828–76). Ilustração do livro *Old and new London*. Parte do acervo da Biblioteca Britânica, Londres, Inglaterra.

sob a promessa de voltar a tempo, a qual ele cumpriu.

Na noite anterior ao seu envio para Newgate, seu sono foi perturbado por sonhos pressagiosos de que, na segunda-feira seguinte, seria queimado em Smithfield. À tarde, a esposa do carcereiro lhe anunciou essa terrível notícia, que só despertou nele gratidão a Deus. À noite, chegou meia dúzia de amigos, com quem ele passou a noite toda em oração e práticas piedosas. Quando ele foi removido para Newgate, uma multidão chorosa o acompanhou e, espalhando-se um boato de que ele sofreria às quatro horas da manhã seguinte, uma imensa multidão compareceu. Às nove horas, o sr. Bradford foi levado a Smithfield. A crueldade do xerife merece registro, porque o cunhado do sr. Bradford, Roger Beswick, tomou-o pela mão enquanto ele passava, e o sr. Woodroffe abriu um corte em sua cabeça com o bordão.

Chegando ao local, o sr. Bradford se deitou no chão, tirou as roupas, ficando apenas com camisa, foi para a estaca e sofreu com John Leaf, um jovem de 20 anos, aprendiz do sr. Humphrey Gaudy, mercador de sebo de Christ-church, em Londres. Na sexta-feira anterior ao Domingo de Ramos, ele foi aprisionado no Compter em Bread-street e, depois, foi interrogado e condenado pelo bispo sangrento. Diz-se que, quando a nota de sua confissão foi lida para ele, em vez de uma caneta, ele pegou um alfinete e, picando a mão, borrifou o sangue na referida nota, com isso desejando demonstrar ao bispo que ele já havia selado a referida nota com o seu sangue. Os dois terminaram esta vida mortal como dois cordeiros no dia 12 de julho de 1555, sem qualquer alteração no semblante, esperando obter o prêmio que haviam perseguido durante muito tempo, ao qual o Deus Todo-poderoso possa conduzir todos nós, pelos méritos de Cristo, nosso Salvador!

Concluiremos este artigo mencionando que dizem que, menos de seis meses depois, o xerife Woodroffe teve o lado direito paralisado e, durante oito anos, até o dia de sua morte, ficou incapacitado de virar-se na cama; tornou-se, finalmente, uma visão terrível.

No dia seguinte ao sofrimento de Bradford e John Leaf em Smithfield, o sacerdote William Minge morreu na prisão em Maidstone. Ele entregou sua vida na prisão com tanta firmeza e ousadia quanto se houvesse agradado a Deus havê-lo chamado a sofrer pelo fogo, como antes ocorrera a outros homens piedosos na estaca, e como ele mesmo estava pronto a fazer se aprouvesse a Deus tê-lo chamado para essa provação.

## REVERENDO JOHN BLAND, REVERENDO JOHN FRANKESH, NICHOLAS SHETTERDEN E HUMPHREY MIDDLETON

Todas essas pessoas cristãs foram queimadas em Canterbury pela mesma causa. Frankesh e Bland eram ministros e pregadores da Palavra de Deus, sendo um deles pároco de Adesham e o outro, vigário de Rolvenden. O sr. Bland foi intimado a responder por sua oposição ao anticristianismo e foi submetido a vários interrogatórios perante o Dr. Harpsfield, arquidiácono de Canterbury. Finalmente, no dia 25 de junho de 1555, novamente resistindo ao poder do papa, foi condenado e entregue ao braço secular. No mesmo dia, foram condenados John Frankesh, Nicholas Shetterden, Humphrey Middleton, Thacker e Crocker, dos quais somente Thacker abjurou. Entregues ao poder secular, o sr. Bland e os três primeiros foram queimados juntos em Canterbury no dia 12 de julho de 1555, em duas estacas distintas, mas numa única fogueira. Nesse dia, à vista de Deus e de Seus anjos e perante os homens, como verdadeiros soldados de Jesus Cristo, eles deram um firme um testemunho da verdade de Seu santo evangelho.

## DIRICK CARVER E JOHN LAUNDER

No dia 22 de julho de 1555, Dirick Carver, cervejeiro de Brighthelmstone, foi queimado em Lewes aos 40 anos. No dia seguinte, John Launder, agricultor de 25 anos de Godstone, Surrey, foi queimado em Stening.

Dirick Carver era um homem que o Senhor havia abençoado com riquezas temporais e também tesouros espirituais. Ao chegar à cidade de Lewes para ser queimado, o povo clamou por ele, suplicando a Deus que o fortalecesse na fé em Jesus Cristo. Quando ele chegou à estaca, ajoelhou-se e orou fervorosamente. Então, sua Bíblia foi jogada dentro do barril e, após despir-se, ele também entrou no barril. Tão logo entrou, pegou a Bíblia e a lançou para o povo. Porém, diante disso, o xerife

Catedral de Canterbury, uma das estruturas cristãs mais antigas e famosas da Inglaterra. Patrimônio Mundial da UNESCO.

ordenou, em nome do rei e da rainha, sob pena de morte, que a jogassem novamente para dentro. Imediatamente, o santo mártir começou a dirigir-se ao povo. Após orar um pouco, ele disse: "Ó Senhor, meu Deus, tu escreveste que quem não deixar mulher, filhos, casa e tudo que possui, tomar a Tua cruz e seguir-te não é digno de ti! Porém, Senhor, sabes que deixei todos para ir a ti. Senhor, tem misericórdia de mim, porque a ti entrego o meu espírito, e a minha alma se alegra em ti!". Essas foram as últimas palavras desse fiel servo de Cristo antes de suportar o fogo. E, quando o fogo chegou até ele, ele gritou: "Senhor, tem misericórdia de mim!", e ressurgiu no fogo, invocando o nome de Jesus, até render o espírito.

## JAMES ABBES

Esse jovem vagou para escapar da detenção, mas foi finalmente denunciado e levado perante o bispo de Norwich, que conseguiu fazê-lo abjurar. E, depois, para mantê-lo ainda mais na apostasia, o bispo lhe deu um tanto de dinheiro; porém, aqui a interferência da Providência é notável. Aquele suborno pesou tanto em sua consciência, que ele voltou atrás, devolveu o dinheiro e se arrependeu de sua conduta. Como Pedro, ele se arrependeu, firmou-se na fé e selou seu testemunho com seu sangue, louvando e glorificando a Deus em Bury no dia 2 de agosto de 1555.

## JOHN DENLEY, JOHN NEWMAN E PATRICK PACKINGHAM

Certo dia, Denley e Newman estavam retornando a Maidstone, o local de sua residência, quando foram recebidos pelo escudeiro E. Tyrrel, um fanático juiz de paz em Essex e cruel perseguidor dos protestantes. Ele os apreendeu apenas por suspeita. No 5 de julho de 1555, eles foram condenados e entregues aos xerifes, que enviaram o sr. Denley a Uxbridge, onde pereceu no dia 8 de agosto de 1555. Enquanto sofria em agonia e cantava um salmo, o Dr. Story ordenou, desumanamente, que um dos atormentadores atirasse nele um pedaço de madeira, o qual lhe fez um grande corte no rosto; assim, ele parou de cantar e levou as mãos ao rosto. Quando o Dr. Story comentou, fazendo galhofa, que ele estragara uma boa música, o piedoso mártir mudou novamente, estendeu as mãos para as chamas e, por meio de Jesus Cristo, entregou sua alma nas mãos de seu Criador. Packingham sofreu na mesma cidade, no dia 28 do mesmo mês. Newman, artesão em estanho, foi queimado pela mesma causa em Saffron Waldon, em Essex, no dia 31 de agosto, e Richard Hook morreu em Chichester aproximadamente na mesma época.

## W. COKER, W. HOOPER, H. LAURENCE, R. COLLIAR, R. WRIGHT E W. STERE

Essas pessoas, todas de Kent, foram interrogadas ao mesmo tempo com Bland e Shetterden, por Thornton, bispo de Dover, o Dr. Harpsfield e outros. Esses seis mártires e testemunhas da verdade foram entregues às chamas em Canterbury, no fim de agosto de 1555.

Elizabeth Warne, viúva de John Warne, estofadora, mártir, foi queimada em Stratford-le-bow, perto de Londres, no fim de agosto de 1555.

George Tankerfield, 27 anos, nascido em York e cozinheiro em Londres, fora papista no reinado de Eduardo VI, mas a crueldade da sangrenta Mary o fez suspeitar da verdade daquelas doutrinas impostas por fogo e tortura. Tankerfield foi preso em Newgate no final de fevereiro de 1555 e, no dia 26 de agosto, enfrentou o fogo excruciante em Saint Alban's e morreu alegremente para glória de seu Redentor.

O reverendo Robert Smith esteve, primeiramente, a serviço de Sir T. Smith, juiz de Eton; depois, foi levado a Windsor, onde possuía um cargo que lhe rendia 10 libras por ano. Ele foi condenado no dia 12 de julho de 1555 e sofreu no dia 8 de agosto, em Uxbridge. O reverendo Smith não duvidava de que Deus daria aos espectadores algum sinal em apoio à sua própria causa. Isso realmente aconteceu, porque, quando já estava meio queimado e supostamente morto, levantou-se de repente, moveu as partes restantes de seus braços e louvou a Deus; então, pendurado sobre o fogo, dormiu docemente no Senhor Jesus.

O sr. Stephen Harwood e o sr. Thomas Fust sofreram aproximadamente na mesma época que Smith e Tankerfield, com quem foram condenados. Também o sr. William Hale, de Thorp, em Essex, foi enviado a Barnet, onde, aproximadamente na mesma época, passou a compor o sempre bendito grupo dos mártires.

George King, Thomas Leyes e John Wade adoeceram na Torre dos Lollards, foram levados para diferentes casas e morreram. Seus corpos foram jogados nos campos comuns como indignos de sepultamento e ali permaneceram até a noite, quando os fiéis os recolherem.

O sr. William Andrew, de Horseley, Essex, foi preso em Newgate por heresia; porém, Deus escolheu chamá-lo para si pelo severo tratamento que sofreu em Newgate e, dessa forma, zombar das sanguinárias expectativas de seus perseguidores católicos. Seu corpo foi jogado ao ar livre, mas sua alma foi recebida nas mansões eternas de seu Criador celestial.

## REVERENDO ROBERT SAMUEL

Esse cavalheiro foi ministro em Bradford, Suffolk, onde ensinou diligentemente ao rebanho entregue aos seus cuidados, enquanto lhe foi permitido cumprir seu dever abertamente. Ele foi perseguido inicialmente pelo sr. Foster, de Copdock, perto de Ipswich, um perseguidor severo e fanático dos discípulos de Cristo segundo a verdade contida no evangelho. Não obstante o salário do sr. Samuel haver sido suspenso, ele continuou a exortar e instruir privativamente e não obedeceu à ordem de repudiar sua esposa, com quem se casara no reinado de Eduardo. Ele a manteve em Ipswich, onde Foster, por mandado, surpreendeu-o com ela durante a noite. Após ser aprisionado na cadeia de Ipswich, ele foi levado perante o Dr. Hopton, bispo de Norwich, e o Dr. Dunnings, seu chanceler, dois dos mais sanguinários dentre os fanáticos da época. Para intimidar o digno pastor, estando ele preso, foi acorrentado a um poste de tal maneira que o peso de seu corpo era suportado pelas pontas dos dedos dos pés; além disso, seus alimentos foram reduzidos a uma quantidade tão insuficiente para sustentar sua natureza, que ele estava quase pronto para devorar sua própria carne. A partir dessa terrível violência, houve até um certo grau de misericórdia em condená-lo ao fogo. O sr. Samuel sofreu no dia 31 de agosto de 1555.

## BISPO RIDLEY E BISPO LATIMER

Esses reverendos prelados sofreram em Oxford no dia 17 de outubro de 1555, o mesmo dia em que Wolsey e Pygot morreram em Ely. Pilares da Igreja e excelentes exemplos de natureza humana, eles foram admirados pelo reino, agradavelmente notáveis em vida e gloriosos na morte.

O Dr. Nicholas Ridley nasceu em Northumberland; primeiramente, estudou gramática em Newcastle e, depois, foi para Cambridge, onde sua aptidão para a educação o elevou gradualmente até tornar-se o diretor do Pembroke College, onde recebeu o título de Doutor em Teologia. Retornando de uma viagem a Paris, foi nomeado capelão por Henrique VIII e bispo de Rochester; posteriormente, foi transferido para Londres, no tempo de Eduardo VI.

As pessoas acorriam aos seus sermões, pululando à sua volta como abelhas cobiçando as flores doces e o néctar saudável da doutrina frutífera, que ele não apenas

*Nicholas Ridley, bispo em Londres.*
Artista desconhecido. Parte do acervo da Galeria Nacional de Retratos, Londres, Inglaterra.

pregava, mas também demonstrava em sua vida, como uma lanterna cintilante para os olhos e sentidos dos cegos, de maneira tão pura que nem mesmo seus inimigos conseguiriam reprová-lo minimamente. Seu tratamento terno com o Dr. Heath, que permaneceu encarcerado com ele durante um ano, no reinado de Eduardo, prova que ele não tinha inclinação para a crueldade católica. Seu corpo era ereto e bem proporcionado, seu temperamento era perdoador, e ele era severo na automortificação. Seu primeiro dever pela manhã era a oração particular: ele permanecia em seu escritório até as dez horas e, depois, participava da oração diária habitual em sua casa. Após o almoço, ele ficava sentado durante cerca de uma hora, conversando agradavelmente ou jogando xadrez. Em seguida, sua atenção se voltava ao estudo, a menos que ocorressem negócios ou visitas. Ao redor das cinco horas, seguiam-se orações; depois, divertia-se jogando xadrez durante aproximadamente uma hora, retirando-se em seguida para o escritório até as onze horas e orando de joelhos, como pela manhã. Em resumo, ele era um padrão de piedade e virtude e esforçava-se para que os homens se tornassem de igual forma onde quer que fosse.

Sua atenta bondade foi demonstrada particularmente à velha sra. Bonner, mãe do Dr. Bonner, o cruel bispo de Londres. Quando estava em sua mansão em Fulham, o Dr. Ridley sempre a convidava à sua casa, sentava-a à cabeceira da mesa e a tratava como sua própria mãe; ele fazia o mesmo à irmã de Bonner e a outros parentes. Porém, quando o Dr. Ridley foi perseguido, Bonner seguiu uma conduta diametralmente oposta e teria sacrificado a irmã do Dr. Ridley e o marido dela, o sr. George Shipside, se a Providência não o houvesse livrado por meio do Dr. Heath, bispo de Worcester.

O Dr. Ridley foi convertido em parte pela leitura do livro de Bertram acerca do Sacramento e por seus colóquios com o arcebispo Cranmer e Pedro Mártir. Quando Eduardo VI morreu e foi sucedido no trono pela sangrenta Mary, o bispo Ridley foi imediatamente marcado como objeto de matança. Primeiramente, foi enviado à Torre e, posteriormente, em Oxford, foi entregue à prisão comum de Bocardo, com o arcebispo Cranmer e o sr. Latimer. Sendo separado deles, foi colocado na casa de um irlandês, onde permaneceu até o dia de seu martírio, desde 1554 até 16 de outubro de 1555.

Supõe-se facilmente que as conversas desses principais dos mártires eram elaboradas, cultas e instrutivas. De fato eram e igualmente benéficas a todos os seus confortos espirituais. As cartas do bispo Ridley a diversos irmãos cristãos acorrentados em todas as partes e suas disputas com os inimigos mitrados de Cristo comprovavam a clareza de sua mente e a integridade de seu coração. Em uma carta ao sr. Grindal (depois arcebispo de Canterbury), ele menciona com afeto aqueles que o haviam precedido na morte pela fé e aqueles que ainda deveriam sofrer; lamenta que o papismo esteja restabelecido em sua total abominação, que ele atribui à ira de Deus, manifestada como recompensa por mornidão do clero e do povo em apreciar justamente a luz bendita da Reforma.

Mestre Hugh Latimer, um velho experiente soldado de Cristo, era filho de um tal Hugh Latimer, de Thurkesson, no condado de Leicester, um agricultor de boa e rica estima. Ele nasceu e foi criado ali até por volta dos 4 anos e, nessa época, seus pais, tendo-o então como único filho homem além das seis filhas, vendo sua rápida e aguçada inteligência, propuseram-se a dar-lhe erudição e conhecimento da boa literatura. Ele aproveitou tanto isso em sua juventude nas escolas comuns de sua própria região que, aos 14 anos, foi enviado à Universidade de Cambridge, onde ingressou no estudo de teologia da escola daquele tempo. Desde o início ele

*Hugh Latimer,* artista desconhecido.

foi um observador zeloso das superstições romanas da época. Em seu discurso de formatura no bacharelado em teologia, investiu contra o reformador Melâncton e se declarou abertamente contrário ao bom sr. Stafford, professor de teologia em Cambridge.

Movido por fraterna compaixão do sr. Latimer, o sr. Thomas Bilney implorou-lhe que esperasse por ele em seu escritório para explicar-lhe o fundamento de sua fé (do sr. Bilney). Essa entrevista bendita efetuou sua conversão: o perseguidor de Cristo se tornou seu zeloso defensor e se reconciliou com o Dr. Stafford antes da morte deste.

Uma vez convertido, tornou-se ávido pela conversão de outras pessoas e começou a pregar em público e a dar aulas particulares na universidade. Seus sermões eram tão contundentes contra o absurdo de orar na língua latina e da retenção dos oráculos da salvação das pessoas que deveriam ser salvas por crerem neles, que atraiu para si a censura do púlpito de vários dos frades residentes e chefes das câmaras. Eles os silenciou, subsequentemente, com suas severas críticas e eloquentes argumentos. Isso aconteceu no Natal de 1529. Por fim, o Dr. West pregou contra o sr. Latimer em Barwell Abbey e o proibiu de pregar novamente nas igrejas da universidade; a despeito disso, ele continuou a defender abertamente a causa de Cristo por três anos, e até mesmo seus inimigos confessaram o poder dos talentos que ele possuía. O sr. Bilney permaneceu ali com o sr. Latimer durante algum tempo; por isso, o local por onde eles caminhavam frequentemente juntos recebeu o nome de Heretics' Hill (colina dos hereges).

Nessa época, o sr. Latimer descobriu a inocência de uma pobre mulher, acusada pelo marido de haver assassinado seu filho. Tendo pregado diante do rei Henrique VIII em Windsor, ele obteve o perdão para a infeliz mãe. Esse e muitos outros atos benevolentes serviram apenas para enfurecer seus adversários. Ele foi convocado a apresentar-se ao Cardeal Wolsey por heresia, mas, sendo um vigoroso defensor da supremacia do rei, em oposição à do papa, obteve, pelo favor de Lord Cromwell e do Dr. Buts (médico do rei), o seu salário de West Kingston, em Wiltshire. Por seus sermões contra o purgatório, a imaculabilidade da Virgem e o culto a imagens, ele foi intimado a comparecer perante Warham,

*Rei Henrique VIII, ladeado por seu filho Eduardo VI e sua esposa Jane Seymour (póstuma). Artista desconhecido. Parte do acervo do Palácio Hampton Court, Londres, Inglaterra.*

arcebispo de Canterbury, e John, bispo de Londres. Exigiram que ele assinasse certas acusações que expressavam sua conformidade aos costumes; e há motivos para pensarmos que, após repetidos interrogatórios semanais, ele haja assinado, porque elas não pareciam envolver qualquer acusação importante sobre a fé.

Guiado pela Providência, ele escapou das redes sutis de seus perseguidores e, finalmente, por meio dos amigos poderosos mencionados anteriormente, tornou-se bispo de Worcester, em cuja função qualificou ou explicou a maioria das cerimônias papais a que estava, por necessidade de conformidade, realizando por concordância. Ele continuou nesse emprego ativa e dignamente durante alguns anos.

Recomeçando a usar seu arado, ele trabalhou na seara do Senhor da maneira mais frutífera, fazendo uso de seu talento também em diversos lugares do reino, como fizera perante o rei na corte. No mesmo lugar do jardim interno anteriormente usado para passatempos lascivos e corteses, compartilhou a frutífera Palavra do glorioso evangelho de Jesus Cristo, pregando ali diante do rei e de toda a sua corte, para edificação de muitos.

Ele permaneceu prisioneiro na Torre até a coroação de Eduardo VI, quando foi novamente chamado à seara do Senhor em Stamford e muitos outros lugares. Pregou também em Londres, na casa de convocações, e diante do jovem rei; de fato, lecionava duas vezes todos os domingos, independentemente de sua idade avançada (mais de 67 anos à época) e de sua fraqueza decorrente de uma contusão causada pela queda de uma árvore. Infatigável em seus estudos particulares, ele se levantava para estudar às duas horas da manhã fosse inverno ou verão.

Pela força de sua própria mente, ou de alguma luz interior vinda do alto, ele teve uma visão profética do que aconteceria à Igreja no reinado de Mary. Teve a confirmação de que ele estava fadado a sofrer pela verdade e que Winchester, então a Torre, fora preservada para esse fim. Pouco depois da proclamação da rainha Mary, um mensageiro foi enviado para convocar o sr. Latimer para ir à cidade, e há motivos para acreditar que o intuito era de que ele aproveitasse para escapar.

Assim, indo a Londres, passando por Smithfield (onde disse alegremente que esse distrito há muito tempo gemia por ele), Mestre Latimer foi levado ao Conselho, onde suportou pacientemente todas as zombarias e os insultos feitos a ele pelos papistas desdenhosos. Ele foi lançado na Torre, onde, assistido pela graça celestial de Cristo, suportou o encarceramento durante longo tempo, apesar do tratamento cruel e impiedoso dos nobres papistas, que pensavam que seu reino jamais cairia. Mestre Latimer se mostrou não apenas paciente, mas também alegre com tudo, e por tudo que eles fizessem ou pudessem fazer contra ele. Sim, o Senhor lhe deu um espírito tão valente, que ele foi capaz não somente de desprezar a terribilidade de prisões e tormentos, mas também de rir para zombar dos atos de seus inimigos.

Após permanecer muito tempo na Torre, o sr. Latimer foi transportado para Oxford, com Cranmer e Ridley, sobre cujas discussões ali foram mencionadas em uma parte anterior desta obra. Ele permaneceu preso até outubro, e os principais objetivos de todas as suas orações eram três: que ele pudesse permanecer fiel à doutrina que havia professado, que Deus restaurasse o Seu evangelho na Inglaterra mais uma vez e que preservasse Lady Elizabeth para ser a rainha — tudo isso aconteceu. Estando preso na companhia do Dr. Ridley na estaca fora do portão de Bocardo, em Oxford, à medida que o fogo era aceso na pilha de gravetos, ele ergueu os olhos benignamente para o céu e disse: "Deus é fiel e não permitirá que sejais tentados além das vossas forças".[49] Seu corpo foi penetrado com força pelas chamas, e o sangue fluiu abundantemente do coração, como que para comprovar seu desejo constante de que o sangue de seu coração pudesse ser derramado em defesa do evangelho. Suas cartas polêmicas e amigáveis são monumentos duradouros

*Latimer diante do Conselho,* por Joseph Martin Kronheim (1810–96). Ilustração de *O livro dos mártires,* edição de 1887.

Fonte: en.wikipedia.org

---

[49] 1Co 10:13

de sua integridade e dos seus talentos. Já foi dito anteriormente que a discussão pública ocorreu em abril de 1554 e novos interrogatórios ocorreram em outubro de 1555, anteriormente à degradação e condenação de Cranmer, Ridley e Latimer. Agora, chegamos à conclusão da vida dos dois últimos.

Na noite anterior à execução, o Dr. Ridley estava muito brincalhão, barbeou-se e chamou sua ceia de banquete de casamento; ao ver a sra. Irish (a esposa do carcereiro) chorando, observou: "Embora meu café da manhã vá ser um pouco azedo, minha ceia será mais agradável e doce".

O local da morte ficava no lado norte da cidade, em frente ao Colégio Baliol. O Dr. Ridley estava vestido com um manto preto peludo, e o sr. Latimer usava uma longa mortalha que chegava até os pés. Ao passar por Bocardo, o Dr. Ridley ergueu os olhos para ver o Dr. Cranmer, mas este estava envolvido em uma discussão com um frade. Ao chegarem à estaca, o sr. Ridley abraçou Latimer com fervor e lhe disse: "Tenha bom ânimo, irmão, porque Deus atenuará a fúria da chama ou nos fortalecerá para aguentá-la". Então, ajoelharam-se junto à estaca e, após orarem fervorosamente juntos, tiveram uma breve conversa particular. O Dr. Smith pregou um breve sermão contra os mártires, que o responderiam, mas foram impedidos pelo Dr. Marshal, o vice-chanceler. Depois, o Dr. Ridley tirou o manto e a palatina e os entregou ao cunhado, sr. Shipside. Fez também muitos gracejos para seus amigos chorosos, e o populacho ficou ansioso por conseguir um fragmento de suas roupas. O sr. Latimer nada deu e logo foi despido da pobreza de seu traje exceto a mortalha e permaneceu venerável e ereto, sem medo da morte. O ferreiro colocou uma corrente de ferro em torno da cintura do Dr. Ridley, que vestia apenas sua camisa, e este pediu que ele a prendesse com segurança; seu irmão amarrou um saco de pólvora ao seu pescoço e deu alguns também ao sr. Latimer.

Então, o Dr. Ridley pediu a Lord Williams, de Fame, que defendesse junto à rainha a causa de alguns pobres homens a quem ele, quando bispo, concedeu arrendamentos, mas que o atual bispo se recusava a confirmar. Um graveto aceso foi então colocado aos pés do Dr. Ridley, o que levou o sr. Latimer a dizer: "Tenha bom ânimo, Ridley, e hombridade. Hoje, pela

*Hugh Latimer e Nicholas Ridley queimando na fogueira.* Ilustração de *O livro dos mártires*, edição de 1563.

graça de Deus, acenderemos na Inglaterra uma vela tão grande que, confio, nunca será apagada". Quando o Dr. Ridley viu o fogo arder em sua direção, ele gritou em alta e maravilhosa voz: "Senhor, Senhor, recebe o meu espírito". Mestre Latimer, gritando com igual veemência do outro lado: "Ó Pai celestial, recebe a minha alma!", recebeu a chama como se a estivesse abraçando. Depois, levou as mãos ao rosto e, por assim dizer, as banhou um pouco no fogo e logo morreu, aparentemente com pouca ou nenhuma dor. Ora, mortos eles estão e já têm a recompensa deste mundo. A recompensa que os espera no Céu será declarada no dia da glória do Senhor, quando Ele vier com os Seus santos.

No mês seguinte, morreu Stephen Gardiner, bispo de Winchester e lorde--chanceler da Inglaterra. Esse monstro papista nasceu em Bury, em Suffolk, e foi parcialmente educado em Cambridge. Ambicioso, cruel e fanático, ele servia a qualquer causa; primeiramente, defendeu o rei[50] no caso de Ana Bolena; no estabelecimento da Reforma, declarou que a supremacia do papa era um dogma execrável e, quando a rainha Mary chegou à coroa, adotou todas as fanáticas opiniões papistas dela e se tornou bispo de Winchester pela segunda vez. Supõe-se que a sua intenção era incitar o sacrifício de Lady Elizabeth, mas nesse ponto, Deus se agradou em removê-lo desta Terra.

Na tarde do dia em que pereceram Ridley e Latimer, fiéis soldados de Cristo, Gardiner se sentou para jantar com o coração alegre. Após algumas garfadas, foi tomado por uma enfermidade e levado para sua cama, onde permaneceu 15 dias em grande tormento, incapaz de evacuar e ardendo em febre devoradora que terminou em morte. Execrado por todos os bons cristãos, oramos ao Pai de misericórdia para que ele possa receber no alto a misericórdia que nunca concedeu aqui.

## SR. JOHN PHILPOT

Esse mártir era filho de um cavaleiro, nascido em Hampshire e criado em New College, Oxford, onde durante vários anos estudou direito civil e se tornou eminente na língua hebraica. Ele era um estudioso e um cavalheiro, zeloso na religião, de caráter destemido e detestador de bajulação. Após visitar a Itália, retornou à Inglaterra, uma vez que nos dias do rei Eduardo as coisas se mostravam mais promissoras. Durante esse reinado, ele continuou a ser arquidiácono de Winchester sob o comando do Dr. Poinet, que sucedeu Gardiner. Após a ascensão de Mary ao trono, foi convocada uma assembleia, na qual o sr. Philpot defendeu a Reforma contrariando seu superior, Gardiner, novamente nomeado bispo de Winchester. Ele foi logo conduzido a Bonner e a outros comissários para interrogatório, no dia 2 de outubro de 1555, após 18 meses de prisão. Havendo exigido ver a comissão, o Dr. Story observou cruelmente: "Vou perder minha batina e meu casaco, mas vou queimar você! Que

---

[50] Henrique VIII

ele fique na Torre dos Lollards (uma prisão miserável), porque varrerei esses hereges da prisão The King's Bench e de todas as outras!".

No segundo interrogatório do sr. Philpot, contaram-lhe que o Dr. Story havia dito que o lorde-chanceler ordenara que ele fosse morto. É fácil prever o resultado dessa investigação. Ele foi preso no depósito de carvão de Bonner, onde estava um zeloso ministro de Essex que fora induzido a assinar uma nota de abjuração; depois, porém, com a consciência pesada, pediu ao bispo que lhe deixasse ver novamente o instrumento, quando o rasgou em pedaços. Isso induziu Bonner a golpeá-lo furiosamente várias vezes e arrancar parte de sua barba. Philpot teve uma entrevista particular com Bonner na mesma noite e foi levado de volta ao seu leito de palha, como os outros prisioneiros, no depósito de carvão. Após sete interrogatórios, Bonner ordenou que ele fosse devolvido ao depósito. No domingo seguinte, separou-o de seus companheiros de prisão, como um semeador de heresia, e ordenou que ele fosse até uma sala próxima às ameias de São Paulo, com 2,5m de comprimento x 4m de largura, no outro lado da Torre dos Lollards, onde poderia ser supervisionado por qualquer pessoa presente na galeria externa do bispo. Ali, o sr. Philpot foi revistado, mas, felizmente, conseguiu esconder algumas cartas contendo seus interrogatórios.

Na décima primeira investigação, perante vários bispos e o sr. Morgan, de Oxford, este último ficou tão encurralado

pela pressão dos argumentos do sr. Philpot, que lhe disse: "Em vez do espírito do evangelho, que você se vangloria de possuir, eu penso ser o espírito da adega o que seus companheiros consumiram, pois estavam bêbados antes de morrerem e foram, acredito, bêbados para a morte". A essa observação infundada e brutal, o sr. Philpot respondeu indignado: "Por sua fala, você parece estar mais familiarizado com esse espírito do que com o Espírito de Deus; portanto, eu digo a você, parede pintada e hipócrita, em nome do Deus vivo, cuja verdade eu lhe declarei, que Deus fará chover fogo e enxofre sobre blasfemadores como vocês!". Então, Bonner o mandou para a prisão, com ordem de não lhe permitirem ter sua Bíblia, nem luz de velas.

No dia 4 de dezembro, o sr. Philpot teve sua próxima audiência, seguida por mais duas, totalizando 14 assembleias antes do interrogatório final, no qual foi condenado. Foram grandes a perseverança e a ansiedade dos católicos, auxiliadas pelas habilidades argumentativas dos mais ilustres dos bispos papistas, para trazê-lo para os limites da Igreja deles. Todos aqueles interrogatórios, muito longos e eruditos, foram anotados pelo sr. Philpot; não há como exibir a uma mente imparcial uma prova mais forte da imbecilidade dos doutores católicos.

No dia 16 de dezembro, no consistório de São Paulo, o bispo Bonner, após acrescentar algumas acusações triviais, como esconder pó para fazer tinta, escrever algumas cartas particulares etc., passou a emitir a terrível sentença contra Philpot, após ele e os outros bispos haverem, por todos os meios de incentivo, insistido para que esse fiel abjurasse. Posteriormente, foi conduzido a Newgate, onde o avarento guarda católico o sobrecarregou com pesados ferros, que, por humanidade, o sr. Macham mandou retirar. No dia 17 de dezembro, o sr. Philpot foi comunicado de que morreria no dia seguinte e, na manhã seguinte, por volta das oito horas, encontrou alegremente os xerifes que deveriam acompanhá-lo até o local da execução. Ao entrar em Smithfield, o terreno estava tão enlameado que dois oficiais se ofereceram para carregá-lo à estaca, mas ele respondeu: "Você me transformaria em um papa? Eu me contento com terminar minha viagem a pé". Chegando à estaca, ele disse: "Devo desdenhar de sofrer na estaca quando meu Redentor não se recusou a sofrer a morte mais vil na cruz por mim?". Então, recitou mansamente os Salmos 107 e 108. Terminadas as suas orações, ele foi preso ao poste e a pilha foi incendiada. Esse ilustre mártir reverenciado pelo homem e glorificado no Céu pereceu no dia 18 de dezembro de 1555.

## JOHN LOMAS, AGNES SNOTH, ANNE WRIGHT, JOAN SOLE E JOAN CATMER

Esses cinco mártires sofreram juntos no dia 31 de janeiro de 1556. John Lomas era um jovem de Tenterden. Ele foi intimado a comparecer em Canterbury e foi interrogado no dia 17 de janeiro. Suas respostas foram adversas à doutrina idólatra do papismo; ele foi condenado no dia seguinte e sofreu no dia 31 de janeiro.

Agnes Snoth, viúva, da paróquia de Smarden, foi várias vezes convocada a comparecer perante os fariseus católicos e, por rejeitar absolvição, indulgências, transubstanciação e confissão auricular, foi julgada digna de sofrer a morte, sendo martirizada no dia 31 de janeiro, com Anne Wright e Joan Sole, que foram colocadas em circunstâncias semelhantes e morreram ao mesmo tempo, com igual resignação. Joan Catmer, a última da companhia celestial, da paróquia de Hithe, era a esposa do mártir George Catmer.

Dificilmente em algum país, por controvérsia política, foram levadas à execução quatro mulheres de vida irrepreensível e a quem a misericórdia, até mesmo de selvagens, haveria poupado. Não podemos deixar de observar aqui que, quando o poder protestante conquistou a ascendência sobre a superstição católica e foi necessário algum grau de força nas leis para reforçar a uniformidade, de forma que alguns fanáticos sofreram privações pessoais ou materiais, lemos sobre poucos sendo queimados, crueldades selvagens ou pobres mulheres levadas à estaca. Entretanto, a natureza do pecado é recorrer à força em vez de argumentar, é silenciar a verdade tirando a vida, e disso o próprio Redentor é um exemplo.

Essas cinco pessoas aqui citadas foram queimadas em duas estacas em uma só fogueira, cantando hosanas ao Salvador glorificado até o sopro da vida se extinguir. Sir John Norton, que estava presente, chorou amargamente pelos sofrimentos imerecidos a elas infligidos.

## ARCEBISPO CRANMER

O Dr. Thomas Cranmer, descendente de uma antiga família, nasceu na vila de Arselacton, no condado de Northampton. Após a educação escolar habitual, foi enviado para Cambridge e escolhido como acadêmico do Jesus College. Ali, casou-se com a filha de um cavalheiro, pela qual abriu mão da sua membresia ao Jesus College e se tornou lente no Buckingham College, colocando sua esposa na Dolphin Inn, cuja senhoria era parente dela. Dali se originou a falácia de que ele era um empregado de estrebaria. Pouco tempo depois, sua esposa morreu no parto e ele foi reeleito membro da faculdade anteriormente mencionada. Poucos anos depois, foi promovido a professor de teologia e designado como um dos examinadores dos alunos que estavam prontos para se tornarem bacharéis ou doutores em teologia. Era seu princípio julgar as qualificações deles pelo conhecimento que possuíam das Escrituras e não pelos patriarcas da antiguidade; por isso, muitos sacerdotes papistas foram rejeitados e outros se aprimoraram muito.

O Dr. Capon lhe pediu veementemente para ser um dos membros da fundação da faculdade do cardeal Wolsey, em Oxford, o que ele arriscou recusar. Enquanto permanecia em Cambridge, surgiu a questão do divórcio de Henrique VIII e Catarina. Naquela época, devido à praga, o Dr. Cranmer se mudou para a casa de um certo sr. Cressy, em Waltham Abbey, cujos dois filhos estavam sendo ensinados por ele. Contrariamente à aceitação do rei, o caso do divórcio permaneceu sem decisão durante dois ou três anos, devido às intrigas dos canonistas e civis. Embora os cardeais Campeius e Wolsey houvessem sido comissionados por Roma para decidir a questão, protelaram a sentença propositalmente.

Aconteceu que o Dr. Gardiner (secretário) e o Dr. Fox, defensores do rei no processo do divórcio, foram à casa do sr. Cressy para alojar-se enquanto o rei se retirou para Greenwich. Durante o jantar, iniciou-se uma conversa com o Dr. Cranmer, que sugeriu que a questão de um homem dever ou não se casar com a esposa de seu irmão poderia ser fácil e rapidamente decidida pela Palavra de Deus, tanto nos tribunais ingleses quanto nos de qualquer nação estrangeira. Inquieto com o atraso,

*Retrato de Thomas Cranmer,* por Gerlacke Flicke (1495–1558). Parte do acervo da Galeria Nacional de Retratos, Londres, Inglaterra.

Fonte: en.wikipedia.org

o rei mandou chamar o Dr. Gardiner e o Dr. Fox para consultá-los, lamentando que uma nova comissão precisasse ser enviada a Roma, e o processo fosse interminavelmente prorrogado. Ao relatar ao rei a conversa ocorrida na noite anterior com o Dr. Cranmer, Sua Majestade mandou chamá-lo e se abriu quanto ao parentesco próximo da rainha. O Dr. Cranmer aconselhou que o assunto fosse encaminhado aos teólogos mais instruídos de Cambridge e Oxford, porque não estava disposto a se intrometer em um assunto de tal envergadura. O rei, porém, ordenou que ele entregasse suas opiniões por escrito e, para isso, recorresse ao conde de Wiltshire, que lhe supriria com livros e tudo que fosse necessário para a ocasião.

Cranmer o fez imediatamente e, em sua declaração, não apenas citou a autoridade das Escrituras, dos concílios gerais e dos escritores da antiguidade, mas sustentou que o bispo de Roma não tinha autoridade para dispensar a Palavra de Deus. O rei lhe perguntou se ele sustentaria essa ousada declaração e, diante da resposta afirmativa, o sr. Cranmer foi nomeado embaixador em Roma, em conjunção com o conde de Wiltshire, Dr. Stokesley, Dr. Carne, Dr. Bennet e outros. Antes disso, o casamento foi discutido na maioria das universidades da cristandade e localmente.

Quando o papa apresentou o seu dedo do pé para ser beijado, como de costume, o conde de Wiltshire e seu grupo se recusaram. De fato, afirma-se que um bajulador do conde, atraído pelo menor dos dedos do pé do papa, mordeu-o; Sua Santidade recolheu seu sagrado pé e chutou o agressor com o outro. Quando o papa perguntou o motivo daquela comitiva, o conde de Wiltshire apresentou o livro do Dr. Cranmer, declarando que seus amigos eruditos haviam ido para defendê-lo. O papa tratou a embaixada com honras e marcou uma data para a discussão e depois a adiou como se tivesse medo do assunto da investigação. O conde retornou e, por desejo do rei, o Dr. Cranmer visitou o imperador e obteve sucesso em convencê-lo de sua opinião. Quando retornou à Inglaterra, o Dr. Warham, arcebispo de Canterbury havia encerrado esta vida transitória e o Dr. Cranmer foi merecidamente, e por desejo do Dr. Warham, elevado àquela eminente posição.

Nessa função, pode-se dizer que ele seguiu com honra a carreira de São Paulo. Diligente no dever, levantava-se às cinco horas da manhã e ficava estudando e orando até as nove; daí até o almoço, dedicava-se a assuntos seculares. Após o almoço, se os querelantes desejavam uma audiência, ele determinava seus assuntos com tanta afabilidade que até mesmo os infratores quase não se aborreciam. Em seguida, ele jogava xadrez durante uma hora ou assistia a outros jogarem; às cinco horas, ouvia a leitura da Oração Comum e então, até o jantar, divertia-se caminhando. Durante o jantar, sua conversa era animada e divertida; novamente, caminhava ou se entretinha até as nove horas da noite e, depois, entrava no escritório. Ele gozava de grande prestígio junto ao rei Henrique e até possuía, no fundo de seu coração, a pureza e o interesse da Igreja inglesa. Seu caráter brando e perdoador é registrado no exemplo a seguir.

Um sacerdote ignorante do interior chamou Cranmer de empregado de estrebaria e falou muito depreciativamente de sua erudição. Ao saber disso, Lord Cromwell enviou o homem à prisão Fleet e seu caso foi relatado ao arcebispo por um tal de sr. Chertsey, um merceeiro conhecido do sacerdote. Sua Graça mandou buscar o ofensor, argumentou com ele e pediu ao sacerdote que o questionasse sobre qualquer assunto erudito. Esse homem, dominado pela boa natureza do bispo e conhecendo sua própria incapacidade flagrante, recusou-se e implorou seu perdão, que foi imediatamente concedido, com a ordem de empregar melhor o seu tempo ao retornar à sua paróquia. Cromwell ficou muito irritado com a clemência demonstrada, mas o bispo estava sempre mais pronto para sofrer injúrias do que para retaliar de qualquer outra maneira que não com seus bons conselhos e bons ofícios.

Na época em que foi elevado como arcebispo, Cranmer era capelão do rei e arquidiácono de Taunton, e o papa o tinha constituído como penitenciário-geral da Inglaterra. O rei considerou que Cranmer seria obsequioso; por isso, este último casou o rei com Ana Bolena, realizou a coroação dela, foi padrinho de Elizabeth, a primeira filha, e divorciou o rei de Catarina. Embora houvesse recebido do papa uma confirmação de sua dignidade, Cranmer sempre protestou contra o reconhecimento de qualquer outra autoridade

que não a do rei e persistiu nas mesmas opiniões independentes quando esteve perante os comissários de Mary em 1555.

Um dos primeiros passos após o divórcio foi impedir a pregação em toda a sua diocese, mas essa medida restritiva tinha uma visão mais política, do que religiosa, porque muitos se manifestavam contra a conduta do rei. Em sua nova dignidade, Cranmer levantou a questão da supremacia e, por meio de seus argumentos poderosos e justos, induziu o parlamento a "dar a César o que é de César". Durante sua residência na Alemanha, em 1531, Cranmer conheceu Ossiander, em Nuremberg, e se casou com sua sobrinha, mas a deixou com o tio durante seu retorno à Inglaterra. Após algum tempo, ele mandou trazê-la em segredo, e ela permaneceu com ele até o ano de 1539, quando os Seis Artigos o obrigaram a devolvê-la aos seus amigos durante algum tempo.

Deve ser lembrado que, havendo obtido a aprovação de seu amigo Cranmer, Ossiander publicou a trabalhosa obra da Harmonia dos Evangelhos, em 1537. Em 1534, o arcebispo realizou o maior desejo de seu coração: a remoção de todos os obstáculos à perfeição da Reforma, pela concordância dos nobres e bispos à supremacia unicamente do rei. Somente o bispo Fisher e Sir Thomas More fizeram objeções; Cranmer estava disposto a considerar essa discordância, mas o monarca não concordava com nada menos do que uma concessão unânime.

Não muito tempo depois, em uma entrevista reservada com o rei, Gardiner

*John Foxe*

falou de maneira hostil a Cranmer (a quem odiava maldosamente) por assumir o título de primaz de toda a Inglaterra, que seria depreciativo à supremacia do rei. Isso criou muito ciúme contra Cranmer, e sua tradução da Bíblia foi fortemente contestada por Stokesley, bispo de Londres. Diz-se que, quando a rainha Catarina morreu, sua sucessora, Ana Bolena, alegrou-se — uma lição para mostrar quão superficial é o julgamento humano, uma vez que a execução da própria Ana Bolena ocorreu na primavera do ano seguinte. O rei, no dia seguinte à decapitação dessa dama sacrificada, casou-se com a bela Jane Seymour, uma dama de honra da falecida rainha. Cranmer sempre foi amigo de Ana Bolena, mas era perigoso opor-se à vontade do tirânico monarca carnal.

Em 1538, as Escrituras Sagradas foram postas à venda abertamente e, por toda parte, os locais de culto transbordavam de pessoas sedentas de ouvir suas santas doutrinas serem expostas. Após o rei transformar em lei os famosos Seis Artigos, que quase estabeleceram novamente os dogmas essenciais do credo romano, Cranmer resplandeceu com todo o brilho de um patriota cristão ao resistir às doutrinas neles contidas. Nisso, ele foi apoiado pelos bispos de Sarum, Worcester, Ely e Rochester; os dois primeiros se demitiram de seus cargos de bispo. O rei, embora agora oponente de Cranmer, ainda reverenciava a sinceridade que marcava sua conduta. Em 1540,

a morte de Lorde Cromwell na Torre, o bom amigo de Cranmer, foi um duro golpe para a vacilante causa protestante. Entretanto, mesmo então, ao ver a maré diretamente adversa à verdade, Cranmer esperou com ousadia pelo rei em pessoa; e, por suas defesas varonis e sinceras, fez com que o Livro dos Artigos[51] fosse aprovado conforme lhe convinha. Isso gerou grande confusão em seus inimigos, que haviam considerado inevitável a sua queda.

Agora, Cranmer vivia da maneira mais isolada possível, até o rancor de Winchester proferir alguns artigos contra ele, referentes ao conceito perigoso que ele ensinava em sua família e junto a outras acusações de traição. O próprio rei entregou esses artigos a Cranmer e, acreditando firmemente na fidelidade e nas afirmações de inocência do prelado acusado, exigiu que o assunto fosse profundamente investigado. Nos documentos, descobriu-se que Winchester e o Dr. Lenden, com Thornton e Barber, da casa do bispo, eram os verdadeiros conspiradores. O brando e indulgente Cranmer teria intercedido por toda a remissão da publicação, se Henrique não os tivesse dispensado, pois estava satisfeito com o subsídio votado pelo parlamento. Porém, aqueles homens nefastos, renovando novamente suas conspirações contra Cranmer, caíram no desagrado de Henrique VIII, tendo Gardiner perdido para sempre a sua confiança. Pouco tempo depois, Sir G. Gostwick

---

[51] 42 artigos doutrinários da Igreja Anglicana, escritos por Thomas Cranmer em 1553, e que depois deram origem aos 39 artigos da Igreja Anglicana ainda vigentes.

apresentou acusações contra o arcebispo, que Henrique VIII anulou, e o primaz se dispôs a perdoar.

Em 1544, o palácio do arcebispo em Canterbury foi queimado; seu cunhado e outras pessoas pereceram em seu interior. Essas diversas aflições podem servir para nos reconciliar com um estado de humildade, porque de que felicidade poderia ter esse grande e bom homem se vangloriar, uma vez que sua vida era constantemente acossada por cruzes políticas, religiosas ou naturais? Novamente, o inveterado Gardiner fez grandes acusações contra o manso arcebispo e o haveria enviado para a Torre; porém, o rei era seu amigo e lhe sinalizara que poderia defendê-lo. No Conselho, não apenas declarou que o bispo era um dos homens mais refinados de seu reino, como também repreendeu rispidamente seus acusadores por aquela calúnia.

Estabelecida a paz, Henrique e o rei francês Henrique, o Grande, foram unânimes em abolir a missa em seus reinos. Cranmer iniciou essa grande obra; porém, a morte do monarca inglês em 1546 suspendeu o procedimento e seu sucessor, o rei Eduardo, manteve Cranmer nas mesmas funções. Em sua coroação, ele fez uma acusação que honrará para sempre sua memória, por sua pureza, liberdade e verdade. Durante esse reinado, ele prosseguiu com a gloriosa Reforma com zelo inabalável, até mesmo no ano de 1552, quando foi tomado por uma forte malária. Deus se agradou em curá-lo para que ele pudesse testemunhar, por sua morte, a verdade da semente que diligentemente semeara.

A morte de Eduardo em 1553 expôs Cranmer a toda a raiva de seus inimigos. Embora o arcebispo estivesse entre os que apoiavam a ascensão de Mary, ele foi desacreditado na reunião do parlamento e, em novembro, julgado culpado de alta traição em Guildhall e degradado de suas dignidades. Ele enviou uma carta humilde a Mary, explicando a causa de haver assinado o testamento em favor de Eduardo. Em 1554, escreveu ao Conselho pressionando-o para obter um perdão da rainha, mas essa carta foi entregue ao Dr. Weston, que, ao abri-la e ver seu conteúdo, respondeu de modo vil. Traição era uma acusação fortemente inaplicável a Cranmer, que apoiava o direito da rainha; outros, porém, que haviam favorecido Lady Jane, foram dispensados após pagar uma pequena multa. Foi então espalhada a calúnia contra Cranmer de que ele cumpria algumas das cerimônias papistas para agradar a rainha, o que ele ousou negar publicamente e justificou seus artigos de fé. O papel ativo que esse prelado tinha assumido no divórcio da mãe de Mary causaram profunda irritação no coração da rainha, e a vingança se constituiu em um traço marcante na morte de Cranmer.

Nesta obra, observamos as disputas públicas em Oxford, nas quais os talentos de Cranmer, Ridley e Latimer brilharam tão visivelmente a ponto de tender à sua condenação. A primeira sentença foi ilegal, visto que o poder usurpado do papa ainda não havia sido restabelecido por lei.

Mantido na prisão até isso ser cumprido, uma comissão foi despachada de

*Rei Eduardo e o papa*, artista desconhecido. Nesta pintura, o rei Henrique VIII aparece na cama, transferindo o poder a seu filho, Eduardo, e o bispo Cranmer aparece de branco entre outros conselheiros do novo rei. Parte do acervo da Galeria Nacional de Retratos, Londres, Inglaterra.

Roma, nomeando o Dr. Brooks como representante de Sua Santidade e os doutores Story e Martin como os da rainha. Cranmer estava disposto a curvar-se à autoridade dos doutores. Story e Martin, mas protestou contra a do Dr. Brooks. Após um longo interrogatório, as afirmações e respostas de Cranmer foram tão contundentes, que o Dr. Broks observou: "Nós viemos interrogá-lo e penso que você é quem nos interroga". Reenviado ao confinamento, Cranmer recebeu uma intimação para comparecer em Roma no prazo de 18 dias, mas isso era impraticável, porque ele estava preso na Inglaterra e, conforme declarou, mesmo que estivesse em liberdade, era pobre demais para contratar um advogado. Por mais absurdo que pareça, Cranmer foi condenado em Roma e, no dia 14 de fevereiro de 1556, foi nomeada uma nova comissão, pela qual Thirlby, bispo de Ely, e Bonner, de Londres, foram delegados para julgá-lo em Christ-church, Oxford. Em virtude desse instrumento, Cranmer foi gradualmente degradado, sendo vestido com meros trapos para representar a batina de um arcebispo; depois, subtraindo-lhe o traje, tiraram sua própria batina e o vestiram com uma batina velha, o que ele suportou com indiferença. Vendo que a crueldade o tornava mais determinado, seus inimigos tentaram o caminho oposto e o colocaram na casa do reitor de Christ-church, onde foi tratado com todo tipo de agrado.

Isso apresentou um contraste tão grande em relação aos três anos de prisão que ele havia recebido, que o deixou sem reação. Sua natureza aberta e generosa era mais facilmente seduzida por uma conduta generosa do que por ameaças e grilhões. Quando Satanás descobre que um cristão é refratário a certo modo de ataque, tenta outro; e que modo é tão sedutor quanto sorrisos, recompensas e poder após uma longa e dolorosa prisão? Assim sucedeu a Cranmer: exatamente ao saberem que sua morte fora determinada em conselho, seus inimigos lhe prometeram sua antiga grandeza e o favor da rainha se ele abjurasse. Para amenizar o caminho para a apostasia, o primeiro documento levado para sua assinatura foi concebido em termos gerais e, após a assinatura desse, outros cinco foram feitos como explicativos do primeiro, até finalmente ele pôr a mão no seguinte instrumento detestável:

"Eu, Thomas Cranmer, ex-arcebispo de Canterbury, renuncio, abomino e detesto todos os tipos de heresias e erros de Lutero e Zuínglio e todos os outros ensinamentos contrários à sã e verdadeira doutrina. Creio mais fortemente em meu coração, e com minha boca confesso, uma Igreja santa e católica visível, sem a qual não há salvação, e, portanto, reconheço o bispo de Roma como o cabeça supremo na Terra, o qual reconheço ser o supremo bispo e papa e vigário de Cristo, a quem todo o povo cristão deve sujeitar-se.

Quanto aos sacramentos, creio e adoro no sacramento do altar o corpo e o sangue de Cristo, mais verdadeiramente contidos sob as formas de pão e vinho; o pão, pelo grande poder de Deus se transformando no corpo do nosso Salvador Jesus Cristo, e o vinho no Seu sangue. Também creio e sustento os outros seis sacramentos (como neste) como a Igreja universal sustenta, e a Igreja de Roma julga e determina.

Além disso, creio na existência de um lugar de purgatório, onde as almas que partiram serão punidas durante algum tempo, por quem a Igreja deve orar de maneira piedosa e saudável, assim como honra os santos e faz orações a eles.

Finalmente, em tudo professo que creio somente no que a Igreja Católica e a Igreja de Roma sustentam e ensinam. Lamento muito por haver sustentado ou pensado o contrário. E imploro ao Deus Todo-poderoso que, por Sua misericórdia, Ele me conceda perdão por tudo em que ofendi a Deus ou à Sua Igreja, e também desejo e suplico a todos os cristãos que orem por mim. E a todos os que foram enganados por meu exemplo ou por minha doutrina peço, pelo sangue de Jesus Cristo, que retornem à unidade da Igreja, para que sejamos todos unânimes, sem cisma ou divisão.

Para concluir, ao me submeter à Igreja Católica de Cristo e ao seu cabeça supremo, também me submeto às mais excelentes majestades de Filipe e Mary, rei e rainha deste reino da Inglaterra […] e a todas as outras leis e ordenanças, estando sempre pronto, como súdito fiel, a sempre obedecê-las. E Deus é minha testemunha de que não fiz isso por favor ou medo de qualquer pessoa, mas voluntariamente e por minha própria consciência, para a instrução de outros."

"Aquele, pois, que pensa estar em pé veja que não caia"[52], disse o apóstolo, e eis aqui uma verdadeira queda! Agora, foi a vez de os papistas triunfarem: eles haviam adquirido tudo que queriam, exceto sua vida. Sua retratação foi imediatamente impressa e distribuída, para que pudesse ter o devido efeito sobre os protestantes atônitos. Porém, Deus se opôs a todos os projetos dos católicos enquanto eles realizavam a implacável perseguição de suas presas. Sem dúvida, o amor à vida induziu Cranmer a assinar a declaração acima; ainda assim, pode-se dizer que a morte é preferível à vida a todo aquele que esteve sob as ferroadas de uma consciência aguilhoada e o desprezo de todo cristão evangélico. O sr. Cranmer sentiu esse princípio fortemente, em todo seu poder e angústia.

A vingança da rainha só seria saciada pelo sangue de Cranmer; por isso, ela escreveu ao Dr. Pole uma ordem de preparar um sermão a ser pregado no dia 21 de março, imediatamente antes do martírio de Cranmer na igreja de Santa Maria,

em Oxford. O Dr. Pole o visitou no dia anterior e foi induzido a acreditar que ele declararia publicamente suas convicções em confirmação dos artigos que havia assinado. Por volta das nove horas da manhã do dia do sacrifício, os comissários da rainha, acompanhados pelos magistrados, conduziram o amável infeliz à Igreja de Santa Maria. Sua roupa rasgada e suja, a mesma com que o vestiram em sua degradação, despertou a comiseração do povo. Na igreja, ele encontrou um palco baixo, erguido defronte ao púlpito, no qual, ao ser colocado, virou o rosto e orou fervorosamente a Deus.

A igreja estava lotada de pessoas das duas confissões, esperando ouvir a justificativa da apostasia tardia: os católicos regozijando-se, e os protestantes, com o espírito profundamente ferido pelo engano do coração humano. Em seu sermão, o Dr. Pole descreveu Cranmer como culpado dos crimes mais atrozes; encorajou o sofredor enganado a não temer a morte, a não duvidar do apoio de Deus em seus tormentos, nem que fossem rezadas missas em todas as igrejas de Oxford pelo repouso de sua alma. Então, o doutor observou sua conversão, que atribuiu à evidente operação do Todo-poderoso e, para que o povo pudesse se convencer de sua realidade, pediu ao prisioneiro que lhes desse um sinal. Cranmer o fez e implorou à congregação que orasse por ele, porque havia cometido muitos pecados graves; mas, acima de tudo, havia um que perturbava

---

[52] 1Co 10:12

O LIVRO DOS MÁRTIRES

terrivelmente sua mente, sobre o qual falaria brevemente.

Durante o sermão, Cranmer chorou lágrimas amargas, erguendo as mãos e os olhos para o céu e deixando-os cair, como se não merecesse viver; agora, sua dor se exalava em palavras: antes de sua confissão, ele caiu de joelhos e, nas palavras a seguir, revelou a profunda contrição e agitação que atormentavam sua alma.

"Ó Pai celestial! Ó Filho de Deus, Redentor do mundo! Ó Espírito Santo! Três pessoas, todas um único Deus! Tem misericórdia de mim, o mais desgraçado patife e miserável pecador. Eu ofendi o Céu e a Terra, mais do que a minha língua é capaz de expressar. Para onde, então, posso ir ou para onde posso fugir? Para o céu posso ter vergonha de erguer os olhos, e na Terra não encontro lugar de refúgio ou socorro. Para ti, portanto, Senhor, eu corro; a ti me humilho, dizendo: Ó Senhor, meu Deus, meus pecados são grandes, mas, ainda assim, tem misericórdia de mim por Tua grande misericórdia. O grande mistério de que Deus se fez homem não foi criado para pequenos ou poucos delitos. Ó Pai celestial, não entregaste o Teu Filho à morte apenas por pequenos pecados, mas por todos os maiores pecados do mundo, para que o pecador retorne a ti com todo o seu coração, como eu faço neste momento. Portanto, tem misericórdia de mim, ó Deus, cuja propriedade é ser sempre misericordioso; tem misericórdia de mim, ó Senhor, por Tua grande misericórdia. Eu nada desejo por meus próprios méritos, mas por amor do Teu nome, para que com isso ele possa ser santificado, e por amor do Teu querido Filho, Jesus Cristo. E agora, portanto, ó Pai celestial, santificado seja o Teu nome etc.

Então, levantando-se, ele disse que, antes de morrer, desejava fazer-lhes algumas exortações piedosas pelas quais Deus pudesse ser glorificado — e eles mesmos, edificados. Então, discorreu sobre o perigo do amor pelo mundo, o dever de obediência às suas majestades, o dever de amarem uns aos outros e a necessidade de os ricos suprirem as necessidades dos pobres. Ele citou três versículos do capítulo cinco de Tiago e prosseguiu:

"Que os ricos ponderem bem essas três frases, porque, se alguma vez tiveram ocasião de demonstrar sua caridade, agora a têm neste momento, os pobres sendo tantos e as provisões tão desejadas. E agora, por haver chegado ao derradeiro fim da minha vida, no qual pendem toda a minha vida passada e toda a minha vida futura, quer para viver com meu senhor Cristo em alegria eterna, quer para sentir dores para sempre com os ímpios no inferno; e agora vejo, diante de meus olhos, o Céu pronto para me receber ou o inferno pronto para me engolir; portanto, declararei a vocês minha fé conforme eu creio, sem qualquer nuance de dissimulação. Agora não é hora de esconder tudo que disse ou escrevi em tempos passados.

Primeiramente, eu creio em Deus Pai Todo-poderoso, Criador do céu e da Terra etc. E creio em todos os artigos da fé católica, em todas as palavras e frases ensinadas por nosso Salvador Jesus Cristo, Seus apóstolos e profetas, no Novo e no Antigo Testamentos. E agora chego à grande questão que tanto perturba minha consciência, mais do que qualquer coisa que já fiz ou disse em toda a minha vida, que é haver divulgado um texto contrário à verdade, ao qual aqui e agora renuncio e recuso como coisas escritas com minha mão e contrárias à verdade que eu mantinha em meu coração, e escritas por medo da morte e para salvar minha vida, se pudesse — trata-se de todas as notas ou documentos que escrevi ou assinei com a minha mão desde a minha degradação, nos quais escrevi muitas inverdades. E, se minha mão ofendeu escrevendo contrariamente ao meu coração, minha mão deverá ser punida em primeiro lugar, porque, quando eu chegar à fogueira, ela será a primeira a ser queimada. Quanto ao papa, eu o rejeito como inimigo de Cristo, e Anticristo, com toda a sua falsa doutrina".

Após a conclusão dessa declaração inesperada, o espanto e a indignação foram evidentes em todas as partes da igreja. Os católicos ficaram completamente estupefatos; seu objetivo fora frustrado quando Cranmer, como Sansão, causou aos seus inimigos uma ruína maior na hora de sua morte do que em sua vida. Cranmer teria prosseguido na exposição contra as doutrinas papistas, mas o burburinho dos idólatras afogou sua voz e o pregador deu a ordem de "levar o herege para longe!". O comando selvagem foi prontamente obedecido, e o cordeiro prestes a sofrer foi arrancado de sua plataforma e levado ao local do abate, insultado ao longo de todo o caminho pelas injúrias e as afrontas dos pestilentos monges e frades.

Com os pensamentos voltados a um objetivo muito mais elevado do que as ameaças vazias do homem, ele chegou ao ponto tingido pelo sangue de Ridley e Latimer. Ali, ajoelhou-se brevemente em sincera devoção e depois se levantou, para poder despir-se e preparar-se para a fogueira. Dois frades que haviam participado da tentativa de convencê-lo a abjurar se esforçavam, agora, para afastá-lo novamente da verdade, mas ele foi firme e impassível no que havia acabado de professar e ensinar publicamente. Uma corrente foi trazida para prendê-lo à estaca e, após envolvê-lo firmemente, o fogo foi ateado ao combustível e as chamas logo começaram a subir.

Então, as gloriosas convicções do mártir se manifestaram; foi então que, estendendo a mão direita, ele a manteve no fogo, sem recolhê-la por instante algum, queimando até que estivesse em brasa, ainda antes de seu corpo ser ferido, exclamando

*A morte de Cranmer: "Esta indigna mão direita". Ilustração do livro Christian heroes and martyrs, de 1895.*

frequentemente: "Esta indigna mão direita". Seu corpo suportou o fogo com tanta firmeza que ele pareceu não ter nada mais do que a estaca à qual estava acorrentado; seus olhos estavam erguidos para o céu, e ele repetiu "Esta indigna mão direita" enquanto sua voz aguentou, e, usando frequentemente as palavras de Estêvão — "Senhor Jesus, recebe o meu espírito"[53] —, entregou o espírito na grandeza das chamas.

## A VISÃO DE TRÊS ESCADAS

Quando Robert Samuel foi levado para ser queimado, alguns o ouviram declarar que coisas estranhas lhe haviam acontecido durante o tempo de sua prisão, a saber: após haver passado fome ou definhado ao longo de dois ou três dias seguidos, ele caiu no sono, como se estivesse meio dormindo. Nesse momento, alguém todo vestido de branco pareceu estar diante dele, consolando-o com as palavras "Samuel, Samuel, tenha bom ânimo e boa disposição, porque depois deste dia você nunca mais sentirá fome ou sede". Não menos memorável, e digno de nota, é o que se refere às três escadas erguidas em direção ao céu, que ele contou a várias pessoas haver visto durante o sono; uma delas era um pouco mais longa do que as outras, mas, ainda assim, todas as três se uniram (por assim dizer) e se tornaram uma só.

Quando esse piedoso mártir estava indo para o fogo, chegou-se a ele uma certa criada, que o tomou pelo pescoço e o beijou. Sendo isso observado pelos presentes, ela foi procurada no dia seguinte para ser aprisionada e queimada, como ela mesma me informou. Entretanto, como Deus, por Sua bondade, desejou, ela escapou das mãos ferozes dos seus perseguidores, mantendo-se em segredo na cidade durante um bom tempo.

Assim como essa criada, Rose Nottingham, foi maravilhosamente preservada pela providência de Deus, e também o foram duas outras mulheres honestas que foram alvo da ira e fúria da época. A primeira era a esposa de um cervejeiro; a outra, a esposa de um sapateiro, mas agora as duas eram esposadas com um novo marido: Cristo.

---

[53] At 7:59

A criada mencionada anteriormente era muito familiar e bem conhecida destas duas. Certa vez, aconselhando uma delas a afastar-se enquanto tinha tempo e espaço, recebeu novamente essa resposta: "Eu bem sei que é suficientemente lícito fugir e você poderá usar esse remédio, se quiser. Porém, meu caso é o oposto. Estou unida a um marido e, além disso, tenho crianças pequenas em casa; portanto, por amor de Cristo e da Sua verdade, estou decidida a permanecer firme até as últimas consequências". E assim, no dia seguinte, após Samuel sofrer, aquelas duas esposas piedosas, uma chamada Anne Potten e a outra, Joan Trunchfield, esposa de Michael Trunchfield, sapateiro de Ipswich, foram detidas e aprisionadas juntas. Como eram, por sexo e caráter, um tanto quanto delicadas, foram, no início, menos capazes de suportar a dificuldade da prisão. O cárcere causou agonias espantosamente grandes e problemas mentais especialmente à esposa do cervejeiro. Porém, Cristo, vendo a fraca debilidade de Sua serva, não deixou de ajudá-la quando ela teve necessidade; assim, no fim, as duas sofreram depois de Samuel, no dia 19 de fevereiro de 1556. E essas foram, sem dúvida, as duas escadas que, unindo-se à terceira, Samuel viu estendendo-se até o céu. Esse bendito Samuel, servo de Cristo, sofreu no dia 31 de agosto de 1555. Alguns que estavam presentes e o viram queimar disseram que seu corpo reluzia em chamas aos olhos dos que estavam ali, tão brilhante e branco quanto prata nova.

Quando Agnes Bongeor se viu separada de suas companheiras de prisão, foi desolador o gemido que essa boa mulher emitiu. Foi lastimável e maravilhoso ver quão amargamente ela chorou, que estranhos pensamentos lhe vieram à mente, quão despida e desolada ela se considerou e em que desespero e preocupação sua pobre alma mergulhou. Tudo isso lhe sobreveio porque ela não fora escolhida para ir junto com suas companheiras entregar sua vida em defesa de seu Cristo. De todas as coisas do mundo, a que ela menos estimava era ter a vida em suas mãos. Naquela manhã em que fora poupada de ser queimada, ela havia vestido uma bata que preparara somente para aquela finalidade. Também amamentou o seu bebê e o manteve com ternura durante todo o tempo em que esteve na prisão. Naquele dia, ela o enviou para outra cuidadora e se preparou para entregar-se em testemunho do glorioso evangelho de Jesus Cristo. Era tão pouco apegada à vida, e os dons de Deus operavam nela acima da natureza tão grandemente, que a morte lhe parecia muito mais bem-vinda do que a vida. Depois disso, ela começou a preocupar-se pouco consigo mesma e a mudar todas as suas atividades para a leitura e a oração, nas quais encontrou muito consolo. Dentro de pouco tempo, chegou de Londres um mandado para sua execução pela fogueira, o que foi cumprido de acordo.

## HUGH LAVERICK E JOHN APRICE

Aqui percebemos que nem a impotência da idade nem o fato de ser afetado por cegueira conseguiam desviar as presas assassinas daqueles monstros babilônicos.

O primeiro desses infelizes era um pintor aleijado de 68 anos, da paróquia de Barking. O outro era cego, realmente em trevas quanto às faculdades visuais, mas intelectualmente iluminado pelo brilho do eterno evangelho da verdade.

Esses sujeitos inofensivos foram denunciados por alguns dos filhos do fanatismo e arrastados à presença do tubarão do prelado de Londres, onde foram submetidos a interrogatórios e responderam às acusações que lhes foram apresentadas, como outros mártires cristãos antes deles o fizeram. No dia 9 de maio, no consistório de São Paulo, eles foram solicitados a abjurar. Por se recusarem, foram enviados para Fulham, onde Bonner, a título de sobremesa após o jantar, os condenou às agonias do fogo. Sendo entregues aos oficiais seculares, no dia 15 de maio de 1556, eles foram levados em uma carroça de Newgate para Stratford-le-Bow, onde foram amarrados à estaca. Quando Hugh Laverick foi preso pela corrente, não tendo mais uso para sua muleta, jogou-a fora dizendo ao seu companheiro de martírio enquanto o consolava: "Tenha bom ânimo, meu irmão, porque o meu Senhor de Londres é o nosso bom médico; em breve Ele curará a nós dois — você, da sua cegueira, e eu, da minha claudicação". Eles afundaram no fogo para se elevarem à imortalidade! No dia seguinte a esses martírios, em Smithfield sofreram a morte Catharine Hut, de Bocking, viúva; Joan Horns, de Billerica, celibatária, e Elizabeth Thackwel, de Great Burstead, celibatária.

## THOMAS DOWRY

Temos novamente de registrar um ato de impiedosa crueldade praticado contra esse rapaz, a quem o bispo Hooper havia confirmado no Senhor e no conhecimento de sua Palavra.

Quanto tempo esse pobre sofredor permaneceu na prisão é incerto. Pelo testemunho de um certo John Paylor, escrivão de Gloucester, sabemos que, quando Dowry foi levado perante o Dr. Williams, então chanceler de Gloucester, as acusações habituais foram apresentadas a ele para que assinasse. Ele discordou delas e, perguntado pelo doutor acerca de com quem e onde ele havia aprendido as suas heresias, o jovem respondeu: "De fato, senhor Chanceler, eu aprendi de você exatamente naquele púlpito. Naquele dia (e especificou), você disse, ao pregar acerca do Sacramento, que ele devia ser exercido espiritualmente pela fé, e não de forma carnal e real, conforme ensinado pelos papistas". Então, o Dr. Williams lhe pediu que abjurasse, como ele mesmo havia feito, mas Dowry ainda não havia aprendido seu dever e disse: "Embora você possa zombar tão facilmente de Deus, do mundo e de sua própria consciência, eu não o farei".

## A PRESERVAÇÃO DE GEORGE CROW E SEU TESTAMENTO

No dia 26 de maio de 1556, esse pobre homem de Malden foi para o mar para carregar o barco em Lent com terra para calcetar, mas o barco encalhou, encheu-se de água e perdeu toda a carga; Crow, porém, salvou seu Testamento e nada mais desejou.

John Foxe

Com Crow havia um homem e um menino, cuja situação terrível se tornava mais alarmante a cada minuto, porque o barco estava inútil e eles estavam a 16 quilômetros da terra, esperando que a maré os encobrisse dali a poucas horas. Após orarem a Deus, eles subiram no mastro e ficaram ali durante dez horas, quando o pobre garoto, vencido pelo frio e pela exaustão, caiu e se afogou. Com a maré diminuindo, Crow propôs derrubar os mastros e flutuar sobre eles, o que fizeram; às dez horas da noite, foram levados à mercê das ondas. Na noite da quarta-feira, o companheiro de Crow morreu de fadiga e fome, e ele ficou sozinho, clamando a Deus por socorro. Por fim, ele foi resgatado por um certo Capitão Morse, que rumava para Antuérpia e quase se desviara, confundindo-o com a boia de algum pescador flutuando no mar. Tão logo foi embarcado, Crow pôs a mão no peito e sacou o Testamento, que estava realmente molhado, mas não danificado de outra maneira. Em Antuérpia, ele foi bem recebido, e o dinheiro que havia perdido foi mais do que compensado.

## EXECUÇÕES EM STRATFORD-LE-BOW

Nesse sacrifício que estamos prestes a detalhar, nada menos do que 13 pessoas foram condenadas à fogueira. Cada um que se recusou a assinar contrariamente à sua consciência foi condenado. O dia 27 de junho de 1556 foi marcado para a execução deles em Stratford-le-Bow. Sua firmeza e fé glorificaram o seu Redentor, tanto na vida quanto na morte.

## REVERENDO JULIUS PALMER

A vida desse cavalheiro apresenta um exemplo singular de erro e conversão. No tempo de Eduardo, ele era um papista rígido e obstinado, tão adverso à pregação piedosa e sincera, que chegou a ser desprezado por seu próprio grupo. A mudança dessa mentalidade e sua perseguição e morte no reinado de Mary estão entre os eventos de onipotência dos quais nos maravilhamos e admiramos.

O sr. Palmer nasceu em Coventry, onde seu pai fora prefeito. Mudando-se depois para Oxford, tornou-se, sob o sr. Harley, do Magdalen College, um elegante estudioso de latim e grego. Ele gostava de discussões úteis, possuía humor vivaz e memória privilegiada. Infatigável no estudo solitário, ele se levantava às quatro da manhã e, devido a isso, qualificou-se para se tornar acadêmico de lógica no Magdalen College. Porém, como os tempos de Eduardo favoreciam a Reforma, Palmer acabou sendo frequentemente punido por seu desprezo à oração e ao comportamento ordeiro; por fim, foi expulso da casa. Posteriormente, abraçou as doutrinas da Reforma, o que ocasionou sua prisão e condenação final.

Certo nobre lhe ofereceu viver se abjurasse. Ele disse: "Se o fizer, você morará comigo. Se desejar casar-se, lhe conseguirei uma esposa e uma fazenda, e ajudarei a suprir e adequar a sua fazenda para você. Que me diz?". Palmer agradeceu muito cortesmente, mas, com muita modéstia e reverência, concluiu que, como já havia renunciado à vida pela causa de Cristo em dois lugares, pela graça de Deus estaria

Torre do Magdalen College, Oxford, Inglaterra.

igualmente pronto a render-se e entregar sua vida pela mesma causa, no momento que Deus escolhesse.

Ao perceber que ele não abjuraria de modo algum, Sir Richard disse:

— Bem, Palmer, então percebo que um de nós dois será condenado, porque somos de duas religiões distintas e estou certo de que só há uma fé que leva à vida e à salvação.

—Ó senhor, espero que nós dois sejamos salvos — disse Palmer.

—Como pode ser isso?

—Bem, pode, senhor, porque, assim como agradou ao nosso misericordioso Salvador, segundo a parábola do evangelho, chamar-me à terceira hora do dia, ainda na flor da idade, aos 24 anos, igualmente confio que Ele o chamou, e o chamará, às onze horas de sua idade avançada e lhe dará vida eterna por porção.

—Você diz isso? Bem, Palmer, bem, eu gostaria de ter você durante apenas um mês em minha casa; não duvido que eu o converteria ou você me converteria.

Então, Mestre Winchcomb disse: "Lamente seus anos dourados e as agradáveis flores da juventude vigorosa antes que seja tarde demais", ao que Palmer respondeu: "Senhor, eu anseio pelas flores primaveris que nunca murcharão".

Ele foi julgado no dia 15 de julho de 1556, no mesmo dia que um certo Thomas Askin, companheiro de prisão. Askin e um tal de John Guin haviam sido sentenciados no dia anterior, e o sr. Palmer foi levado a julgamento final no dia 15. Ordenou-se que a sentença fosse seguida pela execução e, às cinco horas da mesma tarde, em um local chamado Sand-pits, esses três mártires foram amarrados a uma estaca. Após orarem juntos com devoção, cantaram o Salmo 31. Quando a fogueira foi acesa e envolveu seus corpos, sem aparentar sentir dor, eles continuaram a clamar: "Senhor Jesus, fortalece-nos! Senhor Jesus, recebe nossas almas!" até pararem de mover-se e o sofrimento humano haver acabado. É notável que, quando suas cabeças caíram como uma massa como que pela força das chamas, e os espectadores pensaram que Palmer havia morrido, sua língua e seus lábios se moveram novamente e foram ouvidos pronunciar o nome de Jesus, a quem sejam glória e honra eternamente!

## JOAN WASTE E OUTROS

Essa pobre mulher honesta de 22 anos, cega de nascença e solteira, era da paróquia de Allhallows, em Derby. Seu pai era barbeiro e também fazia cordas para ganhar o sustento; ela o ajudava nisso e também aprendeu a tricotar várias peças de vestuário. Recusando-se a ter comunhão com quem sustentava doutrinas contrárias às que havia aprendido nos tempos do piedoso Eduardo, ela foi chamada perante o Dr. Draicot, chanceler do bispo Blaine, e Peter Finch, oficial de Derby.

Com argumentos e ameaças sofísticos, eles tentaram confundir a pobre menina, mas ela se ofereceu para ceder à doutrina do bispo se ele respondesse por ela, no Dia do Julgamento (como o piedoso Dr. Taylor havia feito em seus sermões), que sua crença na presença real do Sacramento era verdadeira. Primeiramente, o bispo respondeu que o faria; porém, quando o Dr. Draicot lembrou-lhe de que ele não poderia responder, de modo algum, por um herege, retirou a confirmação de seus próprios dogmas. Então, ela respondeu que, se a consciência deles não lhes permitisse responder no tribunal de Deus pela verdade que desejavam que ela endossasse, ela não responderia a mais perguntas. Na sequência, a sentença foi proferida e o Dr. Draicot foi nomeado para pregar o sermão de condenação dela, o que ocorreu no dia 1 de agosto de 1556, o dia de seu martírio. Terminado o discurso fulminante, a pobre cega foi levada a um lugar chamado Windmill Pit, perto da cidade, onde ficou de mão dada com o irmão durante algum tempo e depois se preparou para o fogo, clamando à multidão penalizada para orar com ela, e a Cristo para ter misericórdia dela, até que a gloriosa luz do Sol eterno da Justiça irradiasse sobre seu espírito desencarnado.

Em novembro, 15 mártires foram presos no castelo de Canterbury; todos morreram, queimados ou de fome. Dentre os últimos estavam J. Clark, D. Chittenden, W. Foster de Stonc, Alice Potkins e J. Archer, de Cranbrooke, tecelão. Os dois primeiros não haviam recebido condenação, mas os outros foram condenados à fogueira. Em seu interrogatório, Foster observou, acerca da utilidade de carregar velas acesas no Dia da Candelária, que ele poderia também carregar um forcado e que uma forca teria um efeito tão bom quanto a cruz.

Encerramos agora as proscrições sanguinárias da impiedosa Mary no ano de 1556, cujo número ultrapassou 84!

O início do ano 1557 foi marcante pela visita do cardeal Pole à Universidade de Cambridge, que parecia precisar de muita limpeza no tocante a pregadores heréticos e doutrinas reformadas. Outro objetivo era também representar a farsa papista de julgar Martin Bucer e Paulus Phagius, que haviam sido ali enterrados aproximadamente três ou quatro anos antes. Para isso, as igrejas de Santa Maria e São Miguel, onde eles jaziam, foram interditadas como lugares vis e profanos, impróprios para adorar a Deus enquanto não fossem perfumados e lavados com a água benta do papa etc. O ato vistoso, mas inútil, de intimar aqueles reformadores mortos a comparecer, não teve o mínimo efeito sobre eles. Por isso, no dia 26 de janeiro foi proferida uma sentença de condenação, parte da qual assim dizia, e pode servir como uma amostra de procedimentos daquela natureza: "Portanto, pronunciamos os mencionados Martin Bucer e Paulus Phagius como excomungados e anatematizados, tanto pela lei comum quanto por cartas de processo. Para que sua memória seja condenada, condenamos também seus corpos

*Retrato do Cardeal Reginald Pole,* por Sebastiano del Piombo (1485–1547). Parte do acervo do Museu Hermitage, São Petersburgo, Rússia.

e ossos (que, naquele período perverso de cisma e com outras heresias florescendo no reino, foram precipitadamente enterrados em solo santo) a serem desenterrados e lançados longe dos corpos e ossos dos fiéis, em conformidade com os cânones sagrados. Ordenamos que eles e seus escritos, se ali se encontrar algum, sejam queimados publicamente e interditamos todas as pessoas desta universidade, cidade ou lugar adjacente, que lerem ou ocultarem seu livro herético, tanto pela lei comum quanto por nossas cartas de processo!".

Após a sentença assim lida, o bispo ordenou que seus corpos fossem exumados de seus túmulos e, sendo degradados de ordens sagradas, entregaram-nos ao poder secular, porque não era lícito às pessoas inocentes como eles, que detestavam todo derramamento de sangue, bem como todo desejo de assassinato, matar qualquer homem.

No dia 6 de fevereiro, os corpos, fechados em caixões como estavam, foram transportados para o centro do mercado de Cambridge, acompanhados por grande multidão. Um grande poste foi colocado firmemente no chão, ao qual os caixões foram fixados com uma grande corrente de ferro e amarrados ao redor de seus centros, como se os cadáveres estivessem vivos. Quando o fogo começou a subir e chegou aos caixões, vários livros condenados foram também lançados às chamas e queimados. Entretanto, justiça foi feita à memória daqueles homens piedosos e cultos no reinado da rainha Elizabeth, quando o sr. Ackworth, orador da universidade, e o sr. J. Pilkington discursaram em homenagem à memória deles e em reprovação aos seus perseguidores católicos.

O cardeal Pole também infligiu sua raiva inofensiva ao cadáver da esposa de Pedro Mártir, que, por seu comando, foi exumado de seu túmulo e enterrado em um monturo de esterco distante, em parte porque seus ossos jaziam perto das relíquias de Santa Frideswide, que havia sido muito estimada naquela faculdade, e, em parte, porque ele desejava purificar Oxford

Os corpos de Martin Bucer e Paulus Phagius sendo queimados em seus caixões, bem como seus livros. Ilustração de *O livro dos mártires*, edição de 1570.

e Cambridge de vestígios heréticos. No reinado seguinte, porém, seus restos mortais foram restaurados ao antigo cemitério e até misturados aos da santa católica, para total espanto e mortificação dos discípulos de Sua Santidade, o papa.

O cardeal Pole publicou uma lista de 54 artigos, contendo instruções aos clérigos de sua diocese de Canterbury, alguns dos quais são demasiadamente ridículos e pueris para desencadear qualquer outro sentimento além do riso na atualidade.

## PERSEGUIÇÕES NA DIOCESE DE CANTERBURY

No mês de fevereiro, foram presas as seguintes pessoas: R. Coleman, de Waldon, trabalhador; Joan Winseley, de Horsley Magna, celibatária; S. Glover, de Rayley; R. Clerk, de Much Holland, marinheiro; W. Munt, de Much Bentley, serrador; Marg. Field, de Ramsey, celibatária; R. Bongeor, amaciador de couro; R. Jolley, marinheiro; Allen Simpson, Helen Ewire, C. Pepper, viúvas; Alice Walley (que abjurou), W. Bongeor, vidraceiro, todos de Colchester; R. Atkin, de Halstead, tecelão; R. Barcock, de Wilton, carpinteiro; R. George, de Westbarhonlt, trabalhador; R. Debnam de Debenham, tecelão; C. Warren, de Cocksall, celibatária ; Agnes Whitlock, de Dovercourt, celibatária; Rose Allen, celibatária, e T. Feresannes, menor, ambos de Colchester.

Essas pessoas foram levadas perante Bonner, que as teria enviado imediatamente para execução, mas o cardeal Pole defendia medidas mais misericordiosas.

Em uma carta ao cardeal, Bonner parece saber que o desagradou, porque se expressa assim: "Eu pensei em tê-los todos aqui em Fulham e sentenciá-los; entretanto, percebendo por meu último ato que Vossa Graça ficou ofendida, pensei ser meu dever, antes de prosseguir, informar Vossa Graça". Essa circunstância confirma o relato de que o cardeal era uma pessoa bem humana e, embora católico zeloso, nós, como protestantes, estamos dispostos a dar-lhe a honra que seu caráter misericordioso merece. Alguns dos perseguidores amargos o denunciaram ao papa como favorecedor dos hereges e ele foi convocado a Roma, mas a rainha Mary, por pedido particular, conseguiu que ele ficasse. Todavia, antes de seu derradeiro fim e pouco antes de sua última viagem de Roma para a Inglaterra, suspeitou-se fortemente que ele era favorável à doutrina de Lutero.

Assim como no último sacrifício quatro mulheres honraram a verdade, no ato de fé seguinte temos o mesmo número de mulheres e homens, que sofreram no dia 30 de junho de 1557 em Canterbury: J. Fishcock , F. White, N. Pardue; Barbary Final, viúva; a viúva de Bardbridge; a esposa de Wilson e a esposa de Benden. Desse grupo, destacaremos mais particularmente Alice Benden, esposa de Edward Bender, de Staplehurst, em Kent. Ela havia sido presa em outubro de 1556 por não comparecimento e libertada com uma forte prescrição de cuidar de sua conduta. Seu marido era um católico fanático e, por falar publicamente sobre a obstinação de sua esposa, ela foi levada ao castelo de Canterbury. Nessa oportunidade, ela soube que, quando fosse transferida para a prisão do bispo, quase morreria de fome com três centavos por dia. Alice preparou-se para esse sofrimento vivendo com dois centavos e meio por dia.

No dia 22 de janeiro de 1557, seu marido escreveu ao bispo que, se Roger Hall, irmão de sua esposa, fosse impedido de consolá-la e aliviá-la, ela poderia abjurar; em virtude disso, ela foi transferida para uma prisão chamada Monday's Hole. Seu irmão a procurou diligentemente e, ao final de cinco semanas, ouviu providencialmente sua voz na masmorra. Porém, ele não conseguiu aliviá-la senão colocando um pouco de dinheiro em um pão e prendendo-o a uma vara comprida. A situação daquela pobre vítima deve ter sido terrível, deitada em palha entre paredes de pedra, sem uma muda de roupa ou os mínimos requisitos de limpeza durante nove semanas!

No dia 25 de março, ela foi convocada a comparecer perante o bispo, que, por meio de recompensas, ofereceu-lhe a liberdade se quisesse ir para casa e sentir-se confortável. No entanto, a sra. Bender havia se acostumado ao sofrimento e, mostrando-lhe os membros contraídos e a aparência emaciada, recusou-se a se desviar da verdade. Foi, porém, removida daquele buraco negro para o Portão Oeste, de onde, por volta do fim de abril, foi levada para ser condenada e, em seguida, confinada na prisão do castelo até 19 de junho, o dia em que foi queimada. Na estaca, ela deu seu lenço a um homem chamado John Banks,

como memorial, e da cintura ela tirou uma renda branca, desejando que ele a desse ao irmão dela. Alice Bender lhe disse que aquela era a última faixa que a amarrara, exceção feita à corrente. Ela devolveu ao seu pai um xelim que ele lhe enviara.

Todos esses sete mártires se despiram prontamente e, estando preparados, ajoelharam-se e oraram com tal seriedade e espírito cristão que até os inimigos da cruz sentiram-se comovidos. Após uma invocação conjunta, eles foram presos à estaca e, cercados pelas chamas implacáveis, entregaram suas almas às mãos do Senhor vivo.

Matthew Plaise, tecelão, cristão sincero e sensato de Stone, em Kent, foi levado perante Thomas, bispo de Dover, e outros inquisidores, a quem provocou engenhosamente com suas respostas indiretas, das quais segue-se uma amostra.

—Cristo chamou o pão de Seu corpo; o que você diz que ele é? — perguntou o Dr. Harpsfield.

—Eu creio que era o que Ele deu a eles. — respondeu Plaise.

—E o que era?

—O que Ele partiu.

—O que ele partiu?

—Aquilo que Ele tomou.

—O que ele tomou?

—Eu digo, o que Ele lhes deu e eles realmente comeram.

—Bem, então, você diz que foi apenas pão o que os discípulos comeram.

—Eu digo que o que Ele lhes deu foi o que eles realmente comeram.

Seguiu-se uma discussão muito longa, na qual o bispo desejou que Plaise se humilhasse diante dele, mas Plaise se recusou. A história não menciona se essa pessoa zelosa morreu na prisão, foi executada ou foi liberta.

## O REVERENDO JOHN HULLIER

O reverendo John Hullier foi criado no Eton College e, com o passar do tempo, tornou-se pároco auxiliar de Babram, a cinco quilômetros de Cambridge, e depois foi para Lynn. Ali, opondo-se à superstição dos papistas, foi levado perante o Dr. Thirlby, bispo de Ely, e enviado ao castelo de Cambridge, onde ficou durante algum tempo. Depois disso foi enviado para a prisão de Tolbooth, de onde, após três meses, foi levado à Igreja de Santa Maria e condenado pelo Dr. Fuller. Na quinta-feira da semana da Páscoa, foi levado à fogueira. Enquanto se despia, ele disse às pessoas para testemunharem que ele estava prestes a sofrer por uma causa justa e as exortou a crer que além de Jesus Cristo não havia outra rocha sobre a qual edificar. Nessa situação, um sacerdote chamado Boyes desejou que o prefeito o silenciasse. Após orar, o reverendo John Hullier foi mansamente para a estaca onde foi amarrado a uma corrente e colocado em um barril de piche. Os juncos e a madeira foram incendiados; porém, o vento levou o fogo diretamente para as suas costas, o que o fez, em forte agonia, orar com máximo fervor. Seus amigos instruíram o carrasco a acender a fogueira com o vento a favor de seu rosto, o que foi feito imediatamente. Então, uma quantidade de livros foi lançada ao fogo, um dos quais (o *Culto de Comunhão*) ele pegou, abriu e continuou a ler com alegria até o fogo e a fumaça o privarem da visão. Mesmo nessa condição, ele apertou o livro contra o coração em fervorosa oração, agradecendo a Deus por lhe conceder aquele precioso presente em seus últimos momentos.

Pelo dia estar quente, o fogo ardia ferozmente e, quando os espectadores supuseram que ele já havia morrido, ele exclamou repentinamente: "Senhor Jesus, recebe meu espírito" e, mansamente, entregou sua vida. Ele foi queimado em Jesus Green, não muito longe de Jesus College. Deram-lhe pólvora, mas ele já estava morto antes de ela se inflamar. Esse sofredor piedoso proporcionou um espetáculo singular, porque sua carne estava tão queimada desde os ossos, os quais continuavam eretos, que ele parecia uma figura esquelética acorrentada à estaca. Seus restos mortais foram avidamente tomados pela multidão e venerados por todos os que admiravam sua piedade ou detestavam o fanatismo desumano.

## SIMON MILLER E
## ELIZABETH COOPER

Estes receberam a coroa do martírio no mês de julho seguinte.

Miller morava em Lynn e foi para Norwich, onde, plantando-se à porta de uma das igrejas, quando as pessoas saíam, perguntava onde poderia ir para receber a Comunhão. Por isso, um sacerdote o levou perante o Dr. Dunning, que mandou prendê-lo. Primeiro porém, ele foi obrigado a ir para casa e organizar seus negócios; depois disso, voltou à casa do bispo e à sua prisão, onde permaneceu até 13 de julho, dia em que foi queimado.

Elizabeth Cooper, esposa de um artesão em estanho, de Saint Andrews, em Norwich, havia abjurado; porém, torturava-se pelo que havia feito pelo verme que não morre.[54] Pouco depois entrou voluntariamente na igreja de sua paróquia durante o culto papista e, levantando-se, proclamou audivelmente que revogava sua abjuração anterior e advertiu o povo a evitar seu exemplo indigno. Ela foi levada de sua própria casa pelo sr. Sutton, o xerife, que muito relutantemente cumpriu a lei, porque eles haviam trabalhado juntos e sido amigos. Na estaca, a pobre sofredora, sentindo o fogo, gritou: "Oh!". O sr. Miller, colocando a mão atrás de si na direção dela, desejou que Elizabeth Cooper tivesse boa coragem, "porque, boa irmã, teremos uma alegre e doce ceia". Encorajada por esse exemplo e exortação, ela resistiu à provação das chamas sem vacilar e, com o sr. Miller, comprovou o poder da fé sobre a carne.

## EXECUÇÕES EM COLCHESTER

Anteriormente foi mencionado que 22 pessoas haviam sido enviadas de Colchester e que, após ligeiras submissões, foram posteriormente libertas. Dessas, William Munt, de Much Bentley, agricultor, com Alice, sua esposa, e Rose Allen, sua filha, não foram à igreja ao voltarem para casa; isso induziu o sacerdote fanático a escrever secretamente para Bonner. Eles se esconderam durante um breve tempo, mas, voltando no dia

*Edmundo Tyrrel e Rose Allen.* Ilustração de *O livro dos mártires,* edição de 1907.

7 de março, um certo Edmund Tyrrel (parente do Tyrrel que assassinou o rei Eduardo V e seu irmão) entrou com oficiais na casa enquanto Munt e sua esposa estavam na cama e os informou que teriam de ir ao castelo de Colchester. A senhora Munt, à época muito adoentada, pediu à filha que lhe trouxesse algo para beber. Isso sendo permitido, Rose pegou uma vela e uma caneca; ao voltar pela casa, encontrou Tyrrel, que a advertiu a aconselhar seus pais a se tornarem bons católicos. Rose informou brevemente que eles tinham o Espírito Santo como conselheiro e que ela estava pronta para dar a própria vida pela mesma causa. Virando-se para seus acompanhantes, ele observou que ela

[54] Mc 9:44

estava disposta a queimar. Um deles lhe disse para testá-la e, pouco a pouco, ver o que ela faria. Imediatamente, o desgraçado insensível pôs esse projeto em ação: agarrando a jovem pelo pulso, Tyrrel segurou a vela acesa sob a mão dela, queimando toda a extensão do dorso até os tendões se separarem da carne e, enquanto isso, despejou sobre ela muitos epítetos opróbrios. Rose Allen suportou a raiva dele sem reação e então, quando aquela tortura cessou, pediu que ele começasse pelos pés ou pela cabeça, porque não precisava temer que, algum dia, o empregador dele o recompensasse. Depois disso, levou a bebida para a mãe.

Esse cruel ato de tortura não é um registro isolado. Bonner havia feito algo semelhante a um pobre harpista cego, que havia mantido firmemente a esperança de que, ainda que todas as suas articulações fossem queimadas, ele não deveria abandonar a fé. Diante disso, Bonner fez a seus homens um sinal oculto para trazerem uma brasa ardente, que eles colocaram na mão do pobre homem e, por força, mantiveram-na fechada até queimar a carne profundamente.

George Eagles, alfaiate, foi indiciado por haver orado para que "Deus transformasse o coração da rainha Mary ou a levasse embora". A causa ostensiva de sua morte foi sua religião, porque dificilmente se podia imaginar traição orando pela reforma de uma alma tão execrável quanto a de Mary. Sendo condenado por esse crime, ele foi levado ao local da execução em um trenó, com dois ladrões que foram executados com ele. Após George Eagles

subir a escada e ser repugnado brevemente, ele foi abatido antes de perder os sentidos. Depois disso, um oficial de justiça chamado William Swallow o arrastou para o trenó e, com um cutelo cego, decapitou-o. Em seguida, de modo igualmente desajeitado e cruel, abriu seu corpo e arrancou-lhe o coração.

Em todo esse sofrimento, o pobre mártir não se lamentou e, até o fim, invocou seu Salvador. A fúria daqueles fanáticos não terminou nisso; os intestinos foram queimados e o corpo foi esquartejado; as quatro partes foram enviadas para Colchester, Harwich, Chelmsford e Saint Rouse's. Chelmsford teve a honra de manter a cabeça, que foi afixada a um longo mastro no mercado. Com o tempo, o vento a derrubou e ela ficou vários dias na rua, até ser enterrada à noite no cemitério da igreja. Não muito tempo depois, o julgamento de Deus recaiu sobre Swallow, que na velhice se tornou mendigo e foi acometido por lepra, o que o tornou repulsivo até para os animais. Richard Potts, que perturbou Eagles em seus momentos finais, também não escapou da visita da mão de Deus.

## SRA. JOYCE LEWES

Esta senhora era a esposa do sr. T. Lewes, de Manchester. Ela havia acolhido a religião romana como verdadeira até o piedoso sr. Saunders ser queimado em Coventry. Entendendo que a morte desse mártir foi decorrência da recusa dele de participar da missa, ela começou a investigar o motivo de tal recusa; quando começou a ser iluminada, sua consciência ficou inquieta e alarmada.

Nessa inquietude, ela recorreu ao sr. John Glover, que morava perto, e pediu que ele revelasse as ricas fontes de conhecimento do evangelho que ele possuía, particularmente acerca do assunto da transubstanciação. Ele conseguiu convencê-la facilmente de que a pantomima do papismo e da missa estavam em desacordo com a santíssima Palavra de Deus, e a reprovou abertamente por seguir demais as vaidades de um mundo perverso. Aquela foi, para ela, realmente uma palavra oportuna, porque logo se cansou de sua antiga vida pecaminosa e resolveu abandonar a missa e a adoração idólatra. Embora obrigada pela violência do marido a ir à igreja, seu desprezo pela água benta e outras cerimônias era tão manifesto, que ela foi acusada perante o bispo de desprezar os sacramentais.

Imediatamente, chegou para ela uma intimação, entregue ao sr. Lewes, que, num acesso de paixão, segurou uma adaga contra a garganta do oficial e o obrigou a comer a intimação e, em seguida, beber para engoli-la; depois, mandou-o embora. Porém, devido a isso, o bispo convocou o sr. Lewes à sua presença, bem como sua esposa. Ele se submeteu prontamente, mas ela afirmou resolutamente que, ao recusar a água benta, não ofendeu a Deus, nem qualquer parte de suas leis. A sra. Lewes foi enviada para casa para um mês de reclusão, sendo seu marido obrigado ao mesmo por causa da declaração dela. Durante esse tempo, o sr. Glover inculcou nela a necessidade de fazer o que ela fez, não por vaidade egocêntrica, mas pela honra e glória de Deus.

O sr. Glover e outros exortaram fervorosamente Lewes a não aceitar o dinheiro que deveria receber, em vez de sujeitar sua esposa à morte certa. Porém, ele era surdo à voz da compaixão e a entregou ao bispo, que logo encontrou motivo suficiente para encerrá-la em uma prisão repugnante, de onde foi várias vezes levada para interrogatório. Na última vez, o bispo argumentou com ela sobre a adequação de ela ir à missa e receber como sagrados o Sacramento e os sacramentais do Espírito Santo. A sra. Lewes disse: "Se essas coisas estivessem na Palavra de Deus, de todo o coração eu as receberia, creria e estimaria". Com a mais ignorante e ímpia insensatez, o bispo respondeu: "Se você crê apenas no que é garantido pelas Escrituras, está em estado de condenação!". Espantada com essa declaração, aquela digna sofredora respondeu habilmente que as palavras dele eram tão impuras quanto profanas.

Após a condenação, ela ficou 12 meses na prisão. O xerife não estava disposto a matá-la naquele momento, embora tivesse sido recém-eleito. Quando a sentença de morte da sra. Lewes chegou de Londres, ela mandou chamar alguns amigos, a quem consultou acerca de que maneira sua morte poderia ser mais gloriosa para o nome de Deus e prejudicial à causa dos inimigos de Deus. Sorrindo, ela disse: "Dou pouca importância à morte. Quando sei que contemplarei a agradável face de Cristo, meu querido Salvador, a feia face da morte não me incomoda muito". Na noite anterior ao sofrimento, dois sacerdotes estavam ansiosos para visitá-la, mas ela recusou a confissão e a absolvição deles, por poder manter uma melhor comunicação com o Sumo Sacerdote das almas. Por volta das três horas da manhã, Satanás começou a disparar seus dardos inflamados colocando em sua mente a dúvida se ela havia sido escolhida para a vida eterna e se Cristo havia morrido por ela. Seus amigos lhe indicaram imediatamente as consoladoras passagens das Escrituras que confortam o seu coração debilitado e tratam do Redentor que tira os pecados do mundo.

Por volta das 8 horas, o xerife lhe anunciou que ela tinha apenas uma hora de vida. De imediato, ela ficou abatida, mas isso logo passou, e ela agradeceu a Deus por sua vida estar prestes a ser dedicada ao Seu serviço. O xerife concedeu permissão a dois amigos para que a acompanhassem à estaca — uma indulgência pela qual foi, depois, severamente tratado. O sr. Reniger e o sr. Bernher a levaram ao local da execução. A caminho, devido à distância, à sua grande fraqueza e à pressão do povo, ela quase desmaiou. Três vezes ela orou fervorosamente para que Deus libertasse a Terra do papismo e da missa idólatra; a maior parte do povo e o xerife disseram "Amém". Ao terminar de orar, pegou o copo (que estava cheio de água para revigorá-la) e disse: "Eu bebo a todos os que amam sem fingimento o evangelho de Cristo e desejam a abolição do papismo". Suas amigas e muitas mulheres do lugar beberam com ela, pelo que a maioria delas foi, posteriormente, condenada a penitências.

Quando acorrentada à estaca, seu semblante era alegre e o rosado de suas bochechas não diminuiu. Suas mãos permaneceram estendidas para o céu até o fogo as deixar impotentes, quando sua alma foi recebida nos braços do Criador. A duração de sua agonia foi curta, uma vez que, a pedido de suas amigas, o auxiliar do xerife preparara um combustível tão excelente que, em poucos minutos, ela foi tomada por fumaça e chamas. O caso dessa senhora provocou uma lágrima de piedade de todos cujo coração não era insensível à benevolência.

## EXECUÇÕES EM ISLINGTON

Por volta do dia 17 de setembro, sofreram em Islington estes quatro confessores da fé em Cristo: Ralph Allerton, James Austoo, Margery Austoo e Richard Roth.

James Austoo e sua esposa, de Saint Allhallows, Barking, Londres, foram condenados por não crerem na presença.[55] Richard Roth rejeitou os sete Sacramentos[56] e foi acusado de consolar os hereges com a carta reproduzida a seguir, escrita com seu próprio sangue, que deveria haver sido enviada a seus amigos em Colchester:

---

[55] A doutrina católica da Transubstanciação afirma que os elementos eucarísticos, pão e vinho, embora mantenham sua aparência, são transformados no corpo e sangue de Cristo. A "Presença Real" é como chamam essa presença de Cristo nos elementos da Ceia do Senhor.

[56] Batismo, crisma (ou confirmação), eucaristia, penitência (ou reconciliação), unção dos enfermos, ordem (vocação para exercer funções e ministérios eclesiásticos) e matrimônio.

"Ó caros irmãos e irmãs,

Quanta razão vocês têm para se alegrar em Deus por Ele lhes haver dado fé suficiente para vencer até agora esse tirano sedento de sangue! E, sem dúvida, Aquele que começou boa obra em vocês há de completá-la até o fim.[57] Ó caros corações em Cristo, que coroa de glória vocês receberão com Cristo no reino de Deus! Ó, tomara houvesse sido a boa vontade de Deus que eu estivesse pronto para ir com vocês, porque fico na cela de meu senhor durante o dia e, à noite, fico no depósito de carvão, separado de Ralph Allerton ou de qualquer outro; e nos perguntamos diariamente quando seremos condenados, porque ele disse que eu seria queimado no prazo de dez dias antes da Páscoa; porém, fico à beira do tanque[58] e todos entram antes de mim; mas nós nos submetemos pacientemente à vontade do Senhor, com muitas prisões, em grilhões e cepos, pelos quais recebemos grande alegria de Deus. E agora, despeço-me de vocês, caros irmãos e irmãs, neste mundo, mas confio que os verei face a face nos Céus.

Ó irmão Munt, com sua esposa e minha irmã Rose, quão benditos vocês são no Senhor, para que Deus os haja considerado dignos de sofrer por Sua causa com todos os meus demais irmãos e irmãs queridos, conhecidos e desconhecidos. Ó, alegrem-se até a morte. Não temam, diz Cristo, porque eu venci a morte. Ó queridos corações, visto que Jesus Cristo será a nossa ajuda, espere a vontade do Senhor. Sejam fortes, que seus corações estejam em paz, e esperem calmos pelo Senhor. Ele está próximo. Sim, o anjo do Senhor acampa ao redor dos que o temem e os livra da maneira que Ele considera a melhor. Porque a nossa vida está nas mãos do Senhor, e eles nada podem nos fazer antes que Deus os obrigue. Portanto, deem graças a Deus.

Ó queridos corações, vocês serão vestidos com longas vestes brancas no monte de Sião, com a multidão de santos e com Jesus Cristo, nosso Salvador, que nunca nos abandonará. Ó virgens abençoadas, vocês desempenharam o papel das virgens sábias por haverem levado óleo em suas lâmpadas para poderem entrar com o Noivo, quando Ele vier, para a alegria eterna com Ele. Os néscios, porém, serão excluídos, porque não se prepararam para sofrer com Cristo, nem foram tomar a Sua cruz. Ó queridos corações, quão preciosa será a sua morte aos olhos do Senhor, porque cara é a morte de Seus santos. Despedindo-me, orem. A graça de Senhor Jesus Cristo esteja com todos vocês. Amém. Amém. Orem, orem, orem!

Escrito por mim, com meu próprio sangue." —RICHARD ROTH

---

[57] De acordo com Fl 1:6.
[58] Alusão ao tanque de Betesda, Jo 5:1-15.

Essa carta, tão justamente denominando Bonner "tirano sedento de sangue", provavelmente não despertaria a compaixão dele. Roth o acusou de levá-los a um interrogatório secreto à noite, porque tinha medo do povo durante o dia. Resistindo a toda tentação de abjuração, ele foi condenado e, no dia 17 de setembro de 1557, esses quatro mártires pereceram em Islington pelo testemunho do Cordeiro, que foi morto para que eles fizessem parte dos remidos de Deus.

John Noyes, um sapateiro de Laxfield, Suffolk, foi levado para Eye e, à meia-noite do dia 21 de setembro de 1557, foi levado de Eye para Laxfield para ser queimado. Na manhã seguinte, ele foi levado à estaca, preparado para o horrível sacrifício. Ao chegar ao ponto fatal, o sr. Noyes se ajoelhou, orou e ensaiou o Salmo 50. Quando a corrente o envolveu, ele disse: "Não temam os que matam o corpo, e sim aquele que pode matar o corpo e a alma e lançá-la no fogo eterno!".[59] Quando um certo Cadman colocou um graveto contra o sr. Noyes, ele bendisse a hora em que nasceu para morrer pela verdade. Enquanto ele confiava somente nos méritos todo-suficientes do Redentor, a pira foi acesa e os gravetos ardentes sufocaram rapidamente as suas últimas palavras: "Senhor, tem misericórdia de mim! Cristo, tem misericórdia de mim!". As cinzas do corpo foram enterradas em uma cova e, com elas, um dos pés inteiro até o tornozelo, com a meia calçada.

## SRA. CICELY ORMES

Essa jovem mártir, de 22 anos, era a esposa do sr. Edmund Ormes, tecelão de lã de Saint Lawrence, Norwich. Com a morte de Miller e Elizabeth Cooper, anteriormente mencionada, ela dissera que beberia da mesma taça de qual eles beberam. Por essas palavras, ela foi levada ao chanceler, que a teria dispensado se prometesse ir à igreja e guardar sua crença para si mesma. Como ela não concordou com isso, o chanceler insistiu que lhe havia mostrado mais clemência do que a qualquer outra pessoa e não estava desejoso de condená-la, porque era uma mulher tola e ignorante; a isso ela respondeu (talvez com mais astúcia do que ele esperava) que, por maior que fosse o desejo dele de poupar a sua carne pecaminosa, não se igualaria à inclinação dela de entregar-se a tão grande contenda. Então, o chanceler proferiu a sentença inflamada e, no dia 23 de setembro de 1557, ela foi levada à fogueira às oito horas da manhã.

Após declarar ao povo a sua fé, ela pôs a mão na estaca e disse: "Bem-vinda, cruz de Cristo". A mão dela ficou suja ao fazer isso (por ser a mesma estaca em que Miller e Cooper haviam sido queimados) e, a princípio, ela a limpou; porém, imediatamente depois, acolheu-a e abraçou como a "doce cruz de Cristo". Após os atormentadores haverem acendido o fogo, ela disse: "A minha alma engrandece ao Senhor, e o meu espírito se alegrou em Deus, meu Salvador".[60] Depois, cruzando

---

[59] Mt 10:28

[60] Lc 1:46,47

as mãos sobre o peito e olhando para o alto com a máxima serenidade, ficou em pé na fornalha ardente. Suas mãos continuaram subindo gradualmente até os tendões ressecarem; então, caíram. Ela não soltou qualquer suspiro de dor, mas rendeu sua vida, um emblema daquele paraíso celestial onde está a presença de Deus, bendita eternamente.

Pode-se argumentar que essa mártir buscou voluntariamente sua própria morte, porque o chanceler mal lhe exigiu outra penitência senão guardar sua crença para si mesma. Contudo, nesse caso deve parecer que Deus a havia escolhido para ser uma luz brilhante, porque havia abjurado 12 meses antes de ser levada; porém, sentiu-se muito mal até o chanceler ser informado, por carta, de que ela se arrependera, do fundo do coração, de sua abjuração. Como que para compensar sua anterior apostasia e convencer os católicos de que lhe importava mais o seu compromisso do que a sua segurança pessoal, ela negou ousadamente a oferta amigável dele de permitir que ela contemporizasse. Merece elogio sua coragem na causa daquele que disse: "aquele que me negar diante dos homens, também eu o negarei diante de meu Pai, que está nos céus".[61]

## REVERENDO JOHN ROUGH

Esse piedoso mártir era escocês. Aos 17 anos, ingressou na ordem dos Frades Negros, em Stirling, na Escócia. Ele havia sido impedido de receber uma herança por seus amigos e deu esse passo para vingar-se da conduta deles. Após permanecer ali por 16 anos, Lorde Hamilton, conde de Arran, agradou-se dele; o arcebispo de Santo André induziu o provincial da casa a dispensar seu hábito e ordem, e ele se tornou o capelão do conde. Ele permaneceu nesse emprego espiritual durante um ano e, nesse tempo, Deus operou nele um conhecimento salvador da verdade. Por essa razão, o conde o enviou para pregar em liberdade de Ayr, onde permaneceu por quatro anos; porém, encontrando ali perigo pelo aspecto religioso da época, e descobrindo que havia muita liberdade para o evangelho na Inglaterra, viajou até o duque de Somerset, então Lorde Protetor da Inglaterra, que lhe concedeu um salário anual de 20 libras e o autorizou a pregar em Carlisle, Berwick e Newcastle, onde se casou. Posteriormente, foi removido para um ministério eclesiástico em Hull, no qual permaneceu até a morte de Eduardo VI.

Em consequência da maré de perseguições que se iniciava, o sr. Rough fugiu com a esposa para a Frísia e, em Nordon, eles se dedicaram a tricotar calças, gorros e outras coisas para sua subsistência. Impedido em seus negócios pela falta de fios, ele foi à Inglaterra para adquirir novelos e chegou a Londres no dia 10 de novembro, onde logo ouviu falar de uma sociedade secreta dos fiéis, a quem se uniu e, dentro de pouco tempo, foi eleito seu ministro, em cuja ocupação ele os fortaleceu com grande denodo.

---

[61] Mt 10:33

No dia 12 de dezembro, por informação de um certo Taylor, membro da sociedade, o sr. Rough, com o sr. Cuthbert Symson e outros, foram abordados no Saracen's Head, Islington, onde, sob o pretexto de irem assistir a uma peça teatral, realizavam suas atividades religiosas. O vice-mordomo da rainha conduziu Rough e Symson perante o Conselho, onde foram acusados de se reunirem para celebrar a Comunhão. O Conselho escreveu a Bonner, e ele não perdeu tempo para derramar sangue. Em três dias, ele o recebeu no tribunal e, no dia seguinte (20), resolveu condená-lo. As acusações feitas contra Rough foram de que, sendo sacerdote, era casado e havia rejeitado o culto na língua latina. Não faltaram argumentos para o sr. Rough responder àqueles dogmas frágeis. Em suma, ele foi degradado e condenado.

Deve-se observar que, quando estava no Norte, no reinado de Eduardo VI, o sr. Rough salvou a vida do Dr. Watson, que depois se sentou com o bispo Bonner no banco. Em troca da amabilidade que recebera, esse prelado ingrato acusou ousadamente o sr. Rough de ser o herege mais pernicioso do país. O ministro piedoso o reprovou por seu espírito maldoso, afirmou que, durante os 30 anos em que viveu, nunca havia dobrado os joelhos para Baal e que por duas vezes, em Roma, vira o papa ser carregado nos ombros de homens com o falso Sacramento sendo portado diante dele, apresentando uma verdadeira imagem do próprio Anticristo. Fora mostrado mais reverência ao papa do que à hóstia, que eles consideravam ser seu Deus. Levantando-se e aproximando-se dele como se quisesse rasgar sua roupa, Bonner disse: "Hein? Você esteve em Roma, viu o nosso santo pai, o papa, e blasfema contra ele desse jeito?". Dito isso, lançou-se sobre o sr. Rough, arrancou-lhe um pedaço da barba e, para que o dia pudesse começar ao seu agrado, ordenou que o objeto de sua raiva fosse queimado às cinco e meia da manhã seguinte.

## CUTHBERT SYMSON

Poucos professos de Cristo foram mais ativos e zelosos do que essa excelente pessoa. Ele não apenas se empenhou para preservar seus amigos do contágio do papismo, mas também se esforçou para protegê-los contra os terrores da perseguição. Ele era diácono da pequena congregação em que o sr. Rough presidia como ministro.

O sr. Symson escreveu um relato de seus próprios sofrimentos, que não poderia ser melhor detalhado do que com suas próprias palavras:

"No dia 13 de dezembro de 1557, fui convocado pelo Conselho para a Torre de Londres. Na quinta-feira seguinte, fui chamado ao refeitório, perante o guarda da torre e o sr. Cholmly, escrivão de Londres, que me ordenou informar-lhes os nomes dos que compareceram ao culto em inglês. Respondi que nada declararia. Em consequência de minha recusa, fui colocado em um pelourinho de ferro, acredito que durante três horas!

Então, eles me perguntaram se eu confessaria, ao que respondi como anteriormente. Após ser desacorrentado, fui levado de volta ao meu alojamento. No domingo seguinte, fui novamente levado ao mesmo local, perante o tenente e o escrivão de Londres, e eles me interrogaram. Respondi conforme anteriormente. Então, o tenente jurou por Deus que eu diria; após isso, meus dois dedos indicadores foram amarrados juntos e uma pequena flecha foi colocada entre eles; eles a puxaram com tanta rapidez que o sangue escorreu e a flecha se partiu.

Após suportar a tortura mais duas vezes, fui levado de volta ao meu alojamento e, dez dias depois, o tenente me perguntou se eu não confessaria agora o que eles me haviam pedido anteriormente. Respondi que já havia dito tanto quanto desejava. Três semanas depois, fui enviado ao sacerdote, por quem fui fortemente atacado e de cujas mãos recebi a maldição do papa por dar testemunho da ressurreição de Cristo. E assim eu entrego você a Deus, e à Palavra de Sua graça, com todos aqueles que, sem fingimento, invocam o nome de Jesus; desejando que Deus, por Sua infinita misericórdia, por meio dos méritos de Seu querido Filho, Jesus Cristo, leve todos nós ao Seu reino eterno. Amém. Eu louvo a Deus por Sua grande misericórdia demonstrada por nós. Cante Hosana ao Altíssimo comigo, Cuthbert Symson. Deus perdoe meus pecados! Peço perdão ao mundo todo e perdoo o mundo todo; e assim deixo o mundo, na esperança de uma alegre ressurreição!"

Se esse relato for devidamente considerado, que quadro de repetidas torturas ele apresenta! Porém, até mesmo a crueldade da narração é excedida pela paciente mansidão com que foi suportada. Aqui não há expressões de maldade, nem invocações da justiça retributiva de Deus, nem uma queixa de haver sofrido injustamente! Pelo contrário, louvor a Deus, perdão de pecados e perdão ao mundo todo concluem essa narrativa interessante e sincera.

A constante tranquilidade desse mártir despertou a admiração de Bonner. Falando do sr. Symson no consistório, ele disse: "Veja que homem agradável ele é; acerca de sua paciência, afirmo que, se não fosse herege, ele seria um homem dotado da maior paciência que já vi. Ele foi torturado na Torre três vezes no mesmo dia; também em minha casa sentiu tristeza; contudo, nunca o vi perder a paciência".

No dia anterior à sua condenação, enquanto estava no pelourinho do depósito de carvão do bispo, esse piedoso diácono teve a visão de uma forma glorificada, o que muito o encorajou. Certamente ele atestou isso à sua esposa, ao sr. Austen e a outros antes de sua morte.

O sr. Hugh Foxe e John Devinish foram presos com esse ícone da Reforma Cristã. Os três foram levados a Bonner no dia 19 de março de 1558, e as condições dos papistas foram apresentadas. Eles as rejeitaram e foram todos condenados. Assim como adoraram juntos na mesma sociedade, em Islington, sofreram juntos em Smithfield, no dia 28 de março. Na morte deles, o Deus da graça foi glorificado, e os verdadeiros crentes, confirmados!

## THOMAS HUDSON, THOMAS CARMAN E WILLIAM SEAMEN

Esses homens foram condenados por um vigário fanático de Aylesbury, chamado Berry. O local da execução era chamado Lollard's Pit, fora de Bishopsgate, em Norwich. Após se unirem em humilde petição ao trono da graça, eles se levantaram, foram para a estaca e, ali, amarrados com correntes. Para grande surpresa dos espectadores, Hudson escorregou por debaixo das correntes e foi à frente. Prevalecia uma forte opinião de que ele estava prestes a abjurar; outros achavam que ele queria mais tempo. Enquanto isso, seus companheiros de estaca fizeram todas as promessas e exortações para apoiá-lo. As esperanças dos inimigos da cruz, porém, foram frustradas: o bom homem, longe de temer o mínimo terror pessoal diante das aguilhoadas da morte que se aproximava, só ficou alarmado porque a face de seu Salvador parecia ter se escondido dele. Caindo de joelhos, seu espírito lutou com Deus, e Deus confirmou as palavras de Seu Filho: "Pedi, e dar-se-vos-á".[62] O mártir se levantou extasiado de alegria e exclamou: "Agora,

graças a Deus, estou forte e não me importo com o que o homem pode fazer comigo!". Com semblante sereno, recolocou-se sob a corrente, juntou-se aos seus companheiros de sofrimento e, com eles, sofreu a morte, para conforto dos piedosos e confusão do Anticristo.

Não saciado por esse ato demoníaco, Berry convocou 200 pessoas da cidade de Aylesham, as quais obrigou a ajoelhar diante da cruz, durante o Pentecoste, e infligiu outras punições. Ele bateu com um martelo em um pobre homem por uma palavra insignificante, o que se mostrou fatal para aquele sujeito inofensivo. Quando uma mulher chamada Alice Oxes o encontrou entrando no salão quando ele estava de mau humor, ele lhe deu um murro tão forte, que ela morreu devido à violência. Esse sacerdote era rico e possuía grande autoridade; era um réprobo e, como os demais sacerdotes, absteve-se do casamento para desfrutar uma vida mais devassa e licenciosa. No domingo seguinte à morte da rainha Mary, ele estava se divertindo com uma de suas concubinas, antes das vésperas da liturgia; foi à igreja, administrou o batismo e, retornando ao seu passatempo lascivo, a mão de Deus o feriu. Sem ter tempo para arrependimento, ele caiu no chão e um gemido foi o único som que lhe foi permitido. Nele podemos observar a diferença entre o fim de um mártir e o fim de um perseguidor.

---

[62] Mt 7:7

*John Foxe*

## A HISTÓRIA DE ROGER HOLLAND

Em uma área fechada perto de um campo, em Islington, 40 pessoas íntegras haviam se reunido. Enquanto estavam religiosamente envolvidas em orar e expor a Escritura, 27 delas foram levadas à presença de Sir Roger Cholmly. Algumas das mulheres fugiram; vinte e duas pessoas foram presas em Newgate e continuaram na prisão durante sete semanas. Antes do interrogatório, foram informadas pelo carcereiro Alexander de que, para serem liberadas, nada mais era necessário além de ouvir a Missa. Por mais fácil que essa condição possa parecer, aqueles mártires valorizavam mais sua pureza de consciência do que a perda da vida ou de bens; assim, 13 foram queimados — sete em Smithfield e seis em Brentford —, dois morreram na prisão e os outros sete foram providencialmente preservados. Os nomes dos sete que sofreram são: H. Pond, R. Estland, R. Southain, M. Ricarby, J. Floyd, J. Holiday e Roger Holland. Eles foram enviados para Newgate no dia 16 de junho de 1558 e executados no dia 27.

Esse Roger Holland, um alfaiate mercante de Londres, foi primeiramente aprendiz de um certo Mestre Kemption, no Black Boy da Watling Street, dedicando-se à dança, esgrima, jogos, banquetes e companhia lasciva. Ele havia recebido 30 libras destinadas ao seu mestre e perdeu tudo no jogo de dados. Por isso, teve a intenção de ir para além-mar, na França ou em Flandres.

Assim decidido, chamou de manhã cedo uma serva discreta da casa, chamada Elizabeth, que professava o evangelho e levava uma vida que honrava sua profissão. Ele lhe revelou a perda que sua loucura havia ocasionado, lamentou não haver seguido o conselho dela e implorou que ela entregasse ao mestre um bilhete dele reconhecendo a dívida, que ele pagaria se, algum dia, pudesse. Também implorou que sua conduta vergonhosa pudesse ser mantida em segredo, para não trazer tristeza aos cabelos brancos de seu pai, e a um túmulo prematuro.

A criada, com uma generosidade e um princípio cristão raramente superados, consciente de que a imprudência dele pudesse resultar em ruína, trouxe-lhe as 30 libras, que eram parte de uma soma de dinheiro recentemente recebida por herança. Ela disse: "Aqui está o valor necessário. Você deve pegar o dinheiro, e eu guardarei o bilhete, mas expressamente na condição de que você abandone toda companhia lasciva e depravada, que não jure e nem fale indecentemente e nunca mais jogue, porque, se eu descobrir que você o faz, mostrarei imediatamente este bilhete ao seu mestre. Exijo também que você me prometa participar da leitura diária em Allhallows e do sermão na Igreja de São Paulo todos os domingos; que você jogue fora todos os seus livros de papismo e, em seu lugar, coloque o Testamento e o Livro de Serviço, e que leia as Escrituras com reverência e temor, pedindo a Deus que a Sua graça o guie em Sua verdade. Ore a Deus com fervor para que Ele perdoe os seus delitos anteriores e não se lembre dos pecados de sua juventude, e você obterá o Seu favor. Sempre tema violar Suas leis ou ofender Sua majestade. Assim, Deus o terá sob Sua guarda e lhe concederá os desejos do seu coração". É necessário honrarmos a memória dessa excelente doméstica cujos piedosos esforços foram igualmente dirigidos a beneficiar o jovem imprudente nesta vida e na vindoura. Deus não fez o desejo dessa excelente doméstica ser lançado em solo árido; em menos de seis meses, o licencioso Roger Holland se tornou um zeloso partidário do evangelho e foi um instrumento de conversão para o pai dele e outras pessoas que ele visitou em Lancashire, para seu conforto espiritual e a reforma a partir do papismo.

Satisfeito com sua mudança de conduta, seu pai lhe deu 40 libras para iniciar negócios em Londres. Então Roger, voltou a Londres e foi ao encontro da empregada que lhe emprestou o dinheiro para pagar ao seu senhorio e lhe disse: "Elizabeth, aqui está o dinheiro que você me emprestou, e, pela amizade, a boa vontade e o bom conselho que recebi de você, não sou capaz de recompensá-la senão fazendo de você minha esposa". Pouco depois, eles se casaram, no primeiro ano da rainha Mary. Depois disso, ele permaneceu nas congregações dos fiéis até ser detido juntamente com os seis outros mencionados, no último ano da rainha Mary. Depois de Roger Holland, ninguém sofreu em Smithfield pelo testemunho do evangelho. Graças a Deus!

## FLAGELAÇÕES POR BONNER

Quando essa hiena católica descobriu que nem persuasões, ameaças ou prisão poderiam fazer mudar de ideia um jovem chamado Thomas Hinshaw, Bonner o enviou a Fulham e, durante a primeira noite, colocou-o no tronco, sem outro alimento além de pão e água. Na manhã seguinte, foi ver se esse castigo o havia feito mudar de ideia e, como não havia, enviou o Dr. Harpsfield, seu arquidiácono, para conversar com ele. O médico logo perdeu o humor com as respostas dele, chamou-o de menino impertinente e perguntou se ele achava que estava prestes a condenar sua alma. Thomas disse: "Estou convencido de que você trabalha para promover o reino de trevas do diabo, não por amor à verdade". O doutor transmitiu essas palavras ao bispo, que, com um ardor que quase o impedia de falar, foi até Thomas e disse: "Você responde assim ao meu arquidiácono, garoto travesso? Esteja certo de que, em breve, eu lhe darei o que você merece!". Então, trouxeram-lhe dois galhos de salgueiro; fazendo o jovem, que não ofereceu resistência, ajoelhar-se contra um banco comprido em um caramanchão no seu jardim, Bonner o açoitou até ser obrigado a parar por falta de ar e fadiga. Uma das varas estava desgastada.

Thomas sofreu muitos outros antagonismos do bispo; este, por fim, para livrar-se dele efetivamente, contratou falsas testemunhas para fazer acusações contra Hinshaw, todas as quais o jovem negou e, em suma, recusou-se a responder a qualquer interrogatório feito a ele. Quinze dias depois, o jovem foi acometido por uma febre ardente, e, a pedido de seu senhor, o sr. Pugson, do cemitério da Igreja de São

Paulo, foi removido. O bispo não duvidou de que ele havia morrido de maneira natural; entretanto, Thomas permaneceu doente durante mais de um ano e, nesse meio tempo, a rainha Mary morreu. Por esse ato da providência, ele escapou da fúria de Bonner.

John Willes era outra pessoa fiel sobre quem recaiu a mão flageladora de Bonner. Ele era o irmão do Richard Willes, queimado em Brentford, anteriormente mencionado. Hinshaw e Willes foram confinados juntos no depósito de carvão de Bonner e, posteriormente, levados para Fulham, onde ele e Hinshaw permaneceram no tronco durante oito ou dez dias. O espírito perseguidor de Bonner traiu a si mesmo em seu tratamento a Willes durante seus interrogatórios, frequentemente batendo em sua cabeça com uma vara, agarrando-o pelas orelhas e dando-lhe piparotes embaixo do queixo, dizendo que ele ficava de cabeça baixa como um ladrão. Não obtendo sinais de abjuramento, ele o levou ao pomar e, em um pequeno caramanchão, o açoitou primeiramente com uma vara de salgueiro e depois com bétula, até ficar exausto. Essa cruel ferocidade foi causada pela resposta do pobre sofredor, que, ao ser perguntado quanto tempo fazia que ele não rastejava até a cruz, respondeu: "Nunca depois de chegar à idade do discernimento, e nem o faria, ainda que fosse despedaçado por cavalos selvagens". Bonner ordenou que ele fizesse o sinal da cruz na testa, mas Willes se recusou a fazê-lo e, por isso, foi levado ao pomar.

Certo dia, quando ele estava no tronco, Bonner lhe perguntou se estava gostando de sua hospedagem e alimentação. Willes disse: "Bem, poderia ter um pouco de palha para eu me sentar ou me deitar". Nesse momento, chegou a esposa de Willes, em estado avançado de gestação, e suplicou ao bispo por seu marido, declarando corajosamente que ela teria a criança ali naquela casa se ele não pudesse ir com ela. Para livrar-se do importuno da boa esposa e do problema de uma mulher acamada em seu palácio, ele ordenou a Willes que fizesse o sinal da cruz e dissesse *"In nomine Patris, et Filii, e Spiritus Sancti, Amen"*. Willes não fez o sinal e repetiu as palavras "Em nome do Pai, e do Filho, e do Espírito Santo, Amém". Bonner queria que as palavras fossem pronunciadas em latim, ao que Willes não fez objeção, pois conhecia o significado das palavras. Foi-lhe então permitido voltar para casa com sua esposa, sendo seu parente Robert Rouze encarregado de levá-lo à Igreja de São Paulo no dia seguinte, para onde ele mesmo iria; assinando um documento de pouca importância escrito em latim, foi liberado. Este é o último dos 21 detidos em Islington.

## REVERENDO RICHARD YEOMAN

Esse idoso devoto, eminentemente e qualificado para a sua função sagrada, era pároco auxiliar do Dr. Taylor, em Hadley. O Dr. Taylor ao partir deixou o vicariato com o sr. Yeoman; porém, tão logo ele obteve o benefício, o sr. Newall o substituiu por um padre romano. Depois disso, Yeoman vagou de um lugar para outro, exortando todos os homens a permanecerem fiéis à Palavra de Deus, a se entregarem sinceramente à oração, com paciência para suportar a cruz agora imposta sobre eles para sua provação, com ousadia para confessar a verdade diante de seus adversários e com uma inabalável esperança de esperar pela coroa e recompensa da felicidade eterna. Entretanto, ao perceber que seus adversários estavam à sua espera, foi para Kent e, com um pequeno pacote de laços, alfinetes, agulhas etc., viajou de vila em vila vendendo esses objetos e, dessa maneira, obtendo o sustento para si, sua esposa e seus filhos.

Por fim, Justice Moile, de Kent, deteve o sr. Yeoman e o colocou no tronco durante um dia e uma noite; porém, não tendo motivo evidente para acusá-lo, soltou-o. Voltando secretamente a Hadley, ele permaneceu com sua pobre esposa, que o manteve em segredo em um cômodo do sobrado, comumente chamado Guildhall, por mais de um ano. Durante esse período, o bom e velho pai morou em um dos cômodos trancado, passando seu tempo durante todo o dia orando com devoção, lendo as Escrituras e cardando a lã que sua esposa fiava. Sua esposa também mendigava pão para si e para seus filhos, e, com esses meios precários, se sustentavam. Assim, os santos de Deus passavam fome e miséria enquanto os profetas de Baal viviam em festividades e eram custosamente mimados à mesa de Jezabel.

Finalmente, sendo informado de que Yeoman estava sendo escondido pela esposa, Newall foi até lá acompanhado por policiais e invadiu o recinto onde o objeto de sua busca estava na cama com sua esposa. Ele acusou a pobre mulher de ser uma prostituta e que ela teria se despido indecentemente, mas Yeoman resistiu a esse ato de violência e ao ataque ao caráter de sua esposa, acrescentando que ele desafiava o papa e o papismo. Ele foi levado e colocado no tronco até o dia seguinte.

Na sua cela, havia um idoso chamado John Dale, que estava sentado ali havia três ou quatro dias, por exortar as pessoas enquanto Newall e seu pároco auxiliar realizavam o culto. Suas palavras foram: "Ó guias miseráveis e cegos, vocês serão sempre líderes cegos dos cegos? Jamais se emendarão? Nunca verão a verdade da Palavra de Deus? Nem as ameaças nem as promessas de Deus entrarão em seus corações? O sangue dos mártires não suavizará seus estômagos de pedra? Ó geração obstinada, de coração duro, perversa e torta, a quem nada pode fazer bem".

Ele disse essas palavras com fervor de espírito contra a religião supersticiosa de Roma; por isso, Newall fez com que ele fosse imediatamente preso e colocado num tronco de contenção dentro de uma jaula, onde foi mantido até Sir Henry Doile, um juiz, chegar a Hadley.

Quando Yeoman foi detido, o pároco convocou Sir Henry Doile para enviar os dois à prisão. Com igual zelo, Sir Henry Doile implorou ao pároco que considerasse a idade dos homens e sua pobre condição; eles não eram pessoas notáveis, nem pregadores; por isso, propôs que fossem punidos um dia ou dois e dispensados. Ao

*John Foxe*

menos John Dale, que não era sacerdote e, portanto, por estar sentado na cela há muito tempo, já havia sido punido o suficiente. Quando o pároco ouviu isso, ficou extremamente bravo e, com grande fúria, chamou-os de hereges pestilentos, incapazes de viver na comunidade dos cristãos.

Temendo parecer misericordioso demais, Sir Henry ordenou que Yeoman e Dale fossem presos, amarrados como ladrões com as pernas sob as barrigas dos cavalos e levados para a prisão de Bury, onde foram postos a ferros. Eles foram levados para a masmorra mais inferior por censurarem continuamente o papismo. Nessa masmorra, John Dale, doente pela prisão e pelos maus cuidados, morreu pouco depois; seu corpo foi descartado e enterrado nos campos.

Richard Yeoman e John Dale a caminho de Bury. Ilustração de *O livro dos mártires*, edição de 1907.

Ele era um homem de 66 anos, tecelão por profissão, bem instruído nas Sagradas Escrituras, firme em sua confissão das verdadeiras doutrinas de Cristo conforme estabelecidas no tempo do rei Eduardo. Por tudo isso, ele sofreu alegremente prisão e correntes e, dessa masmorra mundana, partiu em Cristo para a glória eterna e ao bendito paraíso de felicidade inacabável.

Após a morte de Dale, Yeoman foi levado para a prisão de Norwich, onde, após dificuldades e maus cuidados, foi interrogado sobre sua fé e religião e obrigado a submeter-se ao seu santo pai, o papa. Ele disse: "Eu o desafio e toda a sua detestável abominação; de modo algum terei algo a ver com ele". As principais acusações contra ele foram seu casamento e o sacrifício da Missa. Ao descobrirem que ele permanecia firme na verdade, foi condenado, degradado e não apenas queimado, mas também cruelmente atormentado na fogueira. Assim terminou sua vida pobre e miserável, e ele entrou no bendito seio de Abraão, desfrutando, com Lázaro, o descanso que Deus preparou para os Seus eleitos.

### THOMAS BENBRIDGE

Benbridge era um cavalheiro solteiro da diocese de Winchester. Ele poderia ter vivido a vida de um cavalheiro, nos ricos bens deste mundo; porém, preferiu entrar pela porta estreita da perseguição para a posse celestial da vida no reino do Senhor, do que gozar dos prazeres do presente com peso na consciência. Posicionando-se virilmente contra os papistas em defesa da sincera doutrina do evangelho de Cristo, ele foi detido como adversário da religião romana e levado a interrogatório perante o bispo de Winchester. Foi submetido a vários conflitos pela verdade contra o bispo e seu colega; por isso foi condenado e, algum tempo depois, levado ao local do martírio por Sir Richard Pecksal, xerife.

Quando estava na estaca, começou a desatar seus laços e a preparar-se; depois, deu seu manto ao carcereiro, a título de taxa. Seu gibão era enfeitado com renda dourada, que ele deu a Sir Richard Pecksal, o alto xerife. Ele tirou o gorro de veludo da cabeça e o jogou fora. Então, elevando sua atenção ao Senhor, começou a orar. Quando foi preso à estaca, o Dr. Seaton implorou para que ele abjurasse e, assim, recebesse perdão; porém, ao ver que não tinha sucesso, disse às pessoas que, se ele não abjurasse, não orassem por ele, assim como não orariam por um cachorro.

O sr. Benbridge estava de pé na fogueira, com as mãos juntas da maneira como o sacerdote segura as mãos no Memento; o Dr. Seaton foi novamente a ele e o exortou a abjurar, ouvindo em resposta: "Fora, Babilônia, longe!". Um dos que estavam ali disse: "Senhor, corte a língua dele"; outro, um homem mundano, enfureceu-se com ele mais do que o Dr. Seaton havia feito. Quando viram que ele não estava disposto a ceder, ordenaram aos atormentadores que acendessem a fogueira ainda antes de ele estar coberto pelos gravetos. Primeiramente, o fogo lhe tirou um pedaço da barba, mas ele não recuou. Então, veio pelo outro lado e atingiu suas pernas; por serem de couro, as partes inferiores de sua calça fizeram o fogo penetrar mais, de modo que o calor intolerável o fez exclamar "Eu abjuro!" e, de repente, empurrou o fogo para longe de si. Dois ou três de seus amigos, estando perto, desejaram salvá-lo pisando na fogueira para ajudar a removê-lo e, por essa gentileza, foram enviados à cadeia. Também o xerife, por sua própria autoridade, tirou-o da estaca e o devolveu ao cárcere. Ele foi enviado à prisão Fleet e lá ficou durante algum tempo. Antes, porém, de ser retirado da estaca, o Dr. Seaton redigiu acusações para ele assinar. O sr. Benbridge fez tantas objeções a elas, que o Dr. Seaton ordenou que eles atassem fogo novamente na pilha. Então, com muita dor e tristeza no coração, ele as assinou nas costas de um homem. Feito isso, seu manto lhe foi devolvido, e ele foi levado para a prisão. Enquanto estava lá, escreveu uma carta ao Dr. Seaton, retirando as palavras que havia dito na estaca e as acusações que havia assinado, porque estava pesaroso por havê-las assinado. No mesmo dia, durante a noite, ele foi novamente levado à fogueira, onde os vis atormentadores mais o assaram do que queimaram. O Senhor conceda arrependimento aos seus inimigos!

## A SENHORA PREST

Devido ao número de pessoas condenadas nesse reinado fanático, é quase impossível obter o nome de todos os mártires ou enaltecer a história de todos com narrativas e exemplos de conduta cristã. Graças à Providência, nossa cruel tarefa começa a aproximar-se de uma conclusão, com o fim do reinado de terror e derramamento de sangue do papismo. Os monarcas, que se sentam em tronos conquistados por direito hereditário, devem, acima de tudo, considerar que as leis da natureza são as leis de Deus e, portanto, que a primeira lei da natureza é a preservação de seus súditos. Eles devem deixar as máximas de perseguições, de tortura e de morte para quem exerceu soberania por fraude ou por espada; porém, onde — exceto entre alguns imperadores indecentes de Roma e os pontífices romanos — encontraremos alguém cuja memória seja tão "condenada à fama eterna" quanto a da rainha Mary? As nações lamentam o momento que as separa para sempre de um governante amado, mas o de Mary foi o momento mais bendito de todo o seu reinado. O Céu ordenou três grandes flagelos pelos pecados nacionais — praga, pestilência e fome. Foi o desejo de Deus trazer um quarto flagelo a este reino durante o reinado de Mary, sob a forma de perseguição papista. Ele foi cortante, mas glorioso; o fogo que consumiu os mártires minou o papado, e os estados católicos, presentemente os mais fanáticos e não-iluminados, são os mais baixos na escala da dignidade moral e das consequências políticas. Que eles possam permanecer assim até que a pura luz do evangelho dissipe as trevas do fanatismo e da superstição! Mas, voltemos ao assunto.

A sra. Prest morou durante algum tempo na Cornualha, onde tinha marido e filhos, cujo fanatismo a obrigava a frequentar as abominações da Igreja de Roma. Decidindo agir conforme sua consciência ditava, ela os abandonou e passou a ganhar a vida como fiadeira. Depois de algum tempo, voltando para casa, ela foi acusada pelos vizinhos e levada para Exeter, para ser interrogada perante o Dr. Troubleville e seu chanceler Blackston. Como essa mártir foi considerada possuidora de um intelecto inferior, nós a colocaremos em comparação com o bispo, deixando que o leitor julgue quem teve o máximo do conhecimento que conduz à vida eterna. O bispo perguntou acerca do pão e do vinho como carne e sangue, e a sra. Prest disse:

—Eu lhe perguntarei se você pode negar seu credo, que diz que Cristo se senta perpetuamente à direita de Seu Pai, de corpo e alma, até que volte; ou que Ele é, no Céu, nosso Advogado e ora por nós a Deus, Seu Pai? Se assim for, Ele não está aqui na Terra em um pedaço de pão. Se Ele não está aqui e não habita em templos feitos pelas mãos, e sim no Céu, devemos procurá-lo aqui? Se Ele ofereceu Seu corpo de uma vez por todas, por que você faz uma nova oferta? Se, com uma oferta, Ele tornou tudo perfeito, por que você, com uma oferta falsa, torna tudo imperfeito? Se Ele deve ser adorado em espírito e em verdade, por que você adora um pedaço de pão? Se Ele for comido e bebido em fé e verdade, se não for proveitoso a Sua carne estar entre nós, por que você diz que faz a Sua carne e o Seu sangue e que isso é proveitoso para o corpo e a alma? Eu sou uma pobre mulher, mas eu preferiria não viver do que fazer o que você faz. Tenho dito, senhor.

—Eu garanto que você é totalmente protestante. Pergunto: em que escola você foi educada?

—Aos domingos, eu ouvia os sermões e ali aprendi coisas que estão tão firmadas em meu peito, que a morte não as separará.

—Ó mulher tola, quem gastará fôlego com você ou com alguém como você? Porém, como pode você haver se afastado de seu marido? Se fosse uma mulher honesta, não haveria abandonado seu marido e seus filhos e percorrido o país como uma fugitiva.

—Senhor, eu trabalhei para ganhar o meu sustento e, conforme meu Senhor Cristo me aconselhava, quando eu era perseguida em uma cidade, fugia para outra.

—Quem a perseguia?

—Meu marido e meus filhos, porque, quando eu quis que eles deixassem a idolatria e adorassem a Deus no Céu, eles não quiseram me ouvir. Ele e seus filhos me repreenderam e me incomodaram. Eu não fugi para me prostituir, nem para roubar, e sim porque não teria comunhão com ele e os seus naquele imundo ídolo da Missa, e onde quer que eu estivesse, sempre que podia, aos domingos e feriados, eu inventava desculpas para não ir à igreja papista.

—Então, provavelmente você é uma boa dona de casa, para fugir de seu marido e da igreja.

—Ser dona de casa é coisa pequena, mas Deus me concedeu a graça de ir à verdadeira Igreja.

—A verdadeira Igreja? O que você quer dizer?

—Não é a sua igreja papista, repleta de ídolos e abominações, e sim onde dois ou três estão reunidos em nome de Deus; a essa Igreja eu irei enquanto viver.

—Então, provavelmente você tem uma igreja própria. Bem, que essa mulher louca seja aprisionada até mandarmos chamar seu marido.

—Não, eu tenho um único marido, que já está aqui nesta cidade e está preso comigo, do qual eu nunca me afastarei.

Algumas pessoas presentes se esforçaram para convencer o bispo de que ela não gozava de juízo perfeito, e ela foi autorizada a partir. O carcereiro das prisões do bispo a levou à casa dele, onde ela fiava como funcionária ou caminhava pela cidade, falando sobre o Sacramento do altar. Seu marido foi chamado para levá-la para casa, mas ela se recusou a ir enquanto a causa da religião pudesse ser servida. Ela era demasiadamente ativa para ficar ociosa; por mais simples que eles a considerassem, sua conversa despertou a atenção de vários sacerdotes e frades católicos. Eles a provocaram com perguntas, até que ela as respondeu com raiva, provocando risadas por seu ardor.

—Não, vocês têm mais necessidade de chorar do que de rir, e de se arrependerem de ter nascido, de serem os capelães daquela prostituta da Babilônia. Eu desafio a ele e toda a sua falsidade; e afastem-se de mim, vocês que não fazem outra coisa além de perturbar a minha consciência. Vocês gostariam que eu seguisse os seus feitos; antes perderei a minha vida. Eu lhes imploro que se afastem — disse ela.

—Ora, mulher tola, nós vimos até você para seu benefício e pela saúde de sua alma.

—Que benefício vem de vocês, que ensinam nada além de mentiras em vez da verdade? Como salvar suas almas quando vocês pregam nada além de mentiras e destroem almas?

—Como você comprova isso? — eles perguntaram.

—Vocês não destroem suas almas quando ensinam ao povo adorar ídolos, cepos e pedras, as obras das mãos dos homens? E adorar um falso Deus que vocês mesmos fazem com um pedaço de pão, e ensinam que o papa é o vigário de Deus e tem o poder de perdoar pecados? E que existe um purgatório, quando, por Sua paixão, o Filho de Deus purgou tudo? E dizem que vocês fazem Deus e o sacrificam, quando o corpo de Cristo foi um sacrifício definitivo? Vocês não ensinam as pessoas enumerar seus pecados em seus ouvidos e dizem que elas serão condenadas se não confessarem tudo, quando a Palavra de Deus diz que ninguém consegue enumerar seus pecados? Vocês não lhes prometem missas de décimo terceiro dia, hinos fúnebres e missas para as almas, e vendem suas orações por dinheiro, e fazem as pessoas comprarem perdões e confiarem em invenções assim tolas de suas imaginações? Vocês não agem completamente contra Deus? Vocês não nos ensinam a orar com terços e a orar a santos, dizendo que eles podem orar por nós? Vocês não fazem água benta e pão santo para combater demônios?

Vocês não fazem mais mil abominações? E, contudo, vocês dizem que vêm para meu benefício e para salvar a minha alma. Não, não, o Único me salvou. Adeus, vocês com a sua salvação.

Durante a liberdade que o bispo lhe concedeu, anteriormente mencionada, a sra. Prest foi à igreja de São Pedro e encontrou um holandês habilidoso, que estava afixando novos narizes em certas belas imagens que haviam sido desfiguradas no tempo do rei Eduardo. Ela lhe disse: "Que louco é você para fazer novos narizes para eles, que dentro de alguns dias perderão a cabeça?". O holandês a acusou duramente e ela retrucou: "Você é amaldiçoado, e assim são as suas imagens". Ele a chamou de prostituta e ela respondeu: "Não, as suas imagens são prostitutas e você é um caçador de prostitutas; porque Deus não diz 'Vocês se prostituem com deuses estranhos, figuras de sua própria autoria'? Você é como eles". Depois disso, foi ordenado seu confinamento, e a sra. Prest perdeu sua liberdade.

Durante o período em que esteve presa, muitos a visitaram, alguns enviados pelo bispo e outros por vontade própria, dentre eles um homem chamado Daniel, grande pregador do evangelho na Cornualha e em Devonshire no tempo do rei Eduardo, mas que, pela terrível perseguição que sofrera, havia fraquejado. Ela o exortou ardentemente a arrepender-se, como Pedro, e a ser mais firme em sua profissão de fé.

A sra. Walter Rauley, o sr. William e John Kede, pessoas de grande respeitabilidade, deram amplo testemunho da conversa piedosa da sra. Prest, declarando que, se Deus não estivesse com ela, seria impossível ela haver conseguido defender tão habilmente a causa de Cristo. De fato, para resumir o caráter dessa pobre mulher, ela unia a serpente e a pomba, abundando na mais alta sabedoria unida à maior simplicidade. Ela suportou prisão, ameaças, provocações e os epítetos mais vis, mas nada conseguiu induzi-la a desviar-se. Seu coração estava firme, ela havia lançado âncora, e todas as feridas de perseguição não conseguiram removê-la da rocha sobre a qual suas esperanças de felicidade estavam construídas.

Sua memória era tão boa que, mesmo sem nenhuma instrução, ela conseguia dizer em qual capítulo estava contido qualquer texto da Escritura. Devido a essa propriedade singular, um tal de Gregory Basset, papista de alto escalão, disse que ela era perturbada e falava como um papagaio — selvagem e sem significado. Por fim, havendo tentado sem sucesso todas as maneiras para torná-la nominalmente católica, eles a condenaram. Depois disso, alguém a exortou a deixar suas convicções e a voltar para casa, para sua família, porque era pobre e analfabeta. Ela disse: "É verdade; embora eu não seja culta, estou contente por ser uma testemunha da morte de Cristo e peço que vocês não se demorem mais comigo, porque meu coração está firme e eu nunca direi o contrário, nem me converterei ao seu proceder supersticioso".

Para desgraça do sr. Blackston, tesoureiro da igreja, ele frequentemente mandava buscar essa pobre mártir na prisão para diverti-lo e a uma mulher que ele mantinha, fazendo-lhe perguntas religiosas e transformando suas respostas em ridículo. Depois disso, ele a mandava de volta à sua masmorra miserável enquanto engordava comendo as coisas boas deste mundo.

Talvez houvesse algo simplesmente cômico na aparência da sra. Prest, porque ela era muito baixa e robusta, e sua idade era em torno de 54 anos; seu semblante, porém, era alegre e jovial, como se estivesse preparado para o dia de seu casamento com o Cordeiro. Zombar de sua forma era uma acusação indireta ao seu Criador, que a fez da maneira como mais o agradou e lhe deu uma mente que excedia de longe os dotes transitórios da carne perecível. Quando lhe ofereceram dinheiro, ela o rejeitou "porque estou indo para uma cidade onde o dinheiro não tem domínio e, enquanto estou aqui, Deus prometeu me alimentar".

Quando a sentença foi lida condenando-a às chamas, a sr. Prest levantou a voz e louvou a Deus, acrescentando: "Hoje encontrei aquilo que há muito procurava". Quando a tentaram a abjurar, ela disse: "Isso eu não farei. Deus me livre de perder a vida eterna por esta vida carnal e curta. Eu nunca trocarei o meu Marido celestial por meu marido terreno; a comunhão de anjos por filhos mortais; e, se meu marido e filhos são fiéis, então sou deles. Deus é meu pai, Deus é minha mãe, Deus é minha irmã, meu irmão, meu parente; Deus é meu mais fiel amigo".

*John Foxe*

Sendo entregue ao xerife, ela foi conduzida pelo oficial até o local da execução, fora dos muros de Exeter, chamado Sothenhey, onde novamente os sacerdotes supersticiosos a atacaram. Enquanto eles a amarravam na estaca, ela continuou a exclamar fervorosamente: "Deus seja misericordioso comigo, uma pecadora!". Suportando pacientemente a conflagração devoradora, ela foi consumida até tornar-se cinzas e, assim, terminou uma vida que, com uma inabalável fidelidade à causa de Cristo, não foi superada pela de qualquer outro mártir anterior.

### RICHARD SHARPE, THOMAS BANION E THOMAS HALE

No dia 9 de março de 1556, o sr. Sharpe, tecelão de Bristol, foi levado perante o Dr. Dalby, chanceler da cidade de Bristol e, após interrogatório referente ao Sacramento do altar, foi persuadido a abjurar, e no dia 29 foi ordenado a abjurar na igreja da paróquia. Porém, pouco depois de declarar publicamente seu retrocesso, sentiu em sua consciência um espírito maligno tão atormentador, que não conseguiu trabalhar em sua ocupação. Por isso, pouco depois, certo domingo, ele entrou na igreja da paróquia, chamou Temple e, no meio da Missa, ficou de pé na porta do coral e disse em voz alta: "Vizinhos, prestem atenção as minhas palavras. Aquele ídolo (apontando para o altar) é o maior e mais abominável que já existiu, e eu lamento haver negado o meu Senhor Deus!". Não obstante os policiais haverem sido chamados para

detê-lo, ele foi obrigado a sair da igreja; porém, à noite, foi detido e levado para Newgate. Pouco depois, diante do chanceler, negando que o Sacramento do altar fosse o corpo e o sangue de Cristo, o sr. Dalby o condenou à fogueira. Ele foi queimado no dia 7 de maio de 1558 e morreu piedosa, paciente e bravamente, confessando os artigos de fé protestantes. Com ele sofreu Thomas Hale, sapateiro de Bristol, condenado pelo chanceler Dalby. Esses mártires foram amarrados de costas um para o outro. Thomas Banion, um tecelão, foi queimado no dia 27 de agosto do mesmo ano e morreu pela causa evangélica de seu Salvador.

### J. CORNEFORD, DE WORTHAM; C. BROWNE, DE MAIDSTONE; J. HERST, DE ASHFORD; ALICE SNOTH E CATHARINE KNIGHT, UMA IDOSA

Com prazer, temos de registrar que esses cinco mártires foram os últimos que sofreram pela causa protestante no reinado de Mary, mas a maldade dos papistas foi evidente ao acelerar o martírio deles, que poderia ter sido adiado até que houvesse a conclusão da doença da rainha. É relatado que o arquidiácono de Canterbury, julgando que a morte súbita da rainha suspenderia a execução, viajou imediatamente de Londres para ter a satisfação de acrescentar outra página à lista negra de sacrifícios papistas.

As acusações contra eles foram, como era habitual, os elementos do Sacramento e a idolatria de curvar-se às imagens. Eles citaram as palavras do apóstolo João: "guardai-vos dos ídolos"[63] e, a respeito da presença real, insistiram, segundo o apóstolo Paulo: "as [coisas] que se veem são temporais"[64]. Quando a sentença estava prestes a ser lida contra eles, e a excomunhão ocorrer como de costume, John Corneford, iluminado pelo Espírito Santo, virou contra os próprios executores o último procedimento e, de maneira solene e impressionante, recriminou a excomunhão deles com as seguintes palavras: "Em nome de nosso Senhor Jesus Cristo, o Filho do poderosíssimo Deus, e pelo poder de Seu Espírito Santo, e pela autoridade de Sua santa Igreja Católica e apostólica, nós aqui entregamos nas mãos de Satanás, para serem destruídos, os corpos de todos os blasfemadores e hereges que sustentam algum erro contra a Sua santíssima Palavra ou condenam a Sua santíssima verdade por heresia, para manutenção de qualquer igreja falsa ou religião estranha, de modo que, por Teu justo julgamento contra os Teus adversários, ó poderosíssimo Deus, a Tua verdadeira religião possa ser conhecida para Tua grande glória e nosso consolo, e pela edificação de toda a nossa nação. Bom Deus, que assim seja. Amém". Essa sentença foi pronunciada e registrada abertamente e, como se a Providência houvesse concedido que ela não fosse proferida em vão, seis dias depois a rainha Mary morreu, detestada por todos os homens bons e amaldiçoada por Deus!

Embora familiarizado com essas circunstâncias, a implacabilidade do arquidiácono excedeu a de seu grande modelo, Bonner, que, embora tivesse várias pessoas sob seu feroz domínio naquele momento, não insistiu na morte delas às pressas e, por esse atraso, certamente lhes proporcionou uma oportunidade de escapar. Quando a rainha morreu, muitos estavam aprisionados: alguns que tinham acabado de ser detidos, outros que estavam sendo interrogados e outros, já condenados. As ordens foram, de fato, emitidas para várias pessoas serem queimadas, mas, pela morte dos três instigadores do assassinato protestante — o chanceler, o bispo e a rainha, que caíram quase juntos —, as ovelhas condenadas foram libertas e viveram muitos anos para louvar a Deus por sua feliz libertação.

Quando estavam na estaca, esses cinco mártires oraram fervorosamente para que seu sangue pudesse ser o último derramado — e não oraram em vão. Eles morreram gloriosamente e completaram o número[65] que Deus havia escolhido para testemunhar a verdade neste reino terrível, cujos nomes estão registrados no Livro da Vida. Mesmo eles sendo os últimos, não foram menos importantes entre os santos destinados à imortalidade por meio do sangue redentor do Cordeiro!

Catharine Finlay, também conhecida como Knight, converteu-se quando seu filho lhe explanou as Escrituras, produzindo nela uma obra perfeita que

---

[63] 1Jo 5:21
[64] 2Co 4:18
[65] Ap 6:11

terminou em martírio. Alice Snoth, na estaca, mandou chamar a avó e o padrinho e recitou para eles os artigos de sua fé e os Mandamentos de Deus, convencendo assim o mundo de que ela conhecia o seu dever. Ela morreu exortando os espectadores a darem testemunho de que ela era uma mulher cristã e sofrera com alegria pelo testemunho do evangelho de Cristo.

Dentre as inúmeras maldades cometidas pelo impiedoso e insensível Bonner, o assassinato de uma criança inocente e inofensiva pode ser considerado o mais horrível. Seu pai, John Fetty, um alfaiate da paróquia de Clerkenwell de apenas 24 anos, fez uma escolha bendita. Ele era firme na esperança eterna e confiava naquele que edifica a Sua Igreja para que as portas do inferno não prevaleçam contra ela. Infelizmente, sua própria esposa, cujo coração se endureceu contra a verdade e cuja mente foi influenciada pelos mestres da falsa doutrina, tornou-se sua acusadora. Brokenbery, uma criatura do papa e vigário da paróquia, recebeu a informação daquela Dalila casada. Em consequência disso, o pobre homem foi preso. Porém, aqui o terrível julgamento de um Deus sempre justo, "tão puro de olhos, que não pode ver o mal"[66], recaiu sobre essa mulher de coração de pedra e pérfida, porque, assim que o pobre marido foi capturado pelas iníquas maquinações dela, ela também foi subitamente tomada de loucura demonstrando um exemplo terrível e despertador do poder de Deus para punir quem faz o mal. Essa terrível circunstância surtiu algum efeito no coração dos ímpios caçadores que haviam agarrado avidamente sua presa: em um momento de compaixão, eles o fizeram ficar com sua esposa indigna, para retribuir-lhe bem pelo mal e consolar dois filhos que, se ele fosse enviado para a prisão, teriam ficado sem protetor ou se tornado um fardo para a paróquia. Como homens maus agem por motivações mesquinhas, podemos atribuir à segunda opção a indulgência demonstrada a ele.

Em nossas narrativas anteriores sobre as mártires, percebemos algumas mulheres

John Fetty e seu filho na Torre dos Lollards.
Ilustração de *O livro dos mártires*, edição de 1907.

---

[66] Cf. Hc 1:13

cuja afeição as haveria levado a sacrificar a própria vida para preservar seus maridos; aqui, porém, em conformidade com a linguagem da Escritura, uma mãe mostra ter, de fato, uma natureza monstruosa! Nem a afeição conjugal, nem a materna, foram capazes de impressionar o coração dessa mulher desprezível. Embora nosso cristão aflito houvesse experimentado tanta crueldade e falsidade da mulher ligada a ele por todos os laços humanos e divinos, ainda assim, com espírito amável e tolerante, ele ignorou os seus delitos, esforçando-se ao máximo, durante a calamidade dela, para obter alívio para sua doença e acalmando-a com todas as possíveis expressões de ternura; assim, após poucas semanas, ela estava quase restabelecida à razão. Mas, infelizmente, ela voltou ao seu pecado "como o cão que torna ao seu vômito".[67] A maldade contra os santos do Altíssimo estava assentada em seu coração com excessiva firmeza para ser removida e, quando suas forças voltaram, sua inclinação para fazer a maldade voltou com elas. Seu coração foi endurecido pelo príncipe das trevas, e a ela podem ser aplicadas essas palavras aflitivas e angustiantes: "Pode, acaso, o etíope mudar a sua pele ou o leopardo, as suas manchas? Então, poderíeis fazer o bem, estando acostumados a fazer o mal".[68] Pesando esse texto adequadamente com outro — "terei misericórdia de quem eu tiver misericórdia"[69] —,

como presumiremos refinar a soberania de Deus acusando Jeová no tribunal da razão humana, que, em questões religiosas, sofre com demasiada frequência oposição da sabedoria infinita? "Larga é a porta, e espaçoso, o caminho que conduz para a perdição, e são muitos os que entram por ela [...] estreita é a porta, e apertado, o caminho que conduz para a vida, e são poucos os que acertam com ela."[70] Os caminhos do Céu são realmente inescrutáveis, e é nosso dever sagrado andar sempre em dependência de Deus, olhando para Ele com humilde confiança e esperança em Sua bondade, sempre confessando Sua justiça e, onde "não pudermos desvendar, aprender a confiar". Aquela mulher miserável, seguindo os horríveis ditames de um coração endurecido e depravado, nem havia se recuperado totalmente quando, sufocando os princípios de honra, gratidão e todo afeto natural, acusou novamente o marido, que foi novamente detido e levado à presença de Sir John Mordant, cavaleiro e um dos comissários da rainha Mary.

Durante o interrogatório, seu juiz viu sua firmeza em opiniões que militavam contra os nutridos pela superstição e mantidos pela crueldade; assim, ele foi sentenciado a confinamento e tortura na Torre dos Lollards. Ali, ele foi colocado nos dolorosos troncos de contenção e ao seu lado foi posto uma tigela de água com uma pedra dentro, só Deus sabe para quê

---

[67] Pv 26:11

[68] Pv 26:11

[69] Êx 33:19

[70] Mt 7:13,14

senão mostrar que ele não deveria esperar por outro modo de sobreviver; isso é suficientemente crível se considerarmos as práticas semelhantes deles para com diversas pessoas anteriormente mencionadas nesta história — como, dentre outros, Richard Smith, que morreu por seu cruel aprisionamento. Quando uma mulher piedosa foi ao Dr. Story para pedir permissão de enterrá-lo, este lhe perguntou se Smith tinha palha ou sangue na boca. O que ele quis dizer com isso, deixo ao julgamento dos sábios.

No primeiro dia da terceira semana dos sofrimentos de nosso mártir, apresentou-se à sua vista alguém que o fez, de fato, sentir as torturas com toda a sua força e execrar, com amargura que beirava a maldição, o autor de seu sofrimento. Para marcar e punir os procedimentos de seus atormentadores, ele permaneceu com o Altíssimo, que percebe até a queda de um pardal e em cuja Palavra sagrada está escrito: "A mim me pertence a vingança, a retribuição".[71] Aquele sujeito era seu próprio filho, uma criança da tenra idade de 8 anos. Durante 15 dias, seu infeliz pai foi suspenso por seu atormentador pelo braço direito e pela perna esquerda — e, às vezes, por ambos —, mudando de posição com o propósito de dar-lhe força para suportar e prolongar o período de seus sofrimentos. Quando o inofensivo inocente, desejoso de ver e falar com seu pai, pediu a Bonner permissão para fazê-lo, foi questionado pelo capelão do bispo acerca do significado

de sua ida; ele respondeu que queria ver seu pai. O capelão perguntou: "Quem é seu pai?". "John Fetty", respondeu o garoto apontando ao mesmo tempo para o local em que ele estava confinado. Então, o interrogador canalha disse: "Ora, seu pai é um herege!". Com energia suficiente para despertar admiração em qualquer um — exceto naquele desgraçado insensível e sem princípios, aquele infeliz ansioso por cumprir as ordens de uma rainha impiedosa —, o pequeno herói retorquiu: "Meu pai não é herege, porque você tem a marca de Balaão".

Irritado com a censura aplicada de maneira tão apropriada, o sacerdote, indignado e mortificado, escondeu seu ressentimento durante um momento e levou o menino destemido para dentro da casa, onde, tendo-o seguro, apresentou-o a outros, cuja baixeza e crueldade eram iguais às dele, despiram-no totalmente e o flagelaram com tanta violência que, desmaiada sob os vergões infligidos a seu corpo tenro e coberta com o sangue que fluía deles, a vítima de sua ira ímpia estava pronta para expirar sob sua punição pesada e imerecida. Nesse estado sangrento e desamparado, o menino sofredor, coberto apenas com sua camisa, foi levado ao pai por um dos agentes da horrível tragédia, que, enquanto exibia o espetáculo de partir o coração, fazia os insultos mais vis e exultava no que havia feito. Como se estivesse recuperando as forças ao ver o pai, a criança obediente implorava de joelhos

---

[71] Dt 32:35

por sua bênção. Tremendo de espanto, o pai aflito disse: "Pobre Wil, quem fez isso a você?". O inocente sincero relatou as circunstâncias que levaram à correção impiedosa que lhe fora tão vilmente infligida; porém, ao repetir ao capelão a repreensão recebida, motivada por um espírito destemido, foi arrancado de seu pai choroso e levado novamente para a casa, onde permaneceu prisioneiro.

Temeroso de que o que havia sido feito não pudesse ser justificado, mesmo entre os cães de caça de sua própria matilha voraz, Bonner concluiu, em sua mente tenebrosa e perversa, libertar John Fetty, pelo menos durante algum tempo, das severidades que estava sofrendo na gloriosa causa da verdade eterna, cujas brilhantes recompensas estão fixadas além dos limites do tempo, dentro dos limites da eternidade, onde a flecha dos ímpios não pode ferir, até mesmo "onde não haverá mais tristeza para os benditos, que, na mansão da felicidade eterna, glorificarão o Cordeiro para todo o sempre". Consequentemente, por ordem de Bonner (quão vergonhoso a toda dignidade é dizer bispo!), ele foi libertado dos grilhões dolorosos e levado da Torre dos Lollards para o aposento daquele açougueiro ímpio e infame, onde encontrou o bispo se banhando diante de uma grande lareira. Ao entrar pela primeira vez no aposento, Fetty disse: "Deus esteja aqui e paz!", ao que Bonner respondeu: "Deus esteja aqui e paz, que não é o mesmo de 'boa sorte' nem de 'bom dia!'". Fetty retrucou: "Se você recalcitrar contra essa paz, eu não gostaria de estar em seu lugar".

Um capelão do bispo, que estava ao lado, girou o pobre homem e, no intuito de envergonhá-lo, disse zombando: "O que temos aqui — um jogador!". Enquanto estava em pé no aposento do bispo, Fetty pôde entrever, pendurado na cama do bispo, um par de grandes terços pretos e disse: "Meu Senhor, penso que o carrasco não está longe, porque a corda (apontando para os terços) já está aqui!". Diante dessas palavras, o bispo ficou com uma raiva admirável. Imediatamente depois, ele entreviu também, de pé na câmara do bispo, na janela, um pequeno crucifixo. Então, perguntou ao bispo o que era aquilo e este respondeu que era Cristo.

—Ele foi tratado com tanta crueldade quanto é ali retratado? — perguntou Fetty.

—Sim, ele foi — disse o bispo. E com igual crueldade você lidará com os que vêm perante si, porque você é para o povo de Deus como Caifás foi para Cristo! Você é um herege vil e eu queimarei você; se não o fizer, gastarei tudo que tenho, até a minha batina — disse o bispo muito furioso.

—Não, meu Senhor, é melhor você dá-la a algum pobre corpo, para que ele possa orar por você — respondeu Fetty.

A despeito de sua cólera, elevada ao máximo pelas observações calmas e penetrantes daquele cristão atento, Bonner pensou ser mais prudente dispensar o pai, devido à criança quase assassinada. Sua alma covarde tremia pelas consequências que poderiam vir. O medo é inseparável das mentes pequenas, e esse sacerdote covarde e mimado experimentou seus efeitos a ponto de ser induzido a assumir a aparência de ser totalmente estranho à MISERICÓRDIA. Ao ser dispensado pelo tirano Bonner, o pai voltou para casa com o coração pesado, com o filho moribundo, que não sobreviveu muitos dias às crueldades que lhe haviam sido infligidas.

Quão contrária à vontade de nosso grande Rei e Profeta, que ensinava mansamente Seus seguidores, foi a conduta desse sanguinário e falso mestre, esse vil apóstata do seu Deus para Satanás! Porém, o arqui-inimigo tomou posse total de seu coração e dirigia todos os atos do pecador que ele havia endurecido; que, entregue a terríveis destruições, corria a carreira dos iníquos, imprimindo seus passos com o sangue dos santos, como se estivesse ansioso para chegar à linha de chegada da morte eterna.

## A LIBERTAÇÃO DO DR. SANDS

Este eminente prelado, vice-chanceler de Cambridge, a pedido do duque de Northumberland, quando foi a Cambridge em apoio à reivindicação de Lady Jane Grey ao trono, pregou, poucas horas antes, perante o duque e a universidade. O texto usado foi o que ele encontrou ao abrir a Bíblia, e não poderia ter escolhido um texto mais apropriado: os três últimos versículos do livro de Josué. Assim como lhe deu o texto, Deus lhe deu também tanta ordem e expressão, que despertou as mais vivas emoções em seus numerosos ouvintes. O sermão estava prestes a ser enviado a Londres para ser impresso, quando chegou a notícia de que o duque havia retornado e Mary havia sido proclamada rainha.

O duque foi preso imediatamente, e o Dr. Sands foi obrigado pela universidade a abrir mão de seu cargo. Ele foi preso por ordem da rainha e, quando o sr. Mildmay

*Edwin Sandys e sua segunda esposa, Cicely Wilford.* Artista desconhecido, 1571.

se maravilhou por um homem assim instruído poder estar disposto a incorrer em perigo e falar contra uma princesa tão boa quanto Mary, o doutor respondeu: "Se eu fizer o que o sr. Mildmay fez, não preciso temer grilhões. Ele foi armado contra a rainha Mary; antes traidor, agora grande amigo. Não sou capaz de, com uma só boca, soprar quente e frio dessa maneira". Seguiu-se uma pilhagem geral da propriedade do Dr. Sands, e ele foi levado a Londres em cima de um pangaré. Ao longo do caminho, ouviu diversos insultos dos católicos fanáticos e, ao passar pela rua Bishopsgate, uma pedrada o derrubou no chão. Naquele dia, ele foi o primeiro prisioneiro a entrar na Torre por motivos religiosos; esse homem foi admitido com sua Bíblia, mas suas camisas e outros artigos lhe foram tirados.

No dia da coroação de Mary, as portas da masmorra estavam tão negligentemente guardadas que era fácil fugir. Como um amigo de verdade, um certo sr. Mitchell o procurou, deu-lhe suas próprias roupas como disfarce e estava disposto a aceitar a consequência de ser encontrado em seu lugar. Era uma amizade rara, mas o Dr. Sands recusou a oferta; dizendo: "Não sei por que motivo eu deveria estar na prisão. Fazer isso me tornaria culpado. Esperarei a boa vontade de Deus, mas me considero muito grato a você"; então, o sr. Mitchell partiu.

Com o Doutor Sands foi preso o sr. Bradford; eles foram mantidos próximos na prisão durante 29 semanas. John Fowler, seu carcereiro, era um papista perverso; contudo, persuadindo-o com frequência, finalmente começou a gostar do evangelho e ficou tão convencido da verdadeira religião que, certo domingo, quando houve Missa na capela, o Dr. Sands administrou a Comunhão a Bradford e a Fowler. Assim, Fowler era filho deles em grilhões. Para dar espaço a Wyat e seus cúmplices, o Dr. Sands e nove outros pregadores foram enviados ao Marshalsea.

O carcereiro do Marshalsea designava a todos os pregadores um homem para guiá-lo na rua; o carcereiro os fazia seguir na frente, e ele e o Dr. Sands os seguiam conversando. A essa altura, o papismo começou a ser desagradável. Após haverem passado pela ponte, o carcereiro disse ao Dr. Sands:

—Percebo que o povo incrédulo o levaria ao fogo. Você é tão presunçoso quanto eles se, sendo um jovem, permanecer na sua própria vaidade e preferir ser julgado diante de tantos dignos prelados, anciãos, eruditos e solenes, como há neste reino. Se você o fizer, encontrará em mim um carcereiro severo, que detesta totalmente a sua religião.

—Sei que sou jovem e meu aprendizado, apenas pequeno; basta conhecer a Cristo crucificado, e quem não vê a grande blasfêmia que há no papismo não aprendeu nada. Eu me entregarei a Deus, não ao homem; li nas Escrituras acerca de muitos carcereiros piedosos e corteses: que Deus transforme você em um desses! Se não, confio em que Ele me dará força e paciência para suportar os seus maus-tratos — o Dr. Sands respondeu.

—Você está decidido a defender a sua religião? —perguntou o carcereiro.

— Sim, pela graça de Deus!

—Verdadeiramente, eu o amo mais por isso; apenas pus você à prova. Do favor que eu puder lhe demonstrar, você poderá se assegurar, e me sentirei feliz se puder morrer na estaca com você.

Ele foi tão bom quanto disse que seria, porque confiava no doutor para andar sozinho nos campos, onde se encontrava com o sr. Bradford, que também era prisioneiro no Tribunal do rei e encontrava o mesmo favor de seu carcereiro. A pedido do Dr. Sands, ele colocou o sr. Saunders em sua cela para ser seu companheiro de prisão, e a Comunhão era administrada a um grande número de comungantes. Quando Wyat chegou a Southwark com seu exército, ofereceu-se para libertar todos os protestantes presos, mas o Dr. Sands e os demais pregadores se recusaram a aceitar a liberdade naqueles termos.

Depois de passar nove semanas aprisionado em Marshalsea, o Dr. Sands foi libertado por mediação de Sir Thomas Holcroft, cavaleiro marechal. Embora o sr. Holcroft houvesse recebido o mandado da rainha, o bispo ordenou que ele não libertasse o Dr. Sands antes de haver recebido de dois senhores uma garantia de 500 libras cada, para que o Dr. Sands não se afastasse do reino sem licença. Imediatamente a seguir, Holcroft se encontrou com dois cavalheiros do norte, amigos e primos do Dr. Sands, que se ofereceram para pagar a garantia.

No mesmo dia, após o jantar, Sir Thomas Holcroft chamou o Dr. Sands para seus alojamentos em Westminster, para lhe informar tudo o que havia feito. O Dr. Sands respondeu: "Agradeço a Deus, que moveu o seu coração para se preocupar tanto comigo, por eu me considerar mais ligado a você. Deus lhe retribuirá e eu jamais serei ingrato. Porém, como você lidou comigo amistosamente, também tratarei claramente com você. Eu vim para a prisão como homem livre; não sairei como escravo. Assim como não posso beneficiar meus amigos, também não os prejudicarei. E, se for liberto da prisão, não permanecerei seis dias neste reino se puder sair. Portanto, se eu não puder sair em liberdade, envie-me novamente para Marshalsea, e você terá certeza a meu respeito".

O sr. Holcroft desaprovou muito essa resposta, mas, como verdadeiro amigo, respondeu: "Vendo que não posso fazer você mudar de ideia, mudarei meu propósito e cederei a você. Aconteça o que acontecer, deixarei você em liberdade; vendo que você tem em mente atravessar o mar, eu o levarei tão logo você puder. Uma coisa que exijo é que, enquanto você estiver lá, não me escreva, porque isso poderá me destruir".

Despedindo-se afetuosamente dele e de seus outros amigos, o Dr. Sands partiu. Ele passou pela casa de Winchester, ali tomou um barco e chegou à casa de um amigo em Londres, chamado William Banks, onde pernoitou. Na noite seguinte, foi à casa de outro amigo e lá ouviu dizer que faziam uma rigorosa busca por ele sob expressa ordem de Gardiner.

Então, o Dr. Sands se dirigiu à noite para a casa de um certo sr. Berty, um estranho que estivera com ele na prisão de Marshalsea durante algum tempo; ele era um bom protestante e morava em Mark-lane. Ali, ficou seis dias e, depois, mudou-se para a casa de um de seus conhecidos em Cornhill. Ele fez com que seu servo Quinton lhe fornecesse dois cavalos castrados, decidido a cavalgar no dia seguinte até a casa do sr. Sands, seu sogro, em Essex, onde estava sua esposa. O Dr. Sands alcançou seu intento após escapar por pouco. Ele havia chegado havia menos de duas horas quando o sr. Sands soube que naquela noite dois dos guardas prenderiam o Dr. Sands.

Naquela noite, o Dr. Sands foi levado à casa de um fazendeiro honesto, perto do mar, onde ficou dois dias e duas noites em um aposento, sem companhia. Depois disso, foi para a casa de um certo James Mower, comandante de navio, que morava em Milton-Shore, onde esperava um vento para navegar até Flandres. Enquanto o Dr. Sands estava lá, James Mower levou até ele 40 ou 50 marinheiros, a quem ele exortou; eles gostaram tanto do Dr. Sands que prometeram morrer para impedir que ele fosse preso.

No dia 6 de maio, domingo, o vento chegou. Ao despedir-se de sua anfitriã, casada já há oito anos e sem filhos, ele lhe deu um lenço fino, uma antiga moeda de ouro e disse: "Tenha bom ânimo. Em menos de um ano, Deus lhe dará um filho homem". E assim aconteceu: um dia antes de se completarem 12 meses, Deus deu um filho a ela.

Mal chegara a Antuérpia, o Dr. Sands soube que o rei Filipe havia mandado detê-lo. Em seguida, ele fugiu para Augsburg, em Cleveland, onde permaneceu 14 dias e, depois, viajou para Estrasburgo, onde, após um ano, sua esposa chegou. Ele estava doente devido a uma disenteria havia nove meses, e o casal teve um filho que morreu da peste. Com o tempo, sua amável esposa ficou debilitada e morreu em seus braços. Depois disso, ele foi para Zurique e ficou na casa de Pedro Mártir durante cinco semanas.

Certo dia, ao se sentarem para jantar, subitamente chegou a notícia de que a rainha Mary estava morta; o Dr. Sands foi chamado por seus amigos a Estrasburgo, onde pregou. O sr. Grindal e ele foram para a Inglaterra e chegaram a Londres no mesmo dia em que a rainha Elizabeth foi coroada. Sob o reinado da rainha Elizabeth, esse fiel servo de Cristo alcançou a mais alta distinção na Igreja, sendo sucessivamente bispo de Worcester, bispo de Londres e arcebispo de York.

## TRATAMENTO DA PRINCESA ELIZABETH POR SUA IRMÃ, A RAINHA MARY

A preservação da princesa Elizabeth pode ser considerada um exemplo notável do olhar atento que Cristo teve sobre a Sua Igreja. O fanatismo de Mary não considerava os laços de consanguinidade, afeto natural, sucessão nacional. Sua mente, fisicamente melancólica, estava sob o domínio de homens que não possuíam o leite da bondade humana e cujos princípios eram sancionados e ordenados pelos dogmas idólatras do pontífice romano. Se eles

*O retrato de Hampden,* por Steven van der Meulen (1543–68), da rainha Elizabeth I. Coleção particular.

Fonte: en.wikipedia.org

houvessem previsto a brevidade do reinado de Mary, haveriam encharcado suas mãos com o sangue protestante de Elizabeth e, como condição *sine qua non* da salvação da rainha, obrigado-a a abdicar do reino em favor de algum príncipe católico. A disputa poderia haver sido acompanhada pelos horrores que incidem em uma guerra civil religiosa, e na Inglaterra poderiam haver sido sentidas calamidades semelhantes às de Henrique, o Grande, na França, a quem a rainha Elizabeth ajudou a opor-se aos seus súditos católicos dominados pelos sacerdotes. Como se a Providência tivesse em vista o estabelecimento perpétuo da fé protestante, a diferença da duração dos dois reinados é digna de nota. Mary poderia haver reinado muitos anos pelo curso da natureza, mas o curso da graça quis de outra maneira. Cinco anos e quatro meses foi o tempo de perseguição permitido àquele reinado fraco e vergonhoso, enquanto o de Elizabeth esteve entre os mais longos da Inglaterra, quase nove vezes o de sua irmã cruel!

Antes de alcançar a coroa, Mary tratou Elizabeth com bondade fraterna, mas, a partir desse momento, sua conduta mudou, sendo substituída pela mais imperiosa distância. Embora Elizabeth não estivesse envolvida na rebelião de Sir Thomas Wyat, ela foi presa e tratada como culpada por aquela comoção. Também o modo de sua prisão foi semelhante à mente que a ditou: os três membros do gabinete, designados por Mary para ver a prisão ser realizada, entraram rudemente no quarto às dez horas da noite e, embora ela estivesse extremamente doente, foi difícil convencê-los a deixá-la permanecer até a manhã seguinte. Seu estado debilitado só permitia que ela fosse movida por curtos trajetos em uma viagem tão longa até Londres; a princesa, porém, embora fisicamente afligida, tinha em mente uma consolação que sua irmã nunca poderia comprar: as pessoas pelas quais ela passava pelo caminho se moviam de compaixão dela e oravam por sua preservação.

Chegando ao tribunal, ela ficou presa durante duas semanas, sem saber quem era o seu acusador ou ver alguém que pudesse consolá-la ou aconselhá-la. A acusação, porém, foi finalmente revelada por Gardiner, que, com 19 membros do Conselho, acusou-a de haver favorecido a conspiração de Wyat, o que ela afirmou diligentemente ser falso. Falhando nisso, alegaram contra ela as atividades de Sir Peter Carew no oeste, sendo nesta acusação tão malsucedidos quanto na primeira. Agora, a rainha dava sinais de que seu prazer era prendê-la na Torre, um passo que fez com que a princesa fosse tomada pelo maior assombro e desconforto. Em vão, ela esperou que a majestade da rainha não a enviasse a um lugar como aquele, mas não deveria esperar clemência; seus atendentes foram limitados e cem soldados do norte foram designados para guardá-la dia e noite.

No Domingo de Ramos, ela foi conduzida à Torre. Ao chegar ao jardim do palácio, voltou-se para as janelas, ansiosa por olhar a rainha nos olhos, mas ficou decepcionada. Em Londres, foi dada uma ordem estrita de que todos deveriam ir à igreja e carregar as palmas, para que ela pudesse ser levada à prisão sem queixa ou comiseração. No momento de passar sob a Ponte de Londres, a maré vazante tornava aquilo muito perigoso e a barcaça ficou presa contra os quebra-mares. Para humilhá-la ainda mais, ela foi desembarcada na Escada dos Traidores. Como chovia muito e ela seria obrigada a pisar na água para chegar à terra, hesitou; isso, porém, não causou complacência no senhor que a esperava. Ao pôr os pés nos degraus, ela exclamou: "Aqui desembarca verdadeiramente como súdita, estando prisioneira, como jamais desembarcou nestas escadas; e diante de

ti, ó Deus, eu digo isso, não tendo amigo algum além de ti somente!".

Muitos guardas e servos da Torre estavam enfileirados, entre os quais a princesa teria de passar. Ao perguntar qual era a finalidade daquele desfile, ela foi informada de que era costume fazê-lo. Ela disse: "Se é por minha causa, peço-lhe que eles sejam dispensados". Diante disso, os pobres homens se ajoelharam e oraram para que Deus preservasse Sua Graça, Elizabeth, e, por esse motivo, foram demitidos de seu emprego no dia seguinte. A cena trágica deve ter sido profundamente interessante: ver uma princesa amável e irrepreensível ser enviada como um cordeiro para definhar pela expectativa de crueldade e morte, contra quem não havia outra acusação senão sua superioridade em virtudes cristãs e talentos adquiridos. Seus atendentes choraram abertamente enquanto ela seguia caminhando com dignidade em direção às ameias franzidas de seu destino. Elizabeth disse: "Ai! Como assim? Eu trouxe vocês para me consolarem, não para me desanimarem, porque minha verdade é tal que ninguém terá motivo para chorar por mim".

O próximo passo de seus inimigos foi obter provas por meios que, atualmente, são considerados detestáveis. Muitos pobres prisioneiros foram torturados para extrair, se possível, qualquer acusação que pudesse afetar a vida dela e, assim, saciar a inclinação sanguinária de Gardiner. Ele foi pessoalmente interrogá-la a respeito de sua mudança de sua casa em Ashbridge para o castelo de Dunnington, muito tempo

Fonte: Shutterstock

ENTRY TO THE TRAITORS' GATE

Torre de Londres, com ênfase no Portão dos Traidores.

antes. A princesa havia esquecido completamente aquela circunstância trivial, e, após a investigação, Lorde Arundel, ajoelhado, pediu desculpas por havê-la incomodado em um assunto tão frívolo. A princesa respondeu: "Vocês me passaram por um crivo fino, mas tenho certeza de que Deus estabeleceu um limite para os seus procedimentos; assim, que Deus perdoe todos vocês".

Seus próprios cavalheiros, que deveriam ter sido seus provedores e lhe servido alimentos, foram obrigados a dar lugar aos soldados comuns, sob o comando do policial da Torre, que era, em todos os aspectos, uma ferramenta servil de Gardiner. Os amigos de Sua Graça, porém, obtiveram uma ordem do Conselho que regulamentou aquela tirania mesquinha de maneira mais satisfatória a ela.

Após um mês inteiro em confinamento, ela mandou chamar o lorde camareiro e Lorde Chandois, a quem apresentou o mau estado de sua saúde por falta de ar e exercício adequados. Com o pedido feito ao Conselho, com alguma dificuldade, Elizabeth recebeu permissão para caminhar nos alojamentos da rainha e depois no jardim; nesse momento, os prisioneiros daquele lado eram observados por seus carcereiros e não podiam olhar para baixo para vê-la. O ciúme deles era desencadeado por uma criança de quatro anos, que diariamente levava flores para a princesa. O menino era ameaçado com uma chicotada, e o pai era ordenado a mantê-lo longe dos aposentos da princesa.

No dia 5 de maio, o policial foi dispensado e Sir Henry Benifield foi nomeado para a sua vaga, acompanhado por cem soldados com aparência de rufiões, vestidos de azul. Essa medida gerou um considerável choque na mente da princesa, que imaginou ser tal medida preparatória para ela sofrer o mesmo destino de Lady Jane Gray, no mesmo bloco. Assegurada de que aquele intento não estava sendo cogitado, ela imaginou que o novo guardião da Torre fosse contratado para acabar com ela especificamente, porque o caráter ambíguo dele estava em conformidade com a inclinação feroz daqueles por quem ele foi nomeado.

Um relato então informou que Sua Graça seria levada pelo novo policial e seus soldados, o que na sequência provou ser verdade. Uma ordem do Conselho foi dada para sua remoção para a mansão Woodstock, o que ocorreu no domingo da Trindade, 13 de maio, sob a autoridade de Sir Henry Benifield e Lord Tame. A causa divulgada de sua remoção foi abrir espaço para outros prisioneiros. Richmond foi o primeiro lugar em que eles pararam; ali a princesa dormiu, não sem ficar muito alarmada a princípio, porque seus próprios servos foram substituídos pelos soldados, que foram colocados como guardas na porta de seu aposento. Atendendo a uma reclamação, Lorde Tame anulou esse indecente abuso de poder e garantiu a ela perfeita segurança enquanto estivesse sob sua custódia.

Ao passar por Windsor, Elizabeth viu vários de seus pobres servos abatidos esperando para vê-la. Disse a um de seus atendentes: "Vá até eles e diga estas minhas palavras: *tanquim ovis*, isto é, como uma ovelha para o matadouro".

Na noite seguinte, Sua Graça se alojou na casa de um certo sr. Dormer, a caminho da qual as pessoas manifestaram tais sinais de leal afeto, que Sir Henry ficou indignado e as chamou muito liberalmente de rebeldes e traidoras. Em algumas aldeias, elas tocaram os sinos de alegria, imaginando que a chegada da princesa entre eles era por um motivo muito diferente; porém, essa inofensiva demonstração de alegria foi suficiente para que o perseguidor Benifield ordenasse a seus soldados que detivessem aquelas pessoas humildes e as colocassem no tronco.

No dia seguinte, Sua Graça chegou à casa de Lorde Tame, onde ficou a noite toda, e foi muito nobremente acolhida. Isso inflamou a indignação de Sir Henry e o fez advertir Lorde Tame a prestar atenção em suas atitudes; porém, a humanidade de Lorde Tame não seria amedrontada, e ele deu uma resposta adequada. Em outro momento, para demonstrar sua importância e seu desrespeito às boas maneiras, esse pródigo oficial subiu para um aposento onde haviam sido designados à Sua Graça uma cadeira, duas almofadas e um tapete para os pés, onde se sentou presunçosamente e chamou seu servo para tirar suas botas. Assim que isso se tornou conhecido, as damas e os cavalheiros riram dele com desprezo. Ao término do jantar, ele invocou seu senhorio e ordenou que todos os cavalheiros e as damas se retirassem para casa, surpreso com o fato de ele permitir tão grande companhia, considerando-se a grande indignidade que haviam cometido com ele. Seu senhorio disse:

—Sir Henry, contente-se; todos serão expelidos, seus homens e todos.

—Não; meus soldados vigiarão a noite toda —respondeu Sir Henry.

—Não há necessidade — disse Lord Tame.

—Bem, seja ou não necessário, eles o farão.

No dia seguinte, Sua Graça viajou dali para Woodstock, onde foi trancafiada, como antes na Torre de Londres, com até 60 soldados vigiando dentro e fora das muralhas, todos os dias; e 40 à noite, fora das muralhas, durante todo o tempo de sua prisão. Por fim, ela foi autorizada a caminhar pelos jardins, mas sob as mais severas restrições: Sir Henry cuidando pessoalmente das chaves e as colocando sempre sob muitas trancas e fechaduras. Devido a isso, ela foi induzida a chamá-lo de carcereiro, pelo que ele se sentiu ofendido e lhe implorou que usasse a palavra oficial. Após muitos pedidos diligentes ao Conselho, ela obteve permissão para escrever à rainha; porém, o carcereiro que lhe trouxe caneta, tinta e papel ficou ao seu lado enquanto ela escrevia e, quando ela terminou, levou tudo embora até serem desejadas novamente. Ele também insistiu em levar a carta pessoalmente à rainha, mas Elizabeth não quis que ele fosse o portador e um de seus cavalheiros a levou.

Após a carta, os médicos Owen e Wendy foram até a princesa, porque seu estado de saúde tornava necessária assistência médica. Eles ficaram com ela cinco ou seis dias, período em que ela melhorou muito; então, voltaram à rainha e falaram lisonjeiramente da submissão e humildade da princesa, com o que a rainha pareceu ficar comovida. Porém, os bispos queriam de Elizabeth uma confissão de que havia ofendido Sua Majestade. Elizabeth rejeitou esse modo indireto de se reconhecer culpada. Ela disse: "Se ofendi e sou culpada, não desejo misericórdia alguma senão a lei, que estou certa de que deveria haver recebido anteriormente se alguma coisa pudesse haver sido provada contra mim. Eu gostaria de estar assim livre do perigo de meus inimigos; então, não estaria assim trancafiada dentro de paredes e portas."

Muito questionamento surgiu, nesse momento, quanto à conveniência de unir a princesa a algum estrangeiro, para que ela pudesse sair do reino com uma porção adequada. Um dos membros do Conselho teve a brutalidade de insistir na necessidade de decapitá-la se o rei (Filipe) pretendesse manter o reino em paz. Os espanhóis, porém, abominando um pensamento tão vil, responderam: "Deus não permita que nosso rei e senhor consinta com um procedimento tão infame!". Estimulados por um nobre princípio, a partir de então os espanhóis insistiram continuamente junto ao rei que libertar Lady Elizabeth lhe concederia a máxima honra. O rei não foi insensível à solicitação deles e a tirou da prisão; pouco tempo depois, ela foi enviada ao tribunal de Hampton. Pode-se observar que, nesse local, a falácia do raciocínio humano é demonstrada a todo

momento. O bárbaro que sugeriu a política de decapitar Elizabeth pouco contemplou a mudança de situação que seu discurso provocaria. Em sua viagem a partir de Woodstock, Benifield a tratou com a mesma severidade de antes, removendo-a em um dia tempestuoso e não deixando que o antigo servo de Sua Graça, que havia ido a Colnbrook, onde ela dormia, falasse com ela.

Ela permaneceu 15 dias rigorosamente trancafiada e vigiada, antes que alguém se atrevesse a ir falar com ela; por fim, o vil Gardiner e mais três membros do Conselho foram, com grande submissão. Elizabeth os saudou, comentou que havia sido mantida em confinamento solitário durante muito tempo e implorou que eles intercedessem junto ao rei e à rainha para a libertarem da prisão. A visita de Gardiner foi para extrair da princesa uma confissão de sua culpa; ela, porém, estava alerta contra a sutileza dele, acrescentando que, em vez de admitir que havia cometido algo errado, ficaria na prisão pelo resto da vida. No dia seguinte, Gardiner voltou e, ajoelhando-se, declarou que a rainha ficara espantada por sua insistência em afirmar que não tinha culpa — do que se inferiria que a rainha havia aprisionado Sua Graça injustamente. Gardiner informou, ainda, que a rainha havia declarado que ela precisaria contar outra história antes de poder ser posta em liberdade. Elizabeth respondeu: "Então, prefiro estar na prisão com honestidade e verdade do que ter minha liberdade e ser suspeita por Sua Majestade. O que eu disse, defenderei; nunca falarei

366        *John Foxe*

falsidade!". O bispo e seus amigos partiram, deixando-a trancada como antes.

Sete dias depois, a rainha mandou chamar Elizabeth às dez da noite; dois anos haviam se passado desde que se tinham visto. Isso criou terror na mente da princesa, que, ao sair, desejou que seus cavalheiros e damas orassem por ela, porque seu retorno a eles era incerto. Sendo conduzida ao dormitório da rainha, a princesa se ajoelhou ao entrar no quarto, e, havendo implorado a Deus para preservar a rainha, assegurou-lhe humildemente que Sua Majestade não tinha no reino um súdito mais leal, quaisquer que fossem os relatos que circulassem em contrário. Com altiva arrogância, a imperiosa rainha respondeu:

—Você não quer confessar sua ofensa, e sim permanecer firme na sua verdade. Peço a Deus que isso possa dar certo.

—Se não der, nem favor nem perdão peço das mãos de Vossa Majestade — respondeu Elizabeth.

—Bem, você ainda persevera rigidamente em sua verdade. Além disso, não está disposta a confessar que não foi punida injustamente.

—Não devo lhe dizer isso para agradar Vossa Majestade.

—Ora, então acontecerá a você o que aconteceu a outros.

—Não, se agradar Vossa Majestade: eu assumi o fardo e preciso suportá-lo. Peço humildemente à Vossa Majestade que tenha uma boa opinião sobre mim e pense que sou sua súdita, não somente desde o início até agora, mas para sempre, enquanto a vida durar.

As duas se afastaram sem qualquer satisfação sincera de ambos os lados; nem podemos pensar que a conduta de Elizabeth demonstrou a independência e fortaleza que acompanham a perfeita inocência. A admissão de Elizabeth de que não diria, nem à rainha e nem a outras pessoas, que havia sido injustamente punida estava em contradição direta com o que ela dissera a Gardiner e deve ter surgido de algum motivo inexplicável naquele momento. Supõe-se que o rei Filipe estivesse oculto secretamente durante a entrevista e houvesse sido amigável com a princesa.

Dentro de sete dias a partir do momento em que ela voltou para a prisão, seu carcereiro severo e seus homens foram dispensados, e ela foi posta em liberdade sob a restrição de ser sempre atendida e observada por alguns membros do Conselho da rainha. Quatro de seus cavalheiros foram enviados à Torre sem qualquer outra acusação contra eles senão de terem sido servos zelosos de sua senhora. Esse evento foi, logo depois, seguido pela feliz notícia da morte de Gardiner, pela qual todos os homens bons e misericordiosos glorificaram a Deus, na medida em que ela tirou o tigre-chefe da cova e tornou mais segura a vida da sucessora protestante de Mary.

Enquanto a princesa estava na Torre, aquele canalha enviou um documento secreto, assinado por alguns membros do Conselho, para a execução reservada de Elizabeth. Se o sr. Bridges, tenente da Torre, houvesse sido tão pouco escrupuloso em assassinato sombrio quanto aquele prelado beato, ela haveria perecido. Uma vez que o mandado não tinha a assinatura da rainha, o sr. Bridges se apressou em informar à Sua Majestade e saber o que ela pensava sobre aquilo. Foi uma trama de Winchester, que, para condená-la por práticas traidoras, fez com que fossem oferecidos a vários prisioneiros, em particular o sr. Edmund Tremaine e Smithwicke, consideráveis subornos para acusar a princesa inocente.

A vida de Elizabeth esteve em perigo várias vezes. Enquanto estava em Woodstock, aparentemente puseram fogo entre o teto e o forro sob o qual ela estava. Também foi relatado enfaticamente que Paul Penny, guardião de Woodstock, um notório rufião, foi designado para assassiná-la, mas, fosse como fosse, Deus neutralizou naquele momento os desígnios nefastos dos inimigos da Reforma. James Basset foi outro designado para realizar o mesmo ato: ele era um favorito peculiar de Gardiner e havia chegado a um quilômetro e meio de Woodstock, pretendendo falar com Benifield acerca do assunto. Porém, pela bondade de Deus, enquanto Basset estava viajando para Woodstock, Benifield, por uma ordem do Conselho, estava indo para Londres; em consequência disso, Benifield deixou uma ordem positiva com seu irmão para que nenhum homem fosse admitido à presença da princesa durante sua ausência, nem mesmo com um bilhete da rainha. Esse irmão encontrou o assassino, e a intenção deste último foi frustrada, porque a entrada estava proibida.

Ao sair de Woodstock, Elizabeth deixou as seguintes linhas escritas com seu diamante na janela:

Eu suspeito de muitas coisas,
Nada pode ser provado.
Assinado, Elizabeth, prisioneira.

O extremo perigo que a vida da princesa corria cessou juntamente com a vida de Winchester, porque muitos de seus outros inimigos secretos o seguiram pouco depois, e a última foi sua cruel irmã, que morreu apenas três anos depois de Gardiner. A morte de Mary foi atribuída a várias causas. O Conselho procurou consolá-la em seus últimos momentos, imaginando ser a ausência de seu marido que pesava em seu coração, mas, embora o tratamento dele tivesse algum peso, a perda de Calais, a última fortaleza possuída pelos ingleses na França, foi a verdadeira fonte de sua tristeza. Mary disse: "Abram meu coração quando eu estiver morta e vocês encontrarão Calais escrito nele". A religião não lhe causou alarme; os sacerdotes haviam feito dormir toda inquietação da consciência que poderia haver se intrometido devido aos espíritos acusadores dos mártires assassinados. Não o sangue que ela derramou, e sim a perda de uma cidade despertou suas emoções ao morrer, e este último golpe pareceu ser concedido para que sua perseguição fanática pudesse ser comparada à sua imbecilidade política.

Oramos sinceramente para que os anais de nenhum país, católico ou pagão, possam jamais ser manchados com tal repetição de sacrifícios humanos ao poder papal; e que a repulsa pelo caráter de Mary possa ser um farol para que os monarcas vindouros evitem as rochas do fanatismo!

*John Foxe*

## A PUNIÇÃO DE DEUS A ALGUNS DOS PERSEGUIDORES DE SEU POVO NO REINADO DE MARY

Depois que a vida do arquiperseguidor Gardiner chegou ao fim, outros também morreram, dos quais deve ser notado o Dr. Morgan, bispo de Saint David, que sucedeu o bispo Farrar. Não muito tempo depois de haver sido empossado em seu bispado, ele foi atingido pela visitação de Deus; sua comida passava pela garganta, mas ele regurgitava com grande violência. Dessa maneira, quase literalmente morto de fome, sua existência se encerrou.

O bispo Thornton, sufragâneo de Dover, era um incansável perseguidor da verdadeira Igreja. Um dia depois de haver exercido sua cruel tirania sobre várias pessoas piedosas em Canterbury, ele foi da casa capitular para Borne, onde, no domingo, enquanto olhava seus homens brincando de boliche, sofreu uma paralisia e não sobreviveu durante muito tempo. Depois dele veio outro bispo ou sufragâneo, ordenado por Gardiner; não muito tempo depois de haver sido elevado à diocese de Dover, caiu de um lance de escada na câmara do cardeal em Greenwich e quebrou o pescoço. Ele acabara de receber a bênção do cardeal — não poderia ter recebido coisa pior.

John Cooper, de Watsam, Suffolk, sofreu perjúrio. Ele era perseguido por despeito por um tal de Fenning, que subornou outras duas pessoas para jurarem que ouviram Cooper dizer que "se Deus não levasse a rainha Mary, o diabo o faria". Cooper negou todas aquelas palavras, mas foi acusado de ser protestante e herege; por isso, foi enforcado, arrastado e esquartejado, suas propriedades foram confiscadas, e sua esposa e os nove filhos reduzidos à mendicância. Na colheita seguinte, porém, Grimwood de Hitcham, uma das testemunhas mencionadas anteriormente, foi visitada por sua vilania: enquanto trabalhava empilhando milho, suas entranhas explodiram subitamente e, antes de conseguir obter alívio, morreu. Assim, o perjúrio deliberado foi recompensado com morte súbita!

No caso do mártir sr. Bradford, notou-se a gravidade do sr. Xerife Woodroffe — que se regozijou com a morte dos santos e, na execução do sr. Rogers, quebrou a cabeça do carroceiro porque este parou a carroça para deixar os filhos do mártir se despedirem dele. Menos de uma semana após expirar seu mandato de xerife, ele foi acometido por uma paralisia e permaneceu alguns dias na condição mais lamentável e desamparada, apresentando um impressionante contraste com sua atividade anterior na causa do sangue.

Acredita-se que Ralph Lardyn, que traiu o mártir George Eagles, tenha sido posteriormente denunciado e enforcado após acusar-se a si mesmo. No bar, ele se denunciou com essas palavras: "Isso me aconteceu com toda a justiça por trair o sangue inocente daquele homem justo e bom, George Eagles, condenado aqui no tempo da rainha Mary por minha intervenção, quando vendi seu sangue por um pouco de dinheiro".

Enquanto James Abbes estava a caminho da execução, exortando os contristados espectadores a aderirem firmemente à verdade e, como ele, selarem a causa de Cristo com o próprio sangue, um servo do xerife o interrompeu e, blasfemando, chamou a sua religião de heresia e ao bom homem de lunático. Porém, assim que as chamas atingiram o mártir, o terrível golpe de Deus recaiu sobre o miserável endurecido na presença daquele que ele havia ridicularizado tão cruelmente. De repente, o homem teve um ataque de loucura, tirou as roupas e os sapatos diante do povo (como Abbes havia feito pouco antes, para distribuir entre algumas pessoas pobres), ao mesmo tempo exclamando: "Assim fez James Abbes, o verdadeiro servo de Deus, que é salvo enquanto eu sou condenado". Repetindo isso com frequência, o xerife fez com que o segurassem e o fez vestir suas roupas, mas, assim que ficou sozinho, ele as arrancou e exclamou como antes. Sendo amarrado a uma carroça, ele foi levado para a casa de seu senhor e, aproximadamente seis meses depois, morreu. Pouco antes disso, um sacerdote foi atendê-lo com o crucifixo etc., mas o desgraçado ordenou ao sacerdote que tirasse aquele traste dali e disse que ele e outros sacerdotes haviam sido a causa de sua condenação, mas que Abbes fora salvo.

Um certo Clark, inimigo declarado dos protestantes no reinado de Eduardo, enforcou-se na Torre de Londres. Froling, um sacerdote muito célebre, caiu na rua e morreu ali mesmo. Dale, um informante infatigável, foi consumido por vermes e morreu em estado lastimável. Alexander, o severo carcereiro de Newgate, morreu miseravelmente, inchando até ficar enorme e se tornou tão pútrido interiormente que ninguém conseguia se aproximar dele. Esse cruel ministro da lei pedia a Bonner, Story e outros que esvaziassem sua prisão porque estava muito incomodado com os hereges! Três anos após a morte desse carcereiro, seu filho dissipou sua grande fortuna e morreu repentinamente no mercado de Newgate. O decálogo diz: "...visito a iniquidade dos pais nos filhos".[72] John Peter, genro de Alexander, um horrível blasfemador e perseguidor, morreu miseravelmente. Quando ele afirmava alguma coisa, dizia: "Se não for verdade, peço a Deus que eu apodreça antes de morrer". Esse estado horrível o visitou com toda a repugnância. Sir Ralph Ellerker ansiava por verem arrancar o coração de Adam Damlip, injustamente morto. Pouco depois, Sir Ralph foi assassinado pelos franceses, que o mutilaram terrivelmente, cortaram seus membros e arrancaram seu coração.

Quando Gardiner ouviu falar sobre o miserável fim do juiz Hales, chamou a profissão do evangelho de doutrina do desespero; porém, esqueceu-se de que o abatimento do juiz surgiu após ele haver consentido com o papismo. Porém, isso pode ser dito dos dogmas católicos com mais razão se considerarmos o fim miserável do Dr. Pendleton, de Gardiner e da maioria dos principais perseguidores. Em seu leito de morte, ao ser lembrado por um

---

[72] Êx 20:5

bispo de que Pedro negou o seu Mestre, Gardiner disse "Ah, eu o neguei como Pedro, mas nunca me arrependi como ele".

Após a ascensão de Elizabeth, quase todos os prelados católicos foram presos no cárcere da Torre ou na prisão de Fleet; Bonner foi colocado no Marshalsea. Dos que injuriavam a Palavra de Deus, detalhamos, dentre muitos outros, a ocorrência a seguir: um certo William Maldon, que vivia em servidão em Greenwich, estava se instruindo beneficamente com a leitura de um livro introdutório em uma noite de inverno. Um servo, chamado John Powell, sentou-se perto dele e ridicularizou tudo que Maldon disse, e este o advertiu para não fazer piada da Palavra de Deus. Não obstante, Powell continuou, até que Maldon chegou a certas orações e leu em voz alta: "Senhor, tem misericórdia de nós; Cristo, tem misericórdia de nós" etc. De repente, o injuriador começou a exclamar: "Senhor, tem misericórdia de nós!". Sua mente foi tomada do maior terror; ele disse que o espírito maligno não podia aceitar que Cristo tivesse misericórdia dele e enlouqueceu. Ele foi enviado a Bedlam e se tornou um terrível aviso de que Deus nem sempre deixará impune quem o insulta.

Henry Smith, estudante de direito, tinha um pai protestante devoto, de Camben, em Gloucestershire, por quem foi virtuosamente educado. Enquanto estudava direito no templo do meio, foi induzido a professar o catolicismo e, indo para Louvain, na França, retornou com perdões, crucifixos e uma grande carga de brinquedos papistas. Não contente

*Elizabeth I, da Inglaterra, em seus trajes para a coroação.* Autor desconhecido. Parte do acervo da Galeria Nacional de Retratos, Londres, Inglaterra.

Fonte: commons.wikimedia.org

com essas coisas, injuriou abertamente a religião do evangelho em que fora criado; porém, certa noite, a consciência o reprovou tão terrivelmente que, em um ataque de desespero, ele se enforcou em suas ligas de meias. Ele foi enterrado em uma viela, sem que uma palavra cristã fosse lida sobre ele.

O Dr. Story, cujo nome foi mencionado com tanta frequência nas páginas anteriores, foi reservado para ser eliminado por execução pública, uma prática na qual ele havia se deleitado muito quando estava no poder. Supõe-se que ele tenha participado da maioria das conflagrações no tempo de Mary, e foi até engenhoso ao inventar novos modos de infligir tortura. Quando Elizabeth chegou ao trono, ele foi aprisionado, mas, inexplicavelmente, fugiu para o continente, levando fogo e espada entre os irmãos protestantes. Do duque de Alva, em Antuérpia, ele recebeu uma delegação especial para vasculhar todos os navios em busca de mercadorias contrabandeadas e, em particular, livros heréticos ingleses.

O Dr. Story se gloriava em uma delegação ordenada pela Providência para ser sua ruína e preservar os fiéis de sua crueldade sanguinária. Foi inventado que um certo Parker, comerciante, viajaria para Antuérpia, e o Dr. Story foi informado de que ele tinha uma quantidade de livros heréticos a bordo. Ao ouvir isso, o Dr. Story correu para o navio, procurou por toda a parte de cima e, depois, dirigiu-se para o porão, que foi fechado sobre ele. Uma forte ventania levou o navio para a Inglaterra, e esse rebelde traidor e perseguidor foi levado à prisão, onde permaneceu durante um tempo considerável, recusando-se obstinadamente a repudiar seu espírito anticristão ou admitir a supremacia da rainha Elizabeth. Ele alegava que, embora por nascimento e educação fosse inglês, era súdito jurado do rei da Espanha, a cujo serviço estava o famoso duque de Alva. O doutor foi condenado, colocado em um cavalete e levado da Torre para Tyburn, onde, após ficar suspenso durante aproximadamente meia hora, a corda foi cortada, ele foi despido e o carrasco exibiu o coração de um traidor.

Assim terminou a existência desse Ninrode[73] da Inglaterra.

---

[73] Referência ao personagem bíblico neto de Cam e filho de Cuxe (Gn 10:8-10). Descrito como um valente caçador e rei na região da Mesopotâmia, seu nome estava associado à tirania, embora o relato bíblico não o afirme.

## Capítulo 17

# Ascensão e avanço da religião protestante na Irlanda, com um relato do massacre bárbaro de 1641

As trevas do papismo obscureceram a Irlanda desde o seu estabelecimento até o reinado de Henrique VIII, quando os raios do evangelho começaram a dissipar as trevas e deixar entrar a luz que, até então, era desconhecida naquela ilha. A abjeta ignorância em que as pessoas eram mantidas, mais as noções absurdas e supersticiosas que elas acolhiam, eram suficientemente evidentes para muitos. Os artifícios de seus sacerdotes eram tão visíveis que várias pessoas distintas, até então papistas ferrenhas, poderiam ter se esforçado de bom grado para sacudir o jugo e abraçar a religião protestante. Entretanto, a ferocidade natural do povo e seu forte apego às doutrinas ridículas que lhe haviam sido ensinadas tornavam a tentativa perigosa. Porém, isso foi sendo realizado lentamente, embora tenha sido acompanhado por consequências horríveis e desastrosas.

A introdução da religião protestante na Irlanda pode ser atribuída principalmente a George Browne, um inglês que foi consagrado arcebispo de Dublin no dia 19 de março de 1535. Ele havia sido frade agostiniano e foi promovido à mitra em decorrência de seu mérito. Após gozar dessa dignidade durante aproximadamente cinco anos, na época em que Henrique VIII estava suprimindo as casas religiosas na Inglaterra, ele fez com que todas as relíquias e imagens fossem removidas das duas catedrais de Dublin e das outras igrejas de sua diocese. No lugar de tais relíquias fez que colocassem a Oração do Pai Nosso, o Credo e os Dez Mandamentos.

Pouco tempo depois, recebeu uma carta de Thomas Cromwell, guardião do selo pessoal do rei, informando-o de que Henrique VIII, havendo rejeitado a supremacia papal na Inglaterra, estava determinado a fazê-lo também na Irlanda. Para a execução dessa ordem; designara o arcebispo Browne como um dos comissários que deveriam garanti-la. O arcebispo respondeu que havia empreendido seus maiores esforços, colocando sua vida em risco, para fazer com que a nobreza e a burguesia irlandesas reconhecessem Henrique como seu chefe supremo, tanto nas questões espirituais quanto nas temporais. Comunicou que havia, porém, encontrado oposição muito violenta, especialmente de George, arcebispo de Armagh. Esse prelado havia, em discurso ao seu clero, amaldiçoado todos os que reconhecessem a supremacia de sua alteza, acrescentando que a ilha deles, denominada nas crônicas de *Insula Sacra*, ou a Ilha Santa, pertencia a ninguém além do bispo de Roma, e que os progenitores do rei a haviam recebido do papa. Ele observou, de semelhante modo, que tanto o arcebispo quanto o clero de Armagh haviam despachado um mensageiro para Roma e que seria necessária uma reunião do parlamento na Irlanda para aprovar uma lei de supremacia, uma vez que o povo não consideraria a delegação do rei sem a sanção da assembleia legislativa. Ele concluiu observando que os papas haviam mantido o povo na mais profunda ignorância, que os membros do clero eram extremamente iletrados e que as pessoas comuns eram mais zelosas, em sua cegueira, do que os santos e mártires haviam sido na defesa da verdade no início do evangelho. Apontou ainda que era de se temer que Shan O'Neal, um líder de grande poder na parte norte da ilha, fosse decididamente contrário à delegação do rei.

No ano seguinte, por ordem de Leonard Gray, na época lorde-tenente, foi convocada a reunião de um parlamento em Dublin em cumprimento a esse conselho. Nessa assembleia, o arcebispo Browne fez um discurso no qual declarou que, na antiguidade, os bispos de Roma costumavam reconhecer os imperadores, reis e príncipes como supremos em seus próprios domínios. Considerando isso, ele mesmo votaria no rei Henrique VIII como supremo em todos os assuntos, tanto eclesiásticos quanto temporais. O arcebispo Browne concluiu dizendo que quem se recusasse a votar em favor daquela lei não era um verdadeiro súdito do rei. Esse discurso surpreendeu muito os outros bispos e lordes; porém, após impetuosos debates foi consentida a supremacia do rei.

Decorridos dois anos, o arcebispo escreveu uma segunda carta ao Lorde Cromwell, reclamando do clero e insinuando sobre as maquinações que o papa estava realizando contra os defensores do evangelho. Essa carta é datada "Dublin, abril de 1538" e, dentre outros assuntos, o arcebispo diz: "Um pássaro pode ser ensinado a falar com tanto sentido quanto muitos clérigos falam neste país. Estes, embora não sejam eruditos, ainda assim são astutos para enganar o povo comum dissuadindo-os de seguir as ordens de sua alteza. As pessoas do campo odeiam muito o seu senhorio e chamam você maliciosamente, em sua língua irlandesa, de Filho do Ferreiro. Como amigo, desejo que Vossa Senhoria cuide bem de sua nobre pessoa. Roma tem maior bondade pelo duque de Norfolk e grandes favores para esta nação, com o propósito de se opor à sua alteza".

Pouco tempo depois, o papa enviou à Irlanda, dirigida ao arcebispo de Armagh e seu clero, uma bula de excomunhão contra todos os que haviam reconhecido ou reconhecessem a supremacia do rei na nação irlandesa. Lançou uma maldição sobre todos eles e os seus que, dentro de 40 dias, não reconhecessem aos seus confessores que haviam cometido um erro ao fazê-lo.

O arcebispo Browne deu ciência disso em uma carta datada "Dublin, maio de 1538". Parte da forma de confissão, ou voto, enviada aos papistas irlandeses era: "Declaro ainda que homem ou mulher, pai ou mãe , irmão ou irmã, filho ou filha, marido ou esposa, tio ou tia, sobrinho ou sobrinha, parente ou parenta, senhor ou senhora, e todos e quaisquer outros — parentes mais próximos ou mais queridos, amigos ou conhecidos — amaldiçoados,

que detenham ou venham a deter, em tempo vindouro, qualquer poder eclesiástico ou civil acima da autoridade da Igreja Mãe; ou que obedeçam ou venham a obedecer, em tempo vindouro, a qualquer opositor ou inimigo dela, a Mãe das Igrejas, ou sejam contrários à mesma, dos quais jurei aqui, que Deus, a Bendita Virgem, São Pedro, São Paulo e os Santos Evangelistas me ajudem" etc. Essa declaração é um acordo exato com as doutrinas promulgadas pelos Concílios de Latrão[74] e Constança[75], que declararam expressamente que nenhum favor deve ser mostrado aos hereges, nem a fé deve ser mantida com eles; que eles devem ser excomungados e condenados, e suas propriedades confiscadas, e que os príncipes são obrigados, por juramento solene, a erradicá-los de seus respectivos domínios.

Quão abominável deve ser uma igreja que se atreve a tripudiar em toda autoridade! Quão enlouquecidas são as pessoas que consideram as injunções de tal igreja!

Em sua última carta mencionada, datada de maio de 1538, o arcebispo diz: "Sua Alteza, o vice-rei desta nação, tem pouco ou nenhum poder junto aos antigos nativos. Agora, tanto o inglês quanto o irlandês começam a se opor às ordens de sua senhoria e a abandonar suas brigas nacionais, o

---

[74] Houve cinco Concílios de Latrão, entre 1123, data do primeiro, e 1512, do último. Entre outros assuntos, esses concílios trataram de: O primeiro, reafirmava a autoridade do papa, a investidura de cargos eclesiásticos e as Cruzadas à Terra Santa. O segundo, também tratava da autoridade papal e do castigo aos hereges. No terceiro, as primeiras regras para a eleição papal foram traçadas, suspensas as penitências a quem se unisse às Cruzadas e definidas mais penalidades aos hereges. No quarto concílio, a transubistanciação (transformação do pão e vinho em reais corpo e sangue de Cristo) ficou assim definida. Em Latrão V, que durou 3 anos, foi liderado por dois papas, Júlio II e Leão X e não trouxe acréscimos importantes às discussões.

[75] Este concílio surge na busca para promover a união da igreja, que estava fracionada em três divisões, tendo cada uma delas seu próprio papa. Foi nele que John Huss e suas doutrinas foram condenados como heréticos.

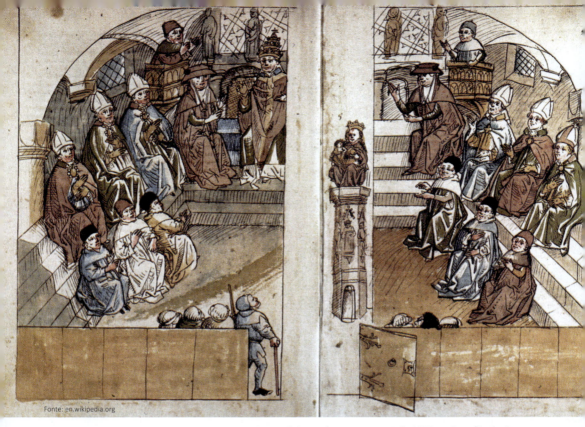

Bispos debatendo como papa João XXIII no Concílio de Constança. Gravura de 1460-65 para o livro *Crônica do Concílio de Constança*, de Ulrich Richental.

que, temo, farão (se desejarem) que um estrangeiro invada esta nação".

Não muito tempo depois, o arcebispo Browne deteve um certo Thady O'Brian, frade franciscano, que possuía uma carta enviada de Roma, datada de maio de 1538 e dirigida a O'Neal. Nessa carta, estavam as seguintes palavras: "Sua Santidade, Paulo, agora papa, e o conselho dos patriarcas descobriram recentemente, em Roma, uma profecia de um certo São Laseriano, um bispo irlandês de Cashel, na qual ele diz que a Igreja Mãe de Roma cairá quando, na Irlanda, a fé católica for superada. Portanto, para a glória da Igreja Mãe, a honra de São Pedro e sua própria segurança, suprima a heresia e os inimigos de sua santidade".

Após interrogatórios e buscas adicionais, esse Thady O'Brian foi ridicularizado publicamente e mantido prisioneiro até a chegada das ordens do rei acerca do que fazer com ele em seguida. Porém, vindo da Inglaterra a ordem de ser enforcado, ele cometeu suicídio no castelo de Dublin. Seu corpo foi posteriormente transportado para Gallows-green, onde, após ficar pendurado durante algum tempo, foi enterrado.

Após a ascensão de Eduardo VI ao trono da Inglaterra, uma ordem foi dirigida a Sir Anthony Leger, lorde-deputado da Irlanda, ordenando que a liturgia em inglês fosse imediatamente estabelecida na Irlanda, para ser observada nos vários bispados, catedrais e igrejas paroquiais. Essa ordem foi lida pela primeira vez em Christchurch, Dublin, no dia de Páscoa de 1551, perante o referido Sir Anthony, o arcebispo Browne e outros. Parte da ordem real para esse propósito foi: "Considerando que o nosso gracioso pai, o rei Henrique VIII, levou em conta a escravidão e o jugo pesado que seus súditos verdadeiros e fiéis sofreram sob a jurisdição do bispo de Roma; a maneira como várias histórias fabulosas e maravilhas mentirosas enganaram nossos súditos; a eliminação dos pecados de nossas nações por meio de suas indulgências e perdões visando lucro; para propositadamente acalentar todas as más condutas, como assaltos, rebeliões, roubos, prostituições, blasfêmia, idolatria etc., o nosso gracioso pai dissolveu, por meio desta ordem, todos os priorados, mosteiros, abadias e outras pretensas casas religiosas, por não passarem de viveiros para vícios ou luxúria, mais do que para aprendizado sagrado" etc.

No dia imediatamente após a primeira Oração Comum em Christchurch, Dublin, os papistas projetaram o esquema perverso a seguir:

Na igreja foi deixada uma imagem de mármore de Cristo segurando na mão uma cana e com uma coroa de espinhos na cabeça. Enquanto o culto em inglês (a Oração Comum) estava sendo lido perante o lorde-tenente, o arcebispo de Dublin, o corpo de conselheiros, o lorde-prefeito e uma grande congregação, viu-se sangue escorrendo pelas fendas da coroa de espinhos e pela face da imagem. Diante disso,

Igreja de Cristo, Dublin, Irlanda.

alguns dos inventores da impostura gritaram em voz alta: "Vejam como a imagem de nosso Salvador sua sangue! E isso só pode acontecer porque a heresia entrou na igreja". Imediatamente, muitas pessoas da classe mais popular, de fato a mais baixa de todas, ficaram aterrorizadas ao ver uma prova tão milagrosa e inegável do desagrado divino. Elas se apressaram a sair da igreja, convencidas de que as doutrinas do protestantismo emanavam de uma fonte infernal e que a salvação só podia ser encontrada no seio de sua própria igreja infalível.

Por mais ridículo que esse incidente possa parecer ao leitor esclarecido, isso causou grande influência sobre a mente dos irlandeses ignorantes e atendeu aos fins dos impostores impudentes que o inventaram, a ponto de interromper muito concretamente o progresso da religião reformada na Irlanda. Muitas pessoas não foram capazes de resistir à convicção de que havia muitos erros e corrupções na igreja romana, mas ficaram em silêncio, aterrorizadas diante daquela pretensa manifestação da ira divina, desmedidamente ampliada pelo sacerdócio fanático e interessado.

Dispomos de pouquíssimos detalhes acerca do estado da religião na Irlanda durante a parte restante do reinado de Eduardo VI e a maior parte do de Mary. Perto da conclusão de seu domínio bárbaro, aquela fanática implacável tentou estender suas perseguições desumanas a essa ilha. Felizmente, porém, suas intenções diabólicas foram frustradas da maneira providencial exposta a seguir, cujos detalhes são relatados por historiadores de boa reputação.

Mary havia nomeado o dr. Pole (um agente do sanguinário Bonner) como um dos procuradores para levar a efeito suas intenções bárbaras. Havendo ele chegado a Chester com sua procuração, aguardava-o o prefeito daquela cidade, que era papista. Tirando de sua bolsa um estojo de couro, o doutor lhe disse: "Eis aqui uma procuração que castigará os hereges da Irlanda". A criada da casa, que era protestante e tinha um irmão em Dublin, chamado John Edmunds, ficou muito perturbada com o que ouviu. Ela encontrou uma oportunidade de abrir a caixa, retirar a procuração e, em seu lugar, colocar uma folha de papel e um baralho, com o valete de paus no topo, enquanto o prefeito se despedia e o doutor o acompanhava educadamente até o andar de baixo. Sem suspeitar da trapaça que lhe fora feita, o doutor guardou a caixa e a levou para Dublin em setembro de 1558.

Ansioso por cumprir as intenções de sua "piedosa" senhora, ele se apresentou imediatamente a Lorde Fitz-Walter, vice-rei na época, e lhe apresentou a caixa; ao ser aberta, nada foi encontrado nela além de um baralho. Isso surpreendeu todas as pessoas presentes, e seu senhorio disse: "Precisamos obter outra procuração. Nesse meio tempo, embaralhemos as cartas".

O dr. Pole, porém, haveria retornado diretamente à Inglaterra para obter outra comissão, mas, enquanto esperava por um vento favorável, chegou a notícia de que a rainha Mary estava morta, e assim, os protestantes escaparam da mais cruel perseguição. Conforme observamos anteriormente, esse relato é confirmado pelos historiadores dignos do maior crédito, que acrescentam que a rainha Elizabeth estabeleceu uma pensão de 40 libras por ano para Elizabeth Edmunds, mencionada anteriormente, pela maneira como ela salvou a vida de seus súditos protestantes.

Durante os reinados de Elizabeth e James I, a Irlanda foi constantemente agitada por rebeliões e insurreições, que, embora nem sempre se originassem da diferença de opiniões religiosas entre ingleses e irlandeses, foram agravadas e tornadas mais amargas e inconciliáveis em decorrência disso. Os sacerdotes papistas exageravam habilmente as falhas do governo inglês e insistiam continuamente com seus ouvintes ignorantes e preconceituosos acerca da legalidade de matar os protestantes, assegurando-lhes que todos os católicos que fossem assassinados no cumprimento de tão piedoso empreendimento seriam imediatamente recebidos na felicidade eterna. As inclinações naturalmente ingovernáveis dos irlandeses, influenciadas por aqueles homens astutos, levaram os irlandeses a atos contínuos de violência bárbara e injustificável; e é necessário confessar que a natureza instável e arbitrária da autoridade exercida pelos governadores ingleses era parcamente calculada para obter a afeição deles. Também os espanhóis, desembarcando forças no sul e dando todo apoio aos nativos descontentes para que estes aderissem à sua causa, mantiveram a ilha em um estado contínuo de turbulência e guerra. Em 1601, eles desembarcaram um corpo de quatro mil homens em Kinsale e iniciaram aquilo que denominaram "Guerra Santa pela preservação da fé na Irlanda"; eles foram ajudados por muitos irlandeses, mas acabaram sendo totalmente derrotados pelo vice-xerife Lorde Mountjoy e seus oficiais.

Isso encerrou as atividades do reinado de Elizabeth em relação à Irlanda. Seguiu-se um intervalo de aparente tranquilidade, mas o sacerdócio papista, sempre inquieto e astuto, procurou minar, por meio de maquinações secretas, o governo e a fé que não mais atacavam abertamente. O reinado pacífico de James proporcionou à Irlanda a oportunidade de aumentar sua força e amadurecer seus planos. Sob seu sucessor, Carlos I, seu número foi grandemente acrescido por arcebispos, bispos, decanos, vigários gerais, abades, sacerdotes e frades; por esse motivo, o exercício público dos ritos e cerimônias papistas foi proibido em 1629.

Não obstante isso, logo depois o clero romano ergueu uma nova universidade papista na cidade de Dublin. Eles também começaram a construir mosteiros e conventos em diversas partes do reino, onde esses clérigos muito ligados a Roma e os chefes dos irlandeses realizavam reuniões frequentes; dali, costumavam atravessar, ida e volta, para França, Espanha, Flandres, Lorena e Roma, onde a detestável trama de 1641 estava sendo preparada pela família dos O'Neals e seus seguidores.

Pouco tempo antes do início da horrível conspiração, que relataremos agora, os papistas da Irlanda haviam apresentado uma queixa aos lordes-juízes daquele reino, exigindo o livre exercício de sua religião e a revogação de todas as leis contrárias. Duas casas do parlamento da Inglaterra responderam solenemente que nunca concederiam qualquer tolerância à religião papista naquele reino. Isso irritou ainda mais os papistas, fazendo-os desejar pôr em execução a conspiração diabólica planejada para a destruição dos protestantes, a qual teve o sucesso desejado por seus malignos e rancorosos articuladores.

O planejamento dessa terrível conspiração incluía uma insurreição geral que ocorresse ao mesmo tempo em todo o reino e que todos os protestantes, sem exceção, fossem assassinados. O dia estabelecido para esse horrível massacre foi 23 de outubro de 1641, festa de Inácio de Loyola, fundador dos jesuítas. Os líderes conspiradores nas principais partes do reino fizeram os preparativos necessários para o conflito pretendido. Para que essa estratégia abominável pudesse ter o mais infalível sucesso, os papistas praticaram os mais distintos artifícios. Nessa época, em suas visitas aos protestantes, eles aparentavam mais bondade do que haviam demonstrado até então, com o intuito de levar a cabo os desígnios desumanos e traiçoeiros que forjavam contra eles. A execução dessa selvagem conspiração foi retardada até a chegada do inverno, para que o envio de tropas da Inglaterra pudesse ser mais dificultoso. O cardeal Richelieu, o ministro francês, havia prometido aos conspiradores um considerável suprimento de homens e dinheiro, e muitos oficiais irlandeses haviam dado as mais fortes garantias de que cooperariam

sinceramente com seus irmãos católicos, tão logo a insurreição iniciasse.

Era a véspera do dia designado para a execução desse horrível projeto, e, felizmente para a metrópole do reino, a conspiração foi descoberta pelo irlandês Owen O'Connelly. Por esse marcante serviço o Parlamento inglês votou para que lhe fosse concedido 500 libras e uma pensão vitalícia de 200 libras. Esse plano foi descoberto a tempo, pouquíssimas horas antes de a cidade e o castelo de Dublin serem surpreendidos, de modo que os lordes-juízes tiveram apenas tempo necessário para colocarem-se a si mesmos e a cidade em uma postura adequada de defesa. Lorde M'Guire, o principal líder do planejado massacre, e seus cúmplices foram detidos na cidade na mesma noite. Em seus alojamentos, foram encontradas espadas, machadinhas, machados, martelos e outros instrumentos de matança semelhantes, que haviam sido preparados para a destruição e extirpação dos protestantes naquela parte do reino.

Assim foi, felizmente, preservada a metrópole; porém, a parte sangrenta da tragédia pretendida não pôde ser evitada. No início da manhã do dia designado, os conspiradores estavam armados em todo o reino, e todos os protestantes que caíam no seu caminho eram imediatamente assassinados. Nenhuma idade, sexo ou condição foi poupada. A esposa chorando por seu marido massacrado e abraçando seus filhos indefesos foi perfurada com eles e pereceu pelo mesmo golpe. Os velhos, os jovens, os vigorosos e os enfermos sofreram o mesmo destino e foram misturados em uma única ruína. Fugir do ataque era vão; a destruição se espalhava por todos os lugares e encontrava as vítimas caçadas em cada esquina. Era inútil recorrer a parentes, companheiros, amigos; todas as ligações foram dissolvidas, e as mortes eram causadas pela mão da qual se implorava e esperava proteção. Sem provocação, sem oposição, os atônitos ingleses, vivendo em paz profunda e, segundo pensavam, total segurança, foram massacrados por seus vizinhos mais próximos, com quem haviam mantido durante muito tempo um contínuo relacionamento de bondade e bons negócios. Mais ainda, a morte foi o menor castigo infligido por aqueles monstros em forma humana. Todas as torturas que a crueldade intencional poderia inventar, todas as dores remanescentes do corpo, a angústia da mente, as agonias do desespero, não foram capazes de saciar a vingança sem infligir ferimentos e crueldades sem causa que a justificasse. A natureza depravada, e até mesmo a religião pervertida, embora incentivada pela máxima licenciosidade, é incapaz de atingir um tom de ferocidade maior do que surgiu naqueles bárbaros impiedosos. Até o próprio sexo frágil, naturalmente sensível aos seus próprios sofrimentos e compassivo com os dos outros, imitou seus companheiros robustos na prática de todo tipo de crueldade. As próprias crianças, ensinadas pelo exemplo e incentivadas pela exortação de seus pais, davam seus fracos golpes nas carcaças mortas das indefesas crianças dos ingleses.

A avareza dos irlandeses também não foi suficiente para criar a mínima restrição sobre a sua crueldade. Tal era seu frenesi que, por ter o nome de inglês, o gado que haviam confiscado e rapinado para si mesmos não era desenfreadamente abatido ou, quando estava coberto de feridas, era solto na floresta para ali perecer por tormentos lentos e prolongados. As habitações confortáveis dos fazendeiros eram reduzidas a cinzas ou totalmente destroçadas. E os infelizes proprietários que haviam se trancado nas casas e estavam se preparando para a defesa morreram nas chamas, ao lado da esposa e seus filhos. Essa é a descrição geral desse massacre sem precedentes; porém, agora resta, pela natureza de nossa obra, passarmos aos detalhes. Mal haviam começado a banhar suas mãos em sangue, os papistas fanáticos e impiedosos repetiram a horrível tragédia dia após dia e os protestantes de todas as partes do reino foram vítimas de sua fúria, morrendo sob as mais inéditas crueldades.

Os irlandeses ignorantes foram mais fortemente instigados a executar as atividades infernais pelos jesuítas, sacerdotes e frades. Quando o dia da execução da trama foi acordado, eles recomendaram em suas orações diligência nessa grande empreitada que, conforme eles, tenderia muito à prosperidade do reino e ao avanço da causa católica. Em todos os lugares, eles declararam às pessoas comuns que os protestantes eram hereges e não deveriam mais viver entre eles, acrescentando ainda que não era mais pecado matar um inglês do que matar um cachorro e que dar-lhes alívio ou protegê-los era um crime da mais imperdoável natureza.

Os papistas sitiaram a cidade e o castelo de Longford; seus habitantes, que eram protestantes, renderam-se com a condição de receber alojamento. No instante em que os moradores rendidos apareceram, os sitiadores os atacaram da maneira mais impiedosa. Como exemplo para os demais seguirem, o sacerdote rasgou a barriga do ministro protestante inglês; feito isso, os seus seguidores assassinaram todas as outras pessoas. Algumas delas foram enforcadas; outras, esfaqueadas ou fuziladas; muitas, golpeadas na cabeça com machados fornecidos para essa finalidade.

A guarnição de Sligo foi tratada de maneira semelhante por O'Connor Slygah, que, quando os protestantes deixaram suas posses, prometeu alojá-los e transportá-los em segurança sobre as montanhas Curlew até Roscommon. Porém, primeiramente os aprisionou em uma cadeia totalmente repugnante, dando-lhes apenas grãos como alimento. Depois, quando alguns papistas festejavam alegremente com seus copos com os que haviam chegado para felicitar seus irmãos perversos pela vitória sobre aquelas infelizes criaturas, os protestantes sobreviventes foram trazidos pelos Frades Brancos e mortos ou precipitados da ponte de um rio veloz, onde logo foram destruídos. Acrescenta-se que, algum tempo depois, essa companhia perversa de Frades Brancos foi em procissão solene, com água benta nas mãos, aspergir o rio sob o pretexto de limpá-lo e purificá-lo das manchas e da poluição do sangue e dos cadáveres

dos hereges, como eles chamaram os infelizes protestantes desumanamente massacrados naquele momento.

Em Kilmore, o Dr. Bedell, bispo daquela região, havia acomodado e amparado caridosamente muitos protestantes angustiados, que haviam fugido de suas habitações para escapar das crueldades diabólicas cometidas pelos papistas. Porém, não desfrutaram durante muito tempo a consolação de viverem juntos. O bom prelado foi arrastado à força de sua residência episcopal, que foi imediatamente ocupada pelo Dr. Swiney, o bispo papista titular de Kilmore, que celebrou Missa na igreja no domingo seguinte e, depois, apoderou-se de todos os bens e propriedades pertencentes ao bispo perseguido. Pouco depois disso, os papistas forçaram o Dr. Bedell, seus dois filhos e os demais de sua família, juntamente com alguns dos principais dos protestantes que ele havia protegido, a irem para um castelo em ruínas chamado Lochwater, situado em um lago próximo ao mar. Ali, ele permaneceu com seus companheiros durante algumas semanas; todos esperavam diariamente ser mortos. A maior parte deles foi despida, como a estação era fria (no mês de dezembro) e o prédio em que estavam confinados não tinha telhado, sofreu as mais severas dificuldades. Eles continuaram nessa situação até o dia 7 de janeiro, quando todos foram soltos.

O bispo foi recebido com cortesia na casa de Dennis O'Sheridan, um de seus clérigos, a quem havia convertido à Igreja da Inglaterra; porém, não sobreviveu durante muito tempo a essa bondade. Durante sua residência ali, ele passou todo o seu tempo em práticas religiosas, para melhor preparar a si e seus companheiros tristes pela grande mudança deles, porque nada além da morte certa estava perpetuamente diante de seus olhos. Ele tinha 71 anos e foi acometido de forte maleita contraída na habitação fria e desolada do lago, tendo a febre da natureza mais perigosa. Vendo que sua morte estava próxima, recebeu-a com alegria, como um dos mártires primitivos apenas correndo para receber sua coroa de glória. Depois de falar ao seu pequeno rebanho e exortá-los, da maneira mais comovente, a ter paciência — pois essas pessoas viam o seu próprio último dia se aproximando —, após abençoar solenemente seu povo, sua família e seus filhos, terminou o curso de seu ministério e também de sua vida no dia 7 de fevereiro de 1642.

Seus amigos e parentes pediram licença ao bispo invasor para sair para enterrá-lo, e isso foi obtido com dificuldade. Inicialmente, ele lhes disse que o cemitério da igreja era território sagrado e não deveria mais ser contaminado por hereges. Todavia, a licença foi finalmente concedida e, embora o serviço fúnebre da igreja não tenha sido usado na solenidade (por medo dos papistas irlandeses), ainda assim, alguns dos melhores, que tinham a mais alta veneração por ele enquanto vivo, acompanharam seus restos mortais até o túmulo. Nesse enterro, eles dispararam uma salva de tiros, gritando *Requiescat in pace ultimus Anglorum*, isto é, "Que o último

Placa em homenagem a William Bedell que se encontra no cemitério da igreja onde ele foi enterrado. Lê-se: "Em memória agradecida a William Bedell (1571–1642), *optimus anglorum*, bispo de Killmore, sob cuja patronagem o Antigo Testamento foi traduzido para o irlandês, e que está enterrado neste cemitério".

dos ingleses descanse em paz", acrescentando que, por ele ser um dos melhores, deveria ser o último bispo inglês encontrado entre eles. Sua cultura era muito extensa e ele teria dado ao mundo maior prova disso se houvesse imprimido tudo que escreveu. Pouquíssimos de seus escritos foram salvos; os papistas destruíram a maioria de seus papéis e de sua biblioteca. Ele havia reunido uma grande pilha de exposições críticas da Escritura, todas as quais, juntamente com um grande baú repleto de seus manuscritos, caíram nas mãos dos irlandeses. Felizmente, seu grande manuscrito em hebraico foi preservado e agora está na biblioteca do Emanuel College, em Oxford.

No baronato de Terawley, os papistas, por instigação dos frades, compeliram mais de 40 protestantes ingleses, alguns dos quais mulheres e crianças, ao duro destino de morrer a fio de espada ou por afogamento no mar. Os que escolheram este último foram consequentemente forçados, pelas armas nuas de seus inexoráveis perseguidores, às águas profundas onde, com seus filhos nos braços, primeiramente submergiram até o queixo e, depois, afundaram e pereceram juntos.

No castelo de Lisgool, mais de 150 homens, mulheres e crianças foram queimados juntos; no castelo de Moneah, não menos de cem foram mortos a fio de espada. Muitos também foram assassinados no castelo de Tullah, entregue a M'Guire com a condição de ter um bom alojamento. No entanto, assim que tomou posse do lugar, esse vilão ordinário

ordenou que seus seguidores assassinassem o povo, o que foi feito imediatamente com a maior crueldade.

Muitos outros foram mortos da maneira mais horrível, que só poderiam haver sido inventadas por demônios e não por homens. Alguns deles foram deitados com o centro das costas no eixo de uma carruagem, com as pernas apoiadas no chão de um lado, e os braços e a cabeça do outro. Nessa posição, um dos selvagens flagelava a pobre pessoa nas coxas, pernas etc., enquanto outro soltava cães furiosos, que destroçavam os braços e as partes superiores do corpo; dessa maneira terrível eles foram privados de sua existência. Muitos foram presos à parte traseira de cavalos levados ao galope por seus cavaleiros, arrastando as miseráveis vítimas até a morte. Outros foram pendurados em forcas elevadas com uma fogueira acesa sob eles e assim terminaram sua vida, em parte por enforcamento e em parte por asfixia.

Nem o sexo mais frágil escapou da menor partícula de crueldade que pôde ser projetada por seus impiedosos e furiosos perseguidores. Muitas mulheres, de todas as idades, foram mortas da maneira mais cruel. Algumas, em particular, foram amarradas de costas em postes fortes e, sendo despidas até a cintura, os monstros desumanos cortaram seus seios direitos com grandes tesouras, o que as submeteu aos tormentos mais excruciantes; e nessa posição elas foram deixadas até morrerem devido à perda de sangue. Tal era a ferocidade selvagem daqueles bárbaros, que até nascituros foram arrancados do útero para se tornarem vítimas de sua raiva. Muitas mães infelizes foram penduradas nuas nos galhos de árvores, seus corpos foram abertos, e os inocentes fetos foram tirados delas e jogados para cães e porcos. Para aumentar o horror da cena, eles obrigavam o marido a assistir a tudo isso antes de ser morto.

Na cidade de Issenskeath, foram enforcados mais de cem protestantes escoceses, não lhes sendo demostrada mais misericórdia do que aos ingleses. Indo ao castelo daquela cidade, M'Guire desejou falar com o governador e, ao ser admitido, queimou imediatamente os registros do município, que eram mantidos ali. Em seguida, exigiu 1.000 libras do governador e, após recebê-las, obrigou-o imediatamente a ouvir a Missa e a jurar que continuaria a fazê-lo. Para completar suas horríveis barbáries, ele ordenou que a esposa e os filhos do governador fossem enforcados diante deste, além de massacrar pelo menos cem habitantes. Mais de mil homens, mulheres e crianças foram levados, em diferentes grupos, à ponte Portadown, partida no meio, e lá obrigados a lançar-se na água e tentar alcançar a margem, onde eram golpeados na cabeça.

Na mesma parte do país, pelo menos quatro mil pessoas foram afogadas em diferentes lugares. Após deixá-las nuas, os desumanos papistas as levavam como animais para o local estabelecido para sua destruição; se alguma, devido ao cansaço ou enfermidades naturais, afrouxasse o ritmo, eles a espetavam com espadas e lanças e, para causar terror à multidão, matavam algumas pelo caminho. Muitos desses pobres infelizes, quando jogados na água, tentavam se salvar nadando até a praia, mas seus perseguidores impiedosos impediam o seu sucesso atirando neles enquanto ainda estavam na água.

Em certo lugar, 140 ingleses, após percorrerem nus por muitos quilômetros e sob o clima mais rigoroso, foram assassinados no mesmo local. Alguns foram enforcados; outros, queimados; outros, baleados e muitos, enterrados vivos. Tão cruéis eram seus atormentadores, que não lhes permitiam orar antes de lhes roubarem sua miserável existência. Sob o pretexto de salvo-conduto, eles tomaram outros grupos, que, a partir dessa consideração, prosseguiram alegremente em sua viagem; porém, após havê-los levado a um local conveniente, os papistas traiçoeiros massacravam todos da maneira mais cruel. Cento e quinze homens, mulheres e crianças foram conduzidos, por ordem de Sir Phelim O'Neal, até a ponte de Portadown, onde todos foram forçados a entrar no rio e se afogaram. Uma mulher, de nome Campbell, vendo não haver probabilidade de fugir, abraçou de repente um dos principais papistas tão fortemente que os dois se afogaram. Em Killyman, eles massacraram 48 famílias, dentre as quais 22 foram queimadas juntas em uma só casa. As demais foram enforcadas, baleadas ou afogadas.

Em Kilmore, todos os habitantes, que consistiam em aproximadamente 200 famílias, foram vítimas da raiva dos papistas. Alguns deles foram colocados no tronco até confessarem onde estava o seu dinheiro; depois disso, eram mortos. O condado todo era uma cena geral de carnificina e muitos milhares pereceram, em pouco tempo, por espada, fome, fogo, água e outras mortes, as mais cruéis que a fúria e a maldade puderam inventar. Aqueles malditos vilões demonstraram tanto favor a alguns, que os despacharam imediatamente; porém, de modo algum os deixavam orar. Outros foram aprisionados em masmorras imundas, com ferragens pesadas nas pernas e deixados lá até morrerem de fome.

Em Casel, eles puseram todos os protestantes em uma masmorra repugnante, onde os mantiveram juntos durante várias semanas no maior sofrimento. Por fim, foram libertados; então, alguns deles foram barbaramente mutilados e deixados nas estradas para morrer à vontade; outros foram enforcados e alguns, enterrados no chão com a cabeça acima da terra, e os papistas, para aumentar sua miséria, tratando-os com escárnio durante seus sofrimentos. No condado de Antrim, eles mataram 954 protestantes em uma manhã e, depois, aproximadamente 1.200 outros naquele condado.

Em uma cidade chamada Lisnegary, eles forçaram 24 protestantes a entrar em uma casa e, em seguida, atearam fogo nela, queimando-os juntos, imitando seus gritos para escarnecer deles. Dentre outros atos de crueldade, eles tomaram duas crianças de uma inglesa e esfacelaram a cabeça delas na frente da mãe; depois, lançaram a mãe em um rio, e ela se afogou. Eles trataram muitas outras crianças de maneira semelhante, para grande aflição de seus pais e desgraça da natureza humana.

Em Kilkenny, todos os protestantes, sem exceção, foram mortos — alguns deles de maneira tão cruel que talvez nunca fora pensada. Eles espancaram uma inglesa com tão selvagem barbárie que mal lhe restou um osso inteiro; depois disso, jogaram-na em uma vala, mas, não satisfeitos com isso, tomaram sua filha de seis anos e, depois de lhe rasgar a barriga, jogaram-na para a mãe, para ali definhar até perecer. Eles forçaram certo homem a ir à Missa, depois disso rasgaram seu corpo e assim o deixaram. Serraram outro homem em partes, cortaram a garganta de sua esposa e, após esfacelarem a cabeça de seu bebê, jogaram-no aos porcos, que o devoraram avidamente.

Após cometerem essas e várias outras crueldades horríveis, eles decapitaram sete protestantes, dentre eles um ministro piedoso, e fixaram as cabeças na cruz do mercado. Eles puseram uma mordaça na boca do ministro, depois cortaram suas bochechas até as orelhas e, colocando diante dela uma folha de uma Bíblia, ordenaram que ele pregasse, porque sua boca era suficientemente larga. Eles fizeram várias outras coisas por escárnio e expressaram a maior satisfação por haverem assassinado e exposto os infelizes protestantes.

É impossível conceber o prazer daqueles monstros em exercer sua crueldade e aumentar o sofrimento de quem caía em suas mãos, quando os massacravam e diziam: "Sua alma para o diabo". Um daqueles canalhas entrava em uma casa com as mãos banhadas em sangue e se gabava de ser sangue inglês e de sua espada

*John Foxe*

haver traspassado até o cabo a pele dos protestantes. Quando qualquer um deles havia matado um protestante, outros vinham e recebiam a gratificação de cortar e destruir o corpo, deixando-o exposto para ser devorado por cães e, quando haviam matado vários deles, vangloriavam-se de que o diabo estava em dívida com eles por enviarem tantas almas para o inferno. Porém, não é de admirar que eles tratassem assim os cristãos inocentes se não hesitavam em cometer blasfêmia contra Deus e Sua santíssima Palavra.

Em certo lugar, eles queimaram duas Bíblias protestantes e, depois, disseram que haviam queimado o fogo do inferno. Na igreja de Powerscourt, queimaram o púlpito, os bancos, os baús e as Bíblias pertencentes à igreja. Eles pegaram outras Bíblias e, após molhá-las com água suja, jogaram-nas no rosto dos protestantes, dizendo: "Sabemos que vocês amam uma boa lição; eis aqui uma excelente lição para vocês. Venham amanhã e terão um sermão tão bom quanto este". Eles arrastaram alguns dos protestantes pelos cabelos até a igreja, onde os despiram e chicotearam da maneira mais cruel, ao mesmo tempo dizendo-lhes que, se fossem no dia seguinte, ouviriam o mesmo sermão. Em Munster, mataram vários ministros da maneira mais chocante. Um deles, em particular, deixaram totalmente nu e, empurrando-o diante deles, espetaram-no com espadas e dardos até ele cair e expirar.

Em alguns lugares, arrancaram os olhos e deceparam as mãos dos protestantes e, dessa maneira, os levaram aos campos, para ali terminarem sua infeliz existência vagando. Eles obrigaram muitos jovens a forçar seus pais idosos a irem até um rio, onde foram afogados, esposas a ajudar a enforcar seus maridos e mães a cortar a garganta de seus filhos. Em determinado lugar, eles obrigaram um jovem a matar seu pai e logo em seguida o enforcaram. Em outro, forçaram uma mulher a matar o marido; depois, obrigaram o filho a matá-la; então, atiraram na cabeça deste.

Em um lugar chamado Glaslow, um sacerdote papista, com alguns outros, convenceu 40 protestantes a se reconciliarem com a Igreja de Roma. Imediatamente após estes haverem feito isso, o papista lhes disse que eles haviam abraçado a fé correta e impediria que eles caíssem e se tornassem hereges tirando-os do mundo, o que os papistas fizeram cortando-lhes imediatamente a garganta. No condado de Tipperary, mais de 30 protestantes, homens, mulheres e crianças, caíram nas mãos dos papistas, que, após despi-los, assassinaram-nos com pedras, machados, espadas e outras armas. No condado de Mayo, aproximadamente 60 protestantes, 15 deles ministros, deveriam, por acordo, ser conduzidos com segurança a Galway por um tal de Edmund Burke e seus soldados; porém, a caminho, aquele monstro desumano sacou sua espada como indicação de seu desígnio para os demais soldados, que imediatamente seguiram seu exemplo e mataram todos, alguns dos quais eles esfaquearam, outros atravessaram o corpo com lanças, e vários foram afogados. No condado de Queen, muitos protestantes

Rocha de Cashel, Condado de Tipperary, Irlanda.

foram vítimas das mortes mais chocantes. Aproximadamente 50 ou 60 protestantes foram colocados juntos em uma casa que foi incendiada, e todos eles morreram nas chamas. Muitos foram despidos e, presos a cavalos por cordas em torno da cintura, foram arrastados por pântanos até expirarem. Alguns foram pendurados pelos pés a ganchos para tecido pregados em postes e, nessa postura miserável, deixados até perecer. Outros foram presos ao tronco de uma árvore, com um galho no topo. Sobre esse galho pendia um braço, que sustentava principalmente o peso do corpo, e uma das pernas era levantada e presa ao tronco, enquanto a outra pendia reta. Eles permaneciam nessa postura terrível e desconfortável enquanto a vida permitisse — espetáculos agradáveis para seus perseguidores sedentos de sangue.

Em Clownes, 17 homens foram enterrados vivos; um inglês, sua esposa, cinco filhos e uma criada foram enforcados e, depois, lançados em uma vala. Eles penduravam muitos pelos braços em galhos de árvores com um peso nos pés e outros pela cintura, postura em que os deixavam até expirarem. Vários foram enforcados em moinhos de vento e, antes de estarem meio mortos, os bárbaros os cortavam em pedaços com suas espadas. Outros, homens, mulheres e crianças, eles cortavam e retalhavam em diversas partes do corpo e os deixavam chafurdando no sangue para perecer onde caíssem. Eles penduraram em uma forca uma pobre mulher com seu filho de aproximadamente 12 meses. Ele foi pendurado pelo pescoço nos cabelos

de sua mãe e assim terminou sua curta e sofrida existência.

No condado de Tyrone, nada menos que 300 protestantes foram afogados em um dia; muitos outros foram enforcados, queimados e mortos de outras maneiras. O Dr. Maxwell, reitor de Tyrone, morava naquela época perto de Armagh e sofreu muito com aqueles selvagens impiedosos. Em seu interrogatório, mediante juramento perante os comissários do rei, ele declarou que os papistas irlandeses deviam a ele por haverem, em várias ocasiões, destruído em um único lugar 12.000 protestantes, mortos desumanamente por eles em Glynwood, quando fugiam do condado de Armagh.

O rio Bann não era atravessável e a ponte estava quebrada, e, por isso, em diferentes momentos os irlandeses forçaram para lá muitos protestantes desarmados e indefesos e, com lanças e espadas, empurraram de forma violenta aproximadamente mil deles para dentro do rio, onde pereceram miseravelmente.

A catedral de Armagh também não escapou da fúria daqueles bárbaros, que foi maliciosamente incendiada por seus líderes e queimada de cima a baixo. E para extirpar, se possível, a raça daqueles infelizes protestantes que viviam em Armagh ou nas proximidades, primeiramente os irlandeses queimaram todas as suas casas e, depois, reuniram muitas centenas daquelas pessoas inocentes, jovens e velhas, sob o pretexto de permitir-lhes uma condução protegida e segura para Colerain; a caminho, porém, eles

Catedral de São Patrício em Armagh, Dublin, por Thomas J. Duff (1792–1848). Ilustração do livro *The history of Saint Patrick's Cathedral*, Armagh, edição de 1840.

lançaram-se traiçoeiramente sobre eles e os mataram de forma desumana.

As horríveis barbáries semelhantes às que especificamos foram praticadas sobre os protestantes em quase todas as partes do reino. Quando foi feita uma estimativa do número de pessoas sacrificadas para satisfazer as almas diabólicas dos papistas, o total foi de 150 mil. Agora, resta procedermos aos detalhes que se seguiram.

Aqueles desgraçados desesperados, incandescidos e insolentes pelo sucesso (embora por métodos tão excessivamente bárbaros que talvez nunca sejam igualados), logo se apossaram do castelo de Newry, onde as provisões e munições do rei estavam alojadas, e, com pouca dificuldade, tornaram-se donos de Dundalk. Posteriormente, tomaram a cidade de Ardee, onde assassinaram todos os protestantes, e depois seguiram para Drogheda. A guarnição de Drogheda não estava em condições de suportar um sítio; não obstante, sempre que os irlandeses renovavam seus ataques, eram vigorosamente repelidos por um número muito desigual das forças do rei, além de alguns cidadãos protestantes fiéis comandados por Sir Henry Tichborne, o governador, assistido pelo Lorde Visconde Moore. O sítio a Drogheda começou no dia 30 de novembro de 1641 e foi mantido até o dia 4 de março de 1642, quando Sir Phelim O'Neal e os canalhas irlandeses sob seu comando foram forçados a se retirar. Enquanto isso, dez mil soldados foram enviados da Escócia para os protestantes remanescentes na Irlanda; devidamente divididos pelas partes mais importantes do reino, eclipsaram alegremente o poder dos selvagens irlandeses. Durante algum tempo, os protestantes viveram tranquilos.

No reinado de James II, eles foram novamente interrompidos, porque, em um parlamento realizado em Dublin no ano 1689, numerosos membros da nobreza protestante, do clero e da burguesia da Irlanda foram condenados por alta traição. O governo do reino foi, naquela época, confiado ao conde de Tyrconnel, papista fanático e inimigo inveterado dos protestantes. Por suas ordens, eles foram novamente perseguidos em diversas partes do reino. As receitas da cidade de Dublin foram confiscadas, e a maioria das igrejas

*Richard Talbot, primeiro conde de Tyrconnel*, por François de Troy (1645–1730). Parte do acervo da Galeria Nacional de Retratos, Londres, Inglaterra.

foi convertida em prisões. Se não fosse pela determinação e bravura incomum das guarnições da cidade de Londonderry e da vila de Inniskillin, não haveria restado um lugar sequer para refugiar os protestantes angustiados do reino todo; tudo, porém, deve ter sido abandonado ao rei James e ao furioso partido papista que o governava.

No dia 18 de abril de 1689, teve início o notável sítio de Londonderry por 20 mil papistas, a flor do exército irlandês. A cidade não estava adequadamente preparada para sustentar um cerco; os defensores consistiam em um corpo de protestantes indisciplinados e inexperientes — que haviam fugido para lá em busca de abrigo —, meio regimento dos soldados disciplinados de Lord Mountjoy e a maior parte dos habitantes, perfazendo um total de apenas 7.361 combatentes. Os sitiados esperavam, a princípio, que seus estoques de milho e outros itens necessários fossem suficientes; porém, com a continuação do cerco, suas carências aumentaram. Finalmente suas necessidades tornaram-se tão pesadas que, durante um tempo considerável antes de o cerco terminar, meio litro de cevada grossa, uma pequena quantidade de verduras, algumas colheres de amido e uma quantidade muito moderada de carne de cavalo eram considerados a provisão de uma semana para um soldado. Eles acabaram sendo reduzidos a tais extremos que comeram cães, gatos e camundongos.

Com a miséria aumentando com o cerco, muitas pessoas, por mera fome e necessidade, enfraqueceram e definharam ou caíram mortas nas ruas. É notável que, quando seus tão esperados socorristas chegaram da Inglaterra, elas estavam prestes a ter de escolher entre preservar sua existência comendo umas às outras ou tentando abrir caminho lutando contra os irlandeses, o que haveria inevitavelmente produzido sua destruição. Felizmente, aqueles socorros chegaram pelos navios Mountjoy, de Derry, e Phoenix, de Colerain, quando restavam apenas nove cavalos magros e meio litro de refeição para cada homem. Pela fome e pela fadiga da guerra, seus 7.361 combatentes haviam sido reduzidos para 4.300, dos quais uma quarta parte não estava mais apta para serviço.

Tão grandes quanto as calamidades dos sitiados eram os terrores e sofrimentos de seus amigos e parentes protestantes. Todos (até mesmo mulheres e crianças) foram expulsos a força do campo em um raio de 48 quilômetros e desumanamente reduzidos à triste necessidade de continuar alguns dias e noites sem alimento ou abrigo diante das muralhas da cidade e estavam, assim, expostos tanto ao fogo contínuo do exército irlandês, vindo de fora, quanto aos tiros de seus amigos, vindos de dentro. Porém, os socorros da Inglaterra, felizmente chegaram e acabaram com sua aflição. O cerco foi encerrado no dia 31 de julho, após mais de três meses de duração. Na véspera do fim do sítio de Londonderry, os habitantes de Inniskillin enfrentaram cerca de 6.000 católicos romanos irlandeses em Newton, Butler ou Crown-Castle, dos quais quase 5.000 foram mortos. Isso e a derrota em Londonderry desanimaram os papistas, que desistiram de todas as tentativas adicionais de perseguir os protestantes. No ano seguinte, isto é, 1690, os irlandeses pegaram em armas em favor do príncipe abdicado, o rei James II, mas foram totalmente derrotados por seu sucessor, o rei Guilherme III. Antes de deixar o país, aquele monarca os reduziu a um estado de sujeição no qual eles continuam desde então.[76]

Porém, a despeito de tudo isso, no momento o interesse protestante se firma em uma base muito mais forte do que um século atrás. Os irlandeses, anteriormente de vida inquieta e itinerante nos bosques, pântanos e montanhas, que viviam da depredação de seus vizinhos, que pela manhã se apoderavam da presa e à noite dividiam o despojo, tornaram-se quietos e civilizados há muitos anos. Eles provam os doces da sociedade inglesa e as vantagens do governo civil. Eles negociam em nossas cidades e são empregados em nossas fábricas. Eles são acolhidos como membros também de famílias inglesas e tratados com grande humanidade pelos protestantes.

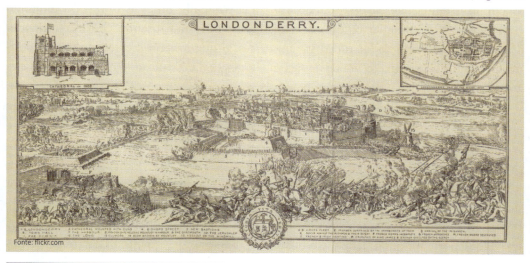

*O sítio de Londonderry.* Parte do acervo da Biblioteca Britânica, Londres, Inglaterra.

---

[76] Até a conclusão desta obra.

# Capítulo 18

# Ascensão, progresso, perseguições e sofrimentos dos Quakers

Ao tratar dessas pessoas de maneira histórica, somos obrigados a recorrer a muita ternura. Não se pode negar que eles diferem dos protestantes em geral em alguns dos principais pontos da religião. Contudo, como dissidentes protestantes, eles estão incluídos na descrição da lei da tolerância. Não nos diz respeito averiguar se pessoas de opiniões semelhantes chegaram a existir nos tempos primitivos do cristianismo; em alguns aspectos, talvez não, mas devemos escrevê-las não como eram, mas como são agora. É certo que eles foram tratados por vários escritores de maneira muito desdenhosa, assim como também é certo que eles não mereciam esse tratamento.

A denominação Quakers lhes foi dada como um termo pejorativo, em consequência das aparentes convulsões que apresentavam ao proferir seus discursos, por imaginarem ser o efeito de inspiração divina. Atualmente, não nos cabe indagar se as opiniões dessas pessoas estão em conformidade com o evangelho, mas é certo que o primeiro líder deles, como pessoa distinta, foi um homem de nascimento obscuro, que teve sua primeira infância em Leicestershire, por volta do ano 1624. Ao falar desse homem, expressaremos nossas próprias opiniões de maneira histórica e, juntando-as ao que foi dito pelos próprios Amigos[77], procuraremos fornecer uma narrativa completa.

---

[77] A comunidade Quaker (do inglês, "que treme") também é conhecida como Sociedade dos Amigos.

George Fox era descendente de pais honestos e respeitados, que o criaram na religião nacional. Desde criança, ele parecia religioso, calmo, confiável e observador, avançado para sua idade e conhecedor incomum das coisas divinas. Foi criado para cuidar de animais e de outros negócios rurais e era particularmente propenso à solitária ocupação de pastor. Essa função muito lhe convinha em vários aspectos, tanto pela inocência quanto pela solidão, o que bem o representou em seu posterior ministério e serviço. No ano 1646, ele abandonou totalmente a Igreja nacional sob cujos princípios havia sido educado, como já referimos. Em 1647, viajou para Derbyshire e Nottinghamshire, sem qualquer objetivo definido de visitar lugares específicos, e, de maneira solitária, caminhou por várias cidades e vilas, por onde quer que sua mente decidisse. Swell disse: "Ele jejuava muito e andava frequentemente em lugares afastados, sem outro companheiro além da Bíblia". Penn diz: "Ele visitava as pessoas mais afastadas e religiosas daqueles lugares, e eram poucas, se é que existiram, nesta nação, que esperavam noite e dia pelo consolo de Israel, como Zacarias, Ana e Simeão na antiguidade. George Fox foi enviado a elas e as procurava nos condados vizinhos e dentre elas peregrinou, até o seu ministério se ampliar ainda mais. Naquela época, ele ensinava e era um exemplo de silencioso esforço por tirar as pessoas do egocentrismo, testificando e levando-as à luz de Cristo que havia dentro delas. Encorajava-as a esperarem com paciência e a sentirem o poder daquela luz despertar em seus corações, para que seu conhecimento e adoração a Deus pudessem firmar-se no poder de uma vida sem fim. Essa vida se encontrava na luz e em como ela era obedecida e manifesta no homem. Na Palavra estava a vida, e essa mesma vida é a luz dos homens. Vida na Palavra, luz nos homens, e vida também nos homens à medida que a luz é obedecida. Os filhos da luz vivendo pela vida da Palavra, vida que os regenera para Deus, que é o princípio e o novo nascimento, sem os quais não há entrada no reino de Deus, e aquele que para tal reino for é maior que João[78] — isto é, do que a dispensação de João, que não era a do reino, e sim a

*George Fox*, por Peter Lely.

---

[78] O batista.

consumação dos aspectos legais e precursores dos tempos do evangelho, o tempo do Reino. Consequentemente, várias reuniões estavam ocorrendo naqueles lugares; e assim George Fox empregou o seu tempo durante alguns anos."

No ano 1652, "ele teve uma visão sobrenatural da grande obra de Deus na Terra e do caminho que deveria seguir em um ministério público para iniciá-la". Ele se dirigiu para o norte "e, em todos os lugares onde foi, se não ainda antes de lá chegar, eram lhe mostrados a sua atuação e serviços específicos, de modo que o Senhor era, de fato, o seu líder". Fox converteu muitas pessoas às suas opiniões, e muitos homens piedosos e bons se juntaram a ele em seu ministério. Estes eram separados especialmente para visitar as assembleias públicas para reprová-las, corrigi-las e exortá-las. Iam em mercados, feiras, ruas e à beira dos caminhos, "convidando as pessoas ao arrependimento e a retornarem ao Senhor, com o coração e também com palavras, direcionando-as à luz de Cristo que havia dentro delas, para verem, examinarem e considerarem seus caminhos, afastarem-se do mal e fazerem a boa e aceitável vontade de Deus".

Eles não deixaram de encontrar oposição na obra a que imaginavam haver sido chamados, sendo frequentemente colocados no tronco, apedrejados, espancados, açoitados e aprisionados, embora fossem homens honestos e de boa reputação,

que haviam deixado esposa, filhos, casa e terras para visitá-los com um chamado vivo ao arrependimento. Porém, ao invés de diminuir, aqueles métodos coercitivos aumentaram seu zelo e naqueles lugares eles fizeram muitos prosélitos, dentre os quais vários magistrados e outros da melhor estirpe. Os Quakers apreenderam que o Senhor os proibira de tirar o chapéu para quem quer que fosse, de alto ou baixo escalão social, e lhes exigira que se dirigissem a todas as pessoas, sem distinção, usando a linguagem informal da época. Relutavam em desejar bom-dia ou boa-noite às pessoas, nem podiam dobrar os joelhos para pessoa alguma, nem mesmo as de suprema autoridade. Os homens e as mulheres usavam roupas simples, diferentes da moda da época. Não concediam, nem aceitavam, qualquer título de respeito ou honra, nem chamavam qualquer homem de senhor na terra. Eles citavam vários textos da Escritura em defesa dessas singularidades, tais como "não jureis",[79] "Como podeis crer, vós os que aceitais glória uns dos outros e, contudo, não procurais a glória que vem do Deus único?" etc.[80] Colocavam os fundamentos da religião sob uma luz interior e um impulso extraordinário do Espírito Santo.

Em 1654, seu primeiro encontro separado em Londres foi realizado na casa de Robert Dring, em Watling-street, porque naquela época eles se espalhavam por todas as partes do reino e, em muitos lugares,

---

[79] Tg 5:12

[80] Jo 5:44

haviam estabelecido reuniões ou assembleias, particularmente em Lancashire e as regiões adjacentes. No entanto, ainda estavam expostos a grandes perseguições e a todo tipo de provações. Em uma carta ao protetor Oliver Cromwell, um deles relata que, embora não houvesse leis penais em vigor obrigando os homens a cumprirem a religião estabelecida, os quakers estavam expostos a outras questões. Eram multados e presos por se recusarem a prestar juramento, por não pagarem o dízimo, por perturbarem as assembleias públicas e se reunirem nas ruas e locais de uso público. Alguns deles foram açoitados como vagabundos e por suas falas claras ao magistrado.

Sob o favor da tolerância de então, eles abriram suas reuniões no Bull and Mouth, em Aldersgate-street, onde mulheres e homens sentiram o impulso de falar. O zelo deles os fez cometer algumas extravagâncias, o que os deixou ainda mais abertos ao ataque de seus inimigos, que lhes impuseram vários rigores durante o reinado seguinte. Após a supressão da louca insurreição de Venner, o governo publicou uma proclamação, proibindo os Anabatistas, Quakers e os Homens da Quinta Monarquia de se reunirem ou se encontrarem sob o pretexto de adorar a Deus, exceto em alguma igreja paroquial, capela ou em casa particular, com o consentimento das pessoas que ali habitavam. Todas as reuniões em outros lugares foram declaradas ilegais e tumultuosas. Os Quakers acharam conveniente dirigir-se ao rei, o que fizeram com as seguintes palavras:

"Ó rei Carlos!

Nosso desejo é de que você viva para sempre no temor de Deus e no Seu conselho. Pedimos a você e ao seu conselho que leiam as linhas a seguir com benignidade e compaixão por nossas almas e pelo seu bem.

Considerando que somos aproximadamente quatro centenas de presos nesta cidade e nos arredores — homens e mulheres apartados de suas famílias — e, nas prisões do condado, cerca de dez centenas, desejamos que nossas reuniões não sejam interrompidas, mas que tudo possa ser julgado de forma justa, para que a nossa inocência seja esclarecida.

Londres, 16 de novembro de 1660".

Uma mulher Quaker prega em uma reunião em Londres.

No dia 28 do mesmo mês, eles publicaram a declaração mencionada em sua mensagem, intitulada: "Uma declaração do inofensivo e inocente povo de Deus, chamado Quakers, contra toda sedição, conspiradores e combatentes do mundo, para remover a base de ciúme e suspeita, tanto de magistrados quanto do povo do reino, acerca de guerras e lutas". Ela foi apresentada ao rei no dia 21 de novembro de 1660, e ele lhes prometeu, por sua palavra de rei, que eles não deveriam sofrer por suas opiniões enquanto vivessem pacificamente; mais adiante, porém, essas promessas receberam pouca consideração.

Em 1661, eles tomaram coragem para pedir à Câmara dos Lordes uma tolerância à sua religião e a dispensa de prestarem os juramentos, que consideravam ilegais, não por qualquer desagrado quanto ao governo ou por crerem ser menos obrigados por uma declaração, e sim pela convicção de que todos os juramentos são ilegais e que jurar nas ocasiões mais solenes era proibido no Novo Testamento. Sua petição foi rejeitada e, em vez de lhes conceder alívio, uma lei foi aprovada contra eles, cujo preâmbulo estabelecia: "Que, embora várias pessoas sejam de opinião que um juramento, mesmo perante um magistrado, é ilegal e contrário à Palavra de Deus, e considerando que, sob pretexto de culto religioso, tais pessoas se reúnem em grande número em várias partes do reino, separando-se dos demais súditos de Sua Majestade, das congregações públicas e dos locais habituais de culto divino, promulgue-se, portanto, que, se após 24 de março de 1661–2 essas pessoas se recusarem a prestar juramento quando legalmente solicitadas, ou convencerem outras pessoas a fazê-lo, ou mantiverem por escrito ou de outra maneira a ilegalidade de prestar juramento, ou caso se reúnam para culto religioso de cinco ou mais pessoas, com idade acima de 15 anos, pelo primeiro delito pagarão cinco libras; pelo segundo, dez libras; pelo terceiro, abjurarão o reino ou serão transportadas para as plantações. Os juízes de paz, em suas sessões públicas, poderão fazer audiência e dar a determinação final para o caso".

Essa lei teve um efeito terrível sobre os Quakers, embora fosse bem sabido e notório que essas pessoas conscienciosas estavam muito longe de sedição ou desfeita ao governo. Em seu discurso ao rei, George Fox informa que 3.068 de seus amigos tinham sido aprisionados desde a restituição de Sua Majestade, que suas reuniões eram diariamente invadidas por homens com bastões e armas, e seus amigos eram jogados na água e pisoteados até o sangue jorrar, o que deu origem às suas reuniões nas ruas. Foi impressa e assinada por 12 testemunhas uma relação que apontava que mais de 4.200 Quakers estavam aprisionados; desses, 500 estavam em Londres e nos subúrbios, e vários deles foram mortos nas prisões. Um relato publicado na época dizia que 600 deles estavam na prisão, meramente por uma questão de religião, dos quais vários tinham sido banidos para as plantações. Em suma, os Quakers dedicavam tanta atenção aos denunciantes, que tinham menos tempo livre para comparecer às reuniões de outros dissidentes.

Contudo, sob todas essas calamidades, eles se comportavam com paciência e recato em relação ao governo e, por ocasião da trama de Ryehouse, em 1682, pensaram ser adequado declarar sua inocência naquela falsa conspiração, em uma mensagem ao rei, na qual disseram: "Apelando Àquele que sonda todos os corações, seus princípios não lhes permitem pegar em armas defensivas, muito menos vingar-se pelos ferimentos infligidos por outros; oram continuamente pela segurança e preservação do rei. Portanto, aproveitam a ocasião para, humildemente, suplicar à Sua Majestade que tenha compaixão de seus amigos sofredores, dos quais as prisões estão tão cheias que lhes falta ar, com evidente risco de morte e o perigo de uma infecção em diversos lugares. Além disso, muitas casas, lojas, celeiros e campos são saqueados, e os bens, milho e gado são levados embora, desencorajando o comércio e a criação e empobrecendo um grande número de pessoas calmas e trabalhadoras, e isso por nenhuma outra causa senão o exercício de uma consciência sensível no culto ao Deus Todo-poderoso, que é o Senhor soberano e o Rei da consciência dos homens."

Na ascensão de James II, eles se dirigiram a esse monarca de maneira honesta e clara, dizendo-lhe: "Viemos testemunhar nossa tristeza pela morte de nosso bom amigo Carlos e nossa alegria por você haver se tornado nosso governante. Fomos informados de que você não compartilha da opinião da Igreja da Inglaterra, tanto quanto nós; portanto, esperamos que nos conceda a mesma liberdade que permite a si mesmo e que, fazendo isso, desejamos a você todo tipo de felicidade".

Quando, por seu poder dispensador, James concedeu liberdade aos dissidentes, eles começaram a ter um pouco de descanso de seus problemas; de fato, já era tempo, porque eles cresceram em grande número. Um ano antes disso — para eles um ano de alegre libertação —, em uma petição a James pela cessação de seus sofrimentos, eles declararam que "de mais 1.500 de seus amigos, homens e mulheres, agora restavam 1.383, dos quais 200 mulheres, muitas condenadas por apoiar a Igreja Católica na Inglaterra, e mais de aproximadamente 300 por recusarem o juramento de lealdade, por não poderem jurar. Trezentos e cinquenta morreram na prisão desde o ano 1680. Em Londres, a prisão de Newgate ficou lotada nesses dois anos, às vezes com quase 20 pessoas em uma cela, pelo que vários ficaram sufocados e outros, que foram retirados de lá enfermos, morreram poucos dias depois. Grandes violências, angústias ultrajantes, lastimáveis destruições e estragos foram causados aos bens e propriedades das pessoas por um grupo de denunciantes ociosos, caprichosos e impiedosos, por perseguições baseadas na lei das reuniões religiosas ilegais e outras, também em decretos e em outros processos, por 20 libras por mês e dois terços de suas propriedades confiscadas para o rei. Alguns não tinham uma cama para descansar, outros não tinham gado para arar a terra, nem milho para comer ou fazer pão, nem ferramentas com que trabalhar; e, em alguns lugares, os ditos informantes e oficiais de justiça invadem casas e causam grandes perdas e estragos, sob o pretexto de servir ao rei e à Igreja. Nossas reuniões religiosas têm sido acusadas, segundo a lei comum, de serem tumultuadoras e perturbadoras da paz pública, pelo que numerosas pessoas de todas as idades foram confinadas na prisão, muitas delas em buracos e masmorras. A apreensão de 20 libras por mês já soma muitos milhares, e vários que empregavam em manufaturas algumas centenas de pessoas pobres estão, agora, incapacitados de fazê-lo, devido ao longo aprisionamento. Eles não poupam viúvas e órfãos, que nem têm uma cama onde deitar-se. Os informantes são testemunhas e promotores, para ruína de muitas famílias sóbrias; e os juízes de paz foram ameaçados de apreensão de cem libras se não emitissem mandados diante das informações daqueles". Com essa petição eles apresentaram um rol de seus 460 amigos que estavam presos nos vários condados.

Por intercessão de seu amigo, o sr. Penn, essas pessoas foram tratadas com maior indulgência do que nunca durante o reinado de James II. Elas haviam se tornado extremamente numerosas em muitas partes do país e, com o assentamento na Pensilvânia ocorrendo logo depois, muitas delas foram para a América. Ali, desfrutaram das bênçãos de um governo pacífico e cultivaram a habilidade do trabalho honesto. Por ser proprietário de toda a colônia, o sr. Penn convidou pessoas de todas as denominações ao assentamento com ele. Instalou-se uma liberdade universal de consciência e, nessa nova colônia,

os direitos naturais do ser humano foram estabelecidos pela primeira vez.

Na era atual, esses Amigos formam um grupo de pessoas muito inofensivo, mas isso observaremos melhor a seguir. Por seus sábios regulamentos, eles não apenas honram a si mesmos, mas também prestam grande serviço à comunidade. Aqui poderá ser necessário observar que, devido aos Amigos, comumente chamados Quakers, não prestarem juramento em um tribunal de justiça, sua afirmação é permitida em todos os assuntos civis, mas eles não podem processar um criminoso, porque, nos tribunais de justiça ingleses, todas as provas precisam ser apresentadas sob juramento.

## UM RELATO DAS PERSEGUIÇÕES AOS AMIGOS, COMUMENTE CHAMADOS QUAKERS, NOS EUA

Na Inglaterra, em meados do século 17, houve muita perseguição e sofrimento a uma seita de dissidentes protestantes, comumente chamados Quakers, alguns dos quais selaram seu testemunho com seu sangue. Para um relato sobre a perseguição dos Quakers consulte a história escrita por Sewell ou por Gough.

Estes eram os principais pontos sobre os quais suas objeções de consciência os tornava sujeitos às penalidades da lei:

1. Sua decisão de se reunir publicamente para cultuar a Deus de maneira mais aceitável à sua consciência.

2. Sua recusa a pagar o dízimo, pois o consideravam uma cerimônia judaica, revogada pela vinda de Cristo.

3. Seu testemunho contra guerras e lutas, cuja prática julgavam inconsistente com o mandamento de Cristo "amai os vossos inimigos" (Mateus 5:44).

4. Sua inalterável obediência ao mandamento de Cristo "de modo algum jureis" (Mateus 5:34).

5. Sua recusa a pagar taxas ou inspeções para construção e reparação de casas destinadas a um culto que não aprovavam.

6. O uso da linguagem adequada e bíblica, na segunda pessoa — "tu" e "ti", para uma única pessoa; e não descobrir a cabeça ou tirar o chapéu em honra a um ser humano como era costume da época.

7. A necessidade que muitos sentiam de publicar o que acreditavam ser a doutrina da verdade; às vezes, até mesmo nos lugares designados para o culto público nacional.

O seu descumprimento consciencioso dos itens acima os expôs a muitas perseguições e sofrimentos, que consistiram em ações judiciais, multas, espancamentos cruéis, açoites e outras punições corporais, prisão, banimento e até morte. Apresentar um relato específico de suas perseguições e sofrimentos se estenderia além dos limites desta obra. Por isso, para essas informações, nos referiremos às histórias já mencionadas e, mais particularmente, à compilação de seus sofrimentos escrita por Besse, e limitaremos este nosso relato principalmente aos que sacrificaram a vida e, por sua inclinação, constância, paciência e perseverança fiel, demonstraram haver sido influenciados por um senso de dever religioso.

Numerosas e repetidas foram as perseguições contra eles, às vezes por transgressões ou delitos que a lei não contemplava ou incluía. Muitas multas e penalidades deles exigidas eram não apenas irracionais e exorbitantes, mas, como não podiam pagá-las de maneira consistente, às vezes lhes eram confiscadas várias vezes o valor da demanda; por isso, muitas famílias pobres passaram por muitas dificuldades e foram obrigadas a depender da ajuda de seus amigos. Muitos foram não apenas cruelmente espancados e chicoteados publicamente como criminosos, mas alguns foram marcados como o gado e outros tiveram suas orelhas decepadas. Muitos foram confinados durante muito tempo em prisões repugnantes; em consequência disso, alguns terminaram nelas os seus dias. Outros tantos foram banidos, e um número considerável foi exilado. Alguns foram banidos sob pena de morte, e quatro foram enforcados, como relataremos aqui, após a inserção de cópias de algumas das leis do país no qual sofreram.

"Em um tribunal geral realizado em Boston, no dia 14 de outubro de 1656.

Considerando-se haver uma seita amaldiçoada, recentemente surgida no mundo, de hereges comumente chamados Quakers, que se consideram diretamente enviados por Deus e infalivelmente assistidos pelo Espírito, para falar e escrever opiniões blasfemas, desprezando o governo e a ordem de Deus na Igreja e na Comunidade, falando mal das autoridades, censurando e ofendendo magistrados e ministros, procurando desviar o povo da fé e conquistar prosélitos para as suas crenças perniciosas; levando em consideração essas premissas e para impedir semelhantes danos que, por meios deles, são forjados em nossa terra, este tribunal ordena por meio deste, e pela autoridade deste tribunal seja ordenado e promulgado, que qualquer mestre ou comandante de qualquer navio, barco, veleiro ou brigue que, a partir de agora, trouxer para qualquer porto, ancoradouro ou enseada pertencente a esta jurisdição qualquer Quaker ou Quakers ou outros hereges blasfemos pagará, ou causará o pagamento de multa de cem libras ao tesoureiro do país, exceto se parecer que ele não tem conhecimento ou informação verdadeira de que são tais; nesse caso, ele tem a liberdade de se liberar por juramento quando não houver prova suficiente do contrário; e, por falta de bom pagamento ou boa garantia de pagamento, será lançado na prisão e ali continuará até a referida quantia ser quitada junto ao tesoureiro conforme anteriormente mencionado.

Se o comandante de qualquer brigue, navio ou embarcação for legalmente condenado, assegurará suficientemente ao governador, ou a quaisquer um ou mais magistrados que tenham poder para determinar o

caso, que os levará de volta ao lugar de onde os trouxe. Recusando-se a fazê-lo, o governador, ou um ou mais dos magistrados, recebem por meio deste o poder de emitir seus mandados de prisão de tal mestre ou comandante, para continuar ali até assegurar suficientemente, a contento do governador ou de qualquer dos magistrados, conforme anteriormente mencionado.

Por meio deste se ordena e promulga que qualquer Quaker que chegar a este país vindo do estrangeiro, ou entrar nesta jurisdição vindo de qualquer território adjacente, será mediatamente preso na Casa de Correção.[81] Ao entrar, será severamente açoitado e, pelo diretor dela, será mantido trabalhando constantemente, com ninguém devendo conversar ou falar com ele enquanto durar sua prisão, que não será mais longa do que o necessário.

É ordenado que, se alguém importar conscientemente, para qualquer porto desta jurisdição, qualquer livro ou escrito de Quakers acerca de suas opiniões diabólicas, pagará por tal livro ou escrita, sendo legalmente exigido do importador a soma de cinco libras; e quem quer que dissemine ou oculte qualquer livro ou escrito desse tipo e este seja encontrado com ele ou em sua casa, e não o entregue imediatamente ao magistrado próximo, perderá ou pagará cinco libras pela disseminação

---

[81] As Casas de Correção foram fundadas no final do século 16 e serviam para aplicar punição a crimes considerados menores, como, por exemplo, prostituição, pequenos furtos e conduta desordeira e ociosa.

ou ocultação de qualquer desses livros ou escritos.

É promulgado ainda que, se qualquer pessoa desta colônia se puser a defender as opiniões heréticas dos Quakers, ou qualquer de seus livros ou escritos, será multada em 40 xelins na primeira vez; se persistir e defendê-las uma segunda vez, quatro libras; se, não obstante, defender novamente e mantiver as opiniões heréticas dos referidos Quakers, será aprisionado na Casa de Correção até haver uma passagem conveniente para enviá-lo para fora da terra, sendo sentenciado ao banimento pelo tribunal dos Assistentes.

Por último, ordena-se, por meio deste, que qualquer que ofenda as pessoas dos magistrados ou ministros, como é habitual aos Quakers, tal pessoa será severamente açoitada ou pagará a quantia de cinco libras.

Esta é uma cópia fiel da ordem do tribunal, conforme atesta EDWARD RAWSON, SEC."

"Em um Tribunal Geral realizado em Boston, no dia 14 de outubro de 1657.

Como complemento à ordem última, no tocante à vinda ou ao fato de trazer qualquer pessoa da maldita seita dos Quakers para esta jurisdição, é ordenado que, a partir de agora, quem quer que traga ou faça trazer, direta ou indiretamente, qualquer número de Quakers conhecidos ou outros hereges blasfemos para esta jurisdição pagará ao país a soma de cem libras e, por

mandado de qualquer magistrado, será condenada à prisão, lá permanecendo até a multa ser liquidada e paga. Se, a partir de agora, qualquer pessoa desta jurisdição receber e ocultar qualquer número de Quakers ou outros hereges blasfemos, sabendo que o são, pagará ao país 40 xelins para cada hora de recepção e ocultação de qualquer Quaker, conforme anteriormente mencionado, e será condenada à prisão conforme anteriormente mencionado, até a multa ser totalmente liquidada e paga.

É também ordenado que, se qualquer número de Quakers se atrever, sujeitando-se ao exigido pela lei, a entrar nesta jurisdição, cada Quaker do sexo masculino terá, pela primeira ofensa, uma de suas orelhas decepada e será mantido trabalhando na Casa de Correção até poder ser mandado embora por sua própria conta; e, pela segunda ofensa, terá sua outra orelha decepada. E toda mulher Quaker, sujeita a esta lei, que se atrever a entrar nesta jurisdição será severamente açoitada e mantida trabalhando na Casa de Correção até ser enviada embora por sua própria despesa; e, se retornar, será tratada de maneira semelhante.

Todo Quaker, homem ou mulher, que pela terceira vez cometer aqui o delito, terá sua língua furada com ferro quente e será mantido trabalhando na Casa da Correção até ser mandado embora por sua própria conta.

*John Foxe*

E é ainda ordenado que todo Quaker que surgir do nosso seio será tratado e sofrerá a mesma punição prevista na lei contra os Quakers estrangeiros.

EDWARD RAWSON, Sec."

"Uma lei feita em um tribunal geral realizado em Boston, no dia 20 de outubro de 1658.

Considerando-se a existência de uma seita perniciosa, comumente denominada Quakers, recentemente surgida, que, verbalmente e por escrito, publicou e sustentou muitos dogmas perigosos e horríveis e assume a missão de transformar e alterar os louváveis costumes recebidos de nossa nação, de prestar respeito civil aos iguais ou reverência aos superiores, cujos atos tendem a minar o governo civil e também a destruir a ordem das igrejas ao negar todas as formas estabelecidas de culto e, ao retirar-se da comunhão ordenada pela Igreja, permitida e aprovada por todos os que professam ortodoxamente a verdade, em vez disso, em oposição a ela, frequentemente se encontram isoladamente, insinuando-se na mente dos simples ou dos que são, no mínimo, afetados pela ordem e o governo da igreja e da comunidade, pelo que diversos de nossos habitantes foram contaminados, não obstante todas as leis anteriores, feitas com base na experiência das obstruções arrogantes e ousadas deles para disseminar seus princípios entre nós, proibindo a entrada deles nesta jurisdição, não se

detiveram em suas tentativas ímpias de minar nossa paz e arriscar-nos à ruína.

Para prevenção disso, este tribunal ordena e promulga que qualquer pessoa da seita maldita dos Quakers que não seja habitante desta jurisdição, e, sendo nela encontrada, seja detida sem mandado, quando nenhum magistrado estiver disponível, por qualquer policial, comissário ou funcionário público e transportada de um policial para outro até o magistrado mais próximo, que enviará a pessoa à prisão, para ali permanecer (sem fiança) até o próximo tribunal de Assistentes, onde será legalmente julgada. E, declarando-se culpada de pertencer à seita dos Quakers, será condenada a banimento, sob pena de morte. E que todo habitante desta jurisdição, seja condenado por pertencer à seita anteriormente mencionada, ao adotar, publicar ou defender as horríveis opiniões dos Quakers, ou incitar motim, sedição ou rebelião contra o governo, ou adotar suas práticas abusivas e destrutivas, a saber, negar respeito civil aos iguais e superiores e retirar-se das reuniões da Igreja. Também ao frequentar reuniões próprias, em oposição à ordem da Igreja; apoiar ou aprovar qualquer Quaker conhecido e os dogmas e práticas dos Quakers, que são opostos às opiniões ortodoxas recebidas dos piedosos; tentar desafeiçoar outras pessoas ao governo civil e à ordem da Igreja, ou condenar a prática e os procedimentos deste tribunal contra os Quakers, manifestando assim sua concordância com aqueles cujo objetivo é derrubar a ordem estabelecida na Igreja e no Estado. Toda pessoa que assim o fizer, mediante declaração de culpa perante o referido tribunal de Assistentes, da maneira acima mencionada, será encerrada na prisão durante um mês. Então, se não decidir deixar essa jurisdição voluntariamente, deverá demonstrar bom comportamento e comparecer ao próximo tribunal. Continuando obstinada e recusando-se a retratar-se e rever as opiniões anteriormente mencionadas, será condenada a banimento, sob pena de morte. E qualquer magistrado, mediante denúncia contra essa pessoa, deverá determinar a sua detenção e condená-la à prisão, a seu critério, até que ela vá a julgamento conforme anteriormente mencionado."

Parece que foram aprovadas leis também nas então colônias de New Plymouth e New Haven e no assentamento holandês em New Amsterdam, hoje Nova Iorque, proibindo o povo chamado Quakers de entrar nesses lugares, sob severas penalidades. Como consequência, alguns foram submetidos a considerável sofrimento.

Os dois primeiros a serem executados foram William Robinson, comerciante de Londres, e Marmaduke Stevenson, camponês de Yorkshire. Chegando a Boston no início de setembro, eles foram chamados pelo tribunal de Assistentes e, ali, sentenciados a banimento, sob pena de morte. Essa sentença foi proferida também contra Mary Dyer e Nicholas Davis, que estavam em Boston. Porém, William Robinson, considerado professor, foi também condenado a ser açoitado severamente, e o policial foi ordenado a conseguir um homem capaz de o fazer. Então, Robinson foi levado à rua, onde foi despido; com as mãos enfiadas nos buracos do carro de um grande canhão, onde o carcereiro o prendeu, o carrasco lhe inferiu 20 golpes com um chicote de três cordas. Então, ele e os outros prisioneiros foram logo libertados e banidos, como parece dizer o seguinte mandado:

"Você é obrigado, por meio deste, a libertar agora William Robinson, Marmaduke Stevenson, Mary Dyer e Nicholas Davis, que haviam sido presos por ordem do tribunal e do conselho, porque pareceu, por sua própria confissão, palavras e atos, que eles são Quakers; portanto, foi pronunciada contra eles a sentença de deixarem esta jurisdição, sob pena de morte, e de que eles estarão em risco se, após o décimo quarto dia deste mês de setembro, eles ou qualquer um deles forem encontrados nesta jurisdição ou em qualquer parte dela.

EDWARD RAWSON
Boston, 12 de setembro de 1659".

Ainda que Mary Dyer e Nicholas Davis tenham abandonado a jurisdição naquele momento, Robinson e Stevenson, embora tenham deixado a cidade de Boston, não conseguiram decidir (sem liberdade para pensar) sobre partir daquela jurisdição, apesar de suas vidas estarem em risco. Assim, foram para Salem e alguns lugares próximos, para visitar e edificar seus amigos na fé. Porém, não demorou muito para que fossem detidos e novamente presos em Boston, com correntes presas às pernas. No mês seguinte, Mary Dyer também voltou. Ela também foi presa enquanto conversava diante da prisão com um certo Christopher Holden, que havia ido para lá para encontrar um navio que fosse para a Inglaterra, para onde ele pretendia ir.

Assim, eles tinham agora três pessoas que, segundo a lei, haviam perdido seu direito à vida. E, no dia 20 de outubro, os três foram levados ao tribunal, onde John Endicot e outros estavam reunidos. Ao ser chamado à tribuna, Endicot ordenou ao carcereiro que eles tirassem o chapéu; depois, disse que haviam feito várias leis para impedir os Quakers de permanecerem entre eles, mas nem chicotear, nem

Mary Dyer sendo levada para a execução (artista desconhecido). Parte do acervo do Museu do Brooklin, Nova Iorque, EUA.

aprisionar, nem decepar orelhas, nem banir sob pena de morte os impediu de se manter entre eles. Disse ainda, que ele ou nenhum deles desejavam a morte de qualquer dos prisioneiros. Contudo, sem mais delongas, suas palavras seguintes foram: "Deem ouvido e escutem sua sentença de morte". Essa sentença foi proferida também sobre Marmaduke Stevenson, Mary Dyer e William Edrid. Vários outros foram presos, açoitados e multados.

Não temos a intenção de justificar os peregrinos por esses procedimentos, mas pensamos que, considerando-se as circunstâncias da época em que viviam, sua conduta revela muita dissimulação.

Os patriarcas da Nova Inglaterra sofreram incríveis dificuldades para prover a si mesmos um lar nas florestas desertas e, para se protegerem ao desfrutar, sem serem perturbados, de direitos comprados a tão alto preço. Às vezes adotavam medidas que, se julgadas pelas visões mais esclarecidas e liberais dos dias atuais, precisariam ser pronunciadas, ao mesmo tempo, como totalmente injustificáveis. Porém, serão eles condenados sem misericórdia por não agir em conformidade com princípios não reconhecidos e desconhecidos em toda a cristandade? Somente eles

deverão ser responsabilizados por opiniões e condutas que haviam se tornado sagradas por antiguidade e que eram comuns aos cristãos de todas as outras denominações? Todo governo então existente assumia para si o direito de legislar sobre questões de religião e restringir a heresia por meio de estatutos penais. Esse direito foi reivindicado por governantes, admitido por súditos, e é sancionado pelos nomes de Lord Bacon, Montesquieu e muitos outros igualmente famosos por seus talentos e sua erudição. Então, é injusto "imprimir a uma pobre seita perseguida os pecados de toda a cristandade". A culpa de nossos patriarcas foi a culpa da época e, embora isso não possa ser justificativa, certamente proporciona uma atenuação de sua conduta. Você também poderia condená-los por não compreenderem e agirem segundo os princípios da tolerância religiosa. Ao mesmo tempo, isso é apenas para dizer que, por mais imperfeitos que fossem seus pontos de vista acerca dos direitos da consciência, ainda assim eles estavam muito adiantados em relação à época a que pertenciam; e é a eles, mais do que a qualquer outra classe de homens da Terra, que o mundo deve as visões mais racionais que agora prevalecem sobre o tema da liberdade civil e religiosa.

*John Foxe*

# Capítulo 19

## Um relato da vida de John Bunyan e das perseguições a ele

Esse grande puritano nasceu no mesmo ano em que os Patriarcas Peregrinos desembarcaram em Plymouth. Sua terra natal era Elstow, perto de Bedford, na Inglaterra. Seu pai era latoeiro, e ele foi instruído para trabalhar no mesmo ofício.

Ele era um garoto vivaz e agradável, com um lado sério e quase mórbido em sua natureza. Durante todo o início de sua vida adulta, ele se arrependeu dos vícios de sua juventude, embora nunca houvesse sido beberrão ou imoral. Os atos específicos que perturbavam sua consciência eram dançar, tocar os sinos da igreja e brincar de *Tip Cat*[82]. Certo dia, durante esse jogo, "uma voz do Céu lhe veio à mente, que dizia: 'Você abandonará seus pecados e irá ao Céu, ou continuará pecando e irá ao inferno?'".

Por volta dessa época, ele ouviu três ou quatro senhoras pobres sentadas à porta, ao sol em Bedford, conversando "sobre seu novo nascimento, a obra de Deus em seus

---

[82] Jogo em que quatro a oito jogadores se posicionam perto de buracos que funcionam como as bases arranjadas em circunferência. Alguns jogadores se posicionam fora deste círculo, chamado de campo, e um número igual de jogadores, dentro dele, serão os rebatedores. Um desses do campo joga o toco de madeira (*cat*) ao rebatedor mais próximo. Se este conseguir rebatê-lo e o enviar para longe, os da base correrão trocando de base até que o toco seja recuperado. Cada base corrida equivale a um ponto. Se, por outro lado, o toco for recuperado por qualquer jogador do campo e este o jogar em direção a um jogador que esteja fora da base, durante a corrida, este último é eliminado do jogo. Se a rebatida for perdida, o "cat" é devolvido ao jogador do campo, e este tenta jogar novamente.

corações e a forma pela qual se convenceram de seu estado natural de miséria".

Em sua juventude, Bunyan foi membro do exército parlamentar durante um ano. A morte de um companheiro ao seu lado aprofundou sua tendência aos pensamentos solenes e houve momentos em que seu zelo e penitência pareciam quase insanos. Certa vez, ele tinha certeza de haver cometido o imperdoável pecado contra o Espírito Santo. Embora ainda fosse jovem, casou-se com uma boa mulher que comprou para ele uma biblioteca de livros relacionados à piedade, que ele lia com assiduidade, confirmando assim sua sinceridade e aumentando seu amor por controvérsias religiosas.

Sua consciência foi despertada ainda mais pela perseguição ao grupo religioso dos batistas, a quem ele se unira. Antes dos 30 anos, ele havia se tornado um dos principais pregadores batistas. Então, chegou a sua vez de ser perseguido. Ele foi preso por pregar sem autorização. "Antes de submeter-me à justiça, implorei a Deus que fosse feita a vontade dele, porque eu tinha esperança de que meu encarceramento pudesse ser um avivamento para os santos do país. Somente por esse motivo entreguei tudo a Deus. E realmente fui recompensado encontrando meu Deus docemente na prisão."

Suas dificuldades foram genuínas, devido à condição deplorável das prisões daqueles dias. A esse confinamento foi acrescentada a tristeza pessoal de estar separado de sua jovem e segunda esposa e dos

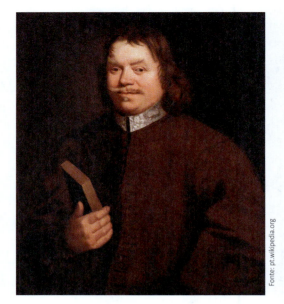

John Bunyan, por Thomas Sadler (1630?–85).

quatro filhos pequenos, particularmente sua filhinha cega. Enquanto estava na prisão, foi consolado pelos dois livros que havia levado consigo: a Bíblia e o *Livro dos Mártires*[83], de John Foxe.

Embora Bunyan tenha escrito alguns de seus primeiros livros durante esse longo aprisionamento, foi somente no segundo e mais curto, três anos após o primeiro, que ele compôs seu imortal *O peregrino* (Publicações Pão Diário, 2020), publicado três anos após sua soltura. Em um artigo anterior, ele havia refletido brevemente na semelhança entre a vida humana e uma peregrinação; em artigo subsequente, elaborou esse tema em fascinante detalhe, usando o cenário rural da Inglaterra como pano de fundo, a esplêndida cidade de Londres para a Feira das Vaidades, e os santos e vilões de seu próprio conhecimento

---

[83] Uma cópia das primeiras edições deste livro.

pessoal para os personagens excelentemente elaborados de sua alegoria.

*O peregrino* é, verdadeiramente, o ensaio das experiências espirituais do próprio Bunyan. Ele próprio havia sido o "homem vestido de trapos com o rosto virado para sua casa; segurando um livro na mão e um grande fardo nas costas". Após perceber que Cristo era sua Justiça e que isso não dependia "da boa compleição de seu coração" — ou, como deveríamos dizer, de seus sentimentos —, "agora as correntes caíram de minhas pernas". Ele havia estado no Castelo da Dúvida e no Pântano do Desânimo, passado grande parte no Vale da Humilhação e no Vale da Sombra da Morte. Porém, acima de tudo, é um livro de vitória. Certa vez, ao sair do tribunal onde havia sido derrotado, ele escreveu: "Quando estava saindo pelas portas, tive muito trabalho para lhes dizer que carregava comigo a paz de Deus". Em sua visão, sempre existia a Cidade Celestial, com todos os seus sinos tocando. Ele havia lutado constantemente contra Apolião e, frequentemente, fora ferido, envergonhado e havia caído; contudo, no fim, fora "mais que vencedor, por meio daquele que nos amou".

Seu livro foi inicialmente recebido com muitas críticas de seus amigos puritanos, que viram nele apenas um acréscimo à literatura mundana de sua época, mas, por não haver muito para os puritanos lerem, não demorou muito para que ele fosse devotadamente colocado ao lado de suas Bíblias e folheado com alegria e benefício. Talvez dois séculos depois, os críticos literários começaram a perceber que essa história, tão repleta de realidade e interesse humanos e tão maravilhosamente modelada com base na tradução King James da Bíblia, é uma das glórias da literatura inglesa. Em seus últimos anos ele escreveu várias outras alegorias; de uma delas, *A guerra santa* (Ed. Ágape, 2017), foi dito: "Se *O peregrino* nunca houvesse sido escrito, seria considerada a melhor alegoria existente no idioma".

Durante os últimos anos de sua vida, Bunyan permaneceu em Bedford como venerado pastor e pregador local. Ele era também um orador favorito nos púlpitos não-conformistas[84] de Londres. Tornou-se um líder e professor tão reconhecido em seu país que era frequentemente chamado de "Bispo Bunyan". Em sua vida pessoal, prestativa e altruísta, ele era apostólico. Sua última enfermidade foi resultado de sua exposição à chuva quando retornava de uma viagem para ajudar na reconciliação de um pai com seu filho. Seu fim chegou no dia 3 de agosto de 1688. Ele foi sepultado em Bunhill Fields, um cemitério de igreja em Londres.

Não há dúvida de que *O peregrino* foi mais útil do que qualquer outro livro, excetuando-se a Bíblia. Ele foi oportuno para a época, porque ainda estavam queimando mártires na Feira das Vaidades enquanto ele escrevia. É duradouro, porque, embora fale pouco sobre viver a vida cristã na

---

[84] Ou Dissidentes, como ficaram conhecidos os grupos de protestantes que não concordavam com a Lei da Uniformidade implementada pela Igreja Anglicana em 1662.

Túmulo de John Bunyan no cemitério Bunhill Fields. Londres, Inglaterra.

família e na comunidade, interpreta essa vida à medida que é uma expressão da alma solitária, em linguagem singela. De fato, Bunyan "mostrou como construir um trono principesco sobre humilde verdade". Para muitos, *O peregrino* tem sido seu próprio Grande Coração[85], um destemido guia de peregrinos.

---

[85] Personagem da parte 2 do livro original em inglês. No Brasil, a segunda parte do livro *O Peregrino* foi publicada em português sob o título de *A peregrina* (Publicações Pão Diário, 2020).

# Capítulo 20

# Um relato da vida de John Wesley

John Wesley nasceu no dia 17 de junho de 1703, na reitoria de Epworth, Inglaterra, décimo quinto dos 19 filhos de Charles e Suzanna Wesley. O pai de Wesley era pregador; a mãe era uma mulher notável em sabedoria e inteligência. Ela era uma mulher de profunda piedade e criou seus filhos em estreito contato com as histórias da Bíblia, utilizando-se até dos vitrais que se sobrepunham à lareira do berçário. Ela também costumava vestir os filhos da melhor maneira possível nos dias em que elas tinham o privilégio de aprender o alfabeto como introdução à leitura das Escrituras Sagradas.

O jovem John Wesley era alegre e viril, apaixonado por jogos e, principalmente, por dançar. Em Oxford, foi um líder e,

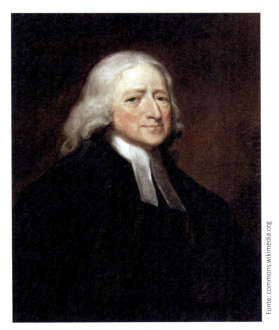

*John Wesley*, por George Rommey (1734–1802). Parte do acervo da Galeria Nacional de Retratos, em Londres, Inglaterra.

Fonte: commons.wikimedia.org

durante a última parte de seu curso nesse local, foi um dos fundadores do "Clube Santo", uma organização de estudantes não dados a frivolidades. Seu conhecimento religioso se aprofundou por meio de estudo e experiência, mas, somente vários anos após deixar a universidade e ser influenciado pelos escritos de Lutero, Wesley sentiu que havia penetrado nas riquezas do evangelho.

Ele e seu irmão Charles foram enviados à Geórgia pela Sociedade para a Propagação do Evangelho; ali, desenvolveram sua capacidade de pregar. Durante a viagem, encontraram-se na companhia de vários irmãos da Morávia, membros da associação recentemente renovada pelos esforços do conde Zinzendorf[86]. John Wesley observou em seu diário que, em uma grande tempestade, quando os ingleses a bordo perderam todos os seus pertences, aqueles alemães o impressionaram por sua serenidade e total resignação a Deus. Ele também observou a humildade deles sob tratamento vergonhoso. Ao retornar à Inglaterra, Wesley teve as experiências mais profundas e desenvolveu as maravilhosas habilidades de pregador popular que o tornaram um líder nacional. Nessa época, ele se associou também a George Whitefield, cuja tradição de maravilhosa eloquência nunca findou.

Suas realizações beiram o inacreditável. Ao completar 84 anos, ele agradeceu a Deus por ainda estar quase tão vigoroso quanto antes. John Wesley atribuiu isso a Deus e, depois, ao fato de sempre haver dormido profundamente, acordado às quatro horas da manhã durante 60 anos e pregado diariamente às cinco horas da manhã durante 50 anos. Raramente em toda a sua vida sentiu dor, temor ou ansiedade. Ele pregava duas vezes por dia e, frequentemente, três ou quatro vezes. Estima-se que, todos os anos, ele viajasse 7.240 quilômetros, a maior parte deles a cavalo.

Os sucessos conquistados pela pregação metodista tiveram de ser obtidos ao longo de muitos anos e em meio às mais amargas perseguições. Em quase todas as partes da Inglaterra, ela era recebida primeiramente pela turba[87], com apedrejamentos e estilhaços, com tentativas de ferir e matar seu portador. Somente às vezes havia alguma interferência por parte do poder civil. Os dois Wesley enfrentaram todos esses perigos com surpreendente coragem e calma igualmente espantosa. O mais irritante foi a enxurrada de calúnias e abusos por parte dos escritores da época. Agora, todos aqueles livros estão esquecidos.

Na juventude, Wesley havia sido um alto clérigo e sempre foi profundamente dedicado à Comunhão Estabelecida.

---

[86] Nicolaus Ludwig Von Zinzendorf (1700–60), conde alemão que, entre outras coisas, iniciou, com seu grupo de cristãos, a maior reunião de oração do mundo, que durou mais de 100 anos, 24 horas por dia. Também foi responsável por um movimento consistente de missões não ligado ao modelo colonialista.

[87] Embora John Wesley nunca tenha se retirado da Igreja Anglicana, ele foi proibido de pregar em seus templos por causa da natureza incisiva de seus sermões que enfatizavam uma vida santa a partir da obra do Espírito Santo no coração. A partir disso, começou a pregar em locais públicos. Seu lema passou a ser: "O mundo é minha paróquia".

*John Wesley pregando fora de uma igreja.* Parte do acervo da Wellcome Library, Londres, Inglaterra.

Quando ele achou necessário ordenar pregadores, a separação de seus seguidores do corpo estabelecido se tornou inevitável. O nome "Metodista" logo se ligou a eles, devido ao particular poder organizador de seu líder e aos métodos engenhosos por ele aplicados. A comunhão de Wesley, que após sua morte se transformou na grande Igreja Metodista, caracterizou-se por uma perfeição quase militar de organização.

Toda a administração de sua denominação continuamente crescente ficava a cargo do próprio Wesley. A conferência anual, estabelecida em 1744, adquiriu poder de governo somente após a morte de Wesley.

Com os seus hinos, Charles Wesley prestou um serviço inestimável à sociedade. Eles introduziram uma nova era na hinologia da Igreja inglesa. John Wesley distribuía seus dias entre trabalhar na liderança da Igreja, estudar (ele era um leitor incessante), viajar e pregar.

Wesley foi incansável em seus esforços para disseminar conhecimento útil em toda a sua denominação. Ele planejou a cultura mental de seus pregadores itinerantes e exortadores locais e para escolas de instrução para os futuros professores da Igreja. Ele mesmo preparou livros para uso popular acerca de história universal, história eclesiástica e história natural. Nisso, Wesley foi um apóstolo da união moderna da cultura intelectual com a vida cristã. Ele publicou também os mais amadurecidos de seus sermões e diversas obras teológicas, os quais despertam nossa admiração, tanto por sua profundidade e pensamento penetrante quanto por sua pureza e precisão de estilo.

John Wesley tinha estatura comum, porém presença nobre. Seus traços eram muito bonitos, até mesmo na velhice. Ele tinha um rosto grande, nariz aquilino, olhos claros e pele viçosa. Suas maneiras eram refinadas, e ele gostava de relaxar na boa companhia de pessoas cristãs. O amor persistente e laborioso pelas almas dos homens, a firmeza e a tranquilidade de espírito eram seus traços de caráter mais proeminentes. Mesmo em controvérsias doutrinárias ele mostrava a maior tranquilidade. Ele era gentil e muito generoso. Sua perseverança já foi citada. Estima-se que ele tenha pregado mais de 40 mil sermões nos últimos 52 anos de sua vida. Wesley levou pecadores ao arrependimento em três reinos dos dois hemisférios. Ele foi o bispo de uma diocese como nem a Igreja Oriental, nem a Ocidental jamais haviam testemunhado. O que há no círculo do esforço cristão — missões estrangeiras, missões domésticas, literatura e folhetos cristãos, pregação em campo, pregação em circuito, leituras da Bíblia ou qualquer outra coisa — que não tenha sido tentado por John Wesley e compreendido por sua mente poderosa com a ajuda de seu Divino Líder?

A ele foi concedido despertar a Igreja inglesa quando ela havia perdido de vista o Cristo Redentor para uma vida cristã renovada. Pregando a justificação e renovação da alma por meio da crença em Cristo, John Wesley tirou da ignorância excessiva e dos maus hábitos muitos milhares de pessoas das classes mais humildes do povo inglês e as tornou cristãs fervorosas e fiéis. Seu incansável esforço se fez sentir não apenas na Inglaterra, mas também na América e na Europa continental. Não somente a origem de quase todo o zelo existente na Inglaterra pela verdade e vida cristãs é devida ao metodismo; a atividade despertada em outras partes da Europa protestante precisa ser rastreada, no mínimo indiretamente, até Wesley. Ele morreu em 1791, após uma longa vida de trabalho incansável e serviço altruísta. Seu espírito fervoroso e sua irmandade ainda sobrevivem no corpo ligado ao seu nome.

# Capítulo 21

# Perseguições dos protestantes franceses no sul da França, entre 1814 e 1820

A perseguição nessa parte protestante da França ocorreu, com pouca interrupção, desde a revogação do Edito de Nantes por Luís XIV até um período muito curto anterior ao início da Revolução Francesa. No ano 1785, o sr. Rebaut St. Etienne e o célebre sr. de la Fayette estavam entre as primeiras pessoas que se interessaram, com a corte de Luís XVI, por remover o flagelo da perseguição sobre aquele povo ferido, os habitantes do sul da França.

Tal era a oposição por parte dos católicos e dos cortesãos, que foi somente no fim de 1790 que os protestantes foram libertados de seus receios. Antes disso, os católicos de Nismes, em particular, haviam pegado em armas; então, Nismes apresentou um espetáculo assustador: homens armados corriam pela cidade, disparavam das esquinas e atacavam com espadas e forcados todos a quem encontravam. Um homem chamado Astuc foi ferido e lançado no aqueduto; Baudon caiu sob os repetidos golpes de baionetas e sabres, e seu corpo também foi lançado na água; Boucher, um jovem de apenas 17 anos, foi baleado quando estava olhando de sua janela; três eleitores ficaram feridos, um deles gravemente; outro só escapou da morte declarando repetidamente ser católico, e o terceiro recebeu quatro ferimentos de sabre e foi levado para casa terrivelmente lacerado. Os cidadãos que fugiram foram detidos pelos católicos nas estradas e obrigados a dar provas de sua religião antes de

Tomada da Bastilha, autor desconhecido. Parte do acervo do Museu da Revolução Francesa, em Vizille, França.

ter garantia de vida. O sr. e a sra. Vogue estavam em sua casa de campo; os fanáticos a invadiram, massacraram o casal e destruíram a habitação. O sr. Blacher, protestante de 70 anos, foi cortado em pedaços com uma foice; o jovem Pyerre, que transportava alguns alimentos para seu irmão, foi submetido à pergunta "católico ou protestante?". Ao responder "protestante", um monstro disparou contra o rapaz e ele caiu. Um dos companheiros do assassino disse: "Você pode ter matado um cordeiro". Ele respondeu: "Eu jurei matar quatro protestantes e esse contará como um". Entretanto, como essas atrocidades fizeram as tropas se unirem em defesa do povo, uma terrível vingança foi retaliada contra o grupo católico que havia usado armas. Juntamente com outras circunstâncias, especialmente a tolerância exercida por Napoleão Bonaparte, isso os manteve totalmente inertes até 1814, quando o inesperado retorno do antigo governo voltou a reunir todos eles em torno das antigas bandeiras.

## A CHEGADA DO REI LUÍS XVIII A PARIS

Isso ficou conhecido em Nismes no dia 13 de abril de 1814.

Em 15 minutos, o penacho branco era visto em todas as direções, a bandeira

*Luís XVIII em suas vestes da coroação*, por François Gérard (1770–1837). Parte do acervo do Hotel Beauharnais, Paris, França.

Fonte: commons.wikimedia.org

branca tremulava nos edifícios públicos, nos esplêndidos monumentos da antiguidade e até mesmo na torre de Mange, além dos muros da cidade. Os protestantes, cujo comércio sofrera materialmente durante a guerra, foram os primeiros a unir-se na alegria geral e a enviar sua adesão ao senado e ao corpo legislativo. Vários dos departamentos protestantes enviaram mensagens ao trono, mas, infelizmente, o sr. Froment estava novamente em Nismes no momento. Quando muitos fanáticos estavam prontos para juntar-se a ele, a cegueira e a fúria do século 16 sucederam rapidamente a inteligência e a filantropia do século 19. Uma linha de distinção foi instantaneamente traçada entre homens de diferentes convicções religiosas; o espírito da velha Igreja Católica regulamentaria novamente a quota de estima e segurança de cada pessoa. Agora, a diferença de religião governaria tudo o mais, e até os empregados católicos que haviam servido aos protestantes com zelo e carinho começaram a negligenciar seus deveres ou a cumpri-los sem afabilidade e com relutância. Nas festas e espetáculos realizados à custa do público, a ausência dos protestantes lhes foi imputada como prova de sua deslealdade; e em meio aos gritos de *Vive le Roi!* foram ouvidos os sons discordantes de *A bas le Maire*, isto é, abaixo o prefeito. O sr. Castletan era protestante e apareceu em público com o prefeito, sr. Ruland, um católico. O povo atirou batatas contra ele e declarou que ele deveria renunciar ao seu cargo. Os fanáticos de Nismes chegaram a conseguir uma petição a ser apresentada ao rei, afirmando que deveria haver na França um só Deus, um só rei e uma só fé. Nisso eles foram imitados pelos católicos de várias cidades.

## A HISTÓRIA DA CRIANÇA DE PRATA

Por volta daquele tempo, o sr. Baron, conselheiro da Cour Royale de Nismes, criou o plano de dedicar a Deus uma criança de prata se a duquesa d'Angoulême desse um príncipe à França. Esse projeto foi convertido em um voto público religioso, que foi assunto de conversas tanto em público quanto privadas, enquanto pessoas cuja imaginação era acesa por aqueles procedimentos corriam pelas ruas gritando *Vivent les Bourbons*, ou "Os Bourbons para sempre". Em consequência desse frenesi supersticioso, diz-se que, em Alais, as mulheres foram aconselhadas e instigadas a envenenar seus maridos protestantes, e por fim achou-se conveniente acusá-los de crimes políticos. Eles não conseguiam mais aparecer em público sem insultos e injúrias. Quando as turbas encontravam protestantes, apreendiam-nos e dançavam em volta deles com bárbara alegria; e, em meio a repetidos gritos de *Vive le Roi*, cantavam versos com o seguinte refrão: "Lavaremos as mãos em sangue protestante e faremos pudins pretos com o sangue dos filhos de Calvino".

Os cidadãos que iam aos passeios para tomar ar e se refrescarem das ruas sujas e fechadas eram perseguidos com gritos de *Vive le Roi*, como se esses gritos justificassem todos os excessos. Se protestantes se referiam à permissão, eram diretamente assegurados de que ela não lhes seria útil e de que eles só haviam sido geridos para ser destruídos com mais eficácia. Ouvia-se pessoas de posição dizer nas ruas: "Todos os huguenotes precisam ser mortos; desta vez, seus filhos precisam ser mortos, para que ninguém da raça amaldiçoada possa permanecer".

Ainda assim, é verdade que eles não foram assassinados, e sim tratados cruelmente; crianças protestantes não mais podiam participar dos esportes dos católicos e sequer tinham permissão para aparecer sem seus pais. À noite, suas famílias se fechavam em seus apartamentos; mesmo

então, pedras eram lançadas contra suas janelas. Ao acordarem pela manhã, não era incomum encontrarem os desenhos de forcas em suas portas ou paredes. Nas ruas, os católicos seguravam cordas já ensaboadas diante de seus olhos e enfatizavam as maneiras pelas quais esperavam e projetavam exterminá-los. Pequenas forcas ou modelos delas passavam de mão em mão. Um homem que morava em frente à casa de um dos pastores exibia um desses modelos em sua janela e fazia sinais suficientemente inteligíveis quando o ministro passava. Uma figura representando um pregador protestante também foi pendurada em um cruzamento, e as canções mais atrozes eram cantadas sob sua janela.

Perto do fim do carnaval, havia até sido elaborado um plano para fazer uma caricatura dos quatro ministros do local e queimá-los em efígie; porém, isso foi impedido pelo prefeito de Nismes, um protestante. Uma terrível canção apresentada ao prefeito no dialeto do país, com uma tradução falsa, foi impressa mediante sua aprovação e teve grande disseminação antes de ele perceber a extensão do erro pelo qual havia sido traído. O 63.° regimento da linha foi publicamente censurado e insultado por haver, em cumprimento de ordem, protegido protestantes. De fato, os protestantes pareciam ser ovelhas destinadas ao abate.

## AS ARMAS CATÓLICAS EM BEAUCAIRE

Em maio de 1815, uma associação federativa, semelhante à de Lyons, Grenoble, Paris, Avignon e Montpelier, foi desejada por muitas pessoas de Nismes; porém, essa federação terminou ali após uma efêmera e ilusória existência de 14 dias. Nesse meio tempo, um grande grupo de fanáticos católicos estava armado em Beaucaire e logo forçou suas patrulhas para muito perto dos muros de Nismes, "para alarmar os habitantes". Aqueles católicos solicitaram ajuda aos ingleses de fora de Marselha e obtiveram a doação de mil mosquetes, dez mil cartuchos etc. O general Gilly, porém, foi logo enviado contra aqueles guerrilheiros, impedindo-os de chegar a extremos concedendo-lhes um armistício. Contudo, quando Luís XVIII havia retornado a Paris após o término do reinado de cem dias de Napoleão e a paz e o espírito de festa pareciam haver sido subjugados, até mesmo em Nismes, bandos de Beaucaire se juntaram a Trestaillon nessa cidade para saciar a vingança que haviam, há tanto tempo, premeditado.

O general Gilly havia deixado o departamento havia vários dias; as tropas da linha deixadas para trás haviam tomado os penachos brancos e aguardavam novas ordens, enquanto os novos comissários só tinham de proclamar a cessação das hostilidades e o completo estabelecimento da autoridade do rei. Em vão, nenhum comissário apareceu, nenhum despacho chegou para acalmar e regulamentar a mente do público; porém, ao cair da tarde, a guarda avançada dos bandidos, composta por várias centenas deles, entrou na cidade — de maneira indesejada, mas sem encontrar oposição. Enquanto marchavam sem ordem ou disciplina, cobertos com roupas ou trapos

*Jacques Laurent Gilly (1769–1829)*, por Pierre Langlumé (1790–1890). Parte do acervo da Galeria Nacional Escocesa de Retratos, Edimburgo, Escócia.

de todas as cores, decorados com penachos, não brancos, e sim brancos e verdes, armados com mosquetes, sabres, forcados, pistolas e foices, intoxicados com vinho e manchados com o sangue dos protestantes a quem haviam assassinado pelo caminho, eles apresentaram um espetáculo extremamente hediondo e pavoroso.

No espaço aberto defronte às barracas, a turba armada da cidade se juntou aos bandidos, liderada por Jaques Dupont, comumente chamado Trestaillon. Para evitar derramamento de sangue, essa guarnição de aproximadamente 500 homens consentiu em capitular e foi embora, triste e indefesa; porém, quando aproximadamente 50 haviam passado, a turba iniciou um tremendo incêndio em suas vítimas confiantes e desprotegidas; quase todas foram mortas ou feridas e pouquíssimas conseguiram voltar para o pátio antes de os portões da guarnição serem novamente fechados. Estes foram novamente forçados por um instante, sendo massacrados todos os que não conseguiram subir em telhados ou pular nos jardins adjacentes. Em uma palavra, a morte as encontrou em todos os lugares e de todas as maneiras, e esse massacre católico rivalizou em crueldade e superou em traição os crimes dos assassinos de setembro de Paris e as carnificinas jacobinas de Lyons e Avignon.

Ele foi marcado não somente pelo fervor da revolução, mas também pela sutileza da confederação e permanecerá durante muito tempo como uma mancha na história da segunda restauração.

## MASSACRE E PILHAGEM EM NISMES

Agora, Nismes exibia uma cena de ultraje e carnificina extremamente terrível, embora muitos dos protestantes houvessem fugido para as Convennes e a Gardonenque. As casas de campo dos srs. Rey, Guiret e vários outros haviam sido saqueadas, e os habitantes, tratados com deliberada barbárie. Dois grupos haviam satisfeito seu apetite selvagem na fazenda da sra. Frat: o primeiro, após comer, beber, quebrar os móveis e roubar o que quis, despediu-se anunciando a chegada de seus camaradas: "Em comparação com eles, vocês devem nos considerar misericordiosos". Três homens e uma senhora idosa foram deixados no local; ao ver a segunda companhia, dois dos homens fugiram. "Você é católica?", perguntou o bandido à idosa.

"Sim." "Então, reze um Pai Nosso e uma Ave Maria." Aterrorizada, ela hesitou e foi imediatamente derrubada com um mosquete. Ao recuperar seus sentidos, ela correu para fora da casa, mas encontrou Ladet, o antigo criado da fazenda, trazendo uma salada que os depredadores lhe haviam ordenado cortar. Em vão, ela tentou convencê-lo a fugir. "Você é protestante?", perguntaram eles. "Eu sou." Um mosquete foi descarregado nele e ele caiu ferido, mas não morto.

Para consumar sua obra, os monstros acenderam uma fogueira de palha e tábuas, jogaram suas vítimas ainda vivas nas chamas e as fizeram expirar nas mais terríveis agonias. Depois, comeram a salada, omelete e outras coisas. No dia seguinte, vendo a casa aberta e deserta, alguns trabalhadores entraram e encontraram o corpo de Ladet consumido pela metade. Tentando amenizar os crimes dos católicos, o prefeito de Gard, sr. Darbaud Jouques, teve a audácia de afirmar que Ladet era católico, o que foi publicamente contradito por dois dos pastores de Nismes.

Em Saint Cezaire, outro grupo cometeu o terrível assassinato de Imbert la Plume, marido de Suzon Chivas. Ele foi encontrado ao retornar do trabalho nos campos. O chefe lhe prometeu que sua vida seria poupada, mas insistiu em que ele precisava ser conduzido à prisão de Nismes. Vendo, porém, que o grupo estava determinado a matá-lo, ele retomou seu caráter natural e, sendo um homem poderoso e corajoso, avançou e exclamou: "Vocês são bandidos. Atirem!".

Antigo anfiteatro em Nismes, França.

Quatro deles atiraram e ele caiu, mas não estava morto. Então, eles mutilaram seu corpo ainda vivo; depois, passando uma corda ao seu redor, arrastaram-no, preso a um canhão que possuíam. Somente oito dias depois, seus parentes foram informados de sua morte. Cinco indivíduos da família de Chivas, todos os maridos e pais, foram massacrados no decorrer de poucos dias.

O tratamento impiedoso das mulheres nessa perseguição em Nismes haveria desonrado qualquer selvagem que já existiu. As viúvas Rivet e Bernard foram forçadas a sacrificar quantias enormes; a casa da sra. Lecointe foi devastada e seus mantimentos, destruídos. A sra. F. Didier teve sua habitação saqueada e quase demolida até os alicerces. Um grupo daqueles fanáticos visitou a viúva Perrin, que morava em uma pequena fazenda nos moinhos de vento. Após cometerem todos os tipos de devastação, eles atacaram até mesmo o santuário dos mortos, que continha as relíquias de sua família. Eles arrastaram os caixões para fora e espalharam o conteúdo pelos terrenos adjacentes. Em vão, essa viúva ultrajada recolheu os ossos de seus ancestrais e os recolocou no lugar, mas eles foram novamente desenterrados e, após vários esforços inúteis, relutantemente deixados espalhados na superfície dos campos.

## DECRETO REAL A FAVOR DOS PERSEGUIDOS

Por fim, o decreto de Luís XVIII, que anulava todos os poderes extraordinários conferidos pelo rei, pelos príncipes ou por agentes subordinados, foi recebido em Nismes, e as leis agora deveriam ser administradas pelos órgãos regulares. Um novo prefeito chegou para pô-las em vigor; porém, a despeito das proclamações, a obra de destruição parou durante um momento, mas não foi abandonada, sendo logo retomada com renovado vigor e eficácia. No dia 30 de julho, Jacques Combe, pai de família, foi morto por alguns dos guardas nacionais de Rusau; o crime foi tão público que o comandante do grupo devolveu à família a carteira e os documentos do falecido. No dia seguinte, multidões tumultuadas percorreram a cidade e os subúrbios, ameaçando os miseráveis camponeses e, no primeiro dia de agosto, os massacraram sem encontrar oposição.

No mesmo dia, por volta do meio-dia, seis homens armados, encabeçados por Truphemy, o açougueiro, cercaram a casa de Monot, um carpinteiro; dois do grupo, que eram ferreiros, haviam trabalhado naquela casa um dia antes e visto um protestante que havia se refugiado lá, o sr. Bourillon, ex-tenente do exército, aposentado com pensão. Ele era um homem de excelente caráter, pacífico e inofensivo, e nunca havia servido ao imperador Napoleão. Truphemy, não o conhecendo,

denunciou-o como participante de um frugal desjejum com a família. Truphemy ordenou-lhe que fosse com ele, acrescentando: "Seu amigo Saussine já está em outro mundo". Truphemy o colocou no centro de sua tropa e, maliciosamente, ordenou que ele gritasse *Vive l'Empereur,* mas ele se recusou, acrescentando que nunca havia servido ao imperador. Em vão, as mulheres e as crianças da casa intercederam por sua vida e louvaram suas qualidades amáveis e virtuosas. Ele foi levado marchando ao Esplanade e foi baleado primeiramente por Truphemy e, depois, pelos outros. Várias pessoas, atraídas pelos disparos, aproximaram-se, mas foram ameaçadas de ter um destino semelhante.

Depois de algum tempo, os desgraçados partiram, gritando *Vive le Roi.* Algumas mulheres os encontraram; um deles, parecendo afetado, disse: "Eu matei sete hoje como meu quinhão e, se você disser uma palavra, será o oitavo". Pierre Courbet, um tecelão de meias, foi arrancado de seu tear por um bando armado e baleado à sua própria porta. Sua filha mais velha foi derrubada com a coronha de um mosquete; um punhal foi mantido no peito de sua esposa enquanto a turba saqueava seus apartamentos. Paul Heraut, um tecelão de seda, foi literalmente cortado em pedaços diante de uma grande multidão e em meio aos inúteis gritos e lágrimas de sua esposa e seus quatro filhos pequenos. Os assassinos só abandonaram o cadáver para voltar à casa de Heraut e tomar tudo que era valioso. Não foi possível determinar o número de assassinatos ocorridos nesse dia. Uma pessoa viu seis corpos no Cours Neuf e nove foram levados ao hospital. Se os assassinatos se tornaram menos frequentes durante alguns dias, a pilhagem e as contribuições forçadas continuaram.

Em várias visitas, o sr. Salle d'Hombro foi roubado em sete mil francos e, em certa ocasião, quando alegou os sacrifícios que havia feito, um bandido, apontando para o seu cachimbo, disse: "Olhe, isso ateará fogo à sua casa; e isto" — brandindo a espada — "matará você". Nenhuma resposta poderia ser dada a esses argumentos. O sr. Feline, um fabricante de seda, foi roubado em 32 mil francos em ouro, três mil francos em prata e vários fardos de seda.

Os pequenos comerciantes eram continuamente expostos a visitas e exigências de provisões, tapeçaria ou o que quer que vendessem; e as mesmas mãos que ateavam fogo às casas dos ricos e destruíam as videiras do agricultor quebravam os teares do tecelão e roubavam as ferramentas do artesão. A desolação reinava no santuário e na cidade. Os bandos armados, em vez de se reduzirem, aumentavam; os fugitivos, em vez retribuir, consentiam constantemente e seus amigos, que os abrigavam, eram considerados rebeldes. Os protestantes que permaneceram foram privados de todos os seus direitos civis e religiosos, e até mesmo os advogados e oficiais de justiça decidiram excluir de seus quadros todos os pertencentes à "pretensa religião reformada". Os empregados na venda de tabaco foram privados de suas licenças. Todos os diáconos protestantes que cuidavam dos pobres foram dispersos. De cinco pastores,

somente dois permaneceram; um deles foi obrigado a mudar de residência e só pôde se arriscar a ministrar as consolações da religião ou a desempenhar as funções de seu ministério na calada da noite. Não satisfeitos com esses modos de tormento, publicações caluniosas e instigadoras acusavam os protestantes de elevar o padrão proibido nas comunas e de invocar o caído Napoleão; e, é claro, de serem indignos da proteção das leis e do favor do monarca.

Depois disso, centenas foram arrastadas para a prisão sem sequer uma ordem escrita, e embora, um jornal oficial, intitulado *Journal du Gard*, tenha circulado por cinco meses e fosse influenciado pelo governador, o prefeito e outros funcionários, a expressão "autorização legal" nunca foi usada nele. Pelo contrário, uma das primeiras edições representava os protestantes sofredores, como "crocodilos, apenas chorando de raiva e lamentando não ter mais vítimas para devorar", que "haviam ultrapassado Danton, Marat e Robespierre ao fazerem estragos" e que "prostituíram suas filhas na guarnição de soldados para conquistá-la para Napoleão". Um extrato desse artigo, carimbado com a coroa e as armas dos Bourbons, foi espalhado pelas ruas e o vendedor foi condecorado com a medalha da polícia.

## PETIÇÃO DOS REFUGIADOS PROTESTANTES
A essas críticas é adequado contrastar a petição apresentada pelos refugiados protestantes de Paris a Luís XVIII, em benefício de seus irmãos em Nismes.

"Colocamos aos vossos pés, senhor, os nossos agudos sofrimentos. Em vosso nome, nossos concidadãos são chacinados e suas propriedades, destruídas. Em fingida obediência às vossas ordens, camponeses enganados haviam se reunido sob o comando de um comissário designado por vosso augusto sobrinho. Embora pronto para nos atacar, eles foram recebidos com protestos de paz. No dia 15 de julho de 1815, soubemos da chegada de Vossa Majestade a Paris, e a bandeira branca foi imediatamente hasteada em nossos edifícios. A tranquilidade pública não havia sido perturbada quando camponeses armados se apresentaram.

A guarnição capitulou, mas, ao partir, foi atacada e quase totalmente massacrada. Nossa guarda nacional foi desarmada, a cidade se encheu de estranhos e as casas dos principais habitantes, que professavam a religião reformada, foram atacadas e saqueadas. Nós estamos incluídos na lista. O terror expulsou da nossa cidade os habitantes mais respeitáveis.

Vossa Majestade foi enganada se não vos houver sido apresentada a imagem dos horrores que fazem de vossa boa cidade de Nismes um deserto. Prisões e proibições estão ocorrendo continuamente, sendo a diferença de opiniões religiosas a causa real e única. Os protestantes caluniados são os defensores do trono. Vosso sobrinho viu nossos filhos sob suas bandeiras; nossas fortunas foram colocadas nas mãos dele. Atacados sem motivo, os protestantes não deram a seus inimigos, nem mesmo por justa resistência, o fatal pretexto para calúnia. Salvai-nos, senhor! Extingui a marca da guerra civil; um único ato de vossa vontade restauraria à existência política uma cidade interessante por sua população e manufaturas. Exigi dos chefes que nos impuseram nossos infortúnios uma explicação de sua conduta. Colocamos diante de vossos olhos todos os documentos que chegaram até nós. O medo paralisa os corações e sufoca as queixas de nossos concidadãos. Colocados em situação mais segura, ousamos elevar nossa voz em favor deles".

## INDIGNAÇÃO MONSTRUOSA CONTRA AS MULHERES

Em Nismes é bem conhecido que as mulheres lavam suas roupas nas fontes ou nas margens de riachos. Há uma grande bacia perto da fonte, onde muitas mulheres podem ser vistas todos os dias, ajoelhando-se à beira da água e batendo nas roupas com pedaços pesados de madeira no formato de raquetes.

Esse local se tornou o cenário das práticas mais vergonhosas e indecentes. A multidão católica virava as saias das mulheres por cima da cabeça e as prendia de modo a continuarem expostas e sujeitas a uma espécie de castigo recentemente inventada: colocando pregos na madeira dos batedores em formato de flor-de-lis, batiam nelas até o sangue escorrer de seus corpos e seus gritos encherem o ar. Frequentemente, a morte era exigida como comutação dessa punição ignominiosa, mas recusada com maligna alegria. Para levar sua indignação ao mais alto grau possível, várias gestantes foram agredidas dessa maneira. A natureza escandalosa desses ultrajes impediu muitas das sofredoras de torná-los públicos e, especialmente, de relatar as circunstâncias mais agravantes. O sr. Duran diz: "Eu vi um advogado católico, que acompanhava os assassinos dos subúrbios da vila, armar com pregos afiados um batedor em formato de flor-de-lis; eu os vi levantar as vestes de mulheres e infligir fortes pancadas com o batedor no corpo que sangrava, dando a isso um nome que minha caneta se recusa a registrar. Os gritos das sofredoras, o sangue escorrendo, os murmúrios de indignação suprimidos pelo temor — nada os demovia. Os cirurgiões que atenderam aquelas mulheres, que estão mortas, podem atestar, pelas marcas de seus ferimentos, as agonias que elas devem ter sofrido; por mais horrível que isso seja, é o mais estritamente verdadeiro".

Não obstante, ao longo do curso daqueles horrores e obscenidades, tão vergonhosos para a França e a religião católica, os agentes do governo tinham sob seu comando uma força poderosa e, empregando-a honestamente, poderiam haver restaurado a tranquilidade. Entretanto, os assassinatos e roubos continuaram, e os magistrados católicos fizeram vista grossa, com poucas exceções. É verdade que as autoridades administrativas usaram palavras em suas proclamações, mas nunca recorreram a ações para conter as maldades dos perseguidores, que declararam ousadamente que pretendiam realizar um massacre geral no dia 24, aniversário de São Bartolomeu. Os membros da Igreja Reformada ficaram totalmente aterrorizados e, em vez de participar da eleição de representantes, ocuparam-se o máximo que puderam em garantir a sua própria segurança pessoal.

## ULTRAJES COMETIDOS NAS ALDEIAS E EM OUTROS LUGARES

Agora, deixamos Nismes para observar a conduta dos perseguidores nas regiões vizinhas. Após o restabelecimento do governo real, as autoridades locais se distinguiram por seu zelo e presteza em apoiar seus empregadores, sob pretexto de rebelião, ocultação de armas, falta de pagamento de contribuições e outras acusações falsas. Soldados, guardas nacionais e turbas armadas foram autorizados a saquear, prender e assassinar cidadãos pacíficos, não apenas com impunidade, mas também com incentivo e aprovação. Na aldeia de Milhaud, perto de Nismes, os habitantes eram frequentemente forçados a pagar grandes quantias para evitar serem pilhados. Isso, porém, não foi útil à sra. Teulon: no dia 16 de julho, um domingo, sua casa e seus terrenos foram devastados; os valiosos móveis, removidos ou destruídos; o feno e a madeira, queimados; o cadáver de uma criança enterrada no jardim, removido e arrastado em torno de uma fogueira feita pelo populacho. Com grande dificuldade o sr. Teulon escapou com vida.

O sr. Picherol, outro protestante, havia confiado alguns de seus ganhos a um vizinho católico; esta casa foi atacada e, apesar de toda a propriedade do católico ser respeitada, a de seu amigo foi confiscada e destruída. Na mesma vila, uma pessoa de um grupo, duvidando que o sr. Hermet, um alfaiate, fosse o homem que eles queriam, perguntou: "Ele é protestante?", e o sr. Hermet confirmou. "Bom!" — disseram eles, assassinando-o instantaneamente. No cantão de Vauvert, onde havia uma igreja consistorial, 80 mil francos foram extorquidos.

Nas comunas de Beauvoisin e Generac foram cometidos excessos semelhantes por um punhado de homens licenciosos, à vista do prefeito católico e aos gritos de *Vive le Roi*! Saint Gilles foi o cenário da vilania mais descarada. Os protestantes, que eram os mais ricos dos habitantes, foram desarmados, e suas casas foram saqueadas. O prefeito foi acionado, mas riu e foi embora. Esse oficial tinha à sua disposição uma guarda nacional de várias centenas de homens, organizada por sua própria ordem. Seria cansativo ler as listas dos crimes ocorridos durante muitos meses. Em Clavison, o prefeito proibiu os protestantes de cantar os Salmos comumente usados no templo, para que — nas palavras dele — os católicos não ficassem ofendidos ou incomodados.

Em Sommieres, a aproximadamente 16 quilômetros de Nismes, os católicos fizeram uma esplêndida procissão ao longo da cidade, continuando até a noite e sendo sucedida pela pilhagem dos protestantes.

Com a chegada de tropas estrangeiras a Sommieres, a pretensa busca de armas foi retomada; quem não possuía mosquetes foi obrigado a comprá-los de propósito para entregá-los, e os soldados lhes cobraram seis francos por dia até apresentarem os itens exigidos. A igreja protestante, que havia sido fechada, foi convertida em alojamento para os austríacos. Após o culto divino haver sido suspenso durante seis meses em Nismes, a igreja, denominada Templo pelos protestantes, foi reaberta, e o culto público foi realizado na manhã do dia 24 de dezembro. Ao examinar o campanário, descobriu-se que algumas pessoas haviam levado embora o badalo do sino. Com a hora do culto se aproximando, vários homens, mulheres e crianças se reuniram na casa do sr. Ribot, o pastor, e ameaçaram impedir o culto. Na hora marcada, ao seguir em direção à igreja, ele foi cercado; os gritos mais selvagens foram levantados contra ele; algumas das mulheres o agarraram pelo colarinho; porém, nada foi capaz de abalar a sua firmeza ou deixá-lo impaciente. Ele entrou na casa de oração e subiu ao púlpito. Pedras foram lançadas e caíram entre os adoradores; ainda assim, a congregação permaneceu calma e atenta, e o culto foi concluído em meio a barulho, ameaças e ultrajes. Ao sair, muitos teriam sido mortos se os caçadores da guarnição não houvessem agido, que os protegeram com honra e zelo. Pouco tempo depois, o sr. Ribot recebeu do capitão desses caçadores a seguinte carta:

"2 de janeiro de 1816.
Lamento profundamente os

preconceitos dos católicos contra os protestantes, que eles dizem não amar o rei. Continue a agir como tem feito até agora. O tempo e a sua conduta convencerão os católicos do contrário; se ocorrer qualquer tumulto semelhante ao do último sábado, informe-me. Guardo meus relatos desses atos e, se os agitadores se mostrarem incorrigíveis e se esquecerem de que são devedores do melhor dos reis e da autorização legal, farei o meu dever e informarei o governo dos procedimentos deles.

Adeus, meu caro senhor; assegure o consistório de minha estima e da minha percepção da moderação com que eles enfrentaram as provocações dos malfeitores em Sommieres. Tenho a honra de saudá-lo com respeito.

—SUVAL DE LAINE"

No dia 6 de janeiro, o digno pastor recebeu outra carta do Marquês de Montlord. Nela, este o incentivava a unir-se a todos os bons homens crentes em Deus para obter a punição dos assassinos, bandidos e perturbadores da tranquilidade pública e a ler publicamente as instruções recebidas do governo para essa finalidade. Não obstante, no dia 20 de janeiro de 1816, quando foi celebrado o culto em memória da morte de Luís XVI, formou-se uma procissão; os Guardas Nacionais dispararam contra a bandeira branca suspensa nas janelas dos protestantes e concluíram o dia pilhando suas casas.

Na comuna de Anguargues, as coisas ainda eram piores, e na de Fontanes, desde a chegada do rei em 1815, os católicos romperam todos as relações com os protestantes. De dia, os insultavam; à noite, escancaravam suas portas ou as marcavam com giz para serem saqueados ou queimados. Saint Mamert foi repetidamente visitada por esses assaltos; em Montmiral, até o dia 16 de junho de 1816 os protestantes foram atacados, agredidos e presos por se atreverem a comemorar o retorno de um rei que havia jurado preservar a liberdade religiosa e manter a autorização legal.

## RELATO ADICIONAL DOS PROCEDIMENTOS DOS CATÓLICOS EM NISMES

Parece que os excessos perpetrados no país não desviaram em nada a atenção dos perseguidores vindos de Nismes.

O mês de outubro de 1815 começou sem qualquer melhoria nos princípios ou nas medidas do governo e foi seguido por uma correspondente presunção por parte das pessoas. Várias casas do Quartier Saint Charles foram saqueadas e seus destroços foram queimados nas ruas em meio a canções, danças e gritos de *Vive le Roi*! O prefeito apareceu, mas a multidão alegre fingiu não o conhecer e, quando ele se aventurou a protestar, disseram-lhe que sua presença era desnecessária e ele poderia retirar-se. Durante o dia 16 de outubro, toda a preparação parecia anunciar uma noite de carnificina; ordens de reunião e sinais de ataque foram circulados com regularidade e confiança. Trestaillon revisou seus subordinados e os instou para a perpetração de crimes, mantendo com um daqueles desgraçados o seguinte diálogo: "Se for para todos os protestantes, sem exceção, morrerem, eu participarei com alegria; porém, como você me enganou com tanta frequência, a menos que todos devam morrer, não me mexerei — disse o subordinado". "Então venha, porque desta vez nenhum homem escapará" — respondeu Trestaillon.

Esse horrível objetivo teria sido executado se não fosse o general La Garde, comandante do departamento. Somente às dez da noite ele percebeu o perigo; então, sentiu que nem um momento poderia ser perdido. Multidões estavam avançando pelos subúrbios, e as ruas foram se enchendo de rufiões que pronunciavam as mais horríveis imprecações. O general tocou o sino às 11 horas e aumentou a confusão que agora se espalhava pela cidade. Algumas tropas se reuniram em torno do conde La Garde, que se contorcia de angústia à visão do mal que havia atingido tal intensidade. O sr. Durand, um advogado católico, fez o seguinte relato da situação:

"Era quase meia-noite, minha esposa havia acabado de dormir; eu estava escrevendo ao lado dela quando fomos perturbados por um ruído distante; tambores pareciam atravessar a cidade em todas as direções. O que tudo aquilo poderia significar? Para acalmar o alarme dela, eu disse que provavelmente anunciavam a chegada ou partida de algumas tropas da guarnição.

Porém, disparos e gritos foram imediatamente ouvidos e, abrindo a minha janela, distingui imprecações horríveis misturadas a gritos de *Vive le Roi*! Despertei um oficial que se hospedava na casa e o sr. Chancel, diretor de Obras Públicas. Saímos juntos e chegamos à Boulevarde. A lua brilhava forte, e quase tudo era quase tão distinto como se fosse dia claro; uma multidão furiosa avançava prometendo extermínio, a maior parte seminua, armada com facas, mosquetes, paus e sabres. Em resposta às minhas perguntas, disseram-me que o massacre era geral, que muitos já haviam sido mortos nos subúrbios. O sr. Chancel se retirou para vestir seu uniforme de capitão dos Pompiers; os oficiais se retiraram para as barracas e, ansioso por minha esposa, voltei para casa. Pelo ruído, eu estava convencido de estar sendo seguido. Esgueirei-me pela sombra da parede, abri a porta, entrei e a fechei, deixando uma pequena abertura pela qual pudesse observar os movimentos do grupo cujos braços brilhavam ao luar. Alguns momentos depois, alguns homens armados apareceram conduzindo um prisioneiro até o local onde eu estava escondido. Eles pararam, eu fechei minha porta com suavidade e subi em um amieiro plantado contra o muro do jardim. Que cena! Um homem de joelhos implorando misericórdia de desgraçados que zombavam de sua agonia e praticavam abusos contra ele.

O homem dizia: "Em nome de minha esposa e filhos, poupem-me! O que eu fiz? Por que vocês me matariam por nada?". Eu estava a ponto de gritar e ameaçar os assassinos de vingança. Não tive muito tempo para decidir; a descarga de vários fuzis encerrou meu suspense; o infeliz suplicante, atingido nos lombos e na cabeça, caiu para nunca mais levantar-se. As costas dos assassinos estavam voltadas para a árvore; eles se retiraram imediatamente, recarregando suas armas. Desci e me aproximei do moribundo, que proferia alguns gemidos profundos e sombrios. Alguns guardas nacionais chegaram naquele momento e eu, novamente, retirei-me e fechei a porta. Um deles disse: 'Eu vejo um homem morto'. 'Ele ainda canta', disse outro. Um terceiro disse: 'Será melhor acabar com ele e livrá-lo de seu sofrimento'. Cinco ou seis mosquetes foram disparados instantaneamente e os gemidos cessaram. No dia seguinte, multidões vieram inspecionar e insultar o falecido. O dia seguinte a um massacre era sempre observado como uma espécie de festa, e todas as ocupações eram deixadas para contemplar as vítimas."

Tratava-se de Louis Lichare, pai de quatro filhos; quatro anos após o evento, o sr. Durand garantiu a veracidade desse relato sob juramento no julgamento de um dos assassinos.

## ATAQUE ÀS IGREJAS PROTESTANTES

Algum tempo antes da morte do general La Garde, o duque d'Angouleme havia visitado Nismes e outras cidades do sul. Em Nismes, honrou os membros do consistório protestante com uma entrevista, prometendo-lhes proteção e encorajando-os a reabrir seu templo que estava fechado havia tanto tempo. Eles tinham duas igrejas em Nismes; foi acordado que a menor deveria ser preferida naquela ocasião e que o toque do sino deveria ser omitido. O general La Garde declarou que responderia com sua cabeça pela segurança de sua congregação. Os protestantes informaram uns aos outros, reservadamente, que o culto voltaria a ser celebrado às dez horas e começaram a reunir-se em silêncio e com cautela. Foi acordado que o sr. Juillerat Chasseur celebraria o culto, embora sua convicção do perigo fosse tanta que ele implorou à esposa e a alguns de seu rebanho que ficassem com suas famílias. Com o templo aberto somente como formalidade, e em conformidade com as ordens do duque d'Angoulême, esse pastor quis ser a única vítima.

A caminho do lugar, ele passou por numerosos grupos que lhe lançaram olhares ferozes. Alguém disse: "Esta é a hora de lhes dar o golpe final". Outros acrescentaram: "Sim, e nem mulheres nem crianças devem ser poupadas". Certo desgraçado, erguendo a voz acima dos demais, exclamou: "Ah, eu vou buscar o meu mosquete e meu quinhão será de dez". Atravessando esses sons ameaçadores, o sr. Juillerat seguiu seu curso, mas, ao chegar ao templo, o sacristão não teve coragem de abrir a porta e o próprio sr. Juillerat foi obrigado a fazê-lo. Quando os fiéis chegaram, encontraram pessoas estranhas tomando as ruas adjacentes e nos degraus da igreja, jurando que seu culto não seria realizado e gritando: "Abaixo os protestantes! Matem-nos! Matem-nos!". Às dez horas, com a igreja quase cheia, o sr. J. Chasseur iniciou as orações; seguiu-se uma calmaria que durou pouco. De repente, o ministro foi interrompido por um ruído violento, e várias pessoas entraram proferindo os gritos mais terríveis, misturados com *Vive le Roi*! — mas os gendarmes conseguiram expulsar aqueles fanáticos e fechar as portas. Lá fora, o ruído e o tumulto redobraram, e os golpes do populacho, tentando arrombar as portas, fizeram a casa ressoar com gritos e gemidos. A voz dos pastores, que se esforçavam por consolar seu rebanho, era inaudível; em vão, eles tentaram cantar o Salmo 42.

Quarenta e cinco minutos se passaram pesadamente. A sra. Juillerat disse: "Coloquei-me na parte inferior do púlpito, com minha filha em meus braços;

Saltério protestante francês, edição de 1817. Encontrado na Livraria Lefèvre, em Paris, França.

finalmente, meu marido se juntou a nós e me apoiou. Lembrei-me de que era o nosso aniversário de casamento e lhe disse: 'Após seis anos de felicidade, estou prestes a morrer com meu marido e minha filha; seremos assassinados no altar do nosso Deus, vítimas de um sagrado dever, e o Céu se abrirá para receber a nós e aos nossos infelizes irmãos'. Eu bendisse o Redentor e, sem amaldiçoar os nossos assassinos, aguardei a aproximação deles."

O Sr. Oliver, filho de um pastor, um oficial das tropas reais da linha, tentou sair da igreja, mas as sentinelas amigáveis na porta o aconselharam a permanecer sitiado com os demais. Os guardas nacionais se recusaram a agir, e a multidão fanática aproveitou todas as vantagens da ausência do general La Garde e de seu número sempre crescente. Por fim, ouviu-se o som de música marcial e vozes de fora pediram aos sitiados: "Abram, abram e salvem-se!". A primeira impressão deles foi o medo de traição, mas logo foram assegurados de que um destacamento que retornava da missa havia se ajuntado em frente à igreja para favorecer a retirada dos protestantes. A porta foi aberta e muitos deles fugiram entre as fileiras dos soldados, que haviam empurrado a multidão à sua frente; porém, essa rua e outras, pelas quais os fugitivos tinham de passar, logo se encheram novamente. O venerável pastor Olivier Desmond, entre seus 70 e 80 anos, foi cercado por assassinos; eles puseram os punhos em sua face e gritaram: "Matem o chefe dos bandidos". Ele foi preservado pela firmeza de alguns oficiais, dentre os

quais seu próprio filho; eles fizeram um muro de proteção em volta dele com seus corpos e, em meio a seus sabres desembainhados, conduziram-no até a sua casa. O sr. Juillerat, que havia participado do culto divino com sua esposa ao seu lado e seu filho em seus braços, foi perseguido e atacado com pedras; sua mãe recebeu um golpe na cabeça e sua vida correu perigo durante algum tempo. Uma mulher foi vergonhosamente açoitada; várias pessoas foram feridas e arrastadas pelas ruas; entre 70 e 80 protestantes foram mais, ou menos, maltratados nessa ocasião.

## ASSASSINATO DO GENERAL LA GARDE

Por fim, esses excessos tiveram fim pelo relato do assassinato do conde LaGarde, que, recebendo informações desse tumulto, montou em seu cavalo e entrou por uma das ruas para dispersar uma multidão. Um vilão agarrou as rédeas; outro aproximou de seu corpo o cano de uma pistola e exclamou: "Desgraçado, você forçou minha aposentadoria!" e, imediatamente, disparou. O assassino era Louis Boissin, um sargento da guarda nacional; porém, embora conhecido por todos, ninguém o prendeu e ele fugiu. Logo que o general se viu ferido, ordenou aos gendarmes que protegessem os protestantes e partiu a galope para o hotel, mas desmaiou imediatamente ao chegar. Ao recuperar-se, impediu o cirurgião de remexer seu ferimento enquanto não houvesse escrito uma carta ao governo, para que, caso morresse, pudesse ser sabido de onde o golpe viera e ninguém se atrevesse a acusar os protestantes pelo crime.

A provável morte desse general produziu um pequeno grau de relaxamento de seus inimigos e alguma calmaria; porém, a massa do povo estivera embebida em licenciosidade durante demasiado tempo para ser contida, até mesmo pelo assassinato do representante de seu rei. À noite, voltaram novamente ao templo e, com machados, arrombaram a porta. O som sinistro de seus golpes levou terror ao seio das famílias protestantes, sentadas em suas casas aos prantos. O conteúdo da caixa dos pobres e as roupas preparadas para distribuição foram roubados; as vestes do ministro foram rasgadas; os livros, rasgados ou levados embora; os armários foram saqueados, mas as salas que continham os arquivos da igreja e os sínodos foram providencialmente protegidas; se não fosse pelas numerosas patrulhas a pé, tudo se haveria tornado presa das chamas e o próprio edifício, um monte de ruínas. No meio-tempo, os fanáticos atribuíram abertamente o assassinato do general ao seu próprio narcisismo e disseram que "foi a vontade de Deus". Três mil francos foram oferecidos pela detenção de Boissin; porém, foi bem conhecido que os protestantes não se atreviam a prendê-lo e que os fanáticos não o fariam. Durante esses acontecimentos, o sistema de conversões forçadas ao catolicismo progredia regular e temerosamente.

## INTERFERÊNCIA DO GOVERNO BRITÂNICO

Para crédito da Inglaterra, o relato dessas cruéis perseguições exercidas na França contra os nossos irmãos protestantes produziu tal sensação por parte do governo que o fez interferir. E agora, os perseguidores dos protestantes tornaram esse ato espontâneo de humanidade e religião o pretexto para acusar os sofredores de correspondência traidora com a Inglaterra. Contudo, nesse ínterim, para sua grande consternação, apareceu uma carta enviada algum tempo antes à Inglaterra pelo duque de Wellington afirmando que "havia muita informação acerca dos eventos do sul".

Os ministros das três denominações presentes em Londres, ansiosos por não serem enganados, solicitaram a um de seus irmãos que visitasse as cenas de perseguição e examinasse com imparcialidade a natureza e a extensão dos males que eles estavam desejosos por aliviar. O reverendo Clement Perot se encarregou dessa difícil tarefa e cumpriu os desejos deles com zelo, prudência e devoção que não podem ser suficientemente elogiados. Seu retorno forneceu provas abundantes e incontestáveis de uma perseguição vergonhosa, provas materiais para apelar ao Parlamento britânico, e um relatório impresso que circulou pelo continente e o primeiro a transmitir informações corretas aos habitantes da França.

A interferência estrangeira foi, então, considerada eminentemente útil, e as declarações de tolerância provocadas no governo francês, bem como a marcha mais cautelosa dos perseguidores católicos, funcionaram como reconhecimentos decisivos e involuntários da importância daquela interferência que, submetida à voz severa da opinião pública na Inglaterra, algumas pessoas, a princípio, censuraram e desprezaram. Em outros lugares, produziu resultante suspensão dos massacres e pilhagens; os assassinos e saqueadores ainda foram deixados impunes e até mesmo afagados e recompensados por seus crimes. Enquanto os protestantes da França sofriam as mais cruéis penas e castigos por crimes alegados como insignificantes, os católicos, mesmo cobertos de sangue e culpados de numerosos e horríveis assassinatos, eram absolvidos.

Talvez a virtuosa indignação expressada por alguns dos católicos mais esclarecidos contra esses acontecimentos abomináveis não influenciou em sua contenção. Muitos protestantes inocentes haviam sido condenados às galés e recebido outras punições por supostos crimes, sob juramento dos desgraçados mais sem princípios e abandonados. O sr. Madier de Mongau, juiz do tribunal real de Nismes e presidente do juizado de Gard e Vaucluse, em certa ocasião, sentiu-se compelido a dissolver o tribunal em vez de tomar a deposição do notório e sanguinário monstro Truphemy. Ele diz: "Em um salão do Palácio da Justiça, em frente ao qual eu estava sentado, várias pessoas infelizes perseguidas pela facção estavam sendo julgadas, com todos os depoimentos tendentes à sua incriminação sendo aplaudidos com os gritos de *Vive le Roi*! Por três vezes, a explosão dessa alegria

atroz se tornou tão terrível que foi necessário mandar buscar reforços nos quartéis; frequentemente, duas centenas de soldados eram incapazes de conter as pessoas. De repente, os brados e gritos de *Vive le Roi*! redobraram: um homem chegou, afagado, aplaudido, carregado em triunfo — era o horrível Truphemy; ele se aproximou do tribunal, foi depor contra os prisioneiros, foi admitido como testemunha, levantou a mão para fazer o juramento! Horrorizado à visão disso, saí correndo de meu assento e entrei no salão do conselho. Meus colegas me seguiram e em vão me convenceram a retomar meu lugar; eu exclamei: 'Não! Eu não consentirei em ver que aquele desgraçado concordou em depor em um tribunal de justiça na cidade que ele encheu de assassinatos; no palácio em cujos degraus ele assassinou o infeliz Bourillon. Não posso admitir que ele mate suas vítimas com seus testemunhos tanto quanto com seus punhais. Ele, um acusador! Ele, testemunha! Não, nunca consentirei ver este monstro se levantar na presença de magistrados para fazer um juramento sacrílego, com a mão ainda fedendo a sangue.' Essas palavras foram repetidas portas afora; a testemunha tremia; os facciosos também tremiam; os facciosos que guiavam a língua de Truphemy como haviam guiado o braço dele, que ditaram calúnia após lhe ensinarem o assassinato. Aquelas palavras penetraram nas masmorras dos condenados, inspiraram esperança e deram a outro advogado corajoso a resolução de defender a causa dos perseguidos. Esse advogado levou as orações de inocência e sofrimento ao pé do trono e ali perguntou se a prova de um Truphemy não era suficiente para anular uma sentença. O rei concedeu perdão total e gratuito".

## RESOLUÇÃO FINAL DOS PROTESTANTES DE NISMES

Em relação à conduta dos protestantes, esses cidadãos altamente ultrajados, levados a extremos por seus perseguidores, finalmente sentiram que só precisavam escolher a maneira pela qual pereceriam. Eles decidiram, por unanimidade, que morreriam lutando em sua própria defesa. Essa atitude firme informava aos seus algozes que estes não mais conseguiriam permanecer impunes.

Tudo mudou imediatamente. Aqueles que, durante quatro anos, haviam enchido os outros de terror sentiram agora ser a sua vez. Eles tremeram diante da força que os homens, há tanto tempo resignados, encontraram no desespero, e ficaram ainda mais alarmados quando souberam que os habitantes dos Cevennes, convencidos do perigo de seus irmãos, estavam marchando em seu auxílio. Porém, sem esperar por esses reforços, os protestantes apareceram à noite em mesmo número e armados da mesma maneira que seus inimigos. Os outros desfilavam nos Boulevards com seus habituais ruído e fúria, mas os protestantes permaneciam calados e firmes nas posições que eles tinham escolhido. Aqueles encontros perigosos e ameaçadores continuaram durante três dias, mas o derramamento de sangue foi impedido pelos esforços de alguns cidadãos dignos, distinguidos por sua posição e fortuna. Compartilhando os perigos da população protestante, eles obtiveram o perdão de um inimigo que, agora, tremia enquanto ele ameaçava.

# Capítulo 22

## O início das missões
## estrangeiras americanas

Quando estudava no Williams College, Samuel J. Mills reuniu um grupo de colegas que sentiam a responsabilidade pelo grande mundo pagão. Certo dia, em 1806, quatro deles, atingidos por uma tempestade, refugiaram-se no abrigo de um palheiro. Eles passaram o tempo em oração pela salvação do mundo e decidiram servir como missionários, se houvesse oportunidade. Essa "reunião de oração no palheiro" se tornou histórica.

Mais tarde, aqueles jovens foram para o Seminário Teológico de Andover, onde Adoniram Judson se juntou a eles. No dia 29 de junho de 1810, quatro deles enviaram uma petição à Massachusetts Congregational Association, em Bradford, oferecendo-se como missionários e perguntando se poderiam esperar apoio de uma sociedade do país ou deveriam inscrever-se em uma sociedade britânica. Em resposta a esse apelo, formou-se a American Board of Commissioners for Foreign Missions (Junta Americana de Comissários para Missões Estrangeiras).

Ao ser solicitada uma licença de funcionamento para o Conselho, uma alma incrédula se opôs no plenário do legislativo, alegando, em oposição à petição, que o país continha uma quantidade tão limitada de cristianismo que ninguém poderia ser cedido para exportação. Porém, foi apropriadamente lembrado por outro presente, abençoado com um caráter mais otimista, de que isso era algo que quanto mais fosse enviado ao exterior, mais

*Ordenação dos primeiros missionários americanos enviados ao exterior,* ilustração do livro *The Haystack Centennial Ninety Seven Annual Meeting of the American Board,* edição de 1906.

sobejaria no país. Houve muita perplexidade quanto aos planos e às finanças; por isso, Judson foi enviado à Inglaterra para conversar com a London Society quanto à viabilidade das duas organizações cooperarem no envio e no sustento dos candidatos, mas esse esquema não teve sucesso. Finalmente, dinheiro suficiente foi arrecadado e, em fevereiro de 1812, os primeiros missionários da American Board partiram para o oriente.

O sr. Judson foi acompanhado por sua esposa, havendo se casado com Ann Hasseltine pouco tempo antes de viajarem. Na longa viagem, de alguma maneira, o sr. e a sra. Judson e o sr. Rice foram levados a rever suas convicções referentes ao modo adequado de batismo e chegaram à conclusão de que somente a imersão era válida. Eles foram rebatizados por Carey pouco após sua chegada a Calcutá. Essa etapa rompeu necessariamente sua ligação com o corpo que os havia enviado, deixando-os totalmente destituídos de apoio. O sr. Rice retornou aos EUA para relatar essa situação aos irmãos batistas. Eles encararam a situação como resultado de um ato da Providência e planejaram ansiosamente aceitar a responsabilidade que lhes era imposta. Consequentemente, foi formada a Baptist Missionary Union (União Missionária Batista). Assim, o sr. Judson teve a oportunidade de organizar duas grandes sociedades missionárias.

## A PERSEGUIÇÃO AO DOUTOR JUDSON

Após trabalharem durante algum tempo no Hindustão, o Dr. e a sra. Judson finalmente se estabeleceram em Rangoon, no Império da Birmânia[88], em 1813. Em 1824, eclodiu uma guerra entre a Companhia Britânica das Índias Orientais e o imperador da Birmânia. O Dr. e a sra. Judson e o Dr. Price, que estavam em Ava — capital do Império da Birmânia — quando a guerra começou, foram imediatamente detidos e confinados durante vários meses. O relato dos sofrimentos dos missionários foi escrito pela sra. Judson e é dado aqui com suas próprias palavras.

"Rangoon, 26 de maio de 1826.

Meu amado irmão,

Começo esta carta com a intenção de lhe fornecer os detalhes de nosso cativeiro e nossos sofrimentos em Ava. Quanto tempo minha paciência me permitirá rever cenas repugnantes e de horror, o final desta carta determinará. Eu havia mantido um diário de tudo que havia acontecido desde a nossa chegada em Ava, mas o destruí no início de nossas dificuldades.

A primeira informação correta que recebemos da declaração de guerra pelos birmaneses foi em nossa chegada a Tsenpyoo-kywon, a aproximadamente 160 quilômetros deste lado de Ava, onde parte das tropas, sob o comando do célebre Bandoola, havia acampado. Enquanto prosseguíamos em nossa viagem, encontramos o próprio Bandoola, com o restante de suas tropas, alegremente equipado, sentado em sua barcaça de ouro e cercado por uma frota de barcos de guerra de ouro, um dos quais foi imediatamente despachado para o outro lado do rio para nos saudar e fazer todas as perguntas necessárias. Fomos autorizados a prosseguir em silêncio quando ele foi informado pelo mensageiro de que nós éramos americanos, não ingleses, e estávamos indo para Ava em obediência ao comando de Sua Majestade.

Ao chegarmos à capital, descobrimos que o Dr. Price não encontrava favor

Adoniram Judson, primeiro missionário americano enviado à Birmânia.

---

[88] Ou Myanmar, país no sudeste da Ásia.

O LIVRO DOS MÁRTIRES

da corte, e que a suspeita recaía sobre a maioria dos estrangeiros que estavam em Ava. Seu irmão visitou o palácio duas ou três vezes, mas encontrou a disposição do rei em relação a ele muito diferente do que era antes; e a rainha, que até então havia expressado desejos de minha rápida chegada, agora não fazia perguntas a meu respeito, nem demonstrava desejo de me ver.

Consequentemente, não fiz esforço algum para visitar o palácio, embora quase diariamente fosse convidada a visitar algumas das ramificações da família real, que estavam morando em suas próprias casas, fora do complexo do palácio. Sob essas circunstâncias, pensamos que nossa conduta mais prudente consistia em prosseguir com a nossa intenção original de construir uma casa e iniciar operações missionárias conforme a ocasião permitisse, tentando assim convencer o governo de que realmente não tínhamos nada a ver com a guerra em curso.

Duas ou três semanas após a nossa chegada, o rei, a rainha, todos os membros da família real e a maioria dos oficiais do governo retornaram a Amarapora, para tomar posse do novo palácio, no estilo habitual.

Não ouso tentar descrever aquele dia esplêndido, quando a majestade, com toda a glória que a acompanha, adentrou os portões da cidade dourada e, em meio às aclamações de milhões de pessoas, posso dizer, tomou posse do palácio. Os saupwars das províncias limítrofes com a China, todos os vice-reis e altos oficiais do reino estavam reunidos na ocasião, vestidos com seus trajes de gala e ornamentados com as insígnias de seus cargos. O elefante branco, ricamente adornado com ouro e joias, era um dos objetos mais bonitos da procissão. Somente o rei e a rainha estavam sem adornos, vestidos com as roupas simples do país; de mãos dadas, eles entraram no jardim em que havíamos tomado nossos lugares e onde um banquete estava preparado para o descanso deles.

Todas as riquezas e a glória do império foram exibidas naquele dia. O número e o tamanho imenso dos elefantes, os numerosos cavalos e a grande variedade de veículos de todos os tipos ultrapassaram em muito tudo que eu já vi ou imaginei. Pouco depois de Sua Majestade haver tomado posse do novo palácio, foi emitida uma ordem de que nenhum estrangeiro fosse autorizado a entrar, exceto Lansago. Ficamos um pouco alarmados com isso, mas concluímos que era por motivos políticos e talvez não nos afetasse essencialmente.

Durante várias semanas, nada ocorreu que nos assustasse e nós prosseguimos com a nossa escola. O sr. Judson pregava todos os sábados, todos os materiais para a construção de uma casa de tijolos foram adquiridos, e os pedreiros haviam feito um progresso considerável na construção do edifício.

Inwa (Ava), Mandalay.

No dia 23 de maio de 1824, logo após havermos concluído o culto na casa do Doutor, do outro lado do rio, um mensageiro veio nos informar que Rangoon havia sido tomada pelos ingleses. A informação produziu um choque, com uma mistura de medo e alegria. O sr. Gouger, um jovem comerciante residente em Ava, estava conosco e tinha muito mais motivos para temer do que os demais de nós. Todavia, todos voltamos imediatamente para a nossa casa e começamos a considerar o que deveria ser feito. O sr. G. foi até o príncipe Thar-yar-wadee, o irmão mais influente do rei, que lhe informou de que não havia motivo para preocupação, pois ele havia mencionado o assunto à Sua Majestade, que havia respondido que 'os poucos estrangeiros residentes em Ava nada tinham a ver com a guerra e não deveriam ser importunados'.

Agora, o governo estava totalmente em movimento. Um exército de dez ou 12 mil homens, sob o comando do Kyee-woon-gyee, foi enviado em três ou quatro dias e seria acompanhado pelo Sakyer-woon-gyee, que havia sido nomeado vice-rei de Rangoon e estava a caminho de lá quando a notícia do ataque chegou a ele. Sem dúvida, divertiu-se com a derrota dos ingleses; o único medo do rei era de que, ao saberem do avanço das tropas birmanesas, os estrangeiros ficariam alarmados a ponto de entrar em seus navios e partir antes de haver tempo de prendê-los como escravos. Um jovem inculto do palácio disse: 'Tragam-me seis kala pyoo (estranhos brancos) para remarem meu barco'; e a esposa de Woon-gyee disse: 'Para mim, enviem quatro brancos desconhecidos para administrar os assuntos de minha casa, porque entendo que eles são servos confiáveis'. Os barcos de guerra passaram pela nossa casa com grande alegria, os soldados cantando, dançando e fazendo gestos do tipo mais alegre. Nós dissemos: 'Coitados! Provavelmente, vocês nunca dançarão novamente.' E assim ficou provado, pois poucos, ou nenhum deles, voltou a ver seu lar nativo.

Por fim, o sr. Judson e o Dr. Price foram convocados a um tribunal de interrogatório, onde foi feita uma investigação rigorosa acerca de tudo que eles sabiam. A grande questão parecia ser se eles haviam desenvolvido o hábito de se comunicar com estrangeiros, a situação do país etc. Eles responderam que sempre haviam escrito a seus amigos nos Estados Unidos, mas nunca haviam se correspondido com oficiais ingleses ou com o governo de Bengala. Após

o interrogatório, eles não foram colocados em confinamento como os ingleses, e, sim, autorizados a voltar às suas casas. No exame das contas do sr. G., verificou-se que o sr. Judson e o Dr. Price haviam lhe pedido uma quantia considerável. Ignorantes como eram os birmaneses de nosso modo de receber dinheiro — por meio de ordens de pagamento de Bengala —, para as suas mentes desconfiadas, essa circunstância era uma prova suficiente de que os missionários eram pagos pelos ingleses e, muito provavelmente, espiões. Essa suspeita foi levada ao rei, que, em tom raivoso, ordenou a detenção imediata dos 'dois professores'.

No dia 8 de junho, quando estávamos nos preparando para o jantar, um oficial segurando um livro preto e uma dúzia de birmaneses entraram correndo, acompanhados por um sujeito que, pelas marcas em seu rosto, sabíamos ser um carrasco e 'filho da prisão'. 'Onde está o professor?' foi a primeira pergunta. O sr. Judson se apresentou. O oficial disse: 'Você é chamado pelo rei', uma forma de expressão sempre usada quando alguém estava prestes a prender um criminoso. O homem de rosto marcado prendeu imediatamente o sr. Judson, jogou-o no chão e pegou um pequeno cordel, o instrumento de tortura. Agarrei o seu braço e disse: 'Pare, eu lhe darei dinheiro'. O oficial disse: 'Leve-a também, ela também é estrangeira'. Com um olhar suplicante, o sr.

Judson pediu que me deixassem ficar até novas ordens. Agora, a cena era indescritivelmente chocante.

Toda a vizinhança havia se ajuntado — os pedreiros que trabalhavam na casa de tijolos jogaram suas ferramentas e correram; as criancinhas birmanesas estavam gritando e chorando; os servos bengalis estavam espantados com as indignidades infligidas ao seu senhor, e o carrasco insensível, com infernal alegria, apertou os cordéis, amarrou bem o sr. Judson e o arrastou para fora; eu não sabia para onde. Em vão, implorei e supliquei ao homem do rosto marcado que pegasse a prata e afrouxasse as cordas, mas ele rejeitou minhas ofertas e partiu imediatamente. Todavia, dei o dinheiro a Moung Ing para segui-lo e fazer alguma outra tentativa de mitigar a tortura do sr. Judson, porém, sem sucesso: a algumas dezenas de metros da casa, os desgraçados insensíveis jogaram novamente o prisioneiro no chão e apertaram ainda mais as cordas, de modo a quase impedir a respiração.

O oficial e sua gangue seguiram para o tribunal, onde estavam reunidos o governador da cidade e os oficiais, um dos quais leu a ordem do rei para enviar o sr. Judson à prisão da morte, na qual ele foi logo jogado e a porta, fechada — e Moung Ing nada mais viu. Que noite me esperava! Retirei-me para meu quarto e me esforcei para obter consolação entregando o meu caso a Deus e implorando por firmeza e força para sofrer o que quer que me esperasse. Porém, a consolação do retiro não me foi permitida durante muito tempo, porque o magistrado do lugar havia entrado na varanda e me chamava continuamente para sair e submeter-me ao seu interrogatório. Porém, antes de sair, destruí todas as minhas cartas, diários e todos os tipos de escritos, para que eles não descobrissem que tivemos correspondentes na Inglaterra e havíamos detalhado todas as ocorrências desde a nossa chegada ao país. Quando essa obra de destruição foi terminada, fui para fora e me submeti ao interrogatório do magistrado, que perguntou muito minuciosamente tudo que eu sabia; então, ordenou que os portões do complexo fossem fechados e ninguém pudesse entrar ou sair; colocou uma guarda de dez rufiões, a quem deu ordem estrita de me manterem a salvo, e partiu.

Já estava escuro. Retirei-me para uma sala interna com minhas quatro menininhas birmanesas e tranquei as portas. Imediatamente, o guarda ordenou que eu destrancasse as portas e saísse, caso contrário eles poriam a casa abaixo. Recusei-me obstinadamente a obedecer e tentei intimidá-los ameaçando queixar-me de sua conduta às autoridades superiores no dia seguinte. Vendo que eu estava decidida a desconsiderar as suas ordens, eles levaram os dois servos bengalis e os confinaram no tronco

O LIVRO DOS MÁRTIRES

em uma posição muito dolorosa. Não suportei isso; chamei o chefe até a janela e prometi dar a todos eles um presente pela manhã se eles liberassem os servos. Depois de muito debate e muitas ameaças fortes, eles consentiram, mas pareciam decididos a irritar-me o máximo possível. Meu estado desprotegido e desolado, toda a minha incerteza quanto ao destino do sr. Judson e as terríveis bebedeiras e linguagem quase diabólica do guarda conspiraram para fazer com que essa fosse, de longe, a noite mais angustiante que já passei. Você bem pode imaginar, meu querido irmão, que meus olhos não viram sono e minha mente não encontrou paz e tranquilidade.

Na manhã seguinte, enviei Moung Ing para verificar a situação de seu irmão e dar-lhe comida, se ainda estivesse vivo. Ele logo retornou, com a informação de que o sr. Judson e todos os estrangeiros brancos estavam confinados na prisão da morte, com três pares de grilhões de ferro cada e presos a um longo poste, para impedir que se movessem! Agora, o motivo de minha angústia era que eu mesma era uma prisioneira e não havia nada que eu pudesse fazer pela libertação dos missionários. Implorei e supliquei ao magistrado que me permitisse dirigir-me a algum membro do governo para declarar meu caso, mas ele disse que não se atrevia a consentir, por temer que eu fugisse. Em seguida,

escrevi um bilhete para uma das irmãs do rei, com quem eu tinha intimidade, solicitando que ela usasse sua influência para obter a libertação dos professores. O bilhete foi devolvido com a mensagem de que ela 'não entendeu' — uma educada recusa a interferir —, embora depois eu tenha verificado que ela desejava ansiosamente ajudar-nos, mas não ousava devido à rainha. O dia se arrastou pesadamente e outra noite terrível me esperava. Esforcei-me para abrandar a guarda dando-lhes chá e charutos para a noite; assim, eles me permitiram ficar dentro de meu quarto, sem me ameaçarem como na noite anterior. Porém, a ideia de seu irmão estar estendido sobre o chão nu em ferros e confinamento assombrou a minha mente como um fantasma e me impediu de ter um sono tranquilo, embora a natureza estivesse quase exausta.

No terceiro dia, enviei uma mensagem ao governador da cidade, que é o diretor geral dos assuntos prisionais, para permitir-me visitá-lo com um presente. Isso teve o efeito desejado; ele enviou imediatamente ordens aos guardas para permitirem a minha ida à cidade. O governador me recebeu agradavelmente e me perguntou o que eu queria. Eu lhe contei a situação dos estrangeiros, particularmente a dos professores, que eram americanos e nada tinham a ver com a guerra. Ele me disse que não tinha poder para libertá-los da prisão

MRS. JUDSON'S VISIT WITH HER INFANT TO HER HUSBAND IN PRISON.

Ann Hasseltine Judson visita seu marido na prisão.

ou dos ferros, mas poderia tornar a situação deles mais confortável; ali estava o seu oficial comandante, a quem eu precisaria consultar no tocante aos meios. O oficial, que era um dos escritores da cidade e cujo semblante, à primeira vista, apresentava o mais perfeito conjunto de todas as paixões malignas ligadas à natureza humana, chamou-me de lado e tentou me convencer de que eu mesma e também os prisioneiros estávamos inteiramente à disposição dele, que o nosso futuro conforto dependeria da minha liberalidade em relação aos presentes e que tal coisa precisaria ser feita de maneira privada e sem conhecimento de qualquer oficial do governo! Perguntei: 'Que devo fazer para obter uma atenuação dos atuais sofrimentos dos dois professores?'. Ele disse: 'Pague-me 200 tickals (aproximadamente cem dólares), dois cortes de tecido fino e dois lenços'. Eu levara dinheiro comigo pela manhã, uma vez que nossa casa ficava a pouco mais de três quilômetros da prisão — e, em virtude disso, eu não poderia voltar facilmente. Ofereci-o ao escritor, implorando-lhe que ele não insistisse em outros artigos, porque não os tinha comigo. Ele hesitou durante algum tempo, mas, temendo perder de vista tanto dinheiro, resolveu recebê-lo, prometendo aliviar os professores de sua situação extremamente dolorosa.

Depois, consegui uma ordem do governador para entrar na prisão, mas não tentarei descrever as sensações produzidas por encontrar seu irmão naquela horrível e desgraçada situação e pela cena chocante que se seguiu.

O sr. Judson rastejou até a porta da prisão — porque nunca me foi permitido entrar — e me deu algumas instruções referentes à sua libertação; porém, antes que pudéssemos combinar alguma coisa, fui ordenada a partir por aqueles carcereiros de coração de ferro, que não aguentavam ver-nos desfrutar da pobre consolação de nos encontrarmos naquele lugar miserável. Em vão, aleguei ter ordem do governador para entrar; eles repetiram duramente: 'Vá embora ou nós a colocaremos para fora'. Na mesma noite, os missionários, juntamente com os outros estrangeiros, que haviam pagado igual quantia, foram retirados da prisão comum e confinados em um galpão aberto no complexo prisional. Ali, tive permissão para enviar-lhes comida e esteiras para que dormissem em cima delas, mas não me foi permitido entrar novamente durante vários dias.

Meu próximo objetivo foi fazer que uma petição fosse apresentada à rainha; porém, não sendo admitida no palácio pessoa alguma que estivesse em desgraça com Sua Majestade, procurei apresentá-la por intermédio da esposa de seu irmão. Eu a havia visitado em dias melhores e recebido sinais específicos de seu favor. Agora, porém,

os tempos eram outros: o sr. Judson estava na prisão e eu, angustiada, o que era uma razão suficiente para ela me dar uma recepção fria. Levei um presente de valor considerável. Quando entrei, ela estava refestelada sobre o tapete, com os atendentes à sua volta. Não esperei a pergunta habitual a um suplicante 'O que você quer?' — de maneira ousada, sincera, mas respeitosa, declarei nossas angústias e nossos erros e implorei por sua ajuda. Ela ergueu a cabeça parcialmente, abriu o presente que eu levara e respondeu friamente:

— O seu caso não é singular; todos os estrangeiros são tratados da mesma maneira.

— É singular, sim; os professores são americanos, são ministros de religião, nada têm a ver com guerra ou política e vieram a Ava em obediência ao comando do rei. Eles nunca fizeram coisa alguma para merecer tal tratamento. É certo eles serem tratados assim?

—O rei age como lhe agrada. Eu não sou o rei, que posso fazer? — disse ela.

—Você pode declarar o caso deles à rainha e obter a sua libertação. Coloque-se na minha situação; você estando na América, seu marido, inocente de crimes, jogado na prisão a ferros e você, uma mulher solitária e desprotegida. O que você faria?

—Apresentarei a sua petição; volte amanhã — ela disse com um leve grau de sentimento.

Voltei para casa, com considerável esperança de que a rápida libertação dos missionários estava próxima. Porém, no dia seguinte, os bens do sr. Gouger, no total de 50 mil dólares, foram tomados e levados para o palácio. Ao voltarem, os policiais me informaram educadamente que deveriam visitar nossa casa no dia seguinte. Senti-me grata por essa informação e, consequentemente, fiz os preparativos para recebê-los escondendo o maior número possível de itens pequenos, junto com uma considerável quantidade de prata, por saber que, se a guerra fosse prolongada, passaríamos fome sem ela. Porém, minha mente estava terrivelmente agitada para que aquilo não fosse descoberto e fizesse com que eu fosse lançada na prisão. E, se houvesse sido possível obter dinheiro de qualquer outro lugar, eu não haveria me arriscado a fazer tal coisa.

Na manhã seguinte, o tesoureiro real, príncipe Tharyawadees, o chefe Woon e Koung-tone Myoo-tsa, que no futuro seria nosso amigo fiel, com mais 40 ou 50 seguidores, foram tomar posse de tudo que tínhamos. Tratei-os com civilidade, dei-lhes cadeiras para sentar-se, chá e doces para seu conforto; por justiça, sou obrigada a dizer que eles conduziram a questão do confisco com mais respeito aos meus sentimentos do que eu haveria pensado ser possível oficiais birmaneses demonstrarem. Os três oficiais, com um dos secretários reais, entraram a sós na casa; seus assistentes foram ordenados a permanecer do lado de fora. Eles viram que eu estava profundamente abalada e se desculparam pelo que estavam prestes a fazer, dizendo que lhes era doloroso se apossarem de propriedades que não eram deles, mas foram obrigados a fazer isso por ordem do rei.

—Onde estão sua prata, seu ouro e suas joias? — perguntou o tesoureiro real.

—Não tenho ouro, nem joias; mas aqui está a chave de um baú que contém a prata. Faça o que quiser.

O baú foi trazido e a prata foi pesada. Eu disse:

—Esse dinheiro foi coletado nos Estados Unidos pelos discípulos de Cristo e enviado para cá com o objetivo de construir um *kyoung* (o nome da habitação de um sacerdote) e para nosso sustento durante o ensino da religião de Cristo. É adequado vocês o tomarem? (Os birmaneses são avessos a tomar o que é oferecido com intuito religioso, por isso perguntei.)

—Declararemos essa circunstância ao rei e talvez ele o devolva. Mas essa é toda a prata que você tem? — disse um deles.

—A casa está em seu poder, procurem vocês mesmos — respondi não podendo mentir.

—Você não deixou prata com alguém conhecido?

—Meus conhecidos estão todos na prisão; com quem eu deixaria a prata?

Em seguida, eles ordenaram que meu baú e minhas gavetas fossem examinados. Somente o secretário teve permissão para me acompanhar nessa busca. Tudo que ele viu de bom ou curioso foi apresentado aos oficiais, para decidirem se deveria ser tomado ou deixado. Eu implorei que não tomassem as nossas roupas, porque seria infame levar roupas parcialmente usadas para serem de Sua Majestade, e para nós elas tinham valor inexprimível. Eles consentiram, fizeram apenas uma lista e fizeram o mesmo com os livros, medicamentos etc. Resgatei de suas garras minha mesinha de trabalho e cadeira de balanço, presentes do meu amado irmão, em parte por artifício e em parte por ignorância deles. Eles deixaram também muitos artigos de valor inestimável durante a nossa longa prisão.

Tão logo haviam terminado sua pesquisa e partido, apressei-me a ir até o irmão da rainha, para ouvir qual havia sido o destino de minha petição; então, infelizmente, todas as minhas esperanças foram frustradas quando sua esposa disse friamente: 'Levei o seu caso à rainha, mas Sua Majestade respondeu: Os professores não morrerão; que permaneçam como estão'. Minhas expectativas eram tão grandes, que essa sentença foi como um raio em meus sentimentos, porque

a verdade me assegurou imediatamente que, se a rainha me recusasse ajuda, quem se atreveria a interceder por mim? Parti com o coração pesado e, a caminho de casa, tentei entrar pelo portão da prisão para contar as notícias tristes ao seu irmão, mas a entrada foi duramente recusada. Nos dez dias seguintes, a despeito dos meus esforços diários, não tive permissão para entrar. Tentamos nos comunicar por escrita e, após sermos bem-sucedidos durante alguns dias, aquilo foi descoberto; o pobre rapaz que levava as comunicações foi espancado e colocado no tronco, e a circunstância me custou aproximadamente dez dólares, além de dois ou três dias de agonia por medo das consequências.

Os oficiais que haviam tomado posse de nossa propriedade a apresentaram a Sua Majestade, dizendo: 'Judson é um verdadeiro professor; nada encontramos em sua casa, a não ser o que pertence aos sacerdotes. Além desse dinheiro, há um número imenso de livros, medicamentos, baús de roupas, dos quais apenas fizemos uma lista. Devemos levá-los ou deixá-los?'. O rei disse: 'Deixem-nos e separem essa propriedade, porque ela lhe será restaurada se ele for considerado inocente'. Essa foi uma alusão à ideia de ele ser um espião.

Nos dois ou três meses seguintes, fui submetida a contínuos assédios, em parte por minha ignorância acerca da administração da polícia e em parte pelo desejo insaciável de todo oficial mesquinho de enriquecer-se por meio dos nossos infortúnios.

Você, meu querido irmão, que conhece o meu forte apego aos meus amigos e quanto prazer tive até agora em retrospecto, pode julgar, a partir das circunstâncias acima referidas, quão intensos foram os meus sofrimentos. Porém, o ponto, o auge de minhas angústias, consistia na terrível incerteza de nosso destino. Minha opinião predominante era que meu marido sofreria morte violenta e que eu deveria, é claro, tornar-me escrava e definhar em uma existência miserável, embora curta, nas mãos tirânicas de algum monstro insensível. Porém, nessas circunstâncias difíceis, as consolações da religião não foram 'poucas, nem pequenas'. Ela me ensinou a olhar para além deste mundo, para aquele descanso, aquele descanso pacífico e feliz onde Jesus reina e a opressão nunca entra.

Alguns meses depois da prisão de seu irmão, fui autorizada a fazer, nas dependências da prisão, um pequeno recinto de bambu onde ele podia ficar sozinho e, às vezes, era-me permitido passar duas ou três horas. Aconteceu que os dois meses em que ele ocupou esse lugar foram a época mais fria do ano, quando ele haveria sofrido muito no galpão aberto onde estava anteriormente. Após o nascimento de sua sobrinha, fui incapaz de visitar a prisão e o governador e descobri que

eu havia perdido uma considerável influência outrora adquirida, porque ele não estava tão inclinado a ouvir, como antes, minhas petições quando alguma dificuldade ocorria. Quando Maria tinha quase dois meses, certa manhã meu marido me mandou dizer que ele e todos os prisioneiros brancos tinham sido colocados na prisão interior, cada qual com cinco pares de algemas, e que sua pequena sala havia sido derrubada e seu tapete, almofadas etc. haviam sido tomados pelos carcereiros. Foi um terrível choque, pois pensei imediatamente que aquilo unicamente era um prelúdio para males maiores.

Sendo o início da estação quente, a situação dos presos era agora indescritivelmente angustiante. Havia mais de uma centena de prisioneiros trancados em uma só sala, tendo como única ventilação as rachaduras das tábuas. Às vezes, eu obtinha permissão para ir até a porta durante cinco minutos. Nesses momentos, o meu coração doía pela desgraça que eu via. Devido à transpiração incessante e à perda de apetite, os prisioneiros brancos pareciam mais mortos do que vivos. Eu fazia petições diárias ao governador, oferecendo-lhe dinheiro, que ele recusava. Tudo, tudo que consegui foi permissão para que os estrangeiros fizessem suas refeições ao ar livre, e isso não durou muito tempo.

Após permanecer na prisão interna durante mais de um mês, seu irmão foi tomado por uma febre. Senti uma certeza de que ele não viveria durante muito tempo, a menos que fosse removido daquele lugar fétido. Para conseguir isso, e para estar perto da prisão, mudei-me de nossa casa e construí uma pequena sala de bambu no complexo do governador, situado quase defronte ao portão da prisão. Ali, eu pedia incessantemente ao governador que me desse uma ordem para tirar o sr. Judson da grande prisão e colocá-lo em uma situação mais confortável, e o idoso, desgastado por minhas súplicas, por fim me deu a ordem de maneira oficial. Deu também ordens ao chefe dos carcereiros para me permitir entrar e sair a qualquer hora do dia, para administrar remédios. Senti-me realmente feliz, e o sr. Judson foi imediatamente removido para um pequeno casebre de bambu, tão baixo que nenhum de nós conseguia ficar de pé, mas um palácio em comparação com o local de onde ele havia saído."

## A REMOÇÃO DOS PRISIONEIROS PARA OUNG-PEN-LA — A SRA. JUDSON OS SEGUE

"Não obstante a ordem que o governador havia dado para permitir minha entrada na prisão, tive a maior dificuldade para conseguir convencer o carcereiro a abrir o portão. Eu costumava levar pessoalmente a comida do sr. Judson para poder entrar e permanecer durante uma ou duas

Anne Hasseltine Judson (1789–1826).

horas, a menos que fosse expulsa. Ficamos nessa situação confortável apenas dois ou três dias. Certa manhã, levei o desjejum do sr. Judson, que, em consequência da febre, não conseguiu comer. Após permanecer mais tempo do que o habitual, o governador mandou chamar-me com muita pressa. Prometi voltar assim que houvesse verificado o que o governador queria, mas o sr. Judson ficou muito alarmado com aquela mensagem incomum.

Fiquei muito decepcionada quando o governador informou que só queria me consultar sobre seu relógio e pareceu extraordinariamente agradável e sociável. Posteriormente, descobri que seu único objetivo era me deter até que a terrível cena que estava para acontecer na prisão houvesse terminado, porque, quando o deixei para ir ao meu quarto, um dos criados veio correndo e, com um semblante horrível, informou-me que todos os prisioneiros brancos haviam sido levados embora.

Eu não quis acreditar nesse relato, mas voltei imediatamente ao governador, que disse haver acabado de ouvir a respeito, mas não desejara contar-me. Rapidamente, corri até a rua, na esperança de obter um vislumbre deles antes que se perdessem de vista, mas fiquei decepcionada. Primeiramente, corri por uma rua, depois por outra, perguntando a todos que encontrei, mas ninguém me respondeu. Por fim, uma idosa me disse que os prisioneiros brancos haviam ido para o riozinho, porque deveriam ser transportados para Amarapora. Então, corri até a margem do riozinho, aproximadamente 800 metros, mas, não os vendo, concluí que a idosa havia me enganado. Alguns dos amigos dos estrangeiros foram até o lugar de execução, mas não os encontraram. Então, voltei ao governador para tentar descobrir o motivo de sua remoção e a probabilidade de seu futuro destino. O idoso me assegurou que desconhecia, até aquela manhã, a intenção do governo ao remover os estrangeiros. Disse que, depois de minha saída, soubera que os prisioneiros haviam sido enviados para Amarapora;

porém, com que finalidade, não sabia. Ele disse: 'Mandarei um homem imediatamente para ver o que será feito a eles. Você nada mais pode fazer por seu marido. Cuide de si mesma'.

Nunca antes eu havia sofrido tanto por medo de atravessar as ruas de Ava. As últimas palavras do governador, 'Cuide de si mesma', fizeram-me suspeitar que havia algum propósito que eu desconhecia. Entendi também que receava que eu andasse pelas ruas e me aconselhou a esperar até escurecer, quando ele me enviaria em uma carroça, com um homem para abrir os portões. Peguei dois ou três baús dos artigos mais valiosos, juntamente com a caixa de medicamentos, para deixar na casa do governador; após entregar a casa e as instalações aos cuidados de nosso fiel Moung Ing e de um servo bengalês, que permaneceu conosco (embora fôssemos incapazes de pagar seus salários), saí de nossa casa em Ava para sempre, como então pensei ser provável.

O dia estava terrivelmente quente, mas conseguimos um barco coberto, no qual ficamos razoavelmente confortáveis, até chegarmos a duas milhas do palácio do governo. Então, consegui uma carroça; porém, o movimento violento, o calor e a poeira terríveis quase me distraíram. Contudo grande foi a minha decepção ao chegar ao tribunal e descobrir que os prisioneiros haviam saído dali duas horas antes, e que eu precisaria seguir daquela maneira desconfortável mais seis quilômetros e meio, tendo nos braços a pequena Maria, que eu segurei desde Ava. O homem da carroça se recusou a ir mais longe. Após esperar durante uma hora sob o sol escaldante, consegui outra e parti para aquele lugar que nunca seria esquecido: Oung-pen-la. Obtive um guia do governador e fui conduzida diretamente ao pátio da prisão.

Que cena de desgraça se apresentava diante de mim! A prisão era um antigo prédio destroçado, sem telhado; a cerca estava totalmente destruída; oito ou dez birmaneses estavam no topo do edifício, tentando fazer algo como um abrigo com as folhas; enquanto isso, sob uma pequena proteção baixa do lado de fora da prisão, estavam sentados os estrangeiros, acorrentados dois a dois, quase mortos de sofrimento e fadiga. As primeiras palavras de seu irmão foram: 'Por que você veio? Eu esperava que você não seguisse, pois você não pode viver aqui'.

Já estava escuro. Eu não tinha um lanche para os prisioneiros sofredores, nem para mim, porque esperara conseguir tudo que era necessário no mercado de Amarapora e não tinha abrigo para passar a noite. Perguntei a um dos carcereiros se eu poderia montar uma casinha de bambu perto dos prisioneiros, e ele disse: 'Não, não é costumeiro'. Então, implorei que ele me conseguisse um abrigo onde passar a noite e, no dia seguinte, eu poderia

encontrar algum lugar para viver. Ele me levou à sua casa, onde havia apenas dois pequenos cômodos — um onde ele e sua família viviam; o outro, que ele me ofereceu, estava cheio de grãos até a metade; e, naquele pequeno lugar imundo, passei os seis meses seguintes de miséria. Consegui um pouco de água fervida em vez de meu chá. Desgastada pela fadiga, deitei-me em uma esteira estendida sobre o arroz e me esforcei para conseguir um pouco de descanso no sono. Na manhã seguinte, seu irmão me fez o seguinte relato do tratamento brutal que ele havia recebido ao ser tirado da prisão.

Assim que havia saído para atender ao chamado do governador, um dos carcereiros entrou correndo no quartinho do sr. Judson, agarrou-o pelo braço, puxou-o para fora, tirou todas as suas roupas, exceto a camisa e a calça, levou seus sapatos, seu chapéu e toda a sua roupa de cama; arrancou suas correntes, amarrou uma corda em torno da sua cintura e o arrastou até o tribunal, onde os outros prisioneiros haviam sido previamente levados. Então, eles foram amarrados dois a dois e entregues nas mãos do Lamine Woon, que ia a cavalo à frente deles, enquanto seus escravos conduziam os prisioneiros — cada escravo segurando a corda que ligava dois prisioneiros. Isso aconteceu em maio, um dos meses mais quentes do ano e às 11 horas da manhã, de modo que o sol era realmente insuportável.

Eles haviam avançado apenas 800 metros quando os pés de seu irmão ficaram cheios de bolhas. Tão grande era sua agonia, ainda no início daquele período, que, ao atravessarem o pequeno rio, ele desejou lançar-se na água para livrar-se do sofrimento. Porém, somente o pecado associado a esse ato o impediu. Eles ainda tinham pela frente 13 quilômetros de caminhada. A areia e o cascalho pareciam brasas aos pés dos prisioneiros, que logo ficaram totalmente sem pele — e nesse estado desgraçado eles eram incitados por seus condutores insensíveis. O estado debilitado do sr. Judson, em consequência da febre e de não haver comido naquela manhã, tornou-o menos capaz de suportar tais dificuldades do que os outros prisioneiros.

Aproximadamente na metade do caminho, quando pararam para beber água, seu irmão implorou ao Lamine Woon que lhe permitisse andar em seu cavalo até uns três quilômetros, porque não conseguia avançar mais naquele estado terrível. Porém, um olhar desdenhoso e maligno foi toda a resposta que ele recebeu. Então, ele pediu ao capitão Laird, que estava amarrado a ele e era um homem forte e saudável, que lhe permitisse apoiar-se em seu ombro, porque estava decaindo rapidamente. O homem de bom coração lhe concedeu isso durante uns três quilômetros, mas depois sentiu ser insuportável o fardo adicional. Exatamente naquele período, o servo bengali do sr. Gouger foi até eles e, vendo as angústias de seu irmão, tirou o turbante, que era feito de pano, rasgou-o em dois, deu metade ao seu senhor e metade ao sr. Judson, que o enrolou imediatamente nos seus pés feridos, por não lhes ser permitido descansar durante um momento sequer. Então, o servo ofereceu seu ombro ao sr. Judson, que foi quase levado por ele pelo restante do caminho.

Vendo o estado angustiante dos prisioneiros e que um deles estava morto, o Lamine Woon concluiu que eles não deveriam avançar mais naquela noite; se não fosse por isso, eles teriam sido conduzidos até chegar a Oung-pen-la no mesmo dia. Um velho galpão foi designado para sua residência durante a noite, mas sem esteira, nem travesseiro, nem qualquer coisa para cobri-los. A curiosidade da esposa do Lamine Woon a levou a fazer uma visita aos prisioneiros, cuja desgraça despertou consideravelmente sua compaixão e ela pediu algumas frutas, açúcar e tamarindos para aliviá-los. Na manhã seguinte, foi preparado arroz para eles; por mais simples que isso fosse, aliviou os prisioneiros, que haviam passado o dia anterior quase sem alimentos. Foram também fornecidas charretes para o transporte, porque nenhum deles conseguia andar. Durante todo aquele tempo, os estrangeiros ignoravam

O LIVRO DOS MÁRTIRES

totalmente o que lhes aconteceria; quando chegaram a Oung-pen-la e viram o estado dilapidado da prisão, todos concluíram imediatamente que estavam ali para serem queimados, em conformidade com o relato que circulara anteriormente em Ava. Todos eles se esforçaram para preparar-se para a terrível cena prevista; somente quando viram preparativos para reparar a prisão foi que não tiveram a menor dúvida que uma cruel morte lenta os aguardava. Minha chegada ocorreu uma ou duas horas depois disso.

Na manhã seguinte, levantei-me e tentei encontrar algo semelhante a alimento, mas não havia mercado e nada para ser comprado.

Um dos amigos do Dr. Price, porém, trouxe de Amarapora um pouco de arroz frio e curry de vegetais, e, com uma xícara de chá do sr. Lansago, foi o café da manhã dos prisioneiros. Para o jantar, fizemos um curry de peixe salgado seco, que um criado do sr. Gouger havia trazido. Eu trouxera comigo todo o dinheiro que pude juntar no mundo, escondido sob as roupas; assim, você pode julgar quais eram as nossas perspectivas caso a guerra continuasse durante muito tempo. Porém, nosso Pai celestial foi melhor para conosco do que os nossos temores, porque, a despeito das constantes extorsões dos carcereiros, durante todos os seis meses que estivemos em Oung-pen-la, e das frequentes dificuldades que nos

fizeram passar, nós nunca realmente sofremos por falta de dinheiro, embora frequentemente por falta de provisões, que não eram encontráveis.

Aqui, neste lugar, meus sofrimentos pessoais começaram. Enquanto seu irmão estava confinado na prisão da cidade, eu fora autorizada a permanecer em nossa casa, na qual me restavam muitas conveniências e minha saúde continuava boa, além de todas as expectativas. Agora, porém, eu não tinha um único artigo de comodidade — nem sequer uma cadeira ou qualquer espécie de assento, exceto um chão de bambu. Na manhã seguinte à minha chegada, Mary Hasseltine foi acometida de varíola, com evolução natural. Embora muito jovem, ela era a única ajudante que eu tinha para cuidar da pequena Maria. Agora, porém, ela exigia todo o tempo que me sobrasse do sr. Judson, cuja febre na prisão ainda continuava e cujos pés estavam tão terrivelmente mutilados que, durante vários dias, ele não conseguiu mover-se.

Eu não sabia o que fazer, porque não podia conseguir ajuda da vizinhança ou remédios para os doentes, mas passava o dia inteiro indo e voltando da casa para a prisão, com a pequena Maria nos braços. Às vezes, eu ficava muito aliviada por deixá-la durante uma hora, quando estava dormindo, ao lado de seu pai enquanto voltava para casa para cuidar de Mary [Hasseltine], cuja febre era tão alta que produzia delírios.

Ela estava tão completamente coberta de varíola que não se distinguiam as pústulas. Como ela estava no mesmo quartinho comigo, eu sabia que Maria seria contaminada; assim, inoculei-a com a varíola de outra criança antes de Mary haver chegado a tornar-se infecciosa. Ao mesmo tempo, inoculei Abby e os filhos do carcereiro, que adoeceram tão levemente que mal interromperam as brincadeiras. Porém, a inoculação no braço da minha pobre pequena Maria não pegou — ela pegou a doença de Mary e teve a evolução natural. Ela só tinha três meses e meio de idade e fora uma criança muito saudável, mas demorou mais de três meses para recuperar-se perfeitamente dos efeitos daquela terrível moléstia.

Você se lembrará de que eu nunca tive a varicela, havendo sido vacinada antes de sair dos Estados Unidos. Por haver ficado exposta constantemente durante tanto tempo, tive quase cem pústulas, embora nenhum sintoma prévio de febre etc. Os filhos do carcereiro tiveram varíola muito levemente devido à inoculação; com isso, minha fama se espalhou por toda a vila, e todas as crianças, os jovens e os velhos que nunca haviam tido a doença foram trazidos para inoculação. Embora eu nada soubesse acerca da moléstia ou do modo de tratá-la, inoculei todos eles com uma agulha e lhes disse para cuidarem de sua dieta — essas foram todas as instruções que pude lhes dar. A saúde do sr. Judson foi gradualmente restaurada, e ele se viu mais confortavelmente situado do que quando estava na prisão da cidade.

A princípio, os prisioneiros foram acorrentados dois a dois, mas, tão logo os carcereiros conseguiram obter correntes suficientes, eles foram separados e cada prisioneiro recebeu apenas um par. A prisão foi reparada, uma nova cerca foi feita e um grande galpão arejado foi erguido defronte à prisão, onde os prisioneiros tinham permissão de permanecer durante o dia, embora ficassem trancados na pequena prisão à noite. Todas as crianças se recuperaram da varicela, mas minhas vigias e fadiga, a minha comida miserável e alojamentos mais precários ainda provocaram uma das doenças do país, quase sempre fatal para os estrangeiros.

Meu físico parecia destruído e, em poucos dias, fiquei tão fraca que quase não conseguia caminhar até a prisão do sr. Judson. Nesse estado debilitado, parti em uma carroça para Ava, para comprar remédios e alguns alimentos adequados, deixando o cozinheiro em meu lugar. Cheguei em casa em segurança e, durante dois ou três dias, a moléstia pareceu estabilizar-se; depois, atacou-me violentamente e eu não tinha esperanças de recuperação — e, agora, minha expectativa era voltar a Oung-pen-la para morrer perto da prisão. Foi com a maior dificuldade que obtive a caixa de remédios do governador e, depois, não tive ninguém para administrá-los. Entretanto, encontrei o láudano[89] e, tomando duas gotas por vez durante várias horas, a moléstia ficou sob controle suficiente para me permitir tomar um barco, embora estivesse tão fraca a ponto de não conseguir ficar de pé, e novamente parti para Oung-pen-la.

Os últimos seis quilômetros e meio foram naquele transporte doloroso, a carroça, e em meio à estação das chuvas, quando a lama quase enterra os bois. Você pode ter uma ideia de uma carroça birmanesa quando digo que suas rodas não são construídas como as nossas, sendo simplesmente tábuas grossas redondas com um furo no meio, através do qual é empurrado um eixo que suporta o corpo.

Cheguei a Oung-pen-la quando minhas forças pareciam completamente exauridas. O bom cozinheiro nativo saiu para me ajudar a entrar na casa, mas minha aparência estava tão alterada e emaciada que o pobre sujeito caiu em prantos à primeira vista. Eu rastejei na esteira na pequena sala, onde fiquei confinada durante mais de dois meses e nunca me recuperei perfeitamente até chegar ao acampamento inglês. Nesse período em que não conseguia cuidar de mim mesma ou do sr. Judson, certamente teríamos morrido se não fosse o cuidado fiel e carinhoso de nosso cozinheiro bengali. Um cozinheiro bengali comum nada fará

além de simplesmente cozinhar, mas ele pareceu esquecer-se de sua casta e quase de suas próprias necessidades em seus esforços para nos servir. Ele provia, cozinhava e levava os alimentos de seu irmão, e depois voltava e cuidava de mim. Frequentemente, ele não comia até quase noite, em consequência de ir tão longe para buscar madeira e água e de aprontar o jantar do sr. Judson para a hora habitual. Ele nunca reclamou, nunca pediu seu salário e em momento algum hesitou em ir a qualquer lugar ou fazer qualquer coisa que pedíssemos. Tenho grande prazer em falar da conduta fiel desse servo, que ainda está conosco, e confio que ele foi bem recompensado por seus serviços.

Nossa querida Mariazinha era a maior sofredora naquele momento em que minha doença a privou de sua nutrição habitual, e nem uma ama de leite, nem uma gota de leite podia ser encontrada na aldeia. Presenteando os carcereiros, consegui licença para o sr. Judson sair da prisão e levar a criatura macilenta pela aldeia, para implorar um pouco de alimento às mães que tinham filhos pequenos. Seus choros à noite, quando era impossível suprir suas necessidades, eram de partir o coração. Comecei a pensar que a própria aflição de Jó recaíra sobre mim. Quando eu estava saudável, conseguia suportar as diversas provações e vicissitudes pelas quais

---

[89] "Tintura de ópio que possui efeito sedativo." (Houais, 2009)

fui chamada a passar. Porém, estar confinada pela enfermidade e incapaz de ajudar os meus entes queridos que estavam sofrendo angústias me era quase excessivamente insuportável. Se não fossem as consolações da religião e uma firme convicção de que toda provação adicional havia sido ordenada por infinito amor e misericórdia, eu teria afundado sob meus sofrimentos acumulados.

Às vezes, nossos carcereiros pareciam algo enternecidos por nossa angústia e, durante vários dias seguidos, permitiram que o sr. Judson fosse para casa — o que, para mim, era uma indizível consolação. Em seguida, eles voltavam a ser extremamente rigorosos em suas exigências, como se nós não sofrêssemos e fôssemos ricos. O aborrecimento, as extorsões e as opressões a que fomos submetidos durante nossa residência de seis meses em Oung-pen-la foram incontáveis e indescritíveis.

Finalmente chegou o momento de nossa libertação daquele lugar detestável, a prisão de Oung-pen-la. Um mensageiro de nosso amigo Myoo-tsa, governador do portão norte do palácio em sucessão a Koung-tone, informou-nos de que, na noite anterior, havia sido dada no palácio uma ordem para a libertação do sr. Judson. Na mesma noite, chegou uma ordem oficial e, com alegria no coração, comecei a preparar-me para nossa partida no início da manhã seguinte.

Ocorreu, porém, um obstáculo inesperado que nos fez temer que eu ainda seria mantida prisioneira. Os avarentos carcereiros, não dispostos a perder sua presa, insistiram em que, como meu nome não estava incluído na ordem, eu não deveria ir. Em vão argumentei que eu não estava lá como prisioneira e que eles não tinham autoridade sobre mim; ainda assim, eles determinaram que eu não deveria ir e proibiram os moradores de me alugarem uma carroça. Então, o sr. Judson foi retirado da prisão e levado para a casa dos carcereiros, onde, por meio de promessas e ameaças, finalmente obteve o consentimento deles, com a condição de que deixaríamos o restante de nossas provisões que havíamos recebido recentemente de Ava. Somente depois do meio-dia acabamos sendo autorizados a partir. Quando chegamos a Amarapora, o sr. Judson foi obrigado a seguir a orientação do carcereiro, que o conduziu até o governador da cidade.

Após fazer todas as perguntas necessárias, o governador designou outro guarda, que transportou o sr. Judson até o tribunal de Ava, onde ele chegou durante a noite. Eu segui meu próprio curso, consegui um barco e cheguei à nossa casa antes do anoitecer.

Na manhã seguinte, meu primeiro objetivo foi procurar nosso irmão, meu marido; fiquei mortificada ao encontrá-lo novamente na prisão, ainda que não na prisão da morte. Fui imediatamente até meu velho amigo, o governador da cidade, que havia sido elevado ao posto de Woon-gyee. Ele me informou que o sr. Judson seria enviado ao acampamento birmanês, para atuar como tradutor e intérprete; e que ele foi posto em confinamento apenas durante um curto tempo, até seus assuntos serem resolvidos. Cedo na manhã seguinte, voltei àquele oficial, que me disse que, naquele momento, o sr. Judson havia recebido do governo 20 tickals, com ordens de ir imediatamente a bordo de um barco com destino a Maloun, com permissão para, a caminho, parar alguns momentos em casa. Voltei rapidamente para casa, onde o sr. Judson logo chegou, mas só lhe foi permitido permanecer pouco tempo, enquanto eu preparava comida e roupas para futuro uso. Ele foi colocado com muitas pessoas em um pequeno barco, onde não tinha espaço suficiente para deitar-se, e sua exposição às noites frias e úmidas o levou a uma febre violenta que quase deu fim a todos os seus sofrimentos. Ele chegou a Maloun no terceiro dia, onde, doente como estava, foi obrigado a iniciar imediatamente o trabalho de tradução. Ele permaneceu em Maloun durante seis semanas, sofrendo tanto quanto havia sofrido na prisão, à exceção de não estar preso a ferros, nem exposto aos insultos daqueles cruéis carcereiros.

Durante a primeira quinzena após sua partida, minha ansiedade foi menor do que em qualquer momento anterior desde o início de nossas dificuldades. Eu sabia que os oficiais birmaneses do acampamento perceberiam que o valor de serviços do sr. Judson era demasiadamente grande para que fizessem uso de qualquer medida que ameaçasse a sua vida. Eu pensava que também sua situação seria muito mais confortável do que realmente era — por isso, minha ansiedade era menor. Porém, minha saúde, que nunca havia sido restaurada desde o ataque violento em Oung-pen-la, agora piorava diariamente e, finalmente, fui acometida pela febre maculosa[90], com todos os horrores associados a ela. Eu conhecia a natureza da febre desde o seu início e, pelo estado quebrantado de minha condição física e a falta de recursos médicos, cheguei à conclusão de que ela seria fatal. No dia em que fui acometida, uma enfermeira birmanesa veio e me ofereceu seus serviços para Maria. Essa circunstância me encheu de gratidão e confiança em Deus, porque, embora eu houvesse, durante tanto tempo e com tanta constância, esforçado-me para obter uma pessoa com aquelas características, nunca havia conseguido; e naquele momento, quando eu mais precisava, e sem nenhum esforço, uma oferta voluntária foi feita.

---

[90] Febre de natureza bacteriana transmitida pelo carrapato.

Minha febre aumentara violentamente e não cessava. Comecei a pensar em resolver meus assuntos deste mundo e entregar minha querida pequena Maria aos cuidados da mulher portuguesa, quando perdi os sentidos e fiquei inconsciente a tudo que estava ao meu redor. Nesse período terrível, o Dr. Price foi libertado da prisão e, ao saber de minha enfermidade, obteve permissão para vir me visitar. Mais adiante, contou-me que minha situação era a mais angustiante que ele já havia testemunhado e que, naquele momento, não imaginou que eu sobreviveria durante muitas horas. Meu cabelo foi raspado, minha cabeça e meus pés ficaram repletos de bolhas, e o Dr. Price ordenou ao servo bengalês, que cuidava de mim, que se esforçasse por me convencer a alimentar-me um pouco, o que eu havia obstinadamente me recusado a fazer durante vários dias.

Uma das primeiras coisas de que me lembro foi ver aquele servo fiel ao meu lado, tentando me induzir a tomar um pouco de vinho e água. Na verdade, eu estava tão acabada que os vizinhos birmaneses que vieram me ver expirar disseram: 'Ela está morta e, mesmo que o rei dos anjos viesse, não seria capaz de recuperá-la'.

Depois me dei conta de que a febre já durava 17 dias quando as bolhas surgiram. Agora, eu começara a me recuperar lentamente; porém, somente mais de um mês após isso tive força para ficar de pé. Enquanto estava nesse estado fraco e debilitado, o servo que havia seguido o sr. Judson ao acampamento birmanês veio e me informou que seu senhor havia chegado e sido conduzido ao tribunal na cidade. Enviei um birmanês para observar os movimentos do governo e, se possível, verificar de que maneira o sr. Judson seria encaminhado. Ele logo voltou com a triste informação de que vira o sr. Judson sair do pátio do palácio acompanhado por dois ou três birmaneses, que o conduziram até uma das prisões e que, na cidade, fora dito que ele seria reenviado de volta para prisão de Oung-pen-la. Eu estava demasiadamente fraca para suportar qualquer tipo de má notícia, e um choque tão terrível quanto esse quase me aniquilou. Durante algum tempo, mal consegui respirar, mas, finalmente, consegui compor-me o suficiente para despachar Moung Ing até nosso amigo, o governador do portão norte. Implorei que este fizesse mais um esforço pela libertação do sr. Judson e impedisse o seu reenvio à prisão do interior, onde eu sabia que ele sofreria muito, porque eu não poderia segui-lo. Então, Moung Ing fui procurar o sr. Judson. Estava quase escuro quando ele o encontrou no interior de uma prisão obscura. Eu havia enviado alimentos no início da tarde, mas, não conseguindo encontrá-lo, o portador os havia trazido de volta, e isso acrescentou mais uma pontada às minhas angústias, pois temi que ele já houvesse sido enviado para Oung-pen-la.

Se alguma vez senti o valor e a eficácia da oração, foi nesse momento. Eu não conseguia me levantar do sofá, não podia fazer esforço algum para dar apoio ao meu marido. Só pude pleitear junto ao grande e poderoso Ser que disse 'invoca-me no dia da angústia; eu te livrarei, e tu me glorificarás'[91] e, naquele momento, Ele me fez sentir tão poderosamente essa promessa que me compus, sentindo a certeza de que minhas orações seriam respondidas.

Ao ser enviado de Maloun para Ava, o sr. Judson foi avisado com cinco minutos de antecedência e sem saber o motivo. Ao subir o rio, viu acidentalmente o comunicado feito ao governo a seu respeito, que era simplesmente esse: 'Não temos mais utilidade para Yoodathan; portanto, o devolvemos à cidade dourada'. Ao chegar ao tribunal, ninguém ali presente conhecia o sr. Judson. O oficial do dia perguntou de onde ele havia sido enviado para Maloun. Responderam que fora de Oung-pen-la. 'Então, que ele seja devolvido para lá' — disse o oficial. Então, o sr. Judson foi entregue a um guarda e conduzido ao local acima mencionado, para ali permanecer até poder ser transportado para Oung-pen-la. Nesse ínterim, o governador do portão norte apresentou uma petição à corte suprema do império, ofereceu-se como garantia do sr. Judson, obteve sua libertação e levou-o para a sua casa, onde o tratou com toda a gentileza possível, e para a qual eu fui levada tão logo o retorno de minha saúde permitiu.

Foi em uma fria noite de luar, no mês de março, que, com o coração cheio de gratidão a Deus e transbordando de alegria diante de nossas perspectivas, descemos o Irauádi, cercados por seis ou oito barcos de ouro e acompanhados por tudo que possuíamos na Terra. Agora, pela primeira vez em mais de um ano e meio, sentimos estar livres e não mais sujeitos ao jugo opressivo dos birmaneses. E com que sensação de prazer vi, na manhã seguinte, os mastros do barco a vapor, o certo presságio de estar dentro das fronteiras da vida civilizada. Tão logo nosso barco chegou à costa, o brigadeiro A. e outro oficial vieram a bordo, congratularam-nos por nossa chegada e nos convidaram para subir a bordo do barco a vapor, onde passei o restante do dia enquanto seu irmão foi encontrar-se com o general, que, com um destacamento do exército, havia acampado em Yandaboo, algumas milhas rio abaixo. O sr. Judson voltou à noite, com um convite de Sir Archibald para irmos imediatamente aos seus

---

[91] Sl 50:15

*John Foxe*

aposentos, onde, na manhã seguinte, fui apresentada e recebida com a maior gentileza pelo general, que fez montarem uma barraca para nós perto da dele; ele nos levou à sua própria mesa e nos tratou com a bondade de um pai, não como forasteiros. Durante vários dias, uma única ideia ocupou totalmente a minha mente: a de que estávamos fora do poder do governo birmanês e, mais uma vez, sob a proteção dos ingleses. Nossos sentimentos impunham continuamente expressões como esta: 'Como agradeceremos ao Senhor por todos os Seus benefícios para conosco?'.

O tratado de paz foi logo concluído e assinado pelas duas partes, e o fim das hostilidades foi declarado publicamente. Saímos de Yandaboo após ali residirmos durante 15 dias e chegamos em segurança à casa da missão em Rangoon, após uma ausência de dois anos e três meses."

Durante todo esse sofrimento, o precioso manuscrito do Novo Testamento em birmanês foi guardado. Ele foi colocado em uma bolsa e transformado em travesseiro duro durante a prisão do Dr. Judson. Contudo, este foi forçado a ser aparentemente descuidado com ele, para que os birmaneses não pensassem que continha algo valioso e o levassem embora. Porém, com a ajuda de um fiel convertido birmanês, o manuscrito, representando tantos longos dias de trabalho, foi mantido em segurança."

Ao final desta longa e melancólica narrativa, podemos apresentar adequadamente o seguinte tributo à benevolência e aos talentos da sra. Judson, escrito por um dos prisioneiros ingleses confinados em Ava com o sr. Judson. Ele foi publicado em um jornal de Calcutá após a conclusão da guerra:

"A sra. Judson foi a autora dos eloquentes e vigorosos apelos ao governo que os prepararam gradualmente para se submeterem a termos de paz, nunca esperados por alguém que conhecesse a arrogância e o inflexível orgulho da corte birmanesa.

E, por falar nisso, a transbordante gratidão, minha e de outros prisioneiros, obriga-me a acrescentar um agradecimento público àquela mulher amável e humana, que, embora morasse a pouco mais de três quilômetros de nossa prisão, sem qualquer meio de transporte e com a saúde muito debilitada, esqueceu-se de seu próprio conforto e enfermidade e nos visitou quase diariamente, procurou conhecer e supriu as nossas necessidades e contribuiu de todas as maneiras para aliviar o nosso sofrimento.

Enquanto fomos deixados sem alimentos pelo governo, ela, com perseverança incansável e por um meio ou por outro, obteve para nós um suprimento constante. Quando o estado esfarrapado de nossas roupas evidenciava a gravidade de nossa angústia, ela estava sempre pronta para reabastecer nosso escasso guarda-roupa. Quando a insensível avareza de nossos detentores nos confinou ou prendeu nossos pés nos troncos de contenção, ela, como um anjo ministrador, nunca deixou de fazer suas solicitações ao governo enquanto não foi autorizada a nos transmitir as gratas notícias de nossa soltura ou de um descanso de nossas aflitivas opressões.

Além de tudo isso, foi inquestionavelmente devido, em grande parte, à repetida eloquência e aos fortes apelos da sra. Judson que o inculto birmanês se tornou, finalmente, disposto a garantir o bem-estar e a felicidade de seu país por meio de uma paz sincera."

---

## O COMEÇO DAS MISSÕES

**1800:** Batizado o primeiro convertido de Carey.

**1804:** Organizada a British and Foreign Bible Society (Sociedade Bíblica para a Grã-Bretanha e o Exterior).

**1805:** Henry Martyn navega com destino à Índia.

**1807:** Robert Morrison navega com destino à China.

**1808:** Realizada a reunião do palheiro, próximo ao Williams College.

**1810:** Organização do American Board (Conselho dos EUA).

**1811:** Os wesleyanos fundam a Sierra Leone Mission (Missão Serra Leoa).

**1812:** Partem os primeiros missionários do American Board.

**1816:** Organizada a American Bible Society (Sociedade Bíblica dos EUA).

**1816:** Robert Moffat navega com destino à África do Sul.

**1818:** A London Missionary Society (Sociedade Missionária de Londres) entra em Madagascar.

**1819:** Organizada a Methodist Missionary Society (Sociedade Missionária Metodista).

**1819:** O American Board abre a missão das Ilhas Sandwich.

**1819:** Judson batiza o primeiro convertido birmanês.

O LIVRO DOS MÁRTIRES

# Epílogo da edição original

E agora, bons leitores cristãos, concluímos este presente tratado, não por falta de conteúdo, e sim para encurtar o assunto, devido ao tamanho do volume. Enquanto isso, gentil leitor, que a graça do Senhor Jesus Cristo opere em você em todas as suas leituras de estudo.

E, tendo fé, dedique-se à leitura, para que ela lhe ensine diariamente a conhecer aquilo que pode ser proveitoso à sua alma, conferir-lhe experiência, armá-lo com paciência e instruí-lo cada vez mais em todo conhecimento espiritual, para sua perfeita consolação e salvação em Cristo Jesus, nosso Senhor, a quem seja a glória por todos os séculos dos séculos. Amém.

## FIM

# Créditos das imagens

Página 11 — *John Foxe (1516–87)*
Fonte: pt.wikipedia.org/wiki/Ficheiro:John_Foxe_from_NPG_cleaned.jpg

Página 13 — *Maria Tudor, rainha da Inglaterra e esposa de Philipp II*
Fonte: pt.wikipedia.org/wiki/Ficheiro:Anthonis_Mor_-_Queen_Mary_Tudor_of_England_-_WGA16178.jpg

Página 19 — *O martírio de São Estevão*
Fonte: pt.wikipedia.org/wiki/Ficheiro:Annibale_Carracci_-_The_Martyrdom_of_St_Stephen_-_WGA4450.jpg

Página 20 — *A crucificação de Santo André*
Fonte: www.flickr.com/photos/wikimediacommons/16260698949/in/photostream/

Página 21 — *Crucificação de São Pedro*
Fonte: pt.m.wikipedia.org/wiki/Ficheiro:Crucifixion_of_St._Peter_by_Luca_Giordano_-_Accademia_-_Venice_2016_-_crop.jpg

Página 22 — *A Conversão de São Paulo a Caminho de Damasco*
Fonte: pt.wikipedia.org/wiki/A_Conversão_de_São_Paulo_a_Caminho_de_Damasco#/media/Ficheiro:Júnior,_José_Ferraz_de_Almeida_-_A_Conversão_de_São_Paulo_a_Caminho_de_Damasco,_Acervo_do_Museu_Paulista_da_USP.jpg

Página 24 — *Incêndio em Roma*
Fonte: commons.wikimedia.org/wiki/File:Hubert_Robert_-_The_Fire_of_Rome_-_Google_Art_Project.jpg

Página 26 — Busto do imperador Domiciano
Fonte: commons.wikimedia.org/wiki/File:Domiziano_da_collezione_albani,_fine_del_I_sec._dc._02.JPG

Página 28 — *Inácio de Antioquia*
Fonte: commons.wikimedia.org/wiki/File:Ignatius_of_Antiochie.jpg

Página 30 — *São Justino, o Mártir*
Fonte: pt.wikipedia.org/wiki/Ficheiro:Saint_Justin_Martyr_by_Theophanes_the_Cretan.jpg

Página 32 — Catacumba de São Sebastião
Fonte: commons.wikimedia.org/wiki/File:Roma,_Catacombe_di_San_Sebastiano_(1).jpg

Página 37 — *Santa Ágata*
Fonte: commons.wikimedia.org/wiki/File:Santa_Agueda_-_Zurbar%C3%A1n_(detalle).png

Página 41 — *Martírio das santas Rufina e Segunda*
Fonte: commons.wikimedia.org/wiki/File:Martyrdomofsecondaandrufina.jpg

Página 43 — *Santo Cipriano*
Fonte: pt.wikimedia.org/wiki/File:Heiliger_Cyprianus.jpg

Página 45 — *A rainha Zenóbia diante de Aureliano*
Fonte: pt.m.wikipedia.org/wiki/Ficheiro:La_reina_Zenobia_ante_el_emperador_Aureliano.jpg

Página 46 — *O martírio de São Maurício*
Fonte: pt.m.wikipedia.org/wiki/Ficheiro:Martirio_de_San_Mauricio_El_Greco.jpg

Página 49 — *São Sebastião*
Fonte: commons.wikimedia.org/wiki/File:St_Sebastian_3_Mantegna.jpg

Página 53 — *Martírio de Timóteo e Maura*
Fonte: commons.wikimedia.org/wiki/File:Siemiradzki_Martyrdom_of_Saints_Timothy_and_Maura.jpg

Página 55 — *São Januário emerge incólume da fornalha*
Fonte: en.wikipedia.org/wiki/Saint_Januarius_Emerges_Unscathed_from_the_Furnace

Página 56 — *Visão da cruz*
Fonte: commons.wikimedia.org/wiki/File:Sala_di_costantino,_visione_della_croce_03.jpg

Página 58 — *Fragmentos de uma estátua de Constantino*
Fonte: www.shutterstock.com/pt/image-photo/rome-oct-3-2012-fragments-giant-291464933

Página 60 — *Atanásio de Alexandria*
Fonte: pt.wikipedia.org/wiki/Ficheiro:Athanasius_I.jpg

Página 61 — *Juliano, o Apóstata*
Fonte: commons.wikimedia.org/wiki/File:Edward_Armitage_-_Julian_the_Apostate_presiding_at_a_conference_of_sectarian_-_1875.jpg

Página 63 — *Pollice verso* (Polegar para baixo)
Fonte: pt.wikipedia.org/wiki/Ficheiro:Jean-Leon_Gerome_Pollice_Verso.jpg

Página 66 — *Quarto Concílio Ecumênico da Calcedônia*
Fonte: commons.wikimedia.org/wiki/File:Fourth_ecumenical_council_of_chalcedon_-_1876.jpg

Página 68 — *Estátua de São Bonifácio*
Fonte: commons.wikimedia.org/wiki/File:Statue_of_Saint_Boniface_Mainz_Germany.jpg

Página 71 — Altar da Igreja de Santo Alfege
Fonte: commons.wikimedia.org/wiki/File:St_Alfege_Church_2,_Greenwich,_London,_UK_-_Diliff.jpg

Página 75 — *Auto de fé na Praça Maior em Madri*
Fonte: pt.wikipedia.org/wiki/Ficheiro:Francisco_rizi-auto_de_fe.jpg

Página 78 — *O massacre no dia de São Bartolomeu*
Fonte: pt.m.wikipedia.org/wiki/Ficheiro:La_masacre_de_San_Bartolomé,_por_François

Página 84 — Primeira página do Édito de Nantes, de 1598
Fonte: commons.wikimedia.org/wiki/File:Edit_de_Nantes_Avril_1598.jpg

Página 88 — *A família de John Calas se despede dele*
Fonte: commons.wikimedia.org/wiki/File:The_family_of_Jean_Calas_say_goodbye_to_him_as_he_is_taken_f_Wellcome_V0041232.jpg

Página 92 — *Retrato de Voltaire*
Fonte: commons.wikimedia.org/wiki/Voltaire#/media/File:Atelier_de_Nicolas_de_Largillière,_portrait_de_Voltaire,_détail_(musée_Carnavalet)_-002.jpg

Página 94 — *Auto da fé presidido por São Dominic*
Fonte: pt.wikipedia.org/wiki/Ficheiro:Pedro_Berruguete_Saint_Dominic_Presiding_over_an_Auto-da-fe_1495.jpg

Página 101 — *Batalha de Almansa*
Fonte: commons.wikimedia.org/wiki/File:Balaca-Battle_of_Almansa.jpg

Página 105 — *Retrato do príncipe Dom Carlos de Áustria*
Fonte: pt.m.wikipedia.org/wiki/Ficheiro:Alonso_S%C3%A1nchez_Coello_005.jpg

Página 111 — *A tortura de William Lithgow*
Fonte: wellcomecollection.org/works/cpcwsf72/images?id=mt4gwkpu

Página 120 — *Galileu diante do Santo Ofício*
Fonte: commons.wikimedia.org/wiki/File:Galileo_before_the_Holy_Office_-_Joseph-Nicolas_Robert-Fleury,_1847.png

Página 124 — *Casamento do Imperador Frederico Barbarossa*
Fonte: pt.m.wikipedia.org/wiki/Ficheiro:Hochzeit_friedrich_I._tiepolo.jpg

Página 129 — Massacre de idosos, mulheres e crianças
Fonte: www.exclassics.com/foxe/foxe105.gif

Página 131 — Piemonte
Fonte: www.shutterstock.com/pt/image-photo/langhe-vineyards-sunset-panorama-grinzane-cavour-1439319905

Página 133 — *Papa Paulo III*
Fonte: pt.wikipedia.org/wiki/Ficheiro:Titian_-_Pope_Paul_III_-_WGA22962.jpg

Página 136 — Mártir sendo preparado para ser queimado
Fonte: www.exclassics.com/foxe/foxe107.gif

Página 143 — Martírio em Saluces
Fonte: www.flickr.com/photos/internetarchivebookimages/14764886535

Página 153 — Valdenses afogados em Veneza
Fonte: commons.wikimedia.org/wiki/File:Foxe%27s_Christian_martyrs_of_the_world;_the_story_of_the_advance_of_Christianity_from_Bible_times_to_latest_periods_of_persecution_(1907)_(14781545714).jpg

Página 160 — *Massacre dos valdenses em Merindol*
Fonte: commons.wikimedia.org/wiki/File:Massacre_of_the_Vaudois_of_Merindol.jpg

Página 168 — *Miguel de Molinos*
Fonte: commons.wikimedia.org/wiki/File:Johann_hainzelman-Retrato_de_Miguel_Molinos.jpg

Página 172 — Mosteiro e Castelo de Bormida
Fonte: www.shutterstock.com/pt/image-photo/impressive-bormida-monastery-castle-regione-asti-588607172

Página 176 — *John Wycliffe*
Fonte: commons.wikimedia.org/wiki/File:Wycliffe_by_Kirby.jpg

Página 179 — *Wycliffe entregando [...] sua tradução da Bíblia*
Fonte: pt.m.wikipedia.org/wiki/Ficheiro:WycliffeYeamesLollards_01.jpg

Página 182 — *João Huss*
Fonte: commons.wikimedia.org/wiki/File:Jan_Hus(1370-1415).jpg

Página 183 — *João Huss pregando*
Fonte: www.exclassics.com/foxe/foxe089.gif

Página 185 — *Mestre João Huss perante o Concílio de Constança*
Fonte: commons.wikimedia.org/wiki/File:Vaclav_Brozik_-_Hus.jpg

Página 186 — *A execução por fogo de John Huss*
Fonte: commons.wikimedia.org/wiki/File:Burning_of_jan_hus_at_the_stake_at_council_of_constance.jpg

Página 188 — *Jerônimo de Praga*
Fonte: en.m.wikipedia.org/wiki/File:Hieronymus_prag_a.jpg

Página 189 — *Jerônimo sendo arrastado para a prisão*
Fonte: www.flickr.com/photos/internetarchivebookimages/14765432352/

Página 192 — *João de Trocznow, Zizca*
Fonte: commons.wikimedia.org/wiki/File:Portrait_of_Jan_Žižka_16_c..jpg

Página 196 — República Tcheca
Fonte: www.shutterstock.com/pt/image-photo/czech-republic-prague-panorama-historic-charles-758203759

Página 199 — Mártir sendo açoitado
Fonte: www.exclassics.com/foxe/foxe108.gif

Página 206 — *Martinho Lutero*
Fonte: www.shutterstock.com/pt/image-illustration/martin-luther-14831546-portrait-by-lucas-252139612

Página 209 — *Papa Leão X e seus dois primos, cardeais Giulio de' Medici e Luigi de' Rossi*
Fonte: commons.wikimedia.org/wiki/File:Raphael_-_Pope_Leo_X_with_two_cardinals.jpg

Página 210 — *Lutero afixando suas 95 teses*
Fonte: commons.wikimedia.org/wiki/File:Luther95theses.jpg

Página 213 — *Lutero na Dieta de Worms*
Fonte: commons.wikimedia.org/wiki/File:Лютер_в_Вормсе.jpg
Página 217 — Congregação geral do Concílio de Trento
Fonte: pt.wikipedia.org/wiki/Ficheiro:Elia_naurizio,_congregazione_generale_del_concilio_di_trento_in_s.m._maggiore,_1633,_01.jpg

Página 218 — *Imperador Carlos V*
Fonte: commons.wikimedia.org/wiki/File:Emperor_charles_v.png

Página 220 — *Peter Spengler executado por afogamento*
Fonte: www.exclassics.com/foxe/foxe169.gif

Página 221 — Morsa
Fonte: commons.wikimedia.org/wiki/File:16XX_Daumenschraube_anagoria.JPG

Página 224 — *Vista parcial da cidade de Mannheim*
Fonte: commons.wikimedia.org/wiki/File:Reverend_John_Gardnor_Mannheim_1788.jpg

Página 226 — Um cristão sendo decapitado
Fonte: researchgate

Página 227 — Cavalete
Fonte: pt.wikipedia.org/wiki/Cavalete_(instrumento_de_tortura)#/media/Ficheiro:Tower_of_
London_(8145448881).jpg

Página 229 — *Guilherme de Orange*
Fonte: pt.wikipedia.org/wiki/Ficheiro:WilliamOfOrange1555.jpg

Página 230 — Masmorra medieval
Fonte: www.shutterstock.com/image-photo/july-14-2015-medieval-dungeon-used-389254123

Página 233 — *William Tyndale*
Fonte: www.flickr.com/photos/internetarchivebookimages/14783572223/

Página 236 — Bíblia de Tyndale de 1525
Fonte: pt.wikipedia.org/wiki/Ficheiro:Tyndale_Bible_Stevage.jpeg

Página 239 — *Sir Thomas More*
Fonte: commons.wikimedia.org/wiki/File:Sir_Thomas_More,_by_Hans_Holbein_the_Younger.jpg

Página 240 — *Preparação para a queima do corpo de William Tyndale*
Fonte: commons.wikimedia.org/wiki/File:Foxe%27s_Book_of_Martyrs_-_Tyndale.jpg

Página 242 — *O Muro da Reforma*
Fonte: www.shutterstock.com/pt/image-photo/geneva-switzerland-july-19-2019-
reformation-1509479369

Página 244 — *Retrato do jovem João Calvino*
Fonte: pt.m.wikipedia.org/wiki/Ficheiro:John_Calvin_-_Young.jpg

Página 245 — 4ª Edição das *Institutas da Religião Cristã*
Fonte: pt.m.wikipedia.org/wiki/Ficheiro:CalvinInstitutio.jpg

Página 247 — *João Calvino em seu leito de morte na presença da Igreja*
Fonte: commons.wikimedia.org/wiki/File:John_Calvin_on_his_deathbed,_with_members_of_the_
Church_in_a_Wellcome_V0006910.jpg

Página 250 — *Etelredo, o Despreparado*
Fonte: commons.wikimedia.org/wiki/File:Ethelred_the_Unready.png

Página 251 — *A queima de Sir John Cobham*
Fonte: commons.wikimedia.org/wiki/File:The_burning_of_Sir_John_Cobham,_Lord_Oldcastle,_a_
Lollard_an_Wellcome_V0041775.jpg

Página 254 — *William Warham*
Fonte: commons.wikimedia.org/wiki/File:William_Warham.jpg

Página 255 — *Interior da Torre dos Lollards*
Fonte: commons.wikimedia.org/wiki/File:The_illustrated_Christian_martyrology_-_being_an_authentic_and_genuine_historical_acount_of_the_principal_persecutions_against_the_church_of_Christ,_in_different_parts_of_the_world_(1854)_(14585129059).jpg

Página 257 — *Thomas Cromwell*
Fonte: pt.m.wikipedia.org/wiki/Ficheiro:Cromwell,Thomas(1EEssex)01.jpg

Página 260 — *Patrick Hamilton*
Fonte: commons.wikimedia.org/wiki/File:Patrick_Hamilton.jpg

Página 263 — *Cardeal David Beaton*
Fonte: pt.m.wikipedia.org/wiki/Ficheiro:Cardinal_David_Beaton.jpg

Página 267 — *George Wishart a caminho da execução*
Fonte: en.wikipedia.org/wiki/George_Wishart#/media/File:DUN_DAGM_10_1945.jpg

Página 269 — *Eduardo VI, da Inglaterra*
Fonte: pt.m.wikipedia.org/wiki/Ficheiro:Circle_of_William_Scrots_Edward_VI_of_England.jpg

Página 271 — *Entrada da Rainha Mary I com a princesa Elizabeth em Londres*
Fonte: pt.wikipedia.org/wiki/Ficheiro:Mary_I._Entry_Into_London.jpg

Página 273 — *Execução de Lady Jane Gray*
Fonte: pt.wikipedia.org/wiki/Ficheiro:PAUL_DELAROCHE_-_Ejecución_de_Lady_Jane_Grey_(National_Gallery_de_Londres,_1834).jpg

Página 277 — *A esposa e o filho de Saunders o visitam na prisão*
Fonte: commons.wikimedia.org/wiki/File:Foxe%27s_Christian_martyrs_of_the_world;_the_story_of_the_advance_of_Christianity_from_Bible_times_to_latest_periods_of_persecution_(1907)_(14783573152).jpg

Página 282 — *Stephen Gardiner*
Fonte: commons.wikimedia.org/wiki/File:Historical_portraits_(1909)_(14579762630).jpg

Página 284 — *Rowland Taylor se despede de sua esposa e filhos*
Fonte: www.flickr.com/photos/internetarchivebookimages/14595031030/

Página 285 — *Memorial a William Hunter*
Fonte: www.flickr.com/photos/maineexile/8723079490

Página 288 — *Castelo de Cardiff*
Fonte: commons.wikimedia.org/wiki/File:Cardiff_Castle_(15988728502).jpg

Página 290 — *Acima, à esquerda, George Marsh é queimado na fogueira...*
Fonte: commons.wikimedia.org/wiki/File:Above,_the_martyr_George_Marsh_is_burnt_a_the_stake_below_a_Wellcome_V0041628.jpg

Página 293 — *Aparência da antiga Catedral de São Paulo*
Fonte: en.wikipedia.org/wiki/Old_St_Paul%27s_Cathedral#/media/File:St_Paul's_old._From_Francis_Bond,_Early_Christian_Architecture._Last_book_1913.jpg

Página 295 — *John Bradford*
Fonte: commons.wikimedia.org/wiki/File:Portrait_of_John_Bradford_(4672791).jpg

Página 296 — *Poultry Compter*
Fonte: commons.wikimedia.org/wiki/File:ONL_(1887)_1.421_-_The_Poultry_Compter.jpg

Página 298 — Catedral de Canterbury
Fonte: www.shutterstock.com/pt/image-photo/canterbury-cathedral-one-oldest-most-famous-1033822630

Página 301 — *Nicholas Ridley*
Fonte: www.flickr.com/photos/60861613@N00/3859836193

Página 303 — *Hugh Latimer*
Fonte: www.flickr.com/photos/60861613@N00/3797829457

Página 304 — *Família do rei Henrique VIII*
Fonte: pt.wikipedia.org/wiki/Ficheiro:Family_of_Henry_VIII_c_1545.jpg

Página 305 — *Latimer diante do Conselho*
Fonte: en.wikipedia.org/wiki/Hugh_Latimer#/media/File:Joseph_Martin_Kronheim_-_Foxe's_Book_of_Martyrs_Plate_V_-_Latimer_before_the_Council.jpg

Página 306 — *Hugh Latimer e Nicholas Ridley*
Fonte: commons.wikimedia.org/wiki/File:Latimer_Ridley_Foxe_burning.jpg

Página 310 — *Retrato de Thomas Cranmer*
Fonte: en.wikipedia.org/wiki/File:Thomas_Cranmer_by_Gerlach_Flicke.jpg

Página 315 — *Rei Eduardo e o papa*
Fonte: pt.wikipedia.org/wiki/Ficheiro:Ed_and_pope.png

Página 320 — *A morte de Cranmer*
Fonte: commons.wikimedia.org/wiki/File:Christian_heroes_and_martyrs_(1895)_(14595113378).jpg

Página 324 — Torre do Magdalen College
Fonte: commons.wikimedia.org/wiki/File:Magdalen_College_New_Quad_and_Founders_Tower,_Oxford,_UK_-_Diliff.jpg

Página 326 — *Retrato do Cardeal Reginald Pole*
Fonte: commons.wikimedia.org/wiki/File:Reginald_Pole_cardinal.jpg

Página 327 — *...Martin Bucer e Paulus Phagius...*
Fonte: commons.wikimedia.org/wiki/File:Le_b%C3%BBcher_avec_les_restes_de_Martin_Bucer_et_ses_livres.gif

Página 331 — *Edmundo Tyrrel e Rose Allen*
Fonte: commons.wikimedia.org/wiki/File:Foxe%27s_Christian_martyrs_of_the_world;_the_story_of_the_advance_of_Christianity_from_Bible_times_to_latest_periods_of_persecution_(1907)_(14760936326).jpg

Página 345 — *Richard Yeoman e John Dale*
Fonte: commons.wikimedia.org/wiki/File:Christian_heroes_and_martyrs_(1895)_(14758775056).jpg

Página 353 — *John Fetty e seu filho na Torre dos Lollards*
Fonte: commons.wikimedia.org/wiki/File:Foxe%27s_Christian_martyrs_of_the_world;_the_story_of_the_advance_of_Christianity_from_Bible_times_to_latest_periods_of_persecution_(1907)_(14597272919).jpg

Página 357 — *Edwin Sandys e sua segunda esposa, Cicely Wilford*
Fonte: en.wikipedia.org/wiki/Edwin_Sandys_(bishop)#/media/File:Edwin_Sandys;_Cicely_Sandys_(née_Wilford)_from_NPG.jpg

Página 361 — *O retrato de Hampden*
Fonte: en.wikipedia.org/wiki/File:Elizabeth_I_Steven_Van_Der_Meulen.jpg

Página 363 — *Torre de Londres, com ênfase no Portão dos Traidores*
Fonte: www.shutterstock.com/pt/image-photo/tower-london-289093214

Página 371 — *Elizabeth I*
Fonte: commons.wikimedia.org/wiki/File:Elizabeth_I_in_coronation_robes.jpg

Página 376 — Concílio de Constança
Fonte: en.wikipedia.org/wiki/Council_of_Constance#/media/File:Richental_
Konzilssitzung_Muenster.jpg

Página 377 — Igreja de Cristo, Dublin, Irlanda
Fonte: www.shutterstock.com/pt/image-photo/christchurch-cathedral-dublin-city-ireland-660891568

Página 383 — Placa em homenagem a William Bedell
Fonte: en.wikipedia.org/wiki/William_Bedell#/media/File:William_Bedell_plaque,_Kilmore,
_County_Cavan.jpg

Página 388 — Rocha de Cashel
Fonte: https://www.shutterstock.com/pt/image-photo/rock-casheltipperaryireland-762888064

Página 390 — Catedral de São Patrício em Armagh
Fonte: en.wikipedia.org/wiki/St_Patrick%27s_Cathedral,_Armagh_(Roman_Catholic)#/media/
File:Armagh_St._Patrick's_Cathedral_as_originally_designed_by_Thomas_J._Duff_c._1840.png

Página 391 — *Richard Talbot*
Fonte: en.wikipedia.org/wiki/Richard_Talbot,_1st_Earl_of_Tyrconnell#/media/File:Richard_Talbot,_
Earl_of_Tyrconnel_by_Fran%C3%A7ois_de_Troy.jpg

Página 392 — *O sítio de Londonderry*
Fonte: www.flickr.com/photos/britishlibrary/11221708653

Página 394 — *George Fox*
Fonte: en.wikipedia.org/wiki/Mary_Dyer#/media/File:Fox_by_Lely_2.jpg

Página 396 — Uma mulher Quaker...
Fonte: en.wikipedia.org/wiki/George_Fox#/media/File:AssemblyOfQuakers.jpg

Página 405 — *Mary Dyer...*
Fonte: en.wikipedia.org/wiki/Mary_Dyer#/media/File:Mary_dyer_being_led.jpg

Página 408 — *John Bunyan*
Fonte: pt.wikipedia.org/wiki/John_Bunyan#/media/Ficheiro:John_Bunyan_by_
Thomas_Sadler_1684.jpg

Página 410 — Túmulo de John Bunyan
Fonte: www.shutterstock.com/pt/image-photo/london-england-uk-december-31st-2017-784219957

Página 411 — *John Wesley*
Fonte: commons.wikimedia.org/wiki/File:John_Wesley_by_George_Romney.jpg

Página 413 — *John Wesley pregando*
Fonte: commons.wikimedia.org/wiki/File:John_Wesley_preaching_outside_a_church._Engraving._
Wellcome_V0006868.jpg

Página 416 — Tomada da Bastilha
Fonte: commons.wikimedia.org/wiki/File:Prise_de_la_Bastille_IMG_2250.jpg

Página 417 — *Luís XVIII*
Fonte: commons.wikimedia.org/wiki/File:Gérard_-_Louis_XVIII_of_France_in_Coronation_Robes.jpg

Página 419 — *Jacques Laurent Gilly*
Fonte: commons.wikimedia.org/wiki/Category:Jacques_Laurent_Gilly#/media/
File:Jacques_Laurent_Gilly.jpg

Página 421 — Antigo anfiteatro em Nismes, França
Fonte: commons.wikimedia.org/wiki/File:Nimes_amphi.jpg

Página 430 — Saltério protestante francês
Fonte: en.wikipedia.org/wiki/Protestantism_in_France#/media/File:Psautier_protestant_1817.jpg

Página 436 — *Ordenação dos primeiros missionários americanos enviados ao exterior*
Fonte: commons.wikimedia.org/wiki/File:The_one_hundredth_anniversary_of_the_Haystack_
prayer_meeting_celebrated_at_the_ninety-seventh_annual_meeting_of_the_American_board_in_
North_Adams_and_by_the_Haystack_centennial_meetings_at_(14767155161).jpg

Página 437 — *Adoniram Judson*
Fonte: commons.wikimedia.org/wiki/File:Adoniram_Judson.jpg

Página 439 — Inwa (Ava), Mandalay
Fonte: www.shutterstock.com/pt/image-photo/maha-aung-mye-bom-san-monastery-533320498

Página 443 — Ann Hasseltine Judson visita seu marido na prisão
Fonte: www.shutterstock.com/image-illustration/mrs-judsons-visit-her-infant-son-245968375

Página 448 — *Anne Hasseltine Judson*
Fonte: www.shutterstock.com/pt/image-illustration/anne-hasseltine-judson-17891826-wife-
baptist-245964814